2026
최신판

2026 행정사 2차 시험대비

이패스
행정절차론

/ 박이준 편저 /

ADMINISTRATIVE
ATTORNEYS

2026 행정사 2차 합격을 위한 필수 기본서

● 이론과 실무의 차별화된 통합적 접근
● 최신 법령과 해석을 반영한 체계적 학습
● 풍부한 설명과 예제로 실전 능력 강화
● 시험에 바로 적용 가능한 전략적 학습 가이드

epasskorea

머리말

"행정절차론, 더 쉽고 명확하게!"

행정사시험에서 '행정절차론'은 수험생들에게 가장 까다로운 과목으로 꼽힙니다. 이 과목을 효과적으로 학습하기 위해서는 그 내용을 체계적으로 설명하는 교재의 선택이 무엇보다 중요합니다. "퍼즐의 조각만 보고 그림을 알 수 없다" 또는 "지도를 보지 않고 길을 찾으려 한다"는 말처럼 전체를 조망하지 못하면 현재 공부하는 지점이 어디인지 알 수 없으며, 이해가 부족하면 불안감에 교재를 신뢰하지 못해 학습이 제대로 이루어지지 않는 악순환에 빠지게 됩니다. 따라서 수험서는 강의를 듣지 않더라도 책 자체만으로도 독자들께서 편안하게 읽어나갈 수 있는 자기완결적 자료이어야 합니다.

저자는 2023년부터 종로의 이패스행정사에서 이 과목을 강의하면서, 그동안 행정사 수험집단(수험생, 강사, 저자)이 공유해왔던 공부방법에 대한 믿음, 가치, 기법에 대한 반성이 필요하다는 생각에 새로운 형태의 기본서와 문제집을 선보였습니다. 이제 더욱 다듬어서 2026년 시험 대비를 위한 개정판을 내어놓습니다. 부디 행정절차론 과목에 어려움을 겪는 분들께 많은 도움이 되기를 바랍니다. 이 책은 열심히 공부하시는 분들이 그 대가를 온전히 누릴 수 있도록 하는 것을 목표로 합니다.

본서는 그 내용과 구성에 있어 다음과 같은 점에 역점을 두었습니다.

1. 풍부한 예제와 취지(배경)의 수록

법령의 단순한 나열에 그치지 않고, 각 절차의 취지와 입법 배경, 법 적용 시 유의할 사항 등을 상세히 설명하였습니다. 또한 각 항목마다 정성스럽게 구성한 〈설명형 예제〉와 〈사례형 예제〉를 통해 독자들께서 이해를 바탕으로 전략적인 학습이 가능하도록 하였습니다. 이러한 구성으로써 이 교재는 차별화된 답안 작성을 위한 실질적인 자료가 될 것입니다.

2. 이론과 실무의 완벽한 가이드

본서의 편집에 있어 ① 법제처 국가법령정보센터에 수록된 최신 법령을 기준으로 하고, ② 개별 법령의 주무 기관이 공표한 편람, 표준지침, 해설서 및 국회의 입법 자료(회의록 포함) 등을 참고하였고, ③ 행정절차에 관한 이론서들을 검토하여 반영함으로써 알찬 최고의 수험서를 만들고자 하였습니다.

3. 시행령, 시행규칙을 포함한 전체 법령 수록

법률로부터 위임받아 제정된 시행령과 시행규칙도 빠짐없이 기재하여 법령의 내용을 충분히 파악하고 풍부한 답안 작성을 가능하게 하였습니다. 답지에 법조항을 모두 표시할 필요는 없지만, 학습 과정에서 법률, 시행령, 시행규칙 간의 연계성과 구조를 명확하게 이해할 수 있도록 조항 표기를 철저히 하였습니다.

4. 답안지에 현출할 수 있도록 체계적인 소목차 구성

법전(法典)을 그대로 옮겨 놓은 책이 아니라, 시험 준비에 실제적인 도움이 되는 교과서를 지향합니다. 법조문을 단순히 암기하여 순서대로 답안지에 옮기는 것만으로는 고득점을 보장할 수 없으며, 그것이 결코 쉬운 일도 아닙니다. 따라서 법조문을 낱낱이 해부하여 체계적으로 답안 작성을 할 수 있도록 소목차를 구성하고, 이해하기 어려운 부분들에 대해 친절한 해설을 덧붙였습니다.

5. 기출문제의 표시

본문의 해당 부분에 행정사 기출문제임을 표시하였고, 끝부분 부록의 기출문제 소개에서 다시 본문의 위치를 표시하였으므로 학습에 편리할 것입니다.

교재를 통해 법령의 체계를 익히고 내용을 이해한 후에는 시험에 출제될 수 있는 중요한 테마를 중심으로 선택과 집중 전략으로 준비해야 하겠습니다. 출제 예상 문제들의 답안을 최적의 논리로 구성한 저자의 「행정절차론 사례·약술 연습」 문제집을 통해서도 다시 만나 뵙겠습니다.

한편, 행정법령은 개정이 빈번하므로 개정 사항을 그때그때 신속히 업데이트하여 이패스행정사의 홈페이지에 게재하도록 하겠습니다. 행정사 수험서로서 사랑받을 수 있는 좋은 교재가 되도록 심혈을 기울였으므로, 이 책을 잘 활용하시면 고득점으로 합격의 영광을 안으실 것으로 믿습니다. 감사합니다.

2025년 10월
편저자 박이준

출제경향분석

2026 epass 행정절차론

1. 출제 영역별 분석

* 숫자는 문항 개수(괄호 안은 배점)

연도\영역	행정절차법	정보공개법	개인정보보호법	질서위반규제법	행정조사기본법	행정규제기본법	주민등록법	가족관계등록법
2013	2(60)				1(20)	1(20)		
2014	2(60)	1(20)	1(20)					
2015	1(20)		1(40)		1(20)		1(20)	
2016	3(40)	1(20)	1(20)	1(20)				
2017	2(40)		1(20)			1(20)		1(20)
2018	2(40)	1(20)		2(20)	1(20)			
2019	1(40)		1(20)		1(20)	1(20)		
2020	2(40)	1(20)		1(20)	1(20)			
2021	2(40)	1(20)	1(20)	1(20)				
2022	2(40)	1(20)			1(20)	1(20)		
2023	2(40)	1(20)		1(20)			1(20)	
2024	2(40)		1(20)	1(20)	1(20)			
2025	2(40)		1(20)		1(20)	1(20)		
비중(%)	41.5	10.8	13.8	9.2	12.3	7.7	3.1	1.5

2. 영역별 주제 상세

* 실제 문제는 부록에 수록

영역	주제
행정절차법	• 공청회(40점, 2013) • 행정예고의 개념과 대상 & 행정상 입법예고와의 비교(20점, 2013) • 철거명령처분의 절차적 요건(40점, 2014) • 신고의 절차와 효과(20점, 2014) • 청문주재자(20점, 2015) • 영업정지처분을 위한 행정절차(20점, 2016) • 행정절차 흠결 시 처분의 유효성(10점, 2016) • 행정절차 하자의 치유(10점, 2016) • 재단법인 설립불허가처분에서의 사전통지절차(20점, 2017) • 전자공청회의 의의, 실시요건, 방법, 절차(20점, 2017) • 절차적 하자의 독자적 위법성(20점, 2018) • 이유제시 하자의 치유(20점, 2018) • 청문절차의 생략(40점, 2019) • 행정절차에서의 신뢰보호원칙 주장(20점, 2020) • 사전통지 흠결의 효과(20점, 2020) • 직위해제처분 시 행정절차법 적용 여부(10점, 2021) • 징계절차상 처분사유설명서 미교부의 효과(30점, 2021) • 시정명령의 형식상 위법성(20점, 2022) • 청문절차 하자의 치유(20점, 2022) • 처분의 사전통지(20점, 2023) • 의견제출(20점, 2023) • 신고의 법적 성질, "당사자등"의 개념(20점, 2024) • 사전통지, 이유제시(20점, 2024) • 건강보험료 납입고지의 절차(20점, 2025) • 문자메세지 통지 방식의 하자 & 거부처분에서의 사전통지(20점, 2025)

영역	주제
공공기관의 정보공개에 관한 법률	• 비공개대상정보(20점, 2014) • 정보공개여부 결정 절차(20점, 2016) • 정보공개 청구권자 & 공공기관의 범위(20점, 2017) • 비공개결정에 대한 불복구제절차(20점, 2018) • 제3자의 권리보호(20점, 2020) • 정보공개청구권자 & 인적사항의 정보공개청구 대상성(20점, 2021) • 사립학교의 적용 대상 여부 & 학교폭력대책위원회 회의록의 정보공개 범위(20점, 2022) • 일부공개(20점, 2023)
개인정보 보호법	• 정보주체의 권리(20점, 2014) • 영상정보처리기기 설치·운영(40점, 2015) • 회원정보 유출 시 개인정보처리자의 조치(20점, 2016) • 개인정보의 개념 & 개인정보처리자의 손해배상책임(20점, 2019) • 개인정보보호자기결정권의 의미 & 개인정보보호원칙(20점, 2021) • 집단분쟁조정의 실시요건과 분쟁조정위원회의 처리절차(20점, 2024) • 개인정보처리자의 개인정보의 목적외 이용·제공 제한(20점, 2025)
질서위반행위 규제법	• 과태료 부과·징수 및 불복절차(20점, 2016) • 질서위반행위의 고의·과실 & 위법성 오인(10점, 2018) • 질서위반행위의 책임성(10점, 2018) • 관허사업의 제한 & 고액·상습 체납자에 대한 제재(20점, 2020) • 질서위반행위의 개념 & 질서위반행위규제법의 시간적·장소적 적용범위(20점, 2021) • 관허사업제한(20점, 2023) • 약식재판에 대한 이의신청(20점, 2024)
행정조사기본법	• 행정조사의 기본원칙(20점, 2013) • 행정조사의 사전통지와 연기신청(20점, 2015) • 현장조사의 절차 및 제한(20점, 2018) • 행정조사의 기본원칙 & 위법한 행정조사에 기초한 행정행위의 효력(20점, 2019) • 행정조사 방법(20점, 2020) • 수시조사의 실시 사유 & 중복조사 금지 원칙과 예외(20점, 2022) • 자율관리체제의 구축신고(20점, 2024) • 위법한 채혈에 근거한 운전면허 취소처분의 적법성(20점, 2025)
행정규제기본법	• 행정규제의 개념 & 행정규제 법정주의(20점, 2013) • 규제영향분석 & 자체심사(20점, 2017) • 규제개혁위원회의 설치, 기능 & 조사·의견청취(20점, 2019) • 규제의 원칙 & 규제개혁위원회의 심의·조정 사항(20점, 2022) • 규제법정주의 & 규제의 원칙 & 우선허용·사후규제 원칙(20점, 2025)
주민등록법	• 주민등록증의 재발급(20점, 2015) • 주민등록번호의 정정사유, 변경사유(20점, 2023)
가족관계의 등록 등에 관한 법률	• 가족관계등록부의 정정절차(20점, 2017)

학습전략

2026 epass 행정절차론

1. 행정절차의 흐름(Flow)에 주목한다.

이 과목이 8개의 법률을 대상으로 하다 보니 법조문을 얼마나 잘 암기해서 답안지에 옮기느냐가 득점의 관건인 양 오해하는 경향이 다소 있습니다.

그러나 출제자는 각 절차의 취지와 그 운용상 구조를 이해하고 있는지 테스트하려는 것이지 암기력을 보려 함이 아닙니다. 당연히 법조문은 기본이 되는 것이나, 법률 규정만으로 어떤 '제도'나 '절차'를 모두 설명할 수 있는 것이 아닙니다.

모든 행정절차 규정들은 행정의 효율성과 국민의 권익구제라는 양대 목적을 적절한 균형점에서 달성하기 위한 고민 과정에서 만든 것이므로, 여러분께서는 늘 '왜 이렇게 규정했는지?'라는 마음가짐으로 책을 읽어보는 것이 좋고, 또 그렇게 하면 자연스럽게 좋은 답안을 작성할 수 있게 됩니다.

2. 법령의 철저한 분석이 필요하다.

법률안의 입안과정을 '의원발의 법률안'에 국한해서 보면, ① 법률안의 제안(입법준비 ➔ 법제처에의 법률안 기초 요청 ➔ 입법자료 수집 ➔ 법률안의 요강과 분석서 작성 ➔ 초안의 작성과 수정 ➔ 요청의원에게 제공), ② 국회제출, ③ 국회심의(전문위원 검토 ➔ 소의원회 심의 ➔ 필요시 공청회 개최 ➔ 위원회의 질의·토론·축조심사 ➔ 필요시 대안 제출 ➔ 법제사법위원회 심사 ➔ 소관위원회 의결 ➔ 본회의 의결)라는 지난한 절차로 진행됩니다.

위 과정을 통해서 법령 조문의 단어 하나, 어구 하나는 나름대로의 의도를 갖고 계속 다듬어지므로, 이렇게 마련된 법률 규정이 허투루 만들어진 것이 아니라 생각하고 그 내용을 철저히 분석하고 이해하는 것이 중요합니다. 이것이 시험공부의 전부라 해도 과언이 아니고, 이 작업을 해내었을 때 비로소 시험장에 갈 기본 자격을 갖추었다 할 것입니다.

3. 「행정절차법」의 학습에 중점을 둔다.

시험범위에 속한 8개의 법률 가운데 우선 행정절차법에 시간과 노력을 집중할 필요가 있습니다. 다른 법률들은 비교적 단순한 '설명형' 문제로 출제되고 있으나, 40점 정도의 배점인 행정절차법은 '논술형'이거나 최소한 '약술 사례형'이어서 평면적인 학습으로는 부족하고 논점을 적절히 추출해서 요령 있게 채점자를 설득할 정도의 실력을 갖추어야 합니다.

예컨대, ① 행정절차법의 적용범위에 속하는 사례인지, ② 처분기준의 법형식(법령·행정규칙)에 따라 재판규범성을 판단하기, ③ 처분기준을 설정하지 않은 것이 독립적인 위법사유가 되는지, ④ 설정된 처분기준과 다른 기준으로 처분한 것이 독립한 위법사유인지, ⑤ 이유제시의 하자와 그 효과 및 치유 가능성, ⑥ 수익적 행정행위의 거부처분이 불이익처분에 해당하는지, ⑦ 사전통지 또는 의견제출절차 위반의 효과, ⑧ 청문절차 결여의 하자와 그 효과, ⑨ 절차적 하자의 위법성 정도 및 절차상 하자의 독자적 위법성 등 중요한 논점들이 있습니다. 그것들에 여하히 잘 대응했느냐가 고득점을 좌우할 수 있으므로 입체적·분석적 학습을 위한 특단의 노력이 필요하다 할 것입니다.

4. 조문별 핵심 어구와 키워드를 준비한다.

아무리 능력이 출중한 수험자라도 법조문의 전체 문장을 그대로 답안지에 현출하기 어렵습니다. 위에서 말씀드린 바와 같이 충분한 공부가 되었다는 전제하에, 핵심적인 단어 또는 어구를 1순위, 2순위, 3순위별로 추출해서 머릿속에 각인하는 작업을 해야 합니다.

어떤 분들은 두문자 암기에 지나친 노력을 기울이는 분들이 있습니다. 그러나 그렇게 하기보다는 교재에 키워드나 어구를 표시한 후 반복해서 본다면 시험장에서 충분히 기억을 떠올릴 수 있을 것이며, 시간배분이나 답안의 강약 조절에 큰 도움이 될 것입니다.

그리고 이렇게 준비를 해야 채점자가 부여하려는 점수를 모두 획득할 수 있습니다.

5. 사례형 답안 작성 능력을 키운다.

사례형 문제는 행정절차론 시험에서 고득점을 좌우하는 핵심 영역입니다. 사실관계를 길게 제시한 뒤 '어떤 절차를 밟아야 하는지', '처분의 적법성을 검토하라'와 같은 요구를 하는 경우, 단순 암기가 아니라 법리를 구체적 사실관계에 맞추어 적용하는 능력이 필요합니다.

답안을 작성할 때는 첫째, 문제의 사실관계를 단계적으로 정리하면서 행정행위의 성질(처분성 여부, 절차요건, 통지 방식 등)을 파악해야 합니다. 둘째, 관련 조문과 판례를 정확히 적시하여 적법성 판단의 기준을 분명히 제시해야 합니다. 셋째, 결론은 단정적으로 명확히 제시합니다. 그리고 이러한 과정에서 사안의 쟁점을 균형 있게 검토해야 합니다.

평소에는 모의사례를 반복적으로 연습하면서 '문제 제기 → 법규·판례 정리 → 사안 적용 → 결론'의 글쓰기 구조를 체화해 두는 것이 필요합니다.

저자는 여러분께서 앞서 제시한 방법을 토대로 착실히 공부하신다면 반드시 좋은 결과를 얻으실 것이라고 믿습니다. 끝까지 힘내시길 바랍니다.

좀 더 자세한 내용 및 수험정보 등은 당사 홈페이지(www.epass-adm.com) 참조

차 례

2026 epass 행정절차론

제1편 행정절차법

제1장 행정절차법 개관 · 14
- 01 행정절차의 개념 · 14
- 02 행정절차의 필요성 · 15
- 03 행정절차의 법적 근거 · 15
- 04 행정절차법의 구조와 성격 · 16
- 05 행정절차의 하자 · 17

제2장 행정절차법의 적용원칙 · 22
- 01 의의 · 22
- 02 행정절차법의 적용범위 · 23
- 03 행정절차의 운영원칙 · 26
- 04 행정청의 개념 · 29
- 05 행정관할 · 32
- 06 행정청 간의 협조 및 행정응원 · 33
- 07 당사자등의 행정절차 참여 · 36
- 08 송달 · 42
- 09 기간 및 기한의 특례 · 45
- 10 비용의 부담(지급) · 46

제3장 처분절차 · 48
- 01 행정처분의 의의 · 48
- 02 신청에 의한 처분 · 48
- 03 직권처분 · 54
- 04 청문 · 65
- 05 의견제출 · 76

제4장 국민의 국정참여 · 81
- 01 행정상 입법예고 · 81
- 02 행정예고 · 84
- 03 공청회 · 87

제5장 신고, 확약 및 위반사실 등의 공표 등 · 94
- 01 신고제도 · 94

	02 확약	99
	03 위반사실 등의 공표	102
	04 행정계획	105
	05 행정지도	107

제6장 국민의 행정참여를 위한 절차 — 112
01 국민참여 활성화 — 112
02 국민제안의 처리 — 114
03 국민참여 창구 — 123
04 온라인 정책토론 — 123

제2편 그 밖의 행정절차 관련 법령

제1장 공공기관의 정보공개에 관한 법률 — 128
01 개설 — 128
02 적용원칙 — 129
03 정보공개의 절차 — 145
04 불복구제절차 및 권익구제 — 155
05 그 밖의 사항 — 159

제2장 개인정보 보호법 — 162
01 개설 — 162
02 적용원칙 — 164
03 개인정보 보호정책의 수립 등 — 170
04 개인정보의 수집, 이용, 제공 등 — 183
05 개인정보의 처리 제한 — 200
06 가명정보의 처리에 관한 특례 — 216
07 개인정보의 국외 이전 — 221
08 개인정보의 안전한 관리 — 225
09 정보주체의 권리 보장 — 241
10 개인정보 분쟁조정위원회 — 267
11 개인정보 단체소송 — 274
12 보칙 — 277

제3장 질서위반행위규제법 — 285

- 01 개설 — 285
- 02 적용원칙 — 286
- 03 질서위반행위의 성립 등 — 290
- 04 행정청의 과태료 부과 및 징수 — 297
- 05 질서위반행위의 재판 및 집행 — 314
- 06 보칙 — 323

제4장 행정조사기본법 — 333

- 01 개설 — 333
- 02 적용원칙 — 335
- 03 조사계획의 수립 및 조사대상의 선정 — 337
- 04 조사방법 — 341
- 05 조사실시 — 348
- 06 자율관리체제의 구축 등 — 354
- 07 보칙 — 355
- 08 행정조사에 대한 권리구제 — 356

제5장 행정규제기본법 — 359

- 01 개설 — 359
- 02 적용원칙 — 360
- 03 규제의 신설·강화에 대한 원칙과 심사 — 366
- 04 기존규제의 정비 — 374
- 05 규제개혁위원회 — 384
- 06 보칙 — 388

제6장 주민등록법 — 390

- 01 개설 — 390
- 02 주민등록 일반사항 — 391
- 03 주민등록사항 — 393
- 04 주민등록신고 — 406
- 05 주민등록증 발급 및 관리 — 422
- 06 주민등록표 열람 및 등·초본 교부 — 433
- 07 그 밖의 사항 — 439

제7장 가족관계의 등록 등에 관한 법률   443
01 개설   443
02 적용원칙   443
03 가족관계등록부의 작성과 등록사무의 처리   446
04 신고   460
05 등록부의 기록 및 정정   491
06 그 밖의 사항   495

제3편 행정사 「행정절차론」 기출문제

제1장 행정사 「행정절차론」 기출문제   502
2013년 제1회 행정사 제2차 기출문제   502
2014년 제2회 행정사 제2차 기출문제   503
2015년 제3회 행정사 제2차 기출문제   504
2016년 제4회 행정사 제2차 기출문제   505
2017년 제5회 행정사 제2차 기출문제   506
2018년 제6회 행정사 제2차 기출문제   507
2019년 제7회 행정사 제2차 기출문제   508
2020년 제8회 행정사 제2차 기출문제   509
2021년 제9회 행정사 제2차 기출문제   510
2022년 제10회 행정사 제2차 기출문제   511
2023년 제11회 행정사 제2차 기출문제   512
2024년 제12회 행정사 제2차 기출문제   514
2025년 제13회 행정사 제2차 기출문제   515

행정사 2차 행정절차론

제1편

행정절차법

제1장 　행정절차법 개관
제2장 　행정절차법의 적용원칙
제3장 　처분절차
제4장 　국민의 국정참여
제5장 　신고, 확약 및 위반사실 등의 공표 등
제6장 　국민의 행정참여를 위한 절차

제1장 행정절차법 개관

01 행정절차의 개념

1. 광의와 협의의 행정절차

(1) 광의의 행정절차

행정절차는 광의로는 입법절차·사법절차에 대응하는 개념으로서, 행정권 발동인 행정작용을 행함에 있어 거치는 절차를 말한다. 이러한 광의의 행정절차에는 사전절차인 제1차적 행정절차, 행정상 이의신청 등의 절차, 집행절차(행정강제·행정벌 등) 및 행정심판에 관한 절차 등이 모두 포함된다.

(2) 협의의 행정절차

행정절차는 협의로는 종국적 행정처분의 형성과정에서 이루어지는 제1차적 행정절차, 즉 행정청이 공권력을 행사하여 행정에 관한 결정을 함에 있어 요구되는 외부와의 일련의 교섭과정을 말한다(통설). 협의의 행정절차는 행정청이 행정업무수행을 위하여 사전에 행정의 상대방과 거쳐야 할 대외적 절차라는 점에서, 결정과정에 관한 것이기는 하되 행정조직 내부에서 수행되는 데 그치는 준비절차는 여기에 포함되지 아니한다.

2. 행정절차의 개념요소

(1) 행정청이 주체가 되어 행하는 절차

행정청이란 행정에 관한 의사를 결정하여 표시하는 국가 또는 지방자치단체의 기관, 그 밖에 법령 또는 자치법규에 따라 행정권한을 가지고 있거나 위임 또는 위탁받은 공공단체 또는 그 기관이나 사인(私人)을 말한다(행정절차법 제2조 제1호). 그러나 사법부 또는 입법부가 하는 특정행위의 성질이 행정에 속한 경우에도 행정절차는 아니다.

(2) 행정작용의 형성을 목적으로 하는 절차

행정작용의 의미는 행정변화에 따라 범위가 넓어질 수 있다. 다만 행정절차법은 처분, 신고, 확약, 위반사실 등의 공표, 행정계획, 행정상 입법예고, 행정예고, 행정지도 등만을 대상으로 하고 있다. 한편 행정청의 행위에 관한 절차라도 이미 행하여진 행위의 집행이나 심판절차라든가 사법(私法)상의 행위는 행정절차가 아니다.

(3) 국민과 직접적인 관계를 갖는 대외적 절차

행정청의 내부적 행위에 국한된 절차는 행정절차가 아니다. 그러나 행정절차법은 행정기관 내부절차의 하나인 행정응원도 규정하고 있다.

02 행정절차의 필요성

1. 행정절차의 기능

행정작용의 민주화	행정과정에 이해관계인이 참여할 수 있는 기회를 보장함으로써 민주주의를 실현하고 국민으로부터 행정결정의 정당성을 확보하는 제도적 수단
행정작용의 적정화	행정작용을 할 때에 관계인으로부터 의견제출을 받음으로써 행정청의 편견을 배제하고, 사실인정 및 법령해석을 적정화하고, 행정행위의 적법성과 공정성을 확보
행정작용의 능률화	행정작용의 절차적 정형화가 행정작용을 간이·신속화하고, 행정결정과정에서 관계인의 협력을 얻음으로써 저항을 완화시켜 궁극적으로는 행정의 능률화에 이바지
예방적·사전적 행정구제	적법·타당한 행정작용의 성립을 도모함으로써 위법·부당한 행정작용에 대한 예방적·사전적 행정구제의 기능

2. 행정절차 제도화의 의미

행정처분, 행정입법, 행정계획, 행정계약, 위반사실의 공표, 행정지도, 신고 등 행정작용에 관한 근거규정을 두고 있는 법률은 대부분 그에 관한 절차규정을 함께 두고 있으나, 개별법률의 제정주체가 필요에 따라 절차적 요소를 도입하였기 때문에 그 내용은 동일하지 않다.

따라서 개별법률에 흩어져 있는 절차적 규정에 대한 공통적 사항을 파악하여 일반적·통일적인 내용의 행정절차를 제도화할 필요가 있다. 이를 통하여 입법자는 절차규정에 대한 제정의 부담 경감, 행정기관은 행정작용의 단순·단일화, 법원은 재판상 부담의 완화, 사인은 법적 지위의 강화를 가져오는 효과가 있다.

한편 학설과 판례에 의해 인정되었던 불문의 일반원칙들이 성문규정으로 편입됨에 따라 법적 명확성과 국민의 법률생활의 안정화에도 도움이 되는 효과가 있다.

03 행정절차의 법적 근거

1. 헌법

대다수의 학자들은 헌법 제12조 1항의 규정("모든 국민은 … 법률과 적법한 절차에 의하지 아니하고는 처벌·보안처분 또는 강제노역을 받지 않는다")이 직접적으로는 형사사법권의 발동에 관한 조항이라 하더라도, 행정절차에 대해서도 헌법 제12조의 적법절차 원리가 적용되어야 한다고 본다.

다만 헌법 제12조에 근거를 두는 경우에는 행정절차의 범위가 좁아질 염려가 있으므로, 행정절차의 헌법상 근거를 민주국가원리나 법치국가원리와 같은 헌법원리 또는 인간의 존엄과 가치에 관한 헌법 제10조 등에서 찾는 견해도 있다.

> **관련판례**
>
> **헌법 제12조 제3항 본문과 동조 제1항은 적법절차원리의 일반조항에 해당**
> 헌법 제12조 제3항 본문은 동조 제1항과 함께 적법절차원리의 일반조항에 해당하는 것으로서, 형사절차상의 영역에 한정되지 않고 입법, 행정 등 국가의 모든 공권력의 작용에는 절차상의 적법성 뿐만 아니라 법률의 구체적 내용도 합리성과 정당성을 갖춘 실체적인 적법성이 있어야 한다는 적법절차의 원칙을 헌법의 기본원리로 명시하고 있는 것이다(헌재 1992.12.24. 92헌가8).
>
> **적법절차가 존중되지 아니한 사례**
> 법무부장관의 일방적 명령에 의하여 변호사 업무를 정지시키는 것은 당해 변호사가 자기에게 유리한 사실을 진술하거나 필요한 증거를 제출할 수 있는 청문의 기회가 보장되지 아니하여 적법절차를 존중하지 아니한 것이 된다(헌재 1990.11.19. 90헌가48).

2. 법률

(1) 일반법

우리나라의 행정절차에 관한 일반법으로 <u>행정절차법(1998년 시행)</u>이 있으며, 민원사무와 관련된 일반법으로 <u>「민원 처리에 관한 법률」</u>이 있다. 그리고 최근에 제정된 <u>「행정기본법」</u>이 실체적 내용과 절차적 내용을 함께 담고 있는바 절차적 부분 역시 행정절차에 관한 일반법적 지위를 갖는다.

(2) 개별법

개별법에서 행정절차에 관한 개별규정들을 두고 있는 경우가 적지 않은데, 그 예로서 <u>국가공무원법 제13조(진술기회부여), 식품위생법 제81조(청문), 행정대집행법 제3조(계고), 공익사업을 위한 토지등의 취득 및 보상에 관한 법률 제21조(의견청취), 경찰관직무집행법 제5조(경고), 국민연금법 제22조(통지)</u> 등이 있다.

(3) 법률의 적용순서

행정절차와 관련하여 세 가지의 근거법률, 즉 일반법으로서의 행정절차법, 민원사무에 관한 일반법으로서의 민원처리에 관한 법률, 그리고 개별법률은 특별법과 일반법의 관계에 놓인다고 할 수 있다. 따라서 ① 민원사무라면 <u>개별법률 → 민원 처리에 관한 법률 → 행정절차법</u>의 순으로 적용되고, ② 민원사무가 아니라면 <u>개별법률 → 행정절차법</u>의 순으로 적용된다.

04 행정절차법의 구조와 성격

1. 행정절차법의 구조

행정절차법은 본칙 8개 章, 1~56條, 부칙으로 구성되어 있으며, 시행령(대통령령) 및 시행규칙(행정안전부령)이 있다. 행정절차법이 규율하는 것은 처분, 신고, 확약, 위반사실 등의 공표, 행정계획, 행정상 입법예고, 행정예고, 행정지도의 절차인데, 그 중에서도 처분절차가 중심에 있다.

2. 행정절차법의 성격

(1) 행정절차법은 행정절차에 관한 일반법으로서, 행정절차를 규정하는 다른 개별법률에 규정이 없는 사항은 행정절차법이 적용된다.

(2) 행정절차법은 절차적 규정이 대부분이지만 실체적 규정(예 신의성실의 원칙, 신뢰보호의 원칙)도 일부 포함되어 있다.

(3) 행정절차법은 국민의 권익보호와 행정능률을 적절히 조화시키려 노력하였다. 처분의 이유제시를 원칙으로 하면서도 예외를 두거나(제23조), 문서의 열람·복사권을 인정하되 의견제출과 청문절차로 한정한 것(제37조) 등이 그 예이다.

05 행정절차의 하자

> **사례형 예제**
>
> 甲은 2026.1.16. 인천시 북부교육지원청 교육장 乙에게 중학교의 교육환경보호구역 중 상대보호구역 내에 위치한 곳에서 PC방을 영위할 목적으로 금지행위해제신청을 하였고, 이에 대하여 乙은 해당 장소가 교육환경보호구역 내에 위치한다는 것을 이유로 거부처분을 하였다. 이에 甲은 2026.1.24. 거부처분에 대한 취소소송을 제기하였다. 乙은 2026.2.20. 교육환경보호위원회의 심의를 거치고서, 이를 이유로 거부처분은 적법하다고 주장하고 있다. 乙의 주장은 타당한가? 乙의 주장이 타당하지 않으면 법원은 어떠한 판결을 하여야 하는가?
>
> **해설 요지**
>
> 乙의 거부처분에는 교육환경보호위원회의 심의를 거치지 않은 하자가 있었는바, 취소소송 계속 중에 심의가 이루어진 경우 그 하자가 치유되는지 문제된다. 행정쟁송제기 이전에만 가능하다는 판례에 따르면 행정소송 제기 이후에는 허용되지 않게 된다. 소송계속 중 교육환경보호위원회의 심의가 이루어진 경우이므로 이를 들어 하자가 치유되었다고 주장할 수 없다. 따라서 乙의 주장은 타당하지 않으며, 법원은 거부처분을 취소하는 판결을 하여야 한다.

1. 행정절차상 하자의 의의

(1) 개념

행정청에 의한 각종의 공법적 작용에 절차요건상 흠이 있을 때, 이를 절차상 하자라 부른다. 광의로는 행정입법·행정지도 등 행정청의 모든 행정작용의 절차적 하자를 포함하나, 일반적으로 행정처분의 절차에 관련된 하자가 주관심의 대상이다.

(2) 행정절차상 하자의 사유

절차상 하자의 사유로는 필요적인 처분의 사전통지 결여, 공람·공고절차 누락, 의견제출·청문의 의견청취절차의 결여, 이유제시의 결여, 송달방법의 하자, 법령상 필요적인 상대방·관계 행정청과의 협력의 결여 등이 있다.

2. 절차상 하자의 독자적 위법성 여부 *2016 행정사 기출

(1) 문제의 소재

우리나라의 경우 절차상 하자의 효과에 관한 일반적 규정을 두고 있지 아니한다. 개별법률에는 명문의 규정을 두기도 하는데( 국가공무원법 제13조의 '소청사건을 심사할 때 소청인 등에게 진술의 기회를 부여하지 아니하고 한 결정은 무효'), 각 규정이 정한 바에 따라 효력이 정해진다.

명문규정이 없는 경우가 문제인데, 재량행위에 있어서는 적법한 절차를 거친 후에는 새로운 재량고려를 기초로 기존 처분과는 다른 처분을 내릴 수 있으므로 절차상 하자는 독립의 취소사유가 된다(통설). 그러나 기속행위라면 당해 행정행위가 취소되어도 결국은 실체적으로 동일한 처분을 하게 될 가능성이 크므로 절차상의 하자가 독립의 취소사유인가의 문제가 발생한다.

(2) 학설

소극설	① 절차규정은 실체법적으로 적절한 행정결정을 하기 위한 수단에 불과한 점, ② 절차위반을 이유로 다시 처분한다 해도 전과 동일한 처분을 하는 경우에는 행정경제 및 소송경제에 반한다는 점을 논거로, 행정절차의 하자만을 이유로 당해 행정행위를 무효 또는 취소할 수 없다는 견해
적극설	① 적정한 절차는 적정한 결정의 전제가 된다는 점, ② 다시 처분한다고 하더라도 반드시 동일한 결론에 도달한다는 보장이 없다는 점, ③ 취소소송 등의 기속력이 절차의 위법을 이유로 하는 경우에 준용된다는 점(행정소송법 제30조 제3항)을 논거로 하는 견해

(3) 판례

행정절차법 시행 이전의 대법원 판례 중에는 '청문에 관한 명문규정이 없는 경우에는 독립된 위법사유로 볼 수 없다'라는 예외적 사례(대판 1994.8.9. 94누3414)가 있었으나, 기속행위인 과세처분이 이유제시를 결한 경우에도 절차상의 하자를 이유로 행정행위를 취소하는 등 기본적으로 적극설의 입장에 있다.

> **관련판례**
>
> 구 학교보건법상 학교환경위생정화구역에서의 금지행위 및 시설의 해제 여부에 관한 행정처분을 함에 있어 학교환경위생정화위원회의 심의절차를 누락한 행정처분이 위법한지 여부
> 금지행위 및 시설의 해제 여부에 관한 행정처분을 하면서 절차상 위와 같은 심의를 누락한 흠이 있다면 그와 같은 흠을 가리켜 위 행정처분의 효력에 아무런 영향을 주지 않는다거나 경미한 정도에 불과하다고 볼 수는 없으므로, 특별한 사정이 없는 한 이는 <u>행정처분을 위법하게 하는 취소사유</u>가 된다(대판 2007.3.15. 2006두15806).

(4) 검토

행정소송법 제30조 제3항이 절차의 위법을 이유로 한 취소판결을 인정하고 있으므로 현행법상 소극설은 타당하지 않다. 우리나라 행정의 절차경시 풍조를 감안하면 절차의 하자를 독립된 취소사유로 봄으로써 절차중시행정을 유도하는 것이 바람직하므로 적극설이 타당하다.

3. 위법성의 정도

명문의 규정이 없는 경우 절차의 하자는 행정행위 하자의 일부분이므로 행정행위의 하자의 효과이론이 그대로 적용된다. 중대명백설에 따라 하자가 중대하고 동시에 명백하다면 무효사유가 된다. 판례는 일관된 입장을 보이지 않으나, 대체로 행정절차상의 하자에 대하여 취소사유로 보는 경향에 있다.

다만, 절차위반으로 인하여 그 절차가 지향하는 목적을 형해화할 정도의 하자가 있는 경우는 무효로 보기도 한다.

4. 하자의 치유 * 2016, 2018, 2022 행정사 기출

(1) 의의

하자의 치유란 행정행위가 발령 당시에 적법요건을 완전히 구비한 것이 아니어서 위법한 것이라고 하여도 사후에 흠결을 보완하게 되면, 발령 당시의 하자에도 불구하고 그 행위의 효과를 다툴 수 없도록 유지하는 것을 말한다. 하자의 치유는 법치주의적 관점에서 볼 때 원칙적으로 허용할 수 없는 것이지만, 법률생활의 안정을 도모하고 상대방의 신뢰를 보호하며 불필요한 행정행위의 반복을 피하기 위하여 인정된다. 그러나 행정의 법률적합성의 원칙상 제한적으로 인정되어야 한다.

(2) 법적 근거

민법상 명문화(제143조 이하)되어 있는 하자의 치유에 관한 통칙적 규정이 행정법에는 없다. 그러나 학설과 판례는 일정한 한계 내에서 하자의 치유를 인정한다.

(3) 하자의 치유 가능성

① 문제의 소재

행정행위가 발령 당시에 절차요건상 흠결이 있는 경우에 그 흠결을 사후에 보완함으로써 절차흠결의 하자치유를 인정할 것인가의 문제가 있다. 이는 이해관계인의 권익보호와 행정의 절차적 경제성 가운데 무엇을 우선할 것인가의 문제로 귀착된다.

② 학설

부정설	㉠ 개인의 권리보호, ㉡ 처분의 신중성과 공정성을 담보하려는 이유제시 자체의 존재의의에서 치유를 부정하는 견해
긍정설	행정의 효율성을 강조하여 전면적으로 긍정하는 견해
제한적 긍정설	원칙적으로 부정하지만, 국민의 방어권보장을 침해하지 않는 범위 안에서 제한적으로만 허용된다는 견해

③ 판례

대법원은 법치주의 관점에서 원칙적으로 하자있는 행정행위의 치유를 인정하지 않고 있으나, 예외적으로 행정행위의 무용한 반복을 피하고 당사자의 법적 안정성을 위해 이를 허용하더라도 국민의 권리나 이익을 침해하지 않는 범위에서 구체적 사정에 따라 합목적적으로 인정하여야 한다는 입장이다(대판 1983.7.26. 82누420).

④ 검토

국민의 권익구제와 행정절차적 경제 사이의 조화를 꾀하는 제한적 긍정설이 타당하다.

(4) 하자 치유의 한계

① 실체적 한계

치유를 인정하는 경우에도 국민의 권리와 이익을 침해하지 않는 범위에서 구체적 사안에 따라 합목적적으로 가려야 한다. 가령 경원자관계의 경우 위법한 수익적 행정행위에 대해 치유를 인정한다면 타방 당사자의 이익을 침해할 수 있으므로 하자치유를 허용할 수 없다.

> **관련판례**
>
> **하자 치유의 인정 한계**
> 행정행위의 성질이나 법치주의의 관점에서 볼 때 하자있는 행정행위의 치유는 원칙적으로 허용될 수 없을 뿐만 아니라 이를 허용하는 경우에도 국민의 권리와 이익을 침해하지 않는 범위에서 구체적 사정에 따라 합목적적으로 가려야 할 것이다. 사업계획변경인가처분에 관한 하자가 행정처분의 내용에 관한 것이고 새로운 노선면허가 소제기 이후에 이루어진 사정 등에 비추어 하자의 사후적 치유를 인정하지 아니한다(대판 1991.5.28. 90누1359).
>
> **제한적으로 하자의 치유를 인정한 사례**
> [1] 행정청이 식품위생법상의 청문절차를 이행함에 있어 소정의 청문서 도달기간을 지키지 아니하였다면 이는 청문의 절차적 요건을 준수하지 아니한 것이므로 이를 바탕으로 한 행정처분은 일단 위법하다고 보아야 할 것이지만 이러한 청문제도의 취지는 처분으로 말미암아 받게 될 영업자에게 미리 변명과 유리한 자료를 제출할 기회를 부여함으로써 부당한 권리침해를 예방하려는 데에 있는 것임을 고려하여 볼 때, 가령 행정청이 청문서 도달기간을 다소 어겼다 하더라도 영업자가 이에 대하여 이의하지 아니한 채 스스로 청문일에 출석하여 그 의견을 진술하고 변명하는 등 방어의 기회를 충분히 가졌다면 청문서 도달기간을 준수하지 아니한 하자는 치유되었다고 봄이 상당하다(대판 1992.10.23. 92누2844).
> [2] 택지초과소유부담금의 납부고지서에 납부금액 및 산출근거, 납부기한과 납부장소 등의 필요적 기재사항의 일부가 누락되었다면 그 부과처분은 위법하다고 할 것이나, 부과관청이 부과처분에 앞서 택지소유상한에관한법률시행령 제31조 제1항에 따라 납부의무자에게 교부한 부담금예정통지서에 납부고지서의 필요적 기재사항이 제대로 기재되어 있었다면 납부의무자로서는 부과처분에 대한 불복 여부의 결정 및 불복신청에 전혀 지장을 받지 않았음이 명백하므로, 이로써 납부고지서의 흠결이 보완되거나 하자가 치유될 수 있는 것이다(대판 1997.12.26. 97누9390).
> [3] 납세고지서에 그 기재사항의 일부가 누락되었다고 하더라도 지방세부과처분에 앞서 보낸 과세예고통지서(또는 납세안내서)에 납세고지서의 필요적 기재사항이 제대로 기재되어 있었다면, 납세의무자로서는 과세처분에 대한 불복 여부의 결정 및 불복신청에 전혀 지장을 받지 않을 것이어서 이로써 납세고지서의 흠결이 보완되거나 하자가 치유될 수 있다(대판 1996.10.15. 96누7878).
>
> **당연무효인 징계처분의 하자가 피징계자의 인용으로 치유되지 아니함**
> 징계처분이 중대하고 명백한 흠 때문에 당연무효의 것이라면 징계처분을 받은 자가 이를 용인하였다 하여 그 흠이 치료되는 것은 아니다(대판 1989.12.12. 88누8869).

② 시간적 한계

하자의 치유가 언제까지 가능한가에 대하여, ㉠ 행정쟁송제기 이전에만 가능하다는 견해, ㉡ 행정심판절차에서도 가능하다는 견해, ㉢ 행정소송절차에서도 가능하다는 견해, ㉣ 쟁송제기 이후에는 상대방에 권리구제의 장애를 초래하지 않는 경우에 한하여 인정된다는 절충적 견해가 있다. 판례는 <u>행정쟁송의 제기 이전</u>에 가능하다는 입장이다.

> **관련판례**
>
> **세액산출근거가 누락된 납세고지서에 의한 하자있는 과세처분의 치유요건**
> 지방세법 제25조 제1항, 동법시행령 제8조는 강행규정이라 할 것이므로 지방세납세고지는 반드시 세액산출근거 등을 기재한 문서로써 하여야 하며 그 근거가 기재되지 아니한 납세고지서에 의한 납세고지는 위법하다. 세액산출근거가 누락된 납세고지서에 의한 과세처분의 하자의 치유를 허용하려면 늦어도 과세처분에 대한 불복여부의 결정 및 불복신청에 편의를 줄 수 있는 상당한 기간 내에 하여야 한다고 할 것이므로 위 과세처분에 대한 전심절차가 모두 끝나고 상고심의 계류중에 세액산출근거의 통지가 있었다고 하여 이로써 위 과세처분의 하자가 치유되었다고는 볼 수 없다 (대판 1984.4.10. 83누393).
>
> **징계처분에 대한 재심절차에서 하자치유를 인정한 사례**
> 징계처분에 대한 재심절차는 원래의 징계절차와 함께 전부가 하나의 징계처분 절차를 이루는 것으로서 그 절차의 정당성도 징계 과정 전부에 관하여 판단되어야 할 것이므로, 원래의 징계 과정에 절차 위반의 하자가 있더라도 재심 과정에서 보완되었다면 그 절차 위반의 하자는 치유된다(대판 1999.3.26. 98두4672).

(5) 하자치유의 효과

하자치유의 효과는 소급적이다. 따라서 <u>치유된 행정행위는 처음부터 적법하게 성립한 것</u>이 된다.

제2장 행정절차법의 적용원칙

01 의의

1. 목적 및 연혁

행정절차법은 행정절차에 관한 공통적인 사항을 규정하여 국민의 행정 참여를 도모함으로써 행정의 공정성·투명성 및 신뢰성을 확보하고 국민의 권익을 보호함을 목적으로 한다(법 제1조).

행정절차에 관한 일반법으로 기능하고 있는 행정절차법은 행정청이 각종 처분을 하거나 법령·정책·제도등을 제정·수립 또는 변경하는 경우 이에 대한 합리적인 기준과 공정한 절차를 마련하고, 국민의 의견을 직접 듣고 반영할 수 있는 기회를 보장하여 국민의 권익보호와 행정의 공정성·투명성·신뢰성을 확보하기 위하여 1996.12.31. 제정되었다(시행 1998.1.1).

2. 용어의 정의

이 법에서 사용하는 용어의 뜻은 다음과 같다(법 제2조).

행정청	• 행정에 관한 의사를 결정하여 표시하는 국가 또는 지방자치단체의 기관 • 그 밖에 법령 또는 자치법규(이하 "법령등")에 따라 행정권한을 가지고 있거나 위임 또는 위탁받은 공공단체 또는 그 기관이나 사인(私人)
처분	행정청이 행하는 구체적 사실에 관한 법 집행으로서의 공권력의 행사 또는 그 거부와 그 밖에 이에 준하는 행정작용(行政作用)
행정지도	행정기관이 그 소관 사무의 범위에서 일정한 행정목적을 실현하기 위하여 특정인에게 일정한 행위를 하거나 하지 아니하도록 지도, 권고, 조언 등을 하는 행정작용
당사자등	• 행정청의 처분에 대하여 직접 그 상대가 되는 당사자 • 행정청이 직권으로 또는 신청에 따라 행정절차에 참여하게 한 이해관계인
청문	행정청이 어떠한 처분을 하기 전에 당사자등의 의견을 직접 듣고 증거를 조사하는 절차
공청회	행정청이 공개적인 토론을 통하여 어떠한 행정작용에 대하여 당사자등, 전문지식과 경험을 가진 사람, 그 밖의 일반인으로부터 의견을 널리 수렴하는 절차
의견제출	행정청이 어떠한 행정작용을 하기 전에 당사자등이 의견을 제시하는 절차로서 청문이나 공청회에 해당하지 아니하는 절차
전자문서	컴퓨터 등 정보처리능력을 가진 장치에 의하여 전자적인 형태로 작성되어 송신·수신 또는 저장된 정보
정보통신망	전기통신설비를 활용하거나 전기통신설비와 컴퓨터 및 컴퓨터 이용기술을 활용하여 정보를 수집·가공·저장·검색·송신 또는 수신하는 정보통신체제

02 행정절차법의 적용범위

> **설명형 예제**
> 「행정절차법」의 적용범위에 관하여 설명하시오.

> **사례형 예제**
> A시 보건소는 甲회사로부터 폐렴예방접종에 사용되는 의약품을 조달받아 왔다. 그런데 A시장은 甲회사가 의약품을 관리·조달하면서 조달계약을 부실하게 이행하였음을 이유로 甲회사에 의약품조달계약 해지를 통보하였다. 甲회사는 A시장이 의약품조달계약을 해지하면서 행정절차법상의 사전통지 및 의견청취를 하지 않았음을 이유로 해당 통보가 위법하다고 주장한다. 甲회사 주장의 타당성을 검토하시오. (단, 의약품조달계약의 해지는 법률에 근거한 것이 아니라 계약에 근거한 계약상의 행위임을 전제함)

> **해설 요지**
> 의약품조달계약의 해지통보에 행정절차법이 적용되는지 문제된다. 이는 조달계약해지통보가 행정행위인지 계약상의 행위인지 여부와 관계된다. 의약품조달계약은 사법상 계약이다. 그리고 조달계약의 해지는 법률에 근거한 것이 아니라 계약에 근거한 계약상의 행위로 보아야 할 것이므로, 이를 처분으로 볼 수 없다. 따라서 행정절차법이 적용되지 아니한다.

1. 적용원칙

<u>처분, 신고, 확약, 위반사실 등의 공표, 행정계획, 행정상 입법예고, 행정예고 및 행정지도의 절차</u>(이하 "행정절차"라 한다)에 관하여 다른 법률에 특별한 규정이 있는 경우를 제외하고는 이 법에서 정하는 바에 따른다(법 제3조 제1항).

행정절차법은 행정절차에 관하여 다른 법률에 특별한 규정이 있는 경우에는 이 법의 적용이 배제됨을 선언하고 있는데, 이는 법의 일반원리로서 인정되는 '특별법 우선의 원리'를 규정한 것이다. 이 경우 행정절차법보다 우선적으로 적용되는 특별법은 반드시 법률의 형식을 갖춘 것이어야 하므로, <u>법률이 아닌 대통령령·총리령·부령으로써 행정절차의 예외를 규정한 경우에는 이들에 규정된 절차가 아니라, 행정절차법에 규정된 절차가 시행되어야 한다.</u>

2. 적용제외

이 법은 다음 각 호의 어느 하나에 해당하는 사항에 대하여는 적용하지 아니한다(법 제3조 제2항).

> **헌법상 독립기관 등의 의결을 거쳐 행하는 사항** (* 굵은 글씨의 분류는 저자의 설정)
> ○ 국회 또는 지방의회의 의결을 거치거나 동의 또는 승인을 얻어 행하는 사항(1호)
> ○ 법원 또는 군사법원의 재판에 의하거나 그 집행으로 행하는 사항(2호)
> ○ 헌법재판소의 심판을 거쳐 행하는 사항(3호)
> ○ 각급 선거관리위원회의 의결을 거쳐 행하는 사항(4호)
> ○ 감사원이 감사위원회의 결정을 거쳐 행하는 사항(5호)

법적 성질이 달라 특별한 절차가 필요한 사항
○ 형사, 행형 및 보안처분 관계법령에 의하여 행하는 사항(6호)
○ 심사청구, 해양안전심판, 조세심판, 특허심판, 행정심판, 기타 불복절차에 의한 사항(8호)

국가의 이익을 현저히 해할 우려가 있는 사항
국가안전보장, 국방, 외교 또는 통일에 관한 사항 중 행정절차를 거칠 경우 국가의 중대한 이익을 현저히 해할 우려가 있는 사항(7호)

행정절차를 거치기 곤란하거나 불필요한 사항 및 행정절차에 준하는 절차를 거친 사항
「병역법」에 따른 징집·소집, 외국인의 출입국·난민인정·귀화, 공무원 인사 관계 법령에 따른 징계와 그 밖의 처분, 이해 조정을 목적으로 하는 법령에 따른 알선·조정·중재(仲裁)·재정(裁定) 또는 그 밖의 처분 등 해당 행정작용의 성질상 행정절차를 거치기 곤란하거나 거칠 필요가 없다고 인정되는 사항과 행정절차에 준하는 절차를 거친 사항으로서 대통령령으로 정하는 사항(9호)

※ "대통령령으로 정하는 사항"(시행령 제2조)

> 1. 「병역법」, 「예비군법」, 「민방위기본법」, 「비상대비자원 관리법」, 「대체역의 편입 및 복무 등에 관한 법률」에 따른 징집·소집·동원·훈련에 관한 사항
> 2. 외국인의 출입국·난민인정·귀화·국적회복에 관한 사항
> 3. 공무원 인사관계법령에 의한 징계 기타 처분에 관한 사항
> 4. 이해조정을 목적으로 법령에 의한 알선·조정·중재·재정 기타 처분에 관한 사항
> 5. 조세관계법령에 의한 조세의 부과·징수에 관한 사항
> 6. 「독점규제 및 공정거래에 관한 법률」, 「하도급거래 공정화에 관한 법률」, 「약관의 규제에 관한 법률」에 따라 공정거래위원회의 의결·결정을 거쳐 행하는 사항
> 7. 「국가배상법」, 「공익사업을 위한 토지 등의 취득 및 보상에 관한 법률」에 따른 재결·결정에 관한 사항
> 8. 학교·연수원등에서 교육·훈련의 목적을 달성하기 위하여 학생·연수생등을 대상으로 행하는 사항
> 9. 사람의 학식·기능에 관한 시험·검정의 결과에 따라 행하는 사항
> 10. 「배타적 경제수역에서의 외국인어업 등에 대한 주권적 권리의 행사에 관한 법률」에 따라 행하는 사항
> 11. 「특허법」, 「실용신안법」, 「디자인보호법」, 「상표법」에 따른 사정·결정·심결, 그 밖의 처분에 관한 사항

관련판례

행정절차법의 적용이 제외되는 공무원 인사관계 법령에 의한 처분에 관한 사항의 의미
행정절차법 제3조 제2항, 행정절차법 시행령 제2조 등 행정절차법령 관련 규정들의 내용을 행정의 공정성, 투명성 및 신뢰성을 확보하고 국민의 권익보호를 목적으로 하는 행정절차법의 입법 목적에 비추어 보면, 행정절차법의 적용이 제외되는 공무원 인사관계 법령에 의한 처분에 관한 사항이란 성질상 행정절차를 거치기 곤란하거나 불필요하다고 인정되는 처분이나 행정절차에 준하는

절차를 거치도록 하고 있는 처분에 관한 사항만을 말하는 것으로 보아야 한다. 이러한 법리는 '공무원 인사관계 법령에 의한 처분'에 해당하는 육군3사관학교 생도에 대한 퇴학처분에도 마찬가지로 적용된다. 그리고 행정절차법 시행령 제2조 제8호는 '학교·연수원 등에서 교육·훈련의 목적을 달성하기 위하여 학생·연수생들을 대상으로 하는 사항'을 행정절차법의 적용이 제외되는 경우로 규정하고 있으나, 이는 교육과정과 내용의 구체적 결정, 과제의 부과, 성적의 평가, 공식적 징계에 이르지 아니한 질책·훈계 등과 같이 교육·훈련의 목적을 직접 달성하기 위하여 행하는 사항을 말하는 것으로 보아야 하고, 생도에 대한 퇴학처분과 같이 신분을 박탈하는 징계처분은 여기에 해당한다고 볼 수 없다(대판 2018.3.13. 2016두33339).

재외동포 체류자격 사증발급 신청에 대한 거부처분은 행정절차법 적용이 제외되는 '외국인의 출입국에 관한 사항'에 해당하지 아니함

외국인의 사증발급 신청에 대한 거부처분은 당사자에게 의무를 부과하거나 적극적으로 권익을 제한하는 처분이 아니므로, 행정절차법 제21조 제1항에서 정한 '처분의 사전통지'와 제22조 제3항에서 정한 '의견제출 기회 부여'의 대상은 아니다. 그러나 사증발급 신청에 대한 거부처분이 성질상 행정절차법 제24조에서 정한 '처분서 작성·교부'를 할 필요가 없거나 곤란하다고 일률적으로 단정하기 어렵다. 또한 출입국관리법령에 사증발급 거부처분서 작성에 관한 규정을 따로 두고 있지 않으므로, 외국인의 사증발급 신청에 대한 거부처분을 하면서 행정절차법 제24조에 정한 절차를 따르지 않고 '행정절차에 준하는 절차'로 대체할 수도 없다(대판 2019.7.11. 2017두38874).

법무사자격 불인정처분은 행정절차법 적용제외 대상

경찰로 재직하면서 검찰청에 파견되어 약 5년간 근무하다가 검찰사무직렬 공무원으로 특채되어 12년 3개월간 근무한 갑이 법무사법 부칙 제5조에 따라 법무사자격 인정신청을 하였으나 자격이 인정되지 않는다는 이유로 법무사자격 불인정처분을 받은 사안에서, 법무사자격 인정제도는 행정절차법 시행령 제2조 제9호에서 정한 '사람의 학식·기능에 관한 시험·검정의 결과에 따라 행하는 사항'에 해당하므로 위 처분에는 행정절차법이 적용되지 않는다고 한 사례(대판 2015.1.29. 2014두41343).

구 군인사법에 따라 이루어진 보직해임처분은 행정절차법의 적용제외 대상

구 군인사법상 보직해임처분은 구 행정절차법 제3조 제2항 제9호, 같은 법 시행령 제2조 제3호에 의하여 당해 행정작용의 성질상 행정절차를 거치기 곤란하거나 불필요하다고 인정되는 사항 또는 행정절차에 준하는 절차를 거친 사항에 해당하므로, 처분의 근거와 이유 제시 등에 관한 구 행정절차법의 규정이 별도로 적용되지 아니한다(대판 2014.10.15. 2012두5756).

학원법에 따른 수강료 개별조정명령은 행정절차법의 적용대상

학원법에 따른 수강료 개별조정명령은 행정절차법 시행령 제2조 제4호 '이해조정을 목적으로 법령에 의한 알선·조정·중재·재정 기타 처분에 관한 사항'에 해당하지 아니하므로 행정절차법이 적용되고, 따라서 행정절차법상 사전통지와 의견제출 기회 부여 절차를 거치지 아니한 것은 위법하다(서울행법 2008.8.13. 2008구합12504).

산업기능요원 편입취소처분은 행정절차법의 적용이 배제되는 사항이 아님

지방병무청장이 병역법 제41조 제1항 제1호, 제40조 제2호의 규정에 따라 산업기능요원에 대하여 한 산업기능요원 편입취소처분은, 행정처분을 할 경우 '처분의 사전통지'와 '의견제출 기회의 부여'를 규정한 행정절차법 제21조 제1항, 제22조 제3항에서 말하는 '당사자의 권익을 제한하는 처분'에 해당하는 한편, 행정절차법의 적용이 배제되는 사항인 행정절차법 제3조 제2항 제9호, 같은법 시행령 제2조 제1호에서 규정하는 '병역법에 의한 소집에 관한 사항'에는 해당하지 아니하므로, 행정절차법상의 '처분의 사전통지'와 '의견제출 기회의 부여' 등의 절차를 거쳐야 한다(대판 2002. 9.6. 2002두554).

체류자격변경허가 거부처분은 '외국인의 출입국·난민인정·귀화·국적회복에 관한 사항'에 해당하여 행정절차법 적용제외 대상

체류자격변경허가 변경신청에 대해 사전통지 및 의견제출의 기회 없이 한 거부처분은 행정절차를 거치기 곤란하거나 거칠 필요가 없다고 인정되는 사항과 행정절차에 준하는 절차를 거친 사항으로 행정절차법 적용제외 대상이다(서행심 2014.9.30. 2014-0352).

03 행정절차의 운영원칙

1. 신의성실 원칙

행정청은 직무를 수행할 때 신의(信義)에 따라 성실히 하여야 한다(법 제4조 제1항).

행정절차법은 사법(私法)의 신의성실 원칙(민법 제2조)을 공법의 영역에도 일반법원리로서 도입하여 제4조 제1항에 명문화하였다. 신의성실의무는 성실히 직무를 수행할 의무를 의미하며, 행정기관과 공무원에게 부과된 가장 기본적이고 중요한 의무라는 것이 일반적 견해이다. 행정작용은 공권력의 행사를 통하여 국민들의 권리의무에 많은 영향을 끼치므로 사법상 당사자간의 계약관계에 비해 훨씬 더 큰 공신력이 요구된다.

2. 신뢰보호의 원칙 *2020 행정사 기출

> **사례형 예제**
>
> 甲은 2025.12.24. X시의 시장 乙에게 X시에 소재한 자신의 토지에 공동주택의 건설사업을 위한 개발행위허가가 신청을 하였다. 당시 X시의 담당과장은 신청서를 접수하면서 甲에게 "법적으로 가능하다면 개발행위를 허가해 주겠다."라고 구두로 답변하였다. 이를 신뢰한 甲은 자신의 신청에 법령상 문제가 없다고 생각하여 기본설계 등 일련의 절차에 착수하였다. 그러나 乙은 2026.1.9. 甲에게 "甲이 신청한 토지는 국토교통부에서 확정 발표한 도시자연공원 확대사업이 반영된 대상지로서 우리 시에서는 체계적인 도시개발 및 난개발 방지를 위해 「국토의 계획 및 이용에 관한 법률」에 따라 2025.11.29. 개발행위허가 제한지역으로 고시하여 현재 신규 개발행위허가는 불가능하다."라는 사유로 甲의 개발행위를 불허하는 통지를 하였다. 甲은 X시의 담당과장이 "법적으로 가능하다면 개발행위를 허가해 주겠다."라고 답변한 것을 들어, 거부처분이 위법하다고 주장한다. 甲의 주장이 타당한지 검토하시오.

> **해설 요지**
>
> X시 담당과장이 "법적으로 가능하다면 개발행위를 허가해 주겠다."라고 답변한 것은 관계 법령상 문제가 없으면 허가해 주겠다는 원론적인 답변에 불과할 뿐 이를 개발행위 허가에 관한 공적인 견해표명이라고 보기 어렵다. 또한 X시 담당과장은 "법적으로 가능하다면"이라고 답변하였는데, 이후의 거부처분은 법적으로 불가능한 상황에서 이루어진 처분이므로 X시 담당과장의 발언이 이에 저촉된다고 보기 어렵다. 따라서 거부처분이 신뢰보호원칙을 위반하여 위법하다고 볼 수 없다.

행정청은 법령등의 해석 또는 행정청의 관행이 일반적으로 국민들에게 받아들여졌을 때에는 공익 또는 제3자의 정당한 이익을 현저히 해칠 우려가 있는 경우를 제외하고는 새로운 해석 또는 관행에 따라 소급하여 불리하게 처리하여서는 아니 된다(법 제4조 제2항).

행정기관의 어떤 명시적·묵시적 언동이 있고 그 정당성 또는 존속성에 대한 개인의 보호가치 있는 신뢰가 있는 경우에 신뢰를 보호하여 주어야 한다는 의미이다. 이는 행정절차법 제정 이전인 1980년대부터 판례로서 발전된 것을 제도화한 것이다. 다만 행정절차법은 신뢰보호의 원칙의 일반적인 개념정의 및 그 요건을 구체적으로 명시하고 있지 않다.

판례가 일반적으로 제시하는 신뢰보호의 요건은 ① 행정청의 선행조치, ② 보호가치 있는 사인의 신뢰, ③ 신뢰에 기한 사인의 처리, ④ 신뢰에 기초한 인과관계가 있는 행위, ⑤ 선행조치에 반하는 처분 또는 부작위이다.

> **관련판례**
>
> **법령의 개정시 구 법령의 존속에 대한 당사자의 신뢰를 침해하여 신뢰보호 원칙을 위배하였는지 여부의 판단 기준**
>
> 법률의 개정에 있어서 구 법률의 존속에 대한 당사자의 신뢰가 합리적이고도 정당하며, 법률의 개정으로 야기되는 당사자의 손해 내지 이익 침해가 극심하여 새로운 법률로 달성하고자 하는 공익적 목적이 그러한 신뢰의 파괴를 정당화할 수 없다면, 입법자는 경과규정을 두는 등 당사자의 신뢰를 보호할 적절한 조치를 하여야 하며, 이와 같은 적절한 조치 없이 새 법률을 그대로 시행하거나 적용하는 것은 허용될 수 없다 할 것인바, 이는 헌법의 기본원리인 법치주의 원리에서 도출되는 신뢰보호의 원칙에 위배되기 때문이다. 이러한 신뢰보호 원칙의 위배 여부를 판단하기 위하여는 한편으로는 침해받은 이익의 보호가치, 침해의 중한 정도, 신뢰가 손상된 정도, 신뢰침해의 방법 등과 다른 한편으로는 새 법률을 통해 실현하고자 하는 공익적 목적을 종합적으로 비교·형량하여야 한다(대판 2007.10.12. 2006두14476).
>
> **법령의 개정에서 신뢰보호원칙이 적용되어야 하는 경우**
>
> [1] 한약사 국가시험의 응시자격에 관하여 개정 전의 약사법 시행령 제3조의2에서 '필수 한약관련 과목과 학점을 이수하고 대학을 졸업한 자'로 규정하고 있던 것을 '한약학과를 졸업한 자'로 응시자격을 변경하면서, 그 개정 이전에 이미 한약자원학과에 입학하여 대학에 재학 중인 자에게도 개정 시행령이 적용되게 한 개정 시행령 부칙은 헌법상 신뢰보호의 원칙과 평등의 원칙에 위배되어 허용될 수 없다(대판 2007.10.29. 2005두4649).

[2] 새로운 법령에 의한 신뢰이익의 침해는 새로운 법령이 과거의 사실 또는 법률관계에 소급적용 되는 경우에 한하여 문제되는 것은 아니고, 과거에 발생하였지만 완성되지 않고 진행중인 사실 또는 법률관계 등을 새로운 법령이 규율함으로써 종전에 시행되던 법령의 존속에 대한 신뢰이익을 침해하게 되는 경우에도 신뢰보호의 원칙이 적용될 수 있다(대판 2006.11.16. 2003두12899).

신뢰이익을 인정한 사례

[1] 비록 지방자치단체장이 당해 토지형질변경허가를 하였다가 이를 취소·철회하는 것은 아니라 하더라도 지방자치단체장이 토지형질변경이 가능하다는 공적 견해표명을 함으로써 이를 신뢰하게 된 당해 종교법인에 대하여는 그 신뢰를 보호하여야 한다는 점에서 형질변경허가가 후 이를 취소·철회하는 경우를 유추·준용하여 그 형질변경허가의 취소·철회에 상당하는 당해 처분으로써 지방자치단체장이 달성하려는 공익 즉, 당해 토지에 대하여 그 형질변경을 불허하고 이를 우량농지로 보전하려는 공익과 위 형질변경이 가능하리라고 믿은 종교법인이 입게 될 불이익을 상호 비교·교량하여 만약 전자가 후자보다 더 큰 것이 아니라면 당해 처분은 비례의 원칙에 위반되는 것으로 재량권을 남용한 위법한 처분이라고 봄이 상당하다(대판 1997.9.12. 96누18380).

[2] 행정청이 대외적으로 공신력 있는 주민등록표상 국적이탈을 이유로 원고의 주민등록을 말소한 행위는 원고에게 간접적으로 국적이탈이 법령에 따라 이미 처리되었다는 견해를 표명한 것이라고 보아야 하고, 나아가 행정청의 주민등록말소는 주민등록표등·초본에 공시되어 대내·외적으로 행정행위의 적법한 존재를 추단하는 중요한 근거가 되는 점에 비추어 원고가 위와 같은 주민등록말소를 통하여 자신의 국적이탈이 적법하게 처리된 것으로 신뢰한 것에 대하여 귀책사유가 있다고 할 수 없는바, 따라서 원고는 위와 같은 신뢰를 바탕으로 만 18세가 되기까지 별도로 국적이탈신고 절차를 취하지 아니하였던 것이므로, 피고가 원고의 이러한 신뢰에 반하여 원고의 국적이탈신고를 반려한 이 사건 처분은 신뢰보호의 원칙에 반하여 원고가 만 18세 이전에 국적이탈신고를 할 수 있었던 기회를 박탈한 것으로서 위법하다(대판 2008.1.17. 2006두10931).

3. 투명성의 원칙

행정청이 행하는 행정작용은 그 내용이 구체적이고 명확하여야 한다(법 제5조 제1항). 행정작용의 근거가 되는 법령등의 내용이 명확하지 아니한 경우 상대방은 해당 행정청에 그 해석을 요청할 수 있으며, 해당 행정청은 특별한 사유가 없으면 그 요청에 따라야 한다(제2항). 행정청은 상대방에게 행정작용과 관련된 정보를 충분히 제공하여야 한다(제3항).

※ 투명성 원칙이 반영된 구체적 사례

> 처분기준의 작성 게시 및 편람의 비치(행정절차법 제17조 제3항), 처분의 처리기간을 종류별로 미리 정하여 공표(제19조), 처분기준의 설정 공표 및 법령 처분기준 등에 대한 당사자등의 해석요청권(제20조), 처분의 사전통지(제21조), 행정상 입법예고(제41조), 행정예고(제46조), 행정지도의 방식(제49조)

4. 행정업무 혁신

행정청은 모든 국민이 균등하고 질 높은 행정서비스를 누릴 수 있도록 노력하여야 한다(법 제5조의2 제1항).

행정청은 정보통신기술을 활용하여 행정절차를 적극적으로 혁신하도록 노력하여야 한다. 이 경우 행정청은 국민이 경제적·사회적·지역적 여건 등으로 인하여 불이익을 받지 아니하도록 하여야 한다(제2항).

행정청은 행정청이 생성하거나 취득하여 관리하고 있는 데이터(정보처리능력을 갖춘 장치를 통하여 생성 또는 처리되어 기계에 의한 판독이 가능한 형태로 존재하는 정형 또는 비정형의 정보를 말한다)를 행정과정에 활용하도록 노력하여야 한다(제3항).

행정청은 행정업무 혁신 추진에 필요한 행정적·재정적·기술적 지원방안을 마련하여야 한다(제4항).

04 행정청의 개념

1. 의의

"행정청"이란 ① 행정에 관한 의사를 결정하여 표시하는 국가 또는 지방자치단체의 기관, ② 그 밖에 법령 또는 자치법규(이하 "법령등"이라 한다)에 따라 행정권한을 가지고 있거나 위임 또는 위탁받은 공공단체 또는 그 기관이나 사인(私人)을 말한다(법 제2조 제1호).

2. 행정에 관한 의사를 결정하여 표시하는 국가 또는 지방자치단체의 기관

행정청은 법상 주어진 권한의 범위 내에서 행정주체의 행정에 관한 의사를 결정하고 이를 외부에 대하여 표시하는 권한을 가진 행정기관이다. 실정법상으로는 행정청·행정기관·행정기관의 장 등으로 부르기도 한다.

이에 속하는 자로는 ① 부·처·청 등 중앙행정기관, 그 부속기관, 특별지방행정기관, 합의제 행정기관 등의 장, ② 지방자치단체, 그 소속기관 및 하부행정기관(시·도교육청 및 하급교육행정기관 포함)의 장이 있다.

행정청에는 단독기관(예 장관)과 합의제기관(예 선거관리위원회, 토지수용위원회, 공정거래위원회, 감사원)을 포함한다.

스스로 의사를 결정·표시할 수 없는 보조기관, 보좌기관, 의결기관, 심의기관 등은 원칙적으로 행정청이 될 수 없다. 다만, 보조기관은 법령의 위임이 있는 경우, 의결기관은 합의제 행정청으로서의 지위가 부여된 경우에 한하여 행정청의 지위를 가질 수 있다.

- **보조기관**: 행정조직의 내부기관으로 행정청의 권한행사를 보조하는 것을 임무로 하는 행정기관을 말한다(예 각부의 차관·차장, 국장·과장, 지방자치단체의 부지사·부시장·과장 등).
- **보좌기관**: 보조기관 가운데 특히 정책의 기획, 계획의 입안 및 연구·조사 등을 통하여 참모적 기능을 담당하는 기관을 말한다(예 차관보, 담당관, 행정조정실).

- **의결기관** : 행정에 관한 의사를 결정할 수 있는 권한을 가지는 합의제 행정기관이다(예 행정심판위원회, 징계위원회).
- **심의기관** : 행정청이 부의한 특별한 사항을 심의하거나, 행정청의 자문에 응하여 또는 자진하여 행정청에게 의견을 제공(자문기관)함을 임무로 하는 행정기관이다(예 고용정책기본법에 따른 고용정책심의회, 건설기술관리법에 따른 설계자문위원회).

3. 공공단체

공공단체는 행정목적을 수행하기 위하여 직접 헌법이나 법률 또는 이들에 근거하여 설립되고 법인격이 부여된 행정주체이다. 여기에는 지방자치단체, 공공조합, 영조물법인, 공법상재단이 있다. 공공단체는 그 기능에 따라 사업기관(예 한국조폐공사, 한국토지주택공사), 조합단체(예 농업협동조합, 산림조합), 감독기관(예 금융감독원), 관리기관(예 공무원연금공단, 교통안전공단), 시험연구기관(예 한국개발연구원, 한국소비자보호원)으로도 구분된다.

지방자치단체	㉠ 의의 : 국가의 영토의 일부인 일정한 지역과 그 지역 안에 살고 있는 주민을 구성요소로 하여 그 지역 내에서 일정범위의 통치권을 행사하는 공공단체 ㉡ 종류 　ⓐ 보통지방자치단체 　　- 광역지방자치단체(특별시·광역시·도·특별자치시 및 특별자치도) 　　- 기초지방자치단체(시·군·자치구) 　ⓑ 특별지방자치단체(예 쓰레기처리를 위한 지방자치단체조합) ㉢ 이원적 구성 : 지방자치단체의 기관에는 의결기관과 집행기관이 있으며, 이 기관들을 통하여 자치사무와 위임사무를 처리
공공조합 (공법상 사단)	㉠ 의의 : 특정한 행정목적을 수행하기 위해 성립되고 일정한 자격을 가진 사람(조합원)에 의하여 구성된 공공단체 ㉡ 사단법인과의 구별 : 인적 결합체라는 점에서 사법상의 사단법인과 같으나, 그 목적이 국가로부터 부여되면 공행정을 수행한다는 점에서 다름 ㉢ 유형 　ⓐ 이익단체적인 성격의 것(협회) : 대한변호사협회, 한국공인회계사회, 대한교육연합회, 대한상공회의소 등 　ⓑ 공동사업을 하는 것(조합) : 농업협동조합, 산림조합, 건설공제조합, 중소기업협동조합, 토지구획정리조합, 농지개량조합, 주택재개발조합, 주택재건축정비사업조합 등 　ⓒ 상호부조의 성격을 갖는 것(공제회)
영조물법인	㉠ 의의 : 특정한 행정목적을 위하여 설립된 인적·물적 시설의 종합체로서 공법상의 법인격이 부여된 공공단체(예 한국방송공사, 한국도로공사, 과학기술원, 국립공원관리공단, 시설관리공단, 한국은행, 한국산업은행, 서울대학교병원, 한국기술검정공단, 한국토지주택공사, 서울특별시지하철공사, 한국가스공사) ㉡ 설치배경 : 보통 영조물은 행정주체가 자신의 기관에 의하여 운영하는 것이 보통이나, 그 운영에 사기업과 비슷한 합리적이고 능률적인 경영이 요구되는 경우에는 법인격을 부여하여 독립된 행정주체로서 설치 ㉢ 규율법령 : 공공기관의 운영에 관한 법률 및 지방공기업법과 각 설치법

공법상 재단	⊙ 의의 : 국가나 지방자치단체가 출연한 재산을 관리하기 위하여 설립된 재단법인인 공공단체 (예 학술진흥재단, 한국과학재단, 한국학중앙연구원, 공무원연금관리공단 등) ⓒ 사법상 재단법인과의 구별 : 재단설립자에 의하여 기부된 재산을 관리하기 위해 설립되었다는 점에서 같으나, 행정목적을 수행하기 위하여 행정주체에 의하여 설립되었다는 점에서 다름 ⓒ 특징 : 공공조합과 같은 구성원이나 영조물법인의 이용자는 존재하지 않고 수혜자(受惠者)만이 있을 뿐임

4. 공무수탁사인

공무수탁사인이란 공행정사무를 위탁받아 자신의 이름과 책임으로 처리하는 권한을 갖고 있는 행정주체인 사인을 말한다. 공무수탁사인은 자연인일 수도 있고 사법인 또는 법인격 없는 단체일 수도 있다.

공무수탁사인은 사인이 갖는 독창성, 전문지식 및 재정수단 등을 활용하여 행정의 효율을 증대하고 행정업무의 적정한 수단을 도모하는 데에 기능이 있다.

공무수탁사인은 공권력의 행사를 사인에게 이전하는 것이기 때문에 반드시 법적 근거를 요한다. 정부조직법(제6조 제3항)과 지방자치법(제104조 제2항), 행정권한위임규정(제11조)에 의하면, 공무수탁할 수 있는 범위는 "소관사무 중 조사·검사·검정·관리 업무 등 국민의 권리·의무와 직접 관계되지 아니하는 사무"에 국한된다.

공무수탁사인의 예로는 건축사가 건축공사에 관한 조사·검사를 행하는 경우(건축법 제23조), 배나 항공기에서의 선장·기장이 가족관계등록사무나 경찰사무를 수행하는 경우(사법경찰관리의 직무를 행할 자와 그 직무범위에 관한 법률 제7조), 별정우체국업무를 수행하는 경우(별정우체국법 제3조), 민영교도소를 운영하는 경우(민영교도소등의 설치 운영에 관한 법률 제3조 제1항), 공공사업의 시행자로서 토지수용권을 행사하는 사인(공익사업을 위한 토지 등의 취득 및 보상에 관한 법률), 공증사무를 수행하는 공증인, 입학·졸업결정과 학위수여를 하는 사립학교(고등교육법 제35조), 사동차검사대행업자(자동차관리법 제44조) 등이 있다.

다만, 행정보조인은 개인과 직접적인 법률관계를 맺지 아니하며 행정청과의 계약에 근거하여 행정청의 지시에 따라 행정임무의 단순하고 기술적인 집행만을 담당하므로 공무수탁사인이 아니다(예 도로교통법에 의한 차량견인업자, 폐기물관리법의 생활폐기물 처리대행업자, 표준지의 적정가격의 조사 내지 평가 및 개별공시지가의 타당성여부에 대하여 검증하는 감정평가사).

> **관련판례**
>
> **도시재개발법에 의한 재개발조합은 행정청으로 볼 수 있음**
> 도시재개발법에 의한 재개발조합은 조합원에 대한 법률관계에서 적어도 특수한 존립목적을 부여받은 특수한 행정주체로서 국가의 감독하에 그 존립 목적인 특정한 공공사무를 행하고 있다고 볼 수 있는 범위 내에서는 공법상의 권리의무 관계에 서 있는 것이므로 분양신청 후에 정하여진 관리처분계획의 내용에 관하여 다툼이 있는 경우에는 그 관리처분계획은 토지 등의 소유자에게 구체적이고 결정적인 영향을 미치는 것으로서 조합이 행한 처분에 해당하므로 항고소송의 방법으로 그 무효확인이나 취소를 구할 수 있다(대판 2002.12.10. 2001두6333).

공공사업을 하는 대한주택공사는 행정청으로 볼 수 있음

사업시행자가 국가 또는 지방자치단체와 같은 행정기관이 아니고 이와는 독립하여 법률에 의하여 특수한 존립목적을 부여받아 국가의 특별감독하에 그 존립목적인 공공사무를 행하는 공법인이 관계법령에 따라 공공사업을 시행하면서 그에 따른 이주대책을 실시하는 경우에도, 그 이주대책에 관한 처분은 법률상 부여받은 행정작용권한을 행사하는 것으로서 항고소송의 대상이 되는 공법상 처분이 되므로, 그 처분이 위법부당한 것이라면 사업시행자인 당해 공법인을 상대로 그 취소소송을 제기할 수 있다(대판 1994.5.24. 92다35783).

병역법상 신체등위판정을 하는 군의관은 행정청이 아님

병역법상 신체등위판정은 행정청이라고 볼 수 없는 군의관이 하도록 되어 있으며, 그 자체만으로 바로 병역법상의 권리의무가 정하여지는 것이 아니라 그에 따라 지방병무청장이 병역처분을 함으로써 비로소 병역의무의 종류가 정하여지는 것이므로 항고소송의 대상이 되는 행정처분이라 보기 어렵다(대판 1993.8.27. 93누3356).

05 행정관할

사례형 예제

경기도 A시장은 甲으로부터 토지 관련 인허가신청을 접수했다. 그런데 조사 결과 해당 토지는 A시장의 관할이 아닌 경기도 B군수의 관할에 해당하는 것으로 판단하였다. 이에 따라 A시장은 신청서를 접수한 후 지체 없이 신청서를 B군수에게 이송하고, 이 사실을 甲에게 통지했다. 그러나 이송 이후 B군수는 관할이 분명하지 않다는 의견을 제시했고 이러한 주장은 객관적으로 타당하다는 점이 밝혀졌다. 사례에서 ① A시장이 B군수에게 신청서를 이송하고 甲에게 통지한 것이 적법한지 평가하고, ② 「행정절차법」상 관할을 확정하는 절차를 설명하시오.

해설 요지

① A시장이 B군수의 관할에 해당하는 것으로 판단하여 이송한 점은 적법하다.
② A시장과 B군수를 공통으로 감독하는 상급 행정청인 경기도지사가 관할을 결정한다.

1. 의의

행정관할은 국가 및 공공단체가 취급하는 사무의 범위를 말한다. 행정관할의 구체적인 내용은 각 실체법에서 정하고 있으며, 행정절차법에서는 관할이 분명하지 아니한 경우의 관할 결정 및 관할에 속하지 아니한 사항을 접수하였을 때의 처리방법에 관해서만 규정하고 있다.

2. 관할에 속하지 아니하는 사항이 접수된 경우

행정청이 그 관할에 속하지 아니하는 사안을 접수하였거나 이송받은 경우에는 지체 없이 이를 관할 행정청에 이송하여야 하고 그 사실을 신청인에게 통지하여야 한다. 행정청이 접수하거나 이송받은 후 관할이 변경된 경우에도 또한 같다(법 제6조 제1항).

3. 관할이 분명하지 아니한 경우의 관할 결정

행정청의 관할이 분명하지 아니한 경우에는 해당 행정청을 공통으로 감독하는 상급 행정청이 그 관할을 결정하며, 공통으로 감독하는 상급 행정청이 없는 경우에는 각 상급 행정청이 협의하여 그 관할을 결정한다(법 제6조 제2항).

■ 관할결정 순서

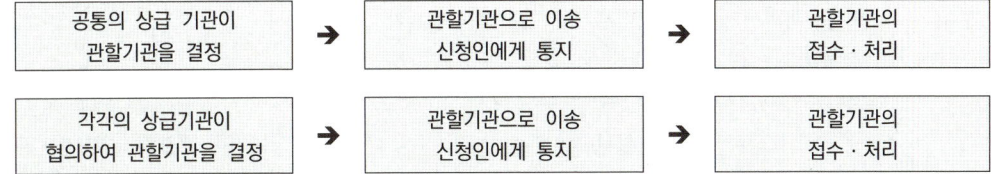

06 행정청 간의 협조 및 행정응원

1. 행정청 간의 협조

행정청은 행정의 원활한 수행을 위하여 서로 협조하여야 한다(법 제7조 제1항).

행정청은 업무의 효율성을 높이고 행정서비스에 대한 국민의 만족도를 높이기 위하여 필요한 경우 행정협업(다른 행정청과 공동의 목표를 설정하고 행정청 상호 간의 기능을 연계하거나 시설·장비 및 정보 등을 공동으로 활용하는 것을 말한다)의 방식으로 적극적으로 협조하여야 한다(제2항).

행정청은 행정협업을 활성화하기 위한 시책을 마련하고 그 추진에 필요한 행정적·재정적 지원방안을 마련하여야 한다(제3항).

행성협업의 촉신 등에 필요한 사항은 대통령령으로 정한다(제4항).

※ "대통령령으로 정하는 사항"

> 행정업무의 운영 및 혁신에 관한 규정 제42조(행정협업의 촉진) ① 행정기관의 장은 다른 행정기관과 공동의 목표를 설정하고 해당 행정기관 상호간의 기능을 연계하거나 시설·장비 및 정보 등을 공동으로 활용하는 방식의 행정기관 간 협업(이하 "행정협업"이라 한다)을 촉진하고 이에 적합한 업무과제(이하 "행정협업과제"라 한다)를 발굴해야 한다. 이 경우 행정기관의 장은 발굴한 행정협업과제 수행을 위하여 노력해야 한다.
> ② 행정협업과제는 다음 각 호의 업무를 대상으로 한다.
> 1. 다수의 행정기관이 공동으로 수행할 필요가 있는 업무
> 2. 다른 행정기관의 행정지원을 필요로 하는 업무
> 3. 법령에 따라 다른 행정기관의 인가·승인 등을 거쳐야 하는 업무
> 4. 행정기관 간 행정정보의 공유 또는 제46조의4에 따른 행정정보시스템의 상호 연계나 통합이 필요한 업무
> 5. 그 밖에 다른 행정기관의 협의·동의 및 의견조회 등이 필요한 업무

제42조의2(행정협업과제의 등록) ① 행정기관의 장은 행정협업과제를 제46조의2에 따른 행정업무혁신시스템에 등록·관리할 수 있다. 이 경우 행정기관의 장은 등록하려는 행정협업과제를 공동으로 수행할 관련 행정기관의 장과 사전에 협의해야 한다.
② 행정기관의 장은 제1항에 따라 행정협업과제를 행정업무혁신시스템에 등록하려는 경우에는 다음 각 호의 사항을 포함하여 등록하여야 한다.
1. 행정협업과제의 주관부서 및 과제담당자와 협업부서 및 담당자
2. 행정협업과제와 관련된 다른 행정기관의 단위과제
3. 행정협업과제의 이력, 내용 및 취지
4. 그 밖에 행정안전부장관이 정하는 사항

제46조의5(행정협업조직의 설치) ① 행정기관의 장은 다수의 행정기관이 수행하는 사무의 목적, 대상 또는 관할구역 등이 유사하거나 연관성이 높은 경우에는 관련 기능, 업무처리절차 및 정보시스템 등을 연계·통합하거나 시설·인력 등을 공동으로 활용하는 등 협력하여 업무를 수행하는 조직(이하 "행정협업조직"이라 한다)을 설치·운영할 수 있다.
② 제1항에 따라 행정협업조직 설치·운영에 참여하는 관계 행정기관의 장은 해당 행정협업조직의 운영을 위하여 필요한 공동운영규정을 제정할 수 있다.

2. 행정응원

> **설명형 예제**
>
> A시는 대형 산불 발생으로 인해 대응인력과 장비가 부족한 상황이다. 이에 환경부 산하 국립공원관리청에 화재 진압 및 피해 조사 협조를 요청했다. 국립공원관리청은 해당 요청의 수행은 산림청이 더 적절하다고 판단하여 응원을 일부 거부하고 일부 인력을 파견했다. 파견된 직원들은 A시장의 지휘를 받아 화재현장조사 및 피해분석을 수행했다. 사안에서 ① 행정응원의 요청 사유 중 어떤 사유가 사례에 해당하는지, ② 응원 요청을 받은 행정청이 거부할 수 있는 사유 중 어떤 사유에 해당하는지 설명하시오.

(1) 의의

행정응원(行政應援)이란 대등한 행정청 상호간에 있어서 직무수행상 필요한 특정행위(예 통계자료의 제공), 필요한 공무원의 파견, 기타 협력(예 재해·비상시 인력지원)을 다른 행정청에 요청하고 다른 행정청은 이 요청에 응하여 협력을 제공하는 것을 말한다.

오늘날 행정청간의 긴밀한 협조를 통한 업무수행이 보다 절실해지면서 기존의 경찰·소방 등 특수한 분야에서 인정되던 행정응원을 보다 광범위하게 행정 전반에 인정하고자 하는 추세이다.

■ **사무협조와 행정응원의 비교**

구분	사무협조	행정응원
사례	• 복합민원의 처리 • 입법과정의 관계부처 협조 등	• 민방위·소방업무의 응원 • 경찰직무응원, 재난응급대책 응원 등

방법	• 문서 • 회의 • 전화 • 공동작업(인원지원)	• 인원의 파견 • 장비·설비 등의 제공 • 장소의 제공 • 행정집행사무의 지원 • 통계자료 등 행정자료의 제공
비용부담 및 감독	• 각각의 기관에서 부담 및 지휘·감독	• 응원을 요청한 기관에서 부담 및 지휘·감독
관할	• 각 기관별 고유업무	• 응원을 요청한 기관의 고유업무

(2) 법적 근거

행정절차법이 행정응원의 일반적 근거조항을 두고 있으며, 개별법상으로는 경찰응원(경찰직무응원법 제1조), 재난관리자원 지원(재난 및 안전관리 기본법 제44조), 소방응원(소방기본법 제11조), 위생 관련 위해방지(식품위생법 제22조) 등이 있다.

(3) 행정응원 요청 사유

행정청은 다음 각 호의 어느 하나에 해당하는 경우에는 다른 행정청에 행정응원을 요청할 수 있다(법 제8조 제1항).

1. 법령등의 이유로 독자적인 직무 수행이 어려운 경우
2. 인원·장비의 부족 등 사실상의 이유로 독자적인 직무 수행이 어려운 경우
3. 다른 행정청에 소속되어 있는 전문기관의 협조가 필요한 경우
4. 다른 행정청이 관리하고 있는 문서(전자문서를 포함한다. 이하 같다)·통계 등 행정자료가 직무 수행을 위하여 필요한 경우
5. 다른 행정청의 응원을 받아 처리하는 것이 보다 능률적이고 경제적인 경우

(4) 행정응원 거부 사유

행정응원을 요청받은 행정청은 다음 각 호의 어느 하나에 해당하는 경우에는 응원을 거부할 수 있다(제2항).

1. 다른 행정청이 보다 능률적이거나 경제적으로 응원할 수 있는 명백한 이유가 있는 경우
2. 행정응원으로 인하여 고유의 직무 수행이 현저히 지장받을 것으로 인정되는 명백한 이유가 있는 경우

(5) 그 밖의 사항

① 행정응원은 해당 직무를 직접 응원할 수 있는 행정청에 요청하여야 한다(제3항).
② 행정응원을 요청받은 행정청은 응원을 거부하는 경우 그 사유를 응원을 요청한 행정청에 통지하여야 한다(제4항).
③ 행정응원을 위하여 파견된 직원은 응원을 요청한 행정청의 지휘·감독을 받는다. 다만, 해당 직원의 복무에 관하여 다른 법령등에 특별한 규정이 있는 경우에는 그에 따른다(제5항).
④ 행정응원에 드는 비용은 응원을 요청한 행정청이 부담하며, 그 부담금액 및 부담방법은 응원을 요청한 행정청과 응원을 하는 행정청이 협의하여 결정한다(제6항).

07 당사자등의 행정절차 참여 * 2024 행정사 기출

1. 의의

> **설명형 예제**
> 「행정절차법」상 '당사자등'의 개념을 설명하시오.

(1) 당사자등의 범위

"당사자등"이란 ① 행정청의 처분에 대하여 직접 그 상대가 되는 당사자, ② 행정청이 직권으로 또는 신청에 따라 행정절차에 참여하게 한 이해관계인을 말한다(법 제2조 제4호).

본래 행정쟁송과 같은 사법(司法)절차에서는 당사자와 이해관계인의 개념을 엄격히 구별하고 있으나, 행정절차법은 행정절차의 편의성·능률성 등을 고려하여 양자의 엄격한 구분을 지양하고 이를 모두 "당사자등"으로 통칭하고 있다. 이 경우 이해관계인의 예로는 건물의 철거를 명함에 있어 건물의 소유자 뿐만 아니라 전세권자, 임차권자를 함께 청문에 참여시키는 경우를 들 수 있다.

(2) 당사자등의 자격

다음 각 호의 어느 하나에 해당하는 자는 행정절차에서 당사자등이 될 수 있다(법 제9조).

1. 자연인
2. 법인, 법인이 아닌 사단 또는 재단(이하 "법인등"이라 한다)
    ※ 법인 아닌 사단의 예: 종중, 문중, 교회, 사찰, 학회, 동창회, 부락민회
       법인 아닌 재단의 예: 장학회, 육영회, 사회사업지원재단
3. 그 밖에 다른 법령등에 따라 권리·의무의 주체가 될 수 있는 자(예 소비자보호단체, 환경보호단체)

※ 그 밖에 행정절차법은 외국인이 당사자등에 속하는지에 관하여 명시하고 있지 않으나, 외국인도 내국인과 동일하게 당사자 및 이해관계인으로서 행정절차에 참여할 수 있다.

■ **당사자등의 행정절차 참여 진행 순서**

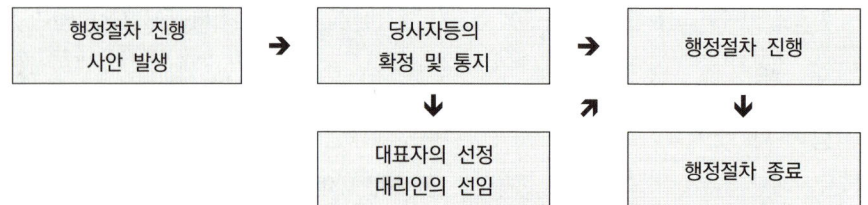

2. 당사자등이 참여할 수 있는 처분절차의 범위

행정절차법이 대상으로 하고 있는 행정절차의 범위 가운데서 당사자등의 개념이 적용되는 영역은 처분절차를 말한다.

- 당사자등이 공포된 처분기준이 불명확하여 그 해석 또는 설명을 요청하는 경우(법 제20조 제3항)

- 행정청이 불이익처분시 당사자등에게 통지하여야 하는 경우(제21조)
- 행정청이 불이익처분시 당사자등에게 의견제출의 기회를 주거나, 청문 또는 공청회를 실시하여야 하는 경우(제22조)
- 행정청이 처분에 명백한 잘못이 있는 때에 직권 또는 신청에 의하여 지체없이 정정하고 이를 당사자에게 통지하여야 하는 경우(제25조)
- 행정청이 처분시 불복방법을 알려야 하는 경우(제26조)
- 행정청이 처분시 당사자에게 그 근거와 이유를 제시하여야 하는 경우(제23조)
- 당사자등이 청문기간동안 당해 처분과 관련되는 문서의 열람 또는 복사를 요청하는 경우(제37조)

3. 이해관계인의 참여 절차

행정절차에 참여하고자 하는 이해관계인은 행정청에게 참여대상인 절차와 참여이유를 기재한 문서(전자문서를 포함한다. 이하 같다)로 참여를 신청하여야 한다(시행령 제3조 제1항).

행정청은 제1항의 규정에 의한 신청을 받은 때에는 지체없이 참여 여부를 결정하여 신청인에게 통지하여야 한다(제2항).

※ 이해관계인에 대한 참여여부에 대한 결정이 행정청의 자유재량에 속한다고 볼 수 없고, 신청인이 당해 처분으로 인하여 법률상 이익이 침해됨이 명백한가의 여부, 처분으로부터 영향을 받는 정도 등을 참작하여 타당한 결정이 되어야 한다.

4. 당사자등의 지위승계

> **설명형 예제**
>
> A법인은 B법인과 합병하여 새로운 법인인 C법인을 설립하였다. A법인은 과거에 특정 건설사업에 대한 인허가를 보유하고 있었으며, C법인은 해당 사업을 계속 진행하고자 한다. 만약 A법인이 합병 전에 관할 행정청을 상대로 인허가 처분 관련 행정절차를 밟고 있었다면, C법인은 A법인의 「행정절차법」상 당사자 지위를 승계할 수 있는지 설명하시오.

(1) 의의

행정절차가 개시된 후 당사자의 지위를 가지는 자가 사망하거나 당사자등인 법인이 합병되는 등 당사자등의 지위에 변동이 발생한 경우에는 필요성이 인정되는 한도 내에서 그 지위를 승계시킬 필요가 있다. 대인적 처분(예 변호사면허, 의사면허)과 달리 양도·양수가 가능한 처분(예 광업허가, 어업면허, 건설업면허)에서 문제된다.

(2) 당사자등이 사망하였을 때

① 당사자등이 사망하였을 때의 상속인과 다른 법령등에 따라 당사자등의 권리 또는 이익을 승계한 자는 당사자등의 지위를 승계한다(법 제10조 제1항). 이 경우 지위를 승계한 자는 행정청에 그 사실을 통지하여야 한다(제3항).
② 행정청의 위 통지가 있을 때까지 사망자에 대하여 행정청이 한 통지는 당사자등의 지위를 승계한 자에게도 효력이 있다(제5항).

(3) 당사자등인 법인등이 합병하였을 때

① 당사자등인 법인등이 합병하였을 때에는 합병 후 존속하는 법인등이나 합병 후 새로 설립된 법인등이 당사자등의 지위를 승계한다(법 제10조 제2항). 이 경우 지위를 승계한 자는 행정청에 그 사실을 통지하여야 한다(제3항).
② 행정청의 위 통지가 있을 때까지 합병 전의 법인등에 대하여 행정청이 한 통지는 당사자등의 지위를 승계한 자에게도 효력이 있다(제5항).
   ※ 지위승계의 통지는 행정절차법 규정(제40조)의 신고에 해당되므로 신고서가 행정청에 도달된 때부터 효력이 있다. 이는 위 (2)에서도 동일하다.

(4) 지위승계의 승인

처분에 관한 권리 또는 이익을 사실상 양수한 자는 행정청의 승인을 받아 당사자등의 지위를 승계할 수 있다(법 제10조 제4항). 이 경우 당사자등의 지위를 승계하고자 하는 자는 행정청에 문서로 지위승계의 승인을 신청하여야 하며(시행령 제4조 제1항), 행정청이 신청을 받은 때에는 지체없이 승인여부를 결정하여 신청인에게 통지하여야 한다(제2항).
   ※ 이 규정은 행정절차의 신속한 진행을 위해 법률적인 양도절차가 완전히 이루어지지 않아도 현실적으로 양도가 이루어진 경우를 고려한 것이다(예 건설업 영업양도의 등기 등 법률적인 양도절차가 이루어지기 이전에 양수 예정자에게 양도자가 영업을 허락한 경우).

> **관련판례**
>
> **사실상 영업이 양도양수되었지만 아직 승계신고 및 수리처분이 있기 이전의 경우, 행정제재처분사유 유무의 판단기준이 되는 대상자 및 위반행위에 대한 행정책임이 귀속되는 자**
> 사실상 영업이 양도·양수되었지만 아직 승계신고 및 그 수리처분이 있기 이전에는 여전히 종전의 영업자인 양도인이 영업허가자이고, 양수인은 영업허가자가 되지 못한다 할 것이어서 행정제재처분의 사유가 있는지 여부 및 그 사유가 있다고 하여 행하는 행정제재처분은 영업허가자인 양도인을 기준으로 판단하여 그 양도인에 대하여 행하여야 할 것이고, 한편 양도인이 그의 의사에 따라 양수인에게 영업을 양도하면서 양수인으로 하여금 영업을 하도록 허락하였다면 그 양수인의 영업 중 발생한 위반행위에 대한 행정적인 책임은 영업허가자인 양도인에게 귀속된다고 보아야 할 것이다(대판 1995.2.24. 94누9146).
>
> **행정청이 식품위생법상의 영업자지위승계신고 수리처분을 하는 경우, 종전의 영업자가 행정절차법상 '당사자'에 해당하는지 여부(적극) 및 수리처분시 종전의 영업자에게 행정절차법 소정의 행정절차를 실시하여야 하는지 여부(적극)**
> 행정절차법 제21조 제1항, 제22조 제3항 및 제2조 제4호의 각 규정에 의하면, 행정청이 당사자에게 의무를 과하거나 권익을 제한하는 처분을 함에 있어서는 당사자 등에게 처분의 사전통지를 하고 의견제출의 기회를 주어야 하며, 여기서 당사자라 함은 행정청의 처분에 대하여 직접 그 상대가 되는 자를 의미한다 할 것이고, 한편 구 식품위생법 제25조 제2항, 제3항의 각 규정에 의하면, 지방세법에 의한 압류재산 매각절차에 따라 영업시설의 전부를 인수함으로써 그 영업자의 지위를 승계한 자가 관계 행정청에 이를 신고하여 행정청이 이를 수리하는 경우에는 종전의 영업자에

대한 영업허가 등은 그 효력을 잃는다 할 것인데, 위 규정들을 종합하면 위 행정청이 구 식품위생법 규정에 의하여 영업자지위승계신고를 수리하는 처분은 종전의 영업자의 권익을 제한하는 처분이라 할 것이고 따라서 종전의 영업자는 그 처분에 대하여 직접 그 상대가 되는 자에 해당한다고 봄이 상당하므로, 행정청으로서는 위 신고를 수리하는 처분을 함에 있어서 행정절차법 규정 소정의 당사자에 해당하는 종전의 영업자에 대하여 위 규정 소정의 행정절차를 실시하고 처분을 하여야 한다(대판 2003.2.14. 2001두7015).

5. 대표자 제도

> **설명형 예제**
>
> 「행정절차법」상 대표자와 대리인을 비교 설명하시오.

(1) 의의

대표자 제도를 둔 것은 다수의 당사자등이 공동으로 행정절차에 관한 행위를 하는 경우 당사자등과 행정청 모두의 편의를 도모하고, 행정절차를 보다 효율적으로 수행하도록 하기 위함이다.

(2) 대표자의 선정

① 다수의 당사자등이 공동으로 행정절차에 관한 행위를 할 때에는 대표자를 선정할 수 있다(법 제11조 제1항).
② 당사자등이 대표자를 선정하였을 때에는 지체 없이 그 사실을 행정청에 통지하여야 하며(법 제13조 제1항), 대표자의 선정통지는 문서로 하여야 한다(시행령 제7조).
③ 행정청은 당사자등이 대표자를 선정하지 아니하거나 대표자가 지나치게 많아 행정절차가 지연될 우려가 있는 경우에는 그 이유를 들어 상당한 기간 내에 3인 이내의 대표자를 선정할 것을 요청할 수 있다. 이 경우 당사자등이 그 요청에 따르지 아니하였을 때에는 행정청이 직접 대표자를 선정할 수 있다(법 제11조 제2항).
④ 대표자를 선정하는 데 소요되는 기간은 법 제19조의 신청에 의한 처분의 처리 기간에 산입되지 아니한다(시행령 제11조 제3호).

(3) 대표자의 변경 또는 해임

① 당사자등은 대표자를 변경하거나 해임할 수 있다(법 제11조 제3항).
② 당사자등이 대표자를 변경하거나 해임하였을 때에는 지체 없이 그 사실을 행정청에 통지하여야 하며(제13조 제1항), 대표자의 변경·해임통지는 문서로 하여야 한다(시행령 제7조).
※ 변경이나 해임사유에는 제한이 없으나, 그 사실이 행정청에 통지되어야만 효력이 발생한다.

(4) 대표권의 범위 및 대표자의 행위 등

① 대표자는 각자 그를 대표자로 선정한 당사자등을 위하여 행정절차에 관한 모든 행위를 할 수 있다. 다만, 행정절차를 끝맺는 행위에 대하여는 당사자등의 동의를 받아야 한다(법 제11조 제4항). 대표자는 행정절차를 끝맺고자 하는 경우에 다른 당사자등의 동의를 입증하는 서류를 첨부하여 행정청에 문서로 통지하여야 한다(시행령 제5조).

② 대표자가 있는 경우에는 당사자등은 그 대표자를 통하여서만 행정절차에 관한 행위를 할 수 있다(법 제11조 제5항).
    ※ 대표자를 통해서만 행정절차에 관한 행위를 할 수 있도록 한 이유는 행정청이 상대하는 당사자 등의 범위를 명확하고 체계적으로 정하기 위함이다.
③ 다수의 대표자가 있는 경우 그중 1인에 대한 행정청의 행위는 모든 당사자등에게 효력이 있다. 다만, 행정청의 통지는 대표자 모두에게 하여야 그 효력이 있다(제6항).

6. 대리인 제도

> **사례형 예제**
>
> 甲은 육군3사관학교에 입학한 사관생도인데 동료 생도들에 대하여 각종 폭언·욕설·인격모독행위 등의 비위행위를 저질렀다는 이유로 징계절차에 회부되었다. 甲이 선임한 변호인 乙이 징계위원회의 심의절차에 참석 요청을 하였음에도 육군3사관학교 담당자가 법령에 근거가 없다는 이유로 이를 거부하여 참석하지 못하였다. 「행정절차법」상 대리인 제도에 비추어 甲에 대한 징계절차에 하자가 있는지 여부를 검토하시오.
>
> **해설 요지**
>
> 행정절차법상 당사자 등은 변호사를 대리인으로 선임할 수 있고, 대리인으로 선임된 변호사는 당사자 등을 위하여 행정절차에 관한 모든 행위를 할 수 있다. 행정절차법령의 규정과 취지, 헌법상 법치국가원리와 적법절차 원칙에 비추어 징계와 같은 불이익처분절차에서 징계심의대상자에게 변호사를 통한 방어권의 행사를 보장하는 것이 필요하고, 징계심의대상자가 선임한 변호사가 징계위원회에 출석하여 징계심의대상자를 위하여 필요한 의견을 진술하는 것은 방어권 행사의 본질적 내용에 해당한다. 따라서 甲에 대한 징계절차에 하자가 있다.

(1) 의의

민법에서 대리라고 함은 대리인이 본인의 이름으로 의사표시를 하고 또는 의사표시를 받음으로써 그로부터 발생하는 권리의무를 모두 본인에게 귀속시키는 제도를 말한다.

대리인은 행정절차에 참석하여 당사자등의 능력을 보충하는 역할과 기능을 수행하므로, 당해 사안과 관련된 법률적 지식 또는 전문지식에 대한 지원이 필요하거나, 당사자등이 청문 등 행정절차에 참여하기 곤란한 경우에 당사자등(또는 대표자)은 자율적으로 대리인을 선임할 수 있다.

행정절차법상 대리인은 대표자와는 달리 자신이 행정절차의 대상이 되는 사안에 이해관계를 가질 것을 요하지 않는다. 그리고 당사자등은 대표자를 선정한 경우와 달리 대리인을 선임한 경우 행정절차에서 배제되는 것이 아니라, 행정절차에 참여하여 대리인과 함께 적극적인 자기이익 실현행위를 할 수 있다.

한편 대표자의 경우와 달리 당사자등이 대리인을 선임하지 아니한 경우 행정청은 대리인을 선임할 것을 요청할 수 없고, 직권으로 대리인을 선임할 수도 없다.

(2) 대리인의 선임

당사자등은 다음 각 호의 어느 하나에 해당하는 자를 대리인으로 선임할 수 있다(법 제12조 제1항).

> 1. 당사자등의 배우자, 직계 존속·비속 또는 형제자매
> 2. 당사자등이 법인등인 경우 그 임원 또는 직원
> 3. 변호사
> 4. 행정청 또는 청문주재자(청문의 경우만 해당한다)의 허가를 받은 자
> 5. 법령등에 따라 해당 사안에 대하여 대리인이 될 수 있는 자

위 제4호의 규정에 의하여 대리인의 선임허가를 받고자 하는 당사자등은 행정청 또는 청문주재자(청문의 경우에 한함)에게 문서로 선임허가를 신청하여야 한다(시행령 제6조 제1항).

당사자등이 대리인을 선임하였을 때에는 지체 없이 그 사실을 행정청에 통지하여야 하며(법 제13조 제1항), 대리인의 선임통지는 문서로 하여야 한다(시행령 제7조). 다만, 청문주재자가 대리인의 선임을 허가한 경우에는 청문주재자가 그 사실을 행정청에 통지하여야 한다(법 제13조 제2항).

(3) 대리인의 변경 또는 해임

① 당사자등은 대리인을 변경하거나 해임할 수 있다(법 제12조 제2항, 제11조 제3항).
② 당사자등이 대리인을 변경하거나 해임하였을 때에는 지체 없이 그 사실을 행정청에 통지하여야 하며(제13조 제1항), 대리인의 변경·해임통지는 문서로 하여야 한다(시행령 제7조).
※ 변경이나 해임사유에는 제한이 없으나, 그 사실이 행정청에 통지되어야만 효력이 발생한다.

(4) 대리권의 범위 및 대리인의 행위 등

① 대리인은 당사자등을 위하여 행정절차에 관한 모든 행위를 할 수 있다. 다만, 행정절차를 끝맺는 행위에 대하여는 당사자등의 동의를 받아야 한다(법 제12조 제2항, 제11조 제4항). 대리인은 행정절차를 끝맺고자 하는 경우에 당사자등의 동의를 입증하는 서류를 첨부하여 행정청에 문서로 통지하여야 한다(시행령 제6조 제2항).
② 다수의 대리인이 있는 경우 그중 1인에 대한 행정청의 행위는 당사자등에게 효력이 있다. 다만, 행정청의 통지는 대리인 모두에게 하여야 그 효력이 있다(법 제12조 제2항, 제11조 제6항).
※ 행정청은 모든 대리인에게 각각 동일한 절차상의 행위를 할 필요는 없으나, 행정청의 통지행위는 대리인 모두에게 행하여야 그 효력이 있도록 하였다. 그 이유는 각각의 대리인은 행정절차에 관한 사항을 알고 있어야 하므로 최소한 통지는 받고 있어야 하기 때문이다.
※ 당사자등이 위에 기술된 각종 통지의무를 이행하지 아니한 경우의 효과에 대하여 행정절차법은 규정을 두고 있지 않다. 대리인(대표자)을 선임(선정)하고도 행정청에 통지하지 아니한 경우에는 행정청은 대리인(대표자)이 없는 행정절차로서 절차를 진행하여야 하며, 대리인(대표자)을 해임·변경하고도 통지하지 아니한 경우에는 종전의 대리인(대표자)과 유효하게 절차상의 행위를 할 수 있다고 해석된다.

08 송달

> **설명형 예제**
> 행정청 A가 서울에 주소를 둔 甲에게 「건축법」에 따른 이행강제금 부과처분을 하였으나 甲이 부산에 장기간 출장 중이어서 동거하는 아버지가 고지서를 수령한 경우, 이행강제금 부과처분이 유효한지 설명하시오.

1. 의의

송달이란 당사자등에게 행정절차상의 문서의 내용을 알 수 있는 기회를 주기 위하여 행하는 통지행위로 행정작용의 효력발생 요건이 되는 중요한 사항이다.

행정행위는 법령에 특별한 규정이 있거나 부관(정지조건, 시기)에 의한 제한이 있는 경우를 제외하고는 성립과 동시에 효력을 발생한다. 그러나 상대방이 있는 행정행위는 송달과 도달로써 효력이 발생한다. 행정절차법은 상대방이 특정되어 있는 행정행위의 상대방에 대한 통지는 원칙상 송달의 방법에 의하도록 하여(제15조 제1항) 도달주의를 채택하고 있다.

2. 송달의 방법

(1) 개요

송달은 우편, 교부 또는 정보통신망 이용 등의 방법으로 하되, 송달받을 자(대표자 또는 대리인을 포함한다)의 주소·거소(居所)·영업소·사무소 또는 전자우편주소로 한다. 다만, 송달받을 자가 동의하는 경우에는 그를 만나는 장소에서 송달할 수 있다(법 제14조 제1항).

■ **송달의 주요절차**

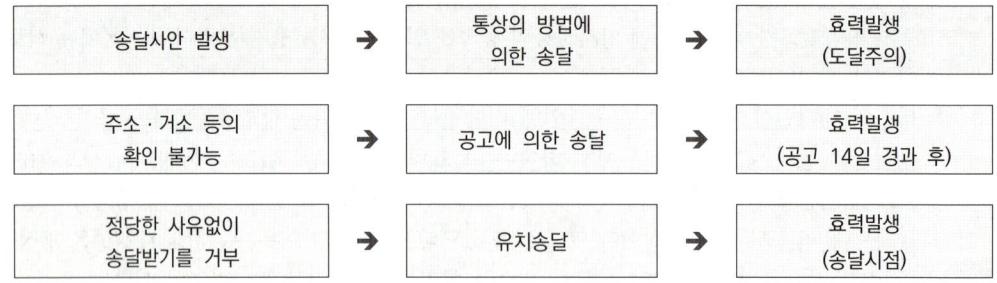

(2) 우편송달

행정절차법은 우편송달 시의 우송방법을 구체적으로 규정하지 아니하므로, 보통우편, 등기우편, 증명취급 등 송달 내용의 중요성에 따라서 우송방법을 정하게 된다. 우편의 송달을 입증하기 위해서는 <u>등기우편</u>의 방법에 의하여야 한다.

(3) 교부송달

① 교부에 의한 송달은 <u>수령확인서를 받고 문서를 교부함으로써</u> 하며, <u>송달하는 장소에서 송달받을 자</u>를 만나지 못한 경우에는 그 사무원·피용자(被用者) 또는 동거인으로서 사리를 분별할 지능이

있는 사람에게 문서를 교부할 수 있다. 다만, 문서를 송달받을 자 또는 그 사무원등이 <u>정당한 사유 없이 송달받기를 거부하는 때</u>에는 그 사실을 수령확인서에 적고, 문서를 송달할 장소에 놓아둘 수 있다(제14조 제2항).

② 교부송달은 상대방이 현실적으로 이를 수령하는 행위가 필요하다. 따라서 세무공무원이 납세의무자와 그 가족들이 부재중임을 알면서도 아파트 문틈으로 납세고지서를 투입하는 방식으로 송달하는 것은 부적법하고(대판 1997.5.23. 96누5094), 다른 법령상의 사유가 없는 한 병역의무자로부터 근거리에 있는 책상 등에 일시 현역입영통지서를 둔 것만으로는 병역의무자의 현실적인 수령행위가 있었다고 단정할 수 없다(대판 2009.6.25. 2009도3387).

(4) 정보통신망을 이용한 송달

정보통신망을 이용한 송달은 <u>송달받을 자가 동의하는 경우에만</u> 한다. 이 경우 송달받을 자는 송달받을 전자우편주소 등을 지정하여야 한다(제14조 제3항).

(5) 공고에 의한 송달

① 다음 각 호의 어느 하나에 해당하는 경우에는 송달받을 자가 알기 쉽도록 관보, 공보, 게시판, 일간신문 중 하나 이상에 공고하고 인터넷에도 공고하여야 한다(제14조 제4항).

    1. 송달받을 자의 주소등을 통상적인 방법으로 확인할 수 없는 경우
    2. 송달이 불가능한 경우

② 공고를 할 때에는 민감정보 및 고유식별정보 등 송달받을 자의 개인정보를 「개인정보 보호법」에 따라 보호하여야 한다(제5항).

※ 개인정보 보호를 위해 당사자 등의 성명, 생년월일, 개략적 주소, 개략적 차량번호(차량번호는 차량관련 처분 등 필요한 경우에만 기재) 등을 표기하는 방법으로 인적사항을 기재한다(행정안전부예규 「행정절차제도 운영지침」).

> **관련판례**
>
> **법인에 대한 공시송달의 요건**
> 법인에 대한 송달은 본점 소재지에서 그 대표이사가 이를 수령할 수 있도록 함이 원칙이고, 그와 같은 송달이 불능인 경우에는 법인등기부 등을 조사하여 본점 소재지의 이전 여부 이외에도 법인등기부상의 대표이사의 주소지 등을 확인하여 송달을 하여 보고 그 송달이 불가능한 때에 비로소 공시송달을 할 수 있다. 대표이사가 송달장소를 신고하였음에도 법인등기부상 주소지에 송달이 되지 아니하였다 하여 바로 공시송달의 방법으로 법인에 대한 법인세납부고지서를 송달한 것은 부적법한 송달로서 무효이고, 대표자에 대한 제2차 납세의무자지정처분 역시 주된 납세의무자인 법인에 대한 구체적인 납세의무확정절차를 마치지 아니한 채 행한 것으로서 무효이다(대판 1992.10.9. 91누10510).

(6) 기록보존

행정청은 송달하는 문서의 명칭, 송달받는 자의 성명 또는 명칭, 발송방법 및 발송연월일을 확인할 수 있는 기록을 보존하여야 한다(제6항).

3. 송달의 효력발생

(1) 원칙

송달은 다른 법령등에 특별한 규정이 있는 경우를 제외하고는 <u>해당 문서가 송달받을 자에게 도달됨으로써 그 효력이 발생한다</u>(행정절차법 제15조 제1항).

(2) 우편송달

① 우편법의 규정에 따라 우편물이 배달되었다고 하여 언제나 상대방이 있는 의사표시의 통지가 상대방에게 도달하였다고 볼 수는 없다(대판 1993.11.26. 93누17478). 우편법 등 관계 규정의 취지에 비추어 볼 때 <u>우편물이 등기취급의 방법으로 발송된 경우 반송되는 등의 특별한 사정이 없는 한 그 무렵 수취인에게 배달되었다고 보아야 한다</u>(대판 1992.3.27. 91누3819).

② 행정처분의 효력발생요건으로서의 도달이란 상대방이 그 내용을 현실적으로 양지할 필요까지는 없고 다만 양지할 수 있는 상태에 놓여짐으로써 충분하다(대판 1989.9.26. 89누4963). 그러나 국세징수법에 의한 독촉장과 압류통지서를 일반우편으로 납세자가 거주하지 아니하는 주민등록상 주소지로 발송한 경우에는 적법한 통지라고 할 수 없다(대판 1998.9.22. 98두4375).

(3) 정보통신망을 이용한 송달

① 정보통신망을 이용하여 전자문서로 송달하는 경우에는 송달받을 자가 지정한 컴퓨터 등에 입력된 때에 도달된 것으로 본다(행정절차법 제15조 제2항). 다만 지정한 정보시스템 등이 없는 경우에는 수신자가 관리하는 정보시스템 등에 입력된 때에 그 수신자에게 도달된 것으로 본다(전자정부법 제28조 제2항).

② 특정한 기한까지 도달되어야 할 문서 등을 송신자가 기한 전에 전자적 방법을 이용하여 전자문서로 발송하였으나 수신자의 정보시스템 또는 관련 장치의 장애로 인하여 기한 내에 도달되지 아니한 경우에는 해당 송신자에 대하여만 수신자의 장애가 제거된 날의 다음 날에 기한이 도래한 것으로 본다(제3항).

③ 행정기관등에 도달된 전자문서가 판독할 수 없는 상태로 수신된 경우에는 해당 행정기관등은 이를 흠이 있는 문서로 보고 보완에 필요한 상당한 기간을 정하여 보완을 요구하여야 하며, 행정기관등이 발송한 전자문서가 판독할 수 없는 상태로 수신자에게 도달된 경우에는 이를 적법하게 도달된 문서로 보지 아니한다(제4항).

(4) 공고에 의한 송달

행정절차법 제14조 제4항의 경우에는 다른 법령등에 특별한 규정이 있는 경우를 제외하고는 <u>공고일부터 14일이 지난 때에 그 효력이 발생한다</u>. 다만, 긴급히 시행하여야 할 특별한 사유가 있어 효력 발생 시기를 달리 정하여 공고한 경우에는 그에 따른다(법 제15조 제3항).

> **관련판례**
>
> **상대방에게 고지되지 않았으나 상대방이 다른 경로를 통해 행정처분의 내용을 알게 된 경우**
> 상대방 있는 행정처분은 특별한 규정이 없는 한 의사표시에 관한 일반법리에 따라 상대방에게 고지되어야 효력이 발생하고, <u>상대방 있는 행정처분이 상대방에게 고지되지 아니한 경우에는 상대</u>

방이 다른 경로를 통해 행정처분의 내용을 알게 되었다고 하더라도 행정처분의 효력이 발생한다고 볼 수 없다(대판 2019.8.9. 2019두38656).

관보에 고시됨으로써 효력이 발생한 것으로 본 사례
인터넷 웹사이트에 대하여 구 청소년보호법에 따른 청소년유해매체물 결정·고시처분을 한 사안에서, 위 결정은 이해관계인이 고시가 있었음을 알았는지 여부에 관계없이 관보에 고시됨으로써 효력이 발생하고, 그가 위 결정을 통지받지 못하였다는 것이 제소기간을 준수하지 못한 것에 대한 정당한 사유가 될 수 없다(대판 2007.6.14. 2004두619).

아르바이트 직원이 납부고지서를 수령한 경우
원고의 주소지에서 원고의 아르바이트 직원이 납부고지서를 수령한 이상, 원고로서는 그 때 처분이 있음을 알 수 있는 상태에 있었다고 볼 수 있고, 따라서 원고는 그 때 처분이 있음을 알았다고 추정함이 상당하다(대판 1999.12.28. 99두9742).

만 8세 1개월 남짓의 딸 을에게 이를 교부하고 을의 서명을 받은 보충송달의 적법성
당사자 갑을 만나지 못하자 동거하는 만 8세 1개월 남짓의 딸 을에게 이를 교부하고 을의 서명을 받은 사안에서, 을의 연령, 교육 정도, 상고기록접수통지서가 가지는 소송법적 의미와 중요성 등에 비추어 볼 때, 소송서류를 송달하는 우편집배원이 을에게 송달하는 서류의 중요성을 주지시키고 갑에게 이를 교부할 것을 당부하는 등 필요한 조치를 취하였다는 등의 특별한 사정이 없는 한, 그 정도 연령의 어린이 대부분이 이를 송달받을 사람에게 교부할 것으로 기대할 수는 없다고 보이므로 상고기록접수통지서 등을 수령한 을에게 소송서류의 영수와 관련한 사리를 분별할 지능이 있다고 보기 어렵다는 이유로, 상고기록접수통지서의 보충송달이 적법하지 않다고 한 사례(대판 2011.11.10. 2011재두148).

납세고지서의 교부송달 및 우편송달에 있어서 반드시 납세의무자 또는 그와 일정한 관계에 있는 사람의 현실적인 수령행위를 전제로 함
납세고지서의 교부송달 및 우편송달에 있어서는 반드시 납세의무자 또는 그와 일정한 관계에 있는 사람의 현실적인 수령행위를 전제로 하고 있다고 보아야 하며, 납세자가 과세처분의 내용을 이미 알고 있는 경우에도 납세고지서의 송달이 불필요하다고 할 수는 없다(대판 2004.4.9., 2003두13908).

09 기간 및 기한의 특례

천재지변이나 그 밖에 당사자등에게 책임이 없는 사유로 기간 및 기한을 지킬 수 없는 경우에는 그 사유가 끝나는 날까지 기간의 진행이 정지된다(법 제16조 제1항).

외국에 거주하거나 체류하는 자에 대한 기간 및 기한은 행정청이 그 우편이나 통신에 걸리는 일수(日數)를 고려하여 정하여야 한다(제2항).

10. 비용의 부담(지급)

> **설명형 예제**
> 「행정절차법」상 행정절차에서 발생하는 비용을 누가 부담하는지 설명하시오.

1. 비용의 자기부담의 원칙

행정절차에 드는 비용은 <u>행정청이</u> 부담한다. 다만, 당사자등이 자기를 위하여 스스로 지출한 비용은 그러하지 아니하다(법 제54조).

2. 행정청의 비용부담의 종류

구 분	종 류	비 고
청문주재자	수당, 여비, 필요경비	• 청문 소관업무 공무원은 예외
공청회주재자 발표자	수당, 여비, 필요경비	• 주재자, 발표자 그 밖의 자료를 제출한 전문가 등에게 지급
참고인 감정인 등	여비, 일당	• 공무원은 여비 지급, 일당 미지급 • 공무원이 아닌 경우는 여비 + 일당

(1) 청문주재자

청문주재자에 대하여는 예산의 범위안에서 수당이나 여비 그 밖의 필요한 경비(예 증거자료 조사 경비)를 지급할 수 있다. 다만, 청문주재를 소관업무로 하는 공무원이 청문을 주재하는 경우에는 그러하지 아니하다(시행령 제15조 제2항).

(2) 공청회의 주재자·발표자 등

공청회의 주재자, 발표자, 그 밖에 자료를 제출한 전문가 등에게는 예산의 범위에서 수당 및 여비와 그 밖에 필요한 경비를 지급할 수 있다(법 제38조의3 제4항).

(3) 참고인·감정인 등

① 행정청은 행정절차의 진행에 필요한 참고인이나 감정인 등에게 예산의 범위에서 여비와 일당을 지급할 수 있다(법 제55조 제1항). 이에 따른 비용의 지급기준 등에 관하여는 대통령령으로 정한다(제2항).

② 참고인·감정인등에 대한 일당은 참고인·감정인등이 공무원이 아닌 경우에만 지급하되, 국가공무원 6급 5호봉 상당의 월봉급액을 일할계산한 금액으로 하고, 여비는 참고인·감정인등이 공무원인 경우에는 공무원여비규정 별표1의 소정액으로 하며, 참고인·감정인등이 공무원이 아닌 경우에는 공무원여비규정 별표1의 제4호 해당자 소정액으로 한다(시행령 제28조).

3. 당사자등의 열람·복사비용 부담

(1) 종류

행정절차법은 의견제출, 청문에 관련된 자료의 열람 복사 및 입법예고, 행정예고 전문 등에 대한 열람 복사 등의 수수료와 우송료를 요청한 자에게 부담시킬 수 있도록 하고 있다(법 제37조 제5항, 제42조 제5항, 제47조 제2항).

(2) 비용의 산정방법

① 의견제출, 청문에 관련된 문서의 복사에 드는 비용에 관하여는 「공공기관의 정보공개에 관한 법률 시행령」 제17조 제1항·제2항 및 제6항을 준용하고(시행령 제20조 제4항), 입법예고, 행정예고된 내용의 복사에 드는 비용에 관하여는 제17조 제1항부터 제6항까지를 준용한다(행정절차법 시행령 제24조의5).

② 비용은 수수료와 우편요금(공개되는 정보의 사본·출력물·복제물 또는 인화물을 우편으로 보내는 경우로 한정)으로 구분하며, 수수료 금액은 행정안전부령으로 정한다. 다만, 지방자치단체의 경우 수수료의 금액은 조례로 정한다(「공공기관의 정보공개에 관한 법률 시행령」 제17조 제1항).

③ 정보통신망을 통하여 정보를 전자적 형태로 공개할 때에는 공공기관(지방자치단체 및 그 소속 기관은 제외)의 장은 업무부담을 고려하여 제1항 본문에 따라 정한 수수료 금액의 범위에서 수수료 금액을 달리 정할 수 있다(제2항).

(3) 수수료의 납부방법

수수료는 ① 「전자금융거래법」 제2조 제11호에 따른 전자지급수단, ② 수입인지(국가기관에 내는 경우로 한정) 또는 수입증지(지방자치단체에 내는 경우로 한정)의 어느 하나에 해당하는 방법으로 낸다. 다만, 부득이한 경우에는 현금으로 낼 수 있다(「공공기관의 정보공개에 관한 법률 시행령」 제17조 제6항).

제3장 처분절차

01 행정처분의 의의

"처분"이란 행정청이 행하는 구체적 사실에 관한 법 집행으로서의 공권력의 행사 또는 그 거부와 그 밖에 이에 준하는 행정작용을 말한다(법 제2조 제2호).

일반적인 처분의 개념요소는 ① 국민의 권리 의무에 변동을 가져오는 법적인 행위, ② 구체적 사실에 관한 법집행 행위, ③ 행정청의 우월한 지위에서의 공권력 행사 또는 거부를 내용으로 한다.

특히 행정쟁송과 관련하여 판례는 "항고소송의 대상이 되는 행정처분이라 함은 행정청의 공법상의 행위로서 특정 사항에 대하여 법규에 의한 권리의 설정 또는 의무의 부담을 명하거나 기타 법률상 효과를 발생하게 하는 등 국민의 권리의무에 직접 관계가 있는 행위를 가리키는 것이고, 행정권 내부에서의 행위나 알선, 권유, 사실상의 통지 등과 같이 상대방 또는 기타 관계자들의 법률상 지위에 직접적인 법률적 변동을 일으키지 아니하는 행위 등은 항고소송의 대상이 되는 행정처분이 아니다."(대판 1996.3.22. 96누433)라고 한다.

처분은 크게 ① 신청에 의한 처분(허가·인가·특허·면허·승인·지정 등의 신청, 장부·대장에의 등록 또는 등재의 신청 등에 따른 처분), ② 직권처분(상대방의 의사와 무관하게 일방적으로 국민의 권리의 제한 또는 의무의 부과 등을 행하는 불이익처분)으로 나눌 수 있다.

행정절차법은 처분절차에 대한 절차적 내용만을 규정하고, 처분에 관한 실체적 내용은 각 개별법에서 규정한다.

02 신청에 의한 처분

1. 신청기준, 처리기간 및 처분기준의 작성·공표

> **설명형 예제**
> 행정청이 처리기간이 지나 처분을 한 경우 처분을 취소할 절차상 하자로 볼 수 있는지 설명하시오.

> **설명형 예제**
>
> 행정청이 공표하지 않은 '변경된 처분기준'을 적용하여 행정처분한 경우 해당 처분의 효력은 어떻게 되는지 설명하시오.

(1) 의의

행정절차법은 투명성의 원칙을 구체화하여, 신청인의 편의를 위해 신청인이 반드시 알아야 할 신청요건과 신청의 허용·거부 등의 기준을 신청인이 알 수 있도록 미리 설정하여 공표하도록 하고 있다.

(2) 신청기준의 게시 등

행정청은 신청에 필요한 구비서류, 접수기관, 처리기간, 그 밖에 필요한 사항을 게시(인터넷 등을 통한 게시를 포함)하거나 이에 대한 편람을 갖추어 두고 누구나 열람할 수 있도록 하여야 한다(법 제17조 제3항).

(3) 처리기간의 설정·공표

행정청은 신청인의 편의를 위하여 처분의 처리기간을 종류별로 미리 정하여 공표하여야 한다(법 제19조 제1항). 제1항에 따른 처리기간에 산입하지 아니하는 기간에 관하여는 대통령령으로 정한다(제5항).

※ "처리기간에 산입하지 아니하는 기간"(시행령 제11조)

> 1. 신청서의 보완에 소요되는 기간(보완을 위하여 신청서를 신청인에게 발송한 날과 보완되어 행정청에 도달한 날을 포함)
> 2. 접수·경유·협의 및 처리하는 기관이 각각 상당히 떨어져 있는 경우 문서의 이송에 소요되는 기간
> 3. 법 제11조 제2항의 규정에 의하여 대표자를 선정하는 데 소요되는 기간
> 4. 당해처분과 관련하여 의견청취가 실시되는 경우 그에 소요되는 기간
> 5. 실험·검사·감정, 전문적인 기술검토등 특별한 추가절차를 거치기 위하여 부득이하게 소요되는 기간
> 6. 행정안전부령이 정하는 선행사무의 완결을 조건으로 하는 경우 그에 소요되는 다음의 기간(시행규칙 제6조)
>   - 국회 또는 지방의회의 동의가 필요한 사항으로서 국회 또는 지방의회의 심의에 소요되는 기간
>   - 국가안보 또는 외교상 특별한 선행조치가 필요한 사항으로서 이에 소요되는 기간
>   - 정부의 예산사정으로 인하여 처리가 지연되는 기간
>   - 외국기관 및 재외공관에의 조회에 소요되는 기간
>   - 탈세조사·가격조사·수요조사·원가계산·경영분석·감정실시 및 기업진단에 소요되는 기간
>   - 시험·신원조회 또는 신체검사에 소요되는 기간
>   - 신청인의 불출석등 처리단계에 있어 신청인의 귀책사유로 인하여 지연되는 기간

(4) 처분기준의 설정·공표

① 행정청은 필요한 처분기준을 해당 처분의 성질에 비추어 되도록 구체적으로 정하여 공표하여야 한다. 처분기준을 변경하는 경우에도 또한 같다(법 제20조 제1항).

※ 여기서 말하는 구체성의 정도는 처분의 상황 적응성 내지 탄력성을 해하지 아니하는 범위 내에서 처분의 투명성·예측가능성을 확보할 수 있도록 가능한 최대한 구체적이어야 한다는 의미이다.

※ 처분기준의 법형식은 법령이 될 수도 있고 행정규칙이 될 수도 있다. 예컨대, 제재처분기준을 대통령령이나 부령의 형식으로 규정하고 있는 입법례는 무수히 많다(예 식품위생법 시행규칙 제89조 별표23, 청소년보호법 시행령 제39조 제2항 별표9).

② 「행정기본법」 제24조에 따른 인허가의제의 경우 관련 인허가 행정청은 관련 인허가의 처분기준을 주된 인허가 행정청에 제출하여야 하고, 주된 인허가 행정청은 제출받은 관련 인허가의 처분기준을 통합하여 공표하여야 한다. 처분기준을 변경하는 경우에도 또한 같다(제2항).

③ 제1항에 따른 처분기준을 공표하는 것이 해당 처분의 성질상 현저히 곤란하거나 공공의 안전 또는 복리를 현저히 해치는 것으로 인정될 만한 상당한 이유가 있는 경우에는 처분기준을 공표하지 아니할 수 있다(제3항).

④ 당사자등은 공표된 처분기준이 명확하지 아니한 경우 해당 행정청에 그 해석 또는 설명을 요청할 수 있다. 이 경우 해당 행정청은 특별한 사정이 없으면 그 요청에 따라야 한다(제4항).

⑤ 행정청은 처분기준을 당사자등이 알기 쉽도록 편람을 만들어 비치하거나 게시판·관보·공보·일간신문 또는 소관 행정청의 인터넷 홈페이지 등에 공고해야 한다(시행령 제12조).

관련판례

행정청이 처리기간을 지나 처분을 한 경우 처분을 취소할 절차상 하자로 볼 수 있는지 여부
처분이나 민원의 처리기간을 정하는 것은 신청에 따른 사무를 가능한 한 조속히 처리하도록 하기 위한 것이다. 처리기간에 관한 규정은 훈시규정에 불과할 뿐 강행규정이라고 볼 수 없다. 행정청이 처리기간이 지나 처분을 하였더라도 이를 처분을 취소할 절차상 하자로 볼 수 없다. 민원처리법 시행령 제23조에 따른 민원처리진행상황 통지도 민원인의 편의를 위한 부가적인 제도일 뿐, 그 통지를 하지 않았더라도 이를 처분을 취소할 절차상 하자로 볼 수 없다(대판 2019.12.13. 2018두41907).

처분기준을 따로 공표하지 않거나 개략적으로만 공표할 수 있는 경우
행정청으로 하여금 처분기준을 구체적으로 정하여 공표하도록 한 것은 해당 처분이 가급적 미리 공표된 기준에 따라 이루어질 수 있도록 함으로써 해당 처분의 상대방으로 하여금 결과에 대한 예측가능성을 높이고 이를 통하여 행정의 공정성, 투명성, 신뢰성을 확보하며 행정청의 자의적인 권한행사를 방지하기 위한 것이다. 그러나 처분의 성질상 처분기준을 미리 공표하는 경우 행정목적을 달성할 수 없게 되거나 행정청에 일정한 범위 내에서 재량권을 부여함으로써 구체적인 사안에서 개별적인 사정을 고려하여 탄력적으로 처분이 이루어지도록 하는 것이 오히려 공공의 안전 또는 복리에 더 적합한 경우도 있다. 그러한 경우에는 행정절차법 제20조 제2항에 따라 처분기준을 따로 공표하지 않거나 개략적으로만 공표할 수도 있다(대판 2019.12.13. 2018두41907).

공표하지 않은 처분기준을 적용한 것이 독립적인 위법사유가 되는지 여부
행정청이 행정절차법 제20조 제1항의 처분기준 사전공표 의무를 위반하여 미리 공표하지 아니한 기준을 적용하여 처분을 하였다고 하더라도, 그러한 사정만으로 곧바로 해당 처분에 취소사유에 이를 정도의 흠이 존재한다고 볼 수는 없다. 다만 해당 처분에 적용한 기준이 상위법령의 규정이나 신뢰보호의 원칙 등과 같은 법의 일반원칙을 위반하였거나 객관적으로 합리성이 없다고 볼 수 있는 구체적인 사정이 있다면 해당 처분은 위법하다고 평가할 수 있다(대판 2020.12.24. 2018두45633).

'갱신제'를 채택하여 운용하는 경우, 공정한 심사기준이 사전에 마련되어 공표되어야 함
행정청이 관계 법령의 규정이나 자체적인 판단에 따라 처분상대방에게 특정한 권리나 이익 또는 지위 등을 부여한 후 일정한 기간마다 심사하여 갱신 여부를 판단하는 이른바 '갱신제'를 채택하여 운용하는 경우에는, <u>처분상대방은 합리적인 기준에 의한 공정한 심사를 받아 그 기준에 부합되면 특별한 사정이 없는 한 갱신되리라는 기대를 가지고 갱신 여부에 관하여 합리적인 기준에 의한 공정한 심사를 요구할 권리를 가진다.</u> 여기에서 '공정한 심사'란 갱신 여부가 행정청의 자의가 아니라 객관적이고 합리적인 기준에 의하여 심사되어야 할 뿐만 아니라, 처분상대방에게 사전에 심사기준과 방법의 예측가능성을 제공하고 사후에 갱신 여부 결정이 합리적인 기준에 의하여 공정하게 이루어졌는지를 검토할 수 있도록 <u>심사기준이 사전에 마련되어 공표되어 있어야 함</u>을 의미한다(대판 2020.12.24. 2018두45633).

2. 처분의 신청 및 접수

설명형 예제
「행정절차법」상 행정청에 처분을 구하는 신청의 절차에 관하여 설명하시오.

사례형 예제
A광역시 B구청장은 2026.4.3. 관내 개발제한구역 내에 소재한 간선도로 변에 주유소 1개를 추가로 설치할 수 있도록 하는 내용으로 '주유소 운영사업자 모집공고'를 하였다. 모집공고상 신청자격은 '개발제한구역 지정 당시(2010.12.29)부터 본 공고일 현재까지 계속하여 B구의 주민일 것. 다만, 생업을 위하여 3년 내의 기간 동안 개발제한구역 밖에 거주한 경우는 그 기간 동안 B구에서 계속 거주한 것으로 봄'으로 되어 있다. 甲은 이에 따라 B구청장에게 주유소 운영사업자 선정신청을 하였다. 그런데 甲이 선정신청을 하면서 신청서에 자신이 생업을 위하여 3년 내의 기간 동안 개발제한구역 밖에 거주한 사실을 기재하고도 이를 입증할 수 있는 서류를 제출하지 않았다. 모집기간이 만료되자 B구청장은 2026.5.22. 甲에게 모집공고상 신청자격의 요건을 충족하지 못하였음을 이유로 불선정처분을 하였다. 甲은 "B구청장이 불선정처분을 함에 있어 신청시 구비하여야 하는 서류가 미비되었음에도 불구하고 그에 대한 보완 요구를 하지 않은 채 불선정처분을 한 것은 위법하다."고 주장한다. 이러한 주장은 타당한가?

해설 요지
행정청이 처분의 신청을 받았을 때 구비서류의 미비 등 흠이 있는 경우 보완을 요구하여야 하는바, B구청장이 甲에게 보완을 요구해야 하는 경우에 해당하는지 그 보완요구의 범위가 문제된다. 甲이 '3년 내의 기간 동안 개발제한구역 밖에 거주한 사실'을 기재하였음을 고려하면, 이에 대한 입증자료를 제출하지 않은 것은 실체적 요건의 하자가 아니라 신청의 형식적 요건불비라고 보는 것이 타당하므로 B구청장이 보완요구를 하여야 하는 경우에 해당한다.

■ 신청에 의한 처분의 절차

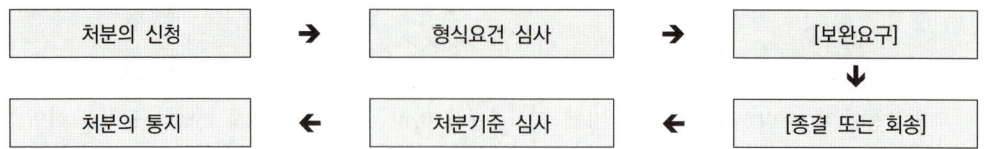

(1) 처분의 신청
　① <u>행정청에 처분을 구하는 신청은 문서로 하여야 한다.</u> 다만, 다른 법령등에 특별한 규정이 있는 경우와 행정청이 미리 다른 방법을 정하여 공시한 경우에는 그러하지 아니하다(법 제17조 제1항).
　② 처분을 신청할 때 전자문서로 하는 경우에는 행정청의 컴퓨터 등에 입력된 때에 신청한 것으로 본다(제2항).

(2) 신청의 접수
　① <u>행정청은 신청을 받았을 때에는 다른 법령등에 특별한 규정이 있는 경우를 제외하고는 그 접수를 보류 또는 거부하거나 부당하게 되돌려 보내서는 아니 되며, 신청을 접수한 경우에는 신청인에게 접수증을 주어야 한다.</u> 다만, 대통령령으로 정하는 경우에는 접수증을 주지 아니할 수 있다(법 제17조 제4항).
　※ "대통령령으로 정하는 경우"(시행령 제9조)

> 1. 구술·우편 또는 정보통신망에 의한 신청
> 2. 처리기간이 "즉시"로 되어 있는 신청
> 3. 접수증에 갈음하는 문서를 주는 신청

　② 행정청은 신청인의 편의를 위하여 다른 행정청에 신청을 접수하게 할 수 있다. 이 경우 행정청은 다른 행정청에 접수할 수 있는 신청의 종류를 미리 정하여 공시하여야 한다(법 제17조 제7항).

(3) 신청의 보완·변경·취하
　① <u>행정청은 신청에 구비서류의 미비 등 흠이 있는 경우에는 보완에 필요한 상당한 기간을 정하여 지체 없이 신청인에게 보완을 요구하여야 한다</u>(제17조 제5항). 행정청은 신청인의 소재지가 분명하지 아니하여 보완의 요구가 2회에 걸쳐 반송된 때에는 신청을 취하한 것으로 보아 이를 종결처리할 수 있다(시행령 제10조).
　※ 보완에 필요한 기간의 설정은 행정청이 재량으로 결정할 사항이나 충분한 기간을 설정해 주어야 하며, 신청인이 정당한 이유로 기간 연장을 요구할 때는 특별한 사정이 없는 한 이를 인정해야 한다.
　② <u>행정청은 신청인이 제5항에 따른 기간 내에 보완을 하지 아니하였을 때에는 그 이유를 구체적으로 밝혀 접수된 신청을 되돌려 보낼 수 있다</u>(법 제17조 제6항).
　③ <u>신청인은 처분이 있기 전에는 그 신청의 내용을 보완·변경하거나 취하(取下)할 수 있다.</u> 다만, 다른 법령등에 특별한 규정이 있거나 그 신청의 성질상 보완·변경하거나 취하할 수 없는 경우에는 그러하지 아니하다(제7항).
　※ 신청의 성질상 보완·변경할 수 없는 경우의 예로는, 신청의 내용을 보완 또는 변경하는 것으로 인해 제3자의 권익에 침해를 가져오는 경우가 있다.

3. 신청의 처리

(1) 신속처리 의무
행정청은 공표된 처리기간 내에 가능한 신속하게 처리하여야 한다.

(2) 처리기간의 연장
① 행정청은 부득이한 사유로 처리기간 내에 처분을 처리하기 곤란한 경우에는 해당 처분의 처리기간의 범위에서 한 번만 그 기간을 연장할 수 있다(법 제19조 제2항).
② 행정청은 처리기간을 연장할 때에는 처리기간의 연장 사유와 처리 예정 기한을 지체 없이 신청인에게 통지하여야 한다(제3항).

(3) 신청인의 신속처리 요청권
행정청이 정당한 처리기간 내에 처리하지 아니하였을 때에는 신청인은 해당 행정청 또는 그 감독 행정청에 신속한 처리를 요청할 수 있다(제4항).

(4) 다수의 행정청이 관여하는 처분
행정청은 다수의 행정청이 관여하는 처분을 구하는 신청을 접수한 경우에는 관계 행정청과의 신속한 협조를 통하여 그 처분이 지연되지 아니하도록 하여야 한다(제18조).

> **관련판례**
>
> **행정청에 대한 신청의 의사표시의 방법**
> 구 행정절차법(2002. 12. 30. 법률 제6839호로 개정되기 전의 것) 제17조 제3항 본문은 "행정청은 신청이 있는 때에는 다른 법령 등에 특별한 규정이 있는 경우를 제외하고는 그 접수를 보류 또는 거부하거나 부당하게 되돌려 보내서는 아니 되며, 신청을 접수한 경우에는 신청인에게 접수증을 교부하여야 한다."고 규정하고 있는바, 여기에서의 신청인의 행정청에 대한 신청의 의사표시는 명시적이고 확정적인 것이어야 한다고 할 것이므로 신청인이 신청에 앞서 행정청의 허가업무 담당자에게 신청서의 내용에 대한 검토를 요청한 것만으로는 다른 특별한 사정이 없는 한 명시적이고 확정적인 신청의 의사표시가 있었다고 하기 어렵다(대판 2004.9.24. 2003두13236).
>
> **보완 또는 보정의 대상이 되는 흠결 및 흠결서류의 접수를 거부 또는 반려할 정당한 사유가 있는 경우**
> [1] 민원사무처리규정 제11조 제1항 소정의 보완 또는 보정의 대상이 되는 흠결은 보완 또는 보정할 수 있는 경우이어야 함은 물론이고, 그 내용 또한 형식적, 절차적인 요건에 한하고 실질적인 요건에 대하여까지 보완 또는 보정요구를 하여야 한다고 볼 수 없으며, 또한 흠결된 서류의 보완 또는 보정을 하면 이미 접수된 주요서류의 대부분을 새로 작성함이 불가피하게 되어 사실상 새로운 신청으로 보아야 할 경우에는 그 흠결서류의 접수를 거부하거나 그것을 반려할 정당한 사유가 있는 경우에 해당하여 이의 접수를 거부하거나 반려하여도 위법이 되지 않는다(대판 1991.6.11. 90누8862).
> [2] 보완의 대상이 되는 흠은 보완이 가능한 경우이어야 함은 물론이고, 그 내용 또한 형식적·절차적인 요건이거나, 실질적인 요건에 관한 흠이 있는 경우라도 그것이 민원인의 단순한 착오나 일시적인 사정 등에 기한 경우 등이라야 할 것이다(대판 2004.10.15. 2003두6573).

03 직권처분

1. 처분기준의 설정·공표

행정청은 필요한 처분기준을 해당 처분의 성질에 비추어 되도록 구체적으로 정하여 공표하여야 한다. 처분기준을 변경하는 경우에도 또한 같다(법 제20조 제1항).

※ '처분기준의 설정·공표'는 신청에 의한 처분, 직권처분에 공통적으로 적용되고, '처리기간의 설정·공표'는 신청에 의한 처분에만 적용된다.

처분기준을 설정·공표하는 것은 행정절차법의 일반원칙인 투명성의 원칙과 신의성실 및 신뢰보호의 원칙을 구체화하는 것이다.

직권처분(불이익처분)에서 처분기준은 법규위반 등 처분사유 발생시 어떤 불이익처분을 할지에 대한 구체적인 기준을 설정하는 것을 내용으로 한다. 이 경우 의견청취 방법 및 절차를 아울러 정형화할 필요가 있다.

그 밖에 공표방법, 공표의 예외, 처분기준의 설명·해석권 등의 내용은 앞의 〈02 신청에 의한 처분〉에서 설명한 내용과 동일하다.

2. 처분의 사전통지 * 2014, 2016, 2017, 2020, 2021, 2023, 2024, 2025 행정사 기출

> **사례형 예제**
>
> 어업조합법인 甲은 A시 관할 구역 내 32만㎡에 수산물종합유통센터를 건축하기 위하여 B지방해양항만청장으로부터 항만공사 시행허가 및 항만공사 실시계획을 승인받았다. 그런데 그 후 甲은 A시장으로부터 위 센터 건축을 위한 항만시설 사용허가를 두 차례 받았으나 건축을 하지 못하고 모두 그 사용기간이 만료되었다. 甲은 다시 위 센터를 건축하고자 항만시설 사용허가를 신청하였으나 A시장은 위 센터 예정 부지 주변의 여건 변화, 각종 행사의 증가로 인한 공공시설 부족 심화 등을 이유로 불허가 처분을 내렸다. 그런데 A시장은 불허가 처분을 하기 전에 甲에게 그 처분의 내용 및 법적 근거, 의견제출 절차 등을 통지하지 않았다. 甲은 A시장이 항만시설 사용에 대한 불허가 처분을 하면서 사전통지를 하지 않았다는 점을 들어 행정절차법 위반이라고 주장한다. 이 주장의 타당성을 검토하시오.　　　　　　　　　　　　　　　　　　　　* 2020 행정사
>
> **해설 요지**
>
> 행정절차법상 사전통지를 받는 것은 불이익처분 상대방의 절차적 권리로서 인정된다. 그런데 거부처분의 경우도 불이익처분으로 보아 사전통지절차가 적용되는지 문제된다. A시장의 항만시설 사용 불허가 처분에 행정절차법상 사전통지의 예외 사유가 보이지는 않는다. 다만 거부처분에는 사전통지절차가 적용되지 않는다는 판례에 따르면 A시장은 사전통지절차를 거칠 필요가 없다.

(1) 의의

처분의 사전통지는 행정청이 조사한 사실 등 정보를 미리 당사자 등에게 알려줌으로써 당사자 등이 충분히 준비할 수 있도록 하고, 의견청취절차에서 의견을 진술하게 하여 권익을 보호할 수 있도록 하기 위한 제도이다. 그 대상은 모든 처분이 아니라 당사자에게 의무를 부과하거나 권익을 제한하는 처분이다.

사전통지를 받는 것은 절차적 권리로서 인정된다. 따라서 예외적인 경우에 해당하지 않는 한 사전통지는 의무적이며, 이에 위반하여 사전통지를 하지 아니한 처분은 위법하여 취소를 면할 수 없다(대판 2013.5.23. 2011두25555).

법원은 행정청이 불이익 처분을 함에 있어 사전통지 및 의견제출의 기회를 주지 아니하여도 되는 예외적인 사유에 해당하는지 여부를 심리하여 당해 처분의 절차적 적법여부를 판단하게 된다. 그럼에도 불구하고 법원이 이에 대한 심리·판단을 하지 아니한 경우에는 이 부분에 관한 판단을 유탈하여 판결에 영향을 미친 위법이 있다(대판 2004.10.28. 2003두9770).

■ 직권처분의 절차

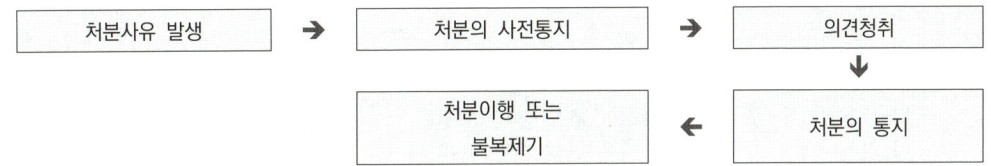

(2) 사전통지 대상 처분

① 사전통지의 대상이 되는 처분은 당사자에게 의무를 부과(예 조세의 부과처분, 시정명령)하거나 권익을 제한(예 허가의 취소, 영업정지처분)하는 처분이다(법 제21조 제1항). 즉 수익적 처분이 아니라 불이익처분으로 한정된다.
② 거부처분에도 사전통지절차가 적용되는지 여부에 관하여 판례는 "신청에 따른 처분이 이루어지지 아니한 경우에는 아직 당사자에게 권익이 부과되지 아니하였으므로 특별한 사정이 없는 한 신청에 대한 거부처분이라고 하더라도 직접 당사자의 권익을 제한하는 것은 아니어서 신청에 대한 거부처분을 여기에서 말하는 '당사자의 권익을 제한하는 처분'에 해당한다고 할 수 없는 것이어서 처분의 사전통지대상이 된다고 할 수 없다."(대판 2003.11.28. 2003두674)고 하여 부정한다. 이에 대하여는 신청자가 신청시에 예상하지 못하였던 사유에 의한 거부처분인 때에는 의견진술의 기회를 줄 필요가 있다는 점에서 긍정하는 견해가 있다.

(3) 사전통지의 상대방

행정청의 불이익처분에 대하여 직접 그 상대가 되는 당사자와 행정청이 직권 또는 신청에 의하여 행정절차에 참여하게 한 이해관계인이다("당사자등").

(4) 사전통지 사항

행정청은 당사자에게 의무를 부과하거나 권익을 제한하는 처분을 하는 경우에는 미리 다음 각 호의 사항을 당사자등에게 통지하여야 한다(법 제21조 제1항).

1. 처분의 제목
2. 당사자의 성명 또는 명칭과 주소
3. 처분하려는 원인이 되는 사실과 처분의 내용 및 법적 근거
   ※ 처분하고자 하는 원인이 되는 사실은 통지사항 중 핵심이므로 명확하게 함으로써 당사자등이 충분한 방어준비를 할 수 있도록 해야 한다.

> 4. 제3호에 대하여 의견을 제출할 수 있다는 뜻과 의견을 제출하지 아니하는 경우의 처리방법
> 5. 의견제출기관의 명칭과 주소
> 6. 의견제출기한
>   ※ 의견제출에 필요한 기간을 10일 이상으로 고려하여 정하여야 한다(법 제21조 제3항).
> 7. 그 밖에 필요한 사항

(5) 사전통지의 예외

다음 각 호의 어느 하나에 해당하는 경우에는 법 제21조 제1항에 따른 통지를 하지 아니할 수 있다(법 제21조 제4항).

> 1. 공공의 안전 또는 복리를 위하여 긴급히 처분을 할 필요가 있는 경우
> 2. 법령등에서 요구된 자격이 없거나 없어지게 되면 반드시 일정한 처분을 하여야 하는 경우에 그 자격이 없거나 없어지게 된 사실이 법원의 재판 등에 의하여 객관적으로 증명된 경우
> 3. 해당 처분의 성질상 의견청취가 현저히 곤란하거나 명백히 불필요하다고 인정될 만한 상당한 이유가 있는 경우

처분의 전제가 되는 사실이 법원의 재판 등에 의하여 객관적으로 증명된 경우 등 사전 통지를 하지 아니할 수 있는 구체적인 사항은 대통령령으로 정한다(제5항).

※ "대통령령으로 정하는 사항"(시행령 제13조)

> 1. 급박한 위해의 방지 및 제거 등 공공의 안전 또는 복리를 위하여 긴급한 처분이 필요한 경우(예 긴급한 위험방지를 위하여 특정한 위험시설에 대한 가동정지처분)
> 2. 법원의 재판 또는 준사법적 절차를 거치는 행정기관의 결정 등에 따라 처분의 전제가 되는 사실이 객관적으로 증명되어 처분에 따른 의견청취가 불필요하다고 인정되는 경우(예 개업행정사에 대하여 징역형이 확정된 사실을 근거로 한 자격 취소)
> 3. 의견청취의 기회를 줌으로써 처분의 내용이 미리 알려져 현저히 공익을 해치는 행위를 유발할 우려가 예상되는 등 해당 처분의 성질상 의견청취가 현저하게 곤란한 경우(예 범죄수사와 관련하여 도피우려가 있는 자에 대한 여권의 반납명령)
> 4. 법령 또는 자치법규(이하 "법령등")에서 준수하여야 할 기술적 기준이 명확하게 규정되고, 그 기준에 현저히 미치지 못하는 사실을 이유로 처분을 하려는 경우로서 그 사실이 실험, 계측, 그 밖에 객관적인 방법에 의하여 명확히 입증된 경우(예 유통, 판매 중인 농산물에 대하여 안전성조사를 한 결과 안전기준을 위반한 사실이 확인되었음을 이유로 한 폐기 조치)
> 5. 법령등에서 일정한 요건에 해당하는 자에 대하여 점용료·사용료 등 금전급부를 명하는 경우 법령등에서 규정하는 요건에 해당함이 명백하고, 행정청의 금액산정에 재량의 여지가 없거나 요율이 명확하게 정하여져 있는 경우 등 해당 처분의 성질상 의견청취가 명백히 불필요하다고 인정될 만한 상당한 이유가 있는 경우(예 공원 입장료, 하천 사용료)

3. 의견의 청취 * 2014, 2016, 2021, 2023, 2025 행정사 기출

> **사례형 예제**
>
> A시장은 공중위생관리법을 위반한 대형 유흥업소에 대해 영업정지 처분을 결정하고자 한다. 해당 업소의 업주는 최근 여러 차례 연락 불능 상태였고, A시장은 연락이 닿을 수 없는 상태에서 의견청취 없이 즉시 영업정지처분을 했다. A시장은 처분의 성질상 의견청취가 현저히 곤란한 경우에 해당하여 의견청취 절차를 생략했다고 주장한다. 이 주장은 타당한가?
>
> **해설 요지**
>
> 업주와의 연락 불가 자체만으로 예외 사유로 인정되지 않는다. 특히 행정청의 편의나 단순히 시간 절약 목적으로는 예외 사유가 성립하지 않는다. A시장은 의견청취 없이 영업정지를 확정하였고, 그 밖에 의견제출 기회를 제공하려는 노력이나 자료가 없다. 따라서 의견청취 예외 요건이 충족되지 않아 절차에 하자가 있다.

(1) 의의

행정처분을 함에 있어서 이해관계인에게 의견진술의 기회를 주는 것은 행정절차의 핵심적 요소이다. 이는 특히 국민의 권익을 제한하거나 의무를 부과하는 처분에 있어서 상대방에게 방어의 기회를 준다는 데 큰 의미가 있다. 행정절차법은 의견청취의 방법으로 청문(제21조 제2항, 제22조 제1항, 제28조~제37조), 공청회(제22조 제2항, 제38조~제39조의3), 의견제출(제22조 제3항, 제27조, 제27조의2)을 규정하고 있다.

※ 청문과 의견제출의 자세한 내용은 항목을 달리하여 설명하고, 공청회는 〈제4장 국민의 국정참여〉에서 설명하기로 한다.

(2) 의견청취 예외사항

<u>사전통지의 예외사유에 해당하는 경우와 당사자가 의견진술의 기회를 포기한다는 뜻을 명백히 표시한 경우에는 의견청취를 하지 아니할 수 있다</u>(법 제22조 제4항). 정리하면 다음과 같다.

> 1. 공공의 안전 또는 복리를 위하여 긴급히 처분을 할 필요가 있는 경우
> 2. 법령등에서 요구된 자격이 없거나 없어지게 되면 반드시 일정한 처분을 하여야 하는 경우에 그 자격이 없거나 없어지게 된 사실이 법원의 재판 등에 의하여 객관적으로 증명된 경우
> 3. 해당 처분의 성질상 의견청취가 현저히 곤란하거나 명백히 불필요하다고 인정될 만한 상당한 이유가 있는 경우
> 4. 당사자가 의견진술의 기회를 포기한다는 뜻을 명백히 표시한 경우

당사자는 의견진술의 기회를 포기한 때에는 의견진술포기서 또는 이에 준하는 문서를 행정청에 제출하여야 한다(시행령 제14조).

(3) 의견청취 결과의 반영

① 의견제출

㉠ 행정청은 처분을 할 때에 <u>당사자등이 제출한 의견이 상당한 이유가 있다고 인정하는 경우에는 이를 반영하여야 한다</u>(법 제27조의2 제1항).

ⓒ 행정청은 당사자등이 제출한 의견을 반영하지 아니하고 처분을 한 경우 당사자등이 처분이 있음을 안 날부터 90일 이내에 그 이유의 설명을 요청하면 서면으로 그 이유를 알려야 한다. 다만, 당사자등이 동의하면 말, 정보통신망 또는 그 밖의 방법으로 알릴 수 있다(제2항).

② 청문
행정청은 처분을 할 때에 청문조서, 청문주재자의 의견서, 그 밖의 관계 서류 등을 충분히 검토하고 상당한 이유가 있다고 인정하는 경우에는 청문결과를 반영하여야 한다(법 제35조의2).

③ 공청회
행정청은 처분을 할 때에 공청회, 온라인공청회 및 정보통신망 등을 통하여 제시된 사실 및 의견이 상당한 이유가 있다고 인정하는 경우에는 이를 반영하여야 한다(법 제39조의2).

※ 의견청취 결과의 반영을 위해서는 제출된 의견, 처분근거 법령의 목적, 처분 필요성 등을 비교형량하고, 비례의 원칙, 평등의 원칙, 공정성의 원칙을 고려한다. 제출된 의견을 반영하지 않는 경우는 그 사유와 근거, 증거자료 등을 명백하게 제시한다.

※ 처분을 하고자 할 때에 권리를 가진 자의 의견을 들어야 한다고 한 것은 권리자가 의견을 반영할 기회를 주어 이를 참작하도록 하고자 하는 데 있을 뿐, 처분청이 그 의견에 기속되는 것은 아니다(대판 1995.12.22. 95누30).

> **관련판례**
>
> **사전통지·의견청취의 예외사유에 해당하는 사례**
> [1] 행정절차법 제2조 제4호가 행정절차법의 당사자를 행정청의 처분에 대하여 직접 그 상대가 되는 당사자로 규정하고, 도로법 제25조 제3항이 도로구역을 결정하거나 변경할 경우 이를 고시에 의하도록 하면서, 그 도면을 일반인이 열람할 수 있도록 한 점 등을 종합하여 보면, 도로구역을 변경한 이 사건 처분은 행정절차법 제21조 제1항의 사전통지나 제22조 제3항의 의견청취의 대상이 되는 처분은 아니라고 할 것이다(대판 2008.6.12. 2007두1767).
> [2] 국가공무원법상 직위해제처분은 구 행정절차법 제3조 제2항 제9호, 구 행정절차법 시행령 제2조 제3호에 의하여 당해 행정작용의 성질상 행정절차를 거치기 곤란하거나 불필요하다고 인정되는 사항 또는 행정절차에 준하는 절차를 거친 사항에 해당하므로, 처분의 사전통지 및 의견청취 등에 관한 행정절차법의 규정이 별도로 적용되지 않는다(대판 2014.5.16. 2012두26180).
>
> **사전통지·의견청취의 예외사유에 해당하지 않는 사례**
> [1] 정규공무원으로 임용된 사람에게 시보임용처분 당시 지방공무원법 제31조 제4호에 정한 공무원임용 결격사유가 있어 시보임용처분을 취소하고 그에 따라 정규임용처분을 취소한 사안에서, 정규임용처분을 취소하는 처분은 성질상 행정절차를 거치는 것이 불필요하여 행정절차법의 적용이 배제되는 경우에 해당하지 않으므로, 그 처분을 하면서 사전통지를 하거나 의견제출의 기회를 부여하지 않은 것은 위법하다(대판 2009.1.30. 2008두16155).
> [2] 건축법상의 공사중지명령에 대한 사전통지를 하고 의견제출의 기회를 준다면 많은 액수의 손실보상금을 기대하여 공사를 강행할 우려가 있다는 사정이 사전통지 및 의견제출절차의 예외사유에 해당하지 아니한다(대판 2004.5.28. 2004두1254).
> [3] 산업기능요원에 대하여 한 산업기능요원 편입취소처분은 '당사자의 권익을 제한하는 처분'에

해당하는 한편, 행정절차법의 적용이 배제되는 '병역법에 의한 소집에 관한 사항'에는 해당하지 아니하므로, 행정절차법상의 '처분의 사전통지'와 '의견제출 기회의 부여'등의 절차를 거쳐야 한다(대판 2002.9.6. 2002두554).

[4] 별정직 공무원인 대통령기록관장이 대통령 기록유출 혐의에 관하여 수사를 받으면서 비위행위에 관하여 해명할 기회를 가졌다거나 위 수사에 관하여 국민적 관심이 높았고 유출행위가 적법한지 여부 등에 관한 법리적 공방이 언론 등을 통하여 치열하게 이루어졌던 사정만으로 이 사건 처분(註 : 직권면직)이 원고에게 사전통지를 하지 않거나 의견제출의 기회를 주지 아니하여도 되는 예외적인 경우에 해당한다고 할 수 없다(대판 2013.1.16. 2011두30687).

[5] 행정청이 구 관광진흥법 또는 구 체육시설의 설치·이용에 관한 법률의 규정에 의하여 유원시설업자 또는 체육시설업자 지위승계신고를 수리하는 처분을 하는 경우, 종전 유원시설업자 또는 체육시설업자에 대하여 행정절차법 제21조 제1항 등에서 정한 처분의 사전통지 등 절차를 거쳐야 한다(대판 2012.12.13. 2011두29144).

[6] '의견청취가 현저히 곤란하거나 명백히 불필요하다고 인정될 만한 상당한 이유가 있는 경우'에 해당하는지는 해당 행정처분의 성질에 비추어 판단하여야 하며, 처분상대방이 이미 행정청에게 위반사실을 시인하였다거나 처분의 사전통지 이전에 의견을 진술할 기회가 있었다는 사정을 고려하여 판단할 것은 아니다(대판 2016.10.27. 2016두41811).

[7] 행정청이 온천지구임을 간과하여 지하수개발·이용신고를 수리하였다가 행정절차법상의 사전통지를 하거나 의견제출의 기회를 주지 아니한 채 그 신고수리처분을 취소하고 원상복구명령의 처분을 한 경우, 행정지도방식에 의한 사전고지나 그에 따른 당사자의 자진 폐공의 약속 등의 사유만으로는 사전통지 등을 하지 않아도 되는 행정절차법 소정의 예외의 경우에 해당한다고 볼 수 없다(대판 2000.11.14. 99두5870).

[8] 관할 시장이 갑에게 구 폐기물관리법 제48조 제1호에 따라 토지에 장기보관 중인 폐기물을 처리할 것을 명령하는 1차, 2차 조치명령을 각각 하였고, 갑이 위 각 조치명령을 불이행하였다고 하여 구 폐기물관리법 위반죄로 유죄판결이 각각 선고·확정되었는데, 이후 관할 시장이 폐기물 방치 실태를 확인하고 별도의 사전 통지와 의견청취 절차를 밟지 않은 채 갑에게 폐기물 처리에 관한 3차 조치명령을 한 사안에서, 3차 조치명령은 재량행위로서 행정절차법 시행령 제13조 제2호에서 정한 사전 통지, 의견청취의 예외사유에 해당하지 않는다(대판 2020.7.23. 2017두66602).

[9] 행정절차법의 규정과 행정의 공정성·투명성 및 신뢰성 확보라는 행정절차법의 입법 취지 등을 고려해 보면, 행정기관의 처분에 의하여 불이익을 입게 되는 국가를 일반 국민과 달리 취급할 이유가 없다. 따라서 국가에 대해 행정처분을 할 때에도 사전 통지, 의견청취, 이유 제시와 관련한 행정절차법이 그대로 적용된다고 보아야 한다(대판 2023.9.21. 2023두39724).

[10] 갑이 동성인 을과 교제하다가 서로를 동반자로 삼아 함께 생활하기로 합의하고 동거하던 중 결혼식을 올린 뒤 국민건강보험공단에 건강보험 직장가입자인 을의 사실혼 배우자로 피부양자 자격취득 신고를 하여 피부양자 자격을 취득한 것으로 등록되었는데, 이 사실이 언론에 보도되자 국민건강보험공단이 갑을 피부양자로 등록한 것이 '착오 처리'였다며 갑의 피부양자 자격을 소급하여 상실시키고 지역가입자로 갑의 자격을 변경한 후 그동안의 지역가입자로서의 건강보험료 등을 납입할 것을 고지한 사안에서, 위 처분은 국민건강보험공단의 자격변경 처리에 따라

갑의 피부양자 자격을 소급하여 박탈하는 내용을 포함하므로, 국민건강보험공단이 위 처분에 앞서 갑에게 행정절차법 제21조 제1항에 따라 사전통지를 하거나 의견 제출의 기회를 주어야 함에도 이를 하지 않은 절차적 하자가 있다고 한 사례(대판 2024.7.18. 2023두36800).

4. 처분 * 2022, 2025 행정사 기출

> **사례형 예제**
>
> 甲은 대한민국에서 태어났으나 31세가 되던 2017년 2월 미국 시민권을 취득함으로써 대한민국 국적을 상실한 외국국적의 재외동포이다. 법무부장관은 甲이 병역의무를 면탈하였다는 병무청장의 의견을 반영하여 2017. 4. 15. 甲의 입국을 금지하는 결정을 하였다. 甲은 2025. 5. 7. 주LA총영사관 총영사 A에게 재외동포(F-4) 체류자격의 사증발급을 신청하였다. A는 2025. 5. 9. 甲에게 전화로 "甲은 2017. 4. 15.자 결정에 따라 입국규제대상자에 해당하여 사증발급이 거부되었다."라고 통보하였으며, 사증발급 거부처분서를 교부하지는 않았다. A가 사증발급거부처분서를 교부하지 않은 것이 행정절차법 위반인지 여부에 대해서 검토하시오. (단, 출입국관리법 등에서 甲과 같은 재외동포에 대한 입국금지결정에 대한 절차상 권리가 충분히 보장되어 있지 않고, 출입국관리법 등에서 사증발급 거부처분서 작성에 관한 규정을 따로 두고 있지 않음을 전제함)
>
> **해설 요지**
>
> 사례의 사증발급 거부처분은 외국인의 출입국에 관한 사항이기는 하나, 甲이 대한민국에서 출생하여 오랜 기간 대한민국 국적을 보유하면서 거주한 사람이므로 대한민국에서 법적으로 보호가치 있는 이해관계를 형성하였다고 볼 수 있는 점, 출입국관리법 등에서 재외동포에 대한 입국금지결정에 대한 절차상 권리가 충분히 보장되어 있지 않은 점 등을 고려할 때, 행정절차법의 적용이 배제되지 않는다. 출입국관리법령 등 다른 법률에 특별한 규정이 없고, A가 전화로만 사증발급 거부사실을 통보한 것은 행정절차법 제24조 제2항에서 정한 '공공의 안전 또는 복리를 위하여 긴급히 처분을 할 필요가 있거나 사안이 경미한 경우'에 해당한다고 볼 수 없다. 따라서 사증발급 거부처분서를 교부하지 않은 것은 행정절차법 위반이다.

(1) 신속처분의 원칙

<u>행정청은 청문·공청회 또는 의견제출을 거쳤을 때에는 신속히 처분하여 해당 처분이 지연되지 아니하도록 하여야 한다</u>(법 제22조 제5항).

(2) 처분의 방식

① <u>행정청이 처분을 할 때에는 다른 법령등에 특별한 규정이 있는 경우를 제외하고는 문서로 하여야 하며, 다음 각 호의 어느 하나에 해당하는 경우에는 전자문서로 할 수 있다</u>(법 제24조 제1항).

> 1. 당사자등의 동의가 있는 경우
> 2. 당사자가 전자문서로 처분을 신청한 경우

② 공공의 안전 또는 복리를 위하여 긴급히 처분을 할 필요가 있거나 <u>사안이 경미한 경우</u>에는 말, 전화, 휴대전화를 이용한 문자 전송, 팩스 또는 전자우편 등 <u>문서가 아닌 방법으로 처분을 할 수 있다. 이 경우 당사자가 요청하면 지체 없이 처분에 관한 문서를 주어야 한다</u>(제2항).

※ 처분의 문서주의는 행정의 공정성·투명성 및 신뢰성을 확보하고 국민의 권익을 보호하기 위한 것이므로 위 규정을 위반하여 행하여진 행정청의 처분은 하자가 중대하고 명백하여 원칙적으로

무효이다(대판 2011.11.10. 2011도11109).

(3) 처분의 실명제

처분을 하는 문서에는 그 <u>처분 행정청과 담당자의 소속·성명 및 연락처</u>(전화번호, 팩스번호, 전자우편 주소 등을 말한다)를 적어야 한다(제3항).

> **관련판례**
>
> **행정처분을 하는 문서의 문언만으로 행정처분의 내용이 분명한 경우, 그 문언과 달리 다른 행정처분까지 포함되어 있다고 해석할 수 있는지 여부(소극)**
>
> 행정절차법 제24조 제1항이 행정청이 처분을 하는 때에는 다른 법령 등에 특별한 규정이 있는 경우를 제외하고는 문서로 하도록 규정한 것은 <u>처분내용의 명확성을 확보하고 처분의 존부에 관한 다툼을 방지하기 위한 것</u>이라 할 것인바, 그와 같은 행정절차법의 규정 취지를 감안하여 보면, 행정청이 문서에 의하여 처분을 한 경우 그 처분서의 문언이 불분명하다는 등의 특별한 사정이 없는 한, 그 문언에 따라 어떤 처분을 하였는지 여부를 확정하여야 할 것이고, <u>처분서의 문언만으로도 행정청이 어떤 처분을 하였는지가 분명함에도 불구하고 처분경위나 처분 이후의 상대방의 태도 등 다른 사정을 고려하여 처분서의 문언과는 달리 다른 처분까지 포함되어 있는 것으로 확대해석하여서는 아니 된다</u>(대판 2005.7.28. 2003두469).
>
> **행정청이 폐기물 조치명령을 전자문서로 하는 경우, 행정절차법 제24조 제1항에 따라 당사자의 동의가 필요함**
>
> 화성시장은 과거에 피고인에게 수차례에 걸쳐 이 사건 조치명령과 동일한 내용의 폐기물 조치명령을 내린 사실, 위와 같이 반복적으로 이루어진 조치명령 중 일부는 전자우편을 통해 피고인에게 송달되었는데, 피고인이 전자우편을 통한 송달에 이의를 제기하지 않았고, 그 결과 피고인이 위와 같이 전자우편으로 송달된 폐기물 조치명령을 이행하지 않았다는 이유로 과거에 형사처벌을 받은 적이 있는 사실을 알 수 있다. 그러나 <u>과거에 피고인이 동일한 내용의 폐기물 조치명령을 전자우편으로 송달받고도 이의를 제기하지 않았다는 사정만으로, 피고인이 이 사건 조치명령을 휴대전화 문자메시지로 송달받는 데에 동의하였다고 볼 수는 없다.</u> 결국 이 사건 조치명령은 당사자의 동의가 없었음에도 전자문서로 이루어진 처분으로서 구 행정절차법 제24조 제1항을 위반한 하자가 있다(대판 2024.5.9. 2023도3914).

5. 이유제시 *2014, 2016, 2018, 2021, 2024, 2025 행정사 기출

> **사례형 예제**
>
> 관할 행정청 A는 甲에 대해 부담금 부과처분을 하면서 행정절차법상 요구되는 처분의 근거와 이유를 구체적으로 제시하지 않았다. 甲은 자신에 대한 부담금 부과의 근거와 이유를 정확히 알 수 없었으나 납부기한의 도과로 인한 불이익을 우려하여 일단 부담금을 납부하였고, 이후 자신에 대한 부담금 부과처분은 이유제시의 하자가 있는 위법한 것임을 이유로 부담금 부과처분에 대해 취소소송을 제기하였다. 甲이 납부한 부담금이 내용적으로 정당한 경우에도 법원은 이유제시의 하자가 있음을 이유로 부담금 부과처분을 취소할 수 있는지 설명하시오.
>
> *2018 행정사

> **해설 요지**
>
> 행정청 A는 甲이 자신에 대한 부담금 부과의 근거와 이유를 정확히 알 수 없을 정도로 행정절차법상 요구되는 처분의 근거와 이유를 구체적으로 제시하지 않았으므로 절차상 하자가 있다. 부담금이 내용적으로 정당한 경우에도 이유제시의 흠결이라는 절차상 하자는 처분을 위법하게 하므로, 법원은 부담금 부과처분을 취소할 수 있다.

(1) 의의

이유제시란 행정청이 처분을 하면서 당사자에게 처분의 이유를 제시하는 것을 말한다. 이유제시의 요구는 법치국가의 행정절차의 본질적 요청으로서 침익적·수익적·복효적 행위 모두에 적용된다.

판례는 행정절차법 제정 이전에도 인·허가의 취소처분 등에 있어서 행정청의 이유제시의무를 요구하는 입장을 취하여 왔다.

이유제시의 기능으로는 ① 행정청의 자의를 억제시키고 처분의 결정과정을 공개시키며 행정절차를 투명하게 한다는 점, ② 당사자는 법적·사실적 문제의 소재를 명확히 파악하여 불복신청에 도움이 된다는 점, ③ 당사자를 설득하여 처분이 정당한 것으로 수긍될 때에는 무익한 쟁송을 피하게 된다는 점, ④ 법원은 처분이유를 명확히 알게 됨으로써 심리에 편의를 얻는다는 점 등이 있다.

(2) 이유제시 대상

행정청은 처분을 할 때에는 다음 각 호의 어느 하나에 해당하는 경우를 제외하고는 당사자에게 그 근거와 이유를 제시하여야 한다(법 제23조 제1항).

> 1. 신청 내용을 모두 그대로 인정하는 처분인 경우
> 2. 단순·반복적인 처분 또는 경미한 처분으로서 당사자가 그 이유를 명백히 알 수 있는 경우
> 3. 긴급히 처분을 할 필요가 있는 경우

행정청은 위 제1항 제2호 및 제3호의 경우에 처분 후 당사자가 요청하는 경우에는 그 근거와 이유를 제시하여야 한다(제2항).

(3) 이유제시 내용

행정청은 처분의 이유를 제시하는 경우에는 처분의 원인이 되는 사실과 근거가 되는 법령 또는 자치법규의 내용을 구체적으로 명시하여야 한다(시행령 제14조의2).

※ 이유제시의 정도에 대해서는 대체로 ① 처분의 원인이 되는 사실, ② 처분의 내용 및 법적 근거, ③ 처분의 결정이유의 명시 등이 요구된다고 본다. 이유제시는 처분사유를 이해할 수 있을 정도로 구체적이어야 한다. 다만 처분의 발급에 있어서 의미가 있는 모든 관점의 제시가 요구되는 것은 아니며, 처분의 발급으로 이끈 본질적인 근거와 이유가 제시되면 충분하다. 재량처분의 경우는 구체적인 재량고려과정을 알 수 있을 정도이어야 한다. 불이익처분의 경우에는 그 침해의 정도가 심각할수록 이유제시는 보다 상세하고 구체적이어야 한다.

※ 당사자가 신청하는 허가 등을 거부하는 처분을 하면서 당사자가 그 근거를 알 수 있을 정도로 이유를 제시한 경우에는 처분의 근거와 이유를 구체적으로 명시하지 않았더라도 그로 말미암아 그 처분이

위법하다고 볼 수는 없다. 이때 '이유를 제시한 경우'는 처분서에 기재된 내용과 관계 법령 및 당해 처분에 이르기까지의 전체적인 과정 등을 종합적으로 고려하여, 처분 당시 당사자가 어떠한 근거와 이유로 처분이 이루어진 것인지를 충분히 알 수 있어서 그에 불복하여 행정구제절차로 나아가는 데 별다른 지장이 없었다고 인정되는 경우를 뜻한다(대판 2017.8.29. 2016두44186).
※ 처분의 상대방이 의견청취절차에서 자기에게 유리한 새로운 자료를 제시하여 반론한 때에는 처분이유에는 그 점에 관한 처분청의 판단도 제시하여야 한다.

(4) 이유제시 하자의 효과

① 이유제시의 하자 유형으로는 ㉠ 행정청이 처분을 하면서 이유제시를 전혀 하지 않은 경우, ㉡ 처분이유를 불충분하게 제시한 경우, ㉢ 당사자가 처분이유의 제시를 처분 후에 요청하였음에도 처분이유를 제시하지 않거나 불충분하게 제시한 경우가 있다.
② 이유제시의 하자는 <u>처분의 독자적 위법사유</u>가 된다. 따라서 이유제시에 하자가 있는 처분은 위법하다. 판례의 입장도 동일하다.
③ <u>이유제시의 하자</u>에 대한 사후추완과 관련하여 ㉠ 이유제시의 제도적 취지를 고려하여 이유제시 하자의 치유는 원칙적으로 허용될 수 없다는 견해(부정설)가 있으나, ㉡ 다수설 및 판례는 예외적으로 행정행위의 무용한 반복을 피하고 당사자의 법적 안정성을 위해 이를 허용하더라도 국민의 권리나 이익을 침해하지 않는 범위에서 구체적 사정에 따라 합목적적으로 인정하여야 한다(대판 1983.7.26. 82누420)는 견해이다.

> **관련판례**
>
> **면허취소처분의 경우 법적 근거와 구체적 위반사실을 적시해야 한다는 사례**
> 면허의 취소처분에는 그 근거가 되는 법령이나 취소권 유보의 부관 등을 명시하여야 함은 물론 처분을 받은 자가 어떠한 위반사실에 대하여 당해 처분이 있었는지를 알 수 있을 정도로 사실을 적시할 것을 요하며, 이와 같은 취소처분의 근거와 위반사실의 적시를 빠뜨린 하자는 피처분자가 처분 당시 그 취지를 알고 있었다거나 그후 알게 되었다 하여도 치유될 수 없다고 할 것인바, 세무서장인 피고가 주류도매업자인 원고에 대하여 한 이 사건 일반주류도매업면허취소통지에 '<u>상기 주류도매장은 무면허 주류판매업자에게 주류를 판매하여 주세법 제11조 및 국세법사무처리규정 제26조에 의거 지정조건위반으로 주류판매면허를 취소합니다</u>'라고만 되어 있어서 원고의 영업기간과 거래상대방 등에 비추어 원고가 어떠한 거래행위로 인하여 이 사건 처분을 받았는지 알 수 없게 되어 있다면 이 사건 면허취소처분은 위법하다(대판 1990.9.11. 90누1786).
>
> **의원면직처분시는 국가공무원법 소정의 사유설명서 교부를 요하지 아니함**
> 구 국가공무원법 제75조, 구 경찰공무원법 제58조 규정에서 징계처분 등을 행할 때 그 상대방에게 사유설명서를 교부토록한 것은 상대방에게 그 처분을 받게 된 경위를 알도록 함으로써 그에 대한 불복의 기회를 보장함과 아울러 임용권자의 자의를 배제하여 <u>처분의 적법성을 보장하기 위한데</u> 있는 것이므로 상대방의 의사에 기한 의원면직처분과 같은 경우에는 위 법에 따른 처분사유설명서가 요구되는 것은 아니다(대판 1986.7.22. 86누43).

계약직공무원에 대한 채용계약해지에 있어서 행정절차법에 따라 근거와 이유를 제시하여야 하는 것은 아님

계약직공무원에 관한 현행 법령의 규정에 비추어 볼 때, 계약직공무원 채용계약해지의 의사표시는 일반공무원에 대한 징계처분과는 달라서 항고소송의 대상이 되는 처분 등의 성격을 가진 것으로 인정되지 아니하고, 일정한 사유가 있을 때에 국가 또는 지방자치단체가 채용계약 관계의 한쪽 당사자로서 대등한 지위에서 행하는 의사표시로 취급되는 것으로 이해되므로, 이를 징계해고 등에서와 같이 그 징계사유에 한하여 효력 유무를 판단하여야 하거나, 행정처분과 같이 행정절차법에 의하여 근거와 이유를 제시하여야 하는 것은 아니다(대판 2002.11.26. 2002두5948).

이유제시의 구체성의 정도를 완화한 사례

[1] 행정절차법 제23조 제1항은 '행정청은 처분을 하는 때에는 당사자에게 그 근거와 이유를 제시하여야 한다.'고 규정하고 있는바, 일반적으로 당사자가 근거규정 등을 명시하여 신청하는 인·허가 등을 거부하는 처분을 함에 있어 당사자가 그 근거를 알 수 있을 정도로 상당한 이유를 제시한 경우에는 당해 처분의 근거 및 이유를 구체적 조항 및 내용까지 명시하지 않았더라도 그로 말미암아 그 처분이 위법한 것이 된다고 할 수 없다(대판 2007.5.10. 2005두13315).

[2] 행정청이 토지형질변경허가신청을 불허하는 근거규정으로 '도시계획법시행령 제20조'를 명시하지 아니하고 '도시계획법'이라고만 기재하였으나, 신청인이 자신의 신청이 개발제한구역의 지정목적에 현저히 지장을 초래하는 것이라는 이유로 구 도시계획법시행령 제20조 제1항 제2호에 따라 불허된 것임을 알 수 있었던 경우, 그 불허처분이 위법하지 아니하다(대판 2002.5.17. 2000두8912).

[3] 행정청이 문서에 의하여 처분을 한 경우 원칙적으로 그 처분서의 문언에 따라 어떤 처분을 하였는지 확정하여야 하나, 그 처분서의 문언만으로는 행정청이 어떤 처분을 하였는지 불분명하다는 등 특별한 사정이 있는 때에는 처분 경위나 처분 이후의 상대방의 태도 등 다른 사정을 고려하여 처분서의 문언과 달리 그 처분의 내용을 해석할 수도 있다(대판 2010.2.11. 2009두18035).

6. 처분의 정정

행정청은 처분에 오기(誤記), 오산(誤算) 또는 그 밖에 이에 준하는 명백한 잘못이 있을 때에는 직권으로 또는 신청에 따라 지체 없이 정정하고 그 사실을 당사자에게 통지하여야 한다(법 제25조).

오기·오산 등이 있는 행정처분은 형식적으로 하자 있는 처분에 해당하나, 실질적 내용에 있어 다툼이 없는 경우에는 상대방의 신청이나 직권에 의해 시정할 수 있도록 하였다. 단순한 오기·오산 등은 행정행위가 완전한 효력을 발생하는데 장애가 되지 않으므로 행정행위의 흠과는 구별되어야 한다.

※ 정정신청은 서면 또는 구술로 가능하며 특별한 형식을 요구하는 것은 아니다.

7. 불복제기 방법 등의 고지

(1) 의의

행정청이 처분을 할 때에는 당사자에게 그 처분에 관하여 행정심판 및 행정소송을 제기할 수 있는지 여부, 그 밖에 불복을 할 수 있는지 여부, 청구절차 및 청구기간, 그 밖에 필요한 사항을 알려야 한다(법 제26조).

고지는 처분에 대한 불복의 기회를 보장하고 행정의 신중·적정화를 도모하기 위한 제도로서 개인의 권익보호에 기여한다.

(2) 고지내용

① 처분에 관하여 행정심판과 행정쟁송을 제기할 수 있는지, 기타 불복할 수 있는지 여부와 청구절차, 청구기간 등 필요한 사항이다.
② 고지사항을 처분을 함과 동시에 가급적 자세하게 당사자에게 알려주어야 하며, 그 방법에는 제한이 없다.

(3) 불복제기 종류

불복방법으로는 ① 개별법에 규정된 이의신청, ② 행정심판법, 기타 행정심판에 준하는 심사청구제도에 의한 행정심판, ③ 행정소송법에 의한 행정소송이 있다.

8. 증거서류 등의 관리

행정청 또는 청문주재자는 의견청취 과정에서 증거자료등이 제출된 경우에는 별지 제12호 서식에 기록하여야 한다(시행규칙 제10조 제2항).

행정청은 처분 후 1년 이내에 당사자등이 요청하는 경우에는 청문·공청회 또는 의견제출을 위하여 제출받은 서류나 그 밖의 물건을 반환하여야 한다(법 제22조 제6항). 이 경우 서류 기타 물건의 반환요청은 별지 제10호 서식에 의한다(시행규칙 제9조).

04 청문

1. 의의

청문이란 행정청이 어떠한 처분을 하기에 앞서 당사자등의 의견을 직접 듣고 증거를 조사하는 절차를 말한다. 이를 정식청문이라고 한다.

청문은 국가기관의 행위에 영향을 받거나 불이익을 받게 될 자가 자신의 의견을 밝힐 수 있는 기회가 된다. 이러한 청문은 전통적으로 영국법의 자연적 정의(natural justice)에 근거를 두고 있다. 청문절차는 국민의 행정참여를 가능하게 함으로써 행정의 공정성, 투명성을 확보하여 행정과정의 민주화와 신중한 행정작용을 유도하는 기능을 한다.

2. 청문실시 사유 * 2019 행정사 기출

> **사례형 예제**
>
> A시의 甲구청장은 음식점을 운영하고 있는 乙이 정당한 사유 없이 6개월 이상 계속 휴업하고 있어 식품위생법 제75조 제3항에 따른 영업허가 취소처분을 하려고 하였다. 이를 위해 청문통지서를 두 차례에 걸쳐 발송하였으나 청문통지서가 주소 불명으로 반송되었다. 이에 甲구청장은 乙이 청문기일에 불출석하였다는 이유로 청문을 생략하고 음식점 영업허가 취소처분을 하였다. 甲구청장의 乙에 대한 영업허가 취소처분의 위법 여부를 설명하시오.
>
> * 2019 행정사

> **해설 요지**
>
> 청문통지서의 반송을 이유로 청문을 실시하지 않은 것은 청문의 생략사유에 해당하지 않는다. 따라서 이 경우 청문을 결여한 절차상의 하자가 있다. 해당 처분은 재량행위이고 이와 같은 절차상의 하자는 독자적 위법사유가 되므로 甲의 영업허가 취소처분은 위법하다.

행정청이 처분을 할 때 다음 각 호의 어느 하나에 해당하는 경우에는 청문을 한다(법 제22조 제1항).

1. 다른 법령등에서 청문을 하도록 규정하고 있는 경우
2. 행정청이 필요하다고 인정하는 경우
3. 다음 각 목의 처분을 하는 경우
   가. 인허가 등의 취소
   나. 신분·자격의 박탈
   다. 법인이나 조합 등의 설립허가의 취소

※ 다른 법령등에서 청문을 하도록 규정하고 있는 경우로는 ① 건설업의 영업정지, 과징금 부과 또는 등록말소(건설산업기본법 제86조), ② 학교나 시설 등의 폐쇄명령(고등교육법 제63조), ③ 허가의 취소나 배출시설의 폐쇄명령 등(대기환경보전법 제85조), ④ 영업허가의 취소나 영업소의 폐쇄(건강기능 식품에 관한 법률 제36조), ⑤ 검사기관의 지정취소(고압가스 안전관리법 제35조의3) 등이 있다.

※ 행정청이 처분에 대한 청문의 필요 여부를 결정할 때 당사자 등의 권익을 심히 침해하거나 이해관계에 중대한 영향을 미치는 처분인 경우에는 청문을 실시하도록 적극 노력해야 한다(시행령 제13조의2).

> **관련판례**
>
> **청문실시 배제의 협약체결은 효력이 없음**
>
> 행정청이 당사자와 사이에 도시계획사업의 시행과 관련한 협약을 체결하면서 관계 법령 및 행정절차법에 규정된 청문의 실시 등 의견청취절차를 배제하는 조항을 두었다고 하더라도, 국민의 행정참여를 도모함으로써 행정의 공정성·투명성 및 신뢰성을 확보하고 국민의 권익을 보호한다는 행정절차법의 목적 및 청문제도의 취지 등에 비추어 볼 때, 위와 같은 협약의 체결로 청문의 실시에 관한 규정의 적용을 배제할 수 있다고 볼 만한 법령상의 규정이 없는 한, 이러한 협약이 체결되었다고 하여 청문의 실시에 관한 규정의 적용이 배제된다거나 청문을 실시하지 않아도 되는 예외적인 경우에 해당한다고 할 수 없다(대판 2004.7.8. 2002두8350).
>
> **청문실시의 예외사유라 할 수 없다고 본 사례**
>
> [1] 행정절차법 제21조 제4항 제3호는 침해적 행정처분을 할 경우 청문을 실시하지 않을 수 있는 사유로서 '당해 처분의 성질상 의견청취가 현저히 곤란하거나 명백히 불필요하다고 인정될 만한 상당한 이유가 있는 경우'를 규정하고 있으나, 여기에서 말하는 '의견청취가 현저히 곤란하거나 명백히 불필요하다고 인정될 만한 상당한 이유가 있는지 여부'는 당해 행정처분의 성질에 비추어 판단하여야 하는 것이지, 청문통지서의 반송 여부, 청문통지의 방법 등에 의하여 판단할 것은 아니며, 또한 행정처분의 상대방이 통지된 청문일시에 불출석하였다는 이유만으

로 행정청이 관계 법령상 그 실시가 요구되는 청문을 실시하지 아니한 채 침해적 행정처분을 할 수는 없을 것이므로, 행정처분의 상대방에 대한 청문통지서가 반송되었다거나, 행정처분의 상대방이 청문일시에 불출석하였다는 이유로 청문을 실시하지 아니하고 한 침해적 행정처분은 위법하다(대판 2001.4.13. 2000두3337).

[2] 법령이 정한 청문 등 의견청취를 하지 아니할 수 있는 예외에 해당하는지는 해당 행정처분의 성질에 비추어 판단하여야 하며, 처분상대방이 이미 행정청에게 위반사실을 시인하였다거나 처분의 사전통지 이전에 의견을 진술할 기회가 있었다는 사정을 고려하여 판단할 것은 아니므로, 앞서 본 대로 원고의 방문 당시 담당공무원이 원고에게 관련 법규와 행정처분 절차에 대하여 설명을 하였다거나 그 자리에서 청문절차를 진행하고자 하였음에도 원고가 이에 응하지 않았다는 사정만으로 '처분의 성질상 의견청취가 현저히 곤란하거나 명백히 불필요하다고 인정될 만한 상당한 이유가 있는 경우'나 또는 '당사자가 의견진술의 기회를 포기한다는 뜻을 명백히 표시한 경우'에 해당한다고 볼 수도 없다(대판 2017.4.7. 2016두63224).

[3] 행정청이 주택임대사업자 등록말소 처분과 관련 당사자에게 수차례 유선통화, 임대사업자등록 말소처분 예정과 그 사유를 안내하였다하여도 청문을 실시하지 않고 한 처분은 위법하다(서행심 2008.5.6. 2008-206).

행정처분의 근거 법령 등에서 청문의 실시를 규정하고 있는 경우, 청문절차를 결여한 처분은 위법

[1] 행정청이 구 주택건설촉진법 제48조의2 제6호에 따른 청문을 실시하지 않은 채 주택조합의 설립인가를 취소하는 처분을 한 것은 위법하다(대판 2007.11.16. 2005두15700).

[2] 식품위생법 제64조, 같은법시행령 제37조 제1항 소정의 청문절차를 전혀 거치지 아니하거나 거쳤다고 하여도 그 절차적 요건을 제대로 준수하지 아니한 경우에는 가사 영업정지사유 등 위 법 제58조 등 소정 사유가 인정된다고 하더라도 그 처분은 위법하여 취소를 면할 수 없다(대판 1991.7.9. 91누971).

3. 청문주재자 * 2015 행정사 기출

설명형 예제

「행정절차법」상 청문주재자에 관하여 설명하시오. * 2015 행정사

(1) 의의

청문주재자란 행정청이 부과하려는 불이익처분 전에 청문절차를 주재하고 관리하도록 지정되는 사람을 말한다. 즉 청문절차 전체를 공정하고 독립적으로 운영할 책임이 있는 사람이다. 법 제28조와 제29조는 청문주재자의 선정과 직무 수행, 그리고 공정성 확보를 위한 제척·기피·회피 제도를 규정하여 청문 절차의 공정성과 실효성을 보장하고자 한다.

(2) 자격

행정청은 소속 직원 또는 대통령령으로 정하는 자격을 가진 사람 중에서 청문주재자를 공정하게 선정하여야 한다(법 제28조 제1항).

※ "대통령령으로 정하는 자격을 가진 사람"(시행령 제15조 제1항)

> 1. 교수·변호사·공인회계사 등 관련분야의 전문직 종사자
> 2. 청문사안과 관련되는 분야에 근무한 경험이 있는 전직 공무원
> 3. 그 밖의 업무경험을 통하여 청문사안과 관련되는 분야에 전문지식이 있는 자

(3) 2명 이상의 청문주재자

행정청은 다음 각 호의 어느 하나에 해당하는 처분을 하려는 경우에는 청문주재자를 2명 이상으로 선정할 수 있다. 이 경우 선정된 청문주재자 중 1명이 청문주재자를 대표한다(법 제28조 제2항).

> 1. 다수 국민의 이해가 상충되는 처분
> 2. 다수 국민에게 불편이나 부담을 주는 처분
> 3. 그 밖에 전문적이고 공정한 청문을 위하여 행정청이 청문주재자를 2명 이상으로 선정할 필요가 있다고 인정하는 처분

시행령 제15조의2(2명 이상의 청문주재자) ① 행정청은 법 제28조 제2항에 따라 2명 이상의 청문주재자를 선정하는 경우 전체 청문주재자의 2분의 1 이상을 제15조 제1항 각 호의 어느 하나에 해당하는 사람으로 선정해야 한다.
② 행정청은 법 제28조 제2항 각 호 외의 부분 후단에 따라 2명 이상의 청문주재자 중에서 청문사안에 대한 중립성·전문성 등을 고려하여 청문주재자를 대표하는 청문주재자(이하 이 조에서 "대표주재자") 1명을 선정해야 한다.
③ 대표주재자는 청문주재자를 대표하여 법 제31조에 따라 청문을 진행하고, 법 제35조에 따라 청문을 종결한다.
④ 대표주재자는 청문주재자의 의견을 반영하여 법 제34조에 따른 청문조서 및 법 제34조의2에 따른 청문주재자의 의견서를 대표로 작성한다. 이 경우 청문주재자 전원이 그 청문조서 및 청문주재자의 의견서에 서명 또는 날인해야 한다.
⑤ 대표주재자는 제4항에 따라 청문주재자의 의견서를 작성할 때 청문주재자 사이에 의견이 일치하지 않는 경우에는 그 내용을 청문주재자의 의견서에 모두 기록해야 한다.

(4) 청문 관련자료 사전 통지

행정청은 청문이 시작되는 날부터 7일 전까지 청문주재자에게 청문과 관련한 필요한 자료를 미리 통지하여야 한다(법 제28조 제3항).

(5) 독립성 보장

① 청문주재자는 독립하여 공정하게 직무를 수행하며, 그 직무 수행을 이유로 본인의 의사에 반하여 신분상 어떠한 불이익도 받지 아니한다(법 제28조 제4항).
② 공무원이 아닌 자 중에서 선정된 청문주재자는 「형법」이나 그 밖의 다른 법률에 따른 벌칙을 적용할 때에는 공무원으로 본다(제5항).

(6) 제척·기피·회피

① 제척

청문주재자가 다음 각 호의 어느 하나에 해당하는 경우에는 청문을 주재할 수 없다(법 제29조 제1항).

> 1. 자신이 당사자등이거나 당사자등과 「민법」 제777조 각 호의 어느 하나에 해당하는 친족관계에 있거나 있었던 경우
>   ※ 민법상 친족의 범위: 8촌 이내의 혈족, 4촌 이내의 인척, 배우자
> 2. 자신이 해당 처분과 관련하여 증언이나 감정(鑑定)을 한 경우
> 3. 자신이 해당 처분의 당사자등의 대리인으로 관여하거나 관여하였던 경우
> 4. 자신이 해당 처분업무를 직접 처리하거나 처리하였던 경우
> 5. 자신이 해당 처분업무를 처리하는 부서에 근무하는 경우. 이 경우 부서의 구체적인 범위는 대통령령으로 정한다.
>   ※ "대통령령으로 정하는 부서": 해당 처분업무의 처리를 주관하는 과·담당관 또는 이에 준하는 조직 단위(시행령 제15조의3)

② 기피

청문주재자에게 공정한 청문 진행을 할 수 없는 사정이 있는 경우 당사자등은 행정청에 기피신청을 할 수 있다. 이 경우 행정청은 청문을 정지하고 그 신청이 이유가 있다고 인정할 때에는 해당 청문주재자를 지체 없이 교체하여야 한다(법 제29조 제2항).

③ 회피

청문주재자는 제척 또는 기피의 사유에 해당하는 경우에는 행정청의 승인을 받아 스스로 청문의 주재를 회피할 수 있다(법 제29조 제3항).

> **관련판례**
>
> **정상적인 청문을 주재한 것으로 보기 어렵다고 본 사례**
>
> [1] 청문절차의 전반에 관하여 공정성이 확보되어야 할 것이며 청문의 공정성 확보를 위하여 자신이 당해 처분업무를 직접 처리하거나 하였던 자에 해당하는 자는 청문절차에서 당연히 제척되어야 함에도 이 사건의 경우에는 담당 계장이 직접 청문을 주재하였으므로 청문과정의 공정성이 확보되었다고 할 수 없으므로 이 사건 처분은 절차상 중대한 하자로 인한 위법·부당한 처분이다(경남행심 2008.1.28. 2007-316).
>
> [2] 영업정지 기간 중 영업행위를 한 일반음식점 영업소 폐쇄처분을 하면서 청문통지서의 본문내용을 행정절차법 제21조 제1항에 의한 의견제출내용으로 잘못 통보하여 청구인이 의견제출 통지서로 오해할 수 있었고, 피청구인의 청문주재자가 작성 제출한 청문조서를 보면 당사자 출석여부, 참석한 행정청 직원의 출석여부, 증거조사난 등을 공란 또는 불분명하게 기재하여, 제3자적 지위에서 공정성과 전문성을 견지한 청문주재자로서 정상적인 청문을 주재할 것으로 보기 어렵다(경남행심 2003.7.2. 2003-144).

4. 청문의 공개

청문은 당사자가 공개를 신청하거나 청문주재자가 필요하다고 인정하는 경우 공개할 수 있다. 다만, 공익 또는 제3자의 정당한 이익을 현저히 해칠 우려가 있는 경우에는 공개하여서는 아니 된다(법 제30조).

당사자는 법 제30조의 규정에 의하여 청문의 공개를 신청하고자 하는 때에는 청문일 전까지 청문주재자에게 공개신청서를 제출하여야 하며(시행령 제16조 제1항), 청문주재자는 당사자가 제출한 공개신청서를 지체없이 검토하여 공개여부를 당사자등에게 알려야 한다(제2항).

청문은 비공개를 원칙으로 하는바, 이는 당사자의 위법행위 여부 및 이 위법행위가 불이익처분사유에 해당하는가를 검토하는 절차가 진행되는 청문절차에서 당사자의 프라이버시 보호를 위함이다.

5. 청문의 병합·분리

행정청은 직권으로 또는 당사자의 신청에 따라 여러 개의 사안을 병합하거나 분리하여 청문을 할 수 있다(법 제32조).

병합은 동일 당사자에 대하여 서로 관련된 수개의 사안이 있거나 서로 다른 당사자에게 서로 관련된 각각의 사안이 있는 경우, 경제적이고 능률적으로 청문을 진행하기 위한 것이다. 그리고 분리는 병합된 수개의 사안 중 일부사안에 대하여 별도의 청문이 필요한 경우, 신중하고 효율적인 청문 진행을 위한 것이다.

6. 청문실시 절차

> **설명형 예제**
>
> A시장은 甲이 식품위생법상 '유통기한 위반'과 '보관온도 기준 미달' 규정을 위반했다는 이유로 영업정지처분을 위한 청문을 진행했다. 청문 과정에서 甲은 '유통기한 위반'에 대해서만 자료를 제출하고 '보관온도 기준 미달'에 대해서는 아무런 자료제출이나 해명을 하지 않았다. 이 경우 청문주재자는 甲이 설명하지 않은 '보관온도 기준 미달' 사실에 대해 직권으로 행정청의 검사결과 자료를 요구하고 증거조사를 진행할 수 있는지 설명하시오.

> **설명형 예제**
>
> A시장은 환경보건법 위반 혐의로 甲업체에 대해 영업정지처분을 예정하며 청문을 개최하였다. 청문 당일, 甲업체 대표가 반발하여 고성을 지르고 의자를 던지는 등 질서 교란행위가 발생하여 청문주재자가 주의를 주었으나 대표가 이를 따르지 않자, 청문주재자는 해당 대표에게 퇴장을 명령하고 해당 내용을 청문조서에 기록하였다. 청문주재자의 퇴장명령 조치가 「행정절차법」을 준수한 것인지 설명하시오.

■ **청문의 주요절차**

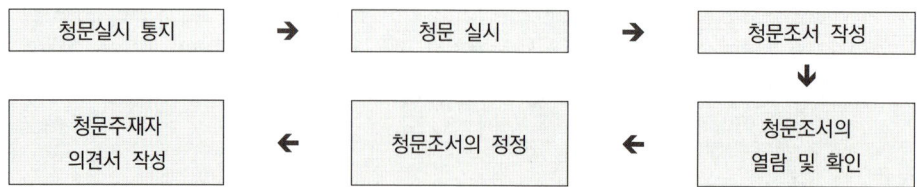

(1) 의의

청문실시 절차는 행정처분 전에 당사자가 자신의 주장과 증거를 충분히 제시할 기회를 보장하고, 청문주재자의 증거조사 과정을 통해 사실관계·법리 판단의 정확성을 확보하는 것을 목표로 진행된다.

(2) 청문실시 통지

행정청은 청문을 하려면 청문이 시작되는 날부터 <u>10일</u> 전까지 다음 각 호의 사항을 당사자등에게 통지하여야 한다(법 제21조 제2항).

> 1. 처분의 제목
> 2. 당사자의 성명 또는 명칭과 주소
> 3. 처분하려는 원인이 되는 사실과 처분의 내용 및 법적 근거
> 4. 청문주재자의 소속·직위 및 성명
> 5. 청문의 일시 및 장소
> 6. 청문에 응하지 아니하는 경우의 처리방법
> 7. 그 밖에 필요한 사항

- **사전통지서와 청문통지서와의 관계**

  > 처분을 함에 있어서 청문을 실시하고자 하는 경우에는 행정절차법 제21조 제1항에 따른 사전통지서(행정절차법 시행규칙 별지 제8호 서식)를 보내는 것이 아니라, 같은 조 제2항에 따른 청문통지서(행정절차법 시행규칙 별지 제9호 서식)를 보내면 됨
  > ※ 처분 시 의견청취는 청문실시·공청회 개최·의견제출의 방법으로 분류할 수 있는데, 이러한 3종류를 하나의 조문으로 '처분의 사전통지'라고 통칭하고 있음

(3) 청문의 실시

- **청문장 배치모형**

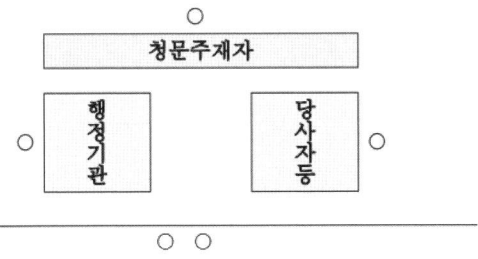

① 청문의 중요내용 설명

청문주재자가 청문을 시작할 때에는 먼저 <u>예정된 처분의 내용, 그 원인이 되는 사실 및 법적 근거 등을</u> 설명하여야 한다(법 제31조 제1항).

② 당사자등의 참여방법

당사자등은 <u>의견을 진술하고 증거를 제출할 수 있으며,</u> <u>참고인이나 감정인 등에게 질문할 수 있다</u>(제2항).

※ 특히 '참고인이나 감정인 등에게 질문'과 관련하여 ① 행정청이 처분사유를 명확히 하기 위하여 참고인·감정인 등을 출석시킨 경우, 당사자등은 청문주재자의 질문에 참여하여 의견진술 또는 반론 제기가 가능하고, ② 감정이 서면으로 이루어진 경우, 당사자등에게 그 감정내용을 공개하고 알 수 있도록 해야 하며, ③ 당사자등이 필요한 경우 참고인·감정인 등의 출석을 신청할 수 있으며 이 경우 신청방법은 증거조사 신청으로 한다.

③ 청문출석에 갈음하는 의견서 제출
당사자등이 의견서를 제출한 경우에는 그 내용을 출석하여 진술한 것으로 본다(제3항). 이 경우 청문에 출석하여 진술한 것으로 보는 의견서는 청문이 종결될 때까지(기간이 연장된 경우에는 그 기간이 종료될 때까지) 청문주재자에게 제출된 것에 한한다(시행령 제17조).

④ 청문주재자의 질서유지권
청문주재자는 청문의 신속한 진행과 질서유지를 위하여 필요한 조치를 할 수 있다(법 제31조 제4항).
※ "필요한 조치"의 예로 언급되는 것은 ① 발언순서·시간 등의 제한, 질서교란자에 대한 퇴장명령, ② 당사자등의 당해 사안과 직접 관계가 없는 사항을 진술하는 경우, 이미 진술한 내용과 중복되는 사항을 진술하는 경우의 제지 등이 있다.

⑤ 청문의 계속(속행)
청문을 계속할 경우에는 행정청은 당사자등에게 다음 청문의 일시 및 장소를 서면으로 통지하여야 하며, 당사자등이 동의하는 경우에는 전자문서로 통지할 수 있다. 다만, 청문에 출석한 당사자등에게는 그 청문일에 청문주재자가 말로 통지할 수 있다(법 제31조 제5항).
※ 당사자등의 의견진술 내용이 미흡하다고 판단되는 경우, 기타 당해 청문만으로는 청문을 종결하기 곤란하다고 판단되는 경우 그 다음 기일에 속행할 수 있다.

(4) 증거조사

① 의의
증거조사란 청문주재자가 당해 사안에 대하여 일정한 사실관계에 대한 확신을 주는 자료를 확보하기 위하여 참고인 또는 감정인에게 질문하고 문서 또는 물건 등 물적 증거를 수집 조사하는 절차를 말한다.

② 직권 및 신청에 의한 조사
청문주재자는 직권으로 또는 당사자의 신청에 따라 필요한 조사를 할 수 있으며, 당사자등이 주장하지 아니한 사실에 대하여도 조사할 수 있다(법 제33조 제1항).
당사자등은 증거조사를 신청하고자 하는 때에는 청문주재자에게 증명할 사실과 증거조사의 방법을 구체적으로 명시한 문서를 제출하여야 한다(시행령 제18조).

③ 증거조사의 방법
증거조사는 다음 각 호의 어느 하나에 해당하는 방법으로 한다(법 제33조 제2항).

1. 문서·장부·물건 등 증거자료의 수집
2. 참고인·감정인 등에 대한 질문
3. 검증 또는 감정·평가
4. 그 밖에 필요한 조사

④ 관계행정청의 협조

청문주재자는 필요하다고 인정할 때에는 관계 행정청에 필요한 문서의 제출 또는 의견의 진술을 요구할 수 있다. 이 경우 관계 행정청은 직무 수행에 특별한 지장이 없으면 그 요구에 따라야 한다(제3항).

7. 청문조서의 작성과 정정 등

> **설명형 예제**
> 통일부장관은 남북통일정책연구를 목적으로 설립된 비영리 사단법인 ○○통일연구원의 지난 2년간 연구활동이 전무하다는 이유로 법인설립허가 취소를 위한 청문을 실시하였다. 이 경우 청문주재자가 작성한 청문조서에 대해 당사자가 정정을 요구할 수 있는지 설명하시오.

(1) 의의

청문 과정에서의 진술 및 증거조사를 청문조서에 구조적으로 기록·보관하게 함으로써 행정의 절차적 정당성과 국민의 신뢰를 제고하고, 열람·정정 청구권 등을 통해 당사자의 의견이 실효적으로 반영되도록 하고 있다.

(2) 청문조서의 작성

청문주재자는 다음 각 호의 사항이 적힌 청문조서(聽聞調書)를 작성하여야 한다(법 제34조 제1항).

☞ 후술하는 바와 같이 청문주재자는 작성된 청문조서를 처분 행정청에게 제출한다.

1. 제목
2. 청문주재자의 소속, 성명 등 인적사항
3. 당사자등의 주소, 성명 또는 명칭 및 출석 여부
4. 청문의 일시 및 장소
5. 당사자등의 진술의 요지 및 제출된 증거
6. 청문의 공개 여부 및 공개하거나 제30조 단서에 따라 공개하지 아니한 이유
   ※ 제30조 단서 : 다만, 공익 또는 제3자의 정당한 이익을 현저히 해칠 우려가 있는 경우에는 공개하여서는 아니 된다.
7. 증거조사를 한 경우에는 그 요지 및 첨부된 증거
8. 그 밖에 필요한 사항

(3) 청문조서의 기능

① 청문조서는 행정청이 처분을 함에 있어 주요한 근거자료로 활용되며, 또한 행정쟁송절차에 있어서 중요한 증거자료로 활용될 수 있는데 특히 행정청은 청문이 적법하게 실시되었으며, 그 결과 공정하고 투명하게 처분하였다는 사실을 증명하는 자료로 청문조서를 활용할 수 있다.

② 당사자등은 청문조서에 기재된 내용, 특히 청문주재자의 의견과 달리 행정청이 처분한 경우 청문에서 처분을 하지 아니하여야 할 중요한 사실이 밝혀졌음에도 불구하고 행정청이 처분을 하였음을 주장할 수 있는 자료로서 청문조서를 활용할 수 있다.

(4) 청문조서의 열람·확인 통지

청문주재자는 청문조서를 작성한 후 지체없이 청문조서의 열람·확인의 장소 및 기간을 정하여 당사자 등에게 통지하여야 한다. 이 경우 열람·확인의 기간은 청문조서를 행정청에 제출하기 전까지의 기간의 범위내에서 정하여야 한다(시행령 제19조 제1항).

(5) 당사자등의 청문조서 내용의 정정요구

① 당사자등은 청문조서의 내용을 열람·확인할 수 있으며, 이의가 있을 때에는 그 정정을 요구할 수 있다(법 제34조 제2항).
   ※ 당사자등이 청문과정에서 진술한 내용이 빠져있거나, 진술한 내용과 다른 내용이 청문조서에 기재된 경우, 당사자등에게 유리한 증거가 누락된 경우, 증인에 대한 질문 및 답변결과가 불충분하거나 잘못 기재된 경우 등이 이에 해당한다.
② 정정요구는 문서 또는 구술로 할 수 있으며, 구술로 정정요구를 하는 경우 청문주재자는 정정요구의 내용을 기록하여야 한다(시행령 제19조 제2항).
③ 청문주재자는 당사자등이 청문조서의 정정요구를 한 경우 그 사실관계를 확인한 후 청문조서의 내용을 정정하여야 한다(제3항).
   ※ 조서의 정정은 기존의 내용에 첨가하는 형식으로 작성하며, 청문조서에 기재된 내용을 삭제하는 등 청문조서 자체를 정정해서는 아니된다. 그리고 정정요구내용이 처분을 하는데 중요한 근거자료가 되는 경우에는 그 내용을 다른 당사자등에게 확인시킬 필요가 있다.

8. 청문주재자의 의견서

(1) 의의

청문주재자의 의견서는 청문 절차에 있어 사실심리의 객관성과 청문주재자의 독립적 판단을 문서화함으로써 처분의 합리성과 공정성을 강화하는 수단이 된다. 청문조서가 사실 중심이고 당사자등의 열람과 정정이 가능한 반면, 의견서는 가치판단이 가미될 수 있고 독립성 확보를 위해 비공개가 원칙이다.

(2) 의견서에 포함할 사항

청문주재자는 다음 각 호의 사항이 적힌 청문주재자의 의견서를 작성하여야 한다(법 제34조의2).

1. 청문의 제목
2. 처분의 내용, 주요 사실 또는 증거
3. 종합의견
4. 그 밖에 필요한 사항

※ 청문조서 작성 → (열람 및 정정요구 시 → 정정을 완료) → 청문주재자의 의견서 작성

9. 청문의 종결

(1) 의의

법 제35조는 청문 절차의 종료요건과 불출석자 처리기준을 명문화함으로써 청문의 실질적 완결성과 당사자의 방어권을 조화시키고, 청문결과가 처분에 반영되도록 하는 절차적 연결고리를 제공하고 있다.

(2) 종결요건

① 청문주재자는 해당 사안에 대하여 당사자등의 의견진술, 증거조사가 충분히 이루어졌다고 인정하는 경우에는 청문을 마칠 수 있다(법 제35조 제1항).

② 청문주재자는 당사자등의 전부 또는 일부가 정당한 사유 없이 청문기일에 출석하지 아니하거나 제31조 제3항에 따른 의견서를 제출하지 아니한 경우에는 이들에게 다시 의견진술 및 증거제출의 기회를 주지 아니하고 청문을 마칠 수 있다(제2항).

(3) 당사자등이 정당한 사유로 청문기일에 불출석한 경우

청문주재자는 당사자등의 전부 또는 일부가 정당한 사유로 청문기일에 출석하지 못하거나 제31조 제3항에 따른 의견서를 제출하지 못한 경우에는 10일 이상의 기간을 정하여 이들에게 의견진술 및 증거제출을 요구하여야 하며, 해당 기간이 지났을 때에 청문을 마칠 수 있다(제3항).

※ 정당한 사유의 예로, 전쟁·사변·천재지변 등과 같은 불가항력적인 경우, 갑작스런 질병, 사고, 교통두절 등과 같이 사전에 예기치 못한 경우가 있다.

(4) 청문조서 등의 제출

청문주재자는 청문을 마쳤을 때에는 청문조서, 청문주재자의 의견서, 그 밖의 관계 서류 등을 행정청에 지체 없이 제출하여야 한다(제4항).

10. 청문결과 반영

행정청은 처분을 할 때에 청문조서, 청문주재자의 의견서, 그 밖의 관계 서류 등을 충분히 검토하고 상당한 이유가 있다고 인정하는 경우에는 청문결과를 반영하여야 한다(법 제35조의2).

※ 가령, 시행령 또는 시행규칙 등에 처분기준을 정하고 있더라도 정상참작의 여지가 있는 경우 등 상당한 이유가 있다고 인정하는 경우에는 경감조항을 참고하여 최종처분할 수 있다.

※ 청문에서 드러난 사실 중 합리적으로 반영할 수 있는 부분까지 포기하거나 전면적으로 무시할 경우 재량권 행사의 위법이 문제될 수 있다.

11. 청문의 재개

(1) 의의

행정청은 청문을 마친 후 처분을 할 때까지 새로운 사정이 발견되어 청문을 재개(再開)할 필요가 있다고 인정할 때에는 청문조서 등을 되돌려 보내고 청문의 재개를 명할 수 있다(법 제36조).

청문 종결 이후 부득이한 새로운 사정이 발견되면 종전 청문에 따른 처분에 하자가 발생할 수 있으므로 청문결과의 타당성을 확보하기 위하여 청문을 재개할 필요가 있다.

※ "새로운 사정"이란 청문과정에서 다루어지지 아니한 사정, 청문과정에서 적절한 증거가 제시되지

아니한 사정, 청문과정에서 제시된 증거를 적절히 평가하지 못한 사정 등이 있어서, 처분 이후 처분을 변경 또는 취소해야 하는 정도에 해당하는 경우이다.

(2) 청문재개의 통지 방법

행정청은 당사자등에게 청문재개의 일시 및 장소를 서면으로 통지하여야 하며, 당사자등이 동의하는 경우에는 전자문서로 통지할 수 있다. 다만, 청문에 출석한 당사자등에게는 그 청문일에 청문주재자가 말로 통지할 수 있다(법 제36조, 법 제31조 제5항).

05 의견제출 * 2023, 2025 행정사 기출

사례형 예제

관할 행정청인 A시장(이하 '행정청'이라 한다)은 甲이 소유한 건물(이하 '이 사건 건물'이라 한다)에 대하여 甲의 사전 동의를 받아 甲이 참석한 가운데 현장조사를 실시하였다. 甲은 위 현장조사 과정에서 이 사건 건물의 무단 용도변경 사실을 인정하고 그 위반경위에 대해 진술하였다. 그런데 행정청은 현장조사 다음날에 원상복구를 명하는 시정명령(이하 '이 사건 처분'이라 한다)을 하였다. 이에 甲은 이 사건 처분이 사전통지 및 의견제출기회 부여 절차를 거치지 않은 위법한 처분임을 이유로 취소소송을 제기하였다. 행정청은 '의견제출기회 부여'에 관하여, 현장조사 당시 甲이 법률위반 경위에 대해 진술하였으므로 의견제출기회가 부여되었고, 아니라고 하더라도 위와 마찬가지로 「행정절차법」 제21조 제4항 제3호에 따라 의견제출기회 부여를 하지 아니하여도 되는 경우에 해당한다고 주장한다. 「행정절차법」상 '의견제출'에 관하여 설명하고, 행정청 주장의 타당성을 검토하시오.
* 2023 행정사

해설 요지

'의견청취가 현저히 곤란하거나 명백히 불필요하다고 인정될 만한 상당한 이유가 있는 경우'에 해당하는지는 甲이 이미 행정청에게 위반사실을 시인하였다거나 처분의 사전통지 이전에 의견을 진술할 기회가 있었다는 사정을 고려하여 판단할 것은 아니다. A시장이 불이익처분인 시정명령을 하면서 甲에게 행정절차법에 따른 적법한 의견제출의 기회를 부여하였다고 볼 수 없다. 따라서 A시장의 주장은 타당하지 않다.

1. 의의

행정청이 당사자에게 의무를 부과하거나 권익을 제한하는 처분을 할 때 청문 또는 공청회를 실시하는 경우 외에는 당사자등에게 의견제출의 기회를 주어야 한다(법 제22조 제3항).

'약식 의견청취' 유형인 의견제출 제도는 청문의 실시로 인한 행정청의 부담이 크거나 청문으로 인해 소요되는 시간을 감안할 경우 불이익처분의 방치가 바람직하지 않을 때가 많기 때문에 도입되었다. 그 사유가 행정절차법에 규정되어 있지 않으므로 청문이나 공청회 대상이 아닌 경우 일반적으로 의견제출의 기회를 주어야 한다.

■ 의견제출의 절차

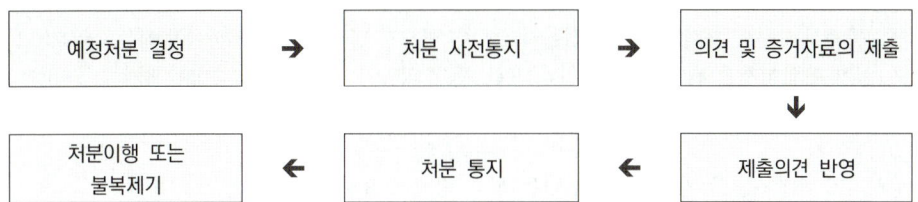

2. 처분의 사전통지

행정청은 당사자에게 의무를 부과하거나 권익을 제한하는 처분을 하는 경우에는 미리 ① 처분의 제목, ② 당사자의 성명 또는 명칭과 주소, ③ 처분하려는 원인이 되는 사실과 처분의 내용 및 법적 근거, ④ 의견을 제출할 수 있다는 뜻과 의견을 제출하지 아니하는 경우의 처리방법, ⑤ 의견제출기관의 명칭과 주소, ⑥ 의견제출기한, ⑦ 그 밖에 필요한 사항을 당사자등에게 통지하여야 한다(법 제21조 제1항).

이 경우 의견제출에 필요한 기간을 10일 이상으로 고려하여 정하여야 한다(제3항).

3. 의견제출 방법

당사자등은 처분 전에 그 처분의 관할 행정청에 서면이나 말로 또는 정보통신망을 이용하여 의견제출을 할 수 있으며(법 제27조 제1항), 의견제출을 하는 경우 그 주장을 입증하기 위한 증거자료 등을 첨부할 수 있다(제2항).

행정청은 당사자등이 말로 의견제출을 하였을 때에는 서면으로 그 진술의 요지와 진술자를 기록하여야 한다(제3항).

당사자등이 정당한 이유 없이 의견제출기한까지 의견제출을 하지 아니한 경우에는 의견이 없는 것으로 본다(제4항).

4. 의견청취 결과의 반영

행정청은 처분을 할 때에 당사자등이 제출한 의견이 상당한 이유가 있다고 인정하는 경우에는 이를 반영하여야 한다(법 제27조의2 제1항).

행정청은 당사자등이 제출한 의견을 반영하지 아니하고 처분을 한 경우 당사자등이 처분이 있음을 안 날부터 90일 이내에 그 이유의 설명을 요청하면 서면으로 그 이유를 알려야 한다. 다만, 당사자등이 동의하면 말, 정보통신망 또는 그 밖의 방법으로 알릴 수 있다(제2항).

5. 의견제출의 예외

사전통지의 예외사유에 해당하는 경우와 당사자가 의견진술의 기회를 포기한다는 뜻을 명백히 표시한 경우에는 의견청취를 하지 아니할 수 있다(법 제22조 제4항).

1. 공공의 안전 또는 복리를 위하여 긴급히 처분을 할 필요가 있는 경우
2. 법령등에서 요구된 자격이 없거나 없어지게 되면 반드시 일정한 처분을 하여야 하는 경우에 그 자격이 없거나 없어지게 된 사실이 법원의 재판 등에 의하여 객관적으로 증명된 경우
3. 해당 처분의 성질상 의견청취가 현저히 곤란하거나 명백히 불필요하다고 인정될 만한 상당한 이유가 있는 경우
4. 당사자가 의견진술의 기회를 포기한다는 뜻을 명백히 표시한 경우

당사자는 의견진술의 기회를 포기한 때에는 의견진술포기서 또는 이에 준하는 문서를 행정청에 제출하여야 한다(시행령 제14조).

관련판례

법령상 확정된 의무의 부과의 경우, 의견진술의 기회를 생략할 수 있음

공무원연금관리공단의 퇴직연금의 환수결정은 당사자에게 의무를 과하는 처분이기는 하나, 관련 법령에 따라 당연히 환수금액이 정하여지는 것이므로, 퇴직연금의 환수결정에 앞서 당사자에게 의견진술의 기회를 주지 아니하여도 행정절차법 제22조 제3항이나 신의칙에 어긋나지 아니한다(대판 2000.11.28. 99두5443).

군인사법령에 의하여 진급예정자명단에 포함된 자에 대하여 의견제출의 기회를 부여하지 아니한 채 진급선발을 취소하는 처분을 한 것은 위법

행정과정에 대한 국민의 참여와 행정의 공정성, 투명성 및 신뢰성을 확보하고 국민의 권익을 보호함을 목적으로 하는 행정절차법의 입법목적과 행정절차법 제3조 제2항 제9호의 규정 내용 등에 비추어 보면, 공무원 인사관계 법령에 의한 처분에 관한 사항 전부에 대하여 행정절차법의 적용이 배제되는 것이 아니라 성질상 행정절차를 거치기 곤란하거나 불필요하다고 인정되는 처분이나 행정절차에 준하는 절차를 거치도록 하고 있는 처분의 경우에만 행정절차법의 적용이 배제된다. 군인사법령에 의하여 진급예정자명단에 포함된 자에 대하여 의견제출의 기회를 부여하지 아니한 채 진급선발을 취소하는 처분을 한 것이 절차상 하자가 있어 위법하다(대판 2007.9.21. 2006두20631).

'고시'의 방법으로 불특정 다수인을 상대로 하는 처분의 경우

'고시'의 방법으로 불특정 다수인을 상대로 의무를 부과하거나 권익을 제한하는 처분은 성질상 의견제출의 기회를 주어야 하는 상대방을 특정할 수 없으므로, 이와 같은 처분에 있어서까지 구 행정절차법 제22조 제3항에 의하여 그 상대방에게 의견제출의 기회를 주어야 한다고 해석할 것은 아니다 - 고시에 의하여 수정체수술과 관련한 질병군의 상대가치점수를 종전보다 약 10~25% 정도 인하하는 내용의 처분을 한 것은 수정체수술을 하는 의료기관을 개설·운영하는 개별 안과 의사들을 상대로 한 것이 아니라 불특정 다수의 의사 전부를 상대로 하는 것이어서 의견제출의 기회를 주지 않았다고 하여 위법하다고 볼 수 없다고 한 사례(대판 2014.10.27. 2012두7745).

> **보조금 반환명령 당시 사전통지 및 의견제출의 기회를 부여하였다는 이유로 평가인증취소처분 시 사전통지 및 의견제출을 생략한 처분은 위법**
>
> 어린이집 평가인증취소처분은 이로 인하여 원고에 대한 인건비 등 보조금 지급이 중단되는 등 원고의 권익을 제한하는 처분에 해당하며, 보조금 반환명령과는 전혀 별개의 절차로서 보조금 반환명령이 있으면 피고 보건복지부장관이 평가인증을 취소할 수 있지만 반드시 취소하여야 하는 것은 아닌 점 등에 비추어 보면, 보조금 반환명령 당시 사전통지 및 의견제출의 기회가 부여되었다 하더라도 그 사정만으로 이 사건 평가인증취소처분이 구 행정절차법 제21조 제4항 제3호에서 정하고 있는 사전통지 등을 하지 아니하여도 되는 예외사유에 해당한다고도 볼 수 없다(대판 2016.11. 9. 2014두1260).

6. 문서의 열람 및 비밀유지

> **설명형 예제**
>
> A시장은 공중위생관리법 위반 혐의로 甲에 대해 영업정지처분 청문을 진행했다. 甲은 청문 진행 도중 "현장 조사보고서 및 검사결과 자료(사진 포함)"의 열람을 요청했으나, A시장은 일부 문서에 대해 공개 제한 법령이 적용된다는 이유로 열람 요청을 거부했다. 또한 A시장은 열람 가능 문서를 지정된 장소에서만 볼 수 있다고 통지하였고, 비용도 요구했다. 이 사례에 「행정절차법」상 문서의 열람·복사청구 제도를 적용하여 설명하시오.

(1) 문서 열람·복사청구권의 의의

당사자등은 의견제출의 경우에는 처분의 사전 통지가 있는 날부터 의견제출기한까지, 청문의 경우에는 청문의 통지가 있는 날부터 청문이 끝날 때까지 행정청에 해당 사안의 조사결과에 관한 문서와 그 밖에 해당 처분과 관련되는 문서의 열람 또는 복사를 요청할 수 있다(법 제37조 제1항 전단).

문서의 열람·복사청구권은 의견제출 절차와 청문절차에서 행정청과 그 상대방이 되는 당사자등이 공개된 자료와 대등한 무기로 공격 및 방어를 할 수 있도록 보장하는 권리이다. 따라서 이는 행정절차법의 기본이념인 투명성의 원리와 공정성의 원리를 구체화한 것이라고 할 수 있다.

종래 '청문'의 대상이 되는 당사자에게만 문서의 열람·복사청구권이 주어졌으나, 행정청의 침익적 처분에 앞서 국민이 의견을 개진할 수 있는 기회를 보다 넓히려는 취지로 '의견제출'을 하는 당사자에게로 확대되었다(2022. 1. 11).

(2) 열람 및 복사 청구권자

청문과 의견제출의 당사자등, 즉 행정청의 처분에 대하여 직접 그 상대가 되는 당사자와 행정청이 직권 또는 신청에 의하여 행정절차에 참여하게 한 이해관계인에 한정된다. 따라서 청문과 의견절차에 참가하는 당사자등이 아닌 일반인은 문서열람청구권을 행사할 수 없으며, 「공공기관의 정보공개에 관한 법률」에 따른 정보공개청구권을 행사할 수 있을 뿐이다.

(3) 문서열람의 행사기간 및 방법

① 당사자등은 의견제출의 경우에는 처분의 사전 통지가 있는 날부터 의견제출기한까지, 청문의 경우에는 청문의 통지가 있는 날부터 청문이 끝날 때까지 문서의 열람 또는 복사요청이 가능하다.

② 당사자등은 열람 또는 복사를 요청하고자 하는 때에는 문서로 하여야 하며, 전자적 형태로 열람을 요청하는 경우 행정청은 당사자등의 요청에 응하는 것이 현저히 곤란한 경우가 아닌 한 전자적 형태로 열람할 수 있도록 하여야 한다. 다만, 청문일에 필요에 의하여 문서를 열람 또는 복사하고자 하는 경우에는 구술로 요청할 수 있다(시행령 제20조 제1항).
③ 행정청은 열람 또는 복사의 요청에 따르는 경우 그 일시 및 장소를 지정할 수 있으며(법 제37조 제2항), 행정청은 요청자에게 그 사실을 통지하여야 한다(시행령 제20조 제2항).
④ 행정청은 다른 법령에 따라 공개가 제한되는 경우를 제외하고는 그 요청을 거부할 수 없다(법 제37조 제1항 후단). 행정청은 열람 또는 복사의 요청을 거부하는 경우에는 그 이유를 소명(疎明)하여야 한다(제3항).

※ 당사자등이 문서열람청구권을 행사한 경우, 행정청은 다른 법령에 의하여 공개가 제한되는 경우를 제외하고는 이를 거부할 수 없으므로 행정청에게 문서열람을 거부할 재량권은 없다고 해석된다.

(4) 열람·복사청구 대상 문서

열람 또는 복사를 요청할 수 있는 문서의 범위는 대통령령으로 정한다(법 제37조 제4항).

※ "대통령령으로 정하는 문서"의 범위 : 「행정업무의 운영 및 혁신에 관한 규정」 제3조 제1호의 공문서[행정기관에서 공무상 작성하거나 시행하는 문서(도면·사진·디스크·테이프·필름·슬라이드·전자문서 등의 특수매체기록을 포함)와 행정기관이 접수한 모든 문서]

(5) 문서의 복사에 따른 비용

행정청은 복사에 드는 비용을 복사를 요청한 자에게 부담시킬 수 있다(법 제37조 제5항).

※ 행정청이 문서의 열람만을 허용하는 경우에는 비용을 징수하지 아니한다.

이 경우 문서의 복사에 드는 비용에 관하여는 「공공기관의 정보공개에 관한 법률 시행령」 제17조 제1항·제2항 및 제6항을 준용한다(시행령 제20조 제4항).

(6) 비밀의 유지

누구든지 의견제출 또는 청문을 통하여 알게 된 사생활이나 경영상 또는 거래상의 비밀을 정당한 이유 없이 누설하거나 다른 목적으로 사용하여서는 아니 된다(법 제37조 제6항).

제4장 국민의 국정참여

01 행정상 입법예고

> **설명형 예제**
> 소방청장은 장기간 성실히 근무한 소방공무원에게 보다 많은 승진 기회를 부여하기 위하여, 근속승진 인원을 확대하는 내용의 「소방공무원 승진임용 규정 일부개정령안」(대통령령)을 입법예고 하고자 한다. 입법예고의 방법 및 절차를 설명하시오.

1. 의의

행정상 입법예고는 행정입법의 과정에서 법령안의 내용을 국민에게 사전에 공개하고 국민이 제출한 의견을 반영하는 절차로서, 국민의 일상생활과 밀접하게 관련되는 법령안의 내용에 대한 국민의 의견을 반영하여 법령의 실효성을 높이려는 제도이다.

이는 국민의 입법참여기회를 확대하여 국민의 참여와 정부정책에 대한 국민의 협조를 유도하는 의미도 갖는다.

■ 행정상 입법예고의 기본 절차

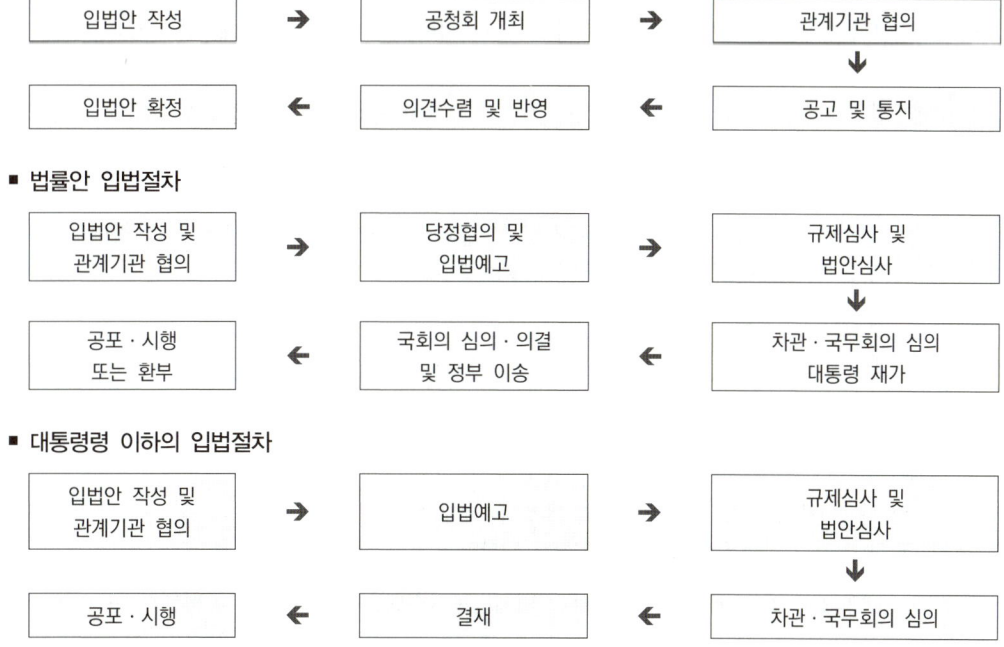

■ 법률안 입법절차

■ 대통령령 이하의 입법절차

2. 입법예고 대상

(1) 대상

법령등을 제정·개정 또는 폐지(이하 "입법"이라 한다)하려는 경우에는 해당 입법안을 마련한 행정청은 이를 예고하여야 한다(법 제41조 제1항 본문).

※ '법령 등'의 범위에는 법률·대통령령·총리령·부령과 자치법규(조례·규칙)가 포함되고, 법률은 행정부가 입안하여 국회에 제출하는 법률을 말한다. 국회의원 또는 지방의회의원이 발의하는 입법안은 국회법 또는 지방의회의 조례에 따른 입법예고에 의하며 행정절차법상 입법예고 대상이 아니다. 그리고 '법령 등'의 범위에 고시·훈령·예규 등의 행정규칙은 포함되지 않는다.

(2) 예외

다음 각 호의 어느 하나에 해당하는 경우에는 예고를 하지 아니할 수 있다(제1항 단서).

> 1. 신속한 국민의 권리 보호 또는 예측 곤란한 특별한 사정의 발생 등으로 입법이 긴급을 요하는 경우
> 2. 상위 법령등의 단순한 집행을 위한 경우(예 서식 등을 주로 정하는 시행규칙 제정)
> 3. 입법내용이 국민의 권리·의무 또는 일상생활과 관련이 없는 경우
>   ※ "국민의 권리·의무 또는 일상생활과 관련"된 것이란 학사제도, 공중위생, 환경보전, 농지 기타 토지제도, 국토계획 및 도시계획, 건축, 도로교통, 국가시험, 정보화관련제도 등을 말한다.
> 4. 단순한 표현·자구를 변경하는 경우 등 입법내용의 성질상 예고의 필요가 없거나 곤란하다고 판단되는 경우
> 5. 예고함이 공공의 안전 또는 복리를 현저히 해칠 우려가 있는 경우

3. 입법예고의 방법 등

(1) 예고내용

① 입법안의 취지와 주요 내용을 예고할 수도 있고, 입법안의 전문(全文)을 예고할 수도 있다(법 제42조 제1항).
② 행정청은 의견접수기관, 의견제출기간, 그 밖에 필요한 사항을 해당 입법안을 예고할 때 함께 공고하여야 한다(법 제44조 제2항). 법령안 주관기관의 장은 입법예고를 할 때 다음 각 호의 사항을 게재하여야 한다. 다만, 법제정보시스템을 통한 입법예고가 아닌 경우에는 제5호부터 제8호까지의 사항을 생략할 수 있다[대통령령 「법제업무 운영규정」(이하 "규정") 제15조 제3항].

> 1. 법령안의 주요 내용
> 2. 제출의견 접수기관
> 3. 의견제출 기간
> 4. 의견제출 방법
> 5. 「행정규제기본법」 제7조 제1항에 따른 규제영향분석서
> 6. 법령안 전문(신·구조문대비표를 포함)
> 7. 조문별 법령 제정·개정이유서 등 입법 배경에 대한 참고·설명자료
> 8. 그 밖에 입법예고의 목적을 달성하기 위하여 필요한 사항

※ 위 제4호에 따른 의견제출 방법에는 법제정보시스템을 통한 의견제출 방법이 포함되어야 한다(규정 제15조 제4항).

(2) 예고방법
① 행정청은 입법안의 취지, 주요 내용 또는 전문(全文)을 다음 각 호의 구분에 따른 방법으로 공고하여야 하며, 추가로 인터넷, 신문 또는 방송 등을 통하여 공고할 수 있다(법 제42조 제1항).

> 1. 법령의 입법안을 입법예고하는 경우 : 관보 및 법제처장이 구축·제공하는 정보시스템을 통한 공고
> 2. 자치법규의 입법안을 입법예고하는 경우 : 공보를 통한 공고

② 행정청은 대통령령을 입법예고하는 경우 국회 소관 상임위원회에 이를 제출하여야 한다(법 제42조 제2항).
③ 행정청은 입법예고를 할 때에 입법안과 관련이 있다고 인정되는 중앙행정기관, 지방자치단체, 그 밖의 단체 등이 예고사항을 알 수 있도록 예고사항을 통지하거나 그 밖의 방법으로 알려야 한다(제3항).
④ 행정청은 예고된 입법안에 대하여 온라인공청회 등을 통하여 널리 의견을 수렴할 수 있다(제4항).
⑤ 행정청은 예고된 입법안의 전문에 대한 열람 또는 복사를 요청받았을 때에는 특별한 사유가 없으면 그 요청에 따라야 하며(제5항), 복사에 드는 비용을 복사를 요청한 자에게 부담시킬 수 있다(제6항).

(3) 예고기간
① 입법예고기간은 예고할 때 정하되, 특별한 사정이 없으면 40일(자치법규는 20일) 이상으로 한다(법 제43조).
   ※ 의약품 또는 의료기기의 가격산정·급여 또는 규제와 관련된 법령의 제정·개정 또는 폐지 시 예고기간은 특별한 사정이 없으면 "60일 이상"으로 한다. 기술규정 또는 적합성 평가절차와 관련된 법령의 제정 또는 개정 시 예고기간은 특별한 사정이 없으면 "60일 이상"으로 한다(행정안전부 행정설자제도 운영지침 제6조).
② 법령안 주관기관의 장은 행정절차법 제41조 제1항 각 호 외의 부분 단서 및 같은 조 제4항 단서에 따라 입법예고를 생략하려고 하거나 특별한 사정이 있어 입법예고기간을 같은 법 제43조에서 정한 법령의 최단 입법예고기간 미만으로 줄이려는 경우에는 법제처장과 협의하여야 한다(규정 제14조 제2항).

(4) 의견제출 및 처리
① 누구든지 예고된 입법안에 대하여 의견을 제출할 수 있다(법 제44조 제1항).
② 행정청은 해당 입법안에 대한 의견이 제출된 경우 특별한 사유가 없으면 이를 존중하여 처리하여야 한다(제3항).
③ 행정청은 의견을 제출한 자에게 그 제출된 의견의 처리결과를 통지하여야 한다(제4항).
   ※ 법령안 주관기관의 장은 입법예고 결과 제출된 의견(전자문서 또는 법제정보시스템을 활용하여 제출된 의견을 포함)을 검토하여 법령안에의 반영 여부를 결정하고, 그 처리 결과 및 처리 이유 등을 지체 없이 의견제출자에게 통지하여야 한다(규정 제18조 제1항).
④ 법령안 주관기관의 장은 입법예고 결과 제출된 의견 중 중요한 사항에 대해서는 그 처리 결과를 법률안 또는 대통령령안의 경우에는 국무회의 상정안에 첨부하고, 총리령안 또는 부령안의 경우에는 법제처장에게 제출하여야 한다(규정 제18조 제2항).

(5) 입법안의 재예고

입법안을 마련한 행정청은 입법예고 후 예고내용에 국민생활과 직접 관련된 내용이 추가되는 등 대통령령으로 정하는 중요한 변경이 발생하는 경우에는 해당 부분에 대한 입법예고를 다시 하여야 한다(법 제41조 제4항 본문). 다만, 제1항 각 호(註: 신속한 국민의 권리 보호 등 사유로 입법예고를 생략할 수 있는 사유)의 어느 하나에 해당하는 경우에는 예고를 하지 아니할 수 있다(동항 단서).

※ "대통령령으로 정하는 중요한 변경"(규정 제14조 제3항)

> 1. 국민의 권리·의무 또는 국민생활과 직접 관련되는 내용이 추가되는 경우
> 2. 그 밖에 법령안의 취지 또는 주요 내용 등이 변경되어 다시 의견을 수렴할 필요가 있는 경우

(6) 공청회

행정청은 입법안에 관하여 공청회를 개최할 수 있다(법 제45조 제1항).
※ 행정청은 입법안에 대해 쟁점이 많거나 이해관계가 상충되는 등 필요한 경우에는 공청회를 개최하여 관계전문가나 이해관계인의 의견을 들어 공개적으로 검토할 수 있다.

02 행정예고 *2013 행정사 기출

> **설명형 예제**
>
> 최근 서울에서는 22일 연속 열대야가 이어지는 기록적인 폭염을 겪었고, 일부 지역은 최고기온 40°C를 넘어서는 고강도 폭염이 지속되었다. 이에 기후변화 영향에 대응하기 위한 일환으로 행정안전부장관은 '폭염 시 공공 실외공간 그늘막 확대 설치 및 운영 가이드라인'을 마련하여 행정예고를 하고자 한다. 행정예고의 절차에 대하여 설명하시오.

1. 의의

행정예고란 다수 국민의 권익에 관계있는 정책, 제도, 계획을 국민에게 알려, 행정에 대한 예측가능성의 확보 및 국민의 행정에의 참여를 도모하기 위한 제도이다.

종전에는 정책, 제도 및 계획을 수립·시행하거나 변경하려는 경우 국민생활에 매우 큰 영향을 주는 사항 등 일정한 경우에만 행정예고를 하였으나, 정책, 제도 및 계획의 내용이 국민의 권리·의무 또는 일상생활과 관련이 없는 경우 등을 제외하고는 원칙적으로 모두 행정예고를 하여야 하는 것으로 전환하여 국민의 의견을 적극적으로 반영하고 행정 절차에 국민의 참여를 확대하고자 하였다(개정 2019.12.10.).

※ 제도의 비교

행정상 입법예고	행정예고
특정한 법령의 제정·개정과 직접적으로 관련되는 경우에 한정되며, 특정한 법률, 대통령령, 총리령, 부령, 자치법규 등의 제정 또는 개정이라는 법적 형식으로 구체적으로 제시	행정청이 정책, 제도를 수립·변경 또는 폐지하고자 할 경우, 법령, 계획 등 특정한 법형식에 국한되지 아니하고, 사회, 경제, 기술적 입장 등 다양한 입장에서 행정청이 국민에게 예고

행정계획 확정절차	행정예고
특정한 행정계획의 수립·변경과 직접적으로 관련되는 경우에 한정되며, 수도권정비계획, 도시계획, 도시개발계획 등 특정한 계획의 수립·변경이라는 법적 형식으로 구체적으로 제시	정책·제도는 계획의 효력이 법구속적인 효력을 가지는지 여부와 무관하고, 법령의 형태, 행정규칙의 형태, 행정계획의 형태, 사실행위의 형태 등 다양한 형태를 띰

■ 행정예고의 기본 절차

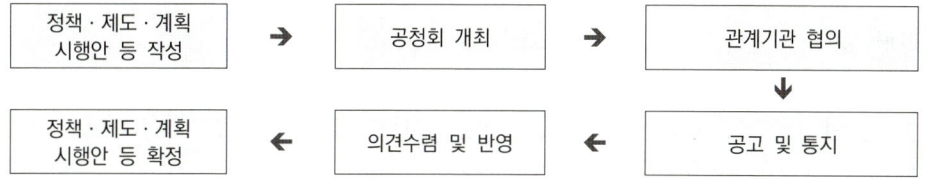

2. 행정예고 대상

(1) 원칙

행정청은 정책, 제도 및 계획(이하 "정책등"이라 한다)을 수립·시행하거나 변경하려는 경우에는 이를 예고하여야 한다(법 제46조 제1항 본문).

(2) 예외

다음 각 호의 어느 하나에 해당하는 경우에는 예고를 하지 아니할 수 있다(제1항 단서).

1. 신속하게 국민의 권리를 보호하여야 하거나 예측이 어려운 특별한 사정이 발생하는 등 긴급한 사유로 예고가 현저히 곤란한 경우
2. 법령등의 단순한 집행을 위한 경우
3. 정책등의 내용이 국민의 권리·의무 또는 일상생활과 관련이 없는 경우(예 행정의 내부적 운영에 관한 사항)
4. 정책등의 예고가 공공의 안전 또는 복리를 현저히 해칠 우려가 상당한 경우(예 외교, 통일, 국방 등 국가안전보장에 관련된 기밀사항을 포함하는 정책 및 제도를 수립하는 경우, 신도시의 개발정책 등과 같이 특정지역의 부동산 투기를 촉발시킬 우려가 있는 정책을 수립하는 경우)

※ 예컨대, 자동차 10부제 실시, 버스전용차선제 실시, 쓰레기 종량제 실시, 금연구역지정 정책 등은 행정예고를 하여야 한다. 도로노선의 지정을 하고자 하는 경우 종전에는 주민설명회 형식으로 운영하였더라도 행정절차법에 따르면 반드시 행정예고를 거쳐야 한다.

(3) 입법예고 대체 시행

법령등의 입법을 포함하는 행정예고는 입법예고로 갈음할 수 있다(제2항).

※ 정책·제도 및 계획의 수립·시행 또는 변경이 입법상의 조치를 포함할 경우 행정예고와 행정상 입법예고가 병행될 수도 있고, 행정상 입법예고만이 이뤄질 수도 있다.

3. 행정예고의 방법 및 절차

(1) 예고방법

① 행정청은 정책등안(案)의 취지, 주요 내용 등을 관보·공보나 인터넷·신문·방송 등을 통하여 공고하여야 한다(법 제47조 제1항).
② 행정예고의 방법, 의견제출 및 처리, 공청회 및 온라인공청회에 관하여는 입법예고 규정을 준용한다(제2항).

(2) 예고내용

행정청은 행정예고를 하는 경우 행정예고안의 주요내용, 진행절차, 담당자 및 홈페이지 주소 등을 명시하고, 홈페이지에는 예고내용의 구체적인 사항을 게재하여야 한다(시행령 제24조의3).

(3) 예고기간

① 행정예고기간은 예고 내용의 성격 등을 고려하여 정하되, 20일 이상으로 한다(법 제46조 제3항).
　※ 예고내용의 성격, 중요도, 파급효과, 업무추진일정 등을 고려하여 정함
　※ 의약품 또는 의료기기의 가격산정·급여 또는 규제와 관련된 고시·훈령 및 예규(이하 "고시등")의 수립·시행 또는 변경 시 예고기간은 특별한 사정이 없으면 "60일 이상"으로 한다. 기술규정 또는 적합성 평가절차와 관련된 고시등의 수립·시행 또는 변경 시 예고기간은 특별한 사정이 없으면 "60일 이상"으로 한다(행정안전부 행정절차제도 운영지침 제7조).
② 행정목적을 달성하기 위하여 긴급한 필요가 있는 경우에는 행정예고기간을 단축할 수 있다. 이 경우 단축된 행정예고기간은 10일 이상으로 한다(제4항).

(4) 관계기관의 의견청취

① 행정청이 행정예고를 하는 경우에는 이에 앞서 해당 정책·제도 및 계획의 내용을 관계기관의 장에게 송부하여 그 의견을 들어야 한다. 다만, 해당 정책·제도 및 계획의 내용이 의견을 듣기에 곤란한 특별한 사유가 있는 때에는 의견을 듣지 않고 행정예고를 할 수 있다(시행령 제24조의2 제1항).
② 제1항의 규정에 의한 정책·제도 및 계획에 대한 의견회신기간은 10일 이상이 되도록 하여야 한다. 다만, 정책·제도 및 계획을 긴급하게 추진하여야 할 사유가 발생하는 등 특별한 사정이 있는 때에는 의견회신기간을 10일 미만으로 단축할 수 있다(제2항).

(5) 예고내용의 열람·복사 요청

행정청은 예고된 입법안의 전문에 대한 열람 또는 복사를 요청받았을 때에는 특별한 사유가 없으면 그 요청에 따라야 한다(법 제47조 제2항, 제42조 제5항).
※ 복사비용은 「공공기관의 정보공개에 관한 법률 시행령」 제17조 규정을 준용

(6) 제출의견의 처리

① 행정청은 행정예고 결과 제출된 의견을 검토하여 정책·제도 및 계획에의 반영여부를 결정하고, 그 처리결과 및 처리이유 등을 지체없이 의견제출자에게 통지하거나 공표하여야 한다(시행령 제24조의4 제1항).

② 제1항의 규정에 의한 처리결과에 대하여는 특별한 사정이 없는 한 인터넷에 게시하는 등의 방법으로 널리 알려야 한다(제2항).

③ 행정예고된 내용이 국무회의 심의사항인 경우 행정예고를 한 행정청의 장은 제출된 의견을 내용별로 분석하여 국무회의 상정안에 첨부하여야 한다(제3항).

(7) 행정예고 통계 작성 및 공고

① 행정청은 매년 자신이 행한 행정예고의 실시 현황과 그 결과에 관한 통계를 작성하고, 이를 관보·공보 또는 인터넷 등의 방법으로 널리 공고하여야 한다(법 제46조의2).

② 행정청은 다음 각 호의 사항이 포함된 전년도 행정예고 통계를 다음 연도 3월말까지 공고하여야 한다(시행규칙 제13조 제1항).

> 1. 총 예고 건수
> 2. 고시, 훈령, 예규 등 예고 대상별 건수
> 3. 관보·공보, 인터넷, 신문·방송 등 예고 매체별 건수
> 4. 예고 기간별 건수

③ 행정예고 통계의 공고는 별지 제22호 서식을 참고하여 행정기관의 장이 정한 서식에 의한다(제2항).

■ 행정예고 실시현황 통계 서식

총 건수	예고 대상				예고 매체 (중복 표기)				예고 기간	
	고시	훈령	예규	기타	관보 공보	인터넷	신문 방송	기타	20일 이상	20일 미만

03 공청회 * 2013, 2017 행정사 기출

> **설명형 예제**
>
> 행정청이 불이익처분을 하면서 공개적으로 당사자, 전문지식과 경험을 가진 사람, 그 밖의 일반인으로부터 의견을 수렴하고자 공청회를 개최하려고 한다. 「행정절차법」상의 공청회에 관하여 설명하시오.
>
> * 2013 행정사

> **설명형 예제**
>
> 甲은 이슬람교 선교 활동 등을 위한 단체를 설립하고자 관할 행정청인 A시장에게 관련 법령에 따라 乙재단법인 설립허가 신청을 하였다. 이에 A시장은 乙재단법인이 들어서게 될 주소지의 인근에 위치한 丙이슬람사원(비영리법인)을 고려하여, "해당 지역에 특정종교시설의 밀집으로 인한 주민 불안 및 선교사업으로 인한 지역주민 민원 발생 등 해당 법인설립을 허가할 경우 지역사회 갈등이 야기될 수 있다."는 이유로 甲에게 乙재단법인 설립불허가처분을 하였다. 만약, A시장이 위 처분을 하기에 앞서 행정절차법령상 정보통신망을 이용한 공청회(온라인공청회)를 실시하고자 하는 경우, '온라인공청회의 의의, 실시요건, 방법 및 절차'에 관하여 설명하시오.
>
> * 2017 행정사

1. 의의

공청회란 <u>행정청이 공개적인 토론을 통하여</u> 어떠한 행정작용에 대하여 당사자등, 전문지식과 경험을 가진 사람, 그 밖의 일반인으로부터 의견을 널리 수렴하는 절차를 말한다.

공청회는 처분이 특정인에게 불이익을 주는 처분인가와 무관하게 일반처분과 같이 처분등의 영향이 광범위한 경우에 실시되는 절차이다.

최근에는 ① 국민 다수의 생명, 안전 및 건강에 큰 영향을 미치는 처분, ② 소음 및 악취 등 국민의 일상생활과 관계되는 환경에 큰 영향을 미치는 처분의 경우에는 일정 수 이상의 당사자등이 공청회 개최를 요구하면 공청회를 개최하도록 하는 내용이 추가되었다(2019.12.10).

※ 공청회 규정(법 제22조 및 제38조~39조의3)이 처분절차의 일부로서 배치되어 있으나, 공청회는 처분과정 특유의 절차가 아니고 행정입법절차, 행정예고절차, 계획확정절차에서도 빈번히 사용되는 절차이다. 행정절차법도 행정입법절차에서 공청회 절차(제45조)를, 행정예고절차에서 공청회 절차(제47조)를 각각 준용하고 있다.

2. 실시사유

행정청이 처분을 할 때 다음 각 호의 어느 하나에 해당하는 경우에는 공청회를 개최한다(법 제22조 제2항).

1. 다른 법령등에서 공청회를 개최하도록 규정하고 있는 경우
   ※ 사례 : 국토종합계획안의 작성(국토기본법 제11조), 농지이용계획의 수립(농지법 시행령 제14조), 특별관리구역 또는 특별관리시설물의 지정(도시교통정비촉진법 제45조), 습지보호지역등의 지정(습지보전법 시행령 제5조), 개발기본계획을 수립하고 전략환경영향평가서 초안을 공고 공람 설명회를 개최한 행정청의 장(환경영향평가법 제13조) 등 다수
2. 해당 처분의 영향이 광범위하여 널리 의견을 수렴할 필요가 있다고 행정청이 인정하는 경우
   ※ 불특정 또는 특정된 다수의 당사자등에게 권리를 제한하거나 의무를 부과하는 행정작용을 하기에 앞서 실시하는 처분전 사전 의견청취 방법으로, 전문가, 이해관계인, 일반국민 또는 주민의 객관적인 의견을 수렴하여 이해관계인간의 갈등 조정을 위한 경우가 이에 해당한다.
3. 국민생활에 큰 영향을 미치는 처분으로서 대통령령으로 정하는 처분에 대하여 대통령령으로 정하는 수 이상의 당사자등이 공청회 개최를 요구하는 경우
   ※ "대통령령으로 정하는 처분"

   > 1. 국민 다수의 생명, 안전 및 건강에 큰 영향을 미치는 처분
   > 2. 소음 및 악취 등 국민의 일상생활과 관계되는 환경에 큰 영향을 미치는 처분

   ※ "대통령령으로 정하는 수" : 30명

그 밖에 특정 정책 제도를 도입 변경할 필요가 있는 경우에 도입 여부, 방법 등에 대하여 사전에 전문가, 이해관계인, 일반국민의 의견을 수렴할 때에도 공청회 절차가 활용될 수 있다(법 제47조의 행정예고).

3. 공청회의 일반절차

■ 공청회의 주요절차

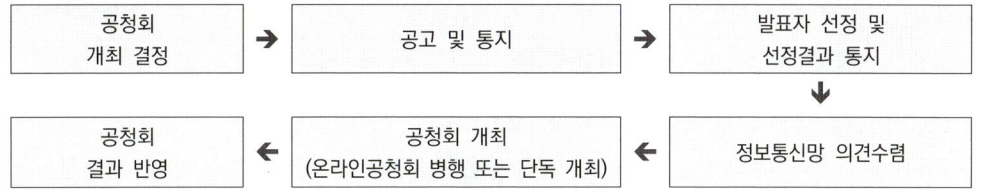

(1) 공청회 개최·재개최 통지 및 공고

행정청은 공청회를 개최하려는 경우에는 공청회 개최 14일 전까지 다음 각 호의 사항을 당사자등에게 통지하고 관보, 공보, 인터넷 홈페이지 또는 일간신문 등에 공고하는 등의 방법으로 널리 알려야 한다. 다만, 공청회 개최를 알린 후 예정대로 개최하지 못하여 새로 일시 및 장소 등을 정한 경우에는 공청회 개최 7일 전까지 알려야 한다(법 제38조).

1. 제목
2. 일시 및 장소
3. 주요 내용
4. 발표자에 관한 사항
5. 발표신청 방법 및 신청기한
6. 정보통신망을 통한 의견제출
7. 그 밖에 공청회 개최에 필요한 사항

※ 공청회 재개최에 따른 행정처리 지연방지를 위해 알리는 기간을 단축함

(2) 공청회 주재자

행정청은 해당 공청회의 사안과 관련된 분야에 전문적 지식이 있거나 그 분야에 종사한 경험이 있는 사람으로서 대통령령으로 정하는 자격을 가진 사람 중에서 공청회의 주재자를 선정한다(법 제38조의3 제1항).

※ "대통령령으로 정하는 자격을 가진 사람"(시행령 제21조 제1항)

1. 교수·변호사·공인회계사 등 관련 분야의 전문직 종사자
2. 공청회 사안과 관련되는 분야에 근무한 경험이 있는 전직 공무원
3. 그 밖의 업무경험을 통하여 공청회 사안과 관련되는 분야에 전문지식이 있는 사람

(3) 공청회 발표자

공청회의 발표자는 발표를 신청한 사람 중에서 행정청이 선정한다. 다만, 발표를 신청한 사람이 없거나 공청회의 공정성을 확보하기 위하여 필요하다고 인정하는 경우에는 다음 각 호의 사람 중에서 지명하거나 위촉할 수 있다(법 제38조의3 제2항).

1. 해당 공청회의 사안과 관련된 당사자등
2. 해당 공청회의 사안과 관련된 분야에 전문적 지식이 있는 사람
3. 해당 공청회의 사안과 관련된 분야에 종사한 경험이 있는 사람

행정청은 발표자를 선정한 경우 그 결과를 발표를 신청한 사람 모두에게 통지해야 한다(시행령 제21조 제3항).

(4) 공청회 주재자 및 발표자 선정 등의 공정성 확보

행정청은 공청회의 주재자 및 발표자를 지명 또는 위촉하거나 선정할 때 공정성이 확보될 수 있도록 하여야 한다(법 제38조의3 제3항).

(5) 공청회의 진행 및 질서유지

① 공청회의 주재자는 공청회를 공정하게 진행하여야 하며, 공청회의 원활한 진행을 위하여 발표 내용을 제한할 수 있고, 질서유지를 위하여 발언 중지 및 퇴장 명령 등 행정안전부장관이 정하는 필요한 조치를 할 수 있다(법 제39조 제1항).

※ 공청회 주재자의 질서유지조치 권한

- 공청회의 주재자는 발표자 또는 방청인이 다음 각 호의 어느 하나에 해당하는 경우에는 주의를 주거나 발언의 중지를 명할 수 있다(시행규칙 제12조의2 제1항).
  - 함부로 발언하거나 소란한 행위를 하여 다른 사람의 발언을 방해하는 경우
  - 폭력을 행사하거나 그 밖의 방법으로 공청회의 진행을 방해하는 경우로서 공청회 주재자가 질서유지를 위하여 필요하다고 인정하는 경우
- 공청회 주재자는 위의 주의나 발언중지명령에 따르지 아니하는 자에 대하여는 공청회장에서 퇴장할 것을 명할 수 있다(제2항).

② 공청회의 주재자는 발표자의 발표가 끝난 후에는 발표자 상호간에 질의 및 답변을 할 수 있도록 하여야 하며, 방청인에게도 의견을 제시할 기회를 주어야 한다(제3항).

※ 공청회의 일반적 진행순서 : 발표자의 발표 → 발표자 상호간의 질의 및 답변 → 방청인의 의견 제시

(6) 발표내용

발표자는 공청회의 내용과 직접 관련된 사항에 대하여만 발표하여야 한다(법 제39조 제2항).

4. 온라인공청회

(1) 의의

온라인공청회는 정보통신망을 이용한 전자적인 방법의 공개토론을 통한 의견수렴 절차이다. 시·공간상의 제약이 없고, 다양하고 충분한 의견개진 및 수렴이 가능한 장점이 있다.

최근에는 코로나바이러스감염증-19의 장기화 등으로 인하여 온라인 중심으로 빠르게 변화하는 행정환경을 반영하여 종전에는 오프라인공청회와 병행하여서만 온라인공청회를 개최할 수 있도록 하던 것을, 온라인공청회를 단독으로도 개최할 수 있도록 하였다(2022.1.11).

「전자정부법」은 공청회를 실시하는 경우에 정보통신망을 통한 의견수렴을 의무화하고 있다.

※ 전자정부법 제31조(정보통신망을 통한 의견수렴) ① 행정기관등의 장은 소관 법령의 제정·개정, 「행정절차법」 제46조 제1항에 따른 행정예고를 하여야 하는 사항, 그 밖에 법령에서 공청회·여론조사 등을 하도록 한 사항에 관하여는 정보통신망을 통한 의견수렴 절차를 병행하여야 한다.

(2) 실시요건

① 행정청은 제38조에 따른 공청회와 병행하여서만 정보통신망을 이용한 공청회(이하 "온라인공청회")를 실시할 수 있다(법 제38조의2 제1항).

② 제1항에도 불구하고 다음 각 호의 어느 하나에 해당하는 경우에는 온라인공청회를 단독으로 개최할 수 있다(제2항).

1. 국민의 생명·신체·재산의 보호 등 국민의 안전 또는 권익보호 등의 이유로 제38조에 따른 공청회를 개최하기 어려운 경우
2. 제38조에 따른 공청회가 행정청이 책임질 수 없는 사유로 개최되지 못하거나 개최는 되었으나 정상적으로 진행되지 못하고 무산된 횟수가 3회 이상인 경우
3. 행정청이 널리 의견을 수렴하기 위하여 온라인공청회를 단독으로 개최할 필요가 있다고 인정하는 경우. 다만, 제22조 제2항 제1호(* 다른 법령등에서 공청회를 개최하도록 규정하고 있는 경우) 또는 제3호(* 국민생활에 큰 영향을 미치는 처분으로서 대통령령으로 정하는 처분에 대하여 대통령령으로 정하는 수 이상의 당사자등이 공청회 개최를 요구하는 경우)에 따라 공청회를 실시하는 경우는 제외한다.

(3) 온라인공청회 시스템(정보통신망) 구축·운영

행정청은 온라인공청회를 실시하는 경우 의견제출 및 토론 참여가 가능하도록 적절한 전자적 처리능력을 갖춘 정보통신망을 구축·운영하여야 한다(법 제38조의2 제3항).

(4) 온라인공청회 운영 지원

행정안전부장관은 온라인공청회의 효율적 운영을 위하여 통합 온라인공청회주소를 마련하여 행정청에 제공하는 등 필요한 지원을 할 수 있다(시행령 제22조의2).

(5) 온라인공청회의 개최 통지 등

행정청은 온라인공청회를 개최하려는 때에는 온라인공청회 개최 14일 전까지 다음 각 호의 사항을 당사자등에게 통지하고, 관보·공보·일간신문 또는 인터넷 홈페이지 등에 공고하는 등의 방법으로 널리 알려야 한다. 다만, 온라인공청회 개최를 알린 후 예정대로 개최하지 못하여 새로 일시 및 온라인공청회를 개최하는 인터넷 주소(이하 "온라인공청회주소") 등을 정한 경우에는 온라인공청회 개최 7일 전까지 알릴 수 있다(시행령 제20조의2).

1. 제목
2. 실시기간 및 온라인공청회주소
3. 주요내용
4. 발표자에 관한 사항

5. 발표신청 방법 및 신청기한
　　　6. 정보통신망을 활용한 의견제출
　　　7. 그 밖에 온라인공청회 개최와 관련하여 필요한 사항

(6) 온라인공청회 의제 등의 게시

① 온라인공청회를 개최하는 행정청은 온라인공청회를 실시하는 기간 동안 해당 온라인공청회주소에 제20조의2 각 호의 사항(* 개최통지 및 공고내용)을 게시해야 한다(시행령 제20조의3 제1항).
② 행정청은 온라인공청회를 실시하는 기간 동안 서면으로 제출된 의견이 있는 경우에는 그 의견을 해당 온라인공청회주소에 게시할 수 있다(제2항).

(7) 온라인공청회 참여

온라인공청회를 실시하는 경우에는 누구든지 정보통신망을 이용하여 의견을 제출하거나 제출된 의견 등에 대한 토론에 참여할 수 있다(법 제38조의2 제4항).

5. 공청회 및 온라인공청회 결과의 반영

행정청은 처분을 할 때에 공청회, 온라인공청회 및 정보통신망 등을 통하여 제시된 사실 및 의견이 상당한 이유가 있다고 인정하는 경우에는 이를 반영하여야 한다(법 제39조의2).

6. 공청회 및 온라인공청회 결과의 알림

행정청은 공청회에서 제출된 의견의 반영결과를 발표자와 의견제출자 등에게 통지하거나 인터넷 홈페이지에 게시하는 등의 방법으로 널리 알려야 한다(시행령 제22조 제1항).

행정청은 온라인공청회에서 제출된 의견의 반영결과를 해당 온라인공청회주소에 게시해야 한다(제2항).

7. 공청회의 재개최

행정청은 공청회를 마친 후 처분을 할 때까지 새로운 사정이 발견되어 공청회를 다시 개최할 필요가 있다고 인정할 때에는 공청회를 다시 개최할 수 있다(법 제39조의3).

> **관련판례**
>
> **추모공원건립추진협의회의 공청회에 행정절차법이 적용되지 아니함**
> 묘지공원과 화장장의 후보지를 선정하는 과정에서 서울특별시, 비영리법인, 일반 기업 등이 공동 발족한 협의체인 추모공원건립추진협의회가 후보지 주민들의 의견을 청취하기 위하여 그 명의로 개최한 공청회는 행정청이 도시계획시설결정을 하면서 개최한 공청회가 아니므로, 위 공청회의 개최에 관하여 행정절차법에서 정한 절차를 준수하여야 하는 것은 아니다(대판 2007.4.12. 2005두1893).

약학대학 학제개편에 관한 공청회를 개최하면서 행정절차법상 통지 절차를 위반하였더라도, 공청회 개최업무는 공무집행방해죄의 보호대상인 '적법한 공무집행'임

대한의사협회는 토론자를 지정하여 의견을 발표할 기회를 제공받았고 피고인들 등 대한의사협회 회원들이 이 사건 각 공청회에 참석한 이상, 위 공청회 개최 통지 절차 위반은 경미한 흠에 불과하고 이 사건 각 공청회 개최를 형법상 보호대상에서 제외되는 부적법한 직무행위라고 평가할 수 있는 정도는 아니다(대판 2007.10.12. 2007도6088).

제5장 신고, 확약 및 위반사실 등의 공표 등

01 신고제도 *2014, 2024 행정사 기출

> **설명형 예제**
>
> 「행정절차법」상 신고의 절차와 효과에 관하여 설명하시오. *2014 행정사

> **사례형 예제**
>
> 甲은 그의 소유인 A시 소재 건물(이하 '이 사건 건물')에서 유흥주점 영업을 해 오던 중, 甲의 지방세 체납으로 이 사건 건물이 압류되었다. 乙은 「지방세법」에 따른 압류재산 매각절차에서 이 사건 건물을 낙찰받아 乙 명의로 소유권이전등기를 경료하고, 관할행정청인 A시장에게 위 유흥주점의 영업자 지위승계신고를 하였다. 「식품위생법」에 따르면, 관할행정청은 영업자지위승계신고를 받은 날부터 3일 이내에 신고수리 여부를 신고인에게 통지하여야 하며, 그 기간 내에 신고수리 여부 또는 민원 처리 관련 법령에 따른 처리기간의 연장을 신고인에게 통지하지 아니하면 그 기간이 끝난 날의 다음 날에 신고를 수리한 것으로 본다. 乙의 영업자지위승계신고의 법적 성질을 설명한 후, A시장이 乙의 영업자 지위승계신고를 수리할 경우 그 수리처분에 있어서 甲은 「행정절차법」상 '당사자등'이 되는지 검토하시오. *2024 행정사

> **해설 요지**
>
> 1. 식품위생법상 영업자지위승계신고를 통해 사업허가자의 변경이라는 법률효과가 발생하기 위해서는 양수인의 신고만으로 부족하고 행정청의 수리를 요한다. 따라서 위의 신고는 이른바 수리를 요하는 '행위요건적 신고'에 해당한다.
> 2. 甲은 A시장이 乙의 영업자지위승계신고를 수리하게 되면 영업권을 상실하게 되어 그 권익을 직접 제한당하는 자에 해당하므로 해당 사건에서 당사자이다. 따라서 甲은 행정절차법상 당사자등에 속한다.

1. 의의

신고란 이른바 '사인의 공법행위'(공법적 효과의 발생을 목적으로 하는 사인의 행위)의 하나로서 <u>행정청에 대하여 일정한 사항을 알리는 행위</u>를 말한다.

신고는 ① <u>자기완결적 신고</u>(사인이 행정청에 대하여 일정한 사항을 단지 통보함으로써 최종적인 법률효과를 발생시키는 것)와, ② <u>행위요건적 신고</u>(사인이 행정청에 대하여 일정한 사항을 통지하고 행정청이 이를 수리함으로써 법적 효과가 발생하는 신고)로 구분되는데, <u>행정절차법은 신고를 '법령등에서 행정청에 일정한 사항을 통지함으로써 의무가 끝나는 신고'로 한정하고 있다</u>(제40조 제1항). 행정절차법에 행정청에 대하여 일정한 사항을 통지함으로써 의무가 끝나는 신고절차를 도입한 취지는 행정규제 완화의 목적을 달성하기 위함이었다.

※ 따라서 규제완화의 일환으로 허가사항을 신고로 전환한 사항에 대하여 수리절차를 거치도록 하거나 내용상의 하자를 이유로 반려하는 사례 등 허가나 인가와 동일하게 취급해서는 아니 된다.
※ 행위요건적 신고의 경우에는 법령이 행정청에게 신고의 수리권한이 있음을 규정하고, 신고가 있는 경우 행정청이 신고의 수리를 거부하거나, 신고에 조건을 붙일 수 있고, 신고자의 위반행위가 있는 경우 신고수리의 취소 또는 철회를 할 수 있음을 규정하는 경우가 일반적이다.
※ 신고가 행위요건적 행위가 되는 경우는 행정청의 신고수리처분이 갖는 법적 성격에 따라 사인의 신고행위는 허가 또는 인가의 신청에 갈음하는 신고행위, 그리고 행정청의 신고수리는 허가 또는 인가행위의 법적 성격을 띠게 된다.

행정절차법상 신고는 행정청의 수리여부와 관계없이 신고행위 자체로 법적 효과를 발생하므로, 수리거부행위는 법적인 효과가 없어 그 처분성을 인정하지 않는 것이 판례의 태도이다. 그러나 신고유보부금지의 성격을 갖는 신고(예 건축법 제14조 제1항의 건축신고)의 경우는 처분성을 인정하기도 한다(대판 2011.1.20. 2010두14954). 신고유보부금지사항에 대하여 신고를 하지 않았거나 부적법한 신고를 한 후 해당 행위를 하면, 이는 무신고행위로서 시정 및 제재처분의 대상이 된다.

※ 행정절차법상 규율대상이 아닌 신고
- 행정기관이 아닌 자에 대한 신고행위(예 법원에 대한 신고행위)
- 행정청에 어떤 행위를 요구하는 '신청'으로서의 신고(예 불공정거래행위 업자를 단속해달라고 공정거래위원회에 신고)
- '신고'라는 용어를 쓰고 있더라도 수리 심사절차를 규정하고 있는 경우

2. 편람의 비치 등

법령등에서 행정청에 일정한 사항을 통지함으로써 의무가 끝나는 신고를 규정하고 있는 경우 신고를 관장하는 <u>행정청은 신고에 필요한 구비서류, 접수기관, 그 밖에 법령등에 따른 신고에 필요한 사항을 게시(인터넷 등을 통한 게시를 포함)하거나 이에 대한 편람을 갖추어 두고 누구나 열람할 수 있도록 하여야 한다</u>(법 제40조 제1항).

3. 신고의 효력발생

신고가 다음 각 호의 요건을 갖춘 경우에는 <u>신고서가 접수기관에 도달된 때에 신고 의무가 이행된 것으로 본다</u>(법 제40조 제2항).

1. <u>신고서의 기재사항에 흠이 없을 것</u>
2. <u>필요한 구비서류가 첨부되어 있을 것</u>
3. <u>그 밖에 법령등에 규정된 형식상의 요건에 적합할 것</u>

즉, 신고서가 형식적 요건을 갖춘 경우에 내용상의 실질적 심사 없이 신고 의무가 이행된 것으로 간주된다.

■ 신고의 절차

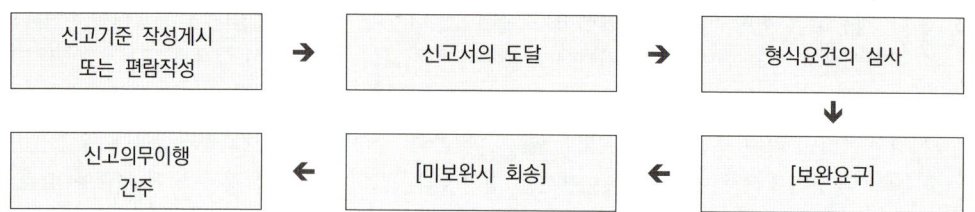

4. 신고서의 보완 및 반려조치

행정청은 법 제40조 제2항 각 호의 <u>요건을 갖추지 못한 신고서가 제출된 경우</u>에는 지체 없이 상당한 기간을 정하여 신고인에게 보완을 요구하여야 한다(법 제40조 제3항).

※ "지체 없이"란 시간적 즉시성이 강하게 요구되지만 정당하거나 합리적인 이유에 따른 지체는 허용되는 것으로, 사정이 허락하는 한 가장 신속하게 해야 한다는 의미이지 몇 시간 또는 며칠과 같이 물리적인 시간 또는 기간을 의미하는 것은 아니다(법제처 법령해석 11-0134).

※ "상당한 기간"이란 신고서의 보완의 요건을 충족하는데 충분한 기간을 의미한다.

행정청은 신고인이 제3항에 따른 기간 내에 보완을 하지 아니하였을 때에는 그 이유를 구체적으로 밝혀 해당 신고서를 되돌려 보내야 한다(제4항).

> **관련판례**
>
> ### 1. 자기완결적 신고 관련 사례
> **[1] 체육시설의 설치 이용에 관한 법률」에 의한 골프장 이용료 변경신고**
> 행정청에 대한 신고는 일정한 법률사실 또는 법률관계에 관하여 관계행정청에 일방적으로 통고를 하는 것을 뜻하는 것으로서 법에 별도의 규정이 있거나 다른 특별한 사정이 없는 한 행정청에 대한 통고로서 그치는 것이고 그에 대한 행정청의 반사적 결정을 기다릴 필요가 없는 것이므로, 체육시설의설치·이용에관한법률 제18조에 의한 변경신고서는 그 <u>신고 자체가 위법하거나 그 신고에 무효사유가 없는 한</u> 이것이 도지사에게 제출하여 접수된 때에 신고가 있었다고 볼 것이고, 도지사의 수리행위가 있어야만 신고가 있었다고 볼 것은 아니다(대판 1993.7.6. 93마635).
>
> **[2] 건축법상 신고수리처분을 철회하고서 한 공사중지명령은 위법**
> 건축법상 신고사항에 관하여는 건축을 하고자 하는 자가 적법한 요건을 갖춘 신고만 하면 건축을 할 수 있고 <u>행정청의 수리처분등 별단의 조처를 기다릴 필요가 없다</u>고 할 것이므로 행정청이 신고수리처분을 철회하였다고 하여 신고에 따른 건축행위가 건축법에 위반한 것으로 될 수 없으니 이를 이유로 공사의 중지를 명할 수 없으며, 더구나 높이 2미터미만의 담장설치공사는 건축법이나 도시계획법 등 관계법규상 어떠한 허가나 신고 없이 가능한 행위인데, 다만 서울특별시가 행정의 편의상 업무지침으로 신고 후에 축조하도록 정하고 있기는 하나 그것이 위와 같은 담장을 설치하려는 원고에게 신고의무를 지울 구속력도 없는 터에 원고가 <u>스스로 위 업무처리지침에 따라 이를 신고하여 행정청인 피고가 수리한 다음 진행하고 있는 이 사건 담장설</u>

치공사에 대하여 원고가 자진하여 신고를 철회하지 아니한 이상 피고가 신고수리를 철회하였다 하여 그 공사의 중지를 명할 수는 없다(대판 1990.6.12. 90누2468).

[3] **부가가치세법상의 사업자등록은 단순한 사업사실의 신고**
부가가치세법상의 사업자등록은 과세관청으로 하여금 부가가치세의 납세의무자를 파악하고 그 과세자료를 확보하게 하려는 데 제도의 취지가 있는바, 이는 단순한 사업사실의 신고로서 사업자가 관할세무서장에게 소정의 사업자등록신청서를 제출함으로써 성립하는 것이고, <u>사업자등록증의 교부는 이와 같은 등록사실을 증명하는 증서의 교부행위에 불과한 것이다</u>(대판 2011.1.27. 2008두2200).

[4] **구 건축법상 가설건축물 축조신고의 수리**
2017.1.17. 개정 전 구 건축법은 가설건축물이 축조되는 지역과 용도에 따라 허가제와 신고제를 구분하면서, 가설건축물 신고와 관련하여서는 국토의 계획 및 이용에 관한 법률에 따른 개발행위허가 등 인·허가 의제 내지 협의에 관한 규정을 전혀 두고 있지 아니하다. 이러한 <u>신고대상 가설건축물 규제 완화의 취지</u>를 고려하면, 행정청은 특별한 사정이 없는 한 개발행위허가 기준에 부합하지 않는다는 점을 이유로 가설건축물 축조신고의 수리를 거부할 수는 없다(대판 2019.1.10. 2017두75606).

2. 행위요건적 신고 관련 사례

[1] **영업자 지위승계신고의 성질**
구 식품위생법 제25조 제1항, 제3항에 의하여 영업양도에 따른 지위승계신고를 수리하는 허가관청의 행위는, 단순히 양도·양수인 사이에 이미 발생한 사법상의 사업양도의 법률효과에 의하여 양수인이 그 영업을 승계하였다는 사실의 신고를 접수하는 행위에 그치는 것이 아니라, 실질에 있어서 <u>양도자의 사업허가를 취소함과 아울러 양수자에게 적법히 사업을 할 수 있는 권리를 설정하여 주는 행위로서 사업허가자의 변경이라는 법률효과를 발생시키는 행위</u>라고 할 것이고…행정청이 구 식품위생법 규정에 의하여 영업자지위승계신고를 수리하는 처분은 종전의 영업자의 권익을 제한하는 처분이라 할 것이고 따라서 <u>종전의 영업자는 그 처분에 대하여 직접 그 상대가 되는 자에 해당</u>한다고 봄이 상당하므로, 행정청으로서는 위 신고를 수리하는 처분을 함에 있어서 <u>행정절차법 규정 소정의 당사자에 해당하는 종전의 영업자에 대하여 위 규정 소정의 행정절차를 실시하고 처분을 하여야 한다</u>(대판 2001.2.9. 2000도2050). ☞ 同旨 공매 등의 절차에 따라 문화체육관광부령으로 정하는 주요한 유원시설업 시설의 전부 또는 체육시설업의 시설 기준에 따른 필수시설을 인수함으로써 <u>유원시설업자 또는 체육시설업자의 지위를 승계한 자가 관계 행정청에 이를 신고하여 행정청이 수리하는 경우</u>(대판 2012.12.13. 2011두29144)

[2] **액화석유가스의안전및사업관리법 제7조 제2항에 의한 액화석유가스충전사업 지위승계신고 수리행위는 행정처분**
액화석유가스의안전및사업관리법 제7조 제2항에 의한 사업양수에 의한 <u>지위승계신고를 수리하는 허가관청의 행위는</u> 단순히 양도, 양수자 사이에 발생한 사법상의 사업양도의 법률효과에 의하여 양수자가 사업을 승계하였다는 사실의 신고를 접수하는 행위에 그치는 것이 아니라 실질에 있어서 <u>양도자의 사업허가를 취소함과 아울러 양수자에게 적법히 사업을 할 수 있는</u>

법규상 권리를 설정하여 주는 행위로서 사업허가자의 변경이라는 법률효과를 발생시키는 행위이므로 허가관청이 법 제7조 제2항에 의한 사업양수에 의한 지위승계신고를 수리하는 행위는 행정처분에 해당한다(대판 1993.6.8. 91누11544).

[3] **사회단체등록의 의의와 성질**
사회단체등록에관한법률에 의한 등록신청의 법적 성질은 사인의 공법행위로서의 신고이고 등록은 당해 신고를 수리하는 것을 의미하는 준법률행위적 행정행위라 할 것이나 법 제4조 제1항의 형식요건의 불비가 없는데도 불구하고 등록의 거부처분을 당한 신고인은 우선 법 제10조 소정의 행정벌의 제재를 벗어나기 위하여 또한 법의 정당한 적용을 청구하는 의미에서도 위와 같은 거부처분에 대한 취소청구를 할 이익이 있는 것이다(대판 1989.12.26. 87누308).

[4] **수산업법 제44조 소정의 어업신고의 법적 성질**
어업의 신고에 관하여 유효기간을 설정하면서 그 기산점을 '수리한 날'로 규정하고, 나아가 필요한 경우에는 그 유효기간을 단축할 수 있도록까지 하고 있는 수산업법 제44조 제2항의 규정 취지 및 어업의 신고를 한 자가 공익상 필요에 의하여 한 행정청의 조치에 위반한 경우에 어업의 신고를 수리한 때에 교부한 어업신고필증을 회수하도록 하고 있는 구 수산업법시행령 제33조 제1항의 규정 취지에 비추어 보면, 수산업법 제44조 소정의 어업의 신고는 행정청의 수리에 의하여 비로소 그 효과가 발생하는 이른바 '수리를 요하는 신고'라고 할 것이다(대판 2000.5.26. 99다37382).

[5] **인·허가의제 효과를 수반하는 건축신고는 이른바 '수리를 요하는 신고'**
인·허가의제사항 관련 법률에 규정된 요건 중 상당수는 공익에 관한 것으로서 행정청의 전문적이고 종합적인 심사가 요구되는데, 만약 건축신고만으로 인·허가의제사항에 관한 일체의 요건 심사가 배제된다고 한다면, 중대한 공익상의 침해나 이해관계인의 피해를 야기하고 관련 법률에서 인·허가 제도를 통하여 사인의 행위를 사전에 감독하고자 하는 규율체계 전반을 무너뜨릴 우려가 있다. 또한 무엇보다도 건축신고를 하려는 자는 인·허가의제사항 관련 법령에서 제출하도록 의무화하고 있는 신청서와 구비서류를 제출하여야 하는데, 이는 건축신고를 수리하는 행정청으로 하여금 인·허가의제사항 관련 법률에 규정된 요건에 관하여도 심사를 하도록 하기 위한 것으로 볼 수밖에 없다. 따라서 인·허가의제 효과를 수반하는 건축신고는 일반적인 건축신고와는 달리, 특별한 사정이 없는 한 행정청이 그 실체적 요건에 관한 심사를 한 후 수리하여야 하는 이른바 '수리를 요하는 신고'로 보는 것이 옳다(대판 2011.1.20. 2010두14954).

[6] **주민등록 신고의 효력 발생시기(=신고 수리시)**
주민등록은 단순히 주민의 거주관계를 파악하고 인구의 동태를 명확히 하는 것 외에도 주민등록에 따라 공법관계상의 여러 가지 법률상 효과가 나타나게 되는 것으로서, 주민등록의 신고는 행정청에 도달하기만 하면 신고로서의 효력이 발생하는 것이 아니라 행정청이 수리한 경우에 비로소 신고의 효력이 발생한다. 따라서 주민등록 신고서를 행정청에 제출하였다가 행정청이 이를 수리하기 전에 신고서의 내용을 수정하여 위와 같이 수정된 전입신고서가 수리되었다면 수정된 사항에 따라서 주민등록 신고가 이루어진 것으로 보는 것이 타당하다(대판 2009.1.30. 2006다17850).

[7] 서울광장 사용신고

서울광장의 사용 및 관리에 관한 조례(이하 '서울광장조례'라 한다) 제2조 제1호는 "사용"이란 서울광장의 일부 또는 전부를 이용함으로써 불특정 다수 시민의 자유로운 광장 이용을 제한하는 행위를 말한다고 규정하고 있으나, 서울광장의 일부를 유형적·고정적으로 점유하는 경우에는 점유 부분에 대한 불특정 다수 시민의 광장 이용이 제한될 것이므로, <u>서울광장조례에서 정한 바에 따라 광장사용신고 및 서울특별시장의 사용신고 수리를 거치지 않은 채 서울광장을 무단사용한 경우에는</u> 공유재산 및 물품관리법상 <u>변상금 부과대상인 무단점유</u>에 해당한다고 보아야 한다(대판 2019.9.9. 2018두48298).

02 확약

사례형 예제

甲이 A행정청에게 건축허가의 적정성에 관한 심의요청을 하자 A행정청은 유효기간 3개월 이내에 甲이 건축허가신청을 하면 허가처분을 하겠다는 내용의 공적인 의사표명을 하였다. 그러나 유효기간 3개월이 경과되기 전에 해당 건축부지가 군사시설 보호구역으로 지정됨으로써 건축이 제한되기에 이르렀다. 이 사례에서 A행정청이 취해야 하는 행정절차법상 절차를 설명하시오.

해설 요지

A행정청이 甲에게 건축허가처분을 하겠다는 내용의 공적인 의사표명을 한 것은 확약에 해당한다. 따라서 A행정청은 확약을 하는 때에는 행정절차법이 정한 문서주의, 협의 등 절차규정을 준수해야 하며, 확약을 이행할 수 없는 경우 甲에게 그 사실을 지체 없이 통지하여야 한다.

1. 의의

<u>행정기관이 자기구속을 할 의도로 장래에 향하여 일정한 행정행위의 발령 또는 불발령을 약속하는 고권적 의사표시</u>를 확약이라고 한다. 예컨대 주민에 대한 개발사업의 약속, 공무원임명의 내정, 자진신고자에 대한 세율인하의 약속 등을 말한다. 실무상으로는 내인가, 내허가 등으로 불려진다. 확약은 행정청의 자기구속의 의사를 요소로 한다는 점이 특징이다.

종래 확약에 관한 일반법은 없고 예외적으로 드물게 나타나고 있었다. 따라서 행정절차법에 확약의 근거를 규정한 독일과 달리 명문규정이 없는 우리나라의 경우 이것이 허용되는지 문제되어 왔다. 통설은 법령이 행정청에 대하여 부여한 본처분의 권한에는 반대규정이 없는 한 당해 행정행위에 대한 확약의 권한도 함께 준 것이라고 보았다(본처분권한내재설).

그 밖에 확약의 법적 성질, 적법요건, 구속력 등에 관하여 판례와 학설로 논의되어 오던 내용의 일부를 행정절차법에 명문화하였다(2022.1.11).

- 확약의 절차

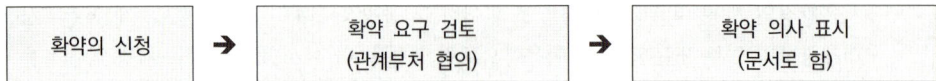

2. 확약의 가능성

법령등에서 당사자가 신청할 수 있는 처분을 규정하고 있는 경우 행정청은 당사자의 신청에 따라 장래에 어떤 처분을 하거나 하지 아니할 것을 내용으로 하는 의사표시(이하 "확약"이라 한다)를 할 수 있다(법 제40조의2 제1항).

※ 당사자가 신청하는 행위가 기속행위, 재량행위인지와 관계없이 행정청은 확약을 할 수 있다. 일부 견해는 행정기관의 독자적인 의사활동의 여지가 없는 기속행위에 대해서는 확약을 통해 자기구속을 할 수 없으므로 확약을 부인한다. 그러나 기속행위에도 당사자가 확약에 근거하여 본처분을 대비하는 예지이익과 대처이익이 있기 때문에 법치행정의 원칙이 침해되지 않는 한 가능하다고 본다(다수설).

3. 확약의 형식

확약은 문서로 하여야 한다(법 제40조의2 제2항).

※ 종래 확약을 처분의 일종으로 보는 견해를 취하는 경우 문서로 함이 원칙이나, 문서에 의한다는 명문의 규정이 없는 경우 특정한 형식을 요하지 않는다고 보아왔다. 그러나 행정절차법은 확약의 적법요건으로서 문서주의를 명확히 하였다.

4. 협의 등 절차

행정청은 다른 행정청과의 협의 등의 절차를 거쳐야 하는 처분에 대하여 확약을 하려는 경우에는 확약을 하기 전에 그 절차를 거쳐야 한다(법 제40조의2 제3항).

※ 다른 행정청과의 협의 등을 거치도록 함으로써 확약이 절차회피의 수단으로 남용될 것을 예방하기 위한 취지이다.

- 확약의 적법요건

주체	유효한 확약은 본행정행위를 할 수 있는 권한을 가진 행정청이 권한의 범위 내에서만 발할 수 있다.
절차	다른 행정청과의 협의 등의 절차를 거쳐야 하는 처분에 대하여 확약을 하려는 경우에는 확약을 하기 전에 그 절차를 거쳐야 한다(법 제40조의2 제3항).
형식	확약은 문서로 하여야 한다(법 제40조의2 제2항).
내용	① 확약은 법령에 적합하고 법의 일반원칙에 부합하여야 하며 명확하고 실현가능해야 한다. ② 확약이 법적 구속력을 갖기 위하여는 상대방에게 표시되고, 그 상대방이 행정청의 확약을 신뢰하였고 그 신뢰에 귀책사유가 없어야 한다. ③ 확약의 대상이 되는 행정행위도 적법하여야 한다. ④ 확약은 추후에 행해질 행정행위와 규율사안에 있어 동일한 것이어야 한다. 이때 사안적 동일성은 그 규율내용과 범위에 있어 동일한 것임을 뜻한다.

5. 확약의 실효 (구속력의 배제)

행정청은 다음 각 호의 어느 하나에 해당하는 경우에는 확약에 기속되지 아니한다(법 제40조의2 제4항).

1. 확약을 한 후에 확약의 내용을 이행할 수 없을 정도로 법령등이나 사정이 변경된 경우
2. 확약이 위법한 경우

※ 확약 후 불가항력 기타 사유로 확약의 내용을 이행할 수 없을 정도로 사실상태 또는 법률상태가 변경되면, 행정기관이 이러한 사정을 미리 알았더라면 그와 같은 확약을 하지 않았을 것이라고 인정되는 경우에 한하여 확약 내용의 구속력으로부터 배제된다고 보아야 한다(예 갑에 대하여 건축허가를 확약했으나, 확약 후 해당지역이 군사시설 보호구역으로 지정됨으로써 건축이 제한된 경우). 이 경우 당사자는 확약의 내용 이행을 행정기관에 강제할 수 없게 된다.

6. 확약 불이행의 통지

행정청은 확약이 제40조의2 제4항 각 호의 어느 하나에 해당하여 확약을 이행할 수 없는 경우에는 지체 없이 당사자에게 그 사실을 통지하여야 한다(법 제40조의2 제5항).

> **관련판례**
>
> **어업권면허에 선행하는 우선순위결정은 행정처분이 아님**
> 어업권면허에 선행하는 우선순위결정은 행정청이 우선권자로 결정된 자의 신청이 있으면 어업권면허처분을 하겠다는 것을 약속하는 행위로서 강학상 확약에 불과하고 행정처분은 아니므로, 우선순위결정에 공정력이나 불가쟁력과 같은 효력은 인정되지 아니하며, 따라서 우선순위결정이 잘못되었다는 이유로 종전의 어업권면허처분이 취소되면 행정청은 종전의 우선순위결정을 무시하고 다시 우선순위를 결정한 다음 새로운 우선순위결정에 기하여 새로운 어업권면허를 할 수 있다(대판 1995.1.20. 94누6529).
>
> **내인가취소를 인가신청거부처분으로 본 사례**
> 자동차운송사업양도양수계약에 기한 양도양수인가신청에 대하여 피고 시장이 내인가를 한 후 위 내인가에 기한 본인가신청이 있었으나 자동차운송사업 양도양수인가신청서가 합의에 의한 정당한 신청서라고 할 수 없다는 이유로 위 내인가를 취소한 경우, 위 내인가의 법적 성질이 행정행위의 일종으로 볼 수 있든 아니든 그것이 행정청의 상대방에 대한 의사표시임이 분명하고, 피고가 위 내인가를 취소함으로써 다시 본인가에 대하여 따로이 인가 여부의 처분을 한다는 사정이 보이지 않는다면 위 내인가취소를 인가신청을 거부하는 처분으로 보아야 할 것이다(대판 1991.6.28. 90누4402).
>
> **확약이 그 자체에서 정한 유효기간을 경과한 이후에는 당연 실효됨**
> 행정청이 상대방에게 장차 어떤 처분을 하겠다고 확약 또는 공적인 의사표명을 하였다고 하더라도, 그 자체에서 상대방으로 하여금 언제까지 처분의 발령을 신청을 하도록 유효기간을 두었는데도 그 기간 내에 상대방의 신청이 없었다거나 확약 또는 공적인 의사표명이 있은 후에 사실적·법률적 상태가 변경되었다면, 그와 같은 확약 또는 공적인 의사표명은 행정청의 별다른 의사표시를 기다리지 않고 실효된다(대판 1996.8.20. 95누10877).

03 위반사실 등의 공표

> **설명형 예제**
> 국세청장은 '토지거래허가대상구역 내의 토지를 매매하면서 이를 증여한 것처럼 위장함으로써 「부동산 거래신고 등에 관한 법률」을 위반하는 방법으로 부동산투기를 한 자' 82명의 명단을 인터넷 홈페이지를 통해 공표하고자 한다. 공표 과정에서의 당사자 보호 절차를 설명하시오.

1. 의의

행정상 위반사실 등의 공표(명단공표)란 '행정법상 의무위반 또는 의무불이행이 있는 경우에 그 의무위반자 또는 불이행자의 명단과 그 위반 또는 불이행한 사실을 공중이 알 수 있도록 알리는 것'을 말한다(예 고액체납자 명단공개, 청소년대상범죄인의 명단공개, 공직자 재산의 허위등록사실의 공개, 환경위반업체 공개).

위법한 명단공표는 상대방의 인격권·프라이버시권의 침해를 가져올 수 있으므로 헌법 제37조 제2항에 비추어 법적 근거를 요한다(다수설). 이에 따라 개별법률이 명단공표를 규정하고 있다(예 공직자윤리법 제8조의2, 「독점규제 및 공정거래에 관한 법률」 제21조·제24조, 「하도급거래 공정화에 관한 법률」 제25조, 「청소년의 성보호에 관한 법률」 제20조, 국세기본법 제85조의5, 식품위생법 73조).

※ 침익적 행정처분의 근거가 되는 행정법규는 엄격히 해석·적용하여야 하며, 법률유보의 원칙에 따라 법률 또는 상위명령에 명시적 근거를 가져야 하므로, 원산지표시법 제9조 제2항에 공표의 대상을 원산지 등을 거짓으로 표시하여 처분이 확정된 자에 대한 공표만 대상으로 규정한 경우, 원산지를 혼동하게 할 우려가 있는 표시를 한 경우로 처분받은 경우에는 원산지표시법상 공표 대상에 해당되지 않는다(중행심 2018.12.21. 2018-09306).

행정절차법은 행정청이 법령에 따른 의무를 위반한 자의 성명·법인명, 위반사실 등을 공표하는 경우에 필요한 공통 절차를 정하는 등 현행 제도의 운영상 나타난 일부 미비점을 개선·보완하고자 일반 규율 절차를 신설하였다(2022.1.11.).

- **위반사실 등 공표의 절차**

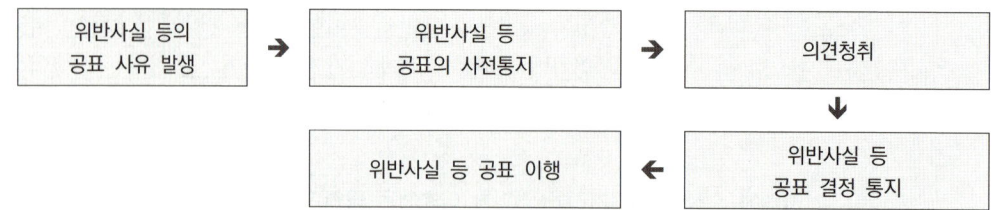

2. 공표의 내용

행정청은 법령에 따른 의무를 위반한 자의 성명·법인명, 위반사실, 의무 위반을 이유로 한 처분사실 등(이하 "위반사실등")을 법률로 정하는 바에 따라 일반에게 공표할 수 있다(법 제40조의3 제1항).

3. 명예·신용 등의 훼손 방지

행정청은 위반사실 등의 공표를 하기 전에 사실과 다른 공표로 인하여 당사자의 명예·신용 등이 훼손되지 아니하도록 객관적이고 타당한 증거와 근거가 있는지를 확인하여야 한다(법 제40조의3 제2항).

명단공표는 국민의 알권리를 위해 중요한 제도이기는 하나 개인의 명예나 사생활의 자유와 비밀 등 사적 법익도 보호되어야 할 이익이므로 위법한 공표가 되지 않도록 유의해야 한다. 명단공표는 국가배상법 제2조의 직무행위에 해당하므로 위법한 공표로 인하여 손해를 입은 자는 그 배상을 청구할 수 있으며, 위법·부당한 공표를 행한 관계 공무원은 형사책임으로써 형법상 명예훼손죄(제307조), 피의사실공표죄(제126조), 공무상비밀누설죄(제127조)가 적용될 수 있으며, 징계책임을 지게 된다.

4. 당사자 보호 절차

(1) 사전통지

행정청은 위반사실등의 공표를 할 때에는 미리 당사자에게 그 사실을 통지하고 의견제출의 기회를 주어야 한다. 다만, 다음 각 호의 어느 하나에 해당하는 경우에는 그러하지 아니하다(법 제40조의3 제3항).

> 1. 공공의 안전 또는 복리를 위하여 긴급히 공표를 할 필요가 있는 경우
> 2. 해당 공표의 성질상 의견청취가 현저히 곤란하거나 명백히 불필요하다고 인정될 만한 타당한 이유가 있는 경우
> 3. 당사자가 의견진술의 기회를 포기한다는 뜻을 명백히 밝힌 경우

행정청이 사전통지할 사항은 다음과 같다(별지 제21호의 3서식).

- 예정된 공표의 제목
- 당사자의 성명 또는 명칭과 주소
- 위반사실 등의 공표의 원인이 되는 사실과 구체적 내용 및 법적 근거
- 이에 대하여 의견을 제출할 수 있다는 뜻과 의견을 제출하지 아니하는 경우의 처리방법
- 의견제출기관의 명칭과 주소
- 의견제출기한
- 기타 필요한 사항

(2) 의견제출

① 의견제출의 기회를 받은 당사자는 공표 전에 관할 행정청에 서면이나 말 또는 정보통신망을 이용하여 의견을 제출할 수 있다(법 제40조의3 제4항).
② 당사자는 의견제출을 하는 경우 그 주장을 입증하기 위한 증거자료 등을 첨부할 수 있다(법 제40조의3 제5항, 제27조 제2항).
③ 행정청은 당사자가 말로 의견제출을 하였을 때에는 서면으로 그 진술의 요지와 진술자를 기록하여야 한다(법 제40조의3 제5항, 제27조 제3항).
④ 당사자가 정당한 이유 없이 의견제출기한까지 의견제출을 하지 아니한 경우에는 의견이 없는 것으로 본다(법 제40조의3 제5항, 제27조 제4항).

※ 의견제출기한은 당사자가 의견제출을 준비하는데 필요한 상당한 기간을 고려하여 정하되, 10일 이상이 되도록 한다(법 제21조 제3항 기한 준용).

(3) 제출 의견의 반영 등

① 행정청은 위반사실 등의 공표를 할 때에 당사자가 제출한 의견이 상당한 이유가 있다고 인정하는 경우에는 이를 반영하여야 한다(법 제40조의3 제5항, 법 제27조의2 제1항).
② 행정청은 당사자등이 제출한 의견을 반영하지 아니하고 위반사실 등의 공표를 한 경우 당사자가 위반사실 등의 공표가 있음을 안 날부터 90일 이내에 그 이유의 설명을 요청하면 서면으로 그 이유를 알려야 한다. 다만, 당사자가 동의하면 말, 정보통신망 또는 그 밖의 방법으로 알릴 수 있다(법 제40조의3 제5항, 법 제27조의2 제2항).

5. 위반사실 등의 공표 및 정정

(1) 공표 방법
위반사실등의 공표는 관보, 공보 또는 인터넷 홈페이지 등을 통하여 한다(법 제40조의3 제6항).

(2) 공표의 면제
행정청은 위반사실등의 공표를 하기 전에 당사자가 공표와 관련된 의무의 이행, 원상회복, 손해배상 등의 조치를 마친 경우에는 위반사실등의 공표를 하지 아니할 수 있다(제7항).

(3) 정정과 재공표
행정청은 공표된 내용이 사실과 다른 것으로 밝혀지거나 공표에 포함된 처분이 취소된 경우에는 그 내용을 정정하여, 정정한 내용을 지체 없이 해당 공표와 같은 방법으로 공표된 기간 이상 공표하여야 한다. 다만, 당사자가 원하지 아니하면 공표하지 아니할 수 있다(제8항).

> **관련판례**
>
> **프라이버시권과 표현의 자유라는 두 법익의 충돌시 조정 방법**
> 민주주의 국가에서는 여론의 자유로운 형성과 전달에 의하여 다수의견을 집약시켜 민주적 정치질서를 생성·유지시켜 나가는 것이므로 표현의 자유, 특히 공익사항에 대한 표현의 자유는 중요한 헌법상의 권리로서 최대한 보장을 받아야 하지만, 그에 못지 않게 개인의 명예나 사생활의 자유와 비밀 등 사적 법익도 보호되어야 할 것이므로, 인격권으로서의 개인의 명예의 보호와 표현의 자유의 보장이라는 두 법익이 충돌하였을 때 그 조정을 어떻게 할 것인지는 구체적인 경우에 사회적인 여러 가지 이익을 비교하여 표현의 자유로 얻어지는 이익, 가치와 인격권의 보호에 의하여 달성되는 가치를 형량하여 그 규제의 폭과 방법을 정하여야 한다(대판 1998.7.14. 96다17257).
>
> **청소년성매수자의 신상공개제도는 과잉금지원칙에 위배되지 아니함**
> 청소년 성매수자의 일반적 인격권과 사생활의 비밀의 자유가 제한되는 정도를 살펴보면, 법 제20조 제2항은 '성명, 연령, 직업 등의 신상과 범죄사실의 요지'를 공개하도록 규정하고 있는바, 이는 이미 공개된 형사재판에서 유죄가 확정된 형사판결이라는 공적 기록의 내용 중 일부를 국가가 공익 목적으로 공개하는 것으로 공개된 형사재판에서 밝혀진 범죄인들의 신상과 전과를 일반인이

알게 된다고 하여 그들의 인격권 내지 사생활의 비밀을 침해하는 것이라고 단정하기는 어렵다.…그렇다면 청소년 성매수자의 일반적 인격권과 사생활의 비밀의 자유가 제한되는 정도가 청소년 성보호라는 공익적 요청에 비해 크다고 할 수 없으므로 결국 법 제20조 제2항 제1호의 신상공개는 해당 범죄인들의 일반적 인격권, 사생활의 비밀의 자유를 과잉금지의 원칙에 위배하여 침해한 것이라 할 수 없다(헌재 2003.6.26. 2002헌가14).

공표한 사실이 진실이라고 믿을 만한 상당한 이유의 존부 판단기준

국가기관이 행정목적달성을 위하여 언론에 보도자료를 제공하는 등 이른바 행정상 공표의 방법으로 실명을 공개함으로써 타인의 명예를 훼손한 경우, 그 공표된 사람에 관하여 적시된 사실의 내용이 진실이라는 증명이 없더라도 국가기관이 공표 당시 이를 진실이라고 믿었고 또 그렇게 믿을 만한 상당한 이유가 있다면 위법성이 없는 것이고, 이 점은 언론을 포함한 사인에 의한 명예훼손의 경우에서와 마찬가지이다. 이 경우 상당한 이유의 존부의 판단에 있어서는, 실명공표 자체가 매우 신중하게 이루어져야 한다는 요청에서 비롯되는 무거운 주의의무와 공권력의 광범한 사실조사능력, 공표된 사실이 진실하리라는 점에 대한 국민의 강한 기대와 신뢰, 공무원의 비밀엄수의무와 법령준수의무 등에 비추어, 사인의 행위에 의한 경우보다는 훨씬 더 엄격한 기준이 요구된다 할 것이므로, 그 사실이 의심의 여지없이 확실히 진실이라고 믿을 만한 객관적이고도 타당한 확증과 근거가 있는 경우가 아니라면 그러한 상당한 이유가 있다고 할 수 없다(대판 1993.11.26. 93다18389).

04 행정계획

사례형 예제

A광역시 X구의 구청장 乙은 공동주택단지와 단독주택 및 연립주택이 혼재되어 있는 X구 소재 P5구역에 대하여 「도시 및 주거환경정비법」에 의한 재건축 정비계획을 수립하고 A광역시장에게 정비구역 지정을 신청하였다. 乙의 정비구역지정신청을 검토한 A광역시장은 P5구역에 대해 정비구역지정결정을 하고 그 내용을 법령에 따라 고시하였다. P5구역에 단독주택을 소유하고 있는 甲은 乙이 정비계획을 수립하면서 P5구역 내 주민 중 공동주택단지 주민들의 의견만을 수렴한 점과 이 계획에 따라 정비사업이 시행될 경우 P5구역에 대한 녹지 비율이 축소되어 주민의 환경적 이익을 침해하게 되는 점 및 계속 그 지역에서 살고자 하는 단독주택단지 주민의 주거권 및 재산권을 침해하게 되는 점을 근거로 乙의 정비계획수립에 하자가 있다고 주장한다. 이러한 甲의 주장의 타당성에 대하여 검토하시오.

해설 요지

위 정비계획 수립에 있어서 형량명령에 위반하는 하자가 있는 경우 정비계획은 위법하다. 甲의 주장이 사실이라면, 공동주택단지 주민들의 의견만을 수렴한 것은 형량의 흠결이 있는 것이고, 또한 녹지비율이나 주민의 환경적 이익의 중요성을 잘못 판단하였다거나(오형량) 또는 정비계획으로 얻는 공익을 과도하게 평가(형량불비례)한 하자가 있다고 판단할 수 있다.

1. 의의

행정계획은 '행정에 관한 전문적·기술적 판단을 기초로 하여 특정한 행정목표를 달성하기 위하여 서로 관련되는 행정수단을 종합·조정함으로써 장래의 일정한 시점에 있어서 일정한 질서를 형성하기 위하여 설정된 활동기준'이다(대판 2007.4.12. 2005두1893).

행정계획을 법적으로 규율하는 이유는 ① 행정계획의 영향을 받아 권익이 침해될 수 있는 개인의 권리보호 문제, ② 행정계획을 활동지침으로 삼은 국민의 행정계획에 대한 신뢰의 보호 문제, ③ 당사자인 국민이 행정계획의 결정과정에 참여하는 문제, ④ 행정기관의 광범위한 계획재량을 통제하는 문제 등에 있다.

행정절차법은 이 가운데 행정계획의 수립과 변경·폐지 과정에서 관련 이익을 정당하게 형량할 것을 요구함으로써 계획재량을 통제하는 취지의 규정을 명시하였다(2022.1.11).

※ 현행 행정절차법은 행정계획의 확정절차를 두고 있지 않다. 행정계획의 다양성으로 인하여 계획의 형식·내용이 일정하지 아니한 경우가 많기 때문이다. 다만, 중요한 계획을 수립할 경우 행정예고절차를 활용하도록 규정하고 있다.

2. 행정계획의 종류

행정계획을 ① 비구속적 행정계획, ② 행정기관 내부에 대해서만 구속력을 갖는 행정계획, ③ 국민의 권리 의무에 법적 효과를 미치는 구속적인 행정계획으로 구분할 수 있다.

일반적으로 행정계획은 행정기관의 구상 또는 행정지침에 불과하며, 대외적으로 국민에 대하여 혹은 대내적으로 행정기관에 대하여 법적 구속력을 갖지 아니한다(예 도시기본계획 등 청사진적 계획). 다만, 행정계획 중에 특정인의 권리·의무에 직접 관계되는 때에는 법적 구속력을 갖는 처분성을 인정할 수 있는바 그 범위 내에서 처분적 행위가 된다.

3. 관련 이익의 정당한 형량

행정청은 행정청이 수립하는 계획 중 국민의 권리·의무에 직접 영향을 미치는 계획을 수립하거나 변경·폐지할 때에는 관련된 여러 이익을 정당하게 형량하여야 한다(법 제40조의4).

※ 행정주체가 행정계획을 입안·결정하면서 이익형량을 전혀 행하지 않거나 이익형량의 고려대상에 마땅히 포함시켜야 할 사항을 빠뜨린 경우 또는 그 정당성과 객관성이 결여된 경우에는 행정계획결정은 형량의 하자가 있어 위법하다(대판 2006.9.8. 2003두5426).

■ 행정계획의 형량명령(衡量命令) 이론

1. 의의
형량명령이란 행정계획을 수립함에 있어서 관련된 이익을 정당하게 형량하여야 한다는 원칙을 말한다. 형량명령은 계획재량의 통제를 위해 형성된 이론이다. 계획재량은 ① 계획재량의 목표는 법질서에 부합하여야 하고, ② 수단은 목표실현에 적합하고, 필요하고, 비례적이어야 하고, ③ 법에 정한 절차를 준수하여야 하고, ④ 전체로서 계획관련자 모두의 이익을 정당히 고려하여야(형량명령의 준수) 한다는 제한하에 형성의 자유가 인정된다. 즉 비례성 원칙이 행정계획에 구현된 것이 형량명령이다.

2. 형량의 단계적 구조

이러한 형량은 일반적으로 ① 조사단계(계획사항과 관련된 공익과 사익의 조사 및 확인), ② 평가단계(조사된 이해관계인에 대한 내용 및 중요도에 따른 경중의 평가), ③ 비교·결정단계(계획목적과 이해관계에 대한 최종적인 비교·결정)로 이루어진다.

3. 형량하자

① 형량하자의 유형 : 행정계획이 형량명령을 준수하지 않은 경우에 형량하자(衡量瑕疵)가 있게 된다. 형량하자의 유형으로 ㉠ 형량이 전혀 없는 경우(형량의 해태), ㉡ 형량에서 반드시 고려해야 할 특정이익을 고려하지 않은 경우(형량의 흠결), ㉢ 관련된 공익 또는 사익의 가치를 잘못 평가하거나, 공익·사익의 조정이 비례원칙을 위반한 경우(오형량 내지 형량불비례) 등이 있다.

② 형량하자의 효과
  ㉠ 위법한 행정계획 : 계획재량은 사법심사의 대상이 된다. 이러한 형량의 하자가 발생한 경우에는 행정계획은 위법하게 된다.
  ㉡ 형량하자의 유형별 검토 : ⓐ 행정계획을 수립하면서 이익형량을 전혀 하지 않으면 행정계획은 위법하다. ⓑ 형량에서 반드시 고려해야 할 특정이익을 고려하지 않은 것은 위법하다. 다만 조사가 미흡한 경우에는 형량의 결과에 영향을 미칠 정도로 미흡한 경우에 한하여 위법하다. ⓒ 관련된 이익의 가치를 잘못 평가했다면 사소한 이익의 가치의 평가상의 과오가 아닌 한 위법하다. ⓓ 비례원칙을 위반하면 위법사유가 된다. ⓐ와 ⓑ는 절차상 하자이므로 이를 이유로 취소판결이 나면 처분청은 다시 적법하게 형량하여 동일한 내용의 처분을 할 수 있으나, ⓒ와 ⓓ은 내용상 하자이므로 특별한 사정이 없는 한 동일한 내용의 처분을 할 수 없다.

4. 행정계획과 행정예고의 관계

행정계획을 수립·변경·폐지할 경우 행정예고 절차를 거쳐야 하는지 문제된다.

행정절차법 제46조에 따라 행정청은 정책, 제도 및 계획을 수립·시행하거나 변경하는 경우에는 20일 이상 행정예고를 하도록 되어 있으므로 국민의 권리나 의무에 직접 영향을 미치는 행정계획을 수립·변경·폐지할 경우 원칙적으로 행정예고의 대상이 된다. 다만, 제46조 제1항 각호 예외 사유에 해당하는 경우라면 행정예고를 하지 않을 수 있다.

05 행정지도

사례형 예제

가구제조업을 운영하는 甲은 사업상 필요에 의해 자신이 소유하는 산림 50,000㎡ 일대에서 입목을 벌채하고자 관할 행정청 乙시장에게 입목벌채허가를 신청하였고 乙시장은 관계 법령이 정하는 허가요건을 모두 갖추었음을 이유로 입목벌채허가를 하였다. 이에 대해서 인근 A사찰의 신도들은 해당 산림의 입목벌채로 인하여 사찰의 고적하고 엄숙한 분위기가 저해될 것을 우려하여 乙시장에게 당해 허가를 취소하라는 민원을 강력히 제기하였다. 乙시장은 A사찰 신도들의 민원이 계속되자 甲에게 벌채허가구역 중 A사찰의 반대쪽 사면(斜面)에서만 벌채를 하도록 권고하였다. 乙시장의 이와 같은 권고행위의 법적 성질을 밝히고, 이를 행함에 있어서 준수해야 할 행정절차법상 원칙과 방식을 설명하시오.

> **해설 요지**
>
> 사안의 서면권고행위는 행정청이 甲의 임의적인 협력을 기대하며 甲에게 사찰의 반대쪽 사면에서만 벌채를 하도록 권고하는 것으로 행정지도에 해당한다. 그리고 신도들과 甲 사이의 이해관계를 조정하는 것을 내용으로 하는 조정적 행정지도에 해당한다. 따라서 乙시장은 권고를 함에 있어서 행정절차법상 적법성 원칙, 비례원칙, 임의성의 원칙, 불이익조치금지의 원칙, 행정지도실명제 등의 원칙과 방식을 준수해야 한다.

1. 의의

행정지도는 '행정기관이 그 소관사무의 범위 안에서 일정한 행정목적을 실현하기 위하여 특정인에게 일정한 행위를 하거나 하지 아니하도록 지도·권고·조언 등을 하는 행정작용'(행정절차법 제2조 제3호) 또는 '행정주체가 일정한 행정목적의 실현을 위하여 상대방의 임의적인 협력을 기대하며 행하는 비권력적 사실행위'로 정의된다(**예** 특정산업의 불황을 타개하기 위하여 관계기업에 조업단축을 권고, 부작용을 일으킬 수 있는 의약품에 대한 경고, 특정 식품의 사용에 대한 권고). 개별법에서는 「권고」로 불리기도 한다.

행정지도는 법령의 근거의 유무에 따라, ① 단순히 조직법상의 권한을 근거로 하는 행정지도, ② 법령에 행정행위에 대한 근거규정이 있는 경우에 행정행위에 갈음 또는 선행하여 행하는 행정지도(법령의 간접적 근거에 의한 행정지도), ③ 법령의 직접적인 근거에 의한 행정지도로 나뉜다. 또한 그 기능에 따라 ① 일정한 행정목적의 달성이나 공익에 장애가 될 일정한 행위를 예방 억제하기 위한 <u>규제적 행정지도</u>, ② 이해대립이나 과당경쟁을 조정하기 위한 <u>조정적 행정지도</u>, ③ 일정한 질서의 형성을 촉진하기 위한 <u>조성적 행정지도</u>로 구분될 수 있다.

행정지도에 법적 근거가 요구되는가에 관한 일반법 규정은 없다. 행정지도는 상대방의 임의적·자발적 협력을 전제로 하며, 그 자체로 아무런 직접적인 법적 효과를 발생하지 않는 사실행위라는 점에서 법적 근거는 필요하지 않다(통설·판례).

다만, 행정절차법은 행정지도에 적용되는 일반원칙과 행정지도의 방법을 규정하고 있다.

■ 행정지도의 절차

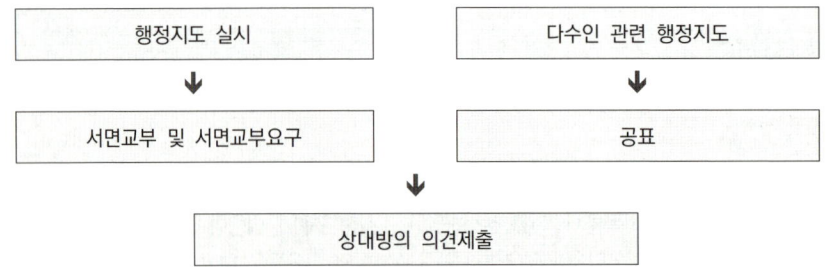

2. 행정지도의 원칙

(1) 적법성 원칙

행정지도는 <u>조직법상 주어진 권한 내에서만</u> 할 수 있으며, 조직법상 권한내에서의 지도일지라도 개별

법령에서 정하는 행정지도에 관한 작용법상 규정을 준수하여야 하고, 원래의 목적과 다른 목적의 행정지도는 불가능하며, 다른 법령에 위반해서도 안된다.

(2) 비례원칙

행정지도는 그 목적 달성에 필요한 최소한도에 그쳐야 한다(법 제48조 제1항 전단).

행정지도는 일정한 행정목적을 실현하기 위하여 이루어져야 하고, 행정목적 달성에 필수불가결하여야 하며, 행정목적 달성에 필요한 최소한의 범위 안에서 사용되어야 한다.

(3) 강제금지의 원칙(임의성의 원칙)

행정지도는 상대방의 의사에 반하여 부당하게 강요하여서는 아니 된다(법 제48조 제1항 후단).

행정지도를 하는 행정청은 그 상대방에게 일정한 행위를 하거나 하지 아니하도록 지도, 권고, 조언 등을 함에 그쳐야 하며, 결코 상대방에게 일정한 사항을 명령하거나 강제하지 말아야 한다.

(4) 불이익조치금지의 원칙

행정기관은 행정지도의 상대방이 행정지도에 따르지 아니하였다는 것을 이유로 불이익한 조치를 하여서는 아니 된다(법 제48조 제2항).

이는 비례의 원칙에 반하는 것이어서가 아니라 그 자체가 금지되는 것이다. 다만, 불이익 조치가 항상 위법하게 되는 것은 아니며 상대방이 행정지도에 따르지 않았다는 것이 당해 불이익조치의 주된 이유가 되어야 한다.

상대방이 협력을 하지 아니하였음을 이유로 불이익한 조치를 행정기관이 하게 된다면 상대방은 협력을 사실상 강요당하는 위치에 놓이게 되므로, 불이익조치 금지의 원칙은 강제금지 원칙의 실현을 위하여 다시 한 번 강조한 것이라 할 수 있다.

3. 행정지도의 방식

(1) 명확성의 원칙 및 행정지도실명제

행정지도를 하는 자는 그 상대방에게 그 행정지도의 취지 및 내용과 신분을 밝혀야 한다(법 제49조 제1항).

"행정지도의 취지"란 행정지도를 행하는 목적과 이유를 의미하는 것이며, 행정기관은 행정지도의 목적 이유를 상대방이 충분히 이해할 수 있고, 그 이해에 근거하여 협조할 수 있을 정도로 설명하여야 한다.

행정지도를 함에 있어서 "행정지도의 내용"을 명확히 제시하여야 한다. 또한 행정지도에 따르지 아니해도 행정지도 그 자체로서는 불이익을 입지 않는다는 뜻이 포함되어야 한다.

행정지도를 하는 자는 소속 행정기관의 이름, 소속부서를 제시하고, 상대방이 요구할 경우 전화번호 등도 제시하여야 한다.

(2) 서면교부요구권

행정지도가 말로 이루어지는 경우에 상대방이 제1항의 사항을 적은 서면의 교부를 요구하면 그 행정지도를 하는 자는 직무 수행에 특별한 지장이 없으면 이를 교부하여야 한다(법 제49조 제2항).

이때 교부하는 서면에는 행정지도의 취지, 내용, 담당자(성명, 소속, 직급, 전화번호), 기타 안내사항, 일자를 기재하고, 아래의 '의견제출'을 할 수 있음도 표기한다(시행규칙 별지 제23호 서식).

4. 의견제출

행정지도의 상대방은 해당 행정지도의 방식·내용 등에 관하여 행정기관에 의견제출을 할 수 있다(법 제50조).

행정지도가 일정한 형식을 요하지 아니하므로 의견제출 역시 서면·구술 등 어떠한 방법도 가능하다. 상대방은 당해 행정지도가 위법하거나 부당하게 행하여지는 경우에는 그 시정을 촉구할 수 있는 것으로 해석된다.

5. 다수인을 대상으로 하는 행정지도

(1) 공통적인 내용의 공표

행정기관이 같은 행정목적을 실현하기 위하여 많은 상대방에게 행정지도를 하려는 경우에는 특별한 사정이 없으면 행정지도에 공통적인 내용이 되는 사항을 공표하여야 한다(법 제51조). 다수인에 대한 행정지도의 명확성과 공평성을 확보하기 위함이다.

(2) 공표할 내용

행정기관이 다수인을 대상으로 하는 행정지도의 내용을 공표할 때에는 공표사항에 당해 행정지도의 취지·주요내용·주관행정기관과 당해 행정지도에 관하여 의견을 제출할 수 있다는 뜻을 포함하여야 한다(시행령 제25조).

공표의 방법에 관한 규정이 없으므로 상대방이 특정된 경우는 개별통지의 방법도 가능하고, 그렇지 않으면 다수인이 쉽게 알 수 있도록 관보나 공보, 방송매체, 동종업체가 발행하는 업계지 등의 활용도 가능하다.

> **관련판례**
>
> **법률근거 없는 주식매각의 종용은 행정지도의 한계 밖**
>
> 이른바 행정지도라 함은 행정주체가 일정한 행정목적을 실현하기 위하여 권고 등과 같은 비강제적인 수단을 사용하여 상대방의 자발적 협력 내지 동의를 얻어내어 행정상 바람직한 결과를 이끌어 내는 행정활동으로 이해되고, 따라서 적법한 행정지도로 인정되기 위하여는 우선 그 목적이 적법한 것으로 인정될 수 있어야 할 것이므로, 주식매각의 종용이 정당한 법률적 근거 없이 자의적으로 주주에게 제재를 가하는 것이라면 이 점에서 벌써 행정지도의 영역을 벗어난 것이라고 보아야 할 것이고 만일 이러한 행위도 행정지도에 해당된다고 한다면 이는 행정지도라는 미명하에 법치주의의 원칙을 파괴하는 것이라고 하지 않을 수 없으며, 더구나 그 주주가 주식매각의 종용을 거부한다는 의사를 명백하게 표시하였음에도 불구하고, 집요하게 위협적인 언동을 함으로써 그 매각을 강요하였다면 이는 위법한 강박행위에 해당한다(대판 1994.12.13. 93다49482).

행정지도가 통상의 방법에 의하지 아니하고 사실상 지시하는 방법으로 행하여진 경우, 그 행정지도는 위헌

국가의 공권력이 헌법과 법률에 근거하지 아니하고 통상의 행정지도의 한계를 넘어 부실기업의 정리라는 명목하에 사기업의 매각을 지시하거나 그 해체에 개입하는 것은 허용되지 아니하나, 원래 재무부장관은 금융기관의 불건전채권 정리에 관한 행정지도를 할 권한과 책임이 있고, 이를 위하여 중요한 사항은 대통령에게 보고하고 지시를 받을 수도 있으므로, 기업의 도산과 같이 국민경제에 심대한 영향을 미치는 중요한 사안에 대하여 재무부장관이 부실채권의 정리에 관하여 금융기관에 대하여 행정지도를 함에 있어 사전에 대통령에게 보고하여 지시를 받는다고 하여 위법하다고 할 수는 없으며, 다만 재무부장관이 대통령의 지시에 따라 정해진 정부의 방침을 행정지도라는 방법으로 금융기관에 전달함에 있어 실제에 있어서는 통상의 행정지도의 방법과는 달리 사실상 지시하는 방법으로 행한 경우에 그것이 헌법상의 법치주의 원리, 시장경제의 원리에 반하게 되는 것일 뿐이다(대판 1999.7.23. 96다21706).

행정관청의 행정지도에 따라 매매가격을 허위신고한 것은 여전히 위법

토지의 매매대금을 허위로 신고하고 계약을 체결하였다면 이는 계약예정금액에 대하여 허위의 신고를 하고 토지 등의 거래계약을 체결한 것으로서 구 국토이용관리법 제33조 제4호에 해당한다고 할 것이고, 행정관청이 국토이용관리법 소정의 토지거래계약신고에 관하여 공시된 기준시가를 기준으로 매매가격을 신고하도록 행정지도를 하여 그에 따라 허위신고를 한 것이라 하더라도 이와 같은 행정지도는 법에 어긋나는 것으로서 그와 같은 행정지도나 관행에 따라 허위신고행위에 이르렀다고 하여도 이것만 가지고서는 그 범법행위가 정당화될 수 없다(대판 1994.6.14. 93도3247).

제6장 국민의 행정참여를 위한 절차

01 국민참여 활성화

> **설명형 예제**
> 행정청은 참여방법과 협력의 기회 제공을 통하여 행정과정에 국민의 참여를 확대할 수 있도록 노력해야 한다. 행정절차법령이 정하고 있는 국민참여 방법의 유형을 설명하시오.

1. 국민 의견의 반영 노력

행정청은 행정과정에서 국민의 의견을 적극적으로 청취하고 이를 반영하도록 노력하여야 한다(법 제52조 제1항).

행정청은 참여방법과 협력의 기회 제공을 통하여 국민의 의견이 제출되거나 국민의 의사 또는 수요가 확인된 경우 국민의 의견에 성실히 답변하고 국민의 의사나 수요를 행정과정에 반영할 수 있도록 노력해야 한다(시행령 제25조의2 제6항).

2. 국민참여의 방법과 협력의 기회 제공

행정청은 국민에게 다양한 참여방법과 협력의 기회를 제공하도록 노력하여야 하며, 구체적인 참여방법을 공표하여야 한다(법 제52조 제2항).

행정청은 다음 각 호의 참여방법과 협력의 기회 제공을 통하여 행정과정에 국민의 참여를 확대할 수 있도록 노력해야 한다(시행령 제25조의2 제1항).

1. 법 제22조에 따른 청문, 공청회, 의견제출과 그 밖의 토론회, 간담회, 설명회
   - ☞ 행정작용과 관련하여 당사자, 전문지식과 경험을 가진 사람, 그 밖의 일반인으로부터 의견을 널리 수렴
2. 법 제53조에 따른 온라인 정책토론
   - ☞ 주요 정책 등에 대해 국민의 다양하고 창의적인 의견을 널리 수렴하기 위해 정보통신망을 이용해 추진하는 정책토론
3. 「국민 제안 규정」 제2조 제1호에 따른 국민제안
   - ☞ 정부시책이나 행정제도 및 그 운영의 개선을 목적으로 행정기관의 장에게 제출하는 창의적인 의견이나 고안
4. 온라인 투표, 설문조사 등 여론 조사
   - ☞ 주요 정책 등에 대한 국민의 인식과 의사를 확인하기 위한 조사

    5. 민관 협의체
        - ☞ 정책 과정에 이해관계인, 일반인, 전문가 등이 참여할 수 있도록 협의체 구성
    6. 자원봉사활동 또는 사회공헌활동
        - ☞ 개인 또는 단체가 지역사회·국가를 위하여 대가 없이 자발적으로 시간과 노력 및 재능을 제공하는 행위
    7. 그 밖에 국민이 참여할 수 있는 방법 및 협력의 기회 제공

행정청이 국민의 참여방법을 공표하는 경우에는 참여의 자격, 기간, 창구 등 참여에 필요한 세부적인 사항을 함께 공표해야 하며(시행령 제25조의2 제4항), 이 경우 인터넷 홈페이지 등 다양한 매체를 활용해야 한다(제5항).

3. 국민의사 반영 위한 다양한 기법 활용

행정청은 국민의 의사나 수요를 행정과정에 반영하기 위하여 다음 각 호의 기법을 활용할 수 있다(시행령 제25조의2 제2항).

1. 일반인, 전문가가 직접 참여하여 국민의 수요를 관찰·분석함으로써 공공정책 및 서비스를 개발·개선하는 공공서비스디자인 기법
2. 빅데이터(대용량의 정형 또는 비정형의 데이터세트를 말한다) 분석 기법
3. 일반인, 전문가 등이 직접 참여하여 충분한 심의, 토론 등의 과정을 거쳐 정책으로 발전시키는 정책숙의(政策熟議) 기법
4. 그 밖에 국민의 의사나 수요를 확인하여 행정과정에 반영할 수 있는 기법

4. 국민참여 수준 자체진단

행정청은 국민참여 수준을 향상시키기 위하여 노력하여야 하며 필요한 경우 국민참여 수준에 대한 자체진단을 실시하고, 그 결과를 행정안전부장관에게 제출하여야 한다(법 제52조 제3항). 그리고 행정청은 자체진단을 실시한 경우 그 결과를 공개할 수 있다(제4항).

5. 국민참여 플랫폼 설치·운영

행정청은 시행령 제25조의2 제1항에 따른 참여방법과 협력의 기회 제공 또는 제2항에 따른 기법의 활용을 위하여 국민과 전문가의 의견을 듣거나 정책에 대하여 제안, 토론, 투표 및 평가를 할 수 있는 온라인 또는 오프라인 국민참여 플랫폼을 설치·운영할 수 있으며, 행정과정에 국민참여가 활성화 되도록 온라인 또는 오프라인 국민참여 플랫폼을 적극 활용해야 한다(시행령 제25조의2 제3항).

행정청은 국민참여 플랫폼의 운영에 필요한 사항을 정할 수 있다(제7항).

행정청은 국민참여 플랫폼의 활성화를 위하여 예산 및 인력을 확보하는 등 필요한 조치를 할 수 있다(제8항).

6. 교육·홍보, 예산·인력 확보 등 조치

행정청은 국민참여를 활성화하기 위하여 교육·홍보, 예산·인력 확보 등 필요한 조치를 할 수 있다(법 제52조 제5항).

행정안전부장관은 국민참여 확대를 위하여 행정청에 교육·홍보, 포상, 예산·인력 확보 등을 지원할 수 있다(제6항).

02 국민제안의 처리

> **설명형 예제**
> 「국민제안 규정」에 근거하여 행정청에 국민제안을 제출하고 싶은 甲이 행정사인 귀하에게 상담을 요청하였다. 그 제출절차를 설명하시오.

1. 의의

행정청(국회사무총장·법원행정처장·헌법재판소사무처장 및 중앙선거관리위원회사무총장은 제외)은 정부시책이나 행정제도 및 그 운영의 개선에 관한 국민의 창의적인 의견이나 고안(이하 "국민제안")을 접수·처리하여야 한다(법 제52조의2 제1항).

'창의적인 고안'은 단순한 민원 제기나 건의와 달리, 정책이나 제도 및 행정 운영의 실질적인 개선을 위한 창의적·구체적 해결책을 담고 있다. 국민제안 제도는 이러한 '창의적 고안'을 정책 수요자인 국민이 직접 제시하고, 이를 통해 행정서비스의 혁신을 이끌 수 있는 제도적 기반이 된다.

2. 국민제안의 운영 및 절차

국민제안의 운영 및 절차 등에 필요한 사항은 대통령령으로 정한다(법 제52조의2 제2항).

■ 국민 제안 절차

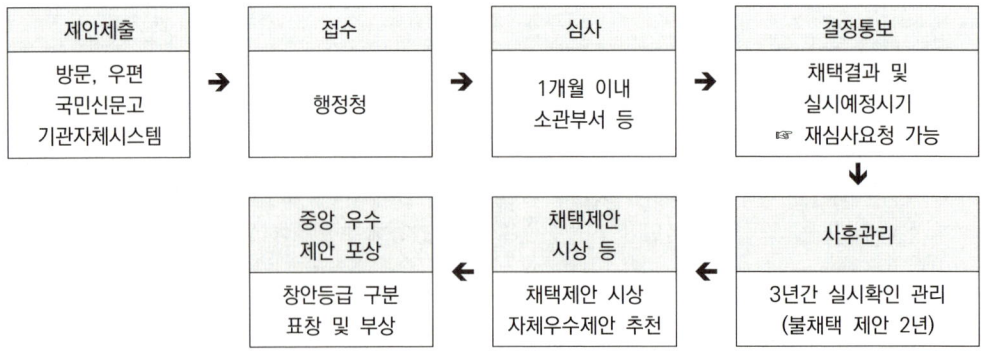

■ 국민제안서의 작성방법 (국민 제안 규정 시행규칙 [별지 제1호 서식])

① 제목 : 제출하려는 국민제안의 내용을 함축적으로 요약한 제목을 적는다.
② 제출 행정청 : 국민제안을 제출할 행정청을 적는다.
③ 동일·유사제안의 다른 행정청 제출 여부 : 동일·유사한 제안을 다른 행정청에 제출한 적이 있는지를 판단해 ✓ 표시하고, 있을 경우 제출 행정청과 제출 일시를 적는다.
④ 주제안자 : 국민제안 수립에 가장 큰 기여를 한 사람으로서, 공동 제안자와 기여도가 동일할 경우 제안자 간 합의를 통해 결정한 후 적는다.
⑤ 공동제안자 : 공동으로 국민제안을 수립한 경우에 작성한다.
⑥ 처리상황 공개 여부 : 인터넷을 통한 국민제안의 접수 및 처리 상황의 실시간 공개 여부를 결정해 ✓ 표시한다.
⑦ 처리 결과 통보방식 : 국민제안의 접수 및 처리 상황을 통보받을 수단을 결정해 ✓ 표시하고, 표시한 수단의 세부 연락처를 적는다.
⑧ 현황과 문제점 : 국민제안 내용과 관련된 정부시책, 행정제도, 행정 운영 등의 현황과 문제점을 구체적으로 적는다.
⑨ 개선방안 : 문제점을 해결할 수 있는 창의적인 방안을 구체적으로 적는다.
⑩ 기대효과 : 개선방안을 적용했을 때 예상되는 효과를 적는다

■ 「국민 제안 규정」 (대통령령)

국민 제안 규정

제1장 총칙

제1조(목적)
이 영은 「행정절차법」 제52조의2에 따라 국민의 창의적인 의견이나 고안(考案)을 정부시책이나 행정제도 및 그 운영에 반영함으로써 국민 참여를 활성화하고 행정 업무의 혁신을 촉진하기 위한 국민 제안 제도의 운영에 필요한 사항을 규정함을 목적으로 한다.

제2조(정의)
이 영에서 사용하는 용어의 뜻은 다음과 같다.
1. "국민제안"이란 국민(국내에 거주하는 외국인을 포함한다. 이하 같다)이 정부시책이나 행정제도 및 그 운영의 개선을 목적으로 「행정절차법」 제52조의2에 따른 행정청(이하 "행정청"이라 한다)에 제출하는 창의적인 의견이나 고안으로서 다음 각 목의 어느 하나에 해당하지 아니하는 것을 말한다.
    가. 다른 사람이 취득한 특허권·실용신안권·디자인권 또는 저작권에 속하는 것 또는 「국가공무원 등 직무발명의 처분·관리 및 보상 등에 관한 규정」에 따라 보상이 확정된 것
    나. 접수하려는 기관이 이미 채택했던 제안과 내용이 동일한 것
    다. 접수하려는 기관이 이미 시행 중인 사항이거나 기본 구상이 이와 유사한 것
    라. 일반 통념상 적용하기 어렵다고 판단되는 것
    마. 단순한 주의환기·진정(陳情)·비판 또는 건의이거나 불만의 표시에 불과한 것
    바. 특정 개인·단체·기업 등의 수익사업과 그 홍보에 관한 것
    사. 국가나 지방자치단체의 사무에 관한 사항이 아닌 것
2. 삭제 〈2023. 8. 1.〉

3. "채택제안"이란 행정청이 접수한 국민제안 중 그 내용을 심사한 후 채택한 것을 말한다.
4. "자체우수제안"이란 행정청이 채택제안 중 그 내용이 우수하다고 인정하여 행정안전부장관(국방·군사에 관한 제안의 경우에는 국방부장관을 말한다)에게 추천한 것을 말한다.
5. "중앙우수제안"이란 행정안전부장관이 자체우수제안 중 그 내용을 심사한 후 채택한 것을 말한다.

제3조(국민 제안 제도의 관장 기관)
행정안전부장관은 국민 제안 제도의 운영 지도·확인·점검, 국민 제안 제도의 개선 및 중앙우수제안에 관한 업무를 맡아 처리한다.

제4조(다른 법령과의 관계)
국민제안에 관하여 다른 법령에 특별한 규정이 있는 경우를 제외하고는 이 영에서 정하는 바에 따른다.

제2장 국민제안의 제출 등

제5조(국민제안의 제출)
① 모든 국민은 제안 내용의 소관 행정청에 국민제안을 제출할 수 있다.
② 국민제안을 제출하려는 국민은 정부시책이나 행정제도 및 그 운영의 현황과 문제점, 개선방안 및 기대효과 등에 관한 사항을 작성하여 방문·우편·팩스 또는 「부패방지 및 국민권익위원회의 설치와 운영에 관한 법률」 제12조 제16호에 따른 온라인 국민참여포털(이하 "온라인 국민참여포털"이라 한다) 등 인터넷을 통하여 행정청에 제출하여야 한다. 이 경우 행정청은 장애인이 국민제안을 쉽게 제출할 수 있도록 적절한 편의를 제공해야 한다.
③ 2명 이상이 공동으로 국민제안을 제출하는 경우에는 국민제안에 참여한 사람 개개인의 기여도에 관한 사항을 백분율로 표시하여야 한다. 이 경우 기여도가 가장 큰 사람을 "주제안자"로, 그 밖의 참여자를 "부제안자"로 표시하되, 공동제안자가 2명인 경우로서 기여도가 동등한 경우에는 제안자 간의 합의로 주제안자를 정하여야 한다.
④ 둘 이상 행정청의 소관 업무와 관련된 국민제안의 경우에는 국민제안의 주된 내용의 소관 행정청에 제출해야 한다.

제6조(국민제안의 접수 등)
① 행정청은 제출된 국민제안을 신속히 접수해야 한다.
② 행정청은 접수한 국민제안이 다음 각 호의 어느 하나에 해당하는 경우에는 그 사유를 구체적으로 밝혀 접수한 날부터 7일 이내에 적절한 기간을 정하여 제안자에게 보완을 요청할 수 있다. 이 경우 보완에 걸리는 기간은 제10조 제1항에 따른 기간에 산입(算入)하지 아니한다.
1. 제안에 보완할 수 있는 흠이 있는 경우
2. 제안이 제2조 제1호 각 목의 어느 하나에 해당하는 경우
3. 제안이 「민원 처리에 관한 법률」 제2조 제1호에 따른 민원에 해당하는 경우
③ 행정청이 접수한 국민제안 중 내용이 같은 국민제안이 있는 경우에는 먼저 접수한 국민제안이 우선한다.
④ 행정청은 제안자가 제2항 각 호 외의 부분 전단에 따른 기간 내에 제안내용을 보완하지 않은 경우에는 다음 각 호의 구분에 따라 그 사유를 구체적으로 밝혀 접수된 제안을 종결처리하거나 민원으로 접수하여 민원 처리 절차에 따라 처리할 수 있다.
1. 제2항 제1호 또는 제2호에 해당하는 경우 : 종결처리
2. 제2항 제3호에 해당하는 경우 : 종결처리 또는 민원처리

⑤ 삭제 〈2020. 4. 14.〉
⑥ 행정청은 제출된 국민제안이 다른 행정청의 소관인 경우에는 이송 사유를 구체적으로 밝혀 지체 없이 소관 행정청에 이송하고, 그 사실을 제안자에게 알려야 한다.
⑦ 행정청은 제안자가 동일한 내용의 제안을 정당한 사유 없이 3회 이상 반복해 제출한 경우에는 2회 이상 그 처리결과를 통지하고, 그 후에 접수되는 제안에 대해서 종결처리할 수 있다.

제7조(접수 및 처리 상황의 공개 등)
행정청은 국민제안을 접수하였을 때에는 온라인 국민참여포털 등 인터넷을 통하여 국민제안의 접수 및 처리 상황을 실시간으로 공개하여야 한다. 다만, 제안자가 요구하는 경우에는 국민제안의 제목과 채택 여부를 제외한 사항은 공개하지 않을 수 있다.

제3장 국민제안의 심사 및 실시

제8조(국민제안의 심사)
① 행정청은 제6조에 따라 접수한 국민제안의 채택 여부를 결정하기 위해서는 다음 각 호의 사항을 고려하여 심사해야 한다.
1. 실시 가능성
2. 창의성
3. 효율성 및 효과성
4. 적용 범위
5. 계속성

② 행정청은 국민제안을 공정하게 심사하기 위하여 필요한 경우에는 기관별 국민제안 심사위원회(이하 "기관별 심사위원회")를 구성·운영할 수 있다. 이 경우 제12조 제1항, 제14조 제1항 제1호 또는 제14조 제3항의 재심사 요청에 따른 재심사를 하거나 제15조에 따른 자체우수제안의 결정을 할 때에는 기관별 심사위원회의 심의를 거쳐야 한다.
③ 행정청은 제2항에 따라 기관별 심사위원회를 구성할 경우에는 전체 구성인원의 2분의 1 이상을 국민[국내에 거주하는 내국인 중 공무원(행정청이 「행정절차법」 제2조 제1호 나목에 해당하는 경우에는 그 행정청에 소속된 임직원을 포함한다)이 아닌 사람으로 한정한다]으로 구성해야 한다.

제9조(의견 또는 자료 제출 등)
① 행정청은 제8조에 따른 심사를 하기 위하여 필요한 경우에는 관계 기관 또는 전문가에게 실험·조사 등을 의뢰하거나 의견 또는 자료의 제출을 요청할 수 있다.
② 행정청은 제출된 제안이 제2조 제1호 가목에 해당하는지에 대하여 문화체육관광부장관 또는 특허청장에게 확인을 요청할 수 있다.
③ 행정청은 제1항에 따른 실험·조사 등에 드는 비용을 예산의 범위에서 지급할 수 있다.
④ 제1항과 제2항에 따른 의견 또는 자료 제출 등의 요청을 받은 자는 특별한 사유가 없으면 요청받은 날부터 3주 이내에 회신하여야 한다. 이 경우 회신에 걸리는 기간은 제10조 제1항에 따른 기간에 산입하지 아니한다.
⑤ 제1항 또는 제2항에 따른 의견 또는 자료 제출 등의 요청을 할 때에는 제안자에게 미리 그 사실을 알려야 한다.

제10조(채택제안의 결정)
① 행정청은 국민제안을 접수한 날부터 30일 이내에 그 내용을 심사한 후 채택제안으로 채택할지를 결정

하고 그 사실을 제안자에게 알려야 한다. 이 경우 온라인 국민참여포털 등 인터넷을 통하여 접수된 국민제안에 대해서는 온라인 국민참여포털 등 인터넷을 통하여 채택 여부의 결정 사실을 알릴 수 있다.
② 제1항에 따라 채택제안으로 채택되었음을 제안자에게 알릴 때에는 제22조에 따른 관리기간의 범위에서 채택제안의 실시 예정 시기를 함께 통지하여야 한다.

제11조(채택제안의 실시)
① 행정청은 제10조 제1항에 따라 채택제안으로 결정하였을 때에는 같은 조 제2항에 따라 제안자에게 통지된 실시 예정 시기까지 채택제안을 실시해야 한다.
② 행정청은 제10조 제2항에 따라 통지된 실시 예정 시기까지 채택제안을 실시할 수 없는 사유가 발생한 경우에는 그 사유와 새로운 실시 예정 시기를 지체 없이 제안자에게 통지해야 한다.

제12조(재심사 요청)
① 제10조 제1항에 따라 채택제안으로 결정되지 아니하였음을 통지받은 제안자는 통지받은 날부터 15일 이내에 재심사 요청 사유를 구체적으로 밝혀 해당 행정청에 재심사를 요청할 수 있다.
② 행정안전부장관은 다음 각 호의 어느 하나에 해당하는 국민제안이 행정 업무의 개선, 예산 절감 또는 국고·조세수입 증대 등의 성과가 예상되는 경우 해당 행정청에 재심사를 요청할 수 있다.
 1. 제10조에 따라 채택제안으로 결정되지 아니한 국민제안
 2. 제15조에 따른 자체우수제안으로 결정되지 아니한 국민제안
③ 제1항 및 제2항에 따른 국민제안의 재심사 결정 및 실시에 관하여는 제10조 및 제11조를 준용한다.

제13조(국민제안의 보완·개선)
행정청은 국민제안이 다음 각 호의 어느 하나에 해당하는 경우에는 국민과 전문가의 의견을 듣거나 국민제안에 대하여 토론, 투표, 평가할 수 있는 온라인 국민참여 플랫폼(이하 "국민참여 플랫폼"이라 한다) 등을 통하여 해당 국민제안을 보완·개선할 수 있다.
 1. 채택되지 아니한 국민제안인 경우
 2. 채택제안 중 보완·개선이 필요하다고 인정하는 경우

제14조(채택되지 아니한 국민제안의 재심사)
① 행정청은 제10조에 따라 채택되지 아니한 국민제안(제22조에 따른 관리기간이 경과하지 아니한 것으로 한정한다. 이하 이 조에서 같다)이 다음 각 호의 어느 하나에 해당하는 경우에는 그 사실을 제안자에게 알리고 그 제안을 재심사하여 채택 여부를 결정해야 한다.
 1. 제12조 제2항에 따라 행정안전부장관이 국민제안의 재심사를 요청하는 경우
 2. 채택되지 아니한 국민제안을 제13조에 따라 보완·개선하여 실시하려는 경우
 3. 행정청이 행정환경의 변화 등에 따라 채택되지 아니한 국민제안을 실시할 필요가 있다고 인정하는 경우
② 행정청은 제1항 제2호에 따라 국민제안을 재심사하는 경우에는 그 제안에 참여한 사람 개개인의 기여도를 결정해야 한다.
③ 제안자는 제10조 제1항에 따라 국민제안이 채택제안으로 결정되지 않았음을 통지받은 후 해당 국민제안의 내용과 동일한 내용의 정부시책 또는 행정제도가 실시된 사실을 알게 된 경우에는 그 통지를 받은 날부터 2년 이내에 해당 행정청에 재심사를 요청할 수 있다.
④ 행정청은 제3항의 재심사 요청에 따른 재심사 결과 해당 정부시책 또는 행정제도의 실시내용이 제안자가 제안한 내용과 동일하다고 판단되는 경우에는 제18조 제1항에 따른 포상을 하거나 부상(副賞)을

지급할 수 있다.
⑤ 행정청은 제3항의 재심사 요청에 따른 재심사 결과 해당 정부시책 또는 행정제도의 실시내용이 제안자가 제안한 내용과 다르거나 그 밖의 다른 사유로 제안을 채택하지 않을 경우에는 그 사유를 구체적으로 밝혀 제안자에게 통보해야 한다.

제4장 중앙우수제안의 심사 등

제15조(자체우수제안의 결정)
행정청은 자체우수제안(국방·군사에 관한 제안을 제외한다. 이하 이 장에서 같다)을 결정하여 행정안전부장관에게 추천할 수 있다.

제16조(중앙우수제안의 심사 및 결정)
① 행정안전부장관은 제15조에 따라 자체우수제안을 추천받았을 때에는 제17조 제1항에 따른 중앙우수제안 심사위원회의 심의를 거쳐 그 내용을 심사하여 중앙우수제안으로 채택할지 여부 및 창안 등급을 결정하고, 자체우수제안을 추천한 행정청에 그 사실을 통보해야 한다.
② 행정안전부장관이 제1항에 따라 중앙우수제안으로 채택할지를 결정하는 경우 심사기준 및 의견 조회 등에 관하여는 제8조 제1항 및 제9조를 준용한다. 이 경우 "행정청"은 "행정안전부장관"으로 본다.

제17조(중앙우수제안 심사위원회)
① 행정안전부장관은 자체우수제안을 공정하게 심사하기 위하여 필요한 경우 중앙우수제안 심사위원회(이하 "위원회"라 한다)를 구성·운영할 수 있다.
② 위원회는 다음 각 호의 사항을 심의한다.
 1. 자체우수제안의 평가 및 심사
 2. 중앙우수제안 채택 여부 및 창안 등급의 구분
 3. 부상 지급 금액
 4. 다른 법령에 따라 위원회의 심의 사항으로 규정된 사항
 5. 그 밖에 행정안전부장관이 필요하다고 인정하는 사항
③ 위원회는 위원장 1명을 포함하여 17명 이내의 위원으로 구성한다.
④ 위원회의 위원은 관계 공무원과 국민제안에 관한 학식과 경험이 풍부한 사람 중에서 행정안전부장관이 임명하거나 위촉하며, 위원장은 위촉위원 중에서 행정안전부장관이 위촉한다.
⑤ 공무원이 아닌 위원의 임기는 1년으로 하되, 한 차례만 연임할 수 있다. 다만, 제14항에 따라 위원회가 해산되는 경우에는 그 해산되는 때에 임기가 만료되는 것으로 한다.
⑥ 위원장은 위원회를 대표하고, 위원회의 업무를 총괄한다. 다만, 위원장이 부득이한 사유로 직무를 수행할 수 없을 때에는 위원장이 미리 지명한 위원이 그 직무를 대행한다.
⑦ 위원회의 회의는 재적위원 과반수의 출석으로 개의(開議)하고, 출석위원 과반수의 찬성으로 의결한다.
⑧ 위원회에 간사 1명을 두며, 간사는 행정안전부장관이 소속 공무원 중에서 지명한다.
⑨ 위원회의 효율적인 운영을 위하여 분야별로 분과위원회를 설치·운영할 수 있다.
⑩ 위원회의 위원이 심사 대상인 제안 및 제안자와 직접적인 이해관계를 가진 경우에는 위원회의 심의·의결에서 제척(除斥)된다.
⑪ 제안자는 위원에게 공정한 심의·의결을 기대하기 어려운 사정이 있는 경우에는 위원회에 기피 신청을 할 수 있고, 위원회는 의결로 이를 결정한다. 이 경우 기피 신청의 대상인 위원은 그 의결에 참여하지 못한다.

⑫ 위원이 제10항에 따른 제척 사유에 해당하는 경우에는 스스로 해당 안건의 심의·의결에서 회피(回避)하여야 한다.
⑬ 행정안전부장관은 위원회의 위원이 다음 각 호의 어느 하나에 해당하는 경우에는 해당 위원을 해임하거나 해촉(解囑)할 수 있다.
 1. 심신쇠약 등으로 장기간 직무를 수행할 수 없게 된 경우
 2. 직무와 관련된 비위사실이 있는 경우
 3. 직무 태만, 품위 손상이나 그 밖의 사유로 인하여 위원으로 적합하지 아니하다고 인정되는 경우
 4. 위원 스스로 직무를 수행하기 어렵다는 의사를 밝히는 경우
 5. 제10항에 따른 제척 사유에 해당하는 데에도 불구하고 회피하지 아니한 경우
⑭ 행정안전부장관은 위원회의 구성 목적을 달성하였다고 인정하는 경우에는 위원회를 해산할 수 있다.

제5장 시상 및 보상

제18조(채택제안의 시상)
① 행정청은 채택제안의 제안자에게 포상을 하거나 예산의 범위에서 부상을 지급할 수 있다. 다만, 제5조 제3항에 따라 공동으로 국민제안을 제출한 경우에는 각자의 기여도에 따라 부상을 지급한다.
② 행정청은 다음 각 호의 어느 하나에 해당하는 경우에는 채택제안에 대한 시상을 하지 않을 수 있다.
 1. 채택제안의 제안자가 동일하거나 유사한 국민제안 또는 「공무원 제안 규정」 제2조 1호에 따른 공무원제안(이하 "공무원제안"으로 한다)으로 이미 다른 행정청으로부터 포상이나 부상을 받은 경우
 2. 다른 사람이 채택제안과 동일하거나 유사한 국민제안 또는 공무원제안으로 이미 다른 행정청으로부터 포상이나 부상을 받은 경우
 3. 채택제안의 제안자가 성명, 전화번호 또는 주소 등 개인정보를 제대로 기재하지 않아 포상 또는 부상 지급 사실을 알릴 수 없는 경우

제19조(중앙우수제안의 시상)
① 중앙우수제안의 창안 등급은 금상·은상·동상 및 장려상으로 구분하며, 각 등급에 해당하는 국민제안이 없는 경우에는 해당 등급의 시상을 하지 아니한다.
② 중앙우수제안의 제안자에게는 「상훈법」 및 「정부 표창 규정」에서 정하는 바에 따라 훈장·포장을 수여하거나 표창을 할 수 있다.
③ 행정안전부장관은 중앙우수제안의 제안자에게 다음 각 호의 기준에 따라 부상을 지급한다. 다만, 제5조 제3항에 따라 공동으로 국민제안을 제출한 경우에는 각자의 기여도에 따라 부상을 지급한다.
 1. 금상 : 하나의 국민제안당 500만원 이상 800만원 이하
 2. 은상 : 하나의 국민제안당 300만원 이상 500만원 이하
 3. 동상 : 하나의 국민제안당 100만원 이상 300만원 이하
 4. 장려상 : 하나의 국민제안당 50만원 이상 100만원 이하
④ 3명 이상이 공동으로 국민제안을 제출한 경우에는 제안자의 수를 고려하여 부상의 금액 상한을 제3항 각 호의 2분의 1까지 높여 지급할 수 있다.
⑤ 중앙우수제안의 제안자가 사망한 경우에는 부상을 다음 각 호의 순위에 따라 지급한다.
 1. 제안자가 지정한 자
 2. 상속인

제20조(우수기관 등에 대한 포상 등)
① 행정안전부장관과 행정청은 다음 각 호의 어느 하나에 해당하는 <u>국민제안의 활성화에 직접적인 공로가 있는 우수기관이나 공무원</u>(행정청이 「행정절차법」 제2조 제1호 나목에 해당하는 경우에는 그 행정청에 소속된 임직원을 포함한다. 이하 제2항에서 같다)에 대하여 포상을 하거나 예산의 범위에서 부상을 지급할 수 있다.
 1. 제25조 제3항에 따른 생활공감정책에 관한 국민제안
 2. 행정운영의 효율적 추진에 기여한 국민제안
② 행정청은 제23조에 따라 측정된 실시 성과를 바탕으로 해당 채택제안의 채택 및 실시에 직접적인 공로가 있는 공무원에게 예산의 범위에서 상여금을 지급할 수 있다.
③ 행정청이 제2항에 따라 지급하는 상여금의 지급액은 3천만원 이하의 범위에서 별표에 따라 산정한다. 다만, 실시 성과의 기여도에 따라 상여금을 일부 감액하여 지급할 수 있다.
④ 행정청은 채택제안의 실시에 직접적인 공로가 있는 공무원을 「적극행정 운영규정」 제14조 제1항 및 제15조 제1항 또는 「지방공무원 적극행정 운영규정」 제13조 제1항 및 제14조 제1항에 따라 적극행정 우수공무원으로 선발하여 인사상 우대조치를 할 수 있다.

제21조(보상)
행정안전부장관과 행정청은 전시(展示) 등을 위하여 제안자로 하여금 시험제품을 제작하게 하는 경우에는 예산의 범위에서 제작에 든 실비를 보상할 수 있다.

제6장 국민제안의 사후 관리

제22조(관리기간)
행정청은 채택제안에 대해서는 채택을 결정한 날부터 3년간 실시 여부의 확인 등 필요한 관리를 하여야 하며, 채택되지 아니한 국민제안은 채택하지 아니하는 것으로 결정한 날부터 2년간 보존·관리해야 한다.

제23조(실시 성과의 측정)
① 행정청은 채택제안의 실시에 따라 <u>행정 업무의 개선, 예산 절감 또는 국고·조세수입 증대 등의 성과가 있는 경우 그 성과를 측정해야 한다.</u>
② 제1항에 따른 행정 업무의 개선 성과는 다음 각 호의 사항을 고려하여 수·우·미·양·가로 측정한다.
 1. 행정서비스의 질적 수준 향상
 2. 행정제도 및 행정운영의 효율성 제고
 3. 사고의 예방 및 재해의 제거
 4. 근무환경 및 근무조건의 개선
 5. 그 밖에 행정안전부장관이 정하는 사항
③ 제1항에 따라 예산 절감 금액 또는 국고·조세수입이 늘어난 금액을 측정할 때에는 회계의 방법으로 하는 것을 원칙으로 한다. 이 경우 그 금액을 산출할 때에는 해당 국민제안을 실시하는 데에 든 경비를 빼야 한다.
④ 제1항에 따른 실시 성과의 측정기간은 채택제안이 실시된 후 최초로 성과가 나타난 날부터 1년간으로 한다.

제24조(확인·점검)
① 행정청은 국민제안의 처리 상황과 운영 실태를 매분기 1회 이상 확인·점검하고, 그 확인·점검 결과 국민제안의 처리가 미흡하다고 판단되는 경우에는 지체 없이 이를 시정하고, 필요한 조치를 해야 한다.

② 행정청은 매년도의 국민 제안 제도의 운영 실적과 국민제안의 실시 결과 등을 다음 해 1월 31일까지 행정안전부장관에게 제출해야 한다.
③ 온라인 국민참여포털의 운영을 총괄하는 행정청은 매분기 온라인 국민참여포털에서 처리된 국민제안의 처리 실태를 분석하고, 그 결과를 소관 행정청 및 행정안전부장관에게 통보해야 한다.
④ 행정안전부장관은 각 행정청의 국민제안 채택 실적, 채택제안의 실시 실적, 제안자에 대한 시상 및 보상 내용 등 국민 제안 제도 운영 전반에 관한 사항을 확인·점검하고, 그 결과를 공개할 수 있다.

제7장 국민제안의 활성화

제25조(국민제안의 발굴 노력)
① 행정안전부장관 및 행정청은 국민이 국민 제안 제도 운영에 적극 참여할 수 있도록 국민제안의 접수, 심사 방법 및 보상 등에 관한 사항을 안내하고, 제안자가 국민제안과 관련하여 상담이나 정보를 요구하는 경우에는 적극 협조해야 한다.
② 행정청은 국민제안의 활성화를 위하여 국민참여 플랫폼을 국민제안 업무에 적극 활용해야 한다.
③ 행정청은 생활공감정책(정부시책이나 행정제도 등을 조금만 개선하면 국민생활에 실질적인 도움을 줄 수 있는 정책을 말한다)에 관한 생활밀착형 국민제안의 발굴을 위하여 적극 노력해야 한다.
④ 행정청은 국민제안의 활성화를 위해 「민원 처리에 관한 법률」 제12조에 따른 민원실에서 국민제안을 접수할 수 있도록 편의를 제공할 수 있다.

제26조(국민제안 정보의 공동 활용)
행정청은 국민제안의 심사 등을 효율적으로 하기 위하여 다른 행정청이 접수한 국민제안의 제목, 내용, 제안자, 접수 일시, 채택 및 시상 여부 등 국민제안 관련 정보를 공동으로 활용할 수 있다.

제27조(우수한 국민제안의 확산)
① 행정청은 채택한 국민제안이 다른 행정청도 적용할 수 있다고 판단될 경우에는 다른 행정청에 그 국민제안의 실시를 권고할 수 있다.
② 행정청은 언론매체, 행정청의 인터넷 홈페이지, 온라인 국민참여포털 등 다양한 매체를 활용하여 자체우수제안이나 중앙우수제안의 내용을 공개하거나 홍보할 수 있다.

제8장 보칙

제28조(국방·군사에 관한 국민제안의 특례)
① 행정청은 제15조에도 불구하고 국방·군사에 관한 내용의 자체우수제안은 국방부장관에게 추천해야 한다.
② 국방·군사에 관한 중앙우수제안의 심사, 채택 여부의 결정 및 시상은 국방부장관이 한다. 이 경우 심사의 기준 및 의견 또는 자료의 제출, 심사위원회의 구성·운영, 시상 등에 관하여는 제16조(같은 조에 따라 준용되는 제8조 1항 및 제9조를 포함한다), 제17조 및 제19조를 준용하되, "행정청" 또는 "행정안전부장관"은 "국방부장관"으로 본다.
③ 국방부장관은 제2항에 따라 중앙우수제안으로 결정하거나 포상 등 시상을 하는 경우 행정안전부장관과 미리 협의하여야 한다.

03 국민참여 창구

1. 의의

'국민참여 창구'는 주요 정책 등에 대하여 국민과 전문가의 의견을 다양하게 수렴·반영할 수 있는 온라인·오프라인 방식의 제도적 참여통로를 마련함으로써, 행정의 민주성·투명성·책임성을 확보하고 숙의민주주의 기반의 정책 형성을 촉진하는 중요한 제도이다.

법 제52조(국민참여 활성화)와 연계되어 도입되었으며, 제52조의2(국민제안)·제53조(온라인 정책토론)와 함께 정책과정에서의 적극적 참여 기반을 마련한다.

2. 설치·운영의 주체 및 방법

행정청은 주요 정책 등에 관한 국민과 전문가의 의견을 듣거나 국민이 참여할 수 있는 온라인 또는 오프라인 창구를 설치·운영할 수 있다(법 제52조의3).

※ [국민참여 창구의 사례]
국민신문고(국민권익위원회), 국민참여예산(기획재정부), 온(ON)국민소통·광화문1번가(행정안전부), 국민생각함(국민권익위원회), 국민참여입법센터(국회·법제처), 모두의 광장(대통령실·행정안전부), 항공정책 제안센터(국토교통부), 모두의 R&D(과학기술정보통신부), 함께학교(교육부), 적극행정 국민추천(인사혁신처), 환경부 국민제안 코너(환경부), R&D 신문고(한국과학기술기획평가원)

04 온라인 정책토론

> **설명형 예제**
> A시는 배달, 대리운전, 택배기사 등 이동노동자를 위한 간이 쉼터 조성사업의 필요성과 구체적 방안을 논의하기 위해 온라인 정책토론을 실시하고자 한다. 온라인 정책토론의 운영방법을 설명하시오.

1. 의의

온라인 정책토론 규정은 2014년 신설된 이래 주요 정책 수립과정에서 행정청이 정보통신망을 통해 국민의 다양한 의견을 폭넓게 수렴할 수 있는 법적 근거를 제공하며, 2022년 일부개정을 통해 '한시적 토론 패널 구성, 운영의 공정성·중립성 확보, 운영방법의 대통령령 위임' 등을 명문화함으로써 온라인 기반 정책토론의 실효성과 신뢰성을 제고하고 있다.

이 제도는 법 제1조 "국민의 행정참여 도모, 행정의 공정성·투명성 및 신뢰성 확보"라는 입법목적을 실질적으로 구현하기 위한 장치로, 숙의적 거버넌스가 실현되는 절차적 매커니즘이다. 전통적 입법예고나 공청회 방식에 비해 접근 용이성과 참여의 적극성을 보장한다.

이는 국민의 창의적 제안과 전문가 토론을 거친 실질적 피드백을 정책 설계에 반영함으로써, 절차민주주의와 협치 기반의 정책획득 장치로서 행정법상 국민주권의 실질을 정책에 통합하는 진일보한 제도적 의미를 담고 있다.

2. 개요

행정청은 국민에게 영향을 미치는 주요 정책 등에 대하여 국민의 다양하고 창의적인 의견을 널리 수렴하기 위하여 정보통신망을 이용한 정책토론(이하 이 조에서 "온라인 정책토론")을 실시할 수 있다(법 제53조 제1항).

행정청은 효율적인 온라인 정책토론을 위하여 과제별로 한시적인 토론 패널을 구성하여 해당 토론에 참여시킬 수 있다. 이 경우 패널의 구성에 있어서는 공정성 및 객관성이 확보될 수 있도록 노력하여야 한다(제2항).

행정청은 온라인 정책토론이 공정하고 중립적으로 운영되도록 하기 위하여 필요한 조치를 할 수 있다(제3항).

토론 패널의 구성, 운영방법, 그 밖에 온라인 정책토론의 운영을 위하여 필요한 사항은 대통령령으로 정한다(제4항).

■ 온라인 정책토론 절차

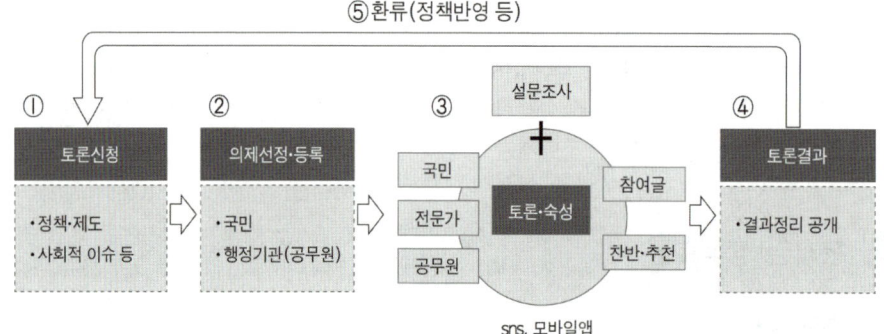

* 출처 : 「행정절차제도 실무 편람」, 행정안전부

3. 온라인 정책토론의 운영

(1) 반복토론의 실시

행정청은 온라인 정책토론을 실시하는 경우 토론 참여자 간의 이해를 돕고 합리적인 대안을 찾을 필요가 있다고 판단되는 경우에는 동일한 토론 과제에 대하여 반복하여 토론을 실시할 수 있다(시행령 제26조 제1항).

※ 반복토론은 ① 정책결정 전에 집단지성의 숙의 과정을 통한 사업 고도화를 기대하는 과제, ② 의제 발굴을 위한 토론에 이어 발굴된 의제에 대한 추가 토론이 필요한 경우, ③ 찬·반 쟁점이 예상되는 과제로 참여자간 쟁점을 최소화하고 상호 합의 및 대안 모색이 필요한 과제 등에서 필요하다.

(2) 토론의 공개

행정청은 온라인 정책토론을 실시할 때에는 토론 개최계획, 토론 과제 및 토론 결과 등을 단계별로 정보통신망 등을 통하여 공개해야 한다(제2항).

※ 예컨대, 공개기간을 15일간으로 하고, 공개방법은 인터넷 홈페이지, 관보·공보 등 다양한 매체를

이용한다. 그리고 토론이 종료된 후에도 토론결과를 정보통신망 등을 통하여 공개한다.

> **예시** 토론주제 : 주민을 위한 맞춤형 일자리창출 방안을 제안해주세요.
>
> ○ △△구 주민을 위한 맞춤형 일자리사업 또는 일자리창출을 위한 구민의 의견을 듣고자 합니다. ※ 청년 및 노인 대상 일자리사업은 제외입니다.
> ○ 토론기간 : 202×.5.13. ~ 5.30.
> ○ 참여방법 : 구민이면 누구나 토론주제에 댓글로 참여
>   △△구 홈페이지 → 안녕하세요 허○○입니다 → 정책토론방
>
> 우수의견 시상
> - 최우수(2명 이내) : 5만원 상당 상품권   - 우수(3명 이내) : 3만원 상당 상품권

(3) 토론자료의 공유

온라인 정책토론에 참여하는 행정청과 그 밖의 참여자는 합리적인 토론을 위하여 필요한 자료(예 정책자료, 통계)를 공유하도록 노력해야 한다(제3항).

(4) 토론 패널의 구성 등

행정청은 토론 패널을 구성할 때에는 공정성 및 객관성이 확보될 수 있도록 토론 과제와 관련된 이해관계자의 대표성, 전문성 및 주요 예상되는 입장 등을 고려하여야 한다(제4항).

행정청은 토론 패널을 구성한 경우에는 토론 참가 전에 토론 패널 명단을 정보통신망 등을 통하여 공개하여야 한다(제5항).

(5) 기타 운영 세부사항

시행령에서 규정한 사항 외에 온라인 정책토론의 운영을 위하여 필요한 세부사항은 행정안전부장관이 정한다(제6항).

행정사 2차 행정절차론

제2편 그 밖의 행정절차 관련 법령

제1장　공공기관의 정보공개에 관한 법률
제2장　개인정보 보호법
제3장　질서위반행위규제법
제4장　행정조사기본법
제5장　행정규제기본법
제6장　주민등록법
제7장　가족관계의 등록 등에 관한 법률

제1장 공공기관의 정보공개에 관한 법률

01 개설

1. 정보공개의 의의

정보공개제도는 국민이 국가가 보유·관리하고 있는 정보에 접근하여 이용할 수 있게 하기 위해, 국민에게 정부가 보유한 정보에 대한 공개를 청구할 수 있는 권리를 보장하고 국가는 정보공개의 의무를 지게 하는 제도를 말한다. 이는 국민의 '알권리'를 보장함으로써 '열린 정부'(open government)에 의한 행정의 민주화·공정화를 실현하려는데 기본이념이 있다.

2. 정보공개의 필요성과 문제점

필요성	• 국민의 알권리 충족 • 국민이 올바른 정치적 의사를 형성하여 국정에 참여 • 국가의 사정이나 지역의 사정에 대한 국민이나 주민의 이해 제고 • 환경·소비자·도시문제 등에 관한 국민의 권리·이익보호 • 정부에 대한 국민의 신뢰성 제고 • 행정서비스의 효율성의 제고
문제점	• 과도한 정보공개로 국가기밀이나 개인정보를 침해할 가능성 • 행정의 부담 과중 • 기업비밀의 악용 가능성 • 부실정보·조작정보로 인한 정보질서의 혼란 • 정보무능력자의 소외

3. 정보공개청구권의 법적 근거

(1) 헌법

정보공개청구권의 근거를 헌법상의 알권리에서 찾는 것이 일반적이다. 알권리는 일반적으로 접근할 수 있는 정보원으로부터 방해받지 않고 보고, 듣고, 읽을 수 있는 소극적 측면으로서의 권리와 정보공개를 청구할 수 있는 적극적 측면으로서의 권리를 포함하고 있다. 그런데 알권리의 헌법적 근거에 대하여는 ① 행복추구권(헌법 제10조)이라는 견해, ② 표현의 자유(제21조 제1항)라는 견해, ③ 어느 한 조항만이 아니고 표현의 자유를 비롯하여 국민주권원리·인간의 존엄·행복추구권·인간다운 생활을 할 권리 등에서 찾을 수 있다는 견해가 있다. 헌법재판소는 자유민주주의적 기본질서를 천명하고 있는 헌법전문, 제1조, 제4조 및 표현의 자유를 규정한 제21조 제1항으로부터 알권리를 도출하고 있다(헌재 1989.9.4. 88헌마22).

(2) 법률

1994년 '정보공개기반구축과 운영기준에 관한 국무총리훈령'이 제정되어 시행되었다가, 1996년 정보공개제도의 일반법으로서 27개 조문으로 이루어진 「공공기관의 정보공개에 관한 법률」이 제정되었다. 그리고 개별법에서 개인의 정보공개청구권과 관련된 규정이 많이 있다(예 민원사무편람의 비치, 도시계획안의 공고).

(3) 조례

지방자치단체는 그 소관사무에 관하여 법령의 범위안에서 정보공개에 관한 조례를 정할 수 있다(정보공개법 제4조 제2항). 따라서 지방자치단체의 주민은 조례에 근거하여 정보공개청구권을 가질 수 있다. 그런데 정보공개조례는 권리를 제한하거나 의무를 부과하는 조례가 아니므로 법령의 위임이 없어도 제정될 수 있다고 해석되고 있다. 정보공개법이 제정되기 전인 1992년에 이미 대법원은 법률의 개별적 위임이 없는 청주시행정정보공개조례안이 위법하지 않다고 판결한 바 있다(대판 1992.6.23. 92추17).

02 적용원칙

1. 목적 및 '공개'의 뜻

동법은 공공기관이 보유·관리하는 정보에 대한 국민의 공개 청구 및 공공기관의 공개 의무에 관하여 필요한 사항을 정함으로써 국민의 알권리를 보장하고 국정(國政)에 대한 국민의 참여와 국정 운영의 투명성을 확보함을 목적으로 한다(법 제1조).

동법상 '공개'란 공공기관이 이 법에 따라 정보를 열람하게 하거나 그 사본·복제물을 제공하는 것 또는 「전자정부법」 제2조 제10호에 따른 정보통신망을 통하여 정보를 제공하는 것 등을 말한다(법 제2조 제2호).

2. 적용범위

정보의 공개에 관하여는 다른 법률에 특별한 규정이 있는 경우를 제외하고는 이 법에서 정하는 바에 따른다(법 제4조 제1항)고 하여, 동법이 공공기관이 보유·관리하는 정보공개에 관한 일반법임을 명시하고 있다.

그러나 국가안전보장에 관련되는 정보 및 보안 업무를 관장하는 기관에서 국가안전보장과 관련된 정보의 분석을 목적으로 수집하거나 작성한 정보에 대해서는 이 법을 적용하지 아니한다. 다만, 제8조 제1항에 따른 정보목록의 작성·비치 및 공개에 대해서는 그러하지 아니한다(제3항).

아울러 지방자치단체는 그 소관 사무에 관하여 법령의 범위에서 정보공개에 관한 조례를 정할 수 있다(제2항)고 하여, 지방자치단체가 소관사무와 관련하여 동법에 위배되지 않는 한도에서 독자적인 행정정보공개조례를 제정할 수 있도록 하였다.

> **관련판례**
>
> '정보공개에 관하여 다른 법률에 특별한 규정이 있는 경우'의 의미
> 공공기관의 정보공개에 관한 법률 제4조 제1항은 '정보의 공개에 관하여는 다른 법률에 특별한 규정이 있는 경우를 제외하고는 이 법이 정하는 바에 의한다'고 규정하고 있는바, 여기서 '정보공개에 관하여 다른 법률에 특별한 규정이 있는 경우'에 해당한다고 하여서 정보공개법의 적용을 배제하기 위해서는, 그 특별한 규정이 '법률'이어야 하고, 나아가 그 내용이 정보공개의 대상 및 범위, 정보공개의 절차, 비공개대상정보 등에 관하여 정보공개법과 달리 규정하고 있는 것이어야 할 것이다 - 아파트분양원가 정보공개청구사건(대판 2007.6.1. 2007두2555).

3. 정보공개의 원칙

<u>공공기관이 보유·관리하는 정보는 국민의 알권리 보장 등을 위하여 이 법에서 정하는 바에 따라 적극적으로 공개하여야 한다</u>(법 제3조)고 하여 정보공개가 원칙이고 비공개가 예외임을 밝히고 있다. 그러나 정보공개법의 적용배제 영역이 있고, 정보공개법이 정부의 정보공개의무를 일반적으로 부과하고 있다고 단언하기는 어렵다.

정보공개의 원칙은 국민의 알권리 보장과 행정 투명성 확보를 위한 법적 기반으로, 적극적 정보공개의무를 선언하여 민주적 통치체제의 신뢰성과 책임성을 실현하는 출발점이다.

4. 정보공개 청구권자 * 2017, 2021 행정사 기출

> **설명형 예제**
>
> 공공기관의 정보공개에 관한 법령상 정보공개 청구권자와 공공기관의 범위에 관하여 설명하시오.
>
> * 2017 행정사

> **사례형 예제**
>
> 국내에 주소를 두고 거주하는 외국인 甲은 A광역시에 건물을 보유하고 있다. 그러나 이 건물이 공익사업을 이유로 A광역시지방토지수용위원회의 수용재결을 받게 되었고, 이에 대해 이의신청을 하였으나 중앙토지수용위원회에서 기각재결이 이루어졌다. 그러자 甲은 토지수용위원회의 회의록에 기재된 발언내용에 대한 해당 발언자의 인적사항 부분에 관한 정보공개를 청구하였다. 甲이 정보공개청구권의 주체가 될 수 있는지와 청구내용이 정보공개대상이 되는지를 검토하시오.
>
> * 2021 행정사

> **해설 요지**
>
> 甲은 외국인으로서 국내에 주소를 두고 거주하고 있으므로 정보공개법상 정보공개청구권의 주체가 될 수 있다. 그러나 '회의록에 기재된 발언내용에 대한 해당 발언자의 인적 사항' 부분은 그것이 공개될 경우 위원회의 심의업무의 공정한 수행에 현저한 지장을 초래한다고 인정할 만한 상당한 이유가 있다. 甲의 청구내용은 비공개대상정보에 해당한다

<u>모든 국민은 정보의 공개를 청구할 권리를 가지며</u>(법 제5조 제1항), 이해관계인에 국한되지 않는다. 여기의 국민에는 <u>자연인 이외에 법인, 권리능력 없는 사단·재단도 포함된다. 외국인은 ① 국내에 일정</u>

한 주소를 두고 거주하거나 학술·연구를 위하여 일시적으로 체류하는 자, ② 국내에 사무소를 두고 있는 법인 또는 단체의 경우 청구권자이다(법 제5조 제2항, 시행령 제2조).

법 제5조는 국민이 국가기관 등에 정보를 요구할 수 있는 법적 권리를 명문화함으로써, 알권리를 단순 청구서 이상의 헌법적 권리로 구현하는 조항이다.

판례는 청구인이 공공기관에 대하여 정보공개를 청구하였다가 거부처분을 받은 것 자체가 법률상 이익의 침해에 해당한다고 보아 비공개결정에 대한 취소소송의 원고적격 범위를 넓게 인정하고 있다(대판 2004.9.23. 2003두1370). 나아가 정보공개청구는 이해관계가 없는 공익을 위한 경우(예 시민단체 등의 행정감시목적의 정보공개청구)에도 인정된다(대판 2003.12.12. 2003두8050).

> **관련판례**
>
> **공공기관의 정보공개에 관한 법률 제6조 제1항 소정의 국민의 범위**
> 공공기관의 정보공개에 관한 법률 제6조 제1항은 '모든 국민은 정보의 공개를 청구할 권리를 가진다.'고 규정하고 있는데, 여기에서 말하는 국민에는 자연인은 물론 법인, 권리능력 없는 사단·재단도 포함되고, 법인, 권리능력 없는 사단·재단 등의 경우에는 설립목적을 불문한다(대판 2003.12.12. 2003두8050).
>
> **공개청구의 대상이 되는 정보가 인터넷 검색이나 도서관에서의 열람 등을 통하여 쉽게 알 수 있다고 하여 비공개결정이 정당화될 수 없음**
> 구법 제8조 제2항은 정보공개청구의 대상이 이미 널리 알려진 사항이라 하더라도 그 공개의 방법만을 제한할 수 있도록 규정하고 있을 뿐 공개 자체를 제한하고 있지는 아니하므로, 공개청구의 대상이 되는 정보가 이미 다른 사람에게 공개하여 널리 알려져 있다거나 인터넷이나 관보 등을 통하여 공개하여 인터넷검색이나 도서관에서의 열람 등을 통하여 쉽게 알 수 있다는 사정만으로는 소의 이익이 없다거나 비공개결정이 정당화될 수는 없다(대판 2008.11.27. 2005두15694).

5. 부당한 청구 등의 금지

정보공개를 청구하였으나, 실제로는 해당 정보를 취득 또는 활용할 의사가 전혀 없이 정보공개 제도를 이용하여 사회통념상 용인될 수 없는 부당한 이득을 얻으려 하거나, 오로지 공공기관의 담당공무원을 괴롭힐 목적으로 정보공개청구를 하는 경우처럼 권리의 남용에 해당하는 것이 명백한 경우에는 정보공개청구권의 행사를 허용하지 아니한다(대판 2014.12.24. 2014두9349).

※ 그 밖에 부당한 청구로 볼 수 있는 것은, 정보를 특정하지 않는 등 방대한 양을 정보공개 청구하여 공공기관의 업무처리에 현저한 지장을 초래하는 경우가 있다.

6. 공공기관 및 정보공개 담당자의 의무

(1) 공공기관의 의무

공공기관은 정보의 공개를 청구하는 국민의 권리가 존중될 수 있도록 이 법을 운영하고 소관 관련법령을 정비하며, 정보를 투명하고 적극적으로 공개하는 조직문화 형성에 노력하여야 한다(법 제6조 제1항). 공공기관은 정보의 적절한 보존 및 신속한 검색과 국민에게 유용한 정보의 분석 및 공개 등이 이루어지도록 정보관리체계를 정비하고, 정보공개 업무를 주관하는 부서 및 담당하는 인력을 적정하게 두어야 하며, 정보통신망을 활용한 정보공개시스템 등을 구축하도록 노력하여야 한다(제2항). 행정안전부장관은 공공기관의 정보공개에 관한 업무를 종합적·체계적·효율적으로 지원하기 위하여 통합정보공개시스템을 구축·운영하여야 한다(제3항). 공공기관(국회·법원·헌법재판소·중앙선거관리위원회는 제외)이 제2항에 따른 정보공개시스템을 구축하지 아니한 경우에는 제3항에 따라 행정안전부장관이 구축·운영하는 통합정보공개시스템을 통하여 정보공개 청구 등을 처리하여야 한다(제4항). 공공기관은 소속 공무원 또는 임직원 전체를 대상으로 국회규칙·대법원규칙·헌법재판소규칙·중앙선거관리위원회규칙 및 대통령령으로 정하는 바에 따라 이 법 및 정보공개 제도 운영에 관한 교육을 실시하여야 한다(제5항).

(2) 정보공개 담당자의 의무

공공기관의 정보공개 담당자(정보공개 청구 대상 정보와 관련된 업무 담당자를 포함)는 정보공개 업무를 성실하게 수행하여야 하며, 공개 여부의 자의적인 결정, 고의적인 처리 지연 또는 위법한 공개 거부 및 회피 등 부당한 행위를 하여서는 아니 된다(법 제6조의2).

7. 정보의 사전적 공개

(1) 의의

법 제3조(정보공개원칙)가 선언적 성격을 띠고 있는 반면, 일정한 정보에 대해서는 공공기관이 스스로 정보공개 계획을 수립하고 정기적으로 공개하도록 하였다. 이는 공공기관의 자발·선제적 정보공개 책임을 부여하여 행정의 투명성과 국민의 알권리를 확보하려는 것이다. 이렇게 함으로써 ① 국민은 무엇이 언제 공개될지, 어떤 방식으로 접근 가능한지 미리 알 수 있으므로 행정에 대한 예측 가능성과 감시 가능성이 증대되고, ② 반복적인 정보공개청구를 줄여 관련 비용을 절감할 수 있다.

(2) 공개 대상 및 방법

공공기관은 다음 각 호의 어느 하나에 해당하는 정보에 대해서는 공개의 구체적 범위, 주기, 시기 및 방법 등을 미리 정하여 정보통신망 등을 통하여 알리고, 이에 따라 정기적으로 공개하여야 한다. 다만, 제9조 제1항 각 호의 비공개대상 정보에 대해서는 그러하지 아니하다(법 제7조 제1항).

> 1. 국민생활에 매우 큰 영향을 미치는 정책에 관한 정보
> 2. 국가의 시책으로 시행하는 공사(工事) 등 대규모 예산이 투입되는 사업에 관한 정보
> 3. 예산집행의 내용과 사업평가 결과 등 행정감시를 위하여 필요한 정보

공공기관은 제1항에 규정된 사항 외에도 국민이 알아야 할 필요가 있는 정보를 국민에게 공개하도록 적극적으로 노력하여야 한다(제2항).

8. 정보목록의 작성비치

공공기관은 그 기관이 보유·관리하는 정보에 대하여 국민이 쉽게 알 수 있도록 정보목록을 작성하여 갖추어 두고, 그 목록을 정보통신망을 활용한 정보공개시스템 등을 통하여 공개하여야 한다. 다만, 정보목록 중 제9조 제1항에 따라 공개하지 아니할 수 있는 정보가 포함되어 있는 경우에는 해당 부분을

갖추어 두지 아니하거나 공개하지 아니할 수 있다(법 제8조 제1항).

9. 정보공개 장소의 확보 등

공공기관은 정보의 공개에 관한 사무를 신속하고 원활하게 수행하기 위하여 정보공개 장소를 확보하고 공개에 필요한 시설을 갖추어야 한다(법 제8조 제2항).

10. 공개대상 정보의 원문공개

공공기관 중 **중앙행정기관 및 대통령령으로 정하는 기관**은 전자적 형태로 보유·관리하는 정보 중 공개대상으로 분류된 정보를 국민의 정보공개 청구가 없더라도 정보통신망을 활용한 정보공개시스템 등을 통하여 공개하여야 한다(법 제8조의2).

※ "대통령령으로 정하는 기관": 중앙행정기관의 소속 기관, 「행정기관 소속 위원회의 설치·운영에 관한 법률」에 따른 위원회, 지방자치단체, 「초·중등교육법」 제2조에 따른 각급 학교, 「공공기관의 운영에 관한 법률」 제5조에 따른 공기업 및 준정부기관

11. 공개대상정보와 비공개대상정보

[설명형 예제]

현행 공공기관의 정보공개에 관한 법률상 비공개대상정보에 관하여 설명하시오.   * 2014 행정사

[사례형 예제]

甲은 상해죄로 법원에서 징역 1년 6월의 형이 확정되어 A교도소에서 복역 중이다. 甲은 별도의 민사소송에 대비하여 변호사 B와의 접견을 교도소장 乙에게 신청하였다. 그러나 乙은 甲이 미결수용자가 아니라는 이유로 甲과 B가 '변호인 접견실'에서 접견하지 못하도록 하였고, 결국 甲과 B는 접촉차단시설이 설치된 '일반 접견실'에서 접견할 수밖에 없었다. 甲이 乙의 일반접견실 접견결정에 불만을 품고 난동을 부리자 乙은 甲에게 10일간의 금치처분을 하였다. 이에 甲은 교도관들을 상대로 가혹행위를 이유로 국가배상청구소송을 제기하기 위해 금치처분과 관련된 난동일 당시의 근무보고서를 공개하라는 정보공개청구를 하였으나 乙은 이를 거부하였다. 乙의 이러한 비공개결정은 적법한가? (단, 근무보고서는 소란의 경위 및 상황을 담당 교도관 입장에서 객관적으로 서술한 것임을 전제)

[해설 요지]

근무보고서는 ① 소란의 경위 및 상황을 담당 교도관 입장에서 객관적으로 서술한 것에 불과하여 그 공개가 교정 업무의 수행에 어떠한 현실적인 장애를 초래하는 것이라고 보기 어려운 점, ② 근무보고의 대상인 甲이 당시 교도관들의 대처방안에 문제가 있다는 이유로 소송까지 제기한 이상 법률상 직접 이해당사자인 甲의 권리구제를 위해서는 그 공개가 객관적으로 필요한 점, ③ 교도소로서도 교정 업무의 투명성 측면에서 이를 제시·공할 공익적 필요가 있다는 점 등을 고려하면, 비공개대상정보에 해당한다고 볼 수 없다. 따라서 근무보고서의 공개를 거부한 乙의 결정은 적법하지 않다.

(1) 공개대상정보 * 2017, 2022 행정사 기출

정보공개의 대상이 되는 정보는 「공공기관이 보유·관리하는 정보」이다(법 제3조).

① 공공기관 : '공공기관'이란 다음 각 목의 기관을 말한다(법 제2조 제3호).

　가. 국가기관
　　　1) 국회, 법원, 헌법재판소, 중앙선거관리위원회
　　　2) 중앙행정기관(대통령 소속 기관과 국무총리 소속 기관을 포함한다) 및 그 소속 기관
　　　3) 「행정기관 소속 위원회의 설치·운영에 관한 법률」에 따른 위원회
　나. 지방자치단체
　다. 「공공기관의 운영에 관한 법률」 제2조에 따른 공공기관
　라. 「지방공기업법」에 따른 지방공사 및 지방공단
　마. 그 밖에 대통령령으로 정하는 기관

> **시행령 제2조(공공기관의 범위)** 「공공기관의 정보공개에 관한 법률」 제2조 제3호 마목에서 "대통령령으로 정하는 기관"이란 다음 각 호의 기관 또는 단체를 말한다.
> 1. 「유아교육법」, 「초·중등교육법」, 「고등교육법」에 따른 각급 학교 또는 그 밖의 다른 법률에 따라 설치된 학교
> 2. 삭제
> 3. 「지방자치단체 출자·출연 기관의 운영에 관한 법률」 제2조 제1항에 따른 출자기관 및 출연기관
> 4. 특별법에 따라 설립된 특수법인
> 5. 「사회복지사업법」 제42조 제1항에 따라 국가나 지방자치단체로부터 보조금을 받는 사회복지법인과 사회복지사업을 하는 비영리법인
> 6. 제5호 외에 「보조금 관리에 관한 법률」 제9조 또는 「지방재정법」 제17조 제1항 각 호 외의 부분 단서에 따라 국가나 지방자치단체로부터 연간 5천만원 이상의 보조금을 받는 기관 또는 단체. 다만, 정보공개 대상 정보는 해당 연도에 보조를 받은 사업으로 한정한다.

② 공공성

정보공개청구는 사인의 권익보호와 공공의 이익을 비교형량해서 결정하기 때문에, 공공기관이 그 업무 수행으로써 추구하는 이익이 해당 법인 내부의 이익에 그치지 않고 공동체 전체의 이익에 해당하는 공익적 성격을 가져야 한다(대판 2010.12.23. 2008두13392).

관련판례

구 공공기관의 정보공개에 관한 법률 시행령 제2조 제1호가 정보공개의무를 지는 공공기관의 하나로 사립대학교를 들고 있는 것은 모법의 위임 범위를 벗어나지 아니함

공공기관은 국가기관에 한정되는 것이 아니라 지방자치단체, 정부투자기관, 그 밖에 공동체 전체의 이익에 중요한 역할이나 기능을 수행하는 기관도 포함되는 것으로 해석되고, 여기에 정보공개의 목적, 교육의 공공성 및 공·사립학교의 동질성, 사립대학교에 대한 국가의 재정지원 및 보조 등 여러 사정을 고려해 보면, 사립대학교에 대한 국비 지원이 한정적·일시적·국부적이라는 점을 고려하더라도, 같은 법 시행령 제2조 제1호가 정보공개의무를 지는 공공기관의 하나로 사립대학교를 들고 있는 것이 모법인 구 공공기관의 정보공개에 관한 법률의 위임 범위를 벗어났다거나 사립

대학교가 국비의 지원을 받는 범위 내에서만 공공기관의 성격을 가진다고 볼 수 없다(대판 2006.8. 24. 2004두2783).

한국방송공사(KBS)는 정보공개의무가 있는 공공기관에 해당

방송법이라는 특별법에 의하여 설립 운영되는 한국방송공사(KBS)는 공공기관의 정보공개에 관한 법률 시행령 제2조 제4호의 '특별법에 의하여 설립된 특수법인'으로서 정보공개의무가 있는 공공기관의 정보공개에 관한 법률 제2조 제3호의 '공공기관'에 해당한다(대판 2010.12.23. 2008두13101).

'한국증권업협회'는 공공기관의 정보공개에 관한 법률 시행령 제2조 제4호의 '특별법에 의하여 설립된 특수법인'에 해당한다고 보기 어려움

'한국증권업협회'는 증권회사 상호간의 업무질서를 유지하고 유가증권의 공정한 매매거래 및 투자자보호를 위하여 일정 규모 이상인 증권회사 등으로 구성된 회원조직으로서, 증권거래법 또는 그 법에 의한 명령에 대하여 특별한 규정이 있는 것을 제외하고는 민법 중 사단법인에 관한 규정을 준용 받는 점, 그 업무가 국가기관 등에 준할 정도로 공동체 전체의 이익에 중요한 역할이나 기능에 해당하는 공공성을 갖는다고 볼 수 없는 점 등에 비추어, 공공기관의 정보공개에 관한 법률 시행령 제2조 제4호의 '특별법에 의하여 설립된 특수법인'에 해당한다고 보기 어렵다(대판 2010.4.29. 2008두5643).

③ 보유정보

'정보'란 공공기관이 직무상 작성 또는 취득하여 관리하고 있는 문서(전자문서를 포함) 및 전자매체를 비롯한 모든 형태의 매체 등에 기록된 사항을 말한다(법 제2조 제1호). 정보공개청구의 대상이 되는 정보에 해당하는 문서가 반드시 원본일 필요는 없다(대판 2006.5.25. 2006두3049).

공개청구의 대상이 되는 정보는 공공기관이 '보유하는 정보'에 한정된다. 따라서 공공기관이 그 정보를 보유·관리하고 있지 아니한 경우에는 특별한 사정이 없는 한 정보공개거부처분이 취소를 구할 법률상 이익이 없다.

(2) 비공개대상정보 * 2014, 2021, 2022 행정사 기출

① 법 제3조는 공개원칙을 선언하면서도, 제9조 제1항에서 8가지 유형의 광범위한 비공개대상정보를 두고 있다. 이에 해당하는 정보에 대하여는 이를 공개하지 아니할 수 있다.

② 몇 호의 비공개사유에 해당하는지에 대한 입증책임은 공공기관에 있다. 그러나 비공개정보에 해당한다고 하여 자동적으로 정보공개를 거부할 수 있는 것이 아니고, 정보공개로 달성할 수 있는 이익과 비공개로 하여야 할 이익을 비교형량하여 공개여부를 결정해야 한다. 정보공개법은 공개를 원칙으로 하고 비공개는 예외에 해당하므로, 법에서 정하는 비공개사유의 해석도 법이 특정 정보를 비공개사유로 규정하는 취지에 따라 제한적으로 해석하여야 한다(서울행법 1999.2.25. 98구3692).

③ 공공기관은 제1항 각호의 1에 해당하는 정보가 기간의 경과 등으로 인하여 비공개의 필요성이 없어진 경우에는 당해 정보를 공개대상으로 하여야 한다(법 제9조 제2항). 공공기관은 제1항 각 호의 범위에서 해당 공공기관의 업무 성격을 고려하여 비공개 대상 정보의 범위에 관한 세부 기준을 수립하고 이를 정보통신망을 활용한 정보공개시스템 등을 통하여 공개하여야 한다(제3항).

④ 공공기관(국회·법원·헌법재판소 및 중앙선거관리위원회는 제외)은 제3항에 따라 수립된 비공개 세부 기준이 제1항 각 호의 비공개 요건에 부합하는지 3년마다 점검하고 필요한 경우 비공개 세부 기준을 개선하여 그 점검 및 개선 결과를 행정안전부장관에게 제출하여야 한다(제4항).

> **관련판례**
>
> **정보공개를 요구받은 공공기관이 공공기관의정보공개에관한법률 제7조 제1항 몇 호 소정의 비공개사유에 해당하는지를 주장입증하지 아니한 채 개괄적인 사유만을 들어 그 공개를 거부할 수 없음**
> 국민으로부터 보유·관리하는 정보에 대한 공개를 요구받은 공공기관으로서는 같은 법 제7조 제1항 각 호에서 정하고 있는 비공개사유에 해당하지 않는 한 이를 공개하여야 할 것이고, 만일 이를 거부하는 경우라 할지라도 대상이 된 정보의 내용을 구체적으로 확인·검토하여 어느 부분이 어떠한 법익 또는 기본권과 충돌되어 같은 법 제7조 제1항 몇 호에서 정하고 있는 비공개사유에 해당하는지를 주장·입증하여야만 할 것이며, 그에 이르지 아니한 채 개괄적인 사유만을 들어 공개를 거부하는 것은 허용되지 아니한다(대판 2003.12.11. 2001두8827).
>
> **국가가 북한이탈주민에 관한 정보를 공개하는 때에 고려하여야 할 사항**
> 국가가 북한을 이탈하여 귀순한 주민들에 관한 정보를 공개함에 있어서는 위와 같은 헌법과 법률의 취지, 탈북주민의 불안정한 신분상의 지위 및 정서적 불안감, 북한 내 가족 등에 대한 위해의 우려 기타 제반 사정을 감안하여 그 신원은 물론 탈북경위 등 공표의 내용과 그 절차 및 시기 등 여러 면에서 일반적인 행정정보 등의 공개 때보다 훨씬 엄격한 기준에 의하여야 하고, 합리적인 보호기준에 미치지 못한 경우에는 그 정당성을 인정할 수 없다(대판 2012.4.26. 2011다53164).
>
> **정보공개거부가 위법하다는 판결 이후 다시 공개를 거부할 수 있는지 여부**
> 개별정보에 대하여 공개거부사유를 구체적으로 주장·입증하지 않음으로써 정보공개거부가 위법하다는 판결이 난 경우에, 정보공개의무기관은 판결의 취지에 따라 개별정보에 대하여 공개거부사유를 구체적으로 내세워 다시 공개를 거부할 수 있다(대판 2004.9.23. 2003두1370).

(제1호) 다른 법률 또는 법률에서 위임한 명령(국회규칙·대법원규칙·헌법재판소규칙·중앙선거관리위원회규칙·대통령령 및 조례로 한정한다)에 따라 비밀이나 비공개 사항으로 규정된 정보

제1호의 입법취지는 비밀 또는 비공개 사항으로 다른 법률 등에 규정되어 있는 경우에는 이를 존중함으로써 법률 간의 마찰을 피하기 위한 것이다(대판 2010.6.10. 2010두2931). 여기서 '다른 법률 또는 법률이 위임한 명령'에는 군사기밀보호법, 국가정보원법, 보안업무규정 등이 포함된다. 그러나 국가공무원법 제60조의 공무원 비밀엄수의무 규정은 여기에 포함되지 않는다(반대설 있음). 다른 법률에서 비공개대상정보를 규정할 경우에는 구체적이고 한정적으로 명확하게 규정하여야 한다. 그리고 법률상 위임근거가 없이 행정기간 내부의 사무처리준칙으로서 행정규칙에 불과한 경우는 정보공개청구를 거부할 수 없다(대판 2012.6.28. 2011두16735).

관련판례

정보공개법 제9조 제1항 제1호의 '법률이 위임한 명령'의 의미
공공기관의 정보공개에 관한 법률 제9조 제1항 제1호에서 '법률이 위임한 명령'에 의하여 비밀 또는 비공개 사항으로 규정된 정보는 공개하지 아니할 수 있다고 할 때의 '법률이 위임한 명령'은 정보의 공개에 관하여 법률의 구체적인 위임 아래 제정된 법규명령(위임명령)을 의미한다. 교육공무원법 제13조, 제14조의 위임에 따라 제정된 교육공무원승진규정은 정보공개에 관한 사항에 관하여 구체적인 법률의 위임에 따라 제정된 명령이라고 할 수 없고, 따라서 교육공무원승진규정 제26조에서 근무성적평정의 결과를 공개하지 아니한다고 규정하고 있다고 하더라도 위 교육공무원승진규정은 공공기관의 정보공개에 관한 법률 제9조 제1항 제1호에서 말하는 법률이 위임한 명령에 해당하지 아니하므로 위 규정을 근거로 정보공개청구를 거부하는 것은 잘못이다(대판 2006.10.26. 2006두11910).

검찰보존사무규칙상의 열람·등사의 제한이 공공기관의 정보공개에 관한 법률 제9조 제1항 제1호의 '다른 법률 또는 법률에 의한 명령에 의하여 비공개사항으로 규정된 경우'에 해당하지 아니함
검찰보존사무규칙이 검찰청법 제11조에 기하여 제정된 법무부령이기는 하지만, 그 사실만으로 같은 규칙 내의 모든 규정이 법규적 효력을 가지는 것은 아니다. 기록의 열람·등사의 제한을 정하고 있는 같은 규칙 제22조는 법률상의 위임근거가 없어 행정기관 내부의 사무처리준칙으로서 행정규칙에 불과하므로, 위 규칙상의 열람·등사의 제한을 공공기관의 정보공개에 관한 법률 제9조 제1항 제1호의 '다른 법률 또는 법률에 의한 명령에 의하여 비공개사항으로 규정된 경우'에 해당한다고 볼 수 없다(대판 2006.5.25. 2006두3049).

학교폭력대책자치위원회의 회의록은 비공개대상 정보
학교폭력예방 및 대책에 관한 법률 제21조 제1항, 제2항, 제3항 및 같은 법 시행령 제17조 규정들의 내용, 학교폭력예방 및 대책에 관한 법률의 목적, 입법 취지, 특히 학교폭력예방 및 대책에 관한 법률 제21조 제3항이 학교폭력대책자치위원회의 회의를 공개하지 못하도록 규정하고 있는 점 등에 비추어, 학교폭력대책자치위원회의 회의록은 공공기관의 정보공개에 관한 법률 제9조 제1항 제1호의 '다른 법률 또는 법률이 위임한 명령에 의하여 비밀 또는 비공개 사항으로 규정된 정보'에 해당한다(대판 2010.6.10. 2010두2913).

국가정보원이 직원에게 지급하는 현금급여 및 월초수당에 관한 정보는 비공개대상 정보
국가정보원법 제12조가 국회에 대한 관계에서조차 국가정보원 예산내역의 공개를 제한하고 있는 것은, 정보활동의 비밀보장을 위한 것으로서, 그 밖의 관계에서도 국가정보원의 예산내역을 비공개 사항으로 한다는 것을 전제로 하고 있다고 볼 수 있고, 예산집행내역의 공개는 예산내역의 공개와 다를 바 없어, 비공개 사항으로 되어 있는 '예산내역'에는 예산집행내역도 포함된다고 보아야 하며, 국가정보원이 그 직원에게 지급하는 현금급여 및 월초수당에 관한 정보는 국가정보원 예산집행내역의 일부를 구성하는 것이므로, 위 현금급여 및 월초수당에 관한 정보는 국가정보원법 제12조에 의하여 비공개 사항으로 규정된 정보로서 공공기관의 정보공개에 관한 법률 제9조 제1항 제1호의 비공개대상정보인 '다른 법률에 의하여 비공개 사항으로 규정된 정보'에 해당한다고 보아야 하고, 위 현금급여 및 월초수당이 근로의 대가로서의 성격을 가진다거나 정보공개청구인이 해당 직원의 배우자라고 하여 달리 볼 것은 아니다(대판 2010.12.23. 2010두14800).

국가정보원의 조직소재지 및 정원에 관한 정보는 비공개대상정보
국가정보원법상 관련 규정의 내용, 형식, 체계 등을 종합적으로 살펴보면, 국가정보원의 조직·소재지 및 정원에 관한 정보는 특별한 사정이 없는 한 국가안전보장을 위하여 비공개가 필요한 경우로서 구 국가정보원법 제6조에서 정한 비공개 사항에 해당하고, 결국 공공기관의 정보공개에 관한 법률 제9조 제1항 제1호에서 말하는 '다른 법률에 의하여 비공개 사항으로 규정된 정보'에도 해당한다(대판 2013.1.24. 2010두18918).

(제2호) 국가안전보장·국방·통일·외교관계 등에 관한 사항으로서 공개될 경우 국가의 중대한 이익을 현저히 해칠 우려가 있다고 인정되는 정보

여기서 국민의 정보공개청구권이 침해되지 않도록 하기 위해 '국가의 중대한 이익을 해할 우려'라는 불확정법개념은 가능한 한 엄격하게 해석할 필요가 있다.

관련판례

한미 FTA 추가협상 과정에서 작성교환된 문서는 비공개대상정보
한·미 FTA 추가협상 과정에서 작성·교환된 문서는 외교관계에 관한 사항으로서 공개될 경우 국가의 중대한 이익을 현저히 해할 우려가 있다고 인정되므로, 공공기관의 정보공개에 관한 법률 제9조 제1항 제2호에 정한 비공개대상정보에 해당한다(서울행법 2008.4.16. 2007구합31478).

(제3호) 공개될 경우 국민의 생명·신체 및 재산의 보호에 현저한 지장을 초래할 우려가 있다고 인정되는 정보

관련판례

보안관찰법 소정의 보안관찰 관련 통계자료는 비공개대상정보
보안관찰법 소정의 보안관찰 관련 통계자료는 우리 나라 53개 지방검찰청 및 지청관할지역에서 매월 보고된 보안관찰처분에 관한 각종 자료로서, 보안관찰처분대상자 또는 피보안관찰자들의 매월별 규모, 그 처분시기, 지역별 분포에 대한 전국적 현황과 추이를 한눈에 파악할 수 있는 구체적이고 광범위한 자료에 해당하므로 '통계자료'라고 하여도 그 함의를 통하여 나타내는 의미가 있음이 분명하여 가치중립적일 수는 없고, 그 통계자료의 분석에 의하여 대남공작활동이 유리한 지역으로 보안관찰처분대상자가 많은 지역을 선택하는 등으로 위 정보가 북한정보기관에 의한 간첩의 파견, 포섭, 선전선동을 위한 교두보의 확보 등 북한의 대남전략에 있어 매우 유용한 자료로 악용될 우려가 없다고 할 수 없으므로, 위 정보는 공공기관의정보공개에관한법률 제7조 제1항 제2호 소정의 공개될 경우 국가안전보장·국방·통일·외교관계 등 국가의 중대한 이익을 해할 우려가 있는 정보, 또는 제3호 소정의 공개될 경우 국민의 생명·신체 및 재산의 보호 기타 공공의 안전과 이익을 현저히 해할 우려가 있다고 인정되는 정보에 해당한다(대판 2004.3.18. 2001두8254).

(제4호) 진행 중인 재판에 관련된 정보와 범죄의 예방, 수사, 공소의 제기 및 유지, 형의 집행, 교정(矯正), 보안처분에 관한 사항으로서 공개될 경우 그 직무수행을 현저히 곤란하게 하거나 형사피고인의 공정한 재판을 받을 권리를 침해한다고 인정할 만한 상당한 이유가 있는 정보

제4호의 입법취지는 재판의 독립성과 공정성 등 국가의 사법작용이 훼손되는 것을 막기 위함이다. 따라서 공공기관이 '진행 중인 재판에 관련된 정보'라는 이유로 공개를 거부할 수 있는 정보는 진행 중인 재판의 심리 또는 재판결과에 구체적으로 영향을 미칠 위험이 있는 정보에 한정된다(대판 2010두24913). 이러한 비공개정보는 반드시 진행 중인 재판의 소송기록 그 자체에 포함된 내용의 정보이거나 재판에 관련된 일체의 정보일 필요는 없다(대판 2010두24931).

> **관련판례**
>
> **'형의 집행, 교정에 관한 사항으로서 공개될 경우 그 직무수행을 현저히 곤란하게 하는 정보'의 의미**
> 구「공공기관의 정보공개에 관한 법률」제7조 제1항 제4호에서 비공개대상으로 규정한 '형의 집행, 교정에 관한 사항으로서 공개될 경우 그 직무수행을 현저히 곤란하게 하는 정보'라 함은 당해 정보가 공개될 경우 재소자들의 관리 및 질서유지, 수용시설의 안전, 재소자들에 대한 적정한 처우 및 교정·교화에 관한 직무의 공정하고 효율적인 수행에 직접적이고 구체적으로 장애를 줄 고도의 개연성이 있고, 그 정도가 현저한 경우를 의미한다고 할 것이며 … 수용자자비부담물품의 판매수익금과 관련하여 교도소장이 재단법인 교정협회로 송금한 수익금 총액과 교도소장에게 배당된 수익금액 및 사용내역, 교도소직원회 수지에 관한 결산결과와 사업계획 및 예산서, 수용자 외부병원 이송진료와 관련한 이송진료자 수, 이송진료자의 진료내역별(치료, 검사, 수술) 현황… 등에 관한 정보는 공개될 경우 그 직무수행을 현저히 곤란하게 하는 정보'에 해당하기 어렵다(대판 2004.12. 9. 2003두12707).
>
> **교도관이 직무 중 발생한 사유에 관하여 작성하는 근무보고서는 정보공개대상에 해당**
> 교도소에 수용 중이던 재소자가 담당 교도관들을 상대로 가혹행위를 이유로 형사고소 및 민사소송을 제기하면서 그 증명자료 확보를 위해 '근무보고서'와 '징벌위원회 회의록' 등의 정보공개를 요청하였으나 교도소장이 이를 거부한 사안에서, 근무보고서는 공공기관의 정보공개에 관한 법률 제9조 제1항 제4호에 정한 비공개대상정보에 해당한다고 볼 수 없고, 징벌위원회 회의록 중 비공개 심사·의결 부분은 위 법 제9조 제1항 제5호의 비공개사유에 해당하지만 재소자의 진술, 위원장 및 위원들과 재소자 사이의 문답 등 징벌절차 진행 부분은 비공개사유에 해당하지 않는다고 보아 분리 공개가 허용된다고 한 사례(대판 2009.12.10. 2009두12785).

(제5호) 감사·감독·검사·시험·규제·입찰계약·기술개발·인사관리에 관한 사항이나 의사결정 과정 또는 내부검토 과정에 있는 사항 등으로서 공개될 경우 업무의 공정한 수행이나 연구·개발에 현저한 지장을 초래한다고 인정할 만한 상당한 이유가 있는 정보. 다만, 의사결정 과정 또는 내부검토 과정을 이유로 비공개할 경우에는 제13조 제5항에 따라 통지를 할 때 의사결정 과정 또는 내부검토 과정의 단계 및 종료 예정일을 함께 안내하여야 하며, 의사결정 과정 및 내부검토 과정이 종료되면 제10조에 따른 청구인에게 이를 통지하여야 한다.

여기서 '공개될 경우 업무의 공정한 수행이나 연구·개발에 현저한 지장을 초래한다고 인정할 만한 상당한 이유가 있는 경우'라 함은 공개될 경우 업무의 공정한 수행이 객관적으로 현저하게 지장받을 것이라는 고도의 개연성이 존재하는 경우로 엄격히 해석함이 타당하다(대판 2003.8.22. 2002두1294).

> **관련판례**
>
> ### 지방자치단체의 도시공원위원회의 회의관련자료 및 회의록의 공개시기
> 지방자치단체의 도시공원에 관한 조례에서 규정된 도시공원위원회의 심의사항에 관하여 위 위원회의 심의를 거친 후 시장이나 구청장이 위 사항들에 대한 결정을 대외적으로 공표하기 전에 위 위원회의 회의관련자료 및 회의록이 공개된다면 업무의 공정한 수행에 현저한 지장을 초래한다고 할 것이므로, 위 위원회의 심의 후 그 심의사항들에 대한 시장 등의 결정의 대외적 공표행위가 있기 전까지는 위 위원회의 회의관련자료 및 회의록은 「공공기관의 정보공개에 관한 법률」 제7조 제1항 제5호에서 규정하는 비공개대상정보에 해당한다고 할 것이고, 다만 시장 등의 결정의 대외적 공표행위가 있은 후에는 이를 의사결정과정이나 내부검토과정에 있는 사항이라고 할 수 없고 위 위원회의 회의관련자료 및 회의록을 공개하더라도 업무의 공정한 수행에 지장을 초래할 염려가 없으므로, 시장 등의 결정의 대외적 공표행위가 있은 후에는 위 위원회의 회의관련자료 및 회의록은 같은 법 제7조 제2항에 의하여 공개대상이 된다고 할 것인바, 지방자치단체의 도시공원에 관한 조례안에서 공개시기 등에 관한 아무런 제한 규정 없이 위 위원회의 회의관련자료 및 회의록은 공개하여야 한다고 규정하였다면 이는 같은 법 제7조 제1항 제5호에 위반된다고 할 것이다(대판 2000.5.30. 99추85).
>
> ### 학교환경위생구역 내 금지행위 해제결정에 관한 학교환경위생정화위원회의 회의록에 기재된 해당 발언자의 인적사항 부분에 관한 정보는 제5호 소정의 비공개대상에 해당
> 정화위원회의 회의록 중 발언내용 이외에 해당 발언자의 인적 사항까지 공개된다면 정화위원들이나 출석자들은 자신의 발언내용에 관한 공개에 대한 부담으로 인한 심리적 압박 때문에 위 정화위원회의 심의절차에서 솔직하고 자유로운 의사교환을 할 수 없고, 심지어 당사자나 외부의 의사에 영합하는 발언을 하거나 침묵으로 일관할 우려마저 있으므로, 이러한 사태를 막아 정화위원들이 심의에 집중하도록 함으로써 심의의 충실화와 내실화를 도모하기 위하여는 회의록의 발언내용 이외에 해당 발언자의 인적 사항까지 외부에 공개되어서는 아니된다 할 것이다(대판 2003.8.22. 2002두12946).
>
> ### 문제은행 출제방식을 채택하고 있는 치과의사 국가시험의 문제지와 정답지는 공공기관의 정보공개에 관한 법률상 비공개대상정보에 해당
> 치과의사 국가시험에서 채택하고 있는 문제은행 출제방식이 출제의 시간·비용을 줄이면서도 양질의 문항을 확보할 수 있는 등 많은 장점을 가지고 있는 점, 그 시험문제를 공개할 경우 발생하게 될 결과와 시험업무에 초래될 부작용 등을 감안하면, 위 시험의 문제지와 그 정답지를 공개하는 것은 시험업무의 공정한 수행이나 연구·개발에 현저한 지장을 초래한다고 인정할 만한 상당한 이유가 있는 경우에 해당하므로, 공공기관의 정보공개에 관한 법률 제9조 제1항 제5호에 따라 이를 공개하지 않을 수 있다(대판 2007.6.15. 2006두15936).

'2002학년도부터 2005학년도까지의 대학수학능력시험 원데이터'는 연구목적으로 그 정보의 공개를 청구하는 경우 비공개대상정보에 해당하지 아니함

'2002년도 및 2003년도 국가 수준 학업성취도평가 자료'는 표본조사 방식으로 이루어졌을 뿐만 아니라 학교식별정보 등도 포함되어 있어서 그 원자료 전부가 그대로 공개될 경우 학업성취도평가 업무의 공정한 수행이 객관적으로 현저하게 지장을 받을 것이라는 고도의 개연성이 존재한다고 볼 여지가 있어 공공기관의 정보공개에 관한 법률 제9조 제1항 제5호에서 정한 비공개대상정보에 해당하는 부분이 있으나, '2002학년도부터 2005학년도까지의 대학수학능력시험 원데이터'는 연구목적으로 그 정보의 공개를 청구하는 경우, 공개로 인하여 초래될 부작용이 공개로 얻을 수 있는 이익보다 더 클 것이라고 단정하기 어려우므로 그 공개로 대학수학능력시험 업무의 공정한 수행이 객관적으로 현저하게 지장을 받을 것이라는 고도의 개연성이 존재한다고 볼 수 없어 위 조항의 비공개대상정보에 해당하지 않는다(대판 2010.2.25. 2007두9877).

사법시험 시험문항에 대한 채점위원별 채점 결과는 비공개대상이나, 2차시험 답안지는 비공개대상정보가 아님

[1] 시험문항에 대한 채점위원별 채점 결과를 열람하도록 하면, 다의적일 수밖에 없는 평가기준과 주관적 평가 결과 사이의 정합성을 둘러싸고 시험 결과에 이해관계를 가진 자들로부터 제기될 지도 모를 시시비비에 일일이 휘말리는 상황이 초래될 우려가 있고, 그럴 경우 업무수행상의 공정성을 확보할 수 없을 뿐 아니라 그 평가업무의 수행자체에 지장을 초래할 것이 명백함은 물론, 궁극적으로는 논술형시험의 존립이 무너지게 될 염려가 있다. 법의 입법취지와 논술형시험의 속성 및 시험관리와 그 평가사무의 본질, 공개로 인한 파장 등에 비추어 볼 때 답안지와 시험문항에 대한 채점위원별 채점 결과를 열람하도록 할 경우 시험업무의 공정한 수행에 현저한 지장을 초래한다고 인정할 상당한 이유가 있어 비공개정보에 해당된다.

[2] 답안지는 응시자의 시험문제에 대한 답안이 기재되어 있을 뿐 평가자의 평가기준이나 평가 결과가 반영되어 있는 것은 아니므로 응시자가 자신의 답안지를 열람한다고 하더라도 시험문항에 대한 채점위원별 채점 결과가 열람되는 경우와 달리 평가자가 시험에 대한 평가업무를 수행함에 있어서 지장을 초래할 가능성이 적은 점, 답안지에 대한 열람이 허용된다고 하더라도 답안지를 상호비교함으로써 생기는 부작용이 생길 가능성이 희박하고, 열람업무의 폭증이 예상된다고 볼만한 자료도 없는 점 등을 종합적으로 고려하면, 답안지의 열람으로 인하여 시험업무의 수행에 현저한 지장을 초래한다고 볼 수 없다(대판 2003.3.14. 2000두6114).

장기요양등급판정과 관련된 장기요양등급판정위원회 회의록은 비공개대상정보

갑이 자신의 모 을의 장기요양등급판정과 관련된 자료로서 장기요양등급판정위원회 회의록 등에 대한 정보공개를 청구한 사례에서, 회의록은 의사결정과정이 기록된 것으로서 의사결정과정에 있는 사항에 준하는 것에 해당하고 공개될 경우 위원회 심의업무의 공정한 수행에 현저한 지장을 가져온다고 인정할 만한 타당한 이유가 있다는 이유로 비공개결정처분이 위법하지 않다고 본 사례(대판 2012.2.9. 2010두14268).

직무유기 혐의 고소사건에 대한 내부 감사과정에서 경찰관들에게서 받은 경위서는 비공개대상정보
경위서는 고소사건을 조사하는 과정이 아니라 내부 감사과정에서 제출받은 것으로서, 경위서가 공개될 경우 앞으로 동종 업무 수행에 현저한 지장을 가져올 개연성이 상당하다고, 경위서가 공개될 경우 앞으로 내부 감사과정의 피조사자에게 어떤 영향을 미칠 수 있고, 그 때문에 업무수행에 어떤 변화가 초래될 수 있다(대판 2012.10.11. 2010두18758).

국가보훈처의 '망인들에 대한 공적심사위원회의 심의의결 과정 및 그 내용을 기재한 회의록'은 비공개대상정보
공적심사위원회의 심사에는 심사위원들의 전문적·주관적 판단이 상당 부분 개입될 수밖에 없는 심사의 본질에 비추어 공개를 염두에 두지 않은 상태에서의 심사가 그렇지 않은 경우보다 더 자유롭고 활발한 토의를 거쳐 객관적이고 공정한 심사 결과에 이를 개연성이 큰 점 등 위 회의록 공개에 의하여 보호되는 알권리의 보장과 비공개에 의하여 보호되는 업무수행의 공정성 등의 이익 등을 비교·교량해 볼 때, 위 회의록은 정보공개법 제9조 제1항 제5호에서 정한 '공개될 경우 업무의 공정한 수행에 현저한 지장을 초래한다고 인정할 만한 상당한 이유가 있는 정보'에 해당한다(대판 2014.7.24. 2013두20301).

> (제6호) 해당 정보에 포함되어 있는 성명·주민등록번호 등 「개인정보 보호법」 제2조 제1호에 따른 개인정보로서 공개될 경우 사생활의 비밀 또는 자유를 침해할 우려가 있다고 인정되는 정보. 다만, 다음 각 목에 열거한 사항은 제외한다.
> 가. 법령에서 정하는 바에 따라 열람할 수 있는 정보
> 나. 공공기관이 공표를 목적으로 작성하거나 취득한 정보로서 사생활의 비밀 또는 자유를 부당하게 침해하지 아니하는 정보
> 다. 공공기관이 작성하거나 취득한 정보로서 공개하는 것이 공익이나 개인의 권리 구제를 위하여 필요하다고 인정되는 정보
> 라. 직무를 수행한 공무원의 성명·직위
> 마. 공개하는 것이 공익을 위하여 필요한 경우로서 법령에 따라 국가 또는 지방자치단체가 업무의 일부를 위탁 또는 위촉한 개인의 성명·직업

개인정보의 공개제외의 규정방식에는 특정개인을 식별할 수 있는 정보를 비공개로 하는 개인식별형(프랑스식)과 개인의 프라이버시에 대한 침해를 가져오는 정보를 비공개로 하는 프라이버시형(미국식)이 있는데 우리 정보공개법은 프라이버시형을 취하고 있다.

판례의 입장은, 개인정보는 절대적으로 공개가 거부될 수 있는 것은 아니며, 비공개에 의하여 보호되는 개인의 사생활 보호 등의 이익과 공개에 의하여 보호되는 국민의 알권리의 보장과 국정에 대한 국민의 참여 및 국정운영의 투명성 확보 등의 공익을 비교·교량하여 구체적 사안에 따라 개별적으로 판단하여야 한다는 것이다.

관련판례

개인의 사생활의 비밀과 공익의 판단
공공기관의정보공개에관한법률 제9조 제1항 제6호 단서 (다)목 소정의 '공개하는 것이 공익을 위하여 필요하다고 인정되는 정보'에 해당하는지 여부는 비공개에 의하여 보호되는 개인의 사생활 보호 등의 이익과 공개에 의하여 보호되는 국정운영의 투명성확보 등의 공익을 비교·교량하여 구체적 사안에 따라 신중히 판단하여야 한다. 지방자치단체의 업무추진비 세부항목별 집행내역 및 그에 관한 증빙서류에 포함된 개인에 관한 정보는 '공개하는 것이 공익을 위하여 필요하다고 인정되는 정보'에 해당하지 않는다(대판 2003.3.11. 2001두6425).

사면대상자들의 사면실시건의서와 그와 관련된 국무회의 안건자료에 관한 정보는 비공개대상정보가 아님
사면대상자들의 사면실시건의서와 그와 관련된 국무회의 안건자료에 관한 정보는 그 공개로 얻는 이익이 그로 인하여 침해되는 당사자들의 사생활의 비밀에 관한 이익보다 더욱 크므로 구 공공기관의 정보공개에 관한 법률 제7조 제1항 제6호에서 정한 비공개사유에 해당하지 않는다(대판 2006.12.7. 2005두241).

공무원이 직무와 관련 없이 개인적인 자격으로 간담회연찬회 등 행사에 참석하고 금품을 수령한 정보는 비공개대상
공공기관의정보공개에관한법률 제7조 제1항 제6호 단서 (다)목 소정의 '공개하는 것이 공익을 위하여 필요하다고 인정되는 정보'에 해당하는지 여부는 비공개에 의하여 보호되는 개인의 사생활 보호 등의 이익과 공개에 의하여 보호되는 국민의 알권리의 보장과 국정에 대한 국민의 참여 및 국정운영의 투명성 확보 등의 공익을 비교·교량하여 구체적 사안에 따라 개별적으로 판단하여야 한다. 공무원이 직무와 관련 없이 개인적인 자격으로 간담회·연찬회 등 행사에 참석하고 금품을 수령한 정보는 '공개하는 것이 공익을 위하여 필요하다고 인정되는 정보'에 해당하지 않는다(대판 2003.12.12. 2003두8050).

개인의 사생활의 비밀과 자유를 침해할 우려가 있다는 등의 이유로 재개발사업에 관한 정보공개청구를 배척한 사례
원고가 공개를 청구한 이 사건 자료 중 일부는 개인의 인적사항, 재산에 관한 내용이 포함되어 있어서 공개될 경우에는 타인의 사생활의 비밀과 자유를 침해할 우려가 있으며, 이 사건 자료의 분량이 합계 9,029매에 달하기 때문에 이를 원고에게 공개하기 위하여는 피고의 행정업무에 상당한 지장을 초래할 가능성이 있고, 이 사건 자료의 공개로 인하여 원고가 주장하는 바와 같은 공익이 실현된다고 볼 수도 없다(대판 1997.5.23. 96누2439).

'당해 정보에 포함되어 있는 이름·주민등록번호 등 개인에 관한 사항으로서 공개될 경우 개인의 사생활의 비밀 또는 자유를 침해할 우려가 있다고 인정되는 정보'의 의미와 범위
정보공개법 제9조 제1항 제6호 본문의 규정에 따라 비공개대상이 되는 정보에는 구 공공기관의 정보공개에 관한 법률의 이름·주민등록번호 등 정보 형식이나 유형을 기준으로 비공개대상정보에 해당하는지를 판단하는 '개인식별정보'뿐만 아니라 그 외에 정보의 내용을 구체적으로 살펴 '개인에 관한 사항의 공개로 개인의 내밀한 내용의 비밀 등이 알려지게 되고, 그 결과 인격적·정신적 내면생활에 지장을 초래하거나 자유로운 사생활을 영위할 수 없게 될 위험성이 있는 정보'도 포함된다고 새겨야 한다. 따라서 불기소처분 기록 중 피의자신문조서 등에 기재된 피의자 등의 인적사항 이외의 진술내용 역시 개인의 사생활의 비밀 또는 자유를 침해할 우려가 인정되는 경우 정보공개법 제9조 제1항 제6호 본문 소정의 비공개대상에 해당한다(대판 2012.6.18. 2011두2361).

(제7호) 법인·단체 또는 개인(이하 "법인등"이라 한다)의 경영상·영업상 비밀에 관한 사항으로서 공개될 경우 법인등의 정당한 이익을 현저히 해칠 우려가 있다고 인정되는 정보. 다만, 다음 각 목에 열거한 정보는 제외한다.
가. 사업활동에 의하여 발생하는 위해(危害)로부터 사람의 생명·신체 또는 건강을 보호하기 위하여 공개할 필요가 있는 정보
나. 위법·부당한 사업활동으로부터 국민의 재산 또는 생활을 보호하기 위하여 공개할 필요가 있는 정보

> **관련판례**

'법인 등의 경영영업상 비밀'의 의미

공공기관의 정보공개에 관한 법률 제9조 제1항 제7호에서 정한 '법인 등의 경영·영업상 비밀'은 '타인에게 알려지지 아니함이 유리한 사업활동에 관한 일체의 정보' 또는 '사업활동에 관한 일체의 비밀사항'을 의미하는 것이고 공개 여부는 공개를 거부할 만한 정당한 이익이 있는지에 따라 결정되어야 하는데, 그러한 정당한 이익이 있는지는 정보공개법의 입법 취지에 비추어 엄격하게 판단해야 한다(대판 2011.11.24. 2009두19021). ☞ 금융위원회의 론스타에 대한 외환은행 발행주식의 동일인 주식보유한도 초과보유 승인과 론스타의 외환은행 발행주식 초과보유에 대한 반기별 적격성 심사와 관련된 정보 등은 공개대상정보

대한주택공사의 아파트 분양원가 산출내역에 관한 정보는 비공개대상정보가 아님

대한주택공사의 아파트 분양원가 산출내역에 관한 정보는, 그 공개로 위 공사의 정당한 이익을 현저히 해할 우려가 있다고 볼 수 없어 구 공공기관의 정보공개에 관한 법률 제7조 제1항 제7호에서 정한 비공개대상정보에 해당하지 않는다(대판 2007.6.1. 2006두20587).

한국방송공사의 '수시집행 접대성 경비의 건별 집행서류 일체'는 공공기관의 정보공개에 관한 법률 제9조 제1항 제7호의 비공개대상정보에 해당하지 아니함

이 사건 정보는 피고의 경영·영업상 비밀에 관한 사항에 해당한다고 볼 여지가 있으나, 한편 이 사건 정보가 공개될 경우 피고의 정당한 이익을 현저히 해할 우려가 있다고 인정하기는 어렵다(대판 2008.10.23. 2007두1798).

방송프로그램의 기획편성제작 등에 관한 정보로서 비공개대상이라고 본 사례

한국방송공사(KBS)가 황우석 교수의 논문조작 사건에 관한 사실관계의 진실 여부를 밝히기 위하여 제작한 '추적 60분' 가제 "새튼은 특허를 노렸나"인 방송용 60분 분량의 편집원본 테이프 1개에 대하여 정보공개청구를 하였으나, 한국방송공사가 정보공개청구접수를 받은 날로부터 20일 이내에 공개 여부결정을 하지 않아 비공개결정을 한 것으로 간주된 사안에서, 위 정보는 방송프로그램

의 기획·편성·제작 등에 관한 정보로서, 공공기관의 정보공개에 관한 법률 제9조 제1항 제7호에서 비공개대상정보로 규정하고 있는 '법인 등의 경영·영업상 비밀에 관한 사항으로서 공개될 경우 법인 등의 정당한 이익을 현저히 해할 우려가 있다고 인정되는 정보'에 해당한다(대판 2010.12.23. 2008두13101).

(제8호) 공개될 경우 부동산 투기, 매점매석 등으로 특정인에게 이익 또는 불이익을 줄 우려가 있다고 인정되는 정보

> **관련판례**
>
> **임차인대표회의가 주택공사에게 공개를 청구한 당해 임대아파트에 관한 건설원가 등과 관련한 정보는 공공기관의 정보공개에 관한 법률에 정한 비공개 대상 정보가 아님**
> 임대아파트에 관한 건설원가 등과 관련한 정보는 완성된 아파트의 건설원가의 산출내역에 관한 자료로서 그 공개에 의하여 분양가격이 실제보다 과다하게 책정이 될 수 있는 부당한 결과를 방지하는 순기능을 수행할 가능성이 큰 것이지, <u>분양가격을 적정한 가격 이하로 책정되도록 강요하는 수단으로서 작용하는 것은 아니므로 그 시세차익을 노린 부동산투기가 과열될 우려나 가능성은 이 사건 정보의 공개와 직접적인 관계가 있다고 할 수 없다.</u> 따라서 이 사건 정보는 위 법조 소정의 '공개될 경우 부동산 투기·매점매석 등으로 특정인에게 이익 또는 불이익을 줄 우려가 있다고 인정되는 정보'에 해당한다고 볼 수도 없다(서울행법 2007.10.9. 2007구합6342).

03 정보공개의 절차 * 2016 행정사 기출

1. 정보공개의 청구

정보공개 청구인은 해당 정보를 보유하거나 관리하고 있는 공공기관에 다음 각 호의 사항을 적은 <u>정보공개 청구서를 제출하거나 말로써 정보의 공개를 청구할 수 있다</u>(법 제10조 제1항).

1. 청구인의 성명·생년월일·주소 및 연락처(전화번호·전자우편주소 등을 말함). 다만, 청구인이 법인 또는 단체인 경우에는 그 명칭, 대표자의 성명, 사업자등록번호 또는 이에 준하는 번호, 주된 사무소의 소재지 및 연락처를 말한다.
2. 청구인의 주민등록번호(본인임을 확인하고 공개 여부를 결정할 필요가 있는 정보를 청구하는 경우로 한정)
3. 공개를 청구하는 정보의 내용 및 공개방법

<u>정보공개 청구서는 공공기관에 직접 출석하여 제출하거나 우편·팩스 또는 정보통신망을 이용하여 제출한다</u>(시행령 제6조 제1항).

공공기관은 정보공개 청구서를 접수하면 정보공개 처리대장에 기록하고 청구인에게 접수증을 발급하여야 한다. 다만, 다음 각 호의 어느 하나에 해당하는 경우에는 청구인이 요청할 때를 제외하고는 접수증을 발급하지 아니할 수 있다(제2항).

1. 즉시 또는 말로써 처리가 가능한 정보의 정보공개 청구서를 접수한 경우
2. 우편·팩스 또는 정보통신망을 통하여 정보공개 청구서를 접수한 경우

청구인이 말로써 정보의 공개를 청구할 때에는 담당 공무원 또는 담당 임직원의 앞에서 진술하여야 하고, 담당공무원등은 정보공개 청구조서를 작성하여 이에 청구인과 함께 기명날인하거나 서명하여야 한다(법 제10조 제2항).

> **관련판례**
>
> **정보공개청구시 요구되는 대상정보 특정의 정도**
> 공공기관의 정보공개에 관한 법률 제10조 제1항 제2호는 정보의 공개를 청구하는 자는 정보공개청구서에 '공개를 청구하는 정보의 내용' 등을 기재할 것을 규정하고 있는바, 청구대상정보를 기재함에 있어서는 사회일반인의 관점에서 청구대상정보의 내용과 범위를 확정할 수 있을 정도로 특정함을 요한다. … 공공기관의 정보공개에 관한 법률에 따라 공개를 청구한 정보의 내용이 '대한주택공사의 특정 공공택지에 관한 수용가, 택지조성원가, 분양가, 건설원가 등 및 관련 자료 일체'인 경우, '관련 자료 일체' 부분은 그 내용과 범위가 정보공개청구 대상정보로서 특정되지 않았다(대판 2007.6.1. 2007두2555).
>
> **공공기관의 정보공개에 관한 법률에 따라 정보비공개결정의 취소를 구하는 사건에서 정보공개청구서에 청구대상정보를 특정할 수 없는 부분이 포함되어 있는 경우 법원이 취해야 할 조치**
> 정보비공개결정의 취소를 구하는 사건에 있어서, 만일 공개를 청구한 정보의 내용 중 너무 포괄적이거나 막연하여서 사회일반인의 관점에서 그 내용과 범위를 확정할 수 있을 정도로 특정되었다고 볼 수 없는 부분이 포함되어 있다면, 이를 심리하는 법원으로서는 마땅히 공공기관의 정보공개에 관한 법률 제20조 제2항의 규정에 따라 공공기관에게 그가 보유·관리하고 있는 공개청구정보를 제출하도록 하여 이를 비공개로 열람·심사하는 등의 방법으로 공개청구정보의 내용과 범위를 특정시켜야 하고, 나아가 위와 같은 방법으로도 특정이 불가능한 경우에는 특정되지 않은 부분과 나머지 부분을 분리할 수 있고 나머지 부분에 대한 비공개결정이 위법한 경우라고 하여도 정보공개의 청구 중 특정되지 않은 부분에 대한 비공개결정의 취소를 구하는 부분은 나머지 부분과 분리하여 이를 기각하여야 한다(대판 2007.6.1. 2007두2555).

2. 정보공개 여부의 결정

> **설명형 예제**
>
> 「공공기관의 정보공개에 관한 법률」상 정보공개 청구를 받은 공공기관의 정보공개여부 결정 절차에 관하여 설명하시오.
> * 2016 행정사

> **설명형 예제**
>
> 지방공기업 A도시개발공사는 대규모 택지개발사업 협약에 대해 시민단체 甲이 정보공개를 청구하자, 경영상 비밀일 수 있다는 이유로 내부 검토를 진행했다. 그러나 청구일로부터 20일이 지나도 공개 또는 비공개 결정 통지를 하지 않았다. 이 경우 정보공개법상 공개 여부 결정 기간에 비추어 A도시개발공사의 조치는 적법한지 설명하시오.

(1) 의의

법 제11조는 정보공개청구를 받은 즉시(10일 이내) 공개 여부의 결정 및 연장, 타 기관 이송, 제3자 의견수렴 절차 등의 규정을 두어 '국민의 알권리 보장'과 '행정의 예측 가능성', '절차 투명성'을 도모하고 있다. 이렇게 함으로써 '결정 기한 없는 무기한 지연' 또는 '통보 부실' 사례를 방지하고자 한다.

(2) 결정 기간 및 기간의 연장

공공기관은 정보공개의 청구를 받으면 그 청구를 받은 날부터 10일 이내에 공개 여부를 결정하여야 한다(법 제11조 제1항). 공공기관은 부득이한 사유로 제1항에 따른 기간 이내에 공개 여부를 결정할 수 없을 때에는 그 기간이 끝나는 날의 다음 날부터 기산(起算)하여 10일의 범위에서 공개 여부 결정기간을 연장할 수 있다. 이 경우 공공기관은 연장된 사실과 연장 사유를 청구인에게 지체 없이 문서로 통지하여야 한다(제2항).

법 제11조 제2항 전단에 따른 부득이한 사유는 다음 각 호의 어느 하나에 해당하는 사유로 한다(시행령 제7조).

> 1. 한꺼번에 많은 정보공개가 청구되거나 공개 청구된 내용이 복잡하여 정해진 기간 내에 공개 여부를 결정하기 곤란한 경우
> 2. 정보를 생산한 공공기관 또는 공개 청구된 정보와 관련 있는 법 제11조 제3항에 따른 제3자의 의견 청취, 법 제12조에 따른 정보공개심의회 개최 등의 사유로 정해진 기간 내에 공개 여부를 결정하기 곤란한 경우
> 3. 전산정보처리조직에 의하여 처리된 정보가 공개 부분과 비공개 부분을 포함하고 있고, 정해진 기간 내에 부분 공개 가능 여부를 결정하기 곤란한 경우
> 4. 천재지변, 일시적인 업무량 폭주 등으로 정해진 기간 내에 공개 여부를 결정하기 곤란한 경우

(3) 제3자에 대한 통지 등

공공기관은 공개 청구된 공개 대상 정보의 전부 또는 일부가 제3자와 관련이 있다고 인정할 때에는 그 사실을 제3자에게 지체 없이 통지하여야 하며, 필요한 경우에는 그의 의견을 들을 수 있다(법 제11조 제3항).

공공기관이 제3자의 의견을 들을 때에는 문서로 하여야 한다. 다만, 공공기관이 필요하다고 인정하거나 제3자가 원하는 경우에는 말로 의견을 들을 수 있으며(시행령 제8조 제1항), 말로 의견을 듣는 경우에는 그 내용을 기록하고 본인의 확인을 받아야 한다(제2항).

(4) 이송

공공기관은 다른 공공기관이 보유·관리하는 정보의 공개 청구를 받았을 때에는 지체 없이 이를 소관 기관으로 이송하여야 하며, 이송한 후에는 지체 없이 소관 기관 및 이송 사유 등을 분명히 밝혀 청구인에게 문서로 통지하여야 한다(법 제11조 제4항).

다만, 해당 정보를 보유·관리하는 공공기관에서 이미 동일한 청구를 받았을 때에는 이송하지 않을 수 있다. ⇨ 입법안 계류 중

(5) 민원 처리

공공기관은 정보공개 청구가 다음 각 호의 어느 하나에 해당하는 경우로서 「민원 처리에 관한 법률」에 따른 민원으로 처리할 수 있는 경우에는 민원으로 처리할 수 있다(제5항).

> 1. 공개 청구된 정보가 공공기관이 보유·관리하지 아니하는 정보인 경우
> 2. 공개 청구의 내용이 진정·질의 등으로 이 법에 따른 정보공개 청구로 보기 어려운 경우

관련판례

제3자가 비공개를 요청하였다고 하여 공공기관의 정보공개에 관한 법률상 정보의 비공개사유에 해당한다고 볼 수 없음

정보공개법 제21조 제1항이 '제11조 제3항의 규정에 의하여 공개청구된 사실을 통지받은 제3자는 통지받은 날부터 3일 이내에 당해 공공기관에 대하여 자신과 관련된 정보를 공개하지 아니할 것을 요청할 수 있다'고 규정하고 있다고 하더라도, 이는 공공기관이 보유·관리하고 있는 정보가 제3자와 관련이 있는 경우 그 정보공개여부를 결정함에 있어 공공기관이 제3자와의 관계에서 거쳐야 할 절차를 규정한 것에 불과할 뿐, 제3자의 비공개요청이 있다는 사유만으로 정보공개법상 정보의 비공개사유에 해당한다고 볼 수 없다(대판 2008.9.25. 2008두8680).

(6) 정보생산 공공기관의 의견청취

공공기관은 공개 청구된 정보의 전부 또는 일부가 다른 공공기관이 생산한 정보인 경우에는 그 정보를 생산한 공공기관의 의견을 들어 공개 여부를 결정하여야 한다(시행령 제9조).

(7) 관계 기관 및 부서 간의 협조

정보공개 청구업무를 처리하는 부서는 관계 기관 또는 다른 부서의 협조가 필요할 때에는 정보공개 청구서를 접수한 후 처리기간의 범위에서 회신기간을 분명히 밝혀 협조를 요청하여야 한다(시행령 제10조). 협조를 요청받은 기관 또는 부서는 그 회신기간 내에 회신하여야 한다(제2항).

3. 반복 청구 등의 처리

설명형 예제

A시는 도시재생 뉴딜사업을 위해 다양한 예산 항목(건물 리모델링, 예술촌 조성, 청년 상인 유치 등)을 포함한 사업을 민관협력 방식으로 추진하였다. 시민 甲은 예산낭비 및 특정 업체 밀어주기 의혹을 이유로, 다음과 같은 내용을 A시장에게 정보공개를 청구하였다.

- 2024~2025년 도시재생 사업 전체 예산 집행내역
- 민간사업자 선정 평가 자료 및 회의록
- 외부 컨설팅 업체의 용역 결과보고서

이에 대해 A시장은 일부 자료가 이미 시청 홈페이지 등 정보통신망을 통해 공개된 상태임을 안내(정보소재 안내)했고, 컨설팅 보고서 중 일부는 공정한 계약관계 유지에 영향을 미친다는 이유로 비공개하였다. 이에 甲은 동일한 내용의 청구를 2주 간격으로 네 차례 반복 제출하였다.

(1) 甲이 동일한 정보에 대해 반복적으로 청구한 경우, A시장이 어떤 조치를 취할 수 있는지 설명하시오.
(2) 일부 정보에 대해 '정보소재 안내' 방식으로 종결 처리한 조치의 적법성과 그 요건을 설명하시오.

(1) 의의

정보공개 제도의 취지를 벗어난 부당하거나 과도한 요구를 하거나, 악의적인 반복 청구 등 오·남용 사례로 인하여 공공기관 업무 담당자의 고충 및 행정력 낭비가 심화되고 있으므로, 비정상적 정보공개 청구를 최소화하고 정상적 정보공개 청구를 신속·효율적으로 처리할 수 있도록 하였다.

(2) 종결 처리 사유

공공기관은 정보공개 청구가 다음 각 호의 어느 하나에 해당하는 경우에는 <u>정보공개 청구 대상 정보의 성격, 종전 청구와의 내용적 유사성·관련성, 종전 청구와 동일한 답변을 할 수밖에 없는 사정 등을 종합적으로 고려하여 해당 청구를 종결 처리할 수 있다.</u> 이 경우 종결 처리 사실을 청구인에게 알려야 한다(법 제11조의2 제1항).

> 1. 정보공개를 청구하여 정보공개 여부에 대한 결정의 통지를 받은 자가 정당한 사유 없이 해당 정보의 공개를 다시 청구하는 경우
> 2. 정보공개 청구가 제11조 제5항에 따라 민원으로 처리되었으나 다시 같은 청구를 하는 경우

공공기관은 정보공개 청구가 다음 각 호의 어느 하나에 해당하는 경우에는 다음 각 호의 구분에 따라 <u>안내하고, 해당 청구를 종결 처리할 수 있다</u>(제2항).

> 1. 제7조 제1항(정보의 사전적 공개)에 따른 정보 등 공개를 목적으로 작성되어 이미 정보통신망 등을 통하여 공개된 정보를 청구하는 경우: 해당 정보의 소재(所在)를 안내
> 2. 다른 법령이나 사회통념상 청구인의 여건 등에 비추어 수령할 수 없는 방법으로 정보공개 청구를 하는 경우: 수령이 가능한 방법으로 청구하도록 안내

4. 정보공개심의회

(1) 개요

<u>국가기관, 지방자치단체, 「공공기관의 운영에 관한 법률」 제5조에 따른 공기업 및 준정부기관, 「지방공기업법」에 따른 지방공사 및 지방공단(이하 "국가기관등")은 정보공개 여부 등을 심의하기 위하여 정보공개심의회를 설치·운영한다.</u> 이 경우 국가기관등의 규모와 업무성격, 지리적 여건, 청구인의 편의 등을 고려하여 소속 상급기관(지방공사·지방공단의 경우에는 해당 지방공사·지방공단을 설립한 지방자치단체를 말한다)에서 협의를 거쳐 심의회를 통합하여 설치·운영할 수 있다(법 제12조 제1항).

(2) 심의사항

정보공개심의회는 다음 각 호의 사항을 심의한다(시행령 제11조 제2항).

> 1. 공개 청구된 정보의 공개 여부를 결정하기 곤란한 사항
> 2. 법 제18조 및 제21조 제2항에 따른 이의신청. 다만, 다음 각 목의 어느 하나에 해당하는 이의신청은 제외한다.
>   가. 공공기관의 비공개 결정 또는 부분 공개 결정에 대하여 같은 내용으로 2회 이상 반복하여 제기된 이의신청
>   나. 청구인이 법 제18조 제1항에 따른 기간이 지난 후에 한 이의신청
>   다. 제3자가 법 제21조 제2항에 따른 기간이 지난 후에 한 이의신청
>   라. 청구인의 요구대로 공개 결정을 할 경우
> 3. 그 밖에 정보공개제도의 운영에 관한 사항

(3) 구성

① 심의회는 위원장 1명을 포함하여 5명 이상 7명 이하의 위원으로 구성한다(법 제12조 제2항).
② 심의회의 위원은 소속 공무원, 임직원 또는 외부 전문가로 지명하거나 위촉하되, 그 중 3분의 2는 해당 국가기관등의 업무 또는 정보공개의 업무에 관한 지식을 가진 외부 전문가로 위촉하여야 한다. 다만, 제9조 제1항 제2호 및 제4호에 해당하는 업무를 주로 하는 국가기관은 그 국가기관의 장이 외부 전문가의 위촉 비율을 따로 정하되, 최소한 3분의 1 이상은 외부 전문가로 위촉하여야 한다(제3항).
③ 심의회의 위원장은 위원 중에서 국가기관등의 장이 지명하거나 위촉한다(제4항).
④ 심의회의 위원의 임기는 2년으로 하며, 한 차례만 연임할 수 있다. 다만, 공무원인 위원의 임기는 그 직위에 재직하는 기간으로 한다(시행령 제11조 제3항).

(4) 그 밖의 사항

① 심의회의 위원에 대해서는 제23조 제4항(* 정보공개 업무와 관련하여 알게 된 정보를 누설하거나 그 정보를 이용하여 본인 또는 타인에게 이익 또는 불이익을 주는 행위를 하여서는 아니 된다) 및 제5항(* 공무원이 아닌 사람은 「형법」이나 그 밖의 법률에 따른 벌칙을 적용할 때에는 공무원으로 본다)을 준용한다(법 제12조 제5항).
② 심의회의 위원 중 공무원이 아닌 위원에게는 예산의 범위에서 수당·여비와 그 밖에 필요한 경비를 지급할 수 있다(시행령 제11조 제4항).
③ 심의회의 운영과 기능 등에 관하여 필요한 사항은 국회규칙·대법원규칙·헌법재판소규칙·중앙선거관리위원회규칙 및 대통령령으로 정한다(법 제12조 제6항).

5. 정보공개책임관

중앙행정기관의 장, 특별시장·광역시장·특별자치시장·도지사·특별자치도지사, 시장·군수·구청장(자치구의 구청장을 말한다) 및 특별시·광역시·특별자치시·도·특별자치도의 교육감은 소속 공무원 중에서 정보공개책임관을 지정하여 정보공개에 관한 다음 각 호의 사무를 수행하게 할 수 있다(시행령 제11조의2).

1. 정보공개심의회 운영
2. 소속 기관에 대한 정보공개 사무의 지도·지원
3. 정보공개 담당 공무원의 정보공개 사무처리능력 발전을 위한 교육·훈련
4. 정보공개 청구인에 대한 정보공개 청구 지원

6. 정보공개여부 결정의 통지

(1) 의의

과거에는 정보공개 청구에 대한 결정 이후의 절차가 불명확하게 규정되어 있어, 청구자가 실제 정보를 확인하거나 받아보는 과정에서 혼란, 지연, 정보 불확실성이 잦았다. 이에 따라 현행법은 공개 또는 비공개 결정 이후 '언제, 어떻게 정보를 받을 수 있는가', '불복절차는 어떻게 되는가'를 청구인에게 명확히 알려주도록 하고 있다.

(2) 정보 공개 결정의 통지

공공기관은 제11조에 따라 정보의 공개를 결정한 경우에는 공개의 일시 및 장소 등을 분명히 밝혀 청구인에게 통지하여야 한다(법 제13조 제1항).

공공기관은 청구인이 사본 또는 복제물의 교부를 원하는 경우에는 이를 교부하여야 한다(제2항). 공공기관은 공개 대상 정보의 양이 너무 많아 정상적인 업무수행에 현저한 지장을 초래할 우려가 있는 경우에는 해당 정보를 일정 기간별로 나누어 제공하거나 사본·복제물의 교부 또는 열람과 병행하여 제공할 수 있다(제3항).

공공기관은 제1항에 따라 정보를 공개하는 경우에 그 정보의 원본이 더럽혀지거나 파손될 우려가 있거나 그 밖에 상당한 이유가 있다고 인정할 때에는 그 정보의 사본·복제물을 공개할 수 있다(제4항).

(3) 정보 비공개 결정의 통지

공공기관은 제11조에 따라 정보의 비공개 결정을 한 경우에는 그 사실을 청구인에게 지체 없이 문서로 통지하여야 한다. 이 경우 제9조 제1항 각 호 중 어느 규정에 해당하는 비공개 대상 정보인지를 포함한 비공개 이유와 불복(不服)의 방법 및 절차를 구체적으로 밝혀야 한다(제5항).

> **시행령 제12조(정보공개 일시의 통지 등)** ① 공공기관은 정보의 공개를 결정하였을 때(제3자의 비공개 요청에도 불구하고 법 제21조 제2항에 따라 공개 결정을 한 경우는 제외한다)에는 공개를 결정한 날부터 10일 이내의 범위에서 공개 일시를 정하여 청구인에게 통지하여야 한다. 다만, 다음 각 호의 어느 하나에 해당하는 경우에는 공개 일시를 달리 정할 수 있다.
> 1. 청구인이 요청하는 경우
> 2. 청구인이 법 제17조에 따른 비용을 납부하지 아니하거나 납부한 비용이 부족한 경우
> ② 공공기관은 제1항 제2호의 경우에는 청구인이 비용을 전부 납부한 날부터 5일 이내에 정보를 공개하여야 한다.
> ③ 법 제13조 제3항에 따라 정보를 일정 기간별로 나누어 제공하거나 사본·복제물의 교부 또는 열람과 병행하여 제공하는 경우에는 청구인으로 하여금 먼저 열람하게 한 후 사본·복제물을 제공하되, 특별한

사정이 없으면 2개월 이내에 제공을 마쳐야 한다.
④ 공공기관은 제1항에 따라 통지한 공개일 후 10일이 지날 때까지 청구인이 정당한 사유 없이 그 정보의 공개에 응하지 아니하였을 때에는 내부적으로 종결 처리할 수 있다.

> **관련판례**
>
> **정보공개를 청구하는 자가 공공기관에 대해 정보의 사본 또는 출력물의 교부의 방법으로 공개방법을 선택하여 정보공개청구를 한 경우, 공개청구를 받은 공공기관이 그 공개방법을 선택할 재량권이 없음**
> 정보공개를 청구하는 자가 공공기관에 대해 정보의 사본 또는 출력물의 교부의 방법으로 공개방법을 선택하여 정보공개청구를 한 경우에 공개청구를 받은 공공기관으로서는 같은 법 제8조 제2항에서 규정한 정보의 사본 또는 복제물의 교부를 제한할 수 있는 사유에 해당하지 않는 한 정보공개청구자가 선택한 공개방법에 따라 정보를 공개하여야 하므로 그 공개방법을 선택할 재량권이 없다고 해석함이 상당하다(대판 2003.12.12. 2003두8050).

7. 부분공개 * 2023 행정사 기출

> **사례형 예제**
>
> 甲은 A시장의 업무추진비가 사적인 용도로 사용되고 있을지도 모른다는 의혹이 생기자 「공공기관의 정보공개에 관한 법률」에 근거하여 A시장에게 'A시장의 업무추진비 집행명세서 사본'(이하 '이 사건 정보'라고 한다)의 공개를 청구하였다. 이 사건 정보의 내용 중에는 A시장의 업무추진비 집행의 상대방이 된 개인의 이름과 주민등록번호도 포함되어 있지만, 이름·주민등록번호가 삭제된 사본을 교부하는 방식에 의한 공개는 가능하다. 그런데 A시장은 "이 사건 정보의 내용 중에는 개인의 이름과 주민등록번호도 포함되어 있어 이를 공개할 경우에는 개인의 사생활의 비밀과 자유를 침해할 우려가 있다"는 이유로 이 사건 정보의 전부에 대해 비공개결정을 하였다. 이 사건 정보 중 이름·주민등록번호를 제외한 나머지 부분은 비공개대상정보가 아니라고 전제할 때, A시장이 위와 같은 이유로 이 사건 정보의 전부에 대해 비공개결정을 한 것이 타당한지를 검토하시오.
> * 2023 행정사

> **해설 요지**
>
> A시장의 업무추진비 집행의 상대방이 된 개인의 이름과 주민등록번호를 제외하고 그 나머지 정보만을 공개하는 것이 가능할 뿐 아니라 나머지 부분의 정보만으로도 공개의 가치가 있다고 볼 수 있다. 그리고 나머지 부분이 공개되더라도 당사자에게 불이익할 것으로 보이지 않는다. 업무추진비 집행 상대방의 이름·주민등록번호를 제외한 나머지 부분은 비공개대상정보가 아니라고 전제할 때, A시장이 위와 같은 이유로 이 사건 정보의 전부에 대해 비공개결정을 한 것은 타당하지 않다.

(1) 의의

공개 청구한 정보 가운데 공개가 가능한 부분이 있어도 전체를 비공개 처리하면 정보공개의 목적과 모순되지 않는 경우에도 과도한 폐쇄성을 초래한다. 부분공개 제도는 '정보공개의 원칙(제3조)'과 '비공개 사유(제9조)' 사이에서 조화를 이루게 함으로써, 과도한 비공개와 무차별적인 공개 남발을 동시에 예방하는 '중립의 가교' 역할을 수행한다.

(2) 혼합정보 분리공개

공개 청구한 정보가 제9조 제1항 각 호의 어느 하나에 해당하는 부분과 공개 가능한 부분이 혼합되어 있는 경우로서 공개 청구의 취지에 어긋나지 아니하는 범위에서 두 부분을 분리할 수 있는 경우에는 제9조 제1항 각 호의 어느 하나에 해당하는 부분을 제외하고 공개하여야 한다(법 제14조).

공공기관은 부분 공개 결정을 하는 경우에는 공개하지 아니하는 부분에 대하여 비공개 이유와 불복의 방법 및 절차를 구체적으로 밝혀야 한다(시행령 제13조).

> **관련판례**
>
> **비공개대상정보에 해당하는 부분과 공개가 가능한 부분이 구별되고 이를 분리할 수 있는 경우, 법원의 판결주문기재 방법**
>
> 법원이 행정청의 정보공개거부처분의 위법 여부를 심리한 결과 공개를 거부한 정보에 비공개대상 정보에 해당하는 부분과 공개가 가능한 부분이 혼합되어 있고 공개청구의 취지에 어긋나지 아니하는 범위 안에서 두 부분을 분리할 수 있음을 인정할 수 있을 때에는, 위 정보 중 공개가 가능한 부분을 특정하고 판결의 주문에 행정청의 위 거부처분 중 공개가 가능한 정보에 관한 부분만을 취소한다고 표시하여야 한다(대판 2003.3.11. 2001두6425).
>
> **청구취지의 변경이 없더라도 정보공개거부처분의 일부취소를 명할 수 있는 경우 및 '공개청구의 취지에 어긋나지 아니하는 범위 안에서 비공개대상 정보에 해당하는 부분과 공개가 가능한 부분을 분리할 수 있다'는 요건의 의미**
>
> 법원이 행정기관의 정보공개거부처분의 위법 여부를 심리한 결과 공개를 거부한 정보에 비공개대상 정보에 해당하는 부분과 공개가 가능한 부분이 혼합되어 있고 공개청구의 취지에 어긋나지 아니하는 범위 안에서 두 부분을 분리할 수 있음을 인정할 수 있을 때에는 청구취지의 변경이 없더라도 공개가 가능한 정보에 관한 부분만의 일부취소를 명할 수 있다 할 것이고, 공개청구의 취지에 어긋나지 아니하는 범위 안에서 비공개대상 정보에 해당하는 부분과 공개가 가능한 부분을 분리할 수 있다고 함은, 이 두 부분이 물리적으로 분리가능한 경우를 의미하는 것이 아니고 당해 정보의 공개방법 및 절차에 비추어 당해 정보에서 비공개대상 정보에 관련된 기술 등을 제외 내지 삭제하고 그 나머지 정보만을 공개하는 것이 가능하고 나머지 부분의 정보만으로도 공개의 가치가 있는 경우를 의미한다고 해석하여야 한다(대판 2004.12.9. 2003두12707).

8. 정보공개 방법

정보는 다음 각 호의 구분에 따른 방법으로 공개한다(시행령 제14조 제1항).

1. 문서·도면·사진 등 : 열람 또는 사본의 제공
2. 필름·테이프 등 : 시청 또는 인화물·복제물의 제공
3. 마이크로필름·슬라이드 등 : 시청·열람 또는 사본·복제물의 제공
4. 전자적 형태로 보유·관리하는 정보 등 : 파일을 복제하여 정보통신망을 활용한 정보공개시스템으로 송부, 매체에 저장하여 제공, 열람·시청 또는 사본·출력물의 제공
5. 법 제7조 제1항에 따른 정보 등 공개를 목적으로 작성되고 이미 정보통신망 등을 통하여 공개된 정보 : 해당 정보의 소재(所在) 안내

공공기관은 전자적 형태로 보유·관리하는 정보에 대하여 청구인이 전자적 형태로 공개하여 줄 것을 요청하는 경우에는 그 정보의 성질상 현저히 곤란한 경우를 제외하고는 청구인의 요청에 따라야 한다(법 제15조 제1항). 공공기관은 전자적 형태로 보유·관리하지 아니하는 정보에 대하여 청구인이 전자적 형태로 공개하여 줄 것을 요청한 경우에는 정상적인 업무수행에 현저한 지장을 초래하거나 그 정보의 성질이 훼손될 우려가 없으면 그 정보를 전자적 형태로 변환하여 공개할 수 있다(제2항).

공공기관은 정보를 공개할 때 본인 또는 그 정당한 대리인임을 확인할 필요가 없는 경우에는 청구인의 요청에 따라 제1항 각 호의 사본·출력물·복제물·인화물 또는 복제된 파일을 우편·팩스 또는 정보통신망을 이용하여 보낼 수 있다(시행령 제14조 제2항).

공공기관은 공개된 정보를 국민에게 알릴 필요가 있는 경우에는 정보통신망 등을 통하여 공개할 수 있다(시행령 제14조 제3항).

공공기관은 정보를 공개할 때에는 타인의 지식재산권, 사생활의 비밀, 그 밖에 타인의 권리 또는 이익이 부당하게 침해되지 않도록 유의해야 한다(시행령 제14조 제4항).

9. 즉시처리가 가능한 정보의 공개

다음의 어느 하나에 해당하는 정보로서 즉시 또는 말로 처리가 가능한 정보에 대해서는 제11조의 규정에 의한 절차를 거치지 아니하고 공개하여야 한다. : ① 법령 등에 따라 공개를 목적으로 작성된 정보, ② 일반국민에게 알리기 위하여 작성된 각종 홍보자료, ③ 공개하기로 결정된 정보로서 공개에 오랜 시간이 걸리지 아니하는 정보, ④ 그 밖에 공공기관의 장이 정하는 정보(법 제16조).

10. 정보공개 청구비용의 부담

(1) 청구인 부담 원칙

정보의 공개 및 우송 등에 드는 비용은 실비(實費)의 범위에서 청구인이 부담하되(법 제17조 제1항), 공개를 청구하는 정보의 사용 목적이 공공복리의 유지·증진을 위하여 필요하다고 인정되는 경우에는 제1항에 따른 비용을 감면할 수 있다(제2항).

제1항에 따른 비용 및 그 징수 등에 필요한 사항은 국회규칙·대법원규칙·헌법재판소규칙·중앙선거관리위원회규칙 및 대통령령으로 정한다(제3항).

(2) 사전납부제 ⇨ 입법안 계류 중

공공기관은 정보공개 청구 후 그 청구를 취하 또는 제1항에 따른 비용을 납부하지 아니한 사실이 2회 이상 있는 청구인이 정보공개 청구를 한 경우에는 그 청구인에게 정보의 공개 및 우송 등에 들 것으로 예상되는 비용을 미리 납부하게 할 수 있다.

04 불복구제절차 및 권익구제

1. 정보공개청구인의 불복절차 *2018 행정사 기출

> **설명형 예제**
> 「공공기관의 정보공개에 관한 법률」상 공공기관의 정보 비공개결정에 대한 청구인의 불복구제절차에 관하여 설명하시오.   *2018 행정사

(1) 의의

정보공개법은 이의신청 → 행정심판 → 행정소송이라는 3단계 구조를 통해 비공개결정에 대한 불복 기회를 부여함으로써 불공정 판단에 대해 합리적 행정심사와 법적 최종구제를 보장하고, 결국 국민의 알권리 실질화를 위한 절차적 투명성과 권리보호를 꾀하고 있다.

(2) 이의신청

① 청구인이 정보공개와 관련한 공공기관의 비공개 결정 또는 부분 공개 결정에 대하여 불복이 있거나 정보공개 청구 후 20일이 경과하도록 정보공개 결정이 없는 때에는 공공기관으로부터 정보공개 여부의 결정 통지를 받은 날 또는 정보공개 청구 후 20일이 경과한 날부터 30일 이내에 해당 공공기관에 문서로 이의신청을 할 수 있다(법 제18조 제1항).

② 이의신청은 다음 각 호의 사항을 적은 서면으로 해야 한다(시행령 제18조 제1항).

   1. 신청인의 성명, 생년월일 및 주소(법인 또는 단체의 경우에는 그 명칭, 사무소 또는 사업소의 소재지와 대표자의 성명)와 연락처
   2. 이의신청의 대상이 되는 정보공개 여부 결정의 내용
   3. 이의신청의 취지 및 이유
   4. 정보공개 여부의 결정통지를 받은 날 또는 정보공개를 청구한 날

③ 국가기관등은 이의신청이 있는 경우에는 심의회를 개최하여야 한다. 다만, 다음 각 호의 어느 하나에 해당하는 경우에는 심의회를 개최하지 아니할 수 있으며 개최하지 아니하는 사유를 청구인에게 문서로 통지하여야 한다(법 제18조 제2항).

   1. 심의회의 심의를 이미 거친 사항
   2. 단순·반복적인 청구
   3. 법령에 따라 비밀로 규정된 정보에 대한 청구

④ 공공기관은 이의신청을 받은 날부터 7일 이내에 그 이의신청에 대하여 결정하고 그 결과를 청구인에게 지체 없이 문서로 통지하여야 한다. 다만, 부득이한 사유로 정하여진 기간 이내에 결정할 수 없을 때에는 그 기간이 끝나는 날의 다음 날부터 기산하여 7일의 범위에서 연장할 수 있으며, 연장 사유를 청구인에게 통지하여야 한다(법 제18조 제3항).

※ 공공기관은 이의신청결정기간의 연장을 통지할 때에는 통지서에 연장 사유, 연장기간 등을 구체적으로 밝혀야 한다(시행령 제18조 제2항).

⑤ 공공기관은 이의신청을 각하 또는 기각하는 결정을 한 경우에는 청구인에게 행정심판 또는 행정소송을 제기할 수 있다는 사실을 제3항에 따른 결과 통지와 함께 알려야 한다(법 제18조 제4항).
   ※ 공공기관은 법 제18조 제4항에 따라 이의신청을 각하 또는 기각하는 결정을 할 때에는 결정이유와 불복의 방법 및 절차를 구체적으로 밝혀야 한다(시행령 제18조 제3항).
⑥ 공공기관은 이의신청에 대한 처리상황을 이의신청 처리대장에 기록·유지하여야 한다(시행령 제18조 제4항).

(3) 행정심판

① 청구인이 정보공개와 관련한 공공기관의 결정에 대하여 불복이 있거나 정보공개 청구 후 20일이 경과하도록 정보공개 결정이 없는 때에는 「행정심판법」에서 정하는 바에 따라 행정심판을 청구할 수 있다. 이 경우 국가기관 및 지방자치단체 외의 공공기관의 결정에 대한 감독행정기관은 관계 중앙행정기관의 장 또는 지방자치단체의 장으로 한다(법 제19조 제1항).
   ※ 행정심판은 정보공개와 관련한 공공기관의 결정이 있음을 안 날부터 90일 이내에, 그리고 정당한 사유가 없는 한 공공기관의 결정이 있는 날부터 180일 이내에 제기하여야 한다.
   ※ 재결은 피청구인인 행정청 또는 행정심판위원회가 심판청구서를 받은 날부터 60일 이내에 하여야 하며, 부득이한 사정이 있는 때에는 1차에 한하여 30일의 범위내에서 기간을 연장 할 수 있다.
② 청구인은 제18조에 따른 이의신청 절차를 거치지 아니하고 행정심판을 청구할 수 있다(제2항). 이 경우 행정심판의 형태는 거부처분에 대한 취소심판이나 의무이행심판이 된다.
③ 행정심판위원회의 위원 중 정보공개 여부의 결정에 관한 행정심판에 관여하는 위원은 재직 중은 물론 퇴직 후에도 그 직무상 알게 된 비밀을 누설하여서는 아니된다(제3항).
④ 간접강제제도를 활용하여 그 지연기간에 따라 일정한 배상을 하도록 명하거나 즉시 배상을 할 것을 명할 수 있다(행정심판법 제50조의2).

(4) 행정소송

① 원고적격

청구인이 정보공개와 관련한 공공기관의 결정에 대하여 불복이 있거나 정보공개 청구 후 20일이 경과하도록 정보공개 결정이 없는 때에는 「행정소송법」에서 정하는 바에 따라 행정소송을 제기할 수 있다(법 제20조 제1항). 행정소송을 제기하기 위해 이의신청, 행정심판을 거칠 필요는 없다. 동법 제5조 제1항이 '모든 국민'에게 정보공개청구권을 인정하고 있으므로 원고적격을 인정함에 어려움은 없다. 판례도 '공개를 청구하였다가 거부처분을 받은 것 자체가 법률상 이익이 침해된다' 라고 판시하고 있으며(대판 2003.12.12. 2003두8050), 동법상 '국민'에는 자연인은 물론 법인, 권리능력없는 사단·재단도 포함되고, 법인, 권리능력없는 사단·재단의 경우 설립목적과 관계없이 당사자능력을 가진다고 판시하였다(대판 2003.12.12. 2003두8050).
   ※ 행정소송은 공공기관의 결정이 있은 날 또는 행정심판을 거친 경우 재결서 정본의 송달을 받은 날부터 90일 이내에, 그리고 공공기관의 결정이 있은 날 또는 재결이 있은 날부터 1년이 이내에 제기하여야 한다.

② 피고적격

공공기관의 장이 피고가 된다. 정보공개심의회를 피고로 하는 것이 아니다.

③ 대상적격

정보공개청구에 대한 공공기관의 정보공개의 거부는 항고소송의 대상이 되는 처분이다.

④ 소의 이익

정보공개거부처분 후 대상 정보의 폐기 등으로 공공기관이 정보를 보유·관리하지 않게 된 경우에는 소의 이익이 없으므로 각하사유에 해당한다.

⑤ 비공개 열람·심사

재판장은 필요하다고 인정하면 당사자를 참여시키지 아니하고 제출된 공개 청구 정보를 비공개로 열람·심사할 수 있다(법 제20조 제2항). 재판장은 행정소송의 대상이 제9조 제1항 제2호에 따른 정보 중 국가안전보장·국방 또는 외교관계에 관한 정보의 비공개 또는 부분 공개 결정처분인 경우에 공공기관이 그 정보에 대한 비밀 지정의 절차, 비밀의 등급·종류 및 성질과 이를 비밀로 취급하게 된 실질적인 이유 및 공개를 하지 아니하는 사유 등을 입증하면 해당 정보를 제출하지 아니하게 할 수 있다(제3항). 여기서 '국가안전보장'이란 국가의 존립, 헌법의 기본질서의 유지 등을 포함하는 개념으로서 국가의 독립, 영토의 보전, 헌법과 법률의 기능 및 헌법에 의하여 설치된 국가기관의 유지 등의 의미로 이해할 수 있다(대판 2013.1.24. 2010두18918).

⑥ 일부취소판결

공개정보와 비공개정보를 분리할 수 있는 경우에는 분리되는 공개정보에 대응하여 일부취소판결을 내려야 한다(법 제14조).

⑦ 간접강제

간접강제제도를 활용하여 공개지연기간에 따라 일정한 배상을 할 것을 명하거나 즉시 손해배상을 할 것을 명할 수 있다(행정소송법 제34조 제1항).

2. 제3자의 불복절차 * 2020 행정사 기출

설명형 예제

甲이 공공기관 A에게 공개 청구한 정보가 제3자인 乙과 관련이 있는 경우, 乙의 권리보호에 관하여 설명하시오.
* 2020 행정사

사례형 예제

A군수는 주식회사 B에너지(이하 'B회사'라 한다)에 대하여 점용목적을 '100MW 육상풍력발전단지 지중케이블 설치 공사', 점용장소를 'A군 ○○면 △△리 12번지 등 26필지', 점용면적을 '1,101㎡'로 하는 도로점용허가를 하였다. 甲은 고압송전선이 A군 ○○면 △△마을에 있는 농어촌도로의 지하에 설치될 경우 인근 주민들의 환경과 재산상 피해 발생이 예상된다며 「공공기관의 정보공개에 관한 법률」(이하 '정보공개법'이라 한다)에 근거하여 B회사가 A군수에게 제출한 '확약서'에 대한 정보공개청구를 하였다. 이 확약서는 B회사가 송전선 설치 공사와 관련하여 추후 제3자에게 손해가 발생할 경우에 대비한 손해배상의 인정 여부, 그 방법과 범위 등을 내용으로 하고 있다. B회사는 이 확약서의 내용이 정보공개법 제9조 제1항 제7호의 "법인·단체 또는 개인의 경영상·영업상 비밀에 관한 사항으로서 공개될 경우 법인 등의 정당한 이익을 현저히 해칠 우려가

있다고 인정되는 정보"라는 입장이다. 甲이 공개 청구한 정보와 관련하여 정보공개법상 B회사의 권리보호 절차를 설명하시오.

> **해설 요지**
>
> A군수는 甲이 공개청구한 정보가 B회사와 관련이 있으므로 공개청구된 사실을 B회사에 지체없이 통지하여 그 의견을 청취할 수 있도록 하며, B회사의 비공개요청에도 불구하고 A군수가 공개결정을 하면 B회사는 이의신청, 행정심판, 행정소송으로 이를 다툴 수 있다.

(1) 의의

정보공개가 활성화됨에 따라 개인의 정보가 불필요하게 공개되는 사례가 증가하여 제3자의 권익 침해 가능성이 문제가 되었다. 법 제21조의 '제3자의 비공개 요청'과 '불복절차'는 이를 제도적으로 예방하며, 정보공개의 투명성과 제3자의 사생활 보호 이념을 함께 구현하기 위한 보완장치가 된다.

(2) 제3자의 비공개 요청과 공개결정

제11조 제3항에 따라 공개 청구된 사실을 통지받은 제3자는 그 통지를 받은 날부터 3일 이내에 해당 공공기관에 대하여 자신과 관련된 정보를 공개하지 아니할 것을 요청할 수 있다(법 제21조 제1항). 제1항에 따른 비공개 요청에도 불구하고 공공기관이 공개 결정을 할 때에는 공개 결정 이유와 공개 실시일을 분명히 밝혀 지체 없이 문서로 통지하여야 한다(제2항 전단). 공공기관은 제2항에 따른 공개 결정일과 공개 실시일 사이에 최소한 30일의 간격을 두어야 한다(제3항).

(3) 제3자의 이의신청·행정심판·행정소송의 제기

① 개괄

제21조 제1항의 규정에 의한 비공개요청에도 불구하고 공공기관이 공개결정을 하는 때에는, 제3자는 해당 공공기관에 문서로 이의신청을 하거나 행정심판 또는 행정소송을 제기할 수 있다. 이 경우 이의신청은 통지를 받은 날부터 7일 이내에 하여야 한다(법 제21조 제2항).

② 청구인적격·원고적격

제3자의 청구인적격·원고적격은 법 제21조 제2항에 의하여 인정된다.

③ 대상적격

이에 대하여 ㉠ 공공기관의 '공개결정'을 대상으로 한다는 견해와 ㉡ 제3자의 '비공개신청에 대한 거부처분'의 취소를 대상으로 한다는 견해가 있다. 제3자의 비공개요청을 신청이라고 보는 것은 적절하지 않고, 거부처분에 대한 취소소송에서는 집행정지신청이 인정되지 않는 문제가 있으므로 ㉠의 견해가 타당하다.

④ 소송참가

공공기관의 공개 또는 비공개결정은 이른바 복효적 행정행위에 해당하므로, 청구인이 제기하는 취소소송에서는 제3자가, 제3자가 제기하는 소송에서는 청구인이 소송참가할 수 있다(행정소송법 제16조 제1항).

⑤ 집행정지

제3자는 정보공개결정에 대하여 행정심판이나 행정소송을 제기하면서, 공개가 실시되기 전에 집행정지를 신청할 필요가 있다.

3. 손해전보

위법한 정보공개 또는 공개거부로 인하여 손해를 입은 자는 손해배상을 청구할 수 있다. 예컨대 북한이탈주민이 귀순사실 및 신원비공개 요청을 하였음에도 강원지방경찰청이 언론에 인적 사항과 탈북경로 등 관련 자료를 제공하여 보도되도록 한 점에 대하여 국가는 손해배상책임이 있다(대판 2012.4.26. 2011다53164).

05 그 밖의 사항

1. 정보공개위원회의 설치

> **설명형 예제**
> 「공공기관의 정보공개에 관한 법률」상 정보공개심의회와 정보공개위원회에 관하여 설명하시오.

정보공개법은 정보공개위원회를 설치하여 정보공개 정책을 심의·조정함으로써 국민의 알권리를 실질적으로 보장하고 시스템의 일관성과 신뢰성을 높이도록 하고 있다.

다음 각 호의 사항을 심의·조정하기 위하여 <u>행정안전부장관 소속</u>으로 정보공개위원회(이하 "위원회")를 둔다(법 제22조).

> 1. 정보공개에 관한 정책 수립 및 제도 개선에 관한 사항
> 2. 정보공개에 관한 기준 수립에 관한 사항
> 3. 제12조에 따른 심의회 심의결과의 조사·분석 및 심의기준 개선 관련 의견제시에 관한 사항
> 4. 제24조 제2항 및 제3항에 따른 공공기관의 정보공개 운영실태 평가 및 그 결과 처리에 관한 사항
> 5. 정보공개와 관련된 불합리한 제도·법령 및 그 운영에 대한 조사 및 개선권고에 관한 사항
> 6. 그 밖에 정보공개에 관하여 대통령령으로 정하는 다음의 사항
>   • 법 제7조 제1항에 따른 정보의 사전적 공개에 관한 사항
>   • 그 밖에 법 제22조에 따른 정보공개위원회에서 심의·조정이 필요하다고 결정한 사항

> 〈정보공개위원회의 구성〉 (법 제23조)
> ① 위원회는 성별을 고려하여 위원장과 부위원장 각 1명을 포함한 11명의 위원으로 구성
> ② 위원회의 위원의 자격(위원장을 포함한 7명은 공무원이 아닌 사람으로 위촉)
> 1. 대통령령으로 정하는 관계 중앙행정기관의 차관급 공무원이나 고위공무원단에 속하는 일반직공무원
> 2. 정보공개에 관하여 학식과 경험이 풍부한 사람으로서 행정안전부장관이 위촉하는 사람
> 3. 시민단체(「비영리민간단체 지원법」 제2조에 따른 비영리민간단체를 말함)에서 추천한 사람으로서 행정안전부장관이 위촉하는 사람
>   ※ 위원회의 위원장은 위 제2호 또는 제3호에 해당하는 사람 중에서, 부위원장은 제1호에 해당하는 공무원 중에서 행정안전부장관이 각각 위촉하거나 임명

> ※ 제1호에 따른 위원 : 기획재정부 제2차관, 법무부 차관, 행정안전부 차관 및 국무조정실 국무1차장
> ③ 위원장·부위원장 및 위원(제2항 제1호의 위원은 제외)의 임기는 2년이며, 연임 가능
> ④ 위원장·부위원장 및 위원은 정보공개 업무와 관련하여 알게 된 정보를 누설하거나 그 정보를 이용하여 본인 또는 타인에게 이익 또는 불이익을 주는 행위를 하여서는 아니 된다.
> ⑤ 위원장·부위원장 및 위원 중 공무원이 아닌 사람은 「형법」이나 그 밖의 법률에 따른 벌칙을 적용할 때에는 공무원으로 본다.
>
> 〈위원회의 회의 및 의결정족수〉 (시행령 제21조)
> ① 위원회의 회의는 반기별로 개최한다. 다만, 위원장은 필요하다고 인정하는 경우에는 임시회를 소집할 수 있다.
> ② 위원회의 회의는 재적위원 과반수의 출석으로 개의하고 출석위원 과반수의 찬성으로 의결한다.

위원회는 필요하다고 인정하는 경우에는 ① 관련 공공기관에 정보공개와 관련된 자료·서류 등의 제출 요청, ② 관계 공무원, 이해관계인, 참고인 등의 출석요청 및 의견청취를 할 수 있다(시행령 제23조).

2. 제도의 총괄 등

<u>행정안전부장관</u>은 이 법에 따른 정보공개제도의 정책 수립 및 제도 개선 사항 등에 관한 기획·총괄 업무를 관장한다(법 제24조 제1항).

행정안전부장관은 위원회가 정보공개제도의 효율적 운영을 위하여 필요하다고 요청하면 공공기관(국회·법원·헌법재판소 및 중앙선거관리위원회는 제외한다)의 정보공개제도 운영실태를 평가할 수 있다(제2항). 행정안전부장관은 제2항에 따른 평가를 실시한 경우에는 그 결과를 위원회를 거쳐 국무회의에 보고한 후 공개하여야 하며, 위원회가 개선이 필요하다고 권고한 사항에 대해서는 해당 공공기관에 시정 요구 등의 조치를 하여야 한다(제3항).

행정안전부장관은 정보공개에 관하여 필요할 경우에 공공기관(국회·법원·헌법재판소 및 중앙선거관리위원회는 제외한다)의 장에게 정보공개 처리 실태의 개선을 권고할 수 있다. 이 경우 권고를 받은 공공기관은 이를 이행하기 위하여 성실하게 노력하여야 하며, 그 조치 결과를 행정안전부장관에게 알려야 한다(제4항).

국회·법원·헌법재판소·중앙선거관리위원회·중앙행정기관 및 지방자치단체는 그 소속 기관 및 소관 공공기관에 대하여 정보공개에 관한 의견을 제시하거나 지도·점검을 할 수 있다(제5항).

3. 자료의 제출요구

국회사무총장·법원행정처장·헌법재판소사무처장·중앙선거관리위원회사무총장 및 행정안전부장관은 필요하다고 인정하면 관계 공공기관에 정보공개에 관한 자료 제출 등의 협조를 요청할 수 있다(법 제25조).

4. 국회에의 보고

행정안전부장관은 전년도의 정보공개 운영에 관한 보고서를 매년 정기국회 개회 전까지 국회에 제출하여야 한다(법 제26조 제1항).

5. 신분보장

누구든지 이 법에 따른 정당한 정보공개를 이유로 징계조치 등 어떠한 신분상 불이익이나 근무조건상의 차별을 받지 아니한다(법 제28조).

6. 기간의 계산

이 법에 따른 기간의 계산은 「민법」에 따른다(법 제29조 제1항).

제1항에도 불구하고 다음 각 호의 기간은 "일" 단위로 계산하고 첫날을 산입하되, 공휴일과 토요일은 산입하지 아니한다(제2항).

1. 제11조 제1항 및 제2항에 따른 정보공개 여부 결정기간
2. 제18조 제1항, 제19조 제1항 및 제20조 제1항에 따른 정보공개 청구 후 경과한 기간
3. 제18조 제3항에 따른 이의신청 결정기간

개인정보 보호법

01 개설

1. 의의

개인정보의 보호란 "개인은 자기의 정보를 관리하고, 통제하며, 외부로 표현함에 있어 스스로 결정할 수 있는 '정보상 자기결정권'을 가지며, 국가는 이를 국민의 기본권으로서 보호하는 것"을 의미한다. 개인정보보호는 종래 개인적 생활영역에 대한 부당한 침해에 대한 보호가 주된 관심사였으나, 현재는 개인정보의 관리·공개결정·정정청구·전송요구 등 적극적 권한으로 변모하였다. 개인정보보호를 위해서는 개인정보의 수집과 이용의 주체, 목적, 대상 및 범위 등을 법률로 구체적으로 규정함으로써 그 법률적 근거를 명확히 할 것이 요청된다.

개인정보보호는 개인의 자기정보통제권을 보장하는 것을 직접적 목적으로 하지만, 다른 한편 다양한 정보들의 활용을 통한 정보화사회를 촉진하는 기능도 갖고 있다.

2. 개인정보보호의 법적 근거 * 2021 행정사 기출

> **설명형 예제**
> 개인정보자기결정권의 의미와 「개인정보 보호법」상 개인정보보호원칙에 관하여 설명하시오. * 2021 행정사

(1) 헌법

① 개인정보보호의 헌법적 근거는 '모든 국민은 사생활의 비밀과 자유를 침해받지 않는다'라고 규정한 제17조가 있다. 헌법 제17조에서 인정되는 개인정보의 법적 권리에는 '자신도 모르는 사이에 정보가 남에게 수집되지 아니할 권리'(개인정보자기결정권), '자신에 관한 정보가 자신이 원하지 않는 방식으로 이용되지 않을 권리'(개인정보자기통제권) 등이 포함된다.

② 그 밖에도 인간의 존엄과 가치 및 행복추구권(제10조), 주거의 자유(제16조), 통신의 비밀(제18조) 등에 관한 규정에 의해 보장된다. 대법원은 정보상 자기결정권의 근거를 헌법 제10조와 헌법 제17조에서 도출하고 있는 반면, 헌법재판소는 '독자적 기본권으로서 헌법에 명시되지 아니한 기본권'이라고 밝힌 바 있다(헌재 2005.5.26. 99헌마513).

> **관련판례**
> **개인정보자기결정권의 보호대상이 되는 개인정보**
> 개인정보자기결정권은 자신에 관한 정보가 언제 누구에게 어느 범위까지 알려지고 또 이용되도록 할 것인지를 그 정보주체가 스스로 결정할 수 있는 권리이다. 즉 정보주체가 개인정보의 공개와

이용에 관하여 스스로 결정할 권리를 말한다. 개인정보자기결정권의 보호대상이 되는 개인정보는 개인의 신체, 신념, 사회적 지위, 신분 등과 같이 개인의 인격주체성을 특징짓는 사항으로서 그 개인의 동일성을 식별할 수 있게 하는 일체의 정보라고 할 수 있고, 반드시 <u>개인의 내밀한 영역이나 사사(私事)의 영역에 속하는 정보에 국한되지 않고 공적 생활에서 형성되었거나 이미 공개된 개인정보까지</u> 포함한다. 또한 그러한 개인정보를 대상으로 한 조사·수집·보관·처리·이용 등의 행위는 모두 원칙적으로 개인정보자기결정권에 대한 제한에 해당한다(헌재 2005.5.26. 99헌마513).

국회의원 갑 등이 '각급학교 교원의 교원단체 및 교원노조 가입현황 실명자료'를 인터넷을 통하여 공개한 행위가 해당 교원들의 개인정보자기결정권 등을 침해하는 것으로 위법함

국회의원인 갑 등이 '각급학교 교원의 교원단체 및 교원노조 가입현황 실명자료'를 인터넷을 통하여 공개한 사안에서, 위 정보는 개인정보자기결정권의 보호대상이 되는 개인정보에 해당하므로 이를 일반 대중에게 공개하는 행위는 <u>해당 교원들의 개인정보자기결정권과 전국교직원노동조합의 존속, 유지, 발전에 관한 권리를 침해하는 것이고</u>, 갑 등이 위 정보를 공개한 표현행위로 인하여 얻을 수 있는 법적 이익이 이를 공개하지 않음으로써 보호받을 수 있는 해당 교원 등의 법적 이익에 비하여 우월하다고 할 수 없으므로, 갑 등의 정보 공개행위가 위법하다(대판 2014.7.24. 2012다49933).

개인정보 공개행위의 행위의 위법성에 관한 판단 방법

정보주체의 동의 없이 개인정보를 공개함으로써 침해되는 인격적 법익과 정보주체의 동의 없이 자유롭게 개인정보를 공개하는 표현행위로서 보호받을 수 있는 법적 이익이 하나의 법률관계를 둘러싸고 충돌하는 경우에는, 개인이 공적인 존재인지 여부, 개인정보의 공공성 및 공익성, 개인정보 수집의 목적·절차·이용형태의 상당성, 개인정보 이용의 필요성, 개인정보 이용으로 인해 침해되는 이익의 성질 및 내용 등 여러 사정을 종합적으로 고려하여, <u>개인정보에 관한 인격권 보호에 의하여 얻을 수 있는 이익(비공개 이익)과 표현행위에 의하여 얻을 수 있는 이익(공개 이익)을 구체적으로 비교 형량하여</u>, 어느 쪽 이익이 더욱 우월한 것으로 평가할 수 있는지에 따라 그 행위의 최종적인 위법성 여부를 판단하여야 한다(대판 2011.9.2. 2008다42430).

변호사들의 개인신상정보를 기반으로 변호사들의 '인맥지수'를 산출하여 공개하는 서비스를 제공한 것은 변호사들의 개인정보에 관한 인격권을 침해

변호사 정보 제공 웹사이트 운영자가 변호사들의 개인신상정보를 기반으로 변호사들의 인맥지수를 산출하여 공개하는 서비스를 제공한 사안에서, <u>인맥지수의 사적·인격적 성격, 산출과정에서 왜곡 가능성, 인맥지수 이용으로 인한 변호사들의 이익 침해와 공적 폐해의 우려, 그에 반하여 이용으로 달성될 공적인 가치의 보호 필요성 정도 등을 종합적으로 고려하면</u>, 운영자가 변호사들의 개인신상정보를 기반으로 한 인맥지수를 공개하는 표현행위에 의하여 얻을 수 있는 법적 이익이 이를 공개하지 않음으로써 보호받을 수 있는 변호사들의 인격적 법익에 비하여 우월하다고 볼 수 없어, 결국 운영자의 인맥지수 서비스 제공행위는 변호사들의 개인정보에 관한 인격권을 침해하는 위법한 것이다(대판 2011.9.2. 2008다42430).

(2) 법률

공공부문과 민간부문을 망라하여 개인정보 처리원칙을 규정하고, 개인정보침해로 인한 국민의 피해구제를 강화하여 국민의 사생활의 비밀을 보호할 목적으로 제정된 일반법으로 「개인정보 보호법」(2011년)이 있다. 이 밖에 「정보통신망 이용촉진 및 정보보호등에 관한 법률」, 국가공무원법, 형법, 통신비밀보호법, 통계법, 주민등록법, 행정절차법, 신용정보의 이용 및 보호에 관한 법률, 금융실명거래 및 비밀보장에 관한 법률 등에서도 개별적으로 개인의 정보보호에 관한 규정을 두고 있다.

02 적용원칙

1. 목적

이 법은 <u>개인정보의 처리 및 보호에 관한 사항을 정함으로써 개인의 자유와 권리를 보호하고, 나아가 개인의 존엄과 가치를 구현함</u>을 목적으로 한다(법 제1조).

이에 따라 개인정보의 수집·이용, 제공 등 개인정보 처리 기본원칙, 개인정보의 처리 절차 및 방법, 개인정보 처리의 제한, 개인정보의 안전한 처리를 위한 관리·감독, 정보주체의 권리, 개인정보 권리침해에 대한 구제 등에 대하여 규정하고 있다.

2. 용어의 정의 *2019 행정사 기출

개인정보	살아 있는 개인에 관한 정보로서 다음 각 목의 어느 하나에 해당하는 정보를 말함 가. 성명, 주민등록번호 및 영상 등을 통하여 개인을 알아볼 수 있는 정보 나. 해당 정보만으로는 특정 개인을 알아볼 수 없더라도 다른 정보와 쉽게 결합하여 알아볼 수 있는 정보. 이 경우 쉽게 결합할 수 있는지 여부는 다른 정보의 입수 가능성 등 개인을 알아보는 데 소요되는 시간, 비용, 기술 등을 합리적으로 고려하여야 한다. 다. 가목 또는 나목을 가명처리함으로써 원래의 상태로 복원하기 위한 추가 정보의 사용·결합 없이는 특정 개인을 알아볼 수 없는 정보(이하 "가명정보")
가명처리	개인정보의 일부를 삭제하거나 일부 또는 전부를 대체하는 등의 방법으로 추가 정보가 없이는 특정 개인을 알아볼 수 없도록 처리하는 것
처리	개인정보의 수집, 생성, 연계, 연동, 기록, 저장, 보유, 가공, 편집, 검색, 출력, 정정(訂正), 복구, 이용, 제공, 공개, 파기(破棄), 그 밖에 이와 유사한 행위
정보주체	처리되는 정보에 의하여 알아볼 수 있는 사람으로서 그 정보의 주체가 되는 사람
개인정보파일	개인정보를 쉽게 검색할 수 있도록 일정한 규칙에 따라 체계적으로 배열하거나 구성한 개인정보의 집합물(集合物)
개인정보처리자	업무를 목적으로 개인정보파일을 운용하기 위하여 스스로 또는 다른 사람을 통하여 개인정보를 처리하는 공공기관, 법인, 단체 및 개인 등
공공기관	다음 각 목의 기관을 말함 가. 국회, 법원, 헌법재판소, 중앙선거관리위원회의 행정사무를 처리하는 기관, 중앙행정기관(대통령 소속 기관과 국무총리 소속 기관을 포함) 및 그 소속 기관, 지방자치단체 나. 그 밖의 국가기관 및 공공단체 중 대통령령으로 정하는 기관 ※ "대통령령으로 정하는 기관"

	• 「국가인권위원회법」 제3조에 따른 국가인권위원회 • 「고위공직자범죄수사처 설치 및 운영에 관한 법률」 제3조 제1항에 따른 고위공직자범죄수사처 • 「공공기관의 운영에 관한 법률」 제4조에 따른 공공기관 • 「지방공기업법」에 따른 지방공사와 지방공단 • 특별법에 따라 설립된 특수법인 • 「초·중등교육법」, 「고등교육법」, 그 밖의 다른 법률에 따라 설치된 각급 학교
고정형 영상정보처리기기	일정한 공간에 설치되어 지속적 또는 주기적으로 사람 또는 사물의 영상 등을 촬영하거나 이를 유·무선망을 통하여 전송하는 장치로서 대통령령으로 정하는 장치
이동형 영상정보처리기기	사람이 신체에 착용 또는 휴대하거나 이동 가능한 물체에 부착 또는 거치(据置)하여 사람 또는 사물의 영상 등을 촬영하거나 이를 유·무선망을 통하여 전송하는 장치로서 대통령령으로 정하는 장치
과학적 연구	기술의 개발과 실증, 기초연구, 응용연구 및 민간 투자 연구 등 과학적 방법을 적용하는 연구

용어의 보충 설명

1. 개인정보
① 개인정보 보호 법령상 개인정보는 '살아 있는' 자연인에 관한 정보이므로 사망했거나 실종선고 등 관계 법령에 의해 사망한 것으로 간주되는 자에 관한 정보는 개인정보로 볼 수 없다.
② 개인정보의 주체는 '자연인'이어야 하며, 법인 또는 단체에 관한 정보는 개인정보에 해당하지 않는다. 또한 사람이 아닌 사물에 관한 정보는 원칙적으로 개인정보에 해당하지 않는다.
③ 정보의 내용·형태 등은 특별한 제한이 없어서 개인을 알아볼 수 있는 모든 정보가 개인정보가 될 수 있다(예 디지털 형태, 수기 형태, 자동 처리나 수동 처리).
④ 다른 정보와 쉽게 결합하여 특정 개인을 알아볼 수 있으면 개인정보에 해당한다. 다른 정보와 쉽게 결합할 수 있는지 여부는 입수 가능성 외에 현재의 기술 수준이나 충분히 예견될 수 있는 기술 발전 등을 고려하여 시간이나 비용, 노력이 비합리적으로 과다하게 수반되지 않아야 한다.
⑤ 가명정보에서 '추가 정보'란 가명처리 과정에서 개인정보의 전부 또는 일부를 대체하는데 이용된 수단이나 방식(알고리즘 등), 가명정보와의 비교·대조 등을 통해 삭제 또는 대체된 개인정보 부분을 복원할 수 있는 정보를 말한다.

2. 처리
처리의 용어 정의에서 '그 밖에 이와 유사한 모든 행위'에는 개인정보의 열람, 조회, 수정, 보완, 삭제, 공유, 보전, 파쇄 등이 포함될 수 있다. 다만, 다른 사람이 처리하고 있는 개인정보를 단순히 전달, 전송 또는 통과만 시켜주는 행위는 처리에 해당하지 않는다.

3. 정보주체
살아 있는 사람인 한 국적이나 신분에 관계 없이 누구나 정보주체가 될 수 있다. 즉, 외국인도 이 법에 따라 개인정보가 처리되는 경우에는 정보주체가 될 수 있고, 소비자, 근로자, 학생, 교사, 군인, 공무원, 환자, 피의자, 수형자, 행정조치 대상자 등 누구든지 공평하게 이 법에 의해 보호를 받는 정보주체가 될 수 있다.

4. 개인정보파일

개인의 이름이나 고유식별정보, ID 등을 색인(index)이나 검색 값으로 하여 쉽게 검색할 수 있도록 체계적으로 배열·구성한 집합물을 말한다(예 기업에서 고객의 성명, ID 등으로 검색·활용이 가능하도록 구성된 고객정보 데이터베이스, 병원에서 환자에 대해 작성된 진료기록부 파일, 공공기관에서 관리하는 각종 행정처분 내역 파일).

5. 개인정보처리자

① '업무를 목적으로' 개인정보를 처리하여야 하며, 순수한 개인적인 활동이나 가사 활동을 위해서 개인정보를 수집·이용·제공하는 자는 개인정보처리자가 아니다.
② '개인정보파일을 운용'하기 위하여 개인정보를 처리하는 자만이 개인정보처리자가 된다. 일회성 메모나 문서작성 행위까지 개인정보 처리로 볼 수는 없다.
③ 자신이 직접 개인정보를 수집, 가공, 편집, 이용, 제공, 전송하지 아니하고 다른 사람 예컨대 수탁자, 대리인, 이행보조자 등을 통해서 처리하는 경우에도 개인정보처리자에 해당한다.
④ 개인정보처리자에는 기존 「공공기관 개인정보 보호법」, 「정보통신망법」 등과 달리 공공부문과 민간부문이 모두 포함되며, 주식회사와 같은 영리기업은 물론 동창회·동호회와 같은 비영리단체도 포함된다.

3. 개인정보 보호 원칙 * 2021 행정사 기출

> **사례형 예제**
>
> 지방자치단체가 공개된 장소에 설치한 CCTV를 통해 쓰레기 불법투기행위가 촬영된 경우, 불법투기자 인적사항을 조회하기 위한 목적으로 지역주민에게 해당 영상을 공개할 수 있는가?
>
> > **해설 요지**
> >
> > 개인정보 수집의 직접적인 목적은 불법 투기행위의 증거자료 수집에 국한되는 것으로 봄이 상당하다고 할 것이다. 따라서 동 증거자료를 일반에 공개하는 것까지 수집 목적 범위에 포함된다고 보기 어렵다. 그리고 개인정보처리자는 정보주체의 권리가 침해받을 가능성과 그 위험 정도를 고려하여 개인정보를 안전하게 관리하여야 하는바, 쓰레기 불법투기행위자라는 사실이 지역주민에게 공개되는 것은 정보주체의 인격권이 침해될 우려가 있어 허용되지 아니한다.

(1) 의의

법 제3조는 개인정보처리자가 개인정보 처리·이용·보관의 전 과정에서 준수해야 할 8대 기본원칙을 규정하고 있다. 이는 '개인의 권리를 보호하면서도 정보처리의 합법성과 책임성을 확보할 수 있는 법적 기반'을 마련하기 위해 설정된 기본 규범이다.

(2) 목적의 명확성 및 최소정보의 수집

<u>개인정보처리자는 개인정보의 처리 목적을 명확하게 하여야 하고 그 목적에 필요한 범위에서 최소한의 개인정보만을 적법하고 정당하게 수집하여야 한다</u>(법 제3조 제1항).

※ 가령, 세탁서비스 제공자는 세탁 완료를 알리거나 세탁물을 배달하기 위한 목적으로 고객의 성명, 주소, 전화번호 등을 수집할 수 있으나, 그 밖에 목적 달성을 위해 직접적으로 필요하지 않은 정보를 수집·이용해서는 안 된다.

(3) 목적 범위 내에서 적법한 처리와 활용

개인정보처리자는 개인정보의 처리 목적에 필요한 범위에서 적합하게 개인정보를 처리하여야 하며, 그 목적 외의 용도로 활용하여서는 아니 된다(제2항).

(4) 처리목적 내에서 정확성·완전성·최신성 보장

개인정보처리자는 개인정보의 처리 목적에 필요한 범위에서 개인정보의 정확성, 완전성 및 최신성이 보장되도록 하여야 한다(제3항).

※ 개인정보 입력 시 입력내용을 사전에 확인하는 절차, 개인정보에 대한 열람 및 정정 요구 등 필요한 절차나 방법, 오류정보를 발견한 경우 정정이나 삭제할 수 있는 절차 등을 마련하여야 한다.

(5) 권리침해 가능성 등을 고려하여 안전하게 관리

개인정보처리자는 개인정보의 처리 방법 및 종류 등에 따라 정보주체의 권리가 침해받을 가능성과 그 위험 정도를 고려하여 개인정보를 안전하게 관리하여야 한다(제4항).

※ 정보주체의 개인정보가 분실, 도난, 유출, 변조 또는 훼손되지 않도록 안전성 확보를 위한 보안조치를 강구하여야 한다.

(6) 개인정보 처리방침 등 공개

개인정보처리자는 제30조에 따른 개인정보 처리방침 등 개인정보의 처리에 관한 사항을 공개하여야 하며, 열람청구권 등 정보주체의 권리를 보장하여야 한다(제5항).

※ 개인정보가 어떠한 용도와 방식으로 이용되고 있으며 개인정보 보호를 위하여 어떠한 조치를 취하고 있는지를 공개하여야 하며, 정보주체가 제공한 개인정보를 열람, 정정 및 삭제를 요구할 수 있는 절차를 마련하여야 한다.

(7) 사생활 침해를 최소화하는 방법으로 처리

개인정보처리자는 정보주체의 사생활 침해를 최소화하는 방법으로 개인정보를 처리하여야 한다(제6항).

(8) 익명처리의 원칙

개인정보처리자는 개인정보를 익명 또는 가명으로 처리하여도 개인정보 수집목적을 달성할 수 있는 경우 익명처리가 가능한 경우에는 익명에 의하여, 익명처리로 목적을 달성할 수 없는 경우에는 가명에 의하여 처리될 수 있도록 하여야 한다(제7항).

(9) 개인정보처리자의 책임준수·신뢰확보 노력

개인정보처리자는 이 법 및 관계 법령에서 규정하고 있는 책임과 의무를 준수하고 실천함으로써 정보주체의 신뢰를 얻기 위하여 노력하여야 한다(제8항).

> **관련판례**
>
> **경품 응모권 고지사항의 개인정보 보호법 제3조 원칙 위반 여부**
>
> 이 사건 경품행사에 응모한 고객들은 응모권 뒷면과 인터넷 응모화면에 기재되어 있는 '개인정보 수집 및 제3자 제공 동의' 등 사항이 경품행사 진행을 위하여 필요한 것으로 받아들일 가능성이 크다. 그런데 응모권에 따라서는 <u>경품추첨 사실을 알리는 데 필요한 개인정보와 관련 없는 '응모자의 성별, 자녀 수, 동거 여부' 등 사생활의 비밀에 관한 정보와 심지어는 주민등록번호와 같은 고유식별정보까지 수집</u>하면서 이에 관한 동의를 하지 않을 때에는 응모가 되지 아니하거나 경품추첨에서 제외된다고 고지하고 있다. 이는 개인정보처리자가 정당한 목적으로 개인정보를 수집하는 경우라 하더라도 그 목적에 필요한 최소한의 개인정보 수집에 그쳐야 하고 이에 동의하지 아니한다는 이유로 정보주체에게 재화 또는 서비스의 제공을 거부하여서는 안 된다는 개인정보 보호 원칙(개인정보 보호법 제3조 제1항)과 개인정보 보호법 규정에 위반되는 것이다(대판 2017.4.7. 2016도13263).

4. 정보주체의 권리

> **설명형 예제**
>
> 「개인정보 보호법」상 정보주체의 권리에 관하여 설명하시오.   * 2014 행정사

정보주체는 자신의 개인정보 처리와 관련하여 다음 각 호의 권리를 가진다(법 제4조).

> 1. 개인정보의 <u>처리에 관한 정보를 제공받을 권리</u>
> 2. 개인정보의 <u>처리에 관한 동의 여부, 동의 범위 등을 선택하고 결정할 권리</u>
> 3. 개인정보의 <u>처리 여부를 확인하고 개인정보에 대한 열람(사본의 발급을 포함) 및 전송을 요구할 권리</u>
> 4. 개인정보의 <u>처리 정지, 정정·삭제 및 파기를 요구할 권리</u>
> 5. 개인정보의 <u>처리로 인하여 발생한 피해를 신속하고 공정한 절차에 따라 구제받을 권리</u>
> 6. <u>완전히 자동화된 개인정보 처리에 따른 결정을 거부하거나 그에 대한 설명 등을 요구할 권리</u>

법 제4조는 정보주체의 권리를 명문화함으로써 개인정보 자기결정권을 실질적으로 보장하는 핵심 조항이다. 이는 정보주체가 자신의 개인정보 처리에 대해 통제하고, 그로 인한 피해로부터 보호받을 수 있도록 하는 법적 기반을 제공한다.

위와 같은 정보주체의 권리의 세부 내용은 이 법의 개별 조항을 통하여 구체화되어 있다.

5. 국가 등의 책무

> **설명형 예제**
>
> 「개인정보 보호법」상 국가와 지방자치단체의 책무에 관하여 설명하시오.

(1) 의의

법 제5조는 국가와 지방자치단체가 개인정보 보호를 위한 정책을 수립하고 시행함으로써, 정보주체의

권리와 자유를 보장하여야 할 책무를 명확히 하고 있다. 이는 정보주체의 권리보장과 개인정보 처리의 적정성을 추구하는 개인정보 보호법의 기본 이념을 반영한 것이다.

(2) 인간존엄 및 사생활 보호를 위한 시책 강구

국가와 지방자치단체는 개인정보의 목적 외 수집, 오용·남용 및 무분별한 감시·추적 등에 따른 폐해를 방지하여 인간의 존엄과 개인의 사생활 보호를 도모하기 위한 시책을 강구하여야 한다(법 제5조 제1항).

(3) 법령의 개선 등 필요한 시책 마련

국가와 지방자치단체는 제4조에 따른 정보주체의 권리를 보호하기 위하여 법령의 개선 등 필요한 시책을 마련하여야 한다(제2항).

(4) 만 14세 미만 아동의 개인정보 보호에 필요한 시책을 마련

국가와 지방자치단체는 만 14세 미만 아동이 개인정보 처리가 미치는 영향과 정보주체의 권리 등을 명확하게 알 수 있도록 만 14세 미만 아동의 개인정보 보호에 필요한 시책을 마련하여야 한다(제3항).

(5) 개인정보 보호 자율규제 촉진·지원

국가와 지방자치단체는 개인정보의 처리에 관한 불합리한 사회적 관행을 개선하기 위하여 개인정보처리자의 자율적인 개인정보 보호활동을 존중하고 촉진·지원하여야 한다(제4항).

(6) 이 법 목적에 부합하도록 법령·조례 적용

국가와 지방자치단체는 개인정보의 처리에 관한 법령 또는 조례를 적용할 때에는 정보주체의 권리가 보장될 수 있도록 개인정보 보호 원칙에 맞게 적용하여야 한다(제5항).

6. 다른 법률과의 관계

(1) 개인정보 보호법의 성격

개인정보의 처리 및 보호에 관하여 다른 법률에 특별한 규정이 있는 경우를 제외하고는 이 법에서 정하는 바에 따른다(법 제6조 제1항).

※ 이 법은 개인정보 보호에 관한 일반법적 성격을 가지므로 다른 법률에 특별한 규정이 있는 경우에는 그 법률의 규정이 우선하여 적용된다(예 「신용정보법」, 「위치정보의 보호 및 이용 등에 관한 법률」, 「전자상거래 등에서의 소비자보호에 관한 법률」).

※ '법률'이 아닌 시행령이나 시행규칙, 고시, 조례 등에 이 법과 다른 특별한 규정이 있다고 하여도 그 시행령 등은 우선 적용되지 않는다. 그런 경우에는 당연히 이 법이 우선하여 적용된다.

※ 일반적으로 특별법이 일반법에 우선하고 신법이 구법에 우선한다는 원칙은 동일한 형식의 성문법규인 법률이 상호 모순·저촉되는 경우에 적용된다. 이때 법률이 상호 모순·저촉되는지는 법률의 입법목적, 규정사항 및 적용범위 등을 종합적으로 검토하여 판단하여야 한다(대판 2016.11.25. 2014도14166).

(2) 다른 법률의 제정·개정의 한계

개인정보의 처리 및 보호에 관한 다른 법률을 제정하거나 개정하는 경우에는 이 법의 목적과 원칙에 맞도록 하여야 한다(제2항).

03 개인정보 보호정책의 수립 등

1. 개인정보 보호위원회

> **설명형 예제**
> 「개인정보 보호법」상 개인정보 보호위원회 산하의 소위원회, 전문위원회, 정책협의회의 기능을 설명하시오.

(1) 의의

개인정보 보호에 관한 사무를 독립적으로 수행하기 위하여 국무총리 소속으로 개인정보 보호위원회(이하 "보호위원회")를 둔다(법 제7조 제1항).

종래 행정안전부와 방송통신위원회가 수행하던 개인정보 보호 기능이 2020. 2. 4. 「개인정보 보호법」 개정과 함께 개인정보 보호위원회로 이관되었다. 이는 개인정보 보호 제도의 운영에 있어서 독립적이고 전문적인 개인정보 감독기구의 설치라는 의미를 갖는다.

(2) 보호위원회의 지위

보호위원회는 「정부조직법」 제2조에 따른 중앙행정기관으로 본다. 다만, 다음 각 호의 사항에 대하여는 「정부조직법」 제18조를 적용하지 아니한다(법 제7조 제2항).

> 1. 제7조의8 제3호(* 정보주체의 권리침해에 대한 조사 및 이에 따른 처분에 관한 사항) 및 제4호(* 개인정보의 처리와 관련한 고충처리·권리구제 및 개인정보에 관한 분쟁의 조정)의 사무
> 2. 제7조의9 제1항의 심의·의결 사항 중 제1호(* 개인정보 침해요인 평가에 관한 사항)에 해당하는 사항

※ 정부조직법 제18조(국무총리의 행정감독권) ① 국무총리는 대통령의 명을 받아 각 중앙행정기관의 장을 지휘·감독한다. ② 국무총리는 중앙행정기관의 장의 명령이나 처분이 위법 또는 부당하다고 인정될 경우에는 대통령의 승인을 받아 이를 중지 또는 취소할 수 있다.

(3) 보호위원회의 구성

① 보호위원회는 상임위원 2명(위원장 1명, 부위원장 1명)을 포함한 9명의 위원으로 구성한다(법 제7조의2 제1항).

② 보호위원회의 위원은 개인정보 보호에 관한 경력과 전문지식이 풍부한 다음 각 호의 사람 중에서 위원장과 부위원장은 국무총리의 제청으로, 그 외 위원 중 2명은 위원장의 제청으로, 2명은 대통령이 소속되거나 소속되었던 정당의 교섭단체 추천으로, 3명은 그 외의 교섭단체 추천으로 대통령이 임명 또는 위촉한다(제2항).

> 1. 개인정보 보호 업무를 담당하는 3급 이상 공무원(고위공무원단에 속하는 공무원을 포함)의 직에 있거나 있었던 사람
> 2. 판사·검사·변호사의 직에 10년 이상 있거나 있었던 사람
> 3. 공공기관 또는 단체(개인정보처리자로 구성된 단체를 포함)에 3년 이상 임원으로 재직하였거나 이들 기관 또는 단체로부터 추천받은 사람으로서 개인정보 보호 업무를 3년 이상 담당하였던 사람

4. 개인정보 관련 분야에 전문지식이 있고 「고등교육법」 제2조 제1호에 따른 학교에서 부교수 이상으로 5년 이상 재직하고 있거나 재직하였던 사람

③ 위원장과 부위원장은 정무직 공무원으로 임명한다(제3항).
④ 위원장, 부위원장, 사무처장은 「정부조직법」 제10조에도 불구하고 정부위원이 된다(제4항).

(4) 위원장
① 위원장은 보호위원회를 대표하고, 보호위원회의 회의를 주재하며, 소관 사무를 총괄한다(법 제7조의3 제1항).
② 위원장이 부득이한 사유로 직무를 수행할 수 없을 때에는 부위원장이 그 직무를 대행하고, 위원장·부위원장이 모두 부득이한 사유로 직무를 수행할 수 없을 때에는 위원회가 미리 정하는 위원이 위원장의 직무를 대행한다(제2항).
③ 위원장은 국회에 출석하여 보호위원회의 소관 사무에 관하여 의견을 진술할 수 있으며, 국회에서 요구하면 출석하여 보고하거나 답변하여야 한다(제3항).
④ 위원장은 국무회의에 출석하여 발언할 수 있으며, 그 소관 사무에 관하여 국무총리에게 의안 제출을 건의할 수 있다(제4항).

(5) 위원의 임기
① 위원의 임기는 3년으로 하되, 한 차례만 연임할 수 있다(법 제7조의4 제1항).
② 위원이 궐위된 때에는 지체 없이 새로운 위원을 임명 또는 위촉하여야 한다. 이 경우 후임으로 임명 또는 위촉된 위원의 임기는 새로이 개시된다(제2항).

(6) 위원의 직무상 독립성과 공정성 보장
① 위원의 신분보장
위원은 다음 각 호의 어느 하나에 해당하는 경우를 제외하고는 그 의사에 반하여 면직 또는 해촉되지 아니한다(법 제7조의5 제1항).

1. 장기간 심신장애로 인하여 직무를 수행할 수 없게 된 경우
2. 제7조의7의 결격사유에 해당하는 경우
3. 이 법 또는 그 밖의 다른 법률에 따른 직무상의 의무를 위반한 경우

② 직무의 독립성 보장
위원은 법률과 양심에 따라 독립적으로 직무를 수행한다(법 제7조의5 제2항).

③ 겸직금지와 영리업무 종사 금지
위원은 재직 중 다음 각 호의 직(職)을 겸하거나 직무와 관련된 영리업무에 종사하여서는 아니 된다(법 제7조의6 제1항).

1. 국회의원 또는 지방의회의원
2. 국가공무원 또는 지방공무원
3. 그 밖에 대통령령으로 정하는 직

제1항에 따른 영리업무에 관한 사항은 대통령령으로 정한다(제2항).

※ 위원은 영리를 목적으로 다음 각 호의 어느 하나에 해당하는 업무에 종사해서는 안 된다(시행령 제4조의2).

> 1. 법 제7조의9 제1항에 따라 보호위원회가 심의·의결하는 사항과 관련된 업무
> 2. 법 제40조 제1항에 따른 개인정보 분쟁조정위원회가 조정하는 사항과 관련된 업무

④ 정치활동 관여 금지

위원은 정치활동에 관여할 수 없다(제3항).

(7) 결격사유

① 다음 각 호의 어느 하나에 해당하는 사람은 위원이 될 수 없다(법 제7조의7 제1항).

> 1. 대한민국 국민이 아닌 사람
> 2. 「국가공무원법」 제33조 각 호(* 결격사유)의 어느 하나에 해당하는 사람
> 3. 「정당법」 제22조에 따른 당원

② 위원이 제1항 각 호의 어느 하나에 해당하게 된 때에는 그 직에서 당연 퇴직한다. 다만, 「국가공무원법」 제33조 제2호는 파산선고를 받은 사람으로서 「채무자 회생 및 파산에 관한 법률」에 따라 신청기한 내에 면책신청을 하지 아니하였거나 면책불허가 결정 또는 면책 취소가 확정된 경우만 해당하고, 같은 법 제33조 제5호는 「형법」 제129조부터 제132조까지(* 수뢰죄), 「성폭력범죄의 처벌 등에 관한 특례법」 제2조, 「아동·청소년의 성보호에 관한 법률」 제2조 제2호 및 직무와 관련하여 「형법」 제355조 또는 제356조에 규정된 죄(* 횡령과 배임)를 범한 사람으로서 금고 이상의 형의 선고유예를 받은 경우만 해당한다(제2항).

(8) 보호위원회의 소관 사무

보호위원회는 다음 각 호의 소관 사무를 수행한다(법 제7조의8).

> 1. 개인정보의 보호와 관련된 법령의 개선에 관한 사항
> 2. 개인정보 보호와 관련된 정책·제도·계획 수립·집행에 관한 사항
> 3. 정보주체의 권리침해에 대한 조사 및 이에 따른 처분에 관한 사항
> 4. 개인정보의 처리와 관련한 고충처리·권리구제 및 개인정보에 관한 분쟁의 조정
> 5. 개인정보 보호를 위한 국제기구 및 외국의 개인정보 보호기구와의 교류·협력
> 6. 개인정보 보호에 관한 법령·정책·제도·실태 등의 조사·연구, 교육 및 홍보에 관한 사항
> 7. 개인정보 보호에 관한 기술개발의 지원·보급, 기술의 표준화 및 전문인력의 양성에 관한 사항
> 8. 이 법 및 다른 법령에 따라 보호위원회의 사무로 규정된 사항

(9) 보호위원회의 심의·의결 사항 등

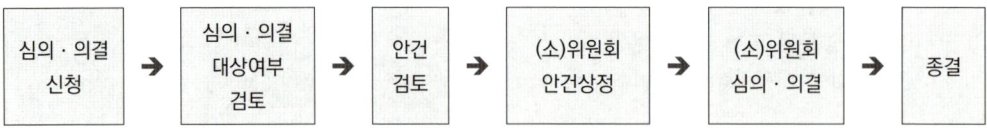

① 보호위원회는 다음 각 호의 사항을 심의·의결한다(법 제7조의9 제1항).

> 1. 제8조의2에 따른 개인정보 침해요인 평가에 관한 사항
> 2. 제9조에 따른 기본계획 및 제10조에 따른 시행계획에 관한 사항
> 3. 개인정보 보호와 관련된 정책, 제도 및 법령의 개선에 관한 사항
> 4. 개인정보의 처리에 관한 공공기관 간의 의견조정에 관한 사항
> 5. 개인정보 보호에 관한 법령의 해석·운용에 관한 사항
>   ※ 심의·의결의 효력 확장 : 보호위원회가 신청기관 및 대상기관을 명시하여 심의·의결하였다 하더라도, 사실관계 및 적용 법령이 동일한 건에 대해서는 의결 신청기관이 아닌 제3의 개인정보처리자도 해당 의결의 내용을 준용하여 업무에 적용된다.
> 6. 제18조 제2항 제5호에 따른 개인정보의 이용·제공에 관한 사항
> 6의2. 제28조의9에 따른 개인정보의 국외 이전 중지 명령에 관한 사항
> 7. 제33조 제4항에 따른 영향평가 결과에 관한 사항
> 8. 제64조의2에 따른 과징금 부과에 관한 사항
> 9. 제61조에 따른 의견제시 및 개선권고에 관한 사항
> 9의2. 제63조의2 제2항에 따른 시정권고에 관한 사항
> 10. 제64조에 따른 시정조치 등에 관한 사항
> 11. 제65조에 따른 고발 및 징계권고에 관한 사항
> 12. 제66조에 따른 처리 결과의 공표 및 공표명령에 관한 사항
> 13. 제75조에 따른 과태료 부과에 관한 사항
> 14. 소관 법령 및 보호위원회 규칙의 제정·개정 및 폐지에 관한 사항
> 15. 개인정보 보호와 관련하여 보호위원회의 위원장 또는 위원 2명 이상이 회의에 부치는 사항
> 16. 그 밖에 이 법 또는 다른 법령에 따라 보호위원회가 심의·의결하는 사항

② 보호위원회는 제1항 각 호의 사항을 심의·의결하기 위하여 필요한 경우 다음 각 호의 조치를 할 수 있다(제2항).

> 1. 관계 공무원, 개인정보 보호에 관한 전문 지식이 있는 사람이나 시민사회단체 및 관련 사업자로부터의 의견 청취
> 2. 관계 기관 등에 대한 자료제출이나 사실조회 요구

③ 제2항 제2호에 따른 요구를 받은 관계 기관 등은 특별한 사정이 없으면 이에 따라야 한다(제3항).
④ 보호위원회는 제1항 제3호의 사항을 심의·의결한 경우에는 관계 기관에 그 개선을 권고할 수 있다(제4항).
  ※ 보호위원회는 관계 기관에 정책·제도 및 법령의 개선을 권고하는 경우에는 그 내용과 사유 등을 함께 통보해야 한다(시행령 제9조의2 제1항).
⑤ 보호위원회는 제4항에 따른 권고 내용의 이행 여부를 점검할 수 있다(제5항).
  ※ 보호위원회는 권고내용의 이행여부를 점검하기 위하여 관계 기관에 권고사항의 이행결과에 대한 자료 제출을 요청할 수 있다(시행령 제9조의2 제2항).

(10) 회의
- ① 보호위원회의 회의는 위원장이 필요하다고 인정하거나 재적위원 4분의 1 이상의 요구가 있는 경우에 위원장이 소집한다(법 제7조의10 제1항).
- ② 위원장 또는 2명 이상의 위원은 보호위원회에 의안을 제의할 수 있다(제2항).
- ③ 보호위원회의 회의는 재적위원 과반수의 출석으로 개의하고, 출석위원 과반수의 찬성으로 의결한다(제3항).
    - ※ 보호위원회의 의사(議事)는 공개한다. 다만, 보호위원회 위원장이 필요하다고 인정하는 경우에는 공개하지 아니할 수 있다(시행령 제6조).
    - ※ 재적위원이란 법정 위원정수(9명)가 아니라 위원정수에서 사망·사직·퇴직 등에 의하여 결원된 위원 수를 제외한 현재 위원 신분을 가진 사람의 수를 의미한다.

(11) 위원의 제척·기피·회피
- ① 위원은 다음 각 호의 어느 하나에 해당하는 경우에는 심의·의결에서 제척된다(법 제7조의11 제1항).

    1. 위원 또는 그 배우자나 배우자였던 자가 해당 사안의 당사자가 되거나 그 사건에 관하여 공동의 권리자 또는 의무자의 관계에 있는 경우
    2. 위원이 해당 사안의 당사자와 친족이거나 친족이었던 경우
    3. 위원이 해당 사안에 관하여 증언, 감정, 법률자문을 한 경우
    4. 위원이 해당 사안에 관하여 당사자의 대리인으로서 관여하거나 관여하였던 경우
    5. 위원이나 위원이 속한 공공기관·법인 또는 단체 등이 조언 등 지원을 하고 있는 자와 이해관계가 있는 경우

- ② 위원에게 심의·의결의 공정을 기대하기 어려운 사정이 있는 경우 당사자는 기피 신청을 할 수 있고, 보호위원회는 의결로 이를 결정한다(제2항).
- ③ 위원이 제1항 또는 제2항의 사유가 있는 경우에는 해당 사안에 대하여 회피할 수 있다(제3항).

(12) 소위원회
- ① 보호위원회는 효율적인 업무 수행을 위하여 개인정보 침해 정도가 경미하거나 유사·반복되는 사항 등을 심의·의결할 소위원회를 둘 수 있다(법 제7조의12 제1항).
- ② 소위원회는 3명의 위원으로 구성한다(제2항).
- ③ 소위원회가 제1항에 따라 심의·의결한 것은 보호위원회가 심의·의결한 것으로 본다(제3항).
- ④ 소위원회의 회의는 구성위원 전원의 출석과 출석위원 전원의 찬성으로 의결한다(제4항).

(13) 사무처

보호위원회의 사무를 처리하기 위하여 보호위원회에 사무처를 두며, 이 법에 규정된 것 외에 보호위원회의 조직에 관한 사항은 대통령령으로 정한다(법 제7조의13).

(14) 공무원 등의 파견

보호위원회는 그 업무 수행을 위하여 필요하다고 인정하는 경우에는 공공기관에 그 소속 공무원 또는 임직원의 파견을 요청할 수 있다(시행령 제7조).

(15) 전문위원회
① 보호위원회는 법 제7조의9 제1항에 따른 심의·의결 사항에 대하여 사전에 전문적으로 검토하기 위하여 보호위원회에 다음 각 호의 분야별 전문위원회(이하 "전문위원회")를 둔다(시행령 제5조 제1항).

> 1. 개인정보의 국외 이전 분야
> 2. 그 밖에 보호위원회가 필요하다고 인정하는 분야

② 제1항에 따라 전문위원회를 두는 경우 각 전문위원회는 위원장 1명을 포함한 20명 이내의 위원으로 성별을 고려하려 구성하되, 전문위원회 위원은 다음 각 호의 사람 중에서 보호위원회 위원장이 임명하거나 위촉하고, 전문위원회 위원장은 보호위원회 위원장이 전문위원회 위원 중에서 지명한다(제2항).

> 1. 보호위원회 위원
> 2. 개인정보 보호 관련 업무를 담당하는 중앙행정기관의 관계 공무원
> 3. 개인정보 보호에 관한 전문지식과 경험이 풍부한 사람
> 4. 개인정보 보호와 관련된 단체 또는 사업자단체에 속하거나 그 단체의 추천을 받은 사람

(16) 개인정보 보호 정책협의회
① 개인정보 보호 정책의 일관성 있는 추진과 개인정보 보호 관련 사안에 대한 관계 중앙행정기관 간 협의를 위하여 보호위원회에 개인정보 보호 정책협의회(이하 "정책협의회")를 둘 수 있다(시행령 제5조의2 제1항).
② 정책협의회는 다음 각 호의 사항을 협의한다(제2항).

> 1. 법 제9조에 따른 개인정보 보호 기본계획 및 법 제10조에 따른 시행계획 등 개인정보 보호와 관련된 주요 정책
> 2. 개인정보 보호와 관련된 주요 법령의 제·개정
> 3. 개인정보 보호와 관련된 주요 정책의 협력 및 의견조정
> 4. 개인정보 침해사고 예방 및 대응
> 5. 개인정보 보호 기술개발 및 전문인력의 양성
> 6. 그 밖에 개인정보 보호와 관련하여 관계 중앙행정기관 간 협의가 필요한 사항

③ 정책협의회는 관계 중앙행정기관의 고위공무원단에 속하는 공무원 또는 그에 상당하는 공무원으로서 개인정보 보호와 관련된 업무를 담당하는 사람 중 소속 기관의 장이 지명하는 사람으로 구성하되, 정책협의회의 의장은 보호위원회의 부위원장으로 한다(제3항).
④ 정책협의회는 업무를 수행하기 위하여 필요한 경우에는 실무협의회 또는 분야별 협의회를 둘 수 있다(제4항).
⑤ 실무협의회 및 분야별 협의회의 의장은 보호위원회 소속 공무원 중에서 의장이 임명한다(제5항).
⑥ 정책협의회, 실무협의회 및 분야별 협의회는 업무를 수행하기 위하여 필요한 경우에는 관계 기관·단체 및 전문가 등에게 출석, 자료 또는 의견의 제출 등 필요한 협조를 요청할 수 있다(제6항).
⑦ 제1항부터 제6항까지에서 규정한 사항 외에 정책협의회의 운영 등에 필요한 사항은 정책협의회의 의결을 거쳐 의장이 정한다(제7항).

(17) 시·도 개인정보 보호 관계 기관 협의회
① 개인정보 보호 정책의 효율적인 추진과 자율적인 개인정보 보호 강화를 위하여 특별시, 광역시, 특별자치시, 도, 특별자치도(이하 "시·도")에 시·도 개인정보 보호 관계 기관 협의회(이하 "시·도협의회")를 둘 수 있다(시행령 제5조의3 제1항).
② 시·도협의회는 다음 각 호의 사항을 협의한다(제2항).

> 1. 시·도 개인정보 보호 정책
> 2. 관계 기관·단체 등의 의견 수렴 및 전달
> 3. 개인정보 보호 우수사례 공유
> 4. 그 밖에 개인정보 보호와 관련하여 시·도협의회의 협의가 필요한 사항

③ 제1항 및 제2항에서 규정한 사항 외에 시·도협의회의 구성 및 운영 등에 필요한 사항은 시·도의 조례로 정한다(제3항).

(18) 출석수당 등
보호위원회, 전문위원회 또는 정책협의회에 출석한 위원, 법 제7조의9 제2항에 따라 보호위원회에 출석한 사람, 전문위원회에 출석한 사람 또는 정책협의회에 출석한 사람에게는 예산의 범위에서 수당·여비, 그 밖에 필요한 경비를 지급할 수 있다. 다만, 공무원이 그 소관 업무와 직접 관련되어 출석하는 경우에는 그렇지 않다(시행령 제9조).

(19) 운영 관련 세부사항
이 법과 다른 법령에 규정된 것 외에 보호위원회의 운영 등에 필요한 사항은 보호위원회의 규칙으로 정한다(법 제7조의14).

2. 개인정보 침해요인 평가

(1) 의의
개인정보 침해에 대한 사후규제 중심의 대응체계만으로는 한계가 있으므로, 개인정보 처리를 수반하는 정책이나 제도의 입법 단계에서부터 개인정보 침해위험을 평가해야 할 필요성이 있다. 이는 입법 단계 (예 영유아보육법 개정으로 어린이집 내 CCTV 설치 의무화, 디엔에이법 개정으로 수형자에 대한 DNA 채취를 법규화)에서 개인정보 보호의 기본원칙 준수를 제도화한 사전검증 장치라고 할 수 있다.

(2) 개요
① 중앙행정기관의 장은 소관 법령의 제정 또는 개정을 통하여 개인정보 처리를 수반하는 정책이나 제도를 도입·변경하는 경우에는 보호위원회에 개인정보 침해요인 평가를 요청하여야 한다(법 제8조의2 제1항).
※ "개인정보 처리를 수반"한다는 것은 특정 법령 조항의 운영이나 법 집행 과정에서 개인정보 처리가 주로 또는 부수적으로 발생하는 경우를 말한다. 한편, 국회에서 의원 입법 형식으로 발의되는 법률 제·개정안은 평가대상에 해당하지 않는다.

② 보호위원회가 제1항에 따른 요청을 받은 때에는 해당 법령의 개인정보 침해요인을 분석·검토하여 그 법령의 소관기관의 장에게 그 개선을 위하여 필요한 사항을 권고할 수 있다(제2항).

(3) 평가의 절차와 방법

① 중앙행정기관의 장은 개인정보 침해요인 평가를 요청하는 경우 다음 각 호의 사항을 포함하는 개인정보 침해요인 평가 요청서(전자문서를 포함)를 보호위원회에 제출하여야 한다(시행령 제9조의3 제1항).

> 1. 법령(법령안을 포함)을 통하여 도입되거나 변경되는 개인정보 처리를 수반하는 정책·제도의 목적과 주요 내용
> 2. 개인정보 처리를 수반하는 정책·제도의 도입·변경에 따른 제2항 각 호의 사항에 대한 개인정보 침해요인 자체 분석
> 3. 개인정보 처리를 수반하는 정책·제도의 도입·변경에 따른 개인정보 보호 대책

② 보호위원회는 제1항에 따른 요청서를 받은 경우에는 다음 각 호의 사항을 고려하여 침해요인 평가를 하고, 그 결과를 해당 중앙행정기관의 장에게 통보하여야 한다(제2항).

> 1. 개인정보 처리의 필요성
> 2. 개인정보 주체의 권리보장의 적정성
> 3. 개인정보 관리의 안전성
> 4. 그 밖에 침해요인 평가에 필요한 사항

③ 중앙행정기관의 장은 법 제8조의2 제2항에 따른 권고를 받은 경우에는 그 내용을 해당 법령안에 반영하는 등 권고내용을 이행하도록 노력하여야 한다. 다만, 보호위원회의 권고대로 이행하기 곤란한 경우에는 그 사유를 보호위원회에 통보하여야 한다(제3항).

④ 보호위원회는 침해요인 평가를 하는 경우에는 침해요인 평가에 필요한 자료 등을 해당 중앙행정기관의 장에게 요청할 수 있다(제4항).

⑤ 보호위원회는 침해요인 평가의 세부기준 및 방법 등 침해요인 평가에 필요한 지침을 수립하여 중앙행정기관의 장에게 통보할 수 있다(제5항).

⑥ 보호위원회는 침해요인 평가를 실시하기 위하여 필요하면 관계 전문가에게 자문 등을 할 수 있다(제6항).

3. 기본계획

(1) 의의

개인정보 보호 기본계획은 2011년 법 제정 이후, 산발적·개별 정책 중심에서 벗어나 중장기적 로드맵과 책임성을 확보하기 위한 기초라 할 수 있다. 단기적 조치가 아닌 정책 목표와 수단, 역할 분담 및 성과 체계를 주기적으로 점검할 필요성에서 도입되었다.

(2) 작성주체 및 내용

① 보호위원회는 개인정보의 보호와 정보주체의 권익 보장을 위하여 3년마다 개인정보 보호 기본계획을 관계 중앙행정기관의 장과 협의하여 수립한다(법 제9조 제1항).

② 기본계획에는 다음 각 호의 사항이 포함되어야 한다(제2항).

> 1. 개인정보 보호의 기본목표와 추진방향
> 2. 개인정보 보호와 관련된 제도 및 법령의 개선
> 3. 개인정보 침해 방지를 위한 대책
> 4. 개인정보 보호 자율규제의 활성화
> 5. 개인정보 보호 교육·홍보의 활성화
> 6. 개인정보 보호를 위한 전문인력의 양성
> 7. 그 밖에 개인정보 보호를 위하여 필요한 사항

③ 국회, 법원, 헌법재판소, 중앙선거관리위원회는 해당 기관(그 소속 기관을 포함)의 개인정보 보호를 위한 기본계획을 수립·시행할 수 있다(제3항).

(3) 기본계획의 수립절차 등

① 보호위원회는 3년마다 법 제9조에 따른 개인정보 보호 기본계획을 그 3년이 시작되는 해의 전년도 6월 30일까지 수립해야 한다(시행령 제11조 제1항).
② 보호위원회는 기본계획을 작성하는 경우에는 관계 중앙행정기관의 장으로부터 개인정보 보호 관련 중장기 계획과 시책 등을 반영한 부문별 계획을 제출받아 기본계획에 반영할 수 있다. 이 경우 보호위원회는 기본계획의 목표, 추진방향 및 부문별 계획의 작성 지침 등에 관하여 관계 중앙행정기관의 장과 협의하여야 한다(제2항).
③ 보호위원회는 기본계획이 확정되면 지체 없이 관계 중앙행정기관의 장에게 통보하여야 한다(제3항).

4. 시행계획

(1) 의의

정부기관의 개인정보 보호활동이 단기적인 부처별 개별 시행으로 그치지 않도록 기본계획의 전략을 현장 실행으로 연결하기 위한 제도적 장치이다. 보호위원회가 중앙행정기관의 연차 계획을 사전 점검하고 심의·의결함으로써 정책 집행의 통합성과 일관성 확보를 목표로 한다.

(2) 작성주체

중앙행정기관의 장은 기본계획에 따라 매년 개인정보 보호를 위한 시행계획을 작성하여 보호위원회에 제출하고, 보호위원회의 심의·의결을 거쳐 시행하여야 한다(법 제10조 제1항).

(3) 시행계획의 수립절차 등

① 보호위원회는 매년 6월 30일까지 다음 해 시행계획의 작성방법 등에 관한 지침을 마련하여 관계 중앙행정기관의 장에게 통보해야 한다(시행령 제12조 제1항).
② 관계 중앙행정기관의 장은 제1항의 지침에 따라 기본계획 중 다음 해에 시행할 소관 분야의 시행계획을 작성하여 매년 9월 30일까지 보호위원회에 제출해야 한다(제2항).
③ 보호위원회는 제2항에 따라 제출된 시행계획을 그 해 12월 31일까지 심의·의결해야 한다(제3항).

5. 자료제출 요구 등

(1) 의의
보호위원회는 기본계획을 현실 기반의 효과적 정책으로 구현하기 위해, 개인정보처리자 등에게 자료제출과 의견 진술을 요구함으로써 '현장 데이터에 기초한 객관적 판단'을 확보하고, 부처 간 조정 및 평가 구조를 유지한다.

(2) 개요
① 보호위원회는 기본계획을 효율적으로 수립하기 위하여 개인정보처리자, 관계 중앙행정기관의 장, 지방자치단체의 장 및 관계 기관·단체 등에 개인정보처리자의 법규 준수 현황과 개인정보 관리 실태 등에 관한 자료의 제출이나 의견의 진술 등을 요구할 수 있다(법 제11조 제1항).
② 보호위원회는 개인정보 보호 정책 추진, 성과평가 등을 위하여 필요한 경우 개인정보처리자, 관계 중앙행정기관의 장, 지방자치단체의 장 및 관계 기관·단체 등을 대상으로 개인정보관리 수준 및 실태파악 등을 위한 조사를 실시할 수 있다(제2항).
③ 중앙행정기관의 장은 시행계획을 효율적으로 수립·추진하기 위하여 소관 분야의 개인정보처리자에게 제1항에 따른 자료제출 등을 요구할 수 있다(제3항).
④ 제1항부터 제3항까지에 따른 자료제출 등을 요구받은 자는 특별한 사정이 없으면 이에 따라야 한다(제4항).

(3) 자료제출 요구 등의 범위와 방법
① 보호위원회는 개인정보처리자에게 다음 각 호의 사항에 관한 자료의 제출이나 의견의 진술 등을 요구할 수 있다(시행령 제13조 제1항).

> 1. 해당 개인정보처리자가 처리하는 개인정보 및 개인정보파일의 관리와 고정형 영상정보처리기기 또는 이동형 영상정보처리기기의 설치·운영에 관한 사항
> 2. 법 제31조에 따른 개인정보 보호책임자의 지정 여부에 관한 사항
> 3. 개인정보의 안전성 확보를 위한 기술적·관리적·물리적 조치에 관한 사항
> 4. 정보주체의 열람, 개인정보의 정정·삭제·처리정지의 요구 및 조치 현황에 관한 사항
> 5. 그 밖에 법 및 이 영의 준수에 관한 사항 등 기본계획의 수립·추진을 위하여 필요한 사항

② 보호위원회는 제1항에 따라 자료의 제출이나 의견의 진술 등을 요구할 때에는 기본계획을 효율적으로 수립·추진하기 위하여 필요한 최소한의 범위로 한정하여 요구하여야 한다(제2항).
③ 중앙행정기관의 장이 소관 분야의 개인정보처리자에게 자료의 제출 등을 요구하는 경우에는 제1항과 제2항을 준용한다(제3항).
※ 법 제63조의 '자료제출 요구 및 검사'와의 구별 : 제11조는 개인정보처리자의 위법여부와 관계없이 요구할 수 있는 처리실태 및 관리현황 등에 관한 자료 및 통계 등의 조사를 말한다. 반면 제63조는 위법사실이 발견되었거나 혐의가 있는 경우 등과 같이 사후적 집행·감독을 위하여 필요한 행정조사를 의미한다.

6. 개인정보 보호수준 평가

(1) 의의

<u>보호위원회는 공공기관 중 중앙행정기관 및 그 소속기관, 지방자치단체, 그 밖에 대통령령으로 정하는 기관을 대상으로 매년 개인정보 보호 정책·업무의 수행 및 이 법에 따른 의무의 준수 여부 등을 평가 (이하 "개인정보 보호수준 평가")하여야 한다</u>(법 제11조의2 제1항).

개인정보 보호 기본계획의 연장선상에서 공공기관의 실질적 이행력과 내부개선을 규정한 평가 조항으로서, 책임성 확보, 성과관리, 국민 신뢰 획득을 위한 것이다.

※ "대통령령으로 정하는 기관" : ①「공공기관의 운영에 관한 법률」제4조에 따른 공공기관, ②「지방공기업법」에 따른 지방공사와 지방공단, ③ 그 밖의 공공기관 중 공공기관의 개인정보 처리 업무의 특성 등을 고려하여 보호위원회가 고시하는 기준에 해당하는 기관

(2) 개인정보 보호수준 평가의 기준 (시행령 제13조의2 제2항)

1. 개인정보 보호 정책·업무 수행실적 및 개선 정도
2. 개인정보 관리체계의 적정성
3. 정보주체의 권리보장을 위한 조치사항 및 이행 정도
4. 개인정보 침해방지 조치사항 및 안전성 확보 조치 이행 정도
5. 그 밖에 개인정보의 처리 및 안전한 관리를 위해 필요한 조치 사항의 준수 여부

(3) 자료 제출 요구

보호위원회는 개인정보 보호수준 평가에 필요한 경우 해당 공공기관의 장에게 다음의 자료를 제출하게 할 수 있고, 보호위원회는 평가대상기관의 장이 제출한 자료를 기준으로 평가를 진행하거나 평가대상기관을 방문하여 평가할 수 있다(법 제11조의2 제2항, 시행령 제13조의2 제5항·제6항).

1. 평가대상기관이 개인정보 보호수준을 자체적으로 점검한 경우 그 결과 및 증명자료
2. 제1호의 증명자료의 검증에 필요한 자료
3. 그 밖에 개인정보의 안전한 관리 여부 등 개인정보 보호수준을 평가하기 위해 필요한 자료

(4) 평가 결과의 활용

① 보호위원회는 개인정보 보호수준 평가의 결과를 <u>인터넷 홈페이지 등을 통하여 공개할 수 있다</u>(법 제11조의2 제3항).

② 보호위원회는 개인정보 보호수준 평가의 결과에 따라 <u>우수기관 및 그 소속 직원에 대하여 포상</u>할 수 있고, 개인정보 보호를 위하여 필요하다고 인정하면 <u>해당 공공기관의 장에게 개선을 권고</u>할 수 있다. 이 경우 권고를 받은 공공기관의 장은 이를 이행하기 위하여 성실하게 노력하여야 하며, 그 조치 결과를 보호위원회에 알려야 한다(제4항).

(5) 그 밖의 방법 및 절차

① 보호위원회는 개인정보 보호수준 평가를 시행하기 전에 평가대상, 평가기준·방법 및 평가지표 등을 포함한 평가계획을 마련하여 개인정보 보호수준 평가 대상 기관의 장에게 통보해야 한다(시행령

제13조의2 제3항).
② 보호위원회는 개인정보 보호수준 평가를 효율적으로 실시하기 위해 개인정보 보호에 관한 전문적인 지식과 경험이 풍부한 전문가를 포함하여 평가단을 구성·운영할 수 있다(제4항).
③ 보호위원회는 중앙행정기관의 장 또는 지방자치단체의 장에게 소속 기관 등 소관 분야 평가대상기관의 평가준비 또는 평가결과에 따른 개인정보 보호 조치를 위해 필요한 사항을 지원하도록 요청할 수 있다. 이 경우 요청을 받은 중앙행정기관의 장 또는 지방자치단체의 장은 요청에 따른 지원을 하기 위해 노력해야 한다(제7항).

7. 개인정보 보호지침

(1) 의의

개인정보처리자가 종사하는 업무의 환경이나 위험도에 따라 개인정보의 처리 범위·방법, 요구되는 보호수준 등이 각기 다를 수 있다. 따라서 이 법은 경제·사회의 공통적 요소와 요구들을 중심으로 일반적이고 추상적인 내용들로 규정하고, 개인정보 보호지침의 형식으로 보호위원회, 중앙행정기관, 헌법기관 등에게 입법 보충권을 부여하고 있다.

(2) 표준 개인정보 보호지침의 제정

보호위원회는 개인정보의 처리에 관한 기준, 개인정보 침해의 유형 및 예방조치 등에 관한 표준 개인정보 보호지침(이하 "표준지침")을 정하여 개인정보처리자에게 그 준수를 권장할 수 있다(법 제12조 제1항).

(3) 소관 분야별 개인정보 보호지침

① 중앙행정기관의 장은 표준지침에 따라 소관 분야의 개인정보 처리와 관련한 개인정보 보호지침을 정하여 개인정보처리자에게 그 준수를 권장할 수 있다(법 제12조 제2항).
② 국회, 법원, 헌법재판소 및 중앙선거관리위원회는 해당 기관(그 소속 기관을 포함)의 개인정보 보호지침을 정하여 시행할 수 있다(제3항).

(4) 개인정보 보호지침의 내용

개인정보 보호지침은 ① 개인정보처리자가 개인정보를 수집·이용·제공 및 파기하는 경우에 법률에서 정한 요건에 적합한지 여부를 판단할 수 있는 기준과 사례, ② 구체적 조건과 상황에서 개인정보처리자의 작위 또는 부작위가 개인정보 침해에 해당되는지 여부를 판단할 수 있는 기준과 사례, ③ 개인정보 권리 침해를 예방하기 위하여 개인정보처리자가 지켜야 할 보호조치나 이행조치의 내용 등을 담고 있다.

8. 자율규제의 촉진 및 지원

(1) 의의

개인정보가 보다 안전하게 이용되고 보호되려면 강제적인 규제조치 외에도 정보처리자와 정보주체가 자발적으로 개인정보를 보호할 수 있는 환경 조성이 필요하다. 법 제5조 제4항은 국가와 지방자치단체는 개인정보의 처리에 관한 불합리한 사회적 관행을 개선하기 위하여 개인정보처리자의 자율적인 개인정보 보호활동을 존중하고 촉진·지원할 것을 규정하고 있는데, 법 제13조는 이러한 책무를 구체화하고 있다.

(2) 보호위원회가 강구할 시책

보호위원회는 개인정보처리자의 자율적인 개인정보 보호활동을 촉진하고 지원하기 위하여 다음 각 호의 필요한 시책을 마련하여야 한다(법 제13조).

1. 개인정보 보호에 관한 교육·홍보
   ※ 교육·홍보의 내용으로는 개인정보의 보호 필요성, 피해사례, 이용 관행 및 환경 등에 대한 인식, 개인정보 보호 법제 및 기술 등이 있다.
2. 개인정보 보호와 관련된 기관·단체의 육성 및 지원
   ※ 보호위원회는 개인정보처리자의 자율적인 개인정보 보호활동을 촉진하기 위하여 예산의 범위에서 개인정보 보호와 관련된 기관 또는 단체에 필요한 지원을 할 수 있다(시행령 제14조). 이를 위한 「개인정보 보호 자율규제단체 지정 등에 관한 규정」(개인정보보호위원회고시 제2020-3호)이 있다.
3. 개인정보 보호 인증마크의 도입·시행 지원
   ※ 개인정보를 적법하고 안전하게 처리하는 개인정보처리자에게 부여되는 안전마크
4. 개인정보처리자의 자율적인 규약의 제정·시행 지원
   ※ 자율규제 규약은 개인정보처리자가 혼자 또는 협회 차원에서 마련할 수도 있고, 개인정보 보호단체 또는 소관 정부부처와 공동으로 제정할 수도 있다.
5. 그 밖에 개인정보처리자의 자율적 개인정보 보호활동을 지원하기 위하여 필요한 사항(예 개인정보 침해정보공유, 개인정보 유출 점검시스템 개발·보급, 개인정보 보호 솔루션 개발 보급 지원, '개인정보 보호 기술지원센터' 설치·운영)

9. 개인정보 보호의 날

개인정보의 보호 및 처리의 중요성을 국민에게 알리기 위하여 매년 9월 30일을 개인정보 보호의 날로 지정한다(법 제13조의2 제1항).

국가와 지방자치단체는 개인정보 보호의 날이 포함된 주간에 개인정보 보호 문화 확산을 위한 각종 행사를 실시할 수 있다(제2항).

☞ 법률 시행일(2011. 9. 30)을 기념하여 제정되었으며, 이후 홍보주간·기념식·표창 등을 통해 국민 인식전환과 실천문화 형성을 목표로 한다.

10. 국제협력

정부는 국제적 환경에서의 개인정보 보호 수준을 향상시키기 위하여 필요한 시책을 마련하여야 한다(법 제14조제1항).

☞ 정부가 국내 법률 체계만이 아닌 국제사회와의 협력을 통해 개인정보 보호 수준을 "국제 수준"으로 끌어올리도록 한다는 의미이다. 이는 한국 개인정보 법제가 글로벌 경쟁력을 갖추고 외국의 신뢰를 얻을 수 있도록 한다.

정부는 개인정보 국외 이전으로 인하여 정보주체의 권리가 침해되지 아니하도록 관련 시책을 마련하여야 한다(제2항).

☞ 정보가 국경을 초월해 이동하는 디지털 시대에 개인정보 국외 이전 또는 해외 기업의 데이터 처리로 인해 국내 정보주체의 권리가 침해될 가능성이 커졌다.

※ 이를 위한 시책으로 ① 개인정보 보호 국제규범의 제·개정 추진, ② 신규이슈의 발굴 및 공동 조사·연구 수행, ③ 개인정보 보호를 위한 국제표준화의 추진지원, ④ 국제적인 개인정보 보호를 위한 협력창구 또는 협의체의 구성·운영 등의 사업이 있다.

04 개인정보의 수집, 이용, 제공 등

1. 개인정보의 수집·이용

> **설명형 예제**
>
> 「개인정보 보호법」상 개인정보처리자가 개인정보를 수집·이용할 수 있는 경우와 수집하는 경우의 준수사항에 관하여 설명하시오.

> **사례형 예제**
>
> 임차인이 전세대출을 위해 은행에 전세계약서를 제출하는 경우 전세계약서에는 임차인의 정보뿐만 아니라 임대인의 개인정보도 포함하고 있다. 이때 은행이 임대인의 개인정보를 수집·이용하는 경우 개인정보처리자의 정당한 이익을 달성하기 위하여 필요한 경우로서 정보주체의 동의 없이 개인정보를 수집 또는 이용할 수 있는지 설명하시오.

> **해설 요지**
>
> 임대차계약의 허위여부를 판단하기 위하여 임대인의 개인정보를 수집하는 것은 은행의 정당한 이익(대출금 회수 등)과 상당한 관련이 있고 한리적인 범위를 초과하였다고 볼 수 없다. 또한 은행의 전세자금대출은 임대인에게 미치는 피해가 없으며, 임대인의 개인정보 역시 단순히 임대차계약의 진위여부를 확인하기 위한 목적으로만 처리되므로 임대인의 개인정보에 관한 권리가 침해될 소지가 적다. 따라서 은행은 정보주체의 동의 없이 임대인의 개인정보를 수집 이용할 수 있다. 다만 이 경우에도 「개인정보 보호법」 제24조의2에 따라 주민등록번호의 수집은 제한된다.

(1) 의의

법 제15조는 개인정보의 수집 및 이용에 대한 일반적인 원칙을 규정하여, 정보주체의 권리 보호와 개인정보처리자의 책임 있는 처리를 유도하는 핵심 조항이다. 이 조항은 정보주체의 자기결정권을 보장하고, 개인정보의 오·남용을 방지하며, 개인정보의 수집·이용에 있어 법적 근거와 절차를 명확히 함으로써 개인정보 보호의 실효성을 높이고자 한다.

(2) 개인정보를 수집·이용할 수 있는 경우

개인정보처리자는 다음의 어느 하나에 해당하는 경우에는 개인정보를 수집할 수 있으며 그 수집 목적의 범위에서 이용할 수 있다(법 제15조 제1항).

※ "수집" : 정보주체로부터 직접 이름, 주소, 전화번호 등의 정보를 제공받는 것뿐만 아니라 정보주체에 관한 모든 형태의 개인정보를 취득하는 것을 말한다.

1. 정보주체의 동의를 받은 경우
    ※ 개인정보처리자는 동의를 받을 때에는 다음의 사항을 정보주체에게 알려야 한다. 다음 어느 하나의 사항을 변경하는 경우에도 이를 알리고 동의를 받아야 한다(법 제15조 제2항).

    > 1. 개인정보의 수집·이용 목적
    > 2. 수집하려는 개인정보의 항목
    > 3. 개인정보의 보유 및 이용 기간
    > 4. 동의를 거부할 권리가 있다는 사실 및 동의 거부에 따른 불이익이 있는 경우에는 그 불이익의 내용

2. 법률에 특별한 규정이 있거나 법령상 의무를 준수하기 위하여 불가피한 경우
3. 공공기관이 법령 등에서 정하는 소관 업무의 수행을 위하여 불가피한 경우
4. 정보주체와 체결한 계약을 이행하거나 계약을 체결하는 과정에서 정보주체의 요청에 따른 조치를 이행하기 위하여 필요한 경우
5. 명백히 정보주체 또는 제3자의 급박한 생명, 신체, 재산의 이익을 위하여 필요하다고 인정되는 경우
6. 개인정보처리자의 정당한 이익을 달성하기 위하여 필요한 경우로서 명백하게 정보주체의 권리보다 우선하는 경우. 이 경우 개인정보처리자의 정당한 이익과 상당한 관련이 있고 합리적인 범위를 초과하지 아니하는 경우에 한한다.
7. 공중위생 등 공공의 안전과 안녕을 위하여 긴급히 필요한 경우

보충 설명

1. 정보주체의 동의를 받은 경우
    ① '동의'는 개인정보처리자가 개인정보를 수집·이용하는 것에 대한 정보주체의 자발적인 승낙의 의사표시로서 동의 여부를 명확하게 확인할 수 있어야 한다.
    ② 정보주체는 서비스를 제공받기 위하여 가입신청서 등의 서면에 직접 자신의 성명을 기재하고 인장을 찍는 방법, 자필 서명 방법, 인터넷 웹사이트 화면에서 '동의' 버튼을 클릭하는 등으로 의사표시를 할 수 있다.

2. 법률에 특별한 규정이 있거나 법령상 의무를 준수하기 위하여 불가피한 경우
    ① 법률에 특별한 규정이 있는 경우의 예 : 보험요율 산출기관은 순보험요율을 산출하기 위하여 필요한 경우 또는 보험회사의 보험금 지급업무에 필요한 경우에는 음주운전 등 교통법규 위반 또는 운전면허의 효력에 관한 개인정보를 보유하고 있는 기관의 장으로부터 그 정보를 제공받아 보험회사가 보험계약자에게 적용할 순보험료의 산출 또는 보험금 지급업무에 이용하게 할 수 있다(보험업법 제176조).
    ② 법령상 의무를 준수하기 위하여 불가피한 경우의 예 : 금융회사는 거래자의 실지명의로 금융거래를 하여야 하는바(금융실명거래 및 비밀보장에 관한 법률 제3조), 그 의무 이행을 위해서는 불가피하게 개인정보를 수집·이용할 수밖에 없는 경우

3. 공공기관이 법령 등에서 정하는 소관 업무의 수행을 위하여 불가피한 경우
    공공기관의 경우에는 개인정보를 수집할 수 있도록 명시적으로 허용하는 법률 규정이 없더라도 법령

등에서 정한 소관 업무의 수행을 위하여 불가피하게 개인정보를 수집할 수밖에 없는 경우에는 정보주체의 동의 없이 개인정보 수집이 허용된다(예 국민건강보험공단이 「국민건강보험법」 제14조에 따라 보험급여관리 등을 위하여 진료내역 등을 수집·이용하는 경우).

4. 정보주체와 체결한 계약을 이행하거나 계약을 체결하는 과정에서 정보주체의 요청에 따른 조치를 이행하기 위하여 필요한 경우
   ① '계약체결'에는 계약체결을 위한 준비단계도 포함된다(예 보험회사가 계약체결을 위해 청약자의 자동차사고 이력, 다른 유사보험의 가입여부 등에 관한 정보를 수집)
   ② '계약이행'은 물건의 배송·전달이나 서비스의 이행과 같은 주된 의무의 이행뿐만 아니라 부수의무 즉 경품배달, 포인트(마일리지) 관리, 애프터서비스 의무 등의 이행도 포함된다.

5. 명백히 정보주체 또는 제3자의 급박한 생명, 신체, 재산의 이익을 위하여 필요하다고 인정되는 경우
   예컨대, ① 아파트에 화재가 발생한 경우, 집안에 있는 자녀를 구하기 위해 해당 자녀 또는 부모의 이동전화번호를 수집하는 경우, ② 고객이 전화사기(보이스피싱)에 걸린 것으로 보여 은행이 임시로 자금이체를 중단시키고 고객에게 사실 확인을 하고자 하는 경우가 이에 해당한다.

6. 개인정보처리자의 정당한 이익을 달성하기 위하여 필요한 경우로서 명백하게 정보주체의 권리보다 우선하는 경우. 이 경우 개인정보처리자의 정당한 이익과 상당한 관련이 있고 합리적인 범위를 초과하지 아니하는 경우에 한한다.
   ① "개인정보처리자의 정당한 이익": 영업비밀 유출 및 도난방지, 출입이 통제되고 있는 사업장 내 시설안전을 목적으로 한 CCTV 설치 등 법률상 개인정보처리자의 정당한 이익이 존재해야 한다.
   ② "명백하게 정보주체의 권리보다 우선": 개인정보처리자의 정당한 이익을 위한 것이라고 하더라도 정보주체의 사생활을 과도하게 침해하거나 다른 이익을 침범하는 경우에는 정보주체의 동의 없이 개인정보를 수집할 수 없다.

7. 공중위생 등 공공의 안전과 안녕을 위하여 긴급히 필요한 경우

(3) 개인정보의 추가적 이용

개인정보처리자는 당초 수집 목적과 합리적으로 관련된 범위에서 정보주체에게 불이익이 발생하는지 여부, 암호화 등 안전성 확보에 필요한 조치를 하였는지 여부 등을 고려하여 대통령령으로 정하는 바에 따라 정보주체의 동의 없이 개인정보를 이용할 수 있다(법 제15조 제3항).

시행령 제14조의2(개인정보의 추가적인 이용·제공의 기준 등) ① 개인정보처리자는 법 제15조 제3항 또는 제17조 제4항에 따라 정보주체의 동의 없이 개인정보를 이용 또는 제공(이하 "개인정보의 추가적인 이용 또는 제공")하려는 경우에는 다음 각 호의 사항을 고려해야 한다.
1. 당초 수집 목적과 관련성이 있는지 여부
   ※ "관련성"이 있다는 것은 당초 수집 목적과 추가적 이용·제공의 목적이 서로 그 성질이나 경향 등에 있어서 연관이 있다는 것을 의미한다.
2. 개인정보를 수집한 정황 또는 처리 관행에 비추어 볼 때 개인정보의 추가적인 이용 또는 제공에 대한 예측 가능성이 있는지 여부
3. 정보주체의 이익을 부당하게 침해하는지 여부
   ※ 정보주체의 이익을 실질적으로 침해하는지와 해당 이익 침해가 부당한지를 고려하여야 한다. 가령, 약국에서 다른 고객의 의약품을 잘못 가져간 경우, 약국이 고객에게 위 사실을 알리기 위하여 처방 병원으로

부터 휴대전화번호를 제공받아 전화하는 경우를 부당하게 침해한 경우로 보기 어렵다.
4. 가명처리 또는 암호화 등 안전성 확보에 필요한 조치를 하였는지 여부
② 개인정보처리자는 개인정보의 추가적인 이용 또는 제공이 지속적으로 발생하는 경우에는 제1항 각 호의 고려사항에 대한 판단 기준을 법 제30조 제1항에 따른 개인정보 처리방침에 공개하고, 법 제31조 제1항에 따른 개인정보 보호책임자가 해당 기준에 따라 개인정보의 추가적인 이용 또는 제공을 하고 있는지 여부를 점검해야 한다.

> **관련판례**
>
> **법률에 특별한 규정이 있는 경우의 사례(통신자료의 제공)**
> 전기통신사업법 제54조 제3항, 제4항은 이용자의 인적 사항에 관한 정보에 해당하는 통신자료에 대하여는 수사기관의 서면요청만으로도 전기통신사업자가 이를 제공할 수 있도록 하고 있는데, 이는 수사상 신속과 다른 범죄의 예방 등을 위하여 해당 개인정보의 내용과 성격 등에 따라 통신자료에 대하여는 법원의 허가나 법관의 영장 없이도 일정한 사항을 기재한 수사기관의 자료제공요청서라는 서면요청에 의해 통신자료를 제공하여 수사에 협조할 수 있도록 한 것이라고 볼 것이다(대판 2016.3.10. 2012다105482).
>
> **개인정보 보호법 제15조 제1항 제6호의 개인정보처리자의 정당한 이익을 달성하기 위하여 필요한 경우로서 '명백하게 정보주체의 권리보다 우선하는 경우'에 해당하는지 판단하는 기준**
> 개인정보의 수집, 이용에 관한 규정은 정보주체의 개인정보자기결정권 제한에 대한 근거가 되므로, 개인정보처리자가 개인정보를 수집함에 있어서는 어디까지나 「개인정보 보호법」 제15조 제1항 제1호에 따른 정보주체의 동의를 받는 경우가 원칙적인 모습이 되어야 하고, 정보주체의 동의가 없는 개인정보의 수집은 예외적으로만 인정되어야 하므로 그 요건 또한 가급적 엄격히 해석되어야 한다. 따라서 제15조 제1항 제6호의 개인정보처리자의 정당한 이익을 달성하기 위하여 필요한 경우로서 '명백하게 정보주체의 권리보다 우선하는 경우'에 해당하는지 여부는, 개인정보처리자의 정당한 이익의 구체적인 내용과 성격, 권리가 제한되는 정보주체의 규모, 수집되는 정보의 종류와 범위, 정보주체의 동의를 받지 못한 이유, 개인정보처리자의 이익을 달성하기 위해 대체가능한 적절한 수단이 있는지 등을 종합적으로 고려하여 신중하게 판단하여야 한다(대판 2023.6.29. 2018도1917).

2. 개인정보의 수집 제한

(1) 의의

법 제16조는 디지털 환경에서 개인정보 수집의 정당성·필요성·적정성을 확보함으로써, 정보주체의 권리와 개인정보처리자의 책임 사이에 법적 균형을 형성할 수 있도록 다음과 같은 원칙을 밝히고 있다.

(2) 최소 수집 원칙

개인정보처리자는 제15조 제1항 각 호의 어느 하나에 해당하여 개인정보를 수집하는 경우에는 그 목적에 필요한 최소한의 개인정보를 수집하여야 한다(법 제16조 제1항 전단).
※ 취업 희망자의 경력, 전공, 자격증 등에 관한 정보는 업무능력을 판단하기 위한 최소한의 정보라고 할 수 있으나 가족관계, 결혼유무, 본적(원적) 등에 관한 정보는 최소정보의 범위를 벗어난 것이다.

최소한의 개인정보 수집이라는 입증책임은 개인정보처리자가 부담한다(제1항 후단).
※ 정보주체가 최소수집 원칙을 위배하여 처리한 것이라고 주장하여 손해배상청구소송을 제기하는 경우 개인정보처리자가 그 목적 달성을 위해 필요한 최소한의 개인정보라는 것을 입증해야 한다.

(3) 최소 정보 외의 정보수집 동의 거부권 고지

개인정보처리자는 정보주체의 동의를 받아 개인정보를 수집하는 경우 필요한 최소한의 정보 외의 개인정보 수집에는 동의하지 아니할 수 있다는 사실을 구체적으로 알리고 개인정보를 수집하여야 한다(제2항).

(4) 동의 거부에 따른 재화 등 제공 거부 금지

개인정보처리자는 정보주체가 필요한 최소한의 정보 외의 개인정보 수집에 동의하지 아니한다는 이유로 정보주체에게 재화 또는 서비스의 제공을 거부하여서는 아니 된다(제3항).

3. 개인정보의 제공

> **설명형 예제**
>
> A병원은 환자 진료 후, 환자의 동의 없이 진료 정보를 제약회사 B사에 제공하였다. B사는 해당 정보를 활용하여 신약 개발을 위한 연구를 진행하였다. 환자들은 자신들의 개인정보가 동의 없이 제3자에게 제공된 사실을 알게 되었고, 이에 대해 A병원에 항의하였다. A병원의 행위는 「개인정보 보호법」 제17조에 위반되는가?

(1) 의의

법 제17조는 개인정보처리자가 개인정보를 제3자에게 제공할 수 있는 요건과 절차를 명확히 규정함으로써, 정보주체의 개인정보 자기결정권을 보호하고 개인정보의 오남용을 방지하는 데 목적이 있다. 이는 정보주체의 권리를 중심에 두면서도, 개인정보의 합리적 활용과 공익적 목적을 위한 제공이 가능하도록 함으로써 개인정보 보호와 활용 간의 조화를 이루고자 하는 법적 장치로서 의미를 갖는다.

(2) 개인정보처리자의 제3자 제공이 가능한 경우

개인정보처리자는 다음 각 호의 어느 하나에 해당되는 경우에는 정보주체의 개인정보를 제3자에게 제공(공유를 포함)할 수 있다(법 제17조 제1항).

1. 정보주체의 동의를 받은 경우
   ※ 개인정보처리자는 동의를 받을 때에는 다음의 사항을 정보주체에게 알려야 한다. 다음 각 호의 어느 하나의 사항을 변경하는 경우에도 이를 알리고 동의를 받아야 한다(법 제17조 제2항).

   1. 개인정보를 제공받는 자
   2. 개인정보를 제공받는 자의 개인정보 이용 목적
   3. 제공하는 개인정보의 항목
   4. 개인정보를 제공받는 자의 개인정보 보유 및 이용 기간
   5. 동의를 거부할 권리가 있다는 사실 및 동의 거부에 따른 불이익이 있는 경우에는 그 불이익의 내용

2. 제15조 제1항 제2호, 제3호 및 제5호부터 제7호까지에 따라 개인정보를 수집한 목적 범위에서 개인정보를 제공하는 경우

※ 예컨대, 마트가 경품이벤트를 실시하면서, 경품행사에 응모한 고객의 정보가 제휴 생명보험사에 제공되어 「휴일 무료 상해보험」에 가입된다는 사실에 대한 동의를 받지 않고 제휴업체에 제공하는 것은 위 1호("정보주체의 동의를 받은 경우") 위반이다.

> **관련판례**
>
> **공개된 개인정보를 정보주체의 동의 없이 수집·제공 등 처리할 수 있는지 여부**
> 이미 공개된 개인정보를 정보주체의 동의가 있었다고 객관적으로 인정되는 범위 내에서 수집·이용·제공 등 처리를 할 때는 정보주체의 별도의 동의는 불필요하다고 보아야 하고, 별도의 동의를 받지 아니하였다고 하여 개인정보 보호법 제15조나 제17조를 위반한 것으로 볼 수 없다. 그리고 정보주체의 동의가 있었다고 인정되는 범위 내인지는 공개된 개인정보의 성격, 공개의 형태와 대상 범위, 그로부터 추단되는 정보주체의 공개 의도 내지 목적뿐만 아니라, 정보처리자의 정보제공 등 처리의 형태와 정보제공으로 공개의 대상 범위가 원래의 것과 달라졌는지, 정보제공이 정보주체의 원래의 공개 목적과 상당한 관련성이 있는지 등을 검토하여 객관적으로 판단하여야 한다.
> - 법률정보 제공 사이트를 운영하는 갑 주식회사가 공립대학교인 을 대학교 법과대학 법학과 교수로 재직 중인 병의 사진, 성명, 성별, 출생연도, 직업, 직장, 학력, 경력 등의 개인정보를 위 법학과 홈페이지 등을 통해 수집하여 위 사이트 내 '법조인' 항목에서 유료로 제공한 사안에서, 갑 회사가 영리 목적으로 병의 개인정보를 수집하여 제3자에게 제공하였더라도 그에 의하여 얻을 수 있는 법적 이익이 정보처리를 막음으로써 얻을 수 있는 정보주체의 인격적 법익에 비하여 우월하다고 한 사례-(대판 2016.8.17. 2014다235080).

(3) 개인정보의 추가적 제공

개인정보처리자는 당초 수집 목적과 합리적으로 관련된 범위에서 정보주체에게 불이익이 발생하는지 여부, 암호화 등 안전성 확보에 필요한 조치를 하였는지 여부 등을 고려하여 대통령령(* 앞의 〈1. 개인정보의 수집·이용〉에서 기재한 시행령 제14조의2)으로 정하는 바에 따라 정보주체의 동의 없이 개인정보를 제공할 수 있다(제17조 제4항).

4. 개인정보의 목적 외 이용·제공 제한 * 2025 행정사 기출

> **사례형 예제**
>
> 성형외과에서 성형 환자들의 성형 결과를 사진으로 촬영해 병원 홈페이지의 '성형 성공 사례'에 게시할 수 있는지 설명하시오.
>
> **해설 요지**
>
> 만일 수집한 개인정보(사진)을 별도의 고지·동의 절차 없이 홍보 목적으로 임의로 사용한다면 이는 '개인정보의 목적 외 이용 행위'에 해당한다. 사안의 경우 개인정보 보호법 제18조 제2항이 규정한 예외 사유 가운데 제2호~제10호에 해당하지 아니하므로, 제1호의 '정보주체의 동의'가 필요하다.

(1) 의의

법 제18조 제1항은 개인정보 처리의 기본원칙으로서, 개인정보처리자가 제15조, 제17조 및 제28조의8에서 정한 수집·이용·제공 목적의 범위를 벗어난 처리는 금지한다고 명시한다. 이는 정보주체의 자기결정권 존중과 오남용 방지를 위한 핵심 내용이다.

제2항은 예외적 상황에서 제한적으로 목적 외 이용 또는 제3자 제공을 허용한다. 다만 이 경우에도 정보주체 또는 제3자의 이익을 부당하게 침해할 우려가 있는 경우에는 예외조차 허용하지 않도록 안전장치가 중첩되어 있다.

(2) 목적 외 이용·제공 금지

개인정보처리자는 개인정보를 제15조 제1항(* 개인정보의 수집·이용)에 따른 범위를 초과하여 이용하거나 제17조 제1항(* 개인정보의 제3자 제공) 및 제28조의8 제1항(* 개인정보의 국외 이전)에 따른 범위를 초과하여 제3자에게 제공하여서는 아니 된다(법 제18조 제1항).

※ 목적 외 이용 사례 : 공무원들에게 업무용으로 발급한 이메일 계정 주소로 사전 동의절차 없이 교육 등 마케팅 홍보자료를 발송한 경우

(3) 목적 외 이용·제공 금지 예외 사유

개인정보처리자는 다음 각 호의 어느 하나에 해당하는 경우에는 정보주체 또는 제3자의 이익을 부당하게 침해할 우려가 있을 때를 제외하고는 개인정보를 목적 외의 용도로 이용하거나 이를 제3자에게 제공할 수 있다. 다만, 제5호부터 제9호까지에 따른 경우는 공공기관의 경우로 한정한다(제2항).

1. 정보주체로부터 별도의 동의를 받은 경우
2. 다른 법률에 특별한 규정이 있는 경우(예 감사원법 제27조에 따른 감사원의 자료 요구, 병역법 제81조제2항에 따른 병무청장의 자료제공 요구)
3. 명백히 정보주체 또는 제3자의 급박한 생명, 신체, 재산의 이익을 위하여 필요하다고 인정되는 경우
4. 삭제 〈2020.2.4.〉 * 통계작성 및 학술연구 등의 목적을 위하여 필요한 경우로서 특정 개인을 알아볼 수 없는 형태로 개인정보를 제공하는 경우
5. 개인정보를 목적 외의 용도로 이용하거나 이를 제3자에게 제공하지 아니하면 다른 법률에서 정하는 소관 업무를 수행할 수 없는 경우로서 보호위원회의 심의·의결을 거친 경우
    ※ 다른 법률에 위임근거가 없는 한, 시행령·시행규칙에서 정하고 있는 소관업무로는 안 되고 반드시 '법률'에서 정하고 있는 업무이어야 한다.
6. 조약, 그 밖의 국제협정의 이행을 위하여 외국정부 또는 국제기구에 제공하기 위하여 필요한 경우
7. 범죄의 수사와 공소의 제기 및 유지를 위하여 필요한 경우
    ※ 공공기관의 경우 수사기관이 범죄 수사, 공소 제기 및 유지를 위해서 필요하다고 요청하는 경우 해당 개인정보를 정보주체의 별도의 동의 없이 제공할 수 있다.
8. 법원의 재판업무 수행을 위하여 필요한 경우(예 보정명령, 자료제출명령)
9. 형(刑) 및 감호, 보호처분의 집행을 위하여 필요한 경우
10. 공중위생 등 공공의 안전과 안녕을 위하여 긴급히 필요한 경우

(4) 목적 외 이용·제공 동의의 방법

개인정보처리자는 정보주체의 동의를 받을 때에는 다음 각 호의 사항을 정보주체에게 알려야 한다. 다음 각 호의 어느 하나의 사항을 변경하는 경우에도 이를 알리고 동의를 받아야 한다(제3항).

> 1. 개인정보를 제공받는 자
> 2. 개인정보의 이용 목적(제공 시에는 제공받는 자의 이용 목적을 말한다)
> 3. 이용 또는 제공하는 개인정보의 항목
> 4. 개인정보의 보유 및 이용 기간(제공 시에는 제공받는 자의 보유 및 이용 기간)
> 5. 동의를 거부할 권리가 있다는 사실 및 동의 거부에 따른 불이익이 있는 경우에는 그 불이익의 내용

(5) 목적 외 이용·제공의 공개

공공기관은 제2항 제2호부터 제6호까지, 제8호부터 제10호까지에 따라 개인정보를 목적 외의 용도로 이용하거나 이를 제3자에게 제공하는 경우에는 그 이용 또는 제공의 법적 근거, 목적 및 범위 등에 관하여 필요한 사항을 보호위원회가 고시로 정하는 바에 따라 관보 또는 인터넷 홈페이지 등에 게재하여야 한다(제4항).

(6) 목적 외 제공 시 보호조치

개인정보처리자는 제2항 각 호의 어느 하나의 경우에 해당하여 개인정보를 목적 외의 용도로 제3자에게 제공하는 경우에는 개인정보를 제공받는 자에게 이용 목적, 이용 방법, 그 밖에 필요한 사항에 대하여 제한을 하거나, 개인정보의 안전성 확보를 위하여 필요한 조치를 마련하도록 요청하여야 한다. 이 경우 요청을 받은 자는 개인정보의 안전성 확보를 위하여 필요한 조치를 하여야 한다(제5항).

※ 개인정보를 제공하는 자와 개인정보를 제공받는 자 사이에 개인정보의 안전성에 관한 책임관계를 명확히 하기 위해서이다.

(7) 목적 외 이용 또는 제3자 제공의 관리

공공기관은 법 제18조 제2항에 따라 개인정보를 목적 외의 용도로 이용하거나 이를 제3자에게 제공하는 경우에는 다음 각 호의 사항을 보호위원회가 정하여 고시하는 개인정보의 목적 외 이용 및 제3자 제공 대장에 기록하고 관리해야 한다(시행령 제15조).

> 1. 이용하거나 제공하는 개인정보 또는 개인정보파일의 명칭
> 2. 이용기관 또는 제공받는 기관의 명칭
> 3. 이용 목적 또는 제공받는 목적
> 4. 이용 또는 제공의 법적 근거
> 5. 이용하거나 제공하는 개인정보의 항목
> 6. 이용 또는 제공의 날짜, 주기 또는 기간
> 7. 이용하거나 제공하는 형태
> 8. 법 제18조 제5항에 따라 제한을 하거나 필요한 조치를 마련할 것을 요청한 경우에는 그 내용

5. 개인정보를 제공받은 자의 이용·제공 제한

> **사례형 예제**
>
> 질병관리청장은 「감염병의 예방 및 관리에 관한 법률」에 근거하여 감염병 환자들의 개인정보를 지방자치단체, 경찰서, 보건소 등에 제공하여 역학조사를 하거나 접촉자를 파악할 수 있도록 하고 있다. 이에 따라 감염병 확진자 명단을 전달받은 A시 보건소 직원 甲은 SNS에 "우리 아파트에 확진자가 있다."라며 확진자의 주소를 게시해 타인의 명예를 훼손하고 사생활을 침해하는 일이 발생하였다. 이 사례에서 甲은 개인정보 보호법을 위반하였는지 검토하시오.
>
> **해설 요지**
>
> 甲은 개인정보처리자(질병관리청장)로부터 개인정보를 제공받은 자이므로 정보주체로부터 별도의 동의를 받거나 다른 법률에 특별한 규정이 있는 경우 외에는 확진자 명단을 제공받은 목적 외의 용도로 이용하거나 제3자에게 제공할 수 없다. 그런데 사례는 이러한 예외적 사유에 해당하지 않는다. 甲의 이러한 행위는 개인정보 보호법상 '개인정보를 제공받은 자의 이용·제공 제한' 규정을 위반한 위법행위이다.

(1) 의의

법 제19조는 개인정보의 2차적 이용과 제공을 엄격히 제한함으로써 정보주체의 자기결정권을 보호하고자 하는 목적을 갖고 있다. 이는 정보주체가 동의한 범위를 넘어선 개인정보의 무분별한 확산을 방지하려는 것이다. 개인정보의 수집 단계뿐만 아니라, 그 이후의 이용 및 제공 단계에서도 정보주체의 권리를 보호하고, 개인정보의 적정한 처리를 유도하는 것이 중요하기 때문이다.

(2) 목적 외 이용 또는 제3자 제공 금지

<u>개인정보처리자로부터 개인정보를 제공받은 자는 다음 각 호의 어느 하나에 해당하는 경우를 제외하고는 개인정보를 제공받은 목적 외의 용도로 이용하거나 이를 제3자에게 제공하여서는 아니 된다</u>(법 제19조).

> <u>1. 정보주체로부터 별도의 동의를 받은 경우</u>
> <u>2. 다른 법률에 특별한 규정이 있는 경우</u>

※ 예컨대, 신용정보이용·제공자 등은 이 법에 따라 개인정보처리자로부터 개인정보를 제공받은 경우, 정보주체의 별도의 동의 또는 다른 법률에 특별한 규정이 있지 않는 한 개인정보를 제공받은 목적 외의 용도로 이용하거나 이를 제3자에게 제공하여서는 안 된다.

※ 제19조는 개인정보를 제공받은 자의 목적 내 이용·제공을 금지하는 규정은 아니므로, 개인정보를 제공받은 자는 제17조 제1항 제2호의 사유가 있는 경우 수집한 정보를 해당 수집 목적의 범위 내에서 정보주체의 동의 없이 제3자에게 제공할 수 있다.

6. 정보주체 이외로부터 수집한 개인정보의 수집 출처 등 고지

「개인정보 보호법」상 정보주체 이외로부터 수집한 개인정보의 수집 출처 등을 정보주체에게 고지하는 제도에 관하여 설명하시오.

(1) 의의

디지털 경제에서 오픈마켓 플랫폼, 선물하기 기능, 데이터 브로커 등 다양한 경로로 개인정보가 정보주체의 직접적인 동의 없이 간접적으로 수집되는 경우가 증가하였다. 이때 정보주체는 자신의 개인정보가 어디에서 개인정보처리자에게 유입되었는지조차 알 수 없는 상태에 놓이게 된다. 법 제20조는 이러한 상황에서 정보주체 스스로 자신의 개인정보 유입 경로와 처리 목적을 알 권리를 보장하여 개인정보 자기결정권을 강화하고자 도입되었다.

(2) 고지시기 및 고지사항

① 정보주체의 요구가 있는 경우

개인정보처리자가 정보주체 이외로부터 수집한 개인정보를 처리하는 때에는 정보주체의 요구가 있으면 즉시 다음 각 호의 모든 사항을 정보주체에게 알려야 한다(법 제20조 제1항).

> 1. 개인정보의 수집 출처
> 2. 개인정보의 처리 목적
> 3. 제37조에 따른 개인정보 처리의 정지를 요구하거나 동의를 철회할 권리가 있다는 사실

② 대량의 개인정보처리자인 경우

㉠ 처리하는 개인정보의 종류·규모, 종업원 수 및 매출액 규모 등을 고려하여 대통령령으로 정하는 기준에 해당하는 개인정보처리자가 제17조 제1항 제1호에 따라 정보주체 이외로부터 개인정보를 수집하여 처리하는 때에는 제1항 각 호의 모든 사항을 정보주체에게 알려야 한다. 다만, 개인정보처리자가 수집한 정보에 연락처 등 정보주체에게 알릴 수 있는 개인정보가 포함되지 아니한 경우에는 그러하지 아니하다(법 제20조 제2항).

※ "대통령령으로 정하는 기준에 해당하는 개인정보처리자"(시행령 제15조의2 제1항)

> 다음 각 호의 어느 하나에 해당하는 개인정보처리자(이 경우 다음의 정보주체의 수는 전년도 말 기준 직전 3개월 간 일일평균을 기준으로 산정)
> 1. 5만명 이상의 정보주체에 관하여 법 제23조에 따른 민감정보 또는 법 제24조 제1항에 따른 고유식별정보를 처리하는 자
> 2. 100만명 이상의 정보주체에 관하여 개인정보를 처리하는 자

㉡ 대량의 개인정보처리자는 법 제20조 제1항 각 호의 사항을 다음 각 호의 어느 하나에 해당하는 방법으로 개인정보를 제공받은 날부터 3개월 이내에 정보주체에게 알려야 한다. 다만, 법 제17조 제2항 제1호부터 제4호까지의 사항(* 개인정보를 제공받는 자, 개인정보를 제공받는 자의 개인정보 이용 목적, 제공하는 개인정보의 항목, 개인정보를 제공받는 자의 개인정보 보유 및 이용 기간)에 대하여 같은 조 제1항 제1호에 따라 정보주체의 동의를 받은 범위에서 연 2회

이상 주기적으로 개인정보를 제공받아 처리하는 경우에는 개인정보를 제공받은 날부터 3개월 이내에 정보주체에게 알리거나 그 동의를 받은 날부터 기산하여 연 1회 이상 정보주체에게 알려야 한다(시행령 제15조의2 제2항).

1. 서면·전자우편·전화·문자전송 등 정보주체가 통지 내용을 쉽게 확인할 수 있는 방법
2. 재화 및 서비스를 제공하는 과정에서 정보주체가 쉽게 알 수 있도록 알림창을 통해 알리는 방법

ⓒ 대량의 개인정보처리자는 제2항에 따라 알린 경우 다음 각 호의 사항을 법 제21조 또는 제37조 제4항에 따라 해당 개인정보를 파기할 때까지 보관·관리하여야 한다(제4항).

1. 정보주체에게 알린 사실
2. 알린 시기
3. 알린 방법

(3) 고지 생략 사유

고지대상이 되는 개인정보가 다음 각 호의 어느 하나에 해당하는 경우에는 고지하지 않을 수 있다. 다만, 이 법에 따른 정보주체의 권리보다 명백히 우선하는 경우에 한한다(법 제20조 제4항).

1. 통지를 요구하는 대상이 되는 개인정보가 제32조 제2항 각 호의 어느 하나에 해당하는 개인정보파일에 포함되어 있는 경우
   ※ "제32조 제2항 각 호"

   > 1. 국가 안전, 외교상 비밀, 그 밖에 국가의 중대한 이익에 관한 사항을 기록한 개인정보파일
   > 2. 범죄의 수사, 공소의 제기 및 유지, 형 및 감호의 집행, 교정처분, 보호처분, 보안관찰처분과 출입국관리에 관한 사항을 기록한 개인정보파일
   > 3. 「조세범처벌법」에 따른 범칙행위 조사 및 「관세법」에 따른 범칙행위 조사에 관한 사항을 기록한 개인정보파일
   > 4. 일회적으로 운영되는 파일 등 지속적으로 관리할 필요성이 낮다고 인정되어 대통령령으로 정하는 개인정보파일
   > 5. 다른 법령에 따라 비밀로 분류된 개인정보파일

2. 통지로 인하여 다른 사람의 생명·신체를 해할 우려가 있거나 다른 사람의 재산과 그 밖의 이익을 부당하게 침해할 우려가 있는 경우
   ※ 예컨대 수사기관이 제보자 또는 참고인의 신분을 피의자에게 알릴 경우 생명·신체의 위험이 따를 수도 있으므로 개인정보의 출처 고지를 거부할 수 있다.

7. 개인정보 이용·제공 내역의 통지

> **설명형 예제**
> 「개인정보 보호법」상 개인정보처리자가 개인정보의 이용·제공 내역을 정보주체에게 통지해야 하는지 설명하시오.

(1) 의의

법 제20조의2는 개인정보처리자가 수집한 개인정보의 이용 및 제3자 제공 내역 또는 정보시스템 접속 방법을 일정 주기로 정보주체에게 스스로 통지하도록 한 조항으로, 이전의 "요구 시 통지" 중심인 열람청구권과는 차원을 달리하는 제도적 전환이다.

개인정보의 제3자 제공 과정에서는 정보주체의 통제권 약화 우려가 존재하였는데 이를 해소하기 위해 도입된 수집 출처 고지(법 제20조)와 상호보완되며, 정보주체가 직접 주기적으로 자신의 데이터 흐름 전체를 파악할 수 있는 권리를 법적으로 보장한 점에서 정보자기결정권의 공법적 실현이라는 측면에서 중요한 진전이다(신설 2023.3.14.).

(2) 통지의 내용 등

① 대통령령으로 정하는 기준에 해당하는 개인정보처리자는 이 법에 따라 수집한 개인정보의 이용·제공 내역이나 이용·제공 내역을 확인할 수 있는 정보시스템에 접속하는 방법을 주기적으로 정보주체에게 통지하여야 한다. 다만, 연락처 등 정보주체에게 통지할 수 있는 개인정보를 수집·보유하지 아니한 경우에는 통지하지 아니할 수 있다(법 제20조의2 제1항).

② 개인정보처리자는 법 제20조 제2항에 따라 개인정보의 수집 출처 등에 관한 사항을 알리는 것과 법 제20조의2 제1항에 따른 이용·제공 내역의 통지를 함께 할 수 있다(시행령 제15조의2 제3항).

③ 통지의 대상이 되는 정보주체의 범위, 통지 대상 정보, 통지 주기 및 방법 등에 필요한 사항은 대통령령으로 정한다(제2항).

※ "대통령령으로 정한 사항" (시행령 제15조의3)

> 1. 법 제20조의2 제1항 본문에서 "대통령령으로 정하는 기준에 해당하는 개인정보처리자"(이 경우 정보주체의 수는 전년도 말 기준 직전 3개월 간 일일평균을 기준으로 산정)
>
>> 1. 5만명 이상의 정보주체에 관하여 민감정보 또는 고유식별정보를 처리하는 자
>> 2. 100만명 이상의 정보주체에 관하여 개인정보를 처리하는 자
>
> 2. 법 제20조의2 제1항에 따른 통지의 대상이 되는 정보주체(다음 각 호의 정보주체를 제외)
>
>> 1. 통지에 대한 거부의사를 표시한 정보주체
>> 2. 개인정보처리자가 업무수행을 위해 그에 소속된 임직원의 개인정보를 처리한 경우 해당 정보주체
>> 3. 개인정보처리자가 업무수행을 위해 다른 공공기관, 법인, 단체의 임직원 또는 개인의 연락처 등의 개인정보를 처리한 경우 해당 정보주체

> 4. 법률에 특별한 규정이 있거나 법령상 의무를 준수하기 위하여 이용·제공한 개인정보의 정보주체
> 5. 공공기관이 법령 등에서 정하는 소관 업무의 수행을 위하여 이용·제공한 개인정보의 정보주체

3. 법 제20조의2 제1항에 따라 정보주체에게 통지해야 하는 정보

> 1. 개인정보의 수집·이용 목적 및 수집한 개인정보의 항목
> 2. 개인정보를 제공받은 제3자와 그 제공 목적 및 제공한 개인정보의 항목(다만, 「통신비밀보호법」 제13조, 제13조의2, 제13조의4 및 「전기통신사업법」 제83조제3항에 따라 제공한 정보는 제외)

4. 법 제20조의2 제1항에 따른 통지는 다음호의 어느 하나에 해당하는 방법으로 연 1회 이상 해야 한다.

> 1. 서면·전자우편·전화·문자전송 등 정보주체가 통지 내용을 쉽게 확인할 수 있는 방법
> 2. 재화 및 서비스를 제공하는 과정에서 정보주체가 쉽게 알 수 있도록 알림창을 통해 알리는 방법(법 제20조의2 제1항에 따른 개인정보의 이용·제공 내역을 확인할 수 있는 정보시스템에 접속하는 방법을 통지하는 경우로 한정)

8. 개인정보의 파기

사례형 예제

쇼핑몰에서 탈퇴한 회원들의 개인정보를 파기하려고 하는데, 일부 회원들은 할부 요금이 아직 미납되었거나 제품 A/S 기간이 남아있다. 이러한 경우 개인정보파기의 시기를 검토하시오.

해설 요지

쇼핑몰의 상거래를 규율하는 법령이 대금결제 및 재화 공급에 관한 기록을 일정한 기간 동안 보관하도록 하고 있으면 그 기간 동안 개인정보 보관이 가능하다. 「전자상거래 등에서의 소비자 보호에 관한 법률 및 시행령」에서는 대금결제 및 재화 공급에 관한 기록을 5년간 보관하도록 하고 있으므로, 사례와 같이 요금 미납, A/S 등에 해당하는 경우에는 동법에 의거 5년간 개인정보 보관이 가능하다.

(1) 의의

법 제21조는 단순한 데이터 폐기 의무를 넘어, 개인정보 수집부터 보관·이용·파기에 이르는 전 과정을 통제하는 데이터 생애주기 원칙을 규정했다. 정보처리 목적이 달성되었거나 보유 기간이 경과한 개인정보는 원칙적으로 지체 없이 파기되어야 하는바, 이는 정보주체의 자기정보 통제권 보장을 위한 핵심이다.

(2) 파기시기

개인정보처리자는 보유기간의 경과, 개인정보의 처리 목적 달성, 가명정보의 처리 기간 경과 등 그 개인정보가 불필요하게 되었을 때에는 지체 없이 그 개인정보를 파기하여야 한다(법 제21조 제1항 본문).

※ "개인정보가 불필요하게 되었을 때"의 예 : 회원탈퇴, 제명, 계약관계 종료, 동의철회 등에 따른 개인정보처리의 법적 근거 소멸

(3) 파기의무의 면제
① 다른 법령에 따라 보존하여야 하는 경우에는 예외적으로 개인정보를 파기하지 않아도 된다(제1항 단서).
　　※ "다른 법령에 따라 보존하여야 하는 경우"의 예 : 환자 명부 5년, 진료기록부 10년, 처방전 2년, 수술기록 10년간 보존의무(의료법 시행규칙 제15조)
② 개인정보처리자가 개인정보를 파기하지 아니하고 보존하여야 하는 경우에는 해당 개인정보 또는 개인정보파일을 다른 개인정보와 분리하여서 저장·관리하여야 한다(제3항).

(4) 파기방법
개인정보처리자가 개인정보를 파기할 때에는 다음 각 호의 구분에 따른 방법으로 복구 또는 재생되지 아니하도록 조치하여야 한다(법 제21조 제2항, 시행령 제16조).

> 1. 전자적 파일 형태인 경우: 복원이 불가능한 방법으로 영구 삭제. 다만, 기술적 특성으로 영구 삭제가 현저히 곤란한 경우에는 법 제58조의2에 해당하는 정보로 처리하여 복원이 불가능하도록 조치해야 한다.
> 2. 제1호 외의 기록물, 인쇄물, 서면, 그 밖의 기록매체인 경우: 파쇄 또는 소각

9. 동의를 받는 방법

사례형 예제

> 정보통신서비스 제공자인 甲 주식회사는 웹사이트의 배너 및 이벤트 광고 팝업창을 통하여 개인정보 수집 항목 및 목적, 보유기간에 대한 안내 없이 '확인'을 선택하면 동의한 것으로 간주하는 방법으로 이용자 개인정보를 수집하여 보험사 등에 제공하였다. 이때 이벤트 화면에 스크롤바를 설치하였고 법정 고지사항을 제일 하단에 배치하였다. 그리고 이벤트에 참여하려면 일련의 팝업창이 뜨는데, 팝업창 문구 자체만으로는 수집·제공의 대상이 '개인정보'이고 제공처가 보험회사라는 점을 쉽게 알 수 없었다. 이 경우 개인정보 보호법상 개인정보의 수집·제3자 제공에 필요한 이용자의 적법한 동의를 받은 것인가?

해설 요지

> 甲 회사가 이벤트 화면에서 법정 고지사항을 제일 하단에 배치한 것은 법정 고지사항을 미리 명확하게 인지·확인할 수 있게 배치한 것으로 볼 수 없다. 그리고 이용자가 팝업창에서 '확인' 버튼만 선택하면 개인정보 수집·제3자 제공에 동의한 것으로 간주되도록 하였다. 이는 동의가 필요한 사항과 동의 없이 처리할 수 있는 사항에 대한 구분도 없고, 결과적으로 포괄 동의를 한 것이라 할 수 있다. 이러한 점을 종합하면, 甲 회사가 이벤트 화면을 통하여 이용자의 개인정보 수집 등을 하면서 개인정보 보호법에 따른 개인정보의 수집·제3자 제공에 필요한 이용자의 적법한 동의를 받지 않았다고 보아야 한다.

(1) 의의

법 제22조는 동의의 방법을 구체화하여 정보주체가 스스로 충분히 인식하고 선택할 수 있는 권리를 실질적으로 보장하려고 한다. 개인정보 처리에 대한 '정보주체의 자율적 동의' 확보라는 기본원칙과, 그것이 기능적으로 실현될 수 있는 방법들을 보여주고 있다.

(2) 포괄 동의의 금지

개인정보처리자는 이 법에 따른 개인정보의 처리에 대하여 정보주체(만 14세 미만 아동의 법정대리인을 포함)의 동의를 받을 때에는 각각의 동의 사항을 구분하여 정보주체가 이를 명확하게 인지할 수 있도록 알리고 동의를 받아야 한다. 이 경우 다음 각 호의 경우에는 동의 사항을 구분하여 각각 동의를 받아야 한다(법 제22조 제1항).

> 1. 제15조 제1항 제1호(* 수집·이용)에 따라 동의를 받는 경우
> 2. 제17조 제1항 제1호(* 제3자 제공)에 따라 동의를 받는 경우
> 3. 제18조 제2항 제1호(* 목적 외 이용·제공)에 따라 동의를 받는 경우
> 4. 제19조 제1호(* 개인정보를 제공받은 자의 목적 외 이용·제공)에 따라 동의를 받는 경우
> 5. 제23조 제1항 제1호(* 민감정보의 처리)에 따라 동의를 받는 경우
> 6. 제24조 제1항 제1호(* 식별정보의 처리)에 따라 동의를 받는 경우
> 7. 재화나 서비스를 홍보하거나 판매를 권유하기 위하여 개인정보의 처리에 대한 동의를 받으려는 경우
> 8. 그 밖에 정보주체를 보호하기 위하여 동의 사항을 구분하여 동의를 받아야 할 필요가 있는 경우로서 대통령령으로 정하는 경우

개인정보처리자는 정보주체로부터 법 제22조 제1항 각 호에 따른 동의를 받으려는 때에는 정보주체가 동의 여부를 선택할 수 있다는 사실을 명확하게 알 수 있도록 표시해야 한다(시행령 제17조 제4항).

(3) 동의의 조건

개인정보처리자는 개인정보의 처리에 대하여 정보주체의 동의를 받을 때에는 다음 각 호의 조건을 모두 충족해야 한다(시행령 제17조 제1항).

> 1. 정보주체가 자유로운 의사에 따라 동의 여부를 결정할 수 있을 것
> 2. 동의를 받으려는 내용이 구체적이고 명확할 것
> 3. 그 내용을 쉽게 읽고 이해할 수 있는 문구를 사용할 것
> 4. 동의 여부를 명확하게 표시할 수 있는 방법을 정보주체에게 제공할 것

(4) 중요한 내용의 표시방법

개인정보처리자는 정보주체의 동의를 서면(「전자문서 및 전자거래 기본법」 제2조 제1호에 따른 전자문서를 포함)으로 받을 때에는 개인정보의 수집·이용 목적, 수집·이용하려는 개인정보의 항목 등 대통령령으로 정하는 중요한 내용을 보호위원회가 고시로 정하는 방법(예 글씨의 크기는 9포인트 이상으로서 다른 내용보다 20퍼센트 이상 크게)에 따라 명확히 표시하여 알아보기 쉽게 하여야 한다(법 제22조 제2항).

※ "대통령령으로 정하는 중요한 내용"(시행령 제17조 제3항).

> 1. 개인정보의 수집·이용 목적 중 재화나 서비스의 홍보 또는 판매 권유 등을 위하여 해당 개인정보를 이용하여 정보주체에게 연락할 수 있다는 사실
> 2. 처리하려는 개인정보의 항목 중 다음 각 목의 사항
>   가. 제18조에 따른 민감정보
>   나. 제19조 제2호부터 제4호까지의 규정에 따른 여권번호, 운전면허의 면허번호 및 외국인등록번호
> 3. 개인정보의 보유 및 이용 기간(제공 시에는 제공받는 자의 보유 및 이용 기간)
> 4. 개인정보를 제공받는 자 및 개인정보를 제공받는 자의 개인정보 이용 목적

(5) 동의가 필요한 사항과 동의 없이 처리할 수 있는 사항에 대한 구분

개인정보처리자는 정보주체의 동의 없이 처리할 수 있는 개인정보에 대해서는 그 항목과 처리의 법적 근거를 정보주체의 동의를 받아 처리하는 개인정보와 구분하여 제30조 제2항에 따라 공개하거나 전자우편 등 대통령령으로 정하는 방법(* 서면, 전자우편, 팩스, 전화, 문자전송 또는 이에 상당하는 방법)에 따라 정보주체에게 알려야 한다. 이 경우 동의 없이 처리할 수 있는 개인정보라는 입증책임은 개인정보처리자가 부담한다(법 제22조 제3항).

(6) 재화·서비스 등의 제공 거부 금지

개인정보처리자는 정보주체가 선택적으로 동의할 수 있는 사항을 동의하지 아니하거나 제22조 제1항 제3호 및 제7호에 따른 동의를 하지 아니한다는 이유로 정보주체에게 재화 또는 서비스의 제공을 거부하여서는 아니 된다(법 제22조 제5항).

※ 회원 가입을 하지 않으면 물품이나 서비스 구입을 할 수 없게 하는 경우에는 최소수집 원칙 위반이나, 회원제로 하지 않으면 물품이나 서비스 판매가 현실적으로 어려운 합리적인 이유가 있다면 위법이 아니다(인터넷뱅킹 등).

(7) 세부적인 동의 방법

개인정보처리자는 개인정보의 처리에 대하여 다음 각 호의 어느 하나에 해당하는 방법으로 정보주체의 동의를 받아야 한다(시행령 제17조 제2항).

> 1. 동의 내용이 적힌 서면을 정보주체에게 직접 발급하거나 우편 또는 팩스 등의 방법으로 전달하고, 정보주체가 서명하거나 날인한 동의서를 받는 방법
> 2. 전화를 통하여 동의 내용을 정보주체에게 알리고 동의의 의사표시를 확인하는 방법
> 3. 전화를 통하여 동의 내용을 정보주체에게 알리고 정보주체에게 인터넷주소 등을 통하여 동의 사항을 확인하도록 한 후 다시 전화를 통하여 그 동의 사항에 대한 동의의 의사표시를 확인하는 방법
> 4. 인터넷 홈페이지 등에 동의 내용을 게재하고 정보주체가 동의 여부를 표시하도록 하는 방법
> 5. 동의 내용이 적힌 전자우편을 발송하여 정보주체로부터 동의의 의사표시가 적힌 전자우편을 받는 방법
> 6. 그 밖에 제1호부터 제5호까지의 규정에 따른 방법에 준하는 방법으로 동의 내용을 알리고 동의의 의사표시를 확인하는 방법(예 전자서명을 받는 방법, 개인명의의 휴대전화 문자메세지를 이용한 동의, 신용카드 비밀번호를 입력하는 방법)

중앙행정기관의 장은 제2항에 따른 동의방법 중 소관 분야의 개인정보처리자별 업무, 업종의 특성 및 정보주체의 수 등을 고려하여 적절한 동의방법에 관한 기준을 법 제12조 제2항에 따른 개인정보 보호지침으로 정하여 그 기준에 따라 동의를 받도록 개인정보처리자에게 권장할 수 있다(시행령 제17조 제5항).

10. 아동의 개인정보 보호

> **설명형 예제**
>
> 디지털 시대의 아동이 자신의 개인정보에 대한 주인으로서 권리를 행사하고 안전하게 보호받을 수 있는 환경을 조성하는 것이 중요하다. 「개인정보 보호법」상 만 14세 미만 아동의 개인정보 보호를 위한 국가 등의 책무 및 개인정보처리자가 준수할 사항을 설명하시오.

(1) 의의

아동·청소년들도 일상생활에서 능숙하게 디지털 기기를 다루지만, 성인에 비해 개인정보 침해 위험에 대한 인식이 낮고 자신의 권리를 행사하는 데 미숙하다.

만 14세 미만 아동은 개인정보 처리에 대한 법적 판단능력이 제한되므로, 법 제22조의2는 법정대리인의 동의와 동의 확인 절차를 명문화하고 있다. 이는 아동 개인정보 활용의 자율성을 높이고, 온라인 플랫폼 등에서 발생 가능한 동의 권한의 왜곡을 방지하려는 것이다.

한편 현행법은 만 14세 미만 아동의 개인정보 보호에 관한 사항만 규정하고 있으나 만 14세 이상 청소년에 대해서도 개인정보처리자의 법적 의무사항과 권장사항을 구체적으로 정할 필요가 있다는 문제가 제기되고 있다.

(2) 법정대리인의 동의

개인정보처리자는 만 14세 미만 아동의 개인정보를 처리하기 위하여 이 법에 따른 동의를 받아야 할 때에는 그 법정대리인의 동의를 받아야 하며, 법정대리인이 동의하였는지를 확인하여야 한다(법 제22조의2 제1항).

※ 법정대리인이 동의했는지를 확인하는 방법 (시행령 제17조의2 제1항)

1. 동의 내용을 게재한 인터넷 사이트에 법정대리인이 동의 여부를 표시하도록 하고 개인정보처리자가 그 동의 표시를 확인했음을 법정대리인의 휴대전화 문자메시지로 알리는 방법
2. 동의 내용을 게재한 인터넷 사이트에 법정대리인이 동의 여부를 표시하도록 하고 법정대리인의 신용카드·직불카드 등의 카드정보를 제공받는 방법
3. 동의 내용을 게재한 인터넷 사이트에 법정대리인이 동의 여부를 표시하도록 하고 법정대리인의 휴대전화 본인인증 등을 통하여 본인 여부를 확인하는 방법
4. 동의 내용이 적힌 서면을 법정대리인에게 직접 발급하거나 우편 또는 팩스를 통하여 전달하고, 법정대리인이 동의 내용에 대하여 서명날인 후 제출하도록 하는 방법
5. 동의 내용이 적힌 전자우편을 발송하고 법정대리인으로부터 동의의 의사표시가 적힌 전자우편을 전송받는 방법

> 6. 전화를 통하여 동의 내용을 법정대리인에게 알리고 동의를 받거나 인터넷주소 등 동의 내용을 확인할 수 있는 방법을 안내하고 재차 전화 통화를 통하여 동의를 받는 방법
> 7. 그 밖에 제1호부터 제6호까지의 규정에 준하는 방법으로서 법정대리인에게 동의 내용을 알리고 동의의 의사표시를 확인하는 방법

(3) 아동으로부터 직접 수집

법정대리인의 동의를 받기 위하여 필요한 최소한의 정보로서 대통령령으로 정하는 정보(* 법정대리인의 성명 및 연락처에 관한 정보)는 법정대리인의 동의 없이 해당 아동으로부터 직접 수집할 수 있다(법 제22조의2 제2항).

(4) 고지에 사용하는 언어의 양식 등

개인정보처리자는 만 14세 미만의 아동에게 개인정보 처리와 관련한 사항의 고지 등을 할 때에는 이해하기 쉬운 양식과 명확하고 알기 쉬운 언어를 사용하여야 한다(제3항).

(5) 동의 내용 표시 방법의 안내

개인정보처리자는 개인정보 수집 매체의 특성상 동의 내용을 전부 표시하기 어려운 경우에는 인터넷주소 또는 사업장 전화번호 등 동의 내용을 확인할 수 있는 방법을 법정대리인에게 안내할 수 있다(시행령 제17조의2 제3항).

05 개인정보의 처리 제한

1. 민감정보의 처리 제한

> **설명형 예제**
> 누출이나 훼손되었을 때 정보주체에게 부정적 영향이 발생하는 정보 가운데 '민감정보'의 개념과 민감정보를 처리할 수 있는 경우를 설명하시오.

(1) 의의

법 제23조는 민감정보의 처리에 대한 엄격한 제한을 규정하고 있다. 이는 개인의 사상, 신념, 건강, 성생활 등 민감한 정보가 부적절하게 사용되어 사생활이 침해되는 것을 방지하고자 하는 목적을 갖고 있다. 이러한 규정은 정보주체의 자기결정권을 보호하고, 개인정보의 안전한 처리를 보장하기 위한 법적 장치로서의 의미를 갖는다.

(2) 민감정보의 정의

법 제23조는 민감정보의 예시로 ① 사상·신념 ② 노동조합·정당의 가입·탈퇴 ③ 정치적 견해 ④ 건강, 성생활 등에 관한 정보 ⑤ 그 밖에 정보주체의 사생활을 현저히 침해할 우려가 있는 개인정보로서 대통령령이 정하는 정보를 들고 있다.

※ "건강, 성생활 등에 관한 정보" : 개인의 과거 및 현재의 병력(病歷), 신체적·정신적 장애(장애등급 유무 등), 성적 취향 등에 관한 정보

※ "대통령령으로 정하는 정보"란 다음 각 호의 어느 하나에 해당하는 정보를 말한다. 다만, 공공기관이 법 제18조 제2항 제5호부터 제9호까지의 규정에 따라 다음 각 호의 어느 하나에 해당하는 정보를 처리하는 경우의 해당 정보는 제외한다(시행령 제18조).

1. 유전자검사 등의 결과로 얻어진 유전정보
2. 「형의 실효 등에 관한 법률」 제2조 제5호에 따른 범죄경력자료에 해당하는 다음의 정보

   - 벌금 이상의 형의 선고, 면제 및 선고유예
   - 보호감호, 치료감호, 보호관찰
   - 선고유예의 실효
   - 집행유예의 취소
   - 벌금 이상의 형과 함께 부과된 몰수, 추징, 사회봉사명령, 수강명령 등의 선고 또는 처분

3. 개인의 신체적, 생리적, 행동적 특징에 관한 정보로서 특정 개인을 알아볼 목적으로 일정한 기술적 수단을 통해 생성한 정보
4. 인종이나 민족에 관한 정보

※ 법 제18조 제2항 제5호부터 제9호(제외되는 경우)

5. 개인정보를 목적 외의 용도로 이용하거나 이를 제3자에게 제공하지 아니하면 다른 법률에서 정하는 소관 업무를 수행할 수 없는 경우로서 보호위원회의 심의·의결을 거친 경우
6. 조약, 그 밖의 국제협정의 이행을 위하여 외국정부 또는 국제기구에 제공하기 위하여 필요한 경우
7. 범죄의 수사와 공소의 제기 및 유지를 위하여 필요한 경우
8. 법원의 재판업무 수행을 위하여 필요한 경우
9. 형(刑) 및 감호, 보호처분이 집행을 위하여 필요한 경우

(3) 민감정보의 처리 금지와 예외

개인정보처리자는 민감정보를 처리하여서는 아니 된다. 다만, 다음 각 호의 어느 하나에 해당하는 경우에는 그러하지 아니하다(법 제23조 제1항).

1. 정보주체에게 제15조 제2항 각 호 또는 제17조 제2항 각 호의 사항을 알리고 다른 개인정보의 처리에 대한 동의와 별도로 동의를 받은 경우
   ※ 제15조 제2항

   1. 개인정보의 수집·이용 목적
   2. 수집하려는 개인정보의 항목
   3. 개인정보의 보유 및 이용 기간
   4. 동의를 거부할 권리가 있다는 사실 및 동의 거부에 따른 불이익이 있는 경우에는 그 불이익의 내용

> ※ 제17조 제2항
> 1. 개인정보를 제공받는 자
> 2. 개인정보를 제공받는 자의 개인정보 이용 목적
> 3. 제공하는 개인정보의 항목
> 4. 개인정보를 제공받는 자의 개인정보 보유 및 이용 기간
> 5. 동의를 거부할 권리가 있다는 사실 및 동의 거부에 따른 불이익이 있는 경우에는 그 불이익의 내용

2. 법령에서 민감정보의 처리를 요구하거나 허용하는 경우
  ※ 예: 의료인은 동일한 환자의 진료상 필요에 의하여 다른 의료기관에서 그 기록·임상소견서 및 치료경위서의 열람이나 사본의 송부를 요구한 때 또는 환자가 검사기록 및 방사선필름 등의 사본 교부를 요구한 때에는 이에 응하여야 한다(의료법 제21조 제2항).

(4) 민감정보의 안전성 확보조치

개인정보처리자가 민감정보를 처리하는 경우에는 그 민감정보가 분실·도난·유출·위조·변조 또는 훼손되지 아니하도록 제29조에 따른 안전성 확보에 필요한 조치를 하여야 한다(제2항).

(5) 민감정보의 공개 가능성 및 비공개 선택 방법 고지

개인정보처리자는 재화 또는 서비스를 제공하는 과정에서 공개되는 정보에 정보주체의 민감정보가 포함됨으로써 사생활 침해의 위험성이 있다고 판단하는 때에는 재화 또는 서비스의 제공 전에 민감정보의 공개 가능성 및 비공개를 선택하는 방법을 정보주체가 알아보기 쉽게 알려야 한다(제3항).

2. 고유식별정보의 처리 제한

> **설명형 예제**
> 「개인정보 보호법」상 고유식별정보의 처리 제한과 안전성 확보조치에 관하여 설명하시오.

(1) 의의

법 제24조는 주민등록번호, 여권번호 등 개인을 고유하게 식별할 수 있는 정보를 '고유식별정보'로 정의하고, 이러한 정보의 처리에 대해 엄격한 제한을 두고 있다. 이는 고유식별정보가 유출될 경우 개인의 사생활 침해 및 금융사기 등의 심각한 피해로 이어질 수 있기 때문이다. 이러한 규정은 정보주체의 권리를 강화하고, 개인정보처리자의 책임을 명확히 하여 개인정보 보호 수준을 향상시키는 데 기여한다.

(2) 고유식별정보의 정의

고유식별정보란 법령에 따라 개인을 고유하게 구별하기 위하여 부여된 식별정보로서 대통령령으로 정하는 정보를 말한다(법 제24조 제1항).

※ "대통령령으로 정하는 정보"란 다음 각 호의 어느 하나에 해당하는 정보를 말한다. 다만, 공공기관이 법 제18조 제2항 제5호부터 제9호까지의 규정(* 위 〈1. 민감정보의 처리 제한〉 참고)에 따라 다음 각 호의 어느 하나에 해당하는 정보를 처리하는 경우의 해당 정보는 제외한다(시행령 제19조).

> 1. 「주민등록법」 제7조의2 제1항에 따른 주민등록번호
> 2. 「여권법」 제7조 제1항 제1호에 따른 여권번호
> 3. 「도로교통법」 제80조에 따른 운전면허의 면허번호
> 4. 「출입국관리법」 제31조 제5항에 따른 외국인등록번호

※ 법령에 의해서 개인에게 부여된 것이어야 하므로 기업, 학교 등이 소속 구성원에게 부여하는 사번, 학번 등은 해당하지 않는다.
※ 주민등록번호에 대하여는 제24조의2에서 별도 규정함

(3) 고유식별정보의 처리 금지

개인정보처리자는 다음 각 호의 경우를 제외하고는 법령에 따라 개인을 고유하게 구별하기 위하여 부여된 식별정보로서 대통령령으로 정하는 정보를 처리할 수 없다(법 제24조 제1항).

> 1. 정보주체에게 제15조 제2항 각 호 또는 제17조 제2항 각 호의 사항을 알리고 다른 개인정보의 처리에 대한 동의와 별도로 동의를 받은 경우
> 2. 법령에서 구체적으로 고유식별정보의 처리를 요구하거나 허용하는 경우
>   ※ 예 : 법무부장관 등 관계 행정기관의 장, 검사, 보호관찰소의 장, 교정시설의 장, … 사무를 수행하기 위하여 불가피한 경우 … 주민등록번호, 여권번호, 운전면허의 면허번호 또는 외국인등록번호가 포함된 자료를 처리할 수 있다(아동학대범죄의 처벌 등에 관한 특례법 시행령 제7조).

(4) 고유식별정보의 안전성 확보 조치

① 개인정보처리자가 고유식별정보를 처리하는 경우에는 그 고유식별정보가 분실·도난·유출·위조·변조 또는 훼손되지 아니하도록 대통령령으로 정하는 바에 따라 암호화 등 안전성 확보에 필요한 조치를 하여야 한다(법 제24조 제3항).
② 보호위원회는 처리하는 개인정보의 종류·규모, 종업원 수 및 매출액 규모 등을 고려하여 대통령령으로 정하는 기준에 해당하는 개인정보처리자가 안전성 확보에 필요한 조치를 하였는지에 관하여 대통령령으로 정하는 바에 따라 정기적으로 조사하여야 한다(법 제24조 제4항).
※ "대통령령으로 정하는 기준에 해당하는 개인정보처리자"(시행령 제21조 제2항)

> 다음 각 호의 어느 하나에 해당하는 개인정보처리자
> 1. 1만명 이상의 정보주체에 관하여 고유식별정보를 처리하는 공공기관
> 2. 보호위원회가 법 위반 이력 및 내용·정도, 고유식별정보 처리의 위험성 등을 고려하여 법 제24조 제4항에 따른 조사가 필요하다고 인정하는 공공기관
> 3. 공공기관 외의 자로서 5만명 이상의 정보주체에 관하여 고유식별정보를 처리하는 자

※ 보호위원회는 시행령 제21조 제2항 각 호의 어느 하나에 해당하는 개인정보처리자에 대하여 안전성 확보에 필요한 조치를 하였는지를 3년마다 1회 이상 조사해야 한다(시행령 제21조 제3항). 이 경우 조사는 개인정보처리자에게 온라인 또는 서면을 통하여 필요한 자료를 제출하게

하는 방법으로 한다(제4항).
③ 보호위원회는 대통령령으로 정하는 전문기관으로 하여금 제4항에 따른 조사를 수행하게 할 수 있다(법 제24조 제5항).

※ "대통령령으로 정하는 전문기관"(시행령 제21조 제5항)

> 1. 「정보통신망 이용촉진 및 정보보호 등에 관한 법률」 제52조에 따른 한국인터넷진흥원
> 2. 법 제24조 제4항에 따른 조사를 수행할 수 있는 기술적·재정적 능력과 설비를 보유한 것으로 인정되어 보호위원회가 정하여 고시하는 법인, 단체 또는 기관

3. 주민등록번호 처리의 제한

> **사례형 예제**
>
> 기업이 직원 채용 시 이력서·지원서 등에 주민등록번호를 기재하도록 할 수 있는지 설명하시오.
>
> **해설 요지**
>
> 입사 지원자가 최종 합격하여 직원이 되기 전까지는 법률이나 대통령령에서 기업이 해당 지원자의 주민등록번호를 처리하도록 하는 규정이 없으므로 이력서·지원서 등에 주민등록번호를 기재하도록 하여서는 아니 된다. 대신 입사지원 단계에서는 주민등록번호 대신 생년월일이나 휴대전화번호 등을 수집하는 것으로 대체하고, 최종 합격한 후에는 고용보험 등 4대보험 가입, 급여 원천징수 등을 위해 관련 법령에서 정하는 바에 따라 기업이 해당 지원자의 주민등록번호를 수집하는 것은 가능하다.

(1) 의의

우리 사회에서 각종 대규모 정보 유출 사고(예 카드사·포털·통신사의 해킹 사건)는 대부분 주민등록번호의 유출로 이어졌고, 무분별한 2·3차 피해(예 신용사기, 보이스피싱, 대포통장 개설)를 촉발하였다. 주민등록번호는 고유식별정보 중에서도 가장 문제가 많은 것으로 여겨지는바, 이에 대한 대응으로 법 제24조의2가 신설되었고 다른 고유식별정보에 비해 더욱 엄격히 처리를 제한하고 있다.

(2) 주민등록번호의 원칙적 처리 금지

제24조 제1항에도 불구하고 개인정보처리자는 다음 각 호의 어느 하나에 해당하는 경우를 제외하고는 주민등록번호를 처리할 수 없다(법 제24조의2 제1항).

> 1. 법률·대통령령·국회규칙·대법원규칙·헌법재판소규칙·중앙선거관리위원회규칙 및 감사원규칙에서 구체적으로 주민등록번호의 처리를 요구하거나 허용한 경우
>   ※ 위 규정은 열거조항이다. 따라서 시행규칙을 근거로는 주민등록번호를 처리할 수 없다.
> 2. 정보주체 또는 제3자의 급박한 생명, 신체, 재산의 이익을 위하여 명백히 필요하다고 인정되는 경우
> 3. 제1호 및 제2호에 준하여 주민등록번호 처리가 불가피한 경우로서 보호위원회가 고시로 정하는 경우

(3) 주민등록번호의 암호화 조치

개인정보처리자는 주민등록번호가 분실·도난·유출·위조·변조 또는 훼손되지 아니하도록 암호화 조치를 통하여 안전하게 보관하여야 한다. 이 경우 암호화 적용 대상 및 대상별 적용 시기 등에 관하여

필요한 사항은 개인정보의 처리 규모와 유출 시 영향 등을 고려하여 대통령령으로 정한다(제2항)

※ "대통령령으로 정하는 사항"(시행령 제21조의2)

> 1. 암호화 조치를 하여야 하는 암호화 적용 대상은 주민등록번호를 전자적인 방법으로 보관하는 개인정보처리자로 한다.
> 2. 보호위원회는 기술적·경제적 타당성 등을 고려하여 암호화 조치의 세부적인 사항을 정하여 고시할 수 있다.

(4) 주민등록번호 대체가입수단의 제공

① 개인정보처리자는 제1항 각 호에 따라 주민등록번호를 처리하는 경우에도 정보주체가 인터넷 홈페이지를 통하여 회원으로 가입하는 단계에서는 주민등록번호를 사용하지 아니하고도 회원으로 가입할 수 있는 방법을 제공하여야 한다(제3항).

② 보호위원회는 개인정보처리자가 제3항에 따른 방법을 제공할 수 있도록 관계 법령의 정비, 계획의 수립, 필요한 시설 및 시스템의 구축 등 제반 조치를 마련·지원할 수 있다(제4항).

4. 고정형 영상정보처리기기의 설차운영 제한 *2015 행정사 기출

사례형 예제

A시는 시민들의 복리증진을 목적으로 시민공원을 설치하여 24시간 무료개방하고 있다. 그런데 이 공원에서 범죄와 무질서행위가 증가하여 시민들의 민원이 제기되자, A시의 시장 甲은 공원 출입문, 산책로 및 화장실에 영상정보처리기기를 설치·운영하고자 한다. 개인정보 보호법상 甲의 위 영상정보처리기기 설치·운영에 관하여 논하시오.   *2015 행정사

해설 요지

해당 시민공원은 24시간 무료개방하고 있어 공개된 장소이므로 원칙적으로 영상정보처리기기의 설치·운영이 금지된다. 다만 해당 시민공원이 관련 법령에서 아동보호구역 등으로 지정된 곳이라거나, 범죄의 예방 및 수사를 위하여 필요한 경우에는 예외적으로 허용된다. 공원에서 범죄와 무질서행위가 증가하여 시민들의 민원이 제기되었다고 하므로 설치·운영이 가능하다. 공원 출입문, 산책로의 경우는 개인의 사생활이 제한되는 것보다 범죄나 무질서행위의 방지라는 공익이 우월하므로 설치·운영이 가능하다. 그러나 화장실의 경우 그 건물 외부에는 설치·운영이 가능하나, 장소의 내부를 볼 수 있도록 하는 영상정보처리기기는 개인의 사생활을 현저히 침해할 우려가 있어 설치·운영이 금지된다.

(1) 의의

CCTV 등 고정형 영상정보처리기기의 확산은 무인지(無認知) 촬영과 장기간 저장 가능성을 통해 사생활 침해와 영상정보 남용 위험을 증가시키고 있다. 고정형 영상정보처리기기는 범죄예방, 시설안전, 통계 등 공익 목적으로 유용하나, 명확한 법률 기반, 절차적 통제, 정보주체 인지권 보장이 실질적으로 작동할 때 정보주체의 자기결정권을 침해하는 도구가 아닌 보호 수단으로 기능할 수 있다. 법 제25조는 고정형 영상정보처리기기의 광범위한 확산이라는 기술·환경적 변화에 대응하여 영상정보 수집의 최소한 원칙, 정보주체의 인지권 보장, 목적 외 사용의 통제, 사생활 침해 최소화 등의 법적 틀을 통해 개인의 프라이버시 권리를 보호하고자 한다.

(2) 적용범위 및 적용대상
　① 적용범위 : 고정형 영상정보처리기기
　　고정형 영상정보처리기기란 일정한 공간에 설치되어 지속적 또는 주기적으로 사람 또는 사물의 영상 등을 촬영하거나 이를 유·무선망을 통하여 전송하는 장치로서 대통령령으로 정하는 장치를 말한다(법 제2조 제7호).
　　※ "대통령령으로 정하는 장치"

> - 폐쇄회로 텔레비전 : 다음의 어느 하나에 해당하는 장치
>   - 일정한 공간에 설치된 카메라를 통하여 지속적 또는 주기적으로 영상 등을 촬영하거나 촬영한 영상정보를 유무선 폐쇄회로 등의 전송로를 통하여 특정 장소에 전송하는 장치
>   - 위에 따라 촬영되거나 전송된 영상정보를 녹화·기록할 수 있도록 하는 장치
> - 네트워크 카메라 : 일정한 공간에 설치된 기기를 통하여 지속적 또는 주기적으로 그 기기를 설치·관리하는 자가 유무선 인터넷을 통하여 어느 곳에서나 수집·저장 등의 처리를 할 수 있도록 하는 장치

　② 적용대상 : 누구든지
　　업무를 목적으로 개인정보파일을 운용하기 위하여 영상정보를 처리하는 '개인정보처리자'가 아니더라도 영상정보처리기기를 설치·운영하는 자라면 누구든지 해당된다.

(3) '공개된 장소'에서의 설치·운영 금지
　누구든지 공개된 장소에 고정형 영상정보처리기기를 설치·운영하여서는 아니 된다(법 제25조 제1항 본문).
　'공개된 장소'란 도로, 공원, 광장, 지하철역 등의 공공장소와 같이 불특정 다수가 출입하거나 이용할 수 있도록 허용된 장소를 말한다.
　※ 비공개된 장소에 업무를 목적으로 영상정보처리기기를 설치·운영하는 경우는 그 구성원이나 출입·이용이 허가된 사람들의 동의를 받거나(제15조 제1항 제1호), 개인정보처리자의 정당한 이익 달성을 위하여 필요하고 명백하게 정보주체의 권리보다 우선하는 경우(제15조 제1항 제6호) 등에 한하여 가능하다.
　※ 순수한 사적(私的) 장소에 영상정보처리기기를 설치·운영하는 경우(예 단독주택·연립주택 등의 대문, 현관 등에 범죄예방 목적으로 감시용 CCTV를 설치)는 이에 해당하지 아니한다.
　※ 일반인의 자유로운 출입이 가능하도록 공개된 장소인지 여부는 그 장소의 구조, 사용관계와 공개성 및 접근성 여부, 그에 대한 권리자의 구체적인 지배·관리형태 등 여러 사정을 종합적으로 고려하여 판단하여야 한다(대판 2010.7.8. 2009도14558).

(4) 고정형 영상정보처리기기 설치의 예외적 허용
　다음의 경우는 공개된 장소에 고정형 영상정보처리기기를 설치·운영할 수 있다(법 제25조 제1항 단서).

> 1. 법령에서 구체적으로 허용하고 있는 경우(예 아동복지법에 따른 유치원, 초등학교, 특수학교, 보육시설, 도시공원 등 아동보호구역으로 지정된 시설, 주차장법에 따른 주차대수 30대를 초과하는 규모의 자주식 주차장으로서 지하식 또는 건축물식에 의한 노외주차장

2. 범죄의 예방 및 수사를 위하여 필요한 경우(예 우범지역의 도로나 골목길, 은행 ATM 시설, 백화점·편의점)
3. 시설의 안전 및 관리, 화재 예방을 위하여 정당한 권한을 가진 자가 설치·운영하는 경우(예 문화재 시설 안전 및 보호, 지하철역 안전사고 예방)
4. 교통단속을 위하여 정당한 권한을 가진 자가 설치·운영하는 경우(예 주·정차 위반, 신호위반, 규정 속도위반 등 교통법규 위반행위 단속)
5. 교통정보의 수집·분석 및 제공을 위하여 정당한 권한을 가진 자가 설치·운영하는 경우(예 고속도로, 주요 간선도로 등의 교통량을 수집하여 분석)
6. 촬영된 영상정보를 저장하지 아니하는 경우로서 대통령령으로 정하는 다음의 경우
   • 출입자 수, 성별, 연령대 등 통계값 또는 통계적 특성값 산출을 위해 촬영된 영상정보를 일시적으로 처리하는 경우
   • 그 밖에 이에 준하는 경우로서 보호위원회의 심의·의결을 거친 경우

(5) 개인의 사생활을 현저히 침해할 우려가 있는 장소 내부의 설치·운영 금지
   ① 누구든지 불특정 다수가 이용하는 목욕실, 화장실, 발한실(發汗室), 탈의실 등 개인의 사생활을 현저히 침해할 우려가 있는 장소의 내부를 볼 수 있도록 고정형 영상정보처리기기를 설치·운영하여서는 아니 된다. 다만, 교도소, 정신보건 시설 등 법령에 근거하여 사람을 구금하거나 보호하는 시설로서 대통령령으로 정하는 시설에 대하여는 그러하지 아니하다(법 제25조 제2항).
   ※ "대통령령으로 정하는 시설"(시행령 제22조 제2항).

   > 1. 「형의 집행 및 수용자의 처우에 관한 법률」 제2조 제1호에 따른 교정시설
   > 2. 「정신건강증진 및 정신질환자 복지서비스 지원에 관한 법률」 제3조 제5호부터 제7호까지의 규정에 따른 정신의료기관(수용시설을 갖추고 있는 것만 해당), 정신요양시설 및 정신재활시설

   ※ 공익직 목직에 의해 사람을 구금·보호하는 시설의 목욕실, 화장실 등에는 그 안에서의 자해·자살, 폭력행위, 탈출 등을 방지하기 위하여 영상정보처리기기를 설치·운영할 수 있도록 하였다.
   ② 중앙행정기관의 장은 소관 분야의 개인정보처리자가 법 제25조 제2항 단서에 따라 제1항 각 호의 시설(* 교도소, 정신보건 시설 등)에 영상정보처리기기를 설치·운영하는 경우 정보주체의 사생활 침해를 최소화하기 위하여 필요한 세부 사항을 개인정보 보호지침으로 정하여 그 준수를 권장할 수 있다(시행령 제22조 제3항).

(6) 고정형 영상정보처리기기의 설치·운영 절차·방법
   ① 전문가 자문 및 이해관계인 의견수렴
      제25조 제1항에 따라 고정형 영상정보처리기기를 설치·운영하려는 공공기관의 장과 제2항 단서에 따라 고정형 영상정보처리기기를 설치·운영하려는 자는 공청회·설명회의 개최 등 대통령령으로 정하는 절차를 거쳐 관계 전문가 및 이해관계인의 의견을 수렴하여야 한다(법 제25조 제3항).

※ "대통령령으로 정하는 절차"(시행령 제23조)

> 1. 법 제25조 제1항에 따라 고정형 영상정보처리기기를 설치·운영하려는 공공기관의 장
>   • 「행정절차법」에 따른 행정예고의 실시 또는 의견청취
>   • 해당 고정형 영상정보처리기기의 설치로 직접 영향을 받는 지역 주민 등을 대상으로 하는 설명회·설문조사 또는 여론조사
> 2. 법 제25조 제2항 단서에 따른 시설(* 교도소, 정신보건 시설 등)에 고정형 영상정보처리기기를 설치·운영하려는 자는 다음 각 사람으로부터 의견청취
>   • 관계 전문가
>   • 해당 시설에 종사하는 사람, 해당 시설에 구금되어 있거나 보호받고 있는 사람 또는 그 사람의 보호자 등 이해관계인

② 안내판 설치

고정형 영상정보처리기기를 설치·운영하는 자는 <U>정보주체가 쉽게 인식할 수 있도록 다음 각 호의 사항이 포함된 안내판을 설치하는 등 필요한 조치를 하여야 한다</U>(법 제25조 제4항 본문).

> 1. 설치 목적 및 장소
> 2. 촬영 범위 및 시간
> 3. 관리책임자의 연락처
> 4. 그 밖에 대통령령으로 정하는 사항

건물 안에 여러 개의 고정형 영상정보처리기기를 설치하는 경우에는 출입구 등 잘 보이는 곳에 해당 시설 또는 장소 전체가 고정형 영상정보처리기기 설치지역임을 표시하는 안내판을 설치할 수 있다(시행령 제24조 제1항 단서).

※ 안내판 설치의무 면제

다만, 「군사기지 및 군사시설 보호법」 제2조 제2호에 따른 군사시설, 「통합방위법」 제2조 제13호에 따른 국가중요시설, 그 밖에 대통령령으로 정하는 시설(*「보안업무규정」 제32조에 따른 국가보안시설)의 경우에는 그러하지 아니하다(법 제25조 제4항 단서).

③ 인터넷 홈페이지 게재

고정형 영상정보처리기기운영자가 설치·운영하는 고정형 영상정보처리기기가 다음 각 호의 어느 하나에 해당하는 경우에는 안내판 설치를 갈음하여 고정형 영상정보처리기기운영자의 인터넷 홈페이지에 법 제25조 제4항 각 호의 사항을 게재할 수 있다(시행령 제24조 제2항).

> 1. 공공기관이 원거리 촬영, 과속·신호위반 단속 또는 교통흐름조사 등의 목적으로 고정형 영상정보처리기기를 설치하는 경우로서 개인정보 침해의 우려가 적은 경우
> 2. 산불감시용 고정형 영상정보처리기기를 설치하는 경우 등 장소적 특성으로 인하여 안내판을 설치하는 것이 불가능하거나 안내판을 설치하더라도 정보주체가 쉽게 알아볼 수 없는 경우

④ 그 밖의 방법

인터넷 홈페이지에 법 제25조 제4항 각 호의 사항을 게재할 수 없으면 고정형 영상정보처리기기운영자는 다음 각 호의 어느 하나 이상의 방법으로 법 제25조 제4항 각 호의 사항을 공개하여야 한다(시행령 제24조 제3항).

1. 고정형 영상정보처리기기운영자의 사업장·영업소·사무소·점포 등(이하 "사업장등")의 보기 쉬운 장소에 게시하는 방법
2. 관보(고정형 영상정보처리기기운영자가 공공기관인 경우만 해당)나 고정형 영상정보처리기기운영자의 사업장등이 있는 시·도 이상의 지역을 주된 보급지역으로 하는 「신문 등의 진흥에 관한 법률」 제2조제1호가목·다목 또는 같은 조 제2호에 따른 일반일간신문·일반주간신문 또는 인터넷신문에 싣는 방법

(7) 고정형 영상정보처리기기 운영자의 의무

① 임의조작 및 녹음기능 사용 금지

고정형 영상정보처리기기운영자는 고정형 영상정보처리기기의 설치 목적과 다른 목적으로 고정형 영상정보처리기기를 임의로 조작하거나 다른 곳을 비춰서는 아니 되며, 녹음기능은 사용할 수 없다(법 제25조 제5항).

② 안전성 확보 조치 의무

고정형 영상정보처리기기운영자는 개인정보가 분실·도난·유출·위조·변조 또는 훼손되지 아니하도록 제29조에 따라 안전성 확보에 필요한 조치를 하여야 한다(제6항).

③ 고정형 영상정보처리기기 운영관리 방침 제정

고정형 영상정보처리기기운영자는 대통령령으로 정하는 바에 따라 고정형 영상정보처리기기 운영·관리 방침을 마련하여야 한다. 다만, 제30조에 따른 개인정보 처리방침을 정할 때 고정형 영상정보처리기기 운영·관리에 관한 사항을 포함시킨 경우에는 고정형 영상정보처리기기 운영·관리 방침을 마련하지 아니할 수 있다(제7항).

※ 고정형 영상정보처리기기운영자는 다음 각 호의 사항이 포함된 고정형 영상정보처리기기 운영·관리 방침을 마련하여야 한다(시행령 제25조 제1항).

1. 고정형 영상정보처리기기의 설치 근거 및 설치 목적
2. 고정형 영상정보처리기기의 설치 대수, 설치 위치 및 촬영 범위
3. 관리책임자, 담당 부서 및 영상정보에 대한 접근 권한이 있는 사람
4. 영상정보의 촬영시간, 보관기간, 보관장소 및 처리방법
5. 고정형 영상정보처리기기운영자의 영상정보 확인 방법 및 장소
6. 정보주체의 영상정보 열람 등 요구에 대한 조치
7. 영상정보 보호를 위한 기술적·관리적 및 물리적 조치
8. 그 밖에 고정형 영상정보처리기기의 설치·운영 및 관리에 필요한 사항

④ 고정형 영상정보처리기기 설치·운영 사무의 위탁

고정형 영상정보처리기기운영자는 고정형 영상정보처리기기의 설치·운영에 관한 사무를 위탁할 수 있다(법 제25조 제8항).

※ 공공기관이 고정형 영상정보처리기기의 설치·운영에 관한 사무를 위탁하는 경우에는 다음 각 호의 내용이 포함된 문서로 하여야 한다(시행령 제26조 제1항).

> 1. 위탁하는 사무의 목적 및 범위
> 2. 재위탁 제한에 관한 사항
> 3. 영상정보에 대한 접근 제한 등 안전성 확보 조치에 관한 사항
> 4. 영상정보의 관리 현황 점검에 관한 사항
> 5. 위탁받는 자가 준수하여야 할 의무를 위반한 경우의 손해배상 등 책임에 관한 사항

※ 사무를 위탁한 경우에는 안내판 등에 위탁받는 자의 명칭 및 연락처를 포함시켜야 한다(제2항).

5. 이동형 영상정보처리기기의 운영 제한

> **설명형 예제**
>
> A구는 최근 환경범죄 조사 및 증거수집용 바디캠*을 5대 운영하기로 하였다. 「개인정보 보호법」상 이러한 기기를 사용한 촬영이 허용되는 경우 및 운영기준에 대하여 설명하시오.
>
> *바디캠(Body Worn Camera) : 몸에 장착하는 소형 비디오 녹화장치

(1) 의의

기술 발전에 따른 신형 영상 기기(예 드론, 자율주행차, 배달로봇, 바디캠, 스마트 안경)가 일반화되면서 고정형 장치를 중심으로 규율하던 기존 법체계가 한계를 보였다. 이러한 변화에 대응하여 법률 개정을 통해 제25조의2가 신설되었다(2023.3.14). 이는 업무 목적의 이동형 영상기기 사용을 위한 한계·절차·권리보호를 법제화한 것이며, 정보주체의 기본권 보장과 기술적 활용 사이의 균형 틀을 마련한 것이라고 볼 수 있다.

(2) 적용범위 및 적용대상

① 적용범위 : 이동형 영상정보처리기기

"이동형 영상정보처리기기"란 <u>사람이 신체에 착용 또는 휴대하거나 이동 가능한 물체에 부착 또는 거치(据置)하여 사람 또는 사물의 영상 등을 촬영하거나 이를 유·무선망을 통하여 전송하는 장치로서 대통령령으로 정하는 장치</u>를 말한다(법 제2조 제7의2호).

※ "대통령령으로 정하는 장치"

> • 착용형 장치 : 안경 또는 시계 등 사람의 신체 또는 의복에 착용하여 영상 등을 촬영하거나 촬영한 영상정보를 수집·저장 또는 전송하는 장치
> • 휴대형 장치 : 이동통신단말장치 또는 디지털 카메라 등 사람이 휴대하면서 영상 등을 촬영하거나 촬영한 영상정보를 수집·저장 또는 전송하는 장치
> • 부착·거치형 장치 : 차량이나 드론 등 이동 가능한 물체에 부착 또는 거치(据置)하여 영상 등을 촬영하거나 촬영한 영상정보를 수집·저장 또는 전송하는 장치

② 적용대상

<u>업무를 목적</u>으로 이동형 영상정보처리기기를 운영하려는 자

(3) '공개된 장소'에서의 촬영 금지

업무를 목적으로 이동형 영상정보처리기기를 운영하려는 자는 다음 각 호의 경우를 제외하고는 공개된 장소에서 이동형 영상정보처리기기로 사람 또는 그 사람과 관련된 사물의 영상(개인정보에 해당하는 경우로 한정)을 촬영하여서는 아니 된다(법 제25조의2 제1항).

1. 제15조 제1항 각 호(* 정보주체의 동의를 받은 경우 등)의 어느 하나에 해당하는 경우
2. 촬영 사실을 명확히 표시하여 정보주체가 촬영 사실을 알 수 있도록 하였음에도 불구하고 촬영 거부 의사를 밝히지 아니한 경우. 이 경우 정보주체의 권리를 부당하게 침해할 우려가 없고 합리적인 범위를 초과하지 아니하는 경우로 한정한다.
3. 그 밖에 제1호 및 제2호에 준하는 경우로서 대통령령으로 정하는 경우

(4) 개인의 사생활을 현저히 침해할 우려가 있는 장소 내부에서의 촬영 금지

누구든지 불특정 다수가 이용하는 목욕실, 화장실, 발한실, 탈의실 등 개인의 사생활을 현저히 침해할 우려가 있는 장소의 내부를 볼 수 있는 곳에서 이동형 영상정보처리기기로 사람 또는 그 사람과 관련된 사물의 영상을 촬영하여서는 아니 된다. 다만, 인명의 구조·구급 등을 위하여 필요한 경우로서 대통령령으로 정하는 경우에는 그러하지 아니하다(법 제25조의2 제2항).

※ "대통령령으로 정하는 경우": 범죄, 화재, 재난 또는 이에 준하는 상황에서 인명의 구조·구급 등을 위하여 사람 또는 그 사람과 관련된 사물의 영상(개인정보에 해당하는 경우로 한정)의 촬영이 필요한 경우(시행령 제27조)

(5) 이동형 영상정보처리기기 운영자의 의무

법 제25조의2 제1항 각 호에 해당하여 이동형 영상정보처리기기로 사람 또는 그 사람과 관련된 사물의 영상을 촬영하는 경우에는 불빛, 소리, 안내판 등 대통령령으로 정하는 바에 따라 촬영 사실을 표시하고 알려야 한다(법 제25조의2 제3항).

※ "대통령령으로 정한 방법": 불빛, 소리, 안내판, 안내서면, 안내방송 또는 그 밖에 이에 준하는 수단이나 방법으로 정보주체가 촬영 사실을 쉽게 알 수 있도록 표시하고 알려야 한다. 다만, 드론을 이용한 항공촬영 등 촬영 방법의 특성으로 인해 정보주체에게 촬영 사실을 알리기 어려운 경우에는 보호위원회가 구축하는 인터넷 사이트에 공지하는 방법으로 알릴 수 있다(시행령 제27조의2).

(6) 준용 규정

그 밖에 이동형 영상정보처리기기의 운영에 관하여는 제25조 제6항부터 제8항(* 안전성 확보 조치, 영상정보처리기기 운영·관리 방침, 사무 위탁)까지의 규정을 준용한다(법 제25조의2 제4항).

6. 영상정보처리기기 설치·운영 지침

보호위원회는 법 및 시행령에서 규정한 사항 외에 고정형 영상정보처리기기의 설치·운영 및 이동형 영상정보처리기기의 운영에 관한 기준, 설치·운영 사무의 위탁 등에 관하여 법 제12조 제1항에 따른 표준 개인정보 보호지침을 정하여 고정형 영상정보처리기기운영자와 이동형 영상정보처리기기를 운영하는 자에게 그 준수를 권장할 수 있다(시행령 제27조의3).

7. 업무위탁에 따른 개인정보의 처리 제한

> **사례형 예제**
>
> A사는 재화를 홍보하거나 판매를 권유하는 업무를 B사에게 위탁하였는데, B사 직원이 고객의 개인정보를 부정 이용해 고객에게 피해를 입혔다. 개인정보 보호법상 업무위탁의 절차를 설명하고, B사 직원의 행위에 대해 A사도 책임이 있는지 검토하시오.
>
> **해설 요지**
>
> 위탁자(A사)는 수탁자(B사)에 대해 법령상 개인정보보호 규정을 준수하도록 관리·감독할 의무가 있으며, 수탁자가 법령을 위반해 정보주체에게 손해를 발생시킨 경우에는 위탁자가 이에 대한 책임을 지도록 하고 있다. 따라서 B사 직원의 행위에 대해서는 A사가 손해배상 책임을 부담한다.

(1) 의의

비용절감, 업무효율화, 서비스 개선 등의 목적으로 민간기업이나 공공기관은 각종 업무를 외부 기업이나 개인에게 위탁하고 있는바, 그 과정에서 개인정보가 침해될 우려가 있다(**예** 다른 회사의 상품·서비스를 동시 취급하면서 개인정보를 공유, 고객DB를 빼내어 판매, 판매실적 증대를 위한 무분별한 재위탁 등 개인정보의 재제공). 따라서 위탁자와 수탁자 간의 책임과 의무에 대한 규율이 필요하다.

※ 개인정보의 '처리위탁'은 본래의 개인정보 수집·이용 목적과 관련된 위탁자 본인의 업무 처리와 이익을 위하여 개인정보가 이전되는 경우를 의미한다. 개인정보 처리위탁에 있어 수탁자는 위탁자로부터 위탁사무 처리에 따른 대가를 지급받는 것 외에는 개인정보 처리에 관하여 독자적인 이익을 가지지 않고, 정보제공자의 관리·감독 아래 위탁받은 범위 내에서만 개인정보를 처리하게 되므로, 개인정보 보호법 제17조(* 개인정보의 제공)에 정한 '제3자'에 해당하지 않는다(대판 2017.4.7. 2016도13263).

(2) 업무위탁의 절차·방법

① 위탁 목적 등의 문서화

개인정보처리자가 제3자에게 개인정보의 처리 업무를 위탁하는 경우에는 다음 각 호의 내용이 포함된 문서로 하여야 한다(법 제26조 제1항).

1. 위탁업무 수행 목적 외 개인정보의 처리 금지에 관한 사항
2. 개인정보의 기술적·관리적 보호조치에 관한 사항
3. 그 밖에 개인정보의 안전한 관리를 위하여 대통령령으로 정한 다음의 사항
   - 위탁업무의 목적 및 범위
   - 재위탁 제한에 관한 사항
   - 개인정보에 대한 접근 제한 등 안전성 확보 조치에 관한 사항
   - 위탁업무와 관련하여 보유하고 있는 개인정보의 관리 현황 점검 등 감독에 관한 사항
   - 수탁자가 준수하여야 할 의무를 위반한 경우의 손해배상 등 책임에 관한 사항

② 일반 위탁업무 내용 등의 공개

개인정보의 처리 업무를 위탁하는 개인정보처리자(이하 "위탁자")는 위탁하는 업무의 내용과 개인정보 처리 업무를 위탁받아 처리하는 자(개인정보 처리 업무를 위탁받아 처리하는 자로부터 위탁받은 업무를 다시 위탁받은 제3자를 포함하며, 이하 "수탁자")를 정보주체가 언제든지 쉽게 확인할 수 있도록 대통령령으로 정하는 방법에 따라 공개하여야 한다(제2항).

※ "대통령령으로 정하는 방법" : 개인정보 처리 업무를 위탁하는 개인정보처리자가 위탁자의 인터넷 홈페이지에 위탁하는 업무의 내용과 수탁자를 지속적으로 게재하는 방법

※ 위에 따라 인터넷 홈페이지에 게재할 수 없는 경우에는 다음의 어느 하나 이상의 방법

1. 위탁자의 사업장등의 보기 쉬운 장소에 게시하는 방법
2. 관보(위탁자가 공공기관인 경우만 해당한다)나 위탁자의 사업장등이 있는 시·도 이상의 지역을 주된 보급지역으로 하는 「신문 등의 진흥에 관한 법률」 제2조제1호가목·다목 및 같은 조 제2호에 따른 일반일간신문, 일반주간신문 또는 인터넷신문에 싣는 방법
3. 같은 제목으로 연 2회 이상 발행하여 정보주체에게 배포하는 간행물·소식지·홍보지 또는 청구서 등에 지속적으로 싣는 방법
4. 재화나 용역을 제공하기 위하여 위탁자와 정보주체가 작성한 계약서 등에 실어 정보주체에게 발급하는 방법

③ 홍보, 판매권유 등 위탁업무 내용 등의 통지

위탁자가 재화 또는 서비스를 홍보하거나 판매를 권유하는 업무를 위탁하는 경우에는 대통령령으로 정하는 방법(* 서면등의 방법)에 따라 위탁하는 업무의 내용과 수탁자를 정보주체에게 알려야 한다. 위탁하는 업무의 내용이나 수탁자가 변경된 경우에도 또한 같다(제3항).

※ 위탁자가 과실 없이 위 방법으로 위탁하는 업무의 내용과 수탁자를 정보주체에게 알릴 수 없는 경우에는 해당 사항을 인터넷 홈페이지에 30일 이상 게재하여야 한다. 다만, 인터넷 홈페이지를 운영하지 아니하는 위탁자의 경우에는 사업장등의 보기 쉬운 장소에 30일 이상 게시하여야 한다(시행령 제28조 제5항).

(3) 위탁자의 책임과 의무

① 위탁자는 업무 위탁으로 인하여 정보주체의 개인정보가 분실·도난·유출·위조·변조 또는 훼손되지 아니하도록 수탁자를 교육하고, 처리 현황 점검 등 대통령령으로 정하는 바에 따라 수탁자가 개인정보를 안전하게 처리하는지를 감독하여야 한다(법 제26조 제4항).

② 위탁자는 수탁자가 개인정보 처리 업무를 수행하는 경우에 법 또는 이 영에 따라 개인정보처리자가 준수하여야 할 사항과 법 제26조 제1항 각 호의 사항을 준수하는지를 같은 조 제4항에 따라 감독하여야 한다(시행령 제28조 제6항).

③ 수탁자가 위탁받은 업무와 관련하여 개인정보를 처리하는 과정에서 이 법을 위반하여 발생한 손해배상책임에 대하여는 수탁자를 개인정보처리자의 소속 직원으로 본다(법 제26조 제7항).

※ 개인정보처리자가 수탁자의 사용자로 간주된다는 의미로, 개인정보처리자는 수탁자가 발생시킨 손해에 대하여 민법상의 사용자책임(대위책임)을 부담한다.

(4) 수탁자의 책임과 의무

① 수탁자는 개인정보처리자로부터 위탁받은 해당 업무 범위를 초과하여 개인정보를 이용하거나 제3자에게 제공하여서는 아니 된다(법 제26조 제5항).
② 수탁자는 위탁받은 개인정보의 처리 업무를 제3자에게 다시 위탁하려는 경우에는 위탁자의 동의를 받아야 한다(제6항).

8. 영업양도 등에 따른 개인정보의 이전 제한

> **설명형 예제**
>
> A사와 B사가 영업을 합병하게 되어 A사는 B사에게 개인정보를 이전하는 상황이 발생했다. 이 경우 누가 고객에게 개인정보 이전 사실 등을 통지해야 하는지 설명하시오.

(1) 의의

기업 인수·합병, 영업양수도 등이 보편화 되어, 고객DB·회원정보 등 방대한 개인정보가 사업 자산과 함께 이전되는 사례가 늘어났다. 그러나 이전 과정에서 정보주체의 인식 없이 개인정보가 제3자에게 이전되는 문제가 빈발하였다.

법 제27조는 이러한 경우 정보주체가 통제 가능성을 유지하도록 하고 강화된 책임체계를 부여함으로써 정보주체의 자기정보통제권 보장, 투명성 확보라는 개인정보 보호원칙 준수를 위한 규정이다.

(2) 영업양도·양수자 등의 통지의무

① 영업양도자등의 통지의무

개인정보처리자는 영업의 전부 또는 일부의 양도·합병 등으로 개인정보를 다른 사람에게 이전하는 경우에는 미리 다음 각 호의 사항을 대통령령으로 정하는 방법(* 서면등의 방법)에 따라 해당 정보주체에게 알려야 한다(법 제27조 제1항).

> 1. 개인정보를 이전하려는 사실
> 2. 개인정보를 이전받는 자(이하 "영업양수자등")의 성명(법인의 경우에는 법인의 명칭), 주소, 전화번호 및 그 밖의 연락처
> 3. 정보주체가 개인정보의 이전을 원하지 아니하는 경우 조치할 수 있는 방법 및 절차

② 영업양수자등의 통지의무

영업양수자등은 개인정보를 이전받았을 때에는 지체 없이 그 사실을 대통령령으로 정하는 방법(* 서면등의 방법)에 따라 정보주체에게 알려야 한다. 다만, 개인정보처리자가 제1항에 따라 그 이전 사실을 이미 알린 경우에는 그러하지 아니하다(제2항).

(3) 개인정보의 목적 외 이용·제공 금지

영업양수자등은 영업의 양도·합병 등으로 개인정보를 이전받은 경우에는 이전 당시의 본래 목적으로만 개인정보를 이용하거나 제3자에게 제공할 수 있다. 이 경우 영업양수자등은 개인정보처리자로 본다(법 제27조 제3항).

※ 영업양수자등이 영업양수·합병 당시의 개인정보 처리 목적과 다른 용도로 개인정보를 이용·제공하고자 한다면 개인정보의 목적 외 이용·제공에 관한 규정(제18조)에 따라 정보주체의 별도 동의를 받거나 다른 요건을 충족하여야 한다.

9. 개인정보취급자에 대한 감독

(1) 의의

2024년 기준으로 국내 대규모 데이터 유출 사고 중 37%가 업무 과실로 인한 내부 유출, 시스템 오류로 인한 것으로 보고되고 있다(www.pipc.go.kr). 이는 외부 해킹 못지않게 내부 통제의 공백 상황이 개인정보 보안의 핵심 취약점이 되고 있음을 보여준다. 법 제28조는 공공·민간을 포함해 정보처리자 내부 구성요소의 관리책임을 강화함으로써 자기정보결정권 행사 기회가 없는 정보주체를 보호하고자 한다.

(2) 관리·감독 및 교육

개인정보처리자는 개인정보를 처리함에 있어서 개인정보가 안전하게 관리될 수 있도록 임직원, 파견근로자, 시간제근로자 등 개인정보처리자의 지휘·감독을 받아 개인정보를 처리하는 자(이하 "개인정보취급자")의 범위를 최소한으로 제한하고, 개인정보취급자에 대하여 적절한 관리·감독을 하여야 한다(법 제28조 제1항).

※ 개인정보취급자는 개인정보 처리 업무를 담당하고 있는 자라면 정규직, 비정규직, 하도급, 시간제 등 모든 근로형태를 불문하며, 고용관계가 없어도 실질적으로 개인정보처리자의 지휘·감독을 받아 개인정보를 처리하는 자도 포함된다.

※ 개인정보취급자는 개인정보처리자의 지휘·감독을 받아 개인정보를 처리하는 사람으로서 직접 개인정보에 관한 업무를 담당하는 사람과 그 밖에 업무상 필요에 의해 개인정보에 접근하여 이를 처리하는 모든 사람을 말하고, 개인정보파일 운용에 직접 관여하는 업무를 하는 자에 한정된다고 볼 것은 아니다(대판 2025.2.13. 2020도14713).

개인정보처리자는 개인정보의 적정한 취급을 보장하기 위하여 개인정보취급자에게 정기적으로 필요한 교육을 실시하여야 한다(제2항).

06 가명정보의 처리에 관한 특례

1. 가명정보의 처리 등

> **사례형 예제**
>
> 백화점을 운영하는 A사는 판매 상품을 구입한 회원의 연령, 성별, 선호색상, 구입처, 기능 및 가격 등에 관한 가명정보를 보유하고 있다. A사는 정보주체의 동의 없이 가명정보를 제3자에게 제공할 수 있는지 설명하시오.
>
> **해설 요지**
>
> A사는 가명정보를 ① 통계작성, 과학적 연구, 공익적 기록보존 등의 목적에 해당할 것, ② 특정 개인을 알아볼 수 있는 정보가 포함되어서는 아니될 것이라는 요건을 충족하는 범위에서 제3자에게 제공할 수 있다. 다만, 가명정보를 불특정 다수에게 공개하는 경우에는 공개의 목적이 통계작성, 과학적 연구, 공익적 기록보존 등의 목적에 해당하는지가 불분명하고, 불특정 다수 중 누군가는 공개하는 정보와 결합하여 특정 개인을 알아볼 수 있는 정보를 가지고 있을 수 있어 가명정보의 공개는 사실상 제한된다.

(1) 가명정보의 의의

가명정보란 가명처리함으로써 원래의 상태로 복원하기 위한 추가 정보의 사용·결합 없이는 특정 개인을 알아볼 수 없는 정보를 말한다(법 제2조 제1호 다목).

법 제28조의2는 데이터 기반 사회에서의 정보 활용 필요성과 개인의 프라이버시 보호라는 두 가지 요구를 조화롭게 충족시키기 위해 마련되었다. 가명정보를 활용함으로써 정보주체의 동의 없이도 통계작성, 과학적 연구, 공익적 기록보존 등의 목적을 달성할 수 있으며, 이는 개인정보 보호법 제1조의 목적과도 부합한다.

(2) 가명정보 처리의 특례

개인정보처리자는 통계작성, 과학적 연구, 공익적 기록보존 등을 위하여 정보주체의 동의 없이 가명정보를 처리할 수 있다(법 제28조의2 제1항).

※ 통계 작성의 예 : 백화점, 마트 등 유통경로별 상품판매 전략을 수립하기 위하여 판매 상품을 구입한 회원의 연령, 성별, 선호색상, 구입처, 기능 및 가격 등에 관한 통계 작성
※ 과학적 연구의 예 : 연령, 성별에 따른 운동관리 애플리케이션을 개발하기 위하여 웨어러블 기기를 이용하여 수집한 맥박, 운동량, 평균 수면시간 등에 관한 정보를 가명처리
※ 공익적 기록보존의 예 : 연구소가 현대사 연구 과정에서 수집한 정보 중에서 사료가치가 있는 생존 인물에 관한 정보를 기록·보관

(3) 가명정보 제3자 제공 시의 금지사항

개인정보처리자는 가명정보를 제3자에게 제공하는 경우에는 특정 개인을 알아보기 위하여 사용될 수 있는 정보를 포함해서는 아니 된다(제2항).

2. 가명정보의 결합 제한

> **설명형 예제**
> 다음은 개인정보처리자 A와 B가 통계연구를 위해 각자 가명처리한 정보를 보유하고 있는 상황이다.
> A와 B는 두 기관 간의 가명정보를 결합하려 한다.
> (1) A와 B는 직접 서로의 가명정보를 결합하여 연구에 활용할 수 있는가?
> (2) 결합된 정보를 외부로 반출하려면 어떤 절차와 조건을 따라야 하는가?

(1) 의의

가명정보 결합이란 가치 있는 데이터를 만들기 위해 서로 다른 개인정보처리자가 보유한 가명처리된 개인정보를 일정한 통계·연구·공익적 목적 아래 정보주체를 개인으로 식별할 수 없게 조치된 상태로 결합하는 과정을 말한다.

서로 다른 기관의 가명데이터를 결합한 집합은, 단순히 내용이 보완될 뿐 아니라 결합 방식에 따라 특정 개인이 역추적(개인정보 재식별화)될 가능성이 있다. 따라서 이러한 결합 과정은 전문성을 갖춘 독립적이고 검사 가능한 구조를 갖추어야 하며, 이는 정보주체 자신에 의한 제어 한계를 보완하는 의미가 있다.

(2) 개요

① 통계작성, 과학적 연구, 공익적 기록보존 등을 위한 서로 다른 개인정보처리자 간의 가명정보의 결합은 보호위원회 또는 관계 중앙행정기관의 장이 지정하는 전문기관이 수행한다(법 제28조의3 제1항).

② 결합을 수행한 기관 외부로 결합된 정보를 반출하려는 개인정보처리자는 가명정보 또는 제58조의2에 해당하는 정보로 처리한 뒤 전문기관의 장의 승인을 받아야 한다(제2항).

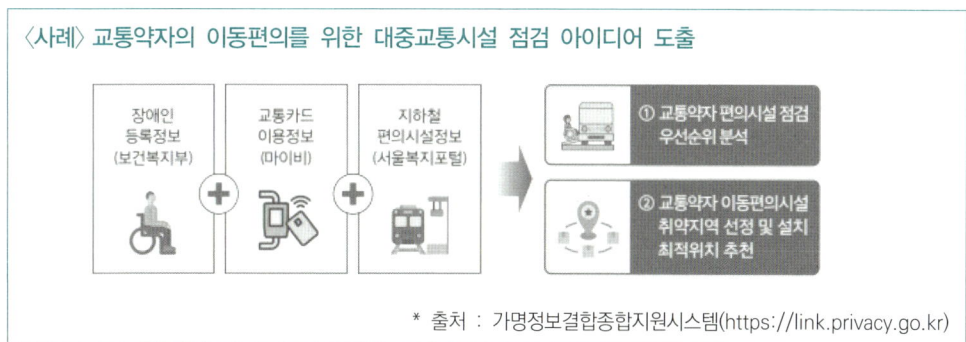

* 출처 : 가명정보결합종합지원시스템(https://link.privacy.go.kr)

(3) 결합전문기관의 지정 및 지정 취소

① 결합전문기관의 지정 기준은 다음 각 호와 같다(시행령 제29조의2 제1항).

  1. 보호위원회가 정하여 고시하는 바에 따라 가명정보의 결합·반출 업무를 담당하는 조직을 구성하고, 개인정보 보호와 관련된 자격이나 경력을 갖춘 사람을 3명 이상 상시 고용할 것

> 2. 보호위원회가 정하여 고시하는 바에 따라 가명정보를 안전하게 결합하기 위하여 필요한 공간, 시설 및 장비를 구축하고 가명정보의 결합·반출 관련 정책 및 절차 등을 마련할 것
> 3. 보호위원회가 정하여 고시하는 기준에 따른 재정 능력을 갖출 것
> 4. 최근 3년 이내에 법 제66조 제1항에 따라 공표(* 개선권고, 시정조치 명령, 과징금의 부과, 고발 또는 징계권고, 과태료 부과)되거나 같은 조 제2항에 따른 공표명령(* 개선권고, 시정조치 명령, 과징금의 부과, 고발 또는 징계권고, 과태료 부과를 받았다는 사실의 공표)을 받은 사실이 없을 것
> 5. 최근 1년 이내에 제4항에 따른 유효기간 연장 신청을 하였으나 재지정되지 않은 사실 또는 제5항에 따라 지정 취소된 사실이 없을 것

② 법인, 단체 또는 기관이 결합전문기관으로 지정을 받으려는 경우에는 보호위원회가 정하여 고시하는 결합전문기관 지정신청서에 다음 각 호의 서류(전자문서를 포함)를 첨부하여 보호위원회 또는 관계 중앙행정기관의 장에게 제출해야 한다(제2항).

> 1. 정관 또는 규약
> 2. 제1항에 따른 지정 기준을 갖추었음을 증명할 수 있는 서류로서 보호위원회가 정하여 고시하는 서류

③ 보호위원회 또는 관계 중앙행정기관의 장은 지정신청서를 제출한 법인, 단체 또는 기관이 제1항에 따른 지정 기준에 적합한 경우에는 결합전문기관으로 지정할 수 있다(제3항).

④ 결합전문기관 지정의 유효기간은 지정을 받은 날부터 3년으로 하며, 보호위원회 또는 관계 중앙행정기관의 장은 결합전문기관이 유효기간의 연장을 신청하면 다음 각 호의 사항을 검토하여 결합전문기관으로 재지정할 수 있다(제4항).

> 1. 제1항에 따른 지정 기준에 적합한지 여부
> 2. 향후 업무 수행 계획이 지정 목적 달성에 적합한지 여부
> 3. 지정 목적에 따라 업무를 제대로 수행했는지 여부
> 4. 제29조의3 제5항에 따른 비용을 과다하게 청구하는 등 결합을 부당하게 제한했는지 여부

⑤ 보호위원회 또는 관계 중앙행정기관의 장은 결합전문기관이 다음 각 호의 어느 하나에 해당하는 경우에는 결합전문기관의 지정을 취소할 수 있다. 다만, 제1호 또는 제2호에 해당하는 경우에는 지정을 취소해야 한다(제5항).

> 1. 거짓이나 부정한 방법으로 결합전문기관으로 지정을 받은 경우
> 2. 결합전문기관 스스로 지정 취소를 요청하거나 폐업한 경우
> 3. 제1항에 따른 결합전문기관의 지정 기준을 충족하지 못하게 된 경우
> 4. 결합 및 반출 등과 관련된 정보의 유출 등 개인정보 침해사고가 발생한 경우
> 5. 그 밖에 법 또는 이 영에 따른 의무를 위반한 경우

⑥ 보호위원회 또는 관계 중앙행정기관의 장은 제5항에 따라 결합전문기관의 지정을 취소하려는 경우에는 청문을 해야 한다(제6항).

⑦ 보호위원회 또는 관계 중앙행정기관의 장은 결합전문기관을 지정, 재지정 또는 지정 취소한 경우에는 이를 관보에 공고하거나 보호위원회 또는 해당 관계 중앙행정기관의 홈페이지에 게시해야 한다. 이 경우 관계 중앙행정기관의 장이 결합전문기관을 지정, 재지정, 또는 지정 취소한 경우에는 보호

위원회에 통보해야 한다(제7항).

(4) 개인정보처리자 간 가명정보의 결합 및 반출 등

① 결합전문기관에 가명정보의 결합을 신청하려는 개인정보처리자(이하 "결합신청자")는 보호위원회가 정하여 고시하는 결합신청서에 다음 각 호의 서류를 첨부하여 결합전문기관에 제출해야 한다(시행령 제29조의3 제1항).

> 1. 사업자등록증, 법인등기부등본 등 결합신청자 관련 서류
> 2. 결합 대상 가명정보에 관한 서류
> 3. 결합 목적을 증명할 수 있는 서류
> 4. 그 밖에 가명정보의 결합 및 반출에 필요하다고 보호위원회가 정하여 고시하는 서류

② 결합전문기관은 가명정보를 결합하는 경우에는 특정 개인을 알아볼 수 없도록 해야 한다. 이 경우 보호위원회는 필요하면 한국인터넷진흥원 또는 보호위원회가 지정하여 고시하는 기관으로 하여금 특정 개인을 알아볼 수 없도록 하는 데에 필요한 업무를 지원하도록 할 수 있다(제2항).

③ 결합신청자는 결합전문기관이 결합한 정보를 결합전문기관 외부로 반출하려는 경우에는 결합전문기관에 설치된 안전성 확보에 필요한 기술적·관리적·물리적 조치가 된 공간에서 제2항에 따라 결합된 정보를 가명정보 또는 법 제58조의2에 해당하는 정보(* 시간·비용·기술 등을 합리적으로 고려할 때 다른 정보를 사용하여도 더 이상 개인을 알아볼 수 없는 정보)로 처리한 뒤 결합전문기관의 승인을 받아야 한다(제3항).

④ 결합전문기관은 다음 각 호의 기준을 충족하는 경우에는 반출을 승인해야 한다. 이 경우 결합전문기관은 결합된 정보의 반출을 승인하기 위하여 반출심사위원회를 구성해야 한다(제4항).

> 1. 결합 목적과 반출 정보가 관련성이 있을 것
> 2. 특정 개인을 알아볼 가능성이 없을 것
> 3. 반출 정보에 대한 안전조치 계획이 있을 것

⑤ 결합전문기관은 결합 및 반출 등에 필요한 비용을 결합신청자에게 청구할 수 있다(제5항).

(5) 결합전문기관의 관리·감독 등

① 보호위원회 또는 관계 중앙행정기관의 장은 결합전문기관을 지정한 경우에는 해당 결합전문기관의 업무 수행능력 및 기술·시설 유지 여부 등을 관리·감독해야 한다(시행령 제29조의4 제1항).

② 결합전문기관은 제1항에 따른 관리·감독을 위하여 다음 각 호의 서류를 보호위원회 또는 관계 중앙행정기관의 장에게 제출해야 한다(제2항).

> 1. 가명정보의 결합·반출 실적보고서
> 2. 결합전문기관의 지정 기준을 유지하고 있음을 증명할 수 있는 서류
> 3. 가명정보의 안전성 확보에 필요한 조치를 하고 있음을 증명할 수 있는 서류로서 보호위원회가 정하여 고시하는 서류

③ 보호위원회는 다음 각 호의 사항을 관리·감독해야 한다(제3항).

> 1. 결합전문기관의 가명정보의 결합 및 반출 승인 과정에서의 법 위반 여부
> 2. 결합신청자의 가명정보 처리 실태
> 3. 그 밖에 가명정보의 안전한 처리를 위하여 필요한 사항으로서 보호위원회가 정하여 고시하는 사항

3. 가명정보에 대한 안전조치의무 등

(1) 의의

법 제28조의4는 가명정보 처리의 활성화와 개인정보 보호의 균형을 도모하기 위해 도입된 조항으로, 가명정보의 안전한 활용을 위한 기술적·관리적·물리적 조치의무를 명확히 규정하고 있다.

(2) 가명정보 등의 안전조치

① 개인정보처리자는 가명정보를 처리하는 경우에는 원래의 상태로 복원하기 위한 추가 정보를 별도로 분리하여 보관·관리하는 등 해당 정보가 분실·도난·유출·위조·변조 또는 훼손되지 않도록 대통령령으로 정하는 바에 따라 안전성 확보에 필요한 기술적·관리적 및 물리적 조치를 하여야 한다(법 제28조의4 제1항).

※ "대통령령으로 정하는 바"(시행령 제29조의5 제1항)

> 1. 제30조에 따른 안전성 확보 조치(예 개인정보에 대한 접근 권한을 제한하기 위한 조치)
> 2. 가명정보와 추가정보의 분리 보관. 다만, 추가정보가 불필요한 경우에는 추가정보를 파기해야 한다.
> 3. 가명정보와 추가정보에 대한 접근 권한의 분리. 다만, 「소상공인기본법」 제2조에 따른 소상공인으로서 가명정보를 취급할 자를 추가로 둘 여력이 없는 경우 등 접근 권한의 분리가 어려운 정당한 사유가 있는 경우에는 업무 수행에 필요한 최소한의 접근 권한만 부여하고 접근 권한의 보유 현황을 기록으로 보관하는 등 접근 권한을 관리·통제해야 한다.

② 개인정보처리자는 가명정보를 처리하는 경우 처리목적 등을 고려하여 가명정보의 처리 기간을 별도로 정할 수 있다(법 제28조의4 제2항).

(3) 가명정보에 대한 기록·보관

개인정보처리자는 가명정보를 처리하고자 하는 경우에는 가명정보의 처리 목적, 제3자 제공 시 제공받는 자, 가명정보의 처리 기간(제2항에 따라 처리 기간을 별도로 정한 경우에 한함) 등 가명정보의 처리 내용을 관리하기 위하여 대통령령으로 정하는 사항에 대한 관련 기록을 작성하여 보관하여야 하며, 가명정보를 파기한 경우에는 파기한 날부터 3년 이상 보관하여야 한다(법 제28조의4 제3항).

※ "대통령령으로 정하는 사항"(시행령 제29조의5 제2항)

> 1. 가명정보 처리의 목적
> 2. 가명처리한 개인정보의 항목
> 3. 가명정보의 이용내역
> 4. 제3자 제공 시 제공받는 자
> 5. 가명정보의 처리 기간(법 제28조의4 제2항에 따라 가명정보의 처리 기간을 별도로 정한 경우로

한정)

6. 그 밖에 가명정보의 처리 내용을 관리하기 위하여 보호위원회가 필요하다고 인정하여 고시하는 사항

4. 가명정보 처리 시 금지의무 등

① 가명정보를 처리하는 자는 특정 개인을 알아보기 위한 목적으로 가명정보를 처리해서는 아니 된다(법 제28조의5 제1항).
② 개인정보처리자는 가명정보를 처리하는 과정에서 특정 개인을 알아볼 수 있는 정보가 생성된 경우에는 즉시 해당 정보의 처리를 중지하고, 지체 없이 회수·파기하여야 한다(제2항).

07 개인정보의 국외 이전

> **사례형 예제**
>
> 甲은 외국계 의료기기 회사 A사의 건강관리 플랫폼에 가입해 생체정보(심박수·혈압 등)를 제공받고 있다. 그런데 A사 한국지사가 甲의 생체정보를 사전 고지·동의 없이 미국 본사 서버로 이전 중이라는 사실을 알게 되었다. A사 측은 "시스템 운영상 불가피해 계약 이행을 위해 동의 없이 이전했다"고 해명했다. A사 한국지사의 행위가 개인정보 보호법에 위반되는지 설명하시오. (단, 위와 같은 사항에 대하여 특별한 법률, 조약 또는 국제협정은 없음)
>
> **해설 요지**
>
> 甲에 대한 명시적 동의 없이, 고지·처리방침 공개도 없었고, 인증이나 적정성 인정 절차도 적용되지 않은 상태이다. 따라서 A사 한국지사의 국외 이전은 법 위반에 해당한다.

1. 의의

클라우드, 빅데이터, 인공지능 기술의 급속 확산으로 개인정보가 국경을 넘어 이전, 처리위탁, 보관되는 사례가 증가하면서 기존 법체계만으로는 개인정보 보호 균형을 유지하기 어려워졌다. 법 제28조의8은 국제 데이터 흐름 시대에 대응하기 위해 개인정보의 국외 이전을 원칙적으로 금지하면서도, 예외를 규정해 실질적 개인정보 주체의 권리 보호와 데이터 산업의 발전을 양립시키고 있다. 이는 정부의 디지털 전환 정책, 국제 통상·투자 규정과도 연동된 글로벌 스탠다드에 부합하는 제도적 진화로 평가된다.

2. 개인정보의 국외 이전 금지 원칙

개인정보처리자는 개인정보를 국외로 제공(조회되는 경우를 포함)·처리위탁·보관(이하 "이전")하여서는 아니 된다. 다만, 다음 각 호의 어느 하나에 해당하는 경우에는 개인정보를 국외로 이전할 수 있다(법 제28조의8 제1항).

> 1. 정보주체로부터 국외 이전에 관한 별도의 동의를 받은 경우
>   ※ 개인정보처리자는 제1호에 따른 동의를 받을 때에는 미리 다음 각 호의 사항을 정보주체에게 알려야 한다(제2항).
>   > 1. 이전되는 개인정보 항목
>   > 2. 개인정보가 이전되는 국가, 시기 및 방법
>   > 3. 개인정보를 이전받는 자의 성명(법인인 경우에는 그 명칭과 연락처)
>   > 4. 개인정보를 이전받는 자의 개인정보 이용목적 및 보유·이용 기간
>   > 5. 개인정보의 이전을 거부하는 방법, 절차 및 거부의 효과
> 2. 법률, 대한민국을 당사자로 하는 조약 또는 그 밖의 국제협정에 개인정보의 국외 이전에 관한 특별한 규정이 있는 경우
> 3. 정보주체와의 계약의 체결 및 이행을 위하여 개인정보의 처리위탁·보관이 필요한 경우로서 다음 각 목의 어느 하나에 해당하는 경우
>   가. 제2항 각 호의 사항을 제30조에 따른 개인정보 처리방침에 공개한 경우
>   나. 전자우편 등 대통령령으로 정하는 방법(* 서면등의 방법)에 따라 제2항 각 호의 사항을 정보주체에게 알린 경우
> 4. 개인정보를 이전받는 자가 제32조의2에 따른 개인정보 보호 인증 등 보호위원회가 정하여 고시하는 인증을 받은 경우로서 다음 각 목의 조치를 모두 한 경우
>   가. 개인정보 보호에 필요한 안전조치 및 정보주체 권리보장에 필요한 조치
>   나. 인증받은 사항을 개인정보가 이전되는 국가에서 이행하기 위하여 필요한 조치
> 5. 개인정보가 이전되는 국가 또는 국제기구의 개인정보 보호체계, 정보주체 권리보장 범위, 피해구제 절차 등이 이 법에 따른 개인정보 보호 수준과 실질적으로 동등한 수준을 갖추었다고 보호위원회가 인정하는 경우

개인정보처리자는 제1항 각 호 외의 부분 단서에 따라 개인정보를 국외로 이전하는 경우 국외 이전과 관련한 이 법의 다른 규정, 제17조부터 제19조까지의 규정 및 제5장의 규정을 준수하여야 하고, 대통령령으로 정하는 보호조치를 하여야 한다(법 제28조의8 제4항).

개인정보처리자는 이 법을 위반하는 사항을 내용으로 하는 개인정보의 국외 이전에 관한 계약을 체결하여서는 아니 된다(제5항).

3. 개인정보의 국외 이전 중지 명령

보호위원회는 개인정보의 국외 이전이 계속되고 있거나 추가적인 국외 이전이 예상되는 경우로서 다음 각 호의 어느 하나에 해당하는 경우에는 개인정보처리자에게 개인정보의 국외 이전을 중지할 것을 명할 수 있다(법 제28조의9 제1항).

> 1. 제28조의8 제1항, 제4항 또는 제5항을 위반한 경우
> 2. 개인정보를 이전받는 자나 개인정보가 이전되는 국가 또는 국제기구가 이 법에 따른 개인정보 보호 수준에 비하여 개인정보를 적정하게 보호하지 아니하여 정보주체에게 피해가 발생하거나 발생할 우려가 현저한 경우

보호위원회는 개인정보의 국외 이전을 중지할 것을 명하려는 경우에는 다음 각 호의 사항을 종합적으로 고려해야 한다(시행령 제29조의11 제1항).

1. 국외로 이전되었거나 추가적인 국외 이전이 예상되는 개인정보의 유형 및 규모
2. 법 제28조의8 제1항, 제4항 또는 제5항 위반의 중대성
3. 정보주체에게 발생하거나 발생할 우려가 있는 피해가 중대하거나 회복하기 어려운 피해인지 여부
4. 국외 이전의 중지를 명하는 것이 중지를 명하지 않는 것보다 명백히 정보주체에게 이익이 되는지 여부
5. 법 제64조 제1항 각 호에 해당하는 조치(* 개인정보 침해행위의 중지, 개인정보 처리의 일시적인 정지, 그 밖에 개인정보의 보호 및 침해 방지를 위하여 필요한 조치)를 통해 개인정보의 보호 및 침해 방지가 가능한지 여부
6. 개인정보를 이전받는 자나 개인정보가 이전되는 이전대상국등이 정보주체의 피해구제를 위한 실효적인 수단을 갖추고 있는지 여부
7. 개인정보를 이전받는 자나 개인정보가 이전되는 이전대상국등에서 중대한 개인정보 침해가 발생하는 등 개인정보를 적정하게 보호하기 어렵다고 인정할 만한 사유가 존재하는지 여부

개인정보처리자는 국외 이전 중지 명령을 받은 경우에는 명령을 받은 날부터 7일 이내에 보호위원회에 이의를 제기할 수 있으며(법 제28조의9 제2항), 보호위원회는 30일 이내에 그 처리결과를 해당 개인정보처리자에게 문서로 알려야 한다(시행령 제29조의12 제2항).

4. 상호주의

개인정보의 국외 이전을 제한하는 국가의 개인정보처리자에 대해서는 해당 국가의 수준에 상응하는 제한을 할 수 있다. 다만, 조약 또는 그 밖의 국제협정의 이행에 필요한 경우에는 그러하지 아니하다(법 제28조의10).

5. 개인정보의 국외 이전 인증

보호위원회는 법 제28조의8 제1항 제4호 각 목 외의 부분에 따른 인증을 고시하려는 경우에는 다음 각 호의 순서에 따른 절차를 모두 거쳐야 한다(시행령 제29조의8 제1항).

1. 제34조의6에 따른 개인정보 보호 인증 전문기관의 평가
2. 제5조 제1항 제1호에 따른 개인정보의 국외 이전 분야 전문위원회(이하 "국외이전전문위원회"라 한다)의 평가
3. 정책협의회의 협의

보호위원회는 법 제28조의8 제1항 제4호 각 목 외의 부분에 따른 인증을 고시할 때에는 5년의 범위에서 유효 기간을 정하여 고시할 수 있다(제2항).

6. 국가 등에 대한 개인정보 보호 수준 인정

보호위원회는 법 제28조의8 제1항 제5호에 따라 개인정보가 제공(조회되는 경우를 포함)·처리위탁·보관(이하 "이전")되는 국가 또는 국제기구(이하 "이전대상국등")의 개인정보 보호체계, 정보주체 권리보장 범위, 피해구제 절차 등이 법에 따른 개인정보 보호 수준과 실질적으로 동등한 수준을 갖추었다고 인정하려는

경우에는 다음 각 호의 사항을 종합적으로 고려해야 한다(시행령 제29조의9 제1항).

> 1. 이전대상국등의 법령, 규정 또는 규칙 등 개인정보 보호체계가 법 제3조에서 정하는 개인정보 보호원칙에 부합하고, 법 제4조에서 정하는 정보주체의 권리를 충분히 보장하고 있는지 여부
> 2. 이전대상국등에 개인정보 보호체계를 보장하고 집행할 책임이 있는 독립적 감독기관이 존재하는지 여부
> 3. 이전대상국등의 공공기관(이와 유사한 사무를 수행하는 기관을 포함한다)이 법률에 따라 개인정보를 처리하는지 여부 및 이에 대한 피해구제 절차 등 정보주체에 대한 보호수단이 존재하고 실질적으로 보장되는지 여부
> 4. 이전대상국등에 정보주체가 쉽게 접근할 수 있는 피해구제 절차가 존재하는지 여부 및 피해구제 절차가 정보주체를 효과적으로 보호하고 있는지 여부
> 5. 이전대상국등의 감독기관이 보호위원회와 정보주체의 권리 보호에 관하여 원활한 상호 협력이 가능한지 여부
> 6. 그 밖에 이전대상국등의 개인정보 보호체계, 정보주체의 권리보장 범위, 피해구제 절차 등의 개인정보 보호 수준을 인정하기 위해 필요한 사항으로서 보호위원회가 정하여 고시하는 사항

보호위원회는 제1항에 따른 인정을 하려는 경우에는 다음 각 호의 절차를 거쳐야 한다(제2항).

> 1. 국외이전전문위원회의 평가
> 2. 정책협의회의 협의

보호위원회는 제1항에 따른 인정을 할 때에는 정보주체의 권리 보호 등을 위하여 필요한 경우 이전대상국등으로 이전되는 개인정보의 범위, 이전받는 개인정보처리자의 범위, 인정 기간, 국외 이전의 조건 등을 이전대상국등별로 달리 정할 수 있다(제3항).

보호위원회는 제1항에 따른 인정을 한 경우에는 인정 기간 동안 이전대상국등의 개인정보 보호수준이 법에 따른 수준과 실질적으로 동등한 수준을 유지하고 있는지 점검해야 한다(제4항).

보호위원회는 제1항에 따른 인정을 받은 이전대상국등의 개인정보 보호체계, 정보주체의 권리보장 범위, 피해구제 절차 등의 수준이 변경된 경우에는 해당 이전대상국등의 의견을 듣고 해당 이전대상국등에 대한 인정을 취소하거나 그 내용을 변경할 수 있다(제5항).

보호위원회가 제1항에 따른 인정을 하거나 제5항에 따라 인정을 취소하거나 그 내용을 변경하는 경우에는 그 사실을 관보에 고시하고 보호위원회 인터넷 홈페이지에 게재해야 한다(제6항).

7. 개인정보의 국외 이전 시 보호조치 등

개인정보처리자는 법 제28조의8 제1항 각 호 외의 부분 단서에 따라 개인정보를 국외로 이전하는 경우에는 같은 조 제4항에 따라 다음 각 호의 보호조치를 해야 한다(시행령 제29조의10 제1항).

> 1. 제30조 제1항에 따른 개인정보 보호를 위한 안전성 확보 조치
> 2. 개인정보 침해에 대한 고충처리 및 분쟁해결에 관한 조치
> 3. 그 밖에 정보주체의 개인정보 보호를 위하여 필요한 조치

개인정보처리자는 법 제28조의8 제1항 각 호 외의 부분 단서에 따라 개인정보를 국외로 이전하는 경우에는 제1항 각 호의 사항에 관하여 이전받는 자와 미리 협의하고 이를 계약내용 등에 반영해야 한다(제2항).

08 개인정보의 안전한 관리

1. 안전조치의무

> **설명형 예제**
> 「개인정보 보호법」상 개인정보처리자가 개인정보의 안전성 확보를 위해 취해야 할 기술적·관리적 및 물리적 조치를 설명하시오.

개인정보처리자는 개인정보가 분실·도난·유출·위조·변조 또는 훼손되지 아니하도록 내부 관리계획 수립, 접속기록 보관 등 대통령령으로 정하는 바에 따라 안전성 확보에 필요한 기술적·관리적 및 물리적 조치를 하여야 한다(법 제29조 제1항).

※ "대통령령으로 정하는 바"(시행령 제30조 제1항)

1. 개인정보의 안전한 처리를 위한 다음 각 목의 내용을 포함하는 내부 관리계획의 수립·시행 및 점검
    가. 법 제28조 제1항에 따른 개인정보취급자(이하 "개인정보취급자"라 한다)에 대한 관리·감독 및 교육에 관한 사항
    나. 법 제31조에 따른 개인정보 보호책임자의 지정 등 개인정보 보호 조직의 구성·운영에 관한 사항
    나. 제2호부터 제8호까지의 규정에 따른 조치를 이행하기 위하여 필요한 세부 사항
2. 개인정보에 대한 접근 권한을 제한하기 위한 다음 각 목의 조치
    가. 데이터베이스시스템 등 개인정보를 처리할 수 있도록 체계적으로 구성한 시스템(이하 "개인정보처리시스템"이라 한다)에 대한 접근 권한의 부여·변경·말소 등에 관한 기준의 수립·시행
    나. 정당한 권한을 가진 자에 의한 접근인지를 확인하기 위해 필요한 인증수단 적용 기준의 설정 및 운영
    다. 그 밖에 개인정보에 대한 접근 권한을 제한하기 위하여 필요한 조치
3. 개인정보에 대한 접근을 통제하기 위한 다음 각 목의 조치
    가. 개인정보처리시스템에 대한 침입을 탐지하고 차단하기 위하여 필요한 조치
    나. 개인정보처리시스템에 접속하는 개인정보취급자의 컴퓨터 등으로서 보호위원회가 정하여 고시하는 기준에 해당하는 컴퓨터 등에 대한 인터넷망의 차단. 다만, 전년도 말 기준 직전 3개월 간 그 개인정보가 저장·관리되고 있는 「정보통신망 이용촉진 및 정보보호 등에 관한 법률」 제2조 제1항 제4호에 따른 이용자 수가 일일평균 100만명 이상인 개인정보처리자만 해당한다.
    다. 그 밖에 개인정보에 대한 접근을 통제하기 위하여 필요한 조치

4. 개인정보를 안전하게 저장·전송하는데 필요한 다음 각 목의 조치
   가. 비밀번호의 일방향 암호화 저장 등 인증정보의 암호화 저장 또는 이에 상응하는 조치
   나. 주민등록번호 등 보호위원회가 정하여 고시하는 정보의 암호화 저장 또는 이에 상응하는 조치
   다. 「정보통신망 이용촉진 및 정보보호 등에 관한 법률」 제2조 제1항 제1호에 따른 정보통신망을 통하여 정보주체의 개인정보 또는 인증정보를 송신·수신하는 경우 해당 정보의 암호화 또는 이에 상응하는 조치
   라. 그 밖에 암호화 또는 이에 상응하는 기술을 이용한 보안조치
5. 개인정보 침해사고 발생에 대응하기 위한 접속기록의 보관 및 위조·변조 방지를 위한 다음 각 목의 조치
   가. 개인정보처리시스템에 접속한 자의 접속일시, 처리내역 등 접속기록의 저장·점검 및 이의 확인·감독
   나. 개인정보처리시스템에 대한 접속기록의 안전한 보관
   다. 그 밖에 접속기록 보관 및 위조·변조 방지를 위하여 필요한 조치
6. 개인정보처리시스템 및 개인정보취급자가 개인정보 처리에 이용하는 정보기기에 대해 컴퓨터바이러스, 스파이웨어, 랜섬웨어 등 <u>악성프로그램의 침투 여부를 항시 점검·치료할 수 있도록 하는 등의 기능이 포함된 프로그램의 설치·운영과 주기적 갱신·점검 조치</u>
7. 개인정보의 안전한 보관을 위한 보관시설의 마련 또는 잠금장치의 설치 등 물리적 조치
8. <u>그 밖에 개인정보의 안전성 확보를 위하여 필요한 조치</u>

보호위원회는 개인정보처리자가 제1항에 따른 안전성 확보 조치를 하도록 시스템을 구축하는 등 필요한 지원을 할 수 있다(법 제29조 제2항).

2. 공공시스템 운영기관 등의 개인정보 안전성 확보 조치 등

(1) 의의

공공기관이 운영하는 주요 시스템에서 주민의 민감정보 유출이 반복됨에 따라 정보주체의 2차 피해 우려가 커졌다. 이에 공공시스템을 별도로 규율하는 특례조항이 필요하다는 점이 부각되었고 2023년 개정 시행령을 통해 이를 반영했다.

(2) 공공시스템 운영기관의 안전성 확보 조치

<u>개인정보의 처리 규모, 접근 권한을 부여받은 개인정보취급자의 수 등 보호위원회가 고시하는 기준에 해당하는 개인정보처리시스템(이하 "공공시스템")을 운영하는 공공기관은 법 제29조에 따라 이 영 제30조의 안전성 확보 조치 외에 다음 각 호의 조치를 추가로 해야 한다</u>(시행령 제30조의2 제1항).

1. 제30조 제1항 제1호에 따른 내부 관리계획에 공공시스템별로 작성한 안전성 확보 조치를 포함할 것
2. 공공시스템에 접속하여 개인정보를 처리하는 기관(이하 "공공시스템이용기관")이 정당한 권한을 가진 개인정보취급자에게 접근 권한을 부여·변경·말소 등을 할 수 있도록 하는 등 접근 권한의 안전한 관리를 위해 필요한 조치
3. 개인정보에 대한 불법적인 접근 및 침해사고 방지를 위한 공공시스템 접속기록의 저장·분석·점검·관리 등의 조치

(3) 정보주체에 대한 통지 의무

<u>공공시스템운영기관 및 공공시스템이용기관은 정당한 권한 없이 또는 허용된 권한을 초과하여 개인정보에 접근한 사실이 확인되는 경우에는 지체 없이 정보주체에게 해당 사실과 피해 예방 등을 위해 필요한 사항을 통지해야 한다.</u> 이 경우 다음 각 호의 어느 하나에 해당하는 경우에는 통지를 한 것으로 본다(제2항).

> 1. 법 제34조 제1항에 따라 정보주체에게 개인정보의 분실·도난·유출에 대하여 통지한 경우
> 2. 다른 법령에 따라 정보주체에게 개인정보에 접근한 사실과 피해 예방 등을 위해 필요한 사항을 통지한 경우

(4) 그 밖의 사항

① 공공시스템운영기관(공공시스템을 개발하여 배포하는 공공기관이 따로 있는 경우에는 그 공공기관을 포함)은 해당 공공시스템의 규모와 특성, 해당 공공시스템이용기관의 수 등을 고려하여 개인정보의 안전한 관리에 관련된 업무를 **전담하는 부서**를 지정하여 운영하거나 **전담인력**을 배치해야 한다(제3항).

② 공공시스템운영기관은 공공시스템별로 해당 공공시스템을 총괄하여 관리하는 부서의 장을 **관리책임자**로 지정해야 한다. 다만, 해당 공공시스템을 총괄하여 관리하는 부서가 없을 때에는 업무 관련성 및 수행능력 등을 고려하여 해당 공공시스템운영기관의 관련 부서의 장 중에서 관리책임자를 지정해야 한다(제4항).

③ 공공시스템운영기관은 공공시스템의 안전성 확보 조치 이행상황 점검 및 개선에 관한 사항을 협의하기 위하여 다음 각 호의 기관으로 구성되는 **공공시스템운영협의회**를 공공시스템별로 설치·운영해야 한다. 다만, 하나의 공공기관이 2개 이상의 공공시스템을 운영하는 경우에는 공공시스템운영협의회를 통합하여 설치·운영할 수 있다(제5항).

> 1. 공공시스템운영기관
> 2. 공공시스템의 운영을 위탁하는 경우 해당 수탁자
> 3. 공공시스템운영기관이 필요하다고 인정하는 공공시스템이용기관

④ 보호위원회는 공공시스템운영기관이 개인정보의 안전성 확보 조치를 이행하는데 필요한 **지원**을 할 수 있다(제6항).

3. 개인정보 처리방침

> **설명형 예제**
>
> 서울 종로구에서 개원한 A병원의 개인정보보호팀장 甲은 A병원의 '개인정보 처리방침'을 만들고자 한다. 개인정보 처리방침에 포함될 사항과 그 공개방법을 설명하고, 개인정보 처리방침의 내용 가운데 개인정보의 파기에 관하여 설명하시오.

(1) 의의

"개인정보 처리방침"이란 개인정보 처리 기준 및 보호조치 등에 관해 개인정보처리자가 수립하여 공개한 문서를 말한다(개인정보 처리방침 평가에 관한 고시 제2조). 즉, 이용자가 안심하고 서비스를 이용할 수 있도록 개인정보처리자가 준수해야 할 지침을 의미한다.

(2) 개인정보 처리방침의 수립

개인정보처리자는 다음 각 호의 사항이 포함된 개인정보의 처리 방침을 정하여야 한다. 이 경우 공공기관은 제32조에 따라 등록대상이 되는 개인정보파일에 대하여 개인정보 처리방침을 정한다(법 제30조 제1항).

> 1. 개인정보의 처리 목적
> 2. 개인정보의 처리 및 보유 기간
> 3. 개인정보의 제3자 제공에 관한 사항(해당되는 경우에만 정한다)
> 3의2. 개인정보의 파기절차 및 파기방법(제21조 제1항 단서에 따라 개인정보를 보존하여야 하는 경우에는 그 보존근거와 보존하는 개인정보 항목을 포함)
> 3의3. 제23조 제3항에 따른 민감정보의 공개 가능성 및 비공개를 선택하는 방법(해당되는 경우에만 정한다)
> 4. 개인정보처리의 위탁에 관한 사항(해당되는 경우에만 정한다)
> 4의2. 제28조의2 및 제28조의3에 따른 가명정보의 처리 등에 관한 사항(해당되는 경우에만 정한다)
> 5. 정보주체와 법정대리인의 권리·의무 및 그 행사방법에 관한 사항
> 6. 제31조에 따른 개인정보 보호책임자의 성명 또는 개인정보 보호업무 및 관련 고충사항을 처리하는 부서의 명칭과 전화번호 등 연락처
> 7. 인터넷 접속정보파일 등 개인정보를 자동으로 수집하는 장치의 설치·운영 및 그 거부에 관한 사항(해당하는 경우에만 정한다)
> 8. 그 밖에 개인정보의 처리에 관하여 대통령령으로 정한 다음의 사항
>   • 처리하는 개인정보의 항목
>   • 제30조에 따른 개인정보의 안전성 확보 조치에 관한 사항

(3) 개인정보 처리방침의 공개

① 개인정보처리자는 수립하거나 변경한 개인정보 처리방침을 개인정보처리자의 인터넷 홈페이지에 지속적으로 게재하여야 한다(시행령 제31조 제2항).

② 제2항에 따라 인터넷 홈페이지에 게재할 수 없는 경우에는 다음 각 호의 어느 하나 이상의 방법으로 수립하거나 변경한 개인정보 처리방침을 공개하여야 한다(제3항).

> 1. 개인정보처리자의 사업장등의 보기 쉬운 장소에 게시하는 방법
> 2. 관보(개인정보처리자가 공공기관인 경우만 해당)나 개인정보처리자의 사업장등이 있는 시·도 이상의 지역을 주된 보급지역으로 하는 「신문 등의 진흥에 관한 법률」 제2조 제1호가목·다목 및 같은 조 제2호에 따른 일반일간신문, 일반주간신문 또는 인터넷신문에 싣는 방법
> 3. 같은 제목으로 연 2회 이상 발행하여 정보주체에게 배포하는 간행물·소식지·홍보지 또는 청구서 등에 지속적으로 싣는 방법

4. 재화나 서비스를 제공하기 위하여 개인정보처리자와 정보주체가 작성한 계약서 등에 실어 정보주체에게 발급하는 방법

(4) 개인정보 처리방침의 평가 및 개선권고

보호위원회는 개인정보 처리방침에 관하여 다음 각 호의 사항을 평가하고, 평가 결과 개선이 필요하다고 인정하는 경우에는 개인정보처리자에게 개선을 권고할 수 있다(법 제30조의2 제1항).

1. 이 법에 따라 개인정보 처리방침에 포함하여야 할 사항을 적정하게 정하고 있는지 여부
2. 개인정보 처리방침을 알기 쉽게 작성하였는지 여부
3. 개인정보 처리방침을 정보주체가 쉽게 확인할 수 있는 방법으로 공개하고 있는지 여부

※ 개인정보 처리방침의 평가 대상 및 절차(시행령 제31조의2)

1. 보호위원회는 개인정보 처리방침을 평가하는 경우 다음의 사항을 종합적으로 고려하여 평가 대상을 선정한다.
   - 개인정보처리자의 유형 및 매출액 규모
   - 민감정보 및 고유식별정보 등 처리하는 개인정보의 유형 및 규모
   - 개인정보 처리의 법적 근거 및 방식
   - 법 위반행위 발생 여부
   - 아동·청소년 등 정보주체의 특성
2. 보호위원회는 평가 대상 개인정보 처리방침을 선정한 경우에는 평가 개시 10일 전까지 해당 개인정보처리자에게 평가 내용·일정 및 절차 등이 포함된 평가계획을 통보해야 한다.
3. 보호위원회는 개인정보 처리방침의 평가에 필요한 경우에는 해당 개인정보처리자에게 의견을 제출하도록 요청할 수 있다.
4. 보호위원회는 개인정보 처리방침을 평가한 후 그 결과를 지체 없이 해당 개인정보처리자에게 통보해야 한다.

4. 개인정보 보호책임자의 지정 등

> **설명형 예제**
>
> A사는 「소상공인기본법」에 따른 소상공인에 해당한다. A사는 임원 甲을 개인정보 보호책임자로 지정하였다. 개인정보 보호법상 개인정보 보호책임자의 업무와 관련하여 A사와 甲의 권한과 의무를 설명하시오.

(1) 의의

개인정보 보호책임자(CPO; Chief Privacy Officer)는 조직 내 개인정보 처리 전반에 대한 계획, 실행, 통제 및 개선의 최고 책임자이다. CPO는 조직 내 최종 개인정보처리 책임자로서 내부통제부터 규제준수, 사고대응까지 일련의 체계를 총괄하여 법적 리스크를 줄이고 고객·규제기관과의 신뢰를 확보하는 중추적 역할을 수행한다.

(2) 개인정보 보호책임자의 지정

개인정보처리자는 <u>개인정보의 처리에 관한 업무를 총괄해서 책임질 개인정보 보호책임자를 지정하여야 한다</u>. 다만, 종업원 수, 매출액 등이 대통령령으로 정하는 기준에 해당하는 개인정보처리자(*「소상공인기본법」 제2조 제1항에 따른 소상공인에 해당하는 개인정보처리자)의 경우에는 지정하지 아니할 수 있다(법 제31조 제1항).

제1항 단서에 따라 <u>개인정보 보호책임자를 지정하지 아니하는 경우에는 개인정보처리자의 사업주 또는 대표자가 개인정보 보호책임자가 된다</u>(제2항).

(3) 개인정보 보호책임자 자격요건 (시행령 제32조 제3항)

> 1. 공공기관 : 다음 각 목의 구분에 따른 기준에 해당하는 공무원 등
>   가. 국회, 법원, 헌법재판소, 중앙선거관리위원회의 행정사무를 처리하는 기관 및 중앙행정기관 : 고위공무원단에 속하는 공무원(이하 "고위공무원") 또는 그에 상당하는 공무원
>   나. 가목 외에 정무직공무원을 장(長)으로 하는 국가기관 : 3급 이상 공무원(고위공무원을 포함) 또는 그에 상당하는 공무원
>   다. 가목 및 나목 외에 고위공무원, 3급 공무원 또는 그에 상당하는 공무원 이상의 공무원을 장으로 하는 국가기관 : 4급 이상 공무원 또는 그에 상당하는 공무원
>   라. 가목부터 다목까지의 규정에 따른 국가기관 외의 국가기관(소속 기관을 포함) : 해당 기관의 개인정보 처리 관련 업무를 담당하는 부서의 장
>   마. 시·도 및 시·도 교육청 : 3급 이상 공무원 또는 그에 상당하는 공무원
>   바. 시·군 및 자치구 : 4급 공무원 또는 그에 상당하는 공무원
>   사. 제2조 제5호에 따른 각급 학교 : 해당 학교의 행정사무를 총괄하는 사람
>   아. 가목부터 사목까지의 규정에 따른 기관 외의 공공기관 : 개인정보 처리 관련 업무를 담당하는 부서의 장. 다만, 개인정보 처리 관련 업무를 담당하는 부서의 장이 2명 이상인 경우에는 해당 공공기관의 장이 지명하는 부서의 장이 된다.
> 2. 공공기관 외의 개인정보처리자 : 다음 각 목의 어느 하나에 해당하는 사람
>   가. 사업주 또는 대표자
>   나. 임원(임원이 없는 경우에는 개인정보 처리 관련 업무를 담당하는 부서의 장)

(4) 개인정보 보호책임자의 업무 (법 제31조 제3항, 시행령 제32조 제3항)

> 1. 개인정보 보호 계획의 수립 및 시행
> 2. 개인정보 처리 실태 및 관행의 정기적인 조사 및 개선
> 3. 개인정보 처리와 관련한 불만의 처리 및 피해 구제
> 4. 개인정보 유출 및 오용·남용 방지를 위한 내부통제시스템의 구축
> 5. 개인정보 보호 교육 계획의 수립 및 시행
> 6. 개인정보파일의 보호 및 관리·감독
> 7. 그 밖에 개인정보의 적절한 처리를 위하여 대통령령으로 정한 다음의 업무
>   • 법 제30조에 따른 개인정보 처리방침의 수립·변경 및 시행
>   • 개인정보 처리와 관련된 인적·물적 자원 및 정보의 관리
>   • 처리 목적이 달성되거나 보유기간이 지난 개인정보의 파기

(5) 개인정보 보호책임자의 권한과 의무

① 개인정보 보호책임자는 업무를 수행함에 있어서 필요한 경우 개인정보의 처리 현황, 처리 체계 등에 대하여 수시로 조사하거나 관계 당사자로부터 보고를 받을 수 있다(법 제31조 제4항).

② 개인정보 보호책임자는 개인정보 보호와 관련하여 이 법 및 다른 관계 법령의 위반 사실을 알게 된 경우에는 즉시 개선조치를 하여야 하며, 필요하면 소속 기관 또는 단체의 장에게 개선조치를 보고하여야 한다(제5항).

(6) 그 밖의 사항

① 개인정보처리자는 개인정보 보호책임자가 업무를 수행함에 있어서 정당한 이유 없이 불이익을 주거나 받게 하여서는 아니 되며, 개인정보 보호책임자가 업무를 독립적으로 수행할 수 있도록 보장하여야 한다(법 제31조 제6항).

② 개인정보처리자는 개인정보의 안전한 처리 및 보호, 정보의 교류, 그 밖에 대통령령으로 정하는 공동의 사업을 수행하기 위하여 개인정보 보호책임자를 구성원으로 하는 개인정보 보호책임자 협의회를 구성·운영할 수 있다(제7항).

※ "대통령령으로 정하는 공동의 사업"

> 1. 개인정보처리자의 개인정보 보호 강화를 위한 정책의 조사, 연구 및 수립 지원
> 2. 개인정보 침해사고 분석 및 대책 연구
> 3. 개인정보 보호책임자 지정·운영, 업무 수행 현황 등 실태 파악 및 제도 개선을 위한 연구
> 4. 개인정보 보호책임자 교육 등 개인정보 보호책임자의 개인정보 보호 역량 및 전문성 향상
> 5. 개인정보 보호책임자의 업무와 관련된 국내외 주요 동향의 조사, 분석 및 공유
> 6. 그 밖에 개인정보처리시스템 등의 안전한 관리를 위해 필요한 사업

③ 보호위원회는 개인정보 보호책임자 협의회의 활동에 필요한 지원을 할 수 있다(제8항).

5. 국내대리인의 지정

> **설명형 예제**
>
> 한국에 주소 또는 영업소가 없는 외국 사업자 A가 국내 이용자를 대상으로 개인정보를 처리하고 있다. A가 매출액, 개인정보 보유 규모 등 법령이 정한 기준을 갖춘 개인정보처리자로서 「개인정보 보호법」상 B를 국내대리인으로 지정했다. B가 수행해야 할 주요업무는 무엇인가?

(1) 의의

글로벌 온라인 서비스 이용이 보편화되면서 국외 사업자가 우리 국민의 개인정보를 처리하는 경우가 증가함에 따라, 우리 국민이 개인정보 관련 고충처리를 위해 언어 등의 어려움 없이 편리하게 연락할 수 있도록 하고 개인정보 침해 사고 발생 시 규제 집행력을 강화해야 할 필요성에서 규정되었다(신설 2020.2.4.).

(2) 적용대상과 역할

① 국내에 주소 또는 영업소가 없는 개인정보처리자로서 매출액, 개인정보의 보유 규모 등을 고려하여 대통령령으로 정하는 자는 다음 각 호의 사항을 대리하는 자(이하 "국내대리인")를 지정하여야 한다(법 제31조의2 제1항).

> 1. 제31조 제3항 제3호에 따른 개인정보 처리와 관련한 불만의 처리 및 피해 구제 업무
> 2. 제34조 제1항 및 제3항에 따른 개인정보 유출 등의 통지 및 신고
> 3. 제63조 제1항에 따른 물품·서류 등 자료의 제출

※ 국내대리인 지정 대상자의 범위(시행령 제32조의1)

> 다음 각 호의 어느 하나에 해당하는 자
> 1. 전년도(법인인 경우에는 전 사업연도) 전체 매출액이 1조원 이상인 자
> 2. 전년도 말 기준 직전 3개월 간 그 개인정보가 저장·관리되고 있는 국내 정보주체의 수가 일일평균 100만명 이상인 자
> 3. 법 제63조 제1항에 따라 관계 물품·서류 등 자료의 제출을 요구받은 자로서 국내대리인을 지정할 필요가 있다고 보호위원회가 심의·의결한 자

② 국내대리인은 국내에 주소 또는 영업소가 있어야 한다. 이 경우 다음 각 호의 어느 하나에 해당하는 법인이 있는 개인정보처리자는 그 법인 중에서 국내대리인을 지정하여야 한다(법 제31조의2 제2항).

> 1. 해당 개인정보처리자가 설립한 국내 법인
> 2. 해당 개인정보처리자가 임원 구성, 사업 운영 등에 지배적인 영향력을 행사하는 국내 법인으로서 대통령령으로 정하는 법인

③ 국내대리인을 지정한 개인정보처리자는 국내대리인이 업무를 충실히 수행하도록 교육하고 업무현황을 점검하는 등의 관리·감독을 하여야 한다(제3항).

④ 국내대리인이 제1항 각 호와 관련하여 이 법을 위반한 경우에는 개인정보처리자가 그 행위를 한 것으로 본다(제5항).

(3) 국내대리인의 지정 절차

① 국내대리인의 지정은 문서로 하여야 한다(법 제31조의2 제1항 후단).
② 개인정보처리자는 제1항에 따라 국내대리인을 지정하는 경우에는 다음 각 호의 사항을 개인정보 처리방침에 포함하여야 한다(법 제31조의2 제4항).

> 1. 국내대리인의 성명(법인의 경우에는 그 명칭 및 대표자의 성명)
> 2. 국내대리인의 주소(법인의 경우에는 영업소의 소재지), 전화번호 및 전자우편 주소

6. 개인정보파일의 등록 및 공개

(1) 의의

법 제32조는 공공기관이 운용 중인 개인정보파일을 법적으로 '등록·목록화'하고 이를 정보주체가 열람할 수 있도록 공개함으로써 ① 정보주체의 권리를 보장하고, ② 신뢰성('국민이 공공기관의 개인정보처리가 안정적이고 예측 가능하며 법적 책임에 기반한다는 믿음') 확보를 목표로 한다.

(2) 등록의무자 및 등록사항

① 공공기관의 장이 개인정보파일을 운용하는 경우에는 다음 각 호의 사항을 보호위원회에 등록하여야 한다. 등록한 사항이 변경된 경우에도 또한 같다(법 제32조 제1항).

   1. 개인정보파일의 명칭
   2. 개인정보파일의 운영 근거 및 목적
   3. 개인정보파일에 기록되는 개인정보의 항목
   4. 개인정보의 처리방법
   5. 개인정보의 보유기간
   6. 개인정보를 통상적 또는 반복적으로 제공하는 경우에는 그 제공받는 자
   7. 그 밖에 대통령령으로 정하는 다음의 사항
      - 개인정보파일을 운용하는 공공기관의 명칭
      - 개인정보파일로 보유하고 있는 개인정보의 정보주체 수
      - 해당 공공기관에서 개인정보 처리 관련 업무를 담당하는 부서
      - 개인정보의 열람 요구를 접수·처리하는 부서
      - 개인정보파일의 개인정보 중 법 제35조 제4항에 따라 열람을 제한하거나 거절할 수 있는 개인정보의 범위 및 제한 또는 거절 사유

② 개인정보파일을 운용하는 공공기관의 장은 그 운용을 시작한 날부터 60일 이내에 보호위원회가 정하여 고시하는 바에 따라 보호위원회에 등록사항의 등록을 신청하여야 한다. 등록 후 등록한 사항이 변경된 경우에도 같다(시행령 제34조 제1항).

(3) 개인정보파일 등록 제외

다음 각 호의 어느 하나에 해당하는 개인정보파일에 대하여는 제1항을 적용하지 아니한다(법 제32조 제2항).

1. 국가 안전, 외교상 비밀, 그 밖에 국가의 중대한 이익에 관한 사항을 기록한 개인정보파일
2. 범죄의 수사, 공소의 제기 및 유지, 형 및 감호의 집행, 교정처분, 보호처분, 보안관찰처분과 출입국관리에 관한 사항을 기록한 개인정보파일
3. 「조세범처벌법」에 따른 범칙행위 조사 및 「관세법」에 따른 범칙행위 조사에 관한 사항을 기록한 개인정보파일
4. 일회적으로 운영되는 파일 등 지속적으로 관리할 필요성이 낮다고 인정되어 대통령령으로 정하는 개인정보파일
5. 다른 법령에 따라 비밀로 분류된 개인정보파일

(4) 개인정보파일 등록에 대한 개선권고

<u>보호위원회는 필요하면 개인정보파일의 등록여부와 그 내용을 검토하여 해당 공공기관의 장에게 개선을 권고할 수 있다</u>(법 제32조 제3항).

※ 📌 개인정보파일이 과다하게 운용된다고 판단되거나, 등록되지 않은 파일이 있는 것으로 확인되는 경우에는 개선을 권고

(5) 개인정보파일의 공개

<u>보호위원회는 정보주체의 권리 보장 등을 위하여 필요한 경우 개인정보파일의 등록 현황을 누구든지 쉽게 열람할 수 있도록 공개할 수 있다</u>(법 제32조 제4항).

보호위원회는 개인정보파일의 등록 현황을 보호위원회가 구축하는 인터넷 사이트에 게재해야 한다(시행령 제34조 제2항).

7. 개인정보 보호 인증

> **설명형 예제**
>
> 개인정보처리자 X는 개인정보 처리 및 보호 체계가 법에 부합하는지를 확인받기 위해 개인정보보호위원회로부터 인증(ISMS-P 등)을 받았다. 인증 효과를 유지하기 위해 필요한 사후관리 절차는 무엇이며, 인증이 취소될 수 있는 경우는 무엇이 있는지 설명하시오.

(1) 의의

개인정보 보호 인증제도는 개인정보처리자가 자발적으로 법적 보호체계를 구축하고 공인된 기준에 따라 관리·운영 체계의 무결성을 인증받는 것이다. 그리하여 단순한 형식 준수에서 벗어나 정보주체의 권리와 프라이버시 보호를 향상시키고, 사후패널티 중심 체계에서 인증 기반의 책임 중심 체계로 전환하는 것을 목표로 한다.

(2) 개요

① <u>보호위원회는 개인정보처리자의 개인정보 처리 및 보호와 관련한 일련의 조치가 이 법에 부합하는지 등에 관하여 인증할 수 있다</u>(법 제32조의2 제1항).
② 인증의 <u>유효기간은 3년</u>으로 한다(제2항).
③ 보호위원회는 개인정보 보호 인증의 실효성 유지를 위하여 <u>연 1회 이상 사후관리를 실시하여야</u> 한다(제4항).
④ 인증을 받은 자는 대통령령으로 정하는 바에 따라 <u>인증의 내용을 표시하거나 홍보할 수 있다</u>(제6항). ☞ 보호위원회가 정하여 고시하는 「개인정보 보호 인증표시」 사용
⑤ 인증을 위하여 필요한 심사를 수행할 인증심사원의 자격 및 자격 취소 요건 등에 관하여는 전문성과 경력 및 그 밖에 필요한 사항을 고려하여 대통령령으로 정한다(제7항).

(3) 인증 전문기관

보호위원회는 대통령령으로 정하는 전문기관으로 하여금 위의 <u>인증, 인증 취소, 사후관리 및 인증 심사원 관리 업무를 수행하게 할 수 있다</u>(법 제32조의2 제5항).

※ "대통령령으로 정하는 전문기관"(시행령 제34조의6 제1항)

> 1. 한국인터넷진흥원
> 2. 다음 각 목의 요건을 모두 충족하는 법인, 단체 또는 기관 중에서 보호위원회가 지정·고시하는 법인, 단체 또는 기관
>   가. 제34조의8에 따른 개인정보 보호 인증심사원 5명 이상을 보유할 것
>   나. 보호위원회가 실시하는 업무수행 요건·능력 심사에서 적합하다고 인정받을 것

(4) 개인정보 보호 인증의 기준·방법·절차 등

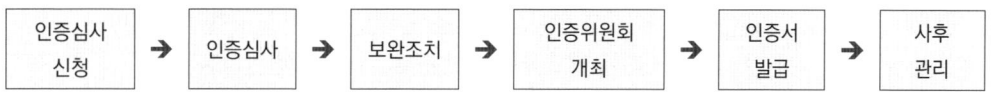

인증심사 신청 → 인증심사 → 보완조치 → 인증위원회 개최 → 인증서 발급 → 사후관리

① 보호위원회는 개인정보 보호의 관리적·기술적·물리적 보호대책의 수립 등을 포함한 법 제32조의2 제1항에 따른 인증의 기준을 정하여 고시한다(시행령 제34조의2 제1항).
② 개인정보 보호의 인증을 받으려는 자(이하 "신청인")는 다음 각 호의 사항이 포함된 개인정보 보호 인증신청서를 개인정보 보호 인증 전문기관에 제출하여야 한다(제2항)

> 1. 인증 대상 개인정보 처리시스템의 목록
> 2. 개인정보 보호 관리체계를 수립·운영하는 방법과 절차
> 3. 개인정보 보호 관리체계 및 보호대책 구현과 관련되는 문서 목록

③ 인증기관은 인증신청서를 받은 경우에는 신청인과 인증의 범위 및 일정 등에 관하여 협의하여야 한다(제3항).
④ 개인정보 보호 인증심사는 개인정보 보호 인증심사원이 서면심사 또는 현장심사의 방법으로 실시한다(제4항).
⑤ 인증기관은 인증심사의 결과를 심의하기 위하여 정보보호에 관한 학식과 경험이 풍부한 사람을 위원으로 하는 인증위원회를 설치·운영하여야 한다(제5항).

(5) 인증취소

① 보호위원회는 다음 각 호의 어느 하나에 해당하는 경우에는 대통령령으로 정하는 바에 따라 제1항에 따른 인증을 취소할 수 있다. 다만, 제1호에 해당하는 경우에는 취소하여야 한다(법 제32조의2 제3항).

> 1. 거짓이나 그 밖의 부정한 방법으로 개인정보 보호 인증을 받은 경우
> 2. 제4항에 따른 사후관리를 거부 또는 방해한 경우
> 3. 제8항에 따른 인증기준에 미달하게 된 경우
> 4. 개인정보 보호 관련 법령을 위반하고 그 위반사유가 중대한 경우

② 인증기관은 개인정보 보호 인증을 취소하려는 경우에는 인증위원회의 심의·의결을 거쳐야 하며(시행령 제34조의4 제1항), 보호위원회 또는 인증기관은 인증을 취소한 경우에는 그 사실을 당사자에게 통보하고, 관보 또는 인증기관의 홈페이지에 공고하거나 게시해야 한다(제2항).

8. 개인정보 영향평가

> **설명형 예제**
>
> 공공기관인 P기관은 민감정보 및 고유식별정보를 포함한 6만 명 이상 정보주체의 개인정보파일을 신규로 구축하고자 한다. 개인정보 영향평가는 어떤 기준에 해당할 때 실시해야 하며, 수행 시 반드시 고려해야 할 주요 사항은 무엇인지 설명하시오.

(1) 의의

공공기관의 장은 대통령령으로 정하는 기준에 해당하는 개인정보파일의 운용으로 인하여 정보주체의 개인정보 침해가 우려되는 경우에는 그 위험요인의 분석과 개선 사항 도출을 위한 평가(이하 "영향평가")를 하고 그 결과를 보호위원회에 제출하여야 한다(법 제33조 제1항).

즉, 개인정보파일을 새로 구축하거나 변경하고자 하는 때에 미리 해당 파일의 내용에 법령 위반 소지는 없는지 또는 해당 파일에 사생활 침해 위험이 잠재되어 있지 않은지 등을 미리 조사·평가하는 것이다.

(2) 영향평가 대상 개인정보파일

법 제33조 제1항에서 "대통령령으로 정하는 기준에 해당하는 개인정보파일"이란 개인정보를 전자적으로 처리할 수 있는 개인정보파일로서 다음 각 호의 어느 하나에 해당하는 개인정보파일을 말한다(시행령 제35조)

> 1. 구축·운용 또는 변경하려는 개인정보파일로서 5만명 이상의 정보주체에 관한 민감정보 또는 고유식별정보의 처리가 수반되는 개인정보파일
> 2. 구축·운용하고 있는 개인정보파일을 해당 공공기관 내부 또는 외부에서 구축·운용하고 있는 다른 개인정보파일과 연계하려는 경우로서 연계 결과 50만명 이상의 정보주체에 관한 개인정보가 포함되는 개인정보파일
> 3. 구축·운용 또는 변경하려는 개인정보파일로서 100만명 이상의 정보주체에 관한 개인정보파일
> 4. 법 제33조 제1항에 따른 개인정보 영향평가를 받은 후에 개인정보 검색체계 등 개인정보파일의 운용체계를 변경하려는 경우 그 개인정보파일. 이 경우 영향평가 대상은 변경된 부분으로 한정한다.

(3) 영향평가의 수행방법 등

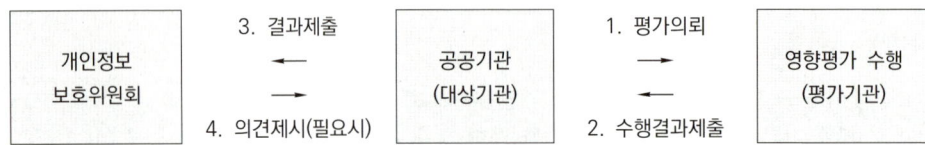

① 보호위원회는 대통령령으로 정하는 인력·설비 및 그 밖에 필요한 요건을 갖춘 자를 영향평가를 수행하는 기관으로 지정할 수 있으며, 공공기관의 장은 영향평가를 평가기관에 의뢰하여야 한다(법 제33조 제2항).
② 영향평가를 하는 경우에는 다음 각 호의 사항을 고려하여야 한다(제3항).

1. 처리하는 개인정보의 수
2. 개인정보의 제3자 제공 여부
3. 정보주체의 권리를 해할 가능성 및 그 위험 정도
4. 그 밖에 대통령령으로 정한 다음의 사항
   - 민감정보 또는 고유식별정보의 처리 여부
   - 개인정보 보유기간

③ 보호위원회는 공공기관의 장으로부터 제출받은 영향평가 결과에 대하여 의견을 제시할 수 있다(제4항).

④ 공공기관의 장은 제1항에 따라 영향평가를 한 개인정보파일을 보호위원회에 등록할 때에는 영향평가 결과를 함께 첨부하여야 한다(제5항).

⑤ 보호위원회는 영향평가의 활성화를 위하여 관계 전문가의 육성, 영향평가 기준의 개발·보급 등 필요한 조치를 마련하여야 한다(제6항).

(4) 평가기관의 지정 및 지정취소

① 평가기관 지정요건

보호위원회는 다음 각 호의 요건을 모두 갖춘 법인을 개인정보 영향평가기관으로 지정할 수 있다(시행령 제36조 제1항).

1. 최근 5년간 다음 각 목의 어느 하나에 해당하는 업무 수행의 대가로 받은 금액의 합계액이 2억원 이상인 법인
   가. 영향평가 업무 또는 이와 유사한 업무
   나. 「전자정부법」 제2조 제13호에 따른 정보시스템(정보보호시스템을 포함)의 구축 업무 중 정보보호컨설팅 업무(전자적 침해행위에 대비하기 위한 정보시스템의 분석·평가와 이에 기초한 정보 보호 대책의 제시 업무)
   다. 「전자정부법」 제2조 제14호에 따른 정보시스템 감리 업무 중 정보보호컨설팅 업무
   라. 「정보보호산업의 진흥에 관한 법률」 제2조 제2호에 따른 정보보호산업에 해당하는 업무 중 정보보호컨설팅 업무
   마. 「정보보호산업의 진흥에 관한 법률」 제23조 제1항 제1호 및 제2호에 따른 업무
2. 개인정보 영향평가와 관련된 분야에서의 업무 경력 등 보호위원회가 정하여 고시하는 자격을 갖춘 전문인력을 10명 이상 상시 고용하고 있는 법인
3. 다음 각 목의 사무실 및 설비를 갖춘 법인
   가. 신원 확인 및 출입 통제를 위한 설비를 갖춘 사무실
   나. 기록 및 자료의 안전한 관리를 위한 설비

② 평가기관 지정취소

보호위원회는 지정된 평가기관이 다음 각 호의 어느 하나에 해당하는 경우에는 평가기관의 지정을 취소할 수 있다. 다만, 제1호 또는 제2호에 해당하는 경우에는 평가기관의 지정을 취소하여야 한다(법 제33조 제7항).

1. 거짓이나 그 밖의 부정한 방법으로 지정을 받은 경우
2. 지정된 평가기관 스스로 지정취소를 원하거나 폐업한 경우
3. 제2항에 따른 지정요건을 충족하지 못하게 된 경우
4. 고의 또는 중대한 과실로 영향평가업무를 부실하게 수행하여 그 업무를 적정하게 수행할 수 없다고 인정되는 경우
5. 그 밖에 대통령령으로 정하는 다음의 사유에 해당하는 경우
   - 신고의무(예 : 지정요건 변경)를 이행하지 않은 경우
   - 평가기관으로 지정된 날부터 2년 이상 계속하여 정당한 사유 없이 영향평가 실적이 없는 경우
   - 영향평가서 등 영향평가 업무 수행 과정에서 알게 된 정보를 누설한 경우
   - 그 밖에 법 또는 이 영에 따른 의무를 위반한 경우

보호위원회는 지정을 취소하는 경우에는 「행정절차법」에 따른 청문을 실시하여야 한다(제8항).

(5) 영향평가의 평가기준 등

① 영향평가의 평가기준은 다음 각 호와 같다(시행령 제38조 제1항).

1. 해당 개인정보파일에 포함되는 개인정보의 종류·성질, 정보주체의 수 및 그에 따른 개인정보 침해의 가능성
2. 법 제23조 제2항, 제24조 제3항, 제24조의2 제2항, 제25조 제6항(제25조의2 제4항에 따라 준용되는 경우를 포함) 및 제29조에 따른 안전성 확보 조치의 수준 및 이에 따른 개인정보 침해의 가능성
3. 개인정보 침해의 위험요인별 조치 여부
4. 그 밖에 법 및 이 영에 따라 필요한 조치 또는 의무 위반 요소에 관한 사항

② 영향평가를 의뢰받은 평가기관은 평가기준에 따라 개인정보파일의 운용으로 인한 개인정보 침해의 위험요인을 분석·평가한 후 다음 각 호의 사항이 포함된 평가 결과를 영향평가서로 작성하여 해당 공공기관의 장에게 보내야 하며, 공공기관의 장은 제35조 각 호에 해당하는 개인정보파일을 구축·운용 또는 변경하기 전에 그 영향평가서를 보호위원회에 제출해야 한다(제2항).

1. 영향평가의 대상 및 범위
2. 평가 분야 및 항목
3. 평가기준에 따른 개인정보 침해의 위험요인에 대한 분석·평가
4. 제3호의 분석·평가 결과에 따라 조치한 내용 및 개선계획
5. 영향평가의 결과
6. 제1호부터 제5호까지의 사항에 대하여 요약한 내용

③ 보호위원회 또는 공공기관의 장은 제2항 제6호에 따른 영향평가서 요약 내용을 공개할 수 있다(제3항).

9. 개인정보 유출 등의 통지·신고 *2016 행정사 기출

> **사례형 예제**
>
> 인터넷몰 사업자 A는 2만명 이상의 회원정보를 수집하여 회원 정보 파일을 관리하던 중, 그 파일을 해킹 당하여 회원정보 일체가 유출되었음을 알게 되었다. 이때 개인정보 보호법상 A가 취하여야 할 조치를 설명하시오.
> *2016 행정사
>
> **해설 요지**
>
> A는 개인정보가 분실·도난·유출되었음을 알게 되었을 때에는 서면등의 방법으로 72시간 이내에 해당 정보주체에게 알려야 하며, 개인정보 유출 등으로 인한 피해를 최소화하기 위한 대책을 마련하고 필요한 조치를 하여야 한다. A는 개인정보의 유형, 유출등의 경로 및 규모 등을 고려하여 72시간 이내에 일정한 사항을 지체 없이 보호위원회 또는 한국인터넷진흥원에 신고하여야 한다.

(1) 의의

개인정보 유출 등이란 법령이나 개인정보처리자의 자유로운 의사에 의하지 않고, 개인정보가 해당 개인정보처리자의 관리·통제권을 벗어나 제3자가 그 내용을 알 수 있는 상태에 이르게 된 것을 말한다.

디지털화된 개인정보는 정보주체가 유출 여부를 알기 어려우며, 한번 유출된 개인정보는 인터넷 명의도용, 전화사기(보이스피싱), 스팸발송 등 다양한 피해로 확산될 위험이 크므로 개인정보 유출로 인한 피해를 사전에 방지하고 정보주체로 하여금 유출에 대응할 수 있도록 해야 한다.

(2) 개인정보 유출 통지의무

개인정보처리자는 개인정보가 분실·도난·유출(이하 "유출등")되었음을 알게 되었을 때에는 지체 없이 해당 정보주체에게 다음 각 호의 사항을 알려야 한다. 다만, 정보주체의 연락처를 알 수 없는 경우 등 정당한 사유가 있는 경우에는 대통령령으로 정하는 바에 따라 통지를 갈음하는 조치를 취할 수 있다(법 제34조 제1항).

1. 유출등이 된 개인정보의 항목
2. 유출등이 된 시점과 그 경위
3. 유출등으로 인하여 발생할 수 있는 피해를 최소화하기 위하여 정보주체가 할 수 있는 방법 등에 관한 정보
4. 개인정보처리자의 대응조치 및 피해 구제절차
5. 정보주체에게 피해가 발생한 경우 신고 등을 접수할 수 있는 담당부서 및 연락처

시행령 제39조(개인정보 유출 등의 통지) ① 개인정보처리자는 개인정보가 분실·도난·유출(이하 이 조 및 제40조에서 "유출등")되었음을 알게 되었을 때에는 서면등의 방법으로 72시간 이내에 법 제34조 제1항 각 호의 사항을 정보주체에게 알려야 한다. 다만, 다음 각 호의 어느 하나에 해당하는 경우에는 해당 사유가 해소된 후 지체 없이 정보주체에게 알릴 수 있다.
1. 유출등이 된 개인정보의 확산 및 추가 유출등을 방지하기 위하여 접속경로의 차단, 취약점 점검·보완, 유출등이 된 개인정보의 회수·삭제 등 긴급한 조치가 필요한 경우

2. 천재지변이나 그 밖에 부득이한 사유로 인하여 72시간 이내에 통지하기 곤란한 경우

② 제1항에도 불구하고 개인정보처리자는 같은 항에 따른 통지를 하려는 경우로서 법 제34조 제1항 제1호 또는 제2호의 사항에 관한 구체적인 내용을 확인하지 못한 경우에는 개인정보가 유출된 사실, 그때까지 확인된 내용 및 같은 항 제3호부터 제5호까지의 사항을 서면등의 방법으로 우선 통지해야 하며, 추가로 확인되는 내용에 대해서는 확인되는 즉시 통지해야 한다.

③ 제1항 및 제2항에도 불구하고 개인정보처리자는 정보주체의 연락처를 알 수 없는 경우 등 정당한 사유가 있는 경우에는 법 제34조 제1항 각 호 외의 부분 단서에 따라 같은 항 각 호의 사항을 <u>정보주체가 쉽게 알 수 있도록 자신의 인터넷 홈페이지에 30일 이상 게시하는 것</u>으로 제1항 및 제2항의 통지를 갈음할 수 있다. 다만, 인터넷 홈페이지를 운영하지 아니하는 개인정보처리자의 경우에는 사업장등의 보기 쉬운 장소에 법 제34조 제1항 각 호의 사항을 30일 이상 게시하는 것으로 제1항 및 제2항의 통지를 갈음할 수 있다.

(3) 피해 최소화 등의 조치의무

개인정보처리자는 <u>개인정보가 유출등이 된 경우 그 피해를 최소화하기 위한 대책을 마련하고 필요한 조치를 하여야 한다</u>(법 제34조 제2항).

(4) 개인정보 유출 신고의무

개인정보처리자는 개인정보의 유출등이 있음을 알게 되었을 때에는 <u>개인정보의 유형, 유출등의 경로 및 규모 등을 고려하여 대통령령으로 정하는 바에 따라 제1항 각호의 사항</u>(註: 정보주체에게 통지할 사항)을 지체 없이 보호위원회 또는 한국인터넷진흥원에 신고하여야 한다. 이 경우 보호위원회 또는 한국인터넷진흥원은 피해 확산방지, 피해 복구 등을 위한 기술을 지원할 수 있다(법 제34조 제3항).

제40조(개인정보 유출 등의 신고) ① 개인정보처리자는 다음 각 호의 어느 하나에 해당하는 경우로서 개인정보가 유출등이 되었음을 알게 되었을 때에는 <u>72시간 이내</u>에 법 제34조 제1항 각 호의 사항을 서면등의 방법으로 <u>보호위원회 또는</u> 같은 조 제3항 전단에 따른 <u>전문기관에</u> 신고해야 한다. 다만, 천재지변이나 그 밖에 부득이한 사유로 인하여 72시간 이내에 신고하기 곤란한 경우에는 해당 사유가 해소된 후 지체 없이 신고할 수 있으며, 개인정보 유출등의 경로가 확인되어 해당 개인정보를 회수·삭제하는 등의 조치를 통해 정보주체의 권익 침해 가능성이 현저히 낮아진 경우에는 신고하지 않을 수 있다.

1. <u>1천명 이상의 정보주체에 관한 개인정보가 유출등이 된 경우</u>
2. <u>민감정보 또는 고유식별정보가 유출등이 된 경우</u>
3. <u>개인정보처리시스템 또는 개인정보취급자가 개인정보 처리에 이용하는 정보기기에 대한 외부로부터의 불법적인 접근에 의해 개인정보가 유출등이 된 경우</u>

② 제1항에도 불구하고 개인정보처리자는 제1항에 따른 신고를 하려는 경우로서 법 제34조 제1항 제1호 또는 제2호의 사항에 관한 구체적인 내용을 확인하지 못한 경우에는 개인정보가 유출등이 된 사실, 그때까지 확인된 내용 및 같은 항 제3호부터 제5호까지의 사항을 서면등의 방법으로 우선 신고해야 하며, 추가로 확인되는 내용에 대해서는 확인되는 즉시 신고해야 한다.

③ 법 제34조 제3항 전단 및 후단에서 "대통령령으로 정하는 전문기관"이란 각각 한국인터넷진흥원을 말한다.

10. 노출된 개인정보의 삭제·차단

개인정보처리자는 고유식별정보, 계좌정보, 신용카드정보 등 개인정보가 정보통신망을 통하여 공중(公衆)에 노출되지 아니하도록 하여야 한다(법 제34조의2 제1항).

개인정보처리자는 공중에 노출된 개인정보에 대하여 보호위원회 또는 한국인터넷진흥원의 요청이 있는 경우에는 해당 정보를 삭제하거나 차단하는 등 필요한 조치를 하여야 한다(제2항).

☞ 사전적으로 '노출 금지' 의무를, 사후에는 전문기관 요청에 따른 '즉각 삭제·차단'을 규정함으로써, 예방→구제의 흐름을 체계적으로 통합한 안전성 확보를 추구한다.

09 정보주체의 권리 보장 *2014 행정사 기출

1. 개인정보의 열람

> **설명형 예제**
>
> 정보주체가 개인정보의 열람요구권을 행사하는 방법과 절차를 설명하시오.

> **설명형 예제**
>
> 「개인정보 보호법」상 정보주체로부터 개인정보의 이용이나 제3자에게 이를 제공한 현황 등에 관한 열람을 요구받은 개인정보처리자는 정당한 사유가 있는 경우 열람을 제한하거나 거절할 수 있는지 설명하고, 정당한 사유가 존재하는 것으로 인정되는 경우 개인정보처리자가 취해야 할 조치를 쓰시오.

(1) 의의

법 제35조는 정보주체의 개인정보에 대한 열람권을 규정하여, 개인의 정보자기결정권을 실질적으로 보장하고자 하는 핵심 조항이다. 이 조항은 정보주체가 자신의 개인정보가 어떻게 수집·이용·보관되고 있는지를 확인할 수 있도록 하여, 개인정보의 오·남용을 방지하고 투명한 정보처리를 유도하는 데 그 목적이 있다.

이러한 열람권은 정보주체가 자신의 개인정보에 대한 통제력을 행사할 수 있는 기본적인 수단으로서, 개인정보의 정확성과 최신성을 유지하고, 불필요하거나 부정확한 정보의 삭제 또는 정정을 가능하게 한다. 또한 개인정보처리자가 정보주체의 열람 요구에 대해 정당한 사유 없이 이를 거부하거나 제한할 수 없도록 하여 정보주체의 권리를 실질적으로 보호하고 있다.

법 제35조는 정보주체의 권리와 개인정보처리자의 의무를 명확히 함으로써, 개인정보 보호와 활용 사이의 균형을 도모하고, 개인정보 처리의 신뢰성과 투명성을 제고하는 데 기여한다. 이는 민주사회에서 개인의 프라이버시를 보호하고, 정보주체가 자신의 정보를 능동적으로 관리할 수 있는 기반을 마련하는 데 중요한 역할을 한다.

(2) 정보주체의 개인정보 열람 요구권

정보주체는 개인정보처리자가 처리하는 자신의 개인정보에 대한 열람을 해당 개인정보처리자에게 요구할 수 있다(법 제35조 제1항).

(3) 정보주체의 개인정보 열람 요구 사항

정보주체는 자신의 개인정보에 대한 다음 각 호 사항의 열람을 요구할 수 있다. 이 경우 정보주체는 열람하려는 사항을 개인정보처리자가 마련한 방법과 절차에 따라 요구하여야 한다(시행령 제41조 제1항).

> 1. 개인정보의 항목 및 내용
> 2. 개인정보의 수집·이용의 목적
> 3. 개인정보 보유 및 이용 기간
> 4. 개인정보의 제3자 제공 현황
> 5. 개인정보 처리에 동의한 사실 및 내용

(4) 정보주체의 개인정보 열람 요구 방법 및 절차

① 개인정보처리자는 열람 요구 방법과 절차를 마련하는 경우 해당 개인정보의 수집 방법과 절차에 비하여 어렵지 아니하도록 다음 각 호의 사항을 준수하여야 한다(시행령 제41조 제2항).

> 1. 서면, 전화, 전자우편, 인터넷 등 정보주체가 쉽게 활용할 수 있는 방법으로 제공할 것
> 2. 개인정보를 수집한 창구의 지속적 운영이 곤란한 경우 등 정당한 사유가 있는 경우를 제외하고는 최소한 개인정보를 수집한 창구 또는 방법과 동일하게 개인정보의 열람을 요구할 수 있도록 할 것
> 3. 인터넷 홈페이지를 운영하는 개인정보처리자는 홈페이지에 열람 요구 방법과 절차를 공개할 것

② 제1항에도 불구하고 정보주체가 자신의 개인정보에 대한 열람을 공공기관에 요구하고자 할 때에는 공공기관에 직접 열람을 요구하거나 보호위원회를 통하여 열람을 요구할 수 있다(법 제35조 제2항). 정보주체가 보호위원회를 통하여 자신의 개인정보에 대한 열람을 요구하려는 경우에는 보호위원회가 정하여 고시하는 바에 따라 제1항 각 호의 사항 중 열람하려는 사항을 표시한 개인정보 열람요구서를 보호위원회에 제출해야 한다. 이 경우 보호위원회는 지체 없이 그 개인정보 열람요구서를 해당 공공기관에 이송해야 한다(시행령 제41조 제3항).

(5) 열람조치 등

개인정보처리자는 정보주체로부터 열람을 요구받았을 때에는 대통령령으로 정하는 기간(* 10일) 내에 정보주체가 해당 개인정보를 열람할 수 있도록 하여야 한다. 이 경우 해당 기간 내에 열람할 수 없는 정당한 사유가 있을 때에는 정보주체에게 그 사유를 알리고 열람을 연기할 수 있으며, 그 사유가 소멸하면 지체 없이 열람하게 하여야 한다(법 제35조 제3항).

(6) 열람의 제한 및 거절

① 개인정보처리자는 다음 각 호의 어느 하나에 해당하는 경우에는 정보주체에게 그 사유를 알리고 열람을 제한하거나 거절할 수 있다(법 제35조 제4항).

> 1. 법률에 따라 열람이 금지되거나 제한되는 경우
> 2. 다른 사람의 생명·신체를 해할 우려가 있거나 다른 사람의 재산과 그 밖의 이익을 부당하게 침해할 우려가 있는 경우

3. 공공기관이 다음 각 목의 어느 하나에 해당하는 업무를 수행할 때 중대한 지장을 초래하는 경우
   가. 조세의 부과·징수 또는 환급에 관한 업무
   나. 「초·중등교육법」 및 「고등교육법」에 따른 각급 학교, 「평생교육법」에 따른 평생교육시설, 그 밖의 다른 법률에 따라 설치된 고등교육기관에서의 성적 평가 또는 입학자 선발에 관한 업무
   다. 학력·기능 및 채용에 관한 시험, 자격 심사에 관한 업무
   라. 보상금·급부금 산정 등에 대하여 진행 중인 평가 또는 판단에 관한 업무
   마. 다른 법률에 따라 진행 중인 감사 및 조사에 관한 업무

② 개인정보처리자가 법 제35조 제3항 후단에 따라 정보주체의 열람을 연기하거나 같은 조 제4항에 따라 열람을 거절하려는 경우에는 열람 요구를 받은 날부터 10일 이내에 연기 또는 거절의 사유 및 이의제기 방법을 보호위원회가 정하여 고시하는 열람의 연기·거절 통지서로 해당 정보주체에게 알려야 한다(시행령 제42조 제2항).

2. 개인정보의 전송 요구

사례형 예제

甲은 A병원에서 3년간 진료를 받다가 최근 B병원으로 의료기관을 변경하였다. 甲은 자신의 모든 진료기록을 B병원으로 전송할 것을 A병원에 요청하였다. A병원은 '보건의료정보전송자'에 해당하는 상급종합병원이다.

- 1차 전송 요구
  진료기록, 조제기록, 건강검진 기록, 웨어러블 의료기기를 통해 생성된 건강데이터(심박수, 수면 패턴 등)
- 2차 전송 요구
  AI 알고리즘이 예측한 '수술 후 3개월 내 합병증 위험 확률'과 '맞춤형 재활 프로그램 추천 목록'

A병원은 "일부는 분석·가공된 정보이고, 시스템이 갖춰지지 않았다"는 이유로 전체 전송을 거부했다. 또한 甲이 같은 정보를 제3의 개인정보관리 전문기관에도 전송해 달라고 했는데, A병원은 "반복적 요청으로 업무가 방해된다"고 거부했다.

(1) 甲이 요구한 정보 가운데, 정보전송 요구권의 대상이 되는 정보와 대상이 아닌 정보를 구분하여 설명하시오.
(2) A병원이 주장한 세 가지 거부 사유, 즉 "분석·가공된 정보", "전송 시스템 미비", "반복적 요청"이라는 각각의 사유가 정보전송 요구권 거부의 정당한 근거로 인정될 수 있는지 여부 및 문제점을 검토하시오.

해설 요지

1. 1차 전송 요구한 정보들은 대상이 되나, 2차 전송 요구한 정보들은 분석·가공된 정보이므로 대상이 되지 아니한다.
2. '분석·가공된 결과'라는 사유로 전부에 대한 전송을 거부한 것은 위법하다. '시스템 미비' 사유는 법령에 거절 사유로 규정되지 않으므로 정당한 사유가 아니다. 다만, 반복적 요구에 따른 업무 지장 우려라는 것은 법령에 규정되어 있으므로 '과도한 반복'이었는지 판단이 필요한 사항이다.

(1) 의의

개인정보 전송요구권(일명 '개인정보 이동권')은 정보주체가 자신의 개인정보를 컴퓨터 처리가능한 형태로 직접 또는 제3자에게 전송해 달라고 요구할 수 있는 능동적이고 실질적인 권리이다. 이러한 권리 도입의 의미는 ① 기존의 열람권은 수동적 확인에 그쳤으나 전송요구권은 '제어 가능한 데이터 파일'로 직접 회수·이동할 수 있도록 하여 실질적 자기정보 통제권의 확대를 꾀한다는 점, ② 개인정보처리자가 사용하던 데이터를 다른 서비스로 이관하게 함으로써 플랫폼 전환 비용과 진입 장벽을 낮추고, 데이터 독점 구조를 완화하여 경쟁을 활성화한다는 점 등이다.

그러나 그 한계로는 ① 본인 확인이 불완전하거나 대리인이 부당하게 전송요구 시 사생활 침해 가능성이 있다는 점, ② API* 표준, 데이터 포맷 일치, 전송 중계기관의 안전조치 인프라 등이 선제 구축되어야 실질 전송 구현 가능하다는 점 등이다.

* API(Application Programming Interface): 프로그램이나 시스템, 애플리케이션 간에 정해진 방식으로 기능을 호출하고 데이터를 주고받도록 정해진 약속(규격, 인터페이스)

(2) 정보주체 자신에게로의 전송 요구

정보주체는 개인정보 처리 능력 등을 고려하여 대통령령으로 정하는 기준에 해당하는 개인정보처리자에 대하여 다음 각 호의 요건을 모두 충족하는 개인정보를 자신에게로 전송할 것을 요구할 수 있다(법 제35조의2 제1항).

1. 정보주체가 전송을 요구하는 개인정보가 정보주체 본인에 관한 개인정보로서 다음 각 목의 어느 하나에 해당하는 정보일 것
   가. 제15조 제1항 제1호, 제23조 제1항 제1호 또는 제24조 제1항 제1호에 따른 동의를 받아 처리되는 개인정보
   나. 제15조 제1항 제4호에 따라 체결한 계약을 이행하거나 계약을 체결하는 과정에서 정보주체의 요청에 따른 조치를 이행하기 위하여 처리되는 개인정보
   다. 제15조 제1항 제2호·제3호, 제23조 제1항 제2호 또는 제24조 제1항 제2호에 따라 처리되는 개인정보 중 정보주체의 이익이나 공익적 목적을 위하여 관계 중앙행정기관의 장의 요청에 따라 보호위원회가 심의·의결하여 전송 요구의 대상으로 지정한 개인정보
2. 전송을 요구하는 개인정보가 개인정보처리자가 수집한 개인정보를 기초로 분석·가공하여 별도로 생성한 정보가 아닐 것
3. 전송을 요구하는 개인정보가 컴퓨터 등 정보처리장치로 처리되는 개인정보일 것

※ "대통령령으로 정하는 기준에 해당하는 개인정보처리자"(정보전송자 기준)

1. 보건의료 관련 기관, 법인 및 단체 중 다음 각 목의 어느 하나에 해당하는 자(이하 "보건의료정보전송자")
   가. 질병관리청
   나. 「국민건강보험법」 제13조에 따른 국민건강보험공단 및 같은 법 제62조에 따른 건강보험심사평가원
   다. 「의료법」 제3조의4에 따른 상급종합병원
   라. 그 밖에 「보건의료기본법」 제3조 제4호에 따른 보건의료기관 중 개인정보를 전송할 수 있는 기술적·재정적 능력과 그 개인정보가 저장·관리되고 있는 정보주체의 수 등을 고려하여 보호위원회

가 보건복지부장관과 협의하여 고시하는 자
2. 통신 관련 기관, 법인 및 단체 중 다음 각 목의 어느 하나에 해당하는 자(이하 "**통신정보전송자**")
   가. 「전파법」 제10조에 따라 주파수를 할당받아 이동통신서비스를 제공하는 자로서 정보주체와 이동통신서비스의 이용에 관한 계약을 체결한 자
   나. 그 밖에 「전기통신사업법」 제5조 제2항에 따른 기간통신사업을 경영하는 자 중 개인정보를 전송할 수 있는 기술적·재정적 능력과 그 개인정보가 저장·관리되고 있는 정보주체의 수 등을 고려하여 보호위원회와 과학기술정보통신부장관이 공동으로 정하여 고시하는 자
3. 에너지 관련 기관, 법인 및 단체 중 다음 각 목의 어느 하나에 해당하는 자(이하 "**에너지정보전송자**")
   [시행일: 2026.6.1.]
   가. 「전기사업법」 제2조 제10호에 따른 전기판매사업자
   나. 다음의 어느 하나에 해당하는 자 중 개인정보를 전송할 수 있는 기술적·재정적 능력과 그 개인정보가 저장·관리되고 있는 정보주체의 수 등을 고려하여 보호위원회와 산업통상자원부장관이 공동으로 정하여 고시하는 자
      1) 「도시가스사업법」 제2조 제2호에 따른 도시가스사업자
      2) 그 밖의 「도시가스사업법」 제2조 제1호의2에 따른 도시가스사업 관련 기관, 법인 및 단체

시행령 제42조의4(전송 요구 대상 정보의 범위) ① 정보주체는 법 제35조의2 제1항 또는 제2항에 따라 정보전송자에 대하여 다음 각 호의 구분에 따른 개인정보를 자신, 법 제35조의3 제1항에 따라 지정을 받은 개인정보관리 전문기관(이하 "개인정보관리 전문기관") 또는 일반수신자에게 전송할 것을 요구할 수 있다.
1. **보건의료정보전송자** : 다음 각 목의 보건의료 관련 정보 중 정보주체의 이익, 전송에 필요한 시간·비용 및 기술적으로 전송 가능한 합리적인 범위 등을 고려하여 보호위원회가 보건복지부장관과 협의하여 고시하는 정보(이하 "보건의료전송정보")로서 해당 보건의료정보전송자가 보유하는 정보
   가. 「의료법」 제22조 및 제23조에 따른 진료기록 등 진료와 관련하여 생성된 정보
   나. 「약사법」 제30조에 따른 조제기록 등 조제와 관련하여 생성된 정보
   다. 「의료기기법」 제2조 제1항에 따른 의료기기를 통하여 생성·수집된 정보
   라. 그 밖에 가목부터 다목까지와 유사한 보건의료 관련 정보
2. **통신정보전송자** : 「전기통신사업법」 제2조 제11호에 따른 기간통신역무를 제공함에 따라 생성된 이용자의 가입정보, 이용정보, 이용요금의 청구정보 및 납부정보 등의 정보 중 정보주체의 이익, 전송에 필요한 시간·비용 및 기술적으로 전송 가능한 합리적인 범위 등을 고려하여 보호위원회와 과학기술정보통신부장관이 공동으로 정하여 고시하는 정보(이하 "통신전송정보")로서 해당 통신정보전송자가 보유하는 정보
3. **에너지정보전송자** : 다음 각 목의 에너지 관련 정보 중 정보주체의 이익, 전송에 필요한 시간·비용 및 기술적으로 전송 가능한 합리적인 범위 등을 고려하여 보호위원회와 산업통상자원부장관이 공동으로 정하여 고시하는 정보(이하 "에너지전송정보")로서 해당 에너지정보전송자가 보유하는 정보 [시행일: 2026. 6. 1.]
   가. 「전기사업법」 제14조에 따른 전기 공급에 따라 생성된 에너지 사용량 정보, 전기요금의 청구정보 및 납부정보 등의 정보
   나. 「도시가스사업법」 제19조에 따른 도시가스 공급에 따라 생성된 에너지 사용량 정보, 도시가스 요금의 청구정보 및 납부정보 등의 정보

다. 그 밖에 가목 및 나목과 유사한 에너지 관련 정보

② 정보주체는 제1항에 따른 정보 외에 법 제35조의2 제1항에 따라 정보전송자가 보유하는 정보로서 시간, 비용, 기술 등을 고려하여 정보주체에게 전송할 수 있다고 해당 정보전송자가 자율적으로 정한 정보(이하 "자율전송정보")를 자신에게 전송할 것을 요구할 수 있다.

③ 정보주체는 법 제35조의2 제2항에 따라 정보전송자에 대하여 보건의료전송정보, 통신전송정보 및 에너지전송정보를 개인정보관리 전문기관 또는 일반수신자에게 전송할 것을 요구하는 경우 제1항에도 불구하고 전송받는 자에 따라 보호위원회가 정하여 고시하는 정보는 전송을 요구할 수 없다.

④ 보호위원회(제1항 제2호 및 제3호에 따라 보호위원회와 공동으로 정하여 고시하는 관계 중앙행정기관의 장을 포함)는 제1항 각 호의 정보가 「전자정부법」 제43조의2 제1항에 따른 행정기관등이 보유하는 본인정보에 해당하는 경우에는 제1항에 따라 고시하기 전에 전송 요구의 대상이 되는 정보 및 전송방법에 대하여 행정안전부장관과 미리 협의해야 한다.

시행령 제42조의5(전송 요구의 방법 등) ① 정보주체는 법 제35조의2 제1항에 따른 전송 요구(이하 "**본인전송요구**")를 하는 경우에는 전송 요구 목적 및 전송을 요구하는 개인정보를 특정해야 한다.

② 정보주체는 **제3자전송요구**를 하는 경우에는 다음 각 호의 사항을 특정해야 한다.
1. 전송 요구 목적
2. 전송 요구를 받는 자
3. 개인정보를 전송받는 자
4. 전송을 요구하는 개인정보
5. 정기적 전송을 요구하는지 여부 및 요구하는 경우 그 주기[제4항에 따라 정보전송자에게 제42조의9 제1항 제2호에 따른 일반전문기관(이하 "일반전문기관") 및 같은 항 제3호에 따른 특수전문기관(이하 "특수전문기관")에 대한 제3자전송요구를 하는 경우에 한정한다]
6. 전송 요구의 종료시점
7. 전송을 요구하는 개인정보의 보유 및 이용기간

③ 정보주체는 개인정보관리 전문기관 또는 일반수신자를 통하여 정보전송자에게 제3자전송요구를 할 수 있다. 이 경우 개인정보관리 전문기관 또는 일반수신자는 제2항 각 호의 사항에 대하여 정보주체가 그 내용을 명확하게 인지하고 제3자전송요구를 할 수 있도록 미리 알려야 한다.

④ 정보주체는 정보전송자에게 일반전문기관 및 특수전문기관에 대한 제3자전송요구를 하는 경우 같은 내역의 개인정보를 정기적으로 전송할 것을 요구할 수 있다.

⑤ 정보주체는 제1항부터 제4항까지의 규정에 따른 전송 요구를 변경하거나 철회할 수 있다. 이 경우 정보전송자, 개인정보관리 전문기관 및 일반수신자는 전송 요구 변경 및 철회의 방법·절차가 전송 요구 당시의 방법·절차보다 어렵지 않도록 해야 한다.

(3) 제3자에게로의 전송 요구

정보주체는 매출액, 개인정보의 보유 규모, 개인정보 처리 능력, 산업별 특성 등을 고려하여 대통령령으로 정하는 기준에 해당하는 개인정보처리자[* 앞 (2)와 동일]에 대하여 제1항에 따른 전송 요구 대상인 개인정보를 기술적으로 허용되는 합리적인 범위에서 다음 각 호의 자에게 전송할 것을 요구할 수 있다(법 제35조의2 제2항).

1. 제35조의3 제1항에 따른 개인정보관리 전문기관
2. 제29조에 따른 안전조치의무를 이행하고 대통령령으로 정하는 시설 및 기술 기준을 충족하는 자
    ※ "대통령령으로 정하는 시설 및 기술 기준을 충족하는 자"(**일반 수신자 기준**)
        고유의 업무를 수행하는 과정에서 수집한 정보의 진위 여부 등을 확인하기 위하여 개인정보를 전송받는 자로서 다음 각 사항에 관하여 보호위원회가 정하여 고시하는 시설 및 기술을 갖춘 자
        • 표준 전송 절차, 전송시스템 연계 및 전송 보안 기준 등을 충족하는 전송 요구 관련 시스템
        • 전송 이력의 기록·보관 및 전송받은 개인정보의 분리 보관을 위한 시스템
        • 개인정보에 대한 불법적인 접근 및 침해사고 방지를 위한 탐지 및 차단 시스템
        • 개인정보에 대한 접근권한 관리 및 접근 통제 시스템
    ※ 법 제29조에 따른 안전조치의무를 이행하고 위의 시설 및 기술을 갖춘 자는 전송 요구에 따라 개인정보를 전송받는 업무의 일부 또는 전부를 중지 또는 폐지하려는 경우에는 그 사실을 미리 중계전문기관에 통지하고 개인정보 전송 지원 플랫폼에 등재해야 한다(시행령 제42조의3 제2항).

(4) 개인정보처리자의 전송 의무

개인정보처리자는 전송 요구를 받은 경우에는 시간, 비용, 기술적으로 허용되는 합리적인 범위에서 해당 정보를 컴퓨터 등 정보처리장치로 처리 가능한 형태로 전송하여야 한다(제3항).

※ 이는 비밀유지에 관한 「국세기본법」 제81조의13, 「지방세기본법」 제86조, 「신용정보의 이용 및 보호에 관한 법률」 제32조, 「금융실명거래 및 비밀보장에 관한 법률」 제4조, 개인정보 보호법 제17조 및 제18조, 「여신전문금융업법」 제54조의5, 「온라인투자연계금융업 및 이용자 보호에 관한 법률」 제33조 제4항, 「외국환거래법」 제21조, 「의료법」 제21조 제2항, 「약사법」 제30조 제3항, 「생명윤리 및 안전에 관한 법률」 제52조 제2항, 「상속세 및 증여세법」 제85조 제2항, 「국제조세조정에 관한 법률」 제57조, 「지능형전력망의 구축 및 이용촉진에 관한 법률」 제23조제3항에 대한 특례규정이다(법 제35조의2 제4항, 시행령 제42조의7).

시행령 제42조의6(개인정보 전송의 기한 및 방법 등) ① 법 제35조의2 제1항 및 제2항에 따라 전송 요구를 받은 **정보전송자**는 정보시스템 장애 등으로 전송이 지연되거나 불가능한 사유가 없으면 지체 없이 개인정보를 전송해야 한다. 이 경우 정보전송자는 지체 없이 전송할 수 없는 정당한 사유가 있는 경우에는 정보주체에게 그 사유를 알리고 전송을 연기할 수 있으며, 그 사유가 소멸하면 지체 없이 개인정보를 전송해야 한다.
② 정보전송자는 개인정보를 전송하는 경우 개인정보의 정확성, 완전성 및 최신성을 유지해야 한다.
③ 정보전송자는 전송의 안전성 및 신뢰성이 보장될 수 있도록 다음 각 호의 방식(본인전송요구의 경우에는 제1호에 한정)에 따라 개인정보를 전송해야 한다.
1. 정보 전송 시 안전한 암호 알고리즘으로 암호화하여 전송하는 방식
2. 정보전송자와 개인정보관리 전문기관 및 일반수신자 간에 미리 협의하여 정하는 방식
3. 정보전송자와 개인정보관리 전문기관 및 일반수신자 간 상호 식별·인증할 수 있는 방식
4. 정보전송자와 개인정보관리 전문기관 및 일반수신자 간 상호 확인할 수 있는 방식
④ 정보전송자는 제3자전송요구에 따라 개인정보를 전송하는 경우에는 중계전문기관을 통하여 전송해야 한다. 이 경우 정보전송자는 보건의료전송정보에 대해서는 중계전문기관을 통하여 특수전문기관에만 전

송해야 한다.
⑤ 정보전송자는 정보주체가 법 제35조의2 제1항에 따라 개인정보 전송을 요구하고 전송 내역 등을 확인할 수 있도록 본인전송요구 방법, 전송 현황 및 내역을 확인할 수 있는 방법을 인터넷 홈페이지 등에 게재해야 한다. 다만, 보건의료정보전송자 및 에너지정보전송자의 경우에는 중계전문기관이 대신하여 게재할 수 있다.
⑥ **일반수신자**는 제3자전송요구에 따라 개인정보를 전송받는 경우 다음 각 호의 어느 하나에 해당하는 행위로 인하여 정보주체의 이익을 침해하거나 전송 처리 체계를 저해하지 않도록 노력해야 한다.
 1. 법 제16조 제1항을 위반하여 전송 요구 목적과 관련 없는 개인정보를 전송하도록 요구하는 행위
 2. 법 제16조 제3항에 따른 서비스 운영을 위하여 필수적인 경우가 아닌데도 전송받은 정보에 대한 제3자 제공 동의를 전송 요구와 동시에 받는 행위
 3. 법 제35조의2 제1항·제2항에 따른 전송 요구 또는 법 제38조 제1항에 따른 권리에 대한 대리 행사를 강요하거나 부당하게 유도하는 행위
 4. 법 제35조의3 제1항에 따른 개인정보관리 전문기관의 지정을 받지 않고 같은 항 각 호의 업무를 수행하는 행위
 5. 정보주체의 동의 없이 제42조의5 제2항에 따른 전송 요구 내용을 변경하여 개인정보를 요구하는 행위
 6. 자기 또는 제3자의 이익을 위하여 특정 정보주체의 이익을 침해하는 행위
 7. 정보주체의 전송 요구를 이유로 개인정보처리자의 전산설비에 지속적·반복적으로 접근하여 장애를 일으키는 행위
 8. 그 밖에 제1호부터 제7호까지와 유사한 행위로서 정보주체의 이익을 침해하거나 전송 처리 체계를 저해하는 행위
⑦ **일반전문기관, 특수전문기관 및 일반수신자**는 제1호에 따른 정보주체의 접근수단을 제2호의 방식으로 사용·보관함으로써 보건의료전송정보, 통신전송정보 및 에너지전송정보를 수집해서는 안 된다.
 1. 다음 각 목에 따른 정보주체의 접근수단
   가. 「전자서명법」 제2조 제3호에 따른 전자서명생성정보 및 같은 조 제6호에 따른 인증서
   나. 제3자전송요구를 위하여 정보전송자에 등록된 정보주체의 식별자 또는 인증정보
   다. 정보주체의 생체정보
 2. 다음 각 목의 방법을 통하여 정보주체의 이름으로 열람하는 방식
   가. 제1호의 접근수단을 직접 보관하는 방법
   나. 제1호의 접근수단에 접근할 수 있는 권한을 확보하는 방법
   다. 제1호의 접근수단에 대한 지배권, 이용권 또는 접근권 등을 사실상 확보하는 방법
⑧ **개인정보관리 전문기관 및 일반수신자**는 개인정보관리 전문기관 및 일반수신자로서 처리하는 정보와 다른 개인정보처리자로서 처리하는 정보를 분리하여 보관해야 한다. 다만, 특수전문기관(「의료법」 제3조에 따른 의료기관에 한정)이 같은 법 제23조의2 제1항에 따른 전자의무기록시스템으로 보건의료전송정보를 진료 목적으로 전송받는 경우로서 같은 법 제23조 제2항에 따라 전자의무기록을 안전하게 관리·보존하는 경우에는 분리 보관을 하지 않을 수 있다.
⑨ **정보전송자, 개인정보관리 전문기관 및 일반수신자**는 다음 각 호의 보건의료전송정보, 통신전송정보, 에너지전송정보 및 자율전송정보(이하 "전송요구대상정보") 전송 내역을 3년간 보관해야 한다. 다만, 정보전송자의 경우 중계전문기관이 대신 보관할 수 있다.
 1. 제42조의5 제2항 각 호의 사항

2. 정보주체의 전송 요구에 따른 정보 송수신 기록
3. 전송 요구의 철회, 거절 및 전송 중단 내역 및 사유
⑩ **일반전문기관 및 특수전문기관**은 제9항에 따른 전송요구대상정보 전송 내역을 제15조의3 제4항 각 호의 어느 하나에 해당하는 방법으로 연 1회 이상 정보주체에게 알려야 한다. 다만, 정보주체가 통지에 대한 거부의사를 표시한 경우에는 통지를 생략할 수 있다.
⑪ **보호위원회 및 관계 중앙행정기관의 장**은 예산의 범위에서 정보전송자에 대하여 개인정보의 전송에 필요한 시설 및 기술의 구축·운영 비용 등 전송 요구의 이행에 필요한 비용을 지원할 수 있다.

(5) 그 밖의 사항

① 정보주체는 전송 요구를 철회할 수 있다(법 제35조의2 제5항).
② 정보주체는 전송 요구로 인하여 타인의 권리나 정당한 이익을 침해하여서는 아니 된다(법 제35조의2 제7항).
③ 개인정보처리자는 정보주체의 본인 여부가 확인되지 아니하는 경우 등 대통령령으로 정하는 경우에는 전송 요구를 거절하거나 전송을 중단할 수 있다(법 제35조의2 제6항).

시행령 제42조의8(전송 요구의 거절 및 전송 중단 등) ① 법 제35조의2 제6항에서 "정보주체의 본인 여부가 확인되지 아니하는 경우 등 대통령령으로 정하는 경우"란 다음 각 호의 어느 하나에 해당하는 경우를 말한다.
1. 법 제22조의2 제1항에 따른 법정대리인 동의 여부가 확인되지 않는 경우
2. 법 제35조 제4항에 따른 열람의 제한 또는 거절 사유에 해당하는 경우
3. 법 제35조의2 제1항 및 제2항에 따른 전송요구대상정보의 전송이 제3자의 권리나 정당한 이익을 침해하는 경우
4. 법 제38조 제1항에 따른 대리인 여부가 확인되지 않는 경우
5. 제42조의5 제1항 및 제2항에 따른 전송 요구 사항이 특정되지 않는 경우
6. 정보주체의 본인 여부가 확인되지 않는 경우
7. 정보주체의 인증정보를 탈취하는 등 부당한 방법에 의한 전송 요구임을 알게 된 경우
8. 정보주체 본인, 일반전문기관, 특수전문기관 또는 일반수신자가 아닌 자에게 전송해 줄 것을 요구하는 경우
9. 개인정보가 범죄에 악용되는 등 부정한 방법으로 사용되어 정보주체의 이익을 명백히 침해하는 경우
10. 정보주체가 동일한 개인정보에 대하여 정당한 사유 없이 과도하게 반복적으로 전송을 요구하여 업무에 지장을 초래하는 경우
11. 정보주체가 제3자의 기망이나 협박 때문에 전송 요구를 한 것으로 의심될 만한 정황이 확인되는 등 전송 요구를 거절하거나 전송을 중단할 합리적 사유가 있는 경우
② 정보전송자는 제1항 각 호의 어느 하나에 해당하는 사유로 정보주체의 전송 요구를 거절하거나 전송을 중단한 경우에는 지체 없이 해당 사실 및 그 사유를 정보주체에게 통지해야 한다. 다만, 정보주체가 개인정보관리 전문기관 또는 일반수신자를 통하여 전송 요구를 하는 경우에는 해당 개인정보관리 전문기관 또는 일반수신자를 통하여 통지할 수 있다.

3. 개인정보관리 전문기관

(1) 의의

'개인정보관리 전문기관'은 정보주체의 권리행사를 안정적·전문적으로 지원하기 위해 보호위원회 또는 관계 중앙행정기관의 장으로부터 지정받는 기관이다. 법 제35조의2에서 정한 전송요구권 행사 지원 외에도, 전송시스템의 구축·표준화, 개인정보의 관리·분석 및 대통령령이 정하는 기타 지원 업무를 맡는다. 특히 마이데이터* 서비스의 안전하고 효율적인 구현을 위해 이 기관은 전송 시스템을 직접 구축하고 운영하면서 지정 요건으로 규정된 기술적·관리적 안전조치 기준을 갖춘 형태로 운영되어야 한다.

* 마이데이터(MyData): 정보주체가 자신의 데이터에 대한 '소유권, 통제권, 활용권'을 스스로 행사하는 권리 기반의 정보 생태계 체계

(2) 개인정보관리 전문기관의 지정

① 다음 각 호의 업무를 수행하려는 자는 보호위원회 또는 관계 중앙행정기관의 장으로부터 개인정보관리 전문기관의 지정을 받아야 한다(법 제35조의3 제1항).

> 1. 제35조의2에 따른 개인정보의 전송 요구권 행사 지원
> 2. 정보주체의 권리행사를 지원하기 위한 개인정보 전송시스템의 구축 및 표준화
> 3. 정보주체의 권리행사를 지원하기 위한 개인정보의 관리·분석
> 4. 그 밖에 정보주체의 권리행사를 효과적으로 지원하기 위하여 대통령령으로 정하는 업무

② 전문기관의 지정요건(제2항)

> 1. 개인정보를 전송·관리·분석할 수 있는 기술수준 및 전문성을 갖추었을 것
> 2. 개인정보를 안전하게 관리할 수 있는 안전성 확보조치 수준을 갖추었을 것
> 3. 개인정보관리 전문기관의 안정적인 운영에 필요한 재정능력을 갖추었을 것

(3) 개인정보관리 전문기관의 업무 등

① 개인정보관리 전문기관은 다음 각 호와 같이 구분한다(시행령 제42조의9 제1항).

> 1. **중계전문기관**: 법 제35조의3 제1항 제1호 및 제2호에 따른 업무로서 개인정보 전송 중계에 필요한 기능을 제공하고 관련 시스템을 운영하는 업무 및 정보전송자의 전송을 지원하는 업무(이하 "중계업무"라 한다)를 수행하는 자
> 2. **일반전문기관**: 법 제35조의3 제1항 제3호에 따른 업무로서 통합조회, 맞춤형 서비스, 연구, 교육 등을 위하여 정보전송자로부터 전송받은 개인정보(보건의료전송정보는 제외)를 관리·분석하는 업무를 수행하는 자
> 3. **특수전문기관**: 법 제35조의3 제1항 제3호에 따른 업무로서 통합조회, 맞춤형 서비스, 연구, 교육 등을 위하여 정보전송자로부터 전송받은 보건의료전송정보를 관리·분석하는 업무를 수행하는 자

② 중계전문기관은 일반전문기관, 특수전문기관 및 일반수신자 업무를 함께 수행해서는 안 된다(제2항).

③ 중계전문기관은 중계업무를 수행하기 위하여 필요한 경우에는 「정보통신망 이용촉진 및 정보보호 등에 관한 법률」 제23조의5 제1항에 따른 연계정보를 처리할 수 있다(제3항).

④ 보호위원회 또는 관계 중앙행정기관의 장은 예산의 범위에서 중계전문기관의 운영에 필요한 비용을 지원할 수 있다(제4항).

> **시행령 제42조의10(개인정보관리 전문기관의 지정 신청 등)** ① 법 제35조의3 제1항에 따라 개인정보관리 전문기관으로 지정받으려는 자는 제2항에 따른 지정권자에게 다음 각 호의 서류를 제출하여 지정을 신청해야 한다. 이 경우 개인정보관리 전문기관으로 지정받으려는 자는 개인정보전송지원플랫폼을 통하여 제출할 수 있다.
> 1. 지정신청서
> 2. 정관 또는 규약(법 제2조 제6호 가목에 해당하는 공공기관에 대해서는 적용하지 않는다)
> 3. 사업계획서
> 4. 개인정보 관리 계획서
> 5. 최근 3년간의 재무제표(법 제2조 제6호 가목에 해당하는 공공기관에 대해서는 적용하지 않는다)
> 6. 법 제35조의3 제2항에 따른 지정요건을 갖추었음을 증명할 수 있는 서류
>
> ② 법 제35조의3 제1항에 따라 개인정보관리 전문기관을 지정할 수 있는 자(이하 "지정권자")는 다음 각 호와 같다.
> 1. 중계전문기관 : <u>보호위원회 또는 중계전문기관이 전송받으려는 정보와 관련된 관계 중앙행정기관의 장</u>. 다만, 보건의료전송정보에 관한 중계전문기관의 경우에는 보건복지부장관으로 한다.
> 2. 일반전문기관 : <u>보호위원회 또는 일반전문기관이 전송받으려는 정보와 관련된 관계 중앙행정기관의 장</u>
> 3. 특수전문기관 : <u>보건복지부장관</u>
>
> ③ 제1항에 따른 지정 신청을 받은 지정권자는 「전자정부법」 제36조 제1항에 따른 행정정보의 공동이용을 통하여 법인 등기사항증명서(개인정보관리 전문기관으로 지정받으려는 자가 법인인 경우에 한정한다)를 확인해야 한다.
>
> ④ 개인정보관리 전문기관으로 지정받으려는 자는 제1항에 따른 지정 신청을 하기 전에 지정권자에게 제42조의11에 따른 지정요건 세부기준을 갖추었는지에 대한 예비심사를 신청할 수 있다.
>
> **시행령 제42조의11(개인정보관리 전문기관의 지정요건 세부기준)** ① 법 제35조의3 제2항에 따른 개인정보관리 전문기관의 지정요건별 세부기준은 다음 각 호와 같다.
> 1. 다음 각 목의 <u>기술수준 및 전문성</u>을 모두 갖출 것
>   가. 정보주체의 권리와 이익 등을 증대하고 정보주체와의 이해상충을 방지하기 위한 사업계획이 타당하고 건전할 것
>   나. 개인정보관리 전문기관 업무를 위한 개인정보 관리 계획이 적정할 것
>   다. 개인정보관리 전문기관 업무를 효과적으로 수행하기 위하여 보호위원회가 정하여 고시하는 설비 및 기술을 갖추고 있을 것
> 2. 다음 각 목의 <u>안전성 확보조치 수준</u>을 모두 갖출 것
>   가. 법 제29조에 따른 안전조치의무를 이행하기 위한 요건을 갖출 것
>   나. 개인정보관리 전문기관을 안전하게 운영하기 위하여 보호위원회가 정하여 고시하는 보호체계를 적정하게 갖출 것
> 3. 다음 각 목의 <u>재정능력</u>을 모두 갖출 것(법 제2조 제6호 가목에 해당하는 공공기관에 대해서는 적용하지 않는다)
>   가. 재무구조가 건전하고 안전성이 있을 것

나. 다음의 구분에 따른 자본금(법인의 경우에는 납입자본금(비영리법인의 경우에는 기본재산)을 말하고, 법인이 아닌 단체의 경우에는 해당 단체가 보유하는 자산의 가액을 말한다. 이하 이 목에서 같다)을 갖출 것
    1) 중계전문기관 : 자본금 10억원 이상
    2) 일반전문기관 및 특수전문기관 : 자본금 1억원 이상
다. 손해배상책임의 이행을 위한 보험 또는 공제에 가입하거나 준비금을 적립할 것(법 제39조의7 제2항 각 호의 어느 하나에 해당하는 자에 대해서는 적용하지 않는다). 이 경우 보험·공제의 최저가입금액 또는 준비금의 최소적립금액의 기준은 별표 1의2와 같다.

② 제1항에도 불구하고 다음 각 호의 어느 하나에 해당하는 기관·법인 또는 단체가 개인정보관리 전문기관으로 지정받으려는 경우 지정권자는 보호위원회에 요청(보호위원회가 지정권자인 경우는 제외한다)하여 보호위원회의 심의·의결을 거친 후 제1항 각 호에 따른 지정요건 세부기준 중 일부 또는 전부에 대한 심사 없이 해당 지정요건 세부기준을 갖춘 것으로 처리할 수 있다. 다만, 제1항 각 호에 따른 지정요건 세부기준 전부에 대한 심사를 생략할 수 있는 경우는 제1호 및 제2호의 기관·법인 또는 단체가 개인정보관리 전문기관으로 지정받으려는 경우에 한정한다.
1. 「의료법」 제3조에 따른 의료기관(보건의료전송정보를 전송받는 경우에 한정한다)
2. 중앙행정기관 또는 지방자치단체
3. 제2호 외의 공공기관

시행령 제42조의12(개인정보관리 전문기관의 지정 등) ① 지정권자는 제42조의10 제1항에 따라 지정을 신청한 자가 제42조의11에 따른 지정요건 세부기준을 갖추었다고 인정하는 경우에는 그 자를 개인정보관리 전문기관으로 지정할 수 있다. 이 경우 지정권자는 제42조의10 제1항에 따라 지정을 신청한 자가 지정요건 세부기준의 일부를 충족하지 못한 경우에는 일정 기간 내에 그 기준을 충족할 것을 조건으로 지정할 수 있고, 지정 후 그 조건의 이행 여부를 확인해야 한다.
② 개인정보관리 전문기관은 다음 각 호의 사항(보호위원회가 정하여 고시하는 경미한 내용은 제외)을 변경하려는 경우 미리 지정권자의 승인을 받아야 한다.
1. 사업계획서(전송받으려는 정보의 추가 또는 변경을 포함)
2. 개인정보 관리 계획서
③ 개인정보관리 전문기관 지정의 <u>유효기간은 3년</u>으로 한다.
④ 지정권자는 개인정보관리 전문기관이 제3항에 따른 지정 유효기간의 연장을 신청하면 제42조의11에 따른 지정요건 세부기준에 적합하다고 인정하는 경우에는 개인정보관리 전문기관으로 재지정할 수 있다.
⑤ 지정권자(보호위원회는 제외한다)는 다음 각 호의 결정을 하려면 보호위원회와 미리 협의해야 한다.
1. 제1항에 따른 지정 및 제4항에 따른 재지정(중계전문기관에 한정한다)
2. 제2항에 따른 변경 승인(일반전문기관 및 특수전문기관의 경우에는 전송요구대상정보와 관련되는 경우에 한정한다)
⑥ 지정권자(제1호의 경우에는 보호위원회를 제외)는 제1항에 따른 지정, 제2항에 따른 변경 승인 및 제4항에 따른 재지정을 한 경우에는 그에 관한 다음 각 호의 조치를 해야 한다.
1. 보호위원회에 통지
2. 관보에 공고하거나 지정권자의 홈페이지에 게시(변경 승인의 경우는 제외한다)
⑦ 중계전문기관은 중계업무의 일부 또는 전부를 중지 또는 폐지하려는 경우에는 중지 또는 폐지 예정일의 6개월 전까지 지정권자에게 통보해야 한다. 이 경우 지정권자는 해당 중계전문기관에게

다음 각 호의 어느 하나에 해당하는 조치를 하도록 명할 수 있다.
1. 해당 중계전문기관이 보유하고 있는 개인정보의 파기(다른 법령에 따라 보존해야 하는 경우는 제외한다)
2. 수행 중인 업무의 다른 중계전문기관으로의 이전
3. 업무 중지·폐지 예정 사실의 다음 각 목의 자에 대한 통지
   가. 해당 중계전문기관이 보유하고 있는 개인정보의 정보주체
   나. 해당 중계전문기관에 정보를 전송하는 정보전송자
   다. 해당 중계전문기관으로부터 정보를 전송받는 일반전문기관, 특수전문기관 및 일반수신자
⑧ 일반전문기관 및 특수전문기관은 개인정보 전송 관련 업무의 일부 또는 전부를 중지 또는 폐지하려는 경우에는 그 사실을 미리 중계전문기관에 통지하고 개인정보전송지원플랫폼에 등재해야 한다.

(4) 개인정보관리 전문기관의 금지행위

개인정보관리 전문기관은 다음 각 호의 어느 하나에 해당하는 행위를 하여서는 아니 된다(제3항).

1. 정보주체에게 개인정보의 전송 요구를 강요하거나 부당하게 유도하는 행위
2. 그 밖에 개인정보를 침해하거나 정보주체의 권리를 제한할 우려가 있는 행위로서 대통령령으로 정하는 행위

(5) 개인정보관리 전문기관의 지정취소

① 보호위원회 및 관계 중앙행정기관의 장은 개인정보관리 전문기관이 다음 각 호의 어느 하나에 해당하는 경우에는 개인정보관리 전문기관의 지정을 취소할 수 있다. 다만, 제1호에 해당하는 경우에는 지정을 취소하여야 한다(제4항).

1. 거짓이나 부정한 방법으로 지정을 받은 경우
2. 제2항에 따른 지정요건을 갖추지 못하게 된 경우

② 보호위원회 및 관계 중앙행정기관의 장은 제4항에 따라 지정을 취소하는 경우에는 「행정절차법」에 따른 청문을 실시하여야 한다(제5항).
③ 지정권자(보호위원회는 제외)는 개인정보관리 전문기관의 지정을 취소하려면 보호위원회와 미리 협의해야 한다(시행령 제42조의14 제2항).
④ 지정권자(제1호의 경우에는 보호위원회를 제외)는 개인정보관리 전문기관의 지정을 취소한 경우에는 그에 관한 다음 각 호의 조치를 해야 한다(제3항).

1. 보호위원회에 통지
2. 관보에 공고하거나 지정권자의 홈페이지에 게시

(6) 개인정보관리 전문기관의 업무 수행 지원

① 보호위원회 및 관계 중앙행정기관의 장은 개인정보관리 전문기관에 대하여 업무 수행에 필요한 지원을 할 수 있다(제6항).
② 개인정보관리 전문기관은 정보주체의 요구에 따라 제1항 각 호의 업무를 수행하는 경우 정보주체로부터 그 업무 수행에 필요한 비용을 받을 수 있다(제7항).

4. 개인정보 전송 관리 및 지원

(1) 의의

전송요구권의 권리 주체와 전문기관 운영을 중앙에서 통합적으로 관리하고, 전송지원 플랫폼을 구축·운영함으로써 마이데이터의 전송 체계를 신뢰성과 일관성 속에서 작동시키게 한다는 취지이다.

(2) 개인정보관리 전문기관 등의 체계적 관리

보호위원회는 제35조의2 제1항 및 제2항에 따른 개인정보처리자 및 제35조의3 제1항에 따른 개인정보관리 전문기관 현황, 활용내역 및 관리실태 등을 체계적으로 관리·감독하여야 한다(법 제35조의4 제1항).

(3) 개인정보 전송의 지원

① 보호위원회는 개인정보가 안전하고 효율적으로 전송될 수 있도록 다음 각 호의 사항을 포함한 개인정보 전송 지원 플랫폼을 구축·운영할 수 있다(제2항).

> 1. 개인정보관리 전문기관 현황 및 전송 가능한 개인정보 항목 목록
> 2. 정보주체의 개인정보 전송 요구·철회 내역
> 3. 개인정보의 전송 이력 관리 등 지원 기능
> 4. 그 밖에 개인정보 전송을 위하여 필요한 사항

② 보호위원회는 개인정보 전송지원 플랫폼의 효율적 운영을 위하여 개인정보관리 전문기관에서 구축·운영하고 있는 전송 시스템을 상호 연계하거나 통합할 수 있다. 이 경우 관계 중앙행정기관의 장 및 해당 개인정보관리 전문기관과 사전에 협의하여야 한다(제3항).

> **시행령 제42조의15(개인정보 전송 요구에 대한 보호위원회의 관리·감독)** ① 보호위원회는 법 제35조의4 제1항에 따라 정보전송자 현황을 관리·감독하기 위하여 개인정보처리자에게 정보전송자 여부 확인에 필요한 자료의 제출을 요구할 수 있다.
> ② 보호위원회는 본인전송요구 및 제3자전송요구에 대한 정보전송자의 이행 여부, 개인정보관리 전문기관의 지정요건 충족 여부 및 일반수신자의 시설·기술 기준 충족 여부 등에 관한 사항을 관리·감독하기 위하여 정보전송자, 개인정보관리 전문기관 및 일반수신자에게 다음 각 호의 구분에 따른 자료의 제출을 요구할 수 있으며, 자료 제출을 요구받은 자는 특별한 사정이 없으면 그 요구에 따라야 한다.
> 1. 정보전송자: 제42조의6 제9항에 따른 개인정보 전송 내역에 관한 자료
> 2. 개인정보관리 전문기관: 다음 각 목의 자료
>   가. 제1호의 자료
>   나. 개인정보의 처리 및 관리에 관한 자료
>   다. 전송 요구 방법에 관한 자료(일반전문기관 및 특수전문기관에 한정한다)
>   라. 개인정보관리 전문기관의 지정요건을 충족하고 있음을 증명할 수 있는 자료
> 3. 일반수신자 : 다음 각 목의 자료
>   가. 제1호 및 제2호 나목의 자료
>   나. 전송 요구 방법에 관한 자료
>   다. 제42조의3 제1항에 따른 시설 및 기술을 갖추었음을 증명할 수 있는 자료

> 시행령 제42조의16(개인정보전송지원플랫폼의 구축 및 운영 등) ① 보호위원회는 제3자전송요구와 관련하여 개인정보의 안전하고 효율적인 전송을 위하여 필요한 경우에는 정보전송자, 개인정보관리 전문기관 및 일반수신자가 개인정보전송지원플랫폼에 등재하게 해야 한다.
> ② 제1항에 따라 개인정보전송지원플랫폼에 등재된 정보전송자, 일반전문기관, 특수전문기관 및 일반수신자는 제3자전송요구에 따라 개인정보를 전송하거나 전송받는 경우 중계전문기관을 통하여 개인정보전송플랫폼에 다음 각 호의 자료를 제출해야 한다.
> 1. 제42조의6 제9항에 따른 개인정보 전송 내역
> 2. 전송받은 정보의 제3자 제공 동의 내역(정보전송자는 제외한다)
> ③ 보호위원회는 개인정보 전송 이력의 효율적 관리를 위하여 필요한 경우에는 다른 법령에 따라 개인정보 전송을 지원하는 정보시스템을 운영하는 자에게 개인정보전송지원플랫폼과 연계하여 정보주체의 전송 요구 내역 등을 제공할 것을 요청할 수 있다.

5. 개인정보의 정정·삭제

사례형 예제

甲은 고등학교 재학 중 정학 2일의 징계를 받은 뒤 졸업을 하였다. 이후 甲은 학교생활기록부에 기재된 징계 내역은 준영구적으로 보존되고, 학교생활기록부 기재사항은 대상자의 교육을 받을 권리, 공무담임권, 직업의 선택 등 여러 방면에 상당한 영향을 미칠 수 있음을 알게 되었다. 甲은 학교생활기록부에 기재된 징계 내역에 잘못이 있다고 생각하는 경우 정정 또는 삭제를 요구할 수 있는가?

해설 요지

甲은 고등학교가 작성 및 관리하는 학교생활기록부에 기재된 징계 내역이 잘못된 경우 그 정정을 요구할 수 있다. 다만, 학교생활기록부가 정정되기 위해서는 징계 내역에 잘못이 있다는 '객관적 증빙자료'를 확보할 필요가 있다. 가령 법원에 징계처분의 무효확인을 구하는 소를 제기하여 인용판결을 받는 방법이 있다.

(1) 의의

법 제36조는 정보주체가 자신의 개인정보에 오류가 있거나 불필요하게 보유되고 있다고 판단할 경우 이를 정정하거나 삭제하도록 요구할 수 있는 권리를 부여함으로써, 개인정보의 정확성과 최신성을 유지하고, 정보주체의 권리를 보호하고자 한다. 그리고 개인정보처리자는 정보주체의 요구를 받은 경우 지체 없이 해당 개인정보를 조사하여 정정 또는 삭제 등의 필요한 조치를 취하고 그 결과를 정보주체에게 통지해야 한다. 특히 삭제 시에는 해당 개인정보가 복구 또는 재생되지 않도록 조치하여야 하며, 이는 정보주체의 권리를 실질적으로 보장하기 위한 것이다.

(2) 정보주체의 정정·삭제 요구권

① 자신의 개인정보를 열람한 정보주체는 <u>개인정보처리자에게 그 개인정보의 정정 또는 삭제를 요구할 수 있다. 다만, 다른 법령에서 그 개인정보가 수집 대상으로 명시되어 있는 경우에는 그 삭제를 요구할 수 없다</u>(법 제36조 제1항).

② 정보주체는 개인정보처리자에게 그 개인정보의 정정 또는 삭제를 요구하려면 개인정보처리자가 마련한 방법과 절차에 따라 요구하여야 한다. 이 경우 개인정보처리자가 개인정보의 정정 또는 삭제 요구 방법과 절차를 마련할 때에는 제41조 제2항(* 열람 요구 방법 및 절차)을 준용한다(시행령 제43조 제1항).

(3) 정정·삭제 등의 조치

① 개인정보처리자는 정보주체의 요구를 받았을 때에는 개인정보의 정정 또는 삭제에 관하여 다른 법령에 특별한 절차가 규정되어 있는 경우를 제외하고는 지체 없이 그 개인정보를 조사하여 정보주체의 요구에 따라 정정·삭제 등 필요한 조치를 한 후 그 결과를 정보주체에게 알려야 한다(법 제36조 제2항).

※ 개인정보처리자는 제2항에 따른 조사를 할 때 필요하면 해당 정보주체에게 정정·삭제 요구사항의 확인에 필요한 증거자료를 제출하게 할 수 있다(제5항).

② 개인정보처리자는 정보주체의 요구가 제1항 단서(* 다른 법령에서 그 개인정보가 수집 대상으로 명시되어 있는 경우)에 해당될 때에는 지체 없이 그 내용을 정보주체에게 알려야 한다(법 제36조 제4항).

③ 다른 개인정보처리자로부터 개인정보를 제공받아 개인정보파일을 처리하는 개인정보처리자는 개인정보의 정정 또는 삭제 요구를 받으면 그 요구에 따라 해당 개인정보를 정정·삭제하거나 그 개인정보 정정·삭제에 관한 요구 사항을 해당 개인정보를 제공한 기관의 장에게 지체 없이 알리고 그 처리 결과에 따라 필요한 조치를 하여야 한다(시행령 제43조 제2항).

④ 개인정보처리자는 개인정보 정정·삭제 요구를 받은 날부터 10일 이내에 해당 개인정보의 정정·삭제 등의 조치를 한 경우에는 그 조치를 한 사실을, 법 제36조 제1항 단서에 해당하여 삭제 요구에 따르지 아니한 경우에는 그 사실 및 이유와 이의제기방법을 보호위원회가 정하여 고시하는 개인정보 정정·삭제 결과 통지서로 해당 정보주체에게 알려야 한다(제3항).

⑤ 개인정보처리자가 개인정보를 삭제할 때에는 복구 또는 재생되지 아니하도록 조치하여야 한다(법 제36조 제3항).

6. 개인정보의 처리정지 등

> **사례형 예제**
>
> A사는 잠재고객들에 대하여 회사 서비스의 광고 메일 및 전화(TM) 홍보를 실시하고 있다. 그런데 어느 날 고객 甲이 수신거부를 요청하였다. 이 경우 A사가 취해야 할 조치는 무엇인지 설명하시오.
>
> **해설 요지**
>
> 개인정보처리자는 처리정지 요구를 받았을 때에는 처리정지 요구를 거절할 수 있는 법률상 사유가 없는 한 지체 없이 정보주체의 요구에 따라 개인정보 처리의 전부를 정지하거나 일부를 정지하여야 한다. A사는 잠재고객들에 대하여 홍보를 하고 있는 단계이므로 정보주체의 처리정지 요구를 거절할 수 있는 사유는 보이지 아니한다. 따라서 A사는 지체 없이 수집된 甲의 개인정보를 복구·재생할 수 없도록 파기하는 등 필요한 조치를 하여야 한다.

(1) 의의

정보주체는 자신의 정보가 언제, 누구에게, 어떤 방식으로 처리되는지를 자율적으로 통제할 수 있는 권한을 갖는다. 단순 열람이나 정정·삭제 요구를 넘어서 개인정보 활용의 중단을 요청할 수 있도록 하고 있다. 다만 개인정보처리자는 법령 준수·공익·계약 이행 등을 이유로 요구를 거절할 수 있도록 하여 상반되는 권익을 조정할 수 있도록 하였다.

(2) 정보주체의 처리정지 요구권

정보주체는 개인정보처리자에 대하여 자신의 개인정보 처리의 정지를 요구하거나 개인정보 처리에 대한 동의를 철회할 수 있다. 이 경우 공공기관에 대해서는 제32조에 따라 등록 대상이 되는 개인정보파일 중 자신의 개인정보에 대한 처리의 정지를 요구하거나 개인정보 처리에 대한 동의를 철회할 수 있다(법 제37조 제1항).

※ '동의 철회권'은 정보주체 자신이 동의한 것에 대해서만 동의를 철회할 수 있으나, '처리정지 요구권'은 정보주체 자신이 처리에 동의하지 않았더라도 개인정보처리자가 처리하고 있는 정보주체에 관한 모든 개인정보의 처리 정지를 요구할 수 있다.

(3) 개인정보의 처리정지 및 처리정지 요구의 거부

① 개인정보처리자는 처리정지 요구를 받았을 때에는 지체 없이 정보주체의 요구에 따라 개인정보 처리의 전부를 정지하거나 일부를 정지하여야 한다. 다만, 다음 각 호의 어느 하나에 해당하는 경우에는 정보주체의 처리정지 요구를 거절할 수 있다(제2항).

1. 법률에 특별한 규정이 있거나 법령상 의무를 준수하기 위하여 불가피한 경우
2. 다른 사람의 생명·신체를 해할 우려가 있거나 다른 사람의 재산과 그 밖의 이익을 부당하게 침해할 우려가 있는 경우
3. 공공기관이 개인정보를 처리하지 아니하면 다른 법률에서 정하는 소관 업무를 수행할 수 없는 경우
4. 개인정보를 처리하지 아니하면 정보주체와 약정한 서비스를 제공하지 못하는 등 계약의 이행이 곤란한 경우로서 정보주체가 그 계약의 해지 의사를 명확하게 밝히지 아니한 경우

② 개인정보처리자는 정보주체가 개인정보 처리에 대한 동의를 철회한 때에는 지체 없이 수집된 개인정보를 복구·재생할 수 없도록 파기하는 등 필요한 조치를 하여야 한다. 다만, 제2항 각 호의 어느 하나에 해당하는 경우에는 동의 철회에 따른 조치를 하지 아니할 수 있다(제3항).

③ 개인정보처리자는 제2항 단서에 따라 처리정지 요구를 거절하거나 제3항 단서에 따라 동의 철회에 따른 조치를 하지 아니하였을 때에는 정보주체에게 지체 없이 그 사유를 알려야 한다(제4항).

④ 개인정보처리자는 정보주체의 요구에 따라 처리가 정지된 개인정보에 대하여 지체 없이 해당 개인정보의 파기 등 필요한 조치를 하여야 한다(제5항).

※ 개인정보의 파기 이외의 필요한 조치의 예 : 해당 개인정보를 이용 또는 제공하지 않도록 해당 개인정보를 분리하여 별도의 개인정보파일에 분리·보관

7. 자동화된 결정에 대한 정보주체의 권리

> **설명형 예제**
>
> A보험회사는 AI 기반 보험심사 시스템을 도입하여, 보험금 청구가 접수되면 인간 심사자 개입 없이 자동화된 프로그램이 신청자의 병력, 나이, 진료 기록 등을 분석하고, 보험금 지급 여부 및 지급액을 결정하도록 하였다. B는 병원에서 2주간 입원한 후 보험금을 청구했으나, 며칠 후 "지급 거절"이라는 문자만 수신받았다. B가 보험사에 연락하여 지급 거부 이유와 심사 과정에 대해 설명을 요구하자, 보험사는 "AI 알고리즘 결과이므로 따로 설명해줄 수 없다."고 답변했다. 정보주체인 B씨가 「개인정보 보호법」상 행사할 수 있는 권리를 설명하시오.

(1) 의의

AI·빅데이터 등 자동화 기술이 현실의 의사결정 절차로 확산됨에 따라 '정보주체의 인권 보호를 위한 사후적 안전장치'를 법적으로 명문화하고 있다. AI 의사결정은 대개 수학적 알고리즘에 의해 '왜 이런 결정을 내렸는지'를 개인이 이해할 수 없는 형태로 이루어진다. 법 제37조의2는 운영기준·프로세스의 공개, 설명 요구 시 이해 가능한 정보를 제공, 개인의 권리에 중대한 영향을 미칠 경우의 거부권 등을 공식적으로 보장함으로써 알고리즘에 대한 최소한의 책임성과 개입 가능성을 확보한다.

(2) 결정 거부권 및 설명 요구권

① 개요
  ㉠ 정보주체는 <u>완전히 자동화된 시스템(인공지능 기술을 적용한 시스템을 포함)으로 개인정보를 처리하여 이루어지는 결정</u>(「행정기본법」제20조에 따른 행정청의 자동적 처분은 제외하며, 이하 "자동화된 결정")이 자신의 권리 또는 의무에 중대한 영향을 미치는 경우에는 해당 개인정보처리자에 대하여 해당 결정을 거부할 수 있는 권리를 가진다. 다만, 자동화된 결정이 제15조 제1항 제1호(* 정보주체의 동의를 받은 경우)·제2호(* 법률에 특별한 규정이 있거나 법령상 의무를 준수하기 위하여 불가피한 경우) 및 제4호(* 정보주체와 체결한 계약을 이행하거나 계약을 체결하는 과정에서 정보주체의 요청에 따른 조치를 이행하기 위하여 필요한 경우)에 따라 이루어지는 경우에는 그러하지 아니하다(법 제37조의2 제1항).
  ㉡ 정보주체는 개인정보처리자가 <u>자동화된 결정을 한 경우에는 그 결정에 대하여 설명 등을 요구할 수 있다</u>(제2항).

② 거부 및 설명 등 요구의 방법 및 절차
  ㉠ 정보주체는 자동화된 결정에 대해 같은 항 본문에 따라 거부하는 경우에는 개인정보처리자가 마련하여 시행령 제44조의4 제1항 제5호에 따라 공개하는 방법과 절차에 따라야 한다(시행령 제44조의2 제1항).
  ㉡ 정보주체는 자동화된 결정에 대해 개인정보처리자에게 다음 각 호의 설명 또는 검토를 요구할 수 있다. 이 경우 정보주체의 설명 또는 검토 요구는 개인정보처리자가 마련하여 제44조의4 제1항 제5호에 따라 공개하는 방법과 절차에 따라야 한다(제2항).

> 1. 해당 자동화된 결정의 기준 및 처리 과정 등에 대한 설명
> 2. <u>정보주체가 개인정보 추가 등의 의견을 제출하여 개인정보처리자가 해당 의견을 자동화된 결정에 반영할 수 있는지에 대한 검토</u>

(3) 개인정보처리자의 조치의무

① 개요
　㉠ 개인정보처리자는 정보주체가 자동화된 결정을 거부하거나 이에 대한 설명 등을 요구한 경우에는 정당한 사유가 없는 한 자동화된 결정을 적용하지 아니하거나 인적 개입에 의한 재처리·설명 등 필요한 조치를 하여야 한다(법 제37조의2 제3항).
　㉡ 개인정보처리자는 <u>자동화된 결정의 기준과 절차, 개인정보가 처리되는 방식 등을 정보주체가 쉽게 확인할 수 있도록 공개</u>하여야 한다(제4항).

② 거부·설명 등 요구에 따른 조치
　㉠ 개인정보처리자는 정보주체가 자동화된 결정에 대해 거부하는 경우에는 정당한 사유가 없으면 다음 각 호의 어느 하나에 해당하는 조치를 하고 그 결과를 정보주체에게 알려야 한다(시행령 제44조의3 제1항).

> 1. 해당 자동화된 결정을 적용하지 않는 조치
> 2. 인적 개입에 의한 재처리

　㉡ 개인정보처리자는 정보주체가 자동화된 결정에 대해 설명을 요구하는 경우 정당한 사유가 없으면 다음 각 호의 사항을 포함한 간결하고 의미있는 설명을 정보주체에게 제공해야 한다. 다만, 개인정보처리자는 해당 자동화된 결정이 정보주체의 권리 또는 의무에 중대한 영향을 미치지 않는 경우에는 정보주체에게 제44조의4 제1항 제2호 및 제3호의 사항을 알릴 수 있다(제2항).

> 1. 해당 자동화된 결정의 결과
> 2. 해당 자동화된 결정에 사용된 주요 개인정보의 유형
> 3. 제2호에 따른 개인정보의 유형이 자동화된 결정에 미친 영향 등 자동화된 결정의 주요 기준
> 4. 해당 자동화된 결정에 사용된 주요 개인정보의 처리 과정 등 자동화된 결정이 이루어지는 절차

　㉢ 개인정보처리자는 정보주체가 제44조의2 제2항에 따라 같은 항 제2호에 따른 검토를 요구하는 경우에는 정당한 사유가 없으면 정보주체가 제출한 의견의 반영 여부를 검토하고 정보주체에게 반영 여부 및 반영 결과를 알려야 한다(제3항).
　㉣ 개인정보처리자는 다른 사람의 생명·신체·재산과 그 밖의 이익을 부당하게 침해할 우려가 있는 등 정당한 사유가 있어 거부·설명등요구를 거절하는 경우에는 그 사유를 정보주체에게 지체없이 서면등의 방법으로 알려야 한다(제4항).
　㉤ 개인정보처리자는 제1항부터 제3항까지의 규정에 따라 정보주체의 거부·설명등요구에 따른 조치를 하는 경우에는 정보주체의 거부·설명등요구를 받은 날부터 30일 이내에 서면등의 방법으로 해야 한다. 다만, 30일 이내에 처리하기 어려운 정당한 사유가 있는 경우에는 정보주체에게 그 사유를 알리고 2회에 한정하여 각각 30일의 범위에서 그 기간을 연장할 수 있다(제5항).

(4) 자동화된 결정의 기준과 절차 등의 공개

① 공개 대상
　개인정보처리자는 다음 각 호의 사항을 정보주체가 쉽게 확인할 수 있도록 인터넷 홈페이지 등을 통해 공개해야 한다. 다만, 인터넷 홈페이지 등을 운영하지 않거나 지속적으로 알려야 할 필요가 없는 경우에는 미리 서면등의 방법으로 정보주체에게 알릴 수 있다(시행령 제44조의4 제1항).

> 1. 자동화된 결정이 이루어진다는 사실과 그 목적 및 대상이 되는 정보주체의 범위
> 2. 자동화된 결정에 사용되는 주요 개인정보의 유형과 자동화된 결정의 관계
> 3. 자동화된 결정 과정에서의 고려사항 및 주요 개인정보가 처리되는 절차
> 4. 자동화된 결정 과정에서 민감정보 또는 14세 미만 아동의 개인정보를 처리하는 경우 그 목적 및 처리하는 개인정보의 구체적인 항목
> 5. 자동화된 결정에 대하여 정보주체가 거부·설명등요구를 할 수 있다는 사실과 그 방법 및 절차

② 공개 시 유의사항

개인정보처리자는 위 사항을 공개할 때에는 정보주체가 해당 내용을 쉽게 알 수 있도록 표준화·체계화된 용어를 사용해야 하며, 정보주체가 쉽게 이해할 수 있도록 동영상·그림·도표 등 시각적인 방법 등을 활용할 수 있다(제2항).

8. 권리행사의 방법 및 절차

(1) 의의

법 제38조는 정보주체의 개인정보 권리를 '말로만 존재하는 권리'가 아닌 '접근 가능하고 구제받을 수 있는 권리'로 변화시키는 핵심 조항이다. 정보주체가 권리를 쉽게 인식하고, 방법이 복잡하지 않게 권리를 행사하도록 하는 것이 필요하다. 따라서 위임 가능성, 낮은 비용, 방법과 절차의 투명성, 거절에 대한 이의제기 절차 등을 제도화함으로써 실질적인 개인정보 자기결정권 보장 수단을 마련하고 있다.

(2) 대리인에 의한 권리행사

① 정보주체는 제35조에 따른 열람, 제35조의2에 따른 전송, 제36조에 따른 정정·삭제, 제37조에 따른 처리정지 및 동의 철회, 제37조의2에 따른 거부·설명 등의 요구(이하 "열람등요구")를 문서 등 대통령령으로 정하는 방법·절차에 따라 대리인에게 하게 할 수 있다(법 제38조 제1항).

※ 대리인의 권한 범위는 부수적인 절차적 행위에 한정된다. 따라서 개인정보자기결정권의 본질인 정보주체의 개인정보 정정·삭제, 처리정지 여부의 "결정"은 정보주체만이 할 수 있다.

② 이 경우 정보주체를 대리할 수 있는 자는 ㉠ 정보주체의 법정대리인, ㉡ 정보주체로부터 위임을 받은 자가 있다(시행령 제45조 제1항).

(3) 법정대리인의 권리행사

만 14세 미만 아동의 법정대리인은 개인정보처리자에게 그 아동의 개인정보 열람등요구를 할 수 있다(법 제38조 제2항).

※ 만 14세 이상의 미성년자인 정보주체의 개인정보에 관하여는 미성년자 본인이 위의 권리를 행사할 수도 있고, 법정대리인을 통하여 할 수도 있다.

(4) 신원확인

① 대리인이 정보주체를 대리할 때에는 개인정보처리자에게 보호위원회가 정하여 고시하는 정보주체의 위임장을 제출하여야 한다(시행령 제45조 제2항).
② 개인정보처리자는 열람등요구를 받았을 때에는 열람등요구를 한 사람이 본인이거나 정당한 대리인인지를 확인하여야 한다(시행령 제46조 제1항). 이 경우 공공기관인 개인정보처리자가 「전자정부

법」제36조 제1항에 따른 행정정보의 공동이용을 통하여 확인을 할 수 있는 경우에는 행정정보의 공동이용을 통하여 확인하여야 한다. 다만, 해당 공공기관이 행정정보의 공동이용을 할 수 없거나 정보주체가 확인에 동의하지 아니하는 경우에는 그러하지 아니하다(제2항).

(5) 열람수수료 등의 청구

개인정보처리자는 열람등요구를 하는 자에게 대통령령으로 정하는 바에 따라 수수료와 우송료(사본의 우송을 청구하는 경우에 한함)를 청구할 수 있다. 다만, 제35조의2 제2항에 따른 전송 요구의 경우에는 전송을 위해 추가로 필요한 설비 등을 함께 고려하여 수수료를 산정할 수 있다(법 제38조 제3항).

(6) 권리행사 절차 등

① 권리행사의 방법 및 절차

개인정보처리자는 정보주체가 열람등요구를 할 수 있는 구체적인 방법과 절차를 마련하고, 이를 정보주체가 알 수 있도록 공개하여야 한다. 이 경우 열람등요구의 방법과 절차는 해당 개인정보의 수집 방법과 절차보다 어렵지 아니하도록 하여야 한다(법 제38조 제4항).

② 이의제기 절차

개인정보처리자는 정보주체가 열람등요구에 대한 거절 등 조치에 대하여 불복이 있는 경우 이의를 제기할 수 있도록 필요한 절차를 마련하고 안내하여야 한다(제5항).

③ 열람 등 지원시스템 구축

개인정보처리자는 열람등요구 및 그에 대한 통지를 갈음하여 해당 업무를 전자적으로 처리할 수 있도록 시스템을 구축·운영하거나 그 밖의 절차를 정하여 해당 업무를 처리할 수 있다(시행령 제48조 제1항). 보호위원회는 개인정보처리자 중 공공기관이 보유하고 있는 개인정보에 관한 열람등요구 및 그에 대한 통지에 관한 공공기관의 업무 수행을 효율적으로 지원하기 위하여 시스템을 구축·운영할 수 있다(제2항).

9. 손해배상책임 *2019 행정사 기출

> **설명형 예제**
>
> 「개인정보 보호법」상 보호의 대상이 되는 개인정보의 개념 및 개인정보처리자의 손해배상책임에 관하여 설명하시오.   *2019 행정사

(1) 의의

개인정보 보호법은 정보주체의 권리침해에 대한 민사적 구제수단을 법제화하였다. 증명책임 전환, 징벌적 손해배상, 법정 손해배상청구권 도입은 권리자의 접근 장벽을 낮추고 침해 예방 효과를 담보하고자 한다. 즉 이는 단순한 손해배상 규정이라기보다 정보주체 보호와 개인정보 처리자의 규범적 책임을 동시에 달성하는 것을 목표로 한다.

(2) 손해배상책임의 성립요건

정보주체는 개인정보처리자가 이 법을 위반한 행위로 손해를 입으면 개인정보처리자에게 손해배상을 청구할 수 있다(법 제39조 제1항 전단).

즉, 손해배상책임이 성립하려면 ① 이 법 위반행위가 있을 것, ② 위반행위로 인해 손해가 발생했을 것, ③ 손해와 법 위반행위 사이의 인과관계가 있을 것, ④ 고의·과실 및 책임능력이 존재할 것을 요한다.

(3) 고의·과실에 대한 입증책임의 전환

위 (2)의 경우 그 개인정보처리자는 고의 또는 과실이 없음을 입증하지 아니하면 책임을 면할 수 없다(법 제39조 제1항 후단).

※ 일반적인 불법행위에 기한 손해배상청구의 경우에는 원고(피해자)인 정보주체가 고의 또는 과실의 존재에 관한 입증책임을 지는 것이 원칙이다. 그러나 일개 개인에 불과한 정보주체가 주로 기업이나 단체 또는 공공기관인 경우가 많은 개인정보처리자의 고의·과실을 증명하는 것은 현실적으로 어렵기 때문에 이 법은 그 입증책임을 전환하고 있다.

> **관련판례**
>
> **개인정보처리자가 개인정보 보호법을 위반한 행위를 하였다는 사실 자체는 정보주체가 주장·증명하여야 함**
>
> 개인정보 보호법 제39조 제1항은 "정보주체는 개인정보처리자가 이 법을 위반한 행위로 손해를 입으면 개인정보처리자에게 손해배상을 청구할 수 있다. 이 경우 그 개인정보처리자는 고의 또는 과실이 없음을 입증하지 아니하면 책임을 면할 수 없다."라고 규정하고 있다. 이 규정은 정보주체가 개인정보처리자의 개인정보 보호법 위반행위로 입은 손해의 배상을 청구하는 경우에 개인정보처리자의 고의나 과실을 증명하는 것이 곤란한 점을 감안하여 그 증명책임을 개인정보처리자에게 전환하는 것일 뿐이고, 개인정보처리자가 개인정보 보호법을 위반한 행위를 하였다는 사실 자체는 정보주체가 주장·증명하여야 한다(대판 2024.5.17. 2018다262103).

(4) 징벌적 손해배상제

개인정보처리자의 고의 또는 중대한 과실로 인하여 개인정보가 분실·도난·유출·위조·변조 또는 훼손된 경우로서 정보주체에게 손해가 발생한 때에는 법원은 그 손해액의 5배를 넘지 아니하는 범위에서 손해배상액을 정할 수 있다. 다만, 개인정보처리자가 고의 또는 중대한 과실이 없음을 증명한 경우에는 그러하지 아니하다(법 제39조 제3항).

법원은 위 배상액을 정할 때에는 다음 각 호의 사항을 고려하여야 한다(제4항).

1. 고의 또는 손해 발생의 우려를 인식한 정도
2. 위반행위로 인하여 입은 피해 규모
3. 위법행위로 인하여 개인정보처리자가 취득한 경제적 이익
4. 위반행위에 따른 벌금 및 과징금
5. 위반행위의 기간·횟수 등
6. 개인정보처리자의 재산상태
7. 개인정보처리자가 정보주체의 개인정보 분실·도난·유출 후 해당 개인정보를 회수하기 위하여 노력한 정도
8. 개인정보처리자가 정보주체의 피해구제를 위하여 노력한 정도

(5) 법정손해배상제

① 의의

피해자인 정보주체가 개인정보 유출 등으로 인하여 손해가 발생했다는 사실과 구체적으로 입은 손해 규모를 증명하는 것은 어려우므로, 정보주체가 개인정보 유출로 인해 입은 손해액을 구체적으로 증명하지 않더라도 쉽게 구제받을 수 있게 함으로써 개인정보처리자에게 개인정보 보호 책임을 실질적으로 부담하게 하기 위해 도입한 규정이다.

② 내용

㉠ 제39조 제1항에도 불구하고 정보주체는 개인정보처리자의 고의 또는 과실로 인하여 개인정보가 분실·도난·유출·위조·변조 또는 훼손된 경우에는 300만원 이하의 범위에서 상당한 금액을 손해액으로 하여 배상을 청구할 수 있다. 이 경우 해당 개인정보처리자는 고의 또는 과실이 없음을 입증하지 아니하면 책임을 면할 수 없다(법 제39조의2 제1항).

㉡ 법원은 제1항에 따른 청구가 있는 경우에 변론 전체의 취지와 증거조사의 결과를 고려하여 제1항의 범위에서 상당한 손해액을 인정할 수 있다(제2항).

㉢ 제39조에 따라 손해배상을 청구한 정보주체는 사실심의 변론이 종결되기 전까지 그 청구를 제1항에 따른 청구로 변경할 수 있다(제3항).

※ 반대해석상, 법정손해배상을 청구한 정보주체는 사실심 변론 종결 전까지 실손해를 증명함으로써 제39조에 따른 손해배상 청구로 변경하는 것도 가능하다.

(6) 손해배상의 보장

① 의의

보험(공제) 가입 또는 준비금 적립 등의 조치 의무를 별도로 규정하고 있는바, 이는 손해배상에 관한 일반규정인 제39조 및 제39조의2의 특례규정이다. 빅데이터·사물인터넷·인공지능 등 신기술이 확산, 사이버 공격의 대상과 규모의 증가 등으로 개인정보 유출로 인한 이용자 피해 사례가 증가하고 있는 상황에서 정보통신서비스 제공자등이 배상능력이 없어 이용자가 손해를 배상받지 못하는 상황을 방지하기 위하여 도입되었다.

② 이행 보장 의무

개인정보처리자로서 매출액, 개인정보의 보유 규모 등을 고려하여 대통령령으로 정하는 기준에 해당하는 자는 제39조 및 제39조의2에 따른 손해배상책임의 이행을 위하여 보험 또는 공제에 가입하거나 준비금을 적립하는 등 필요한 조치를 하여야 한다(법 제39조의7 제1항).

※ "대통령령으로 정하는 기준에 해당하는 자"란 다음 각 호의 요건을 모두 갖춘 자

> 1. 전년도(법인의 경우에는 직전 사업연도)의 매출액등이 10억원 이상일 것
> 2. 전년도 말 기준 직전 3개월간 그 개인정보가 저장·관리되고 있는 정보주체의 수가 일일평균 1만명 이상일 것. 다만, 해당 연도에 영업의 전부 또는 일부의 양수, 분할·합병 등으로 개인정보를 이전받은 경우에는 이전받은 시점을 기준으로 정보주체의 수가 1만명 이상일 것

③ 이행 보장 의무의 면제

다음 각 호의 어느 하나에 해당하는 자는 제1항에 따른 조치를 하지 아니할 수 있다(제2항).

> 1. 대통령령으로 정하는 공공기관, 비영리법인 및 단체
> 2. 「소상공인기본법」 제2조 제1항에 따른 소상공인으로서 대통령령으로 정하는 자에게 개인정보 처리를 위탁한 자
> 3. 다른 법률에 따라 제39조 및 제39조의2에 따른 손해배상책임의 이행을 보장하는 보험 또는 공제에 가입하거나 준비금을 적립한 개인정보처리자

10. 자료의 제출

(1) 의의

자료제출 명령 제도는 개인정보처리자가 대부분의 증거자료를 독점하고 있어 피해자인 정보주체가 법 위반사실 및 손해를 입증하기 어려운 구조적 한계를 보완하기 위한 것이다. 이로써 정보 비대칭을 일부나마 해소함으로써 법원의 사실 심리구조가 공정해지고 정보주체의 권리구제가 용이해진다.

(2) 자료제출 명령

<u>법원은 이 법을 위반한 행위로 인한 손해배상청구소송에서 당사자의 신청에 따라 상대방 당사자에게 해당 손해의 증명 또는 손해액의 산정에 필요한 자료의 제출을 명할 수 있다</u>(법 제39조의3 제1항 본문).

(3) 정당한 이유 있는 제출거부

① 제출명령을 받은 자가 그 <u>자료의 제출을 거부할 정당한 이유</u>가 있으면 자료의 제출을 명할 수 없다(제1항 단서).
② 법원은 제출명령을 받은 자가 그 <u>자료의 제출을 거부할 정당한 이유가 있다고 주장하는 경우에는 그 주장의 당부(當否)를 판단하기 위하여 자료의 제시를 명할 수 있다.</u> 이 경우 법원은 그 자료를 다른 사람이 보게 하여서는 아니 된다(제2항).
③ 제출되어야 할 자료가 「부정경쟁방지 및 영업비밀보호에 관한 법률」 제2조 제2호에 따른 영업비밀에 해당하나 손해의 증명 또는 손해액의 산정에 반드시 필요한 경우에는 제1항 단서에 따른 정당한 이유로 보지 아니한다. 이 경우 법원은 제출명령의 목적 내에서 열람할 수 있는 범위 또는 열람할 수 있는 사람을 지정하여야 한다(제3항).

(4) 제출명령 불응시 등의 효과

① 법원은 제출명령을 받은 자가 <u>정당한 이유 없이 그 명령에 따르지 아니한 경우에는 자료의 기재에 대한 신청인의 주장을 진실한 것으로 인정할 수 있다</u>(제4항).
② 법원은 제4항에 해당하는 경우 <u>신청인이 자료의 기재에 관하여 구체적으로 주장하기에 현저히 곤란한 사정이 있고 자료로 증명할 사실을 다른 증거로 증명하는 것을 기대하기도 어려운 경우에는 신청인이 자료의 기재로 증명하려는 사실에 관한 주장을 진실한 것으로 인정할 수 있다</u>(제5항).

11. 비밀유지명령

> **설명형 예제**
> 「개인정보 보호법」을 위반한 행위로 인한 손해배상청구소송에서 법원이 행사할 수 있는 '자료제출 명령'과 '비밀유지명령' 제도를 설명하시오.

(1) 의의

개인정보 보호법은 고의·중과실로 유출된 개인정보로 인한 손해배상 책임 및 법정배상제도를 통해 정보주체의 구제권을 강화해 왔지만, 소송 과정에서 요구되는 증거자료에 기술·경영 정보 등 민간기업의 영업비밀이 포함될 경우 이를 그대로 제출하기 어려운 현실적 한계를 내포하고 있었다. 따라서 '영업비밀 보호'와 '피해자 구제' 사이의 긴장을 해소하기 위한 입법적 해법으로, 당사자의 신청에 따라 법원이 영업비밀을 제한된 범위 내에서만 사용하고 비공개를 유지하도록 명령할 수 있는 '비밀유지명령' 제도를 도입했다.

(2) 비밀유지명령 신청권

법원은 이 법을 위반한 행위로 인한 손해배상청구소송에서 당사자의 신청에 따른 결정으로 다음 각 호의 자에게 그 당사자가 보유한 영업비밀을 해당 소송의 계속적인 수행 외의 목적으로 사용하거나 그 영업비밀에 관계된 이 항에 따른 명령을 받은 자 외의 자에게 공개하지 아니할 것을 명할 수 있다. 다만, 그 신청 시점까지 다음 각 호의 자가 준비서면의 열람이나 증거조사 외의 방법으로 그 영업비밀을 이미 취득하고 있는 경우에는 그러하지 아니하다(법 제39조의4 제1항).

1. 다른 당사자(법인인 경우에는 그 대표자)
2. 당사자를 위하여 해당 소송을 대리하는 자
3. 그 밖에 해당 소송으로 영업비밀을 알게 된 자

> **예시**
> A는 스포츠 데이터 분석 블로그를 운영하며 자신만의 고객행동 예측 알고리즘과 통계모델(=영업비밀에 해당할 수 있음)을 개발했다. 이후 A는 이 기술을 활용할 수 있도록 핀테크 기업인 B(개인정보처리자)에 유료 라이선스로 공급했지만 B는 해당 알고리즘과 학습 데이터, 고객 분류 기준까지 계약범위를 넘어 무단 활용했다. 이에 A가 B를 피고로 손해배상소송을 제기하면서 "증거로 제출하되, 소송절차 외에 공개되거나 외부에 유출되지 않도록 해달라"며 법원에 비밀유지명령을 신청했다.

(3) 신청인의 소명 대상

비밀유지명령을 신청하는 자는 다음 각 호의 사유를 모두 소명하여야 한다(제2항).

1. 이미 제출하였거나 제출하여야 할 준비서면, 이미 조사하였거나 조사하여야 할 증거 또는 제39조의3 제1항에 따라 제출하였거나 제출하여야 할 자료에 영업비밀이 포함되어 있다는 것
2. 제1호의 영업비밀이 해당 소송 수행 외의 목적으로 사용되거나 공개되면 당사자의 영업에 지장을 줄 우려가 있어 이를 방지하기 위하여 영업비밀의 사용 또는 공개를 제한할 필요가 있다는 것

(4) 신청 방식

비밀유지명령의 신청은 다음 각 호의 사항을 적은 서면으로 하여야 한다(제3항).

> 1. 비밀유지명령을 받을 자
> 2. 비밀유지명령의 대상이 될 영업비밀을 특정하기에 충분한 사실
> 3. 제2항 각 호의 사유에 해당하는 사실

(5) 비밀유지명령 결정의 절차와 효력

① 법원은 비밀유지명령이 결정된 경우에는 그 결정서를 비밀유지명령을 받을 자에게 송달하여야 한다(제4항).
② 비밀유지명령은 결정서가 비밀유지명령을 받을 자에게 송달된 때부터 효력이 발생한다(제5항).
③ 비밀유지명령의 신청을 기각하거나 각하한 재판에 대해서는 즉시항고를 할 수 있다(제6항).

(6) 비밀유지명령의 취소

① 비밀유지명령을 신청한 자 또는 비밀유지명령을 받은 자는 제39조의4 제2항 각 호의 사유에 부합하지 아니하는 사실이나 사정이 있는 경우 소송기록을 보관하고 있는 법원(소송기록을 보관하고 있는 법원이 없는 경우에는 비밀유지명령을 내린 법원)에 비밀유지명령의 취소를 신청할 수 있다(법 제39조의5 제1항).
② 법원은 비밀유지명령의 취소신청에 대한 재판이 있는 경우에는 그 결정서를 그 신청을 한 자 및 상대방에게 송달하여야 한다(제2항).
③ 비밀유지명령의 취소신청에 대한 재판에 대해서는 즉시항고를 할 수 있다(제3항).
④ 비밀유지명령을 취소하는 재판은 확정되어야 효력이 발생한다(제4항).
⑤ 비밀유지명령을 취소하는 재판을 한 법원은 비밀유지명령의 취소신청을 한 자 또는 상대방 외에 해당 영업비밀에 관한 비밀유지명령을 받은 자가 있는 경우에는 그 자에게 즉시 비밀유지명령의 취소 재판을 한 사실을 알려야 한다(제5항).

12. 소송기록 열람 등의 청구 통지 등

(1) 의의

민사소송법 제163조는 '비밀 기재'가 포함된 소송기록의 열람을 당사자로 제한하고 있으나, 제3자가 위장해 신청하는 경우 이를 실제로 열람할 수 있는 허점이 존재했다. 이에 따라 개인정보 침해소송에서 정보주체의 권리가 손상되지 않도록, 법원이 제3자의 열람신청을 접수한 사실을 당사자에게 즉시 통지하고 일정 기간 열람을 금지하도록 보완하고 있다.

(2) '제3자 열람 요청 사실'의 당사자 통지 의무

비밀유지명령이 내려진 소송(모든 비밀유지명령이 취소된 소송은 제외)에 관한 소송기록에 대하여 「민사소송법」 제163조 제1항에 따라 열람 등의 신청인을 당사자로 제한하는 결정이 있었던 경우로서 당사자가 같은 항에서 규정하는 비밀 기재부분의 열람 등의 청구를 하였으나 그 청구 절차를 해당 소송에서 비밀유지명령을 받지 아니한 자가 밟은 경우에는 법원서기관, 법원사무관, 법원주사 또는 법원주사보

(이하 "법원사무관등")는 같은 항의 신청을 한 당사자(그 열람 등의 청구를 한 자는 제외)에게 그 청구 직후에 그 열람 등의 청구가 있었다는 사실을 알려야 한다(법 제39조의6 제1항).

(3) 최대 2주간 열람 금지·대기

법원사무관등은 제1항의 청구가 있었던 날부터 2주일이 지날 때까지(그 청구 절차를 밟은 자에 대한 비밀유지명령 신청이 그 기간 내에 이루어진 경우에는 그 신청에 대한 재판이 확정되는 시점까지를 말함) 그 청구 절차를 밟은 자에게 제1항의 비밀 기재부분의 열람 등을 하게 하여서는 아니 된다(제2항).

(4) 당사자 전원의 동의 시 예외 허용

제2항은 제1항의 열람 등의 청구를 한 자에게 제1항의 비밀 기재부분의 열람 등을 하게 하는 것에 대하여 「민사소송법」 제163조 제1항의 신청을 한 당사자 모두가 동의하는 경우에는 적용되지 아니한다(제3항).

> **예시** 앞의 사례에서, B사의 직원 X(또는 언론사 리포터 Y) 등 제3자가 비밀 기재부분의 열람을 신청하자, 법원은 즉시 A에게 "비밀 기재 열람 요청 사실"을 통지했다(제1항). 법원은 통지 후 2주 동안(또는 명령신청이 진행되어 결정이 날 때까지) X(또는 Y)의 열람을 금지해야 한다(제2항). A와 B사가 모두 "X(또는 Y)에게 열람을 허용해도 괜찮다."고 동의할 경우 해당 기록만 제한적으로 열람 허용 가능하다(제3항).

10 개인정보 분쟁조정위원회

1. 개인정보 분쟁조정위원회의 설치 및 구성

> **설명형 예제**
> 개인정보 분쟁조정위원회의 설치 목적과 조직 구성에 대해 설명하시오.

(1) 의의

개인정보에 관한 분쟁의 조정을 위하여 개인정보 분쟁조정위원회(이하 "분쟁조정위원회")를 둔다(법 제40조 제1항).

개인정보 분쟁조정위원회는 개인정보 침해로 인한 분쟁에 대하여 소송 외의 신속하고 실질적인 법적 구제수단을 제공하는 준사법적 조정기관이다.

※ 조정위원회는 권고만 하고 그 권고에 동의할지 안 할지는 양 당사자의 자유이나, 당사자가 권고를 수락하여 조정이 성립되면 '재판상 화해'와 같이 법원의 확정판결과 동일한 효력이 있다.

(2) 분쟁조정위원회의 구성

① 분쟁조정위원회는 위원장 1명을 포함한 30명 이내의 위원으로 구성하며, 위원은 당연직위원과 위촉위원으로 구성한다(제2항).

② 위촉위원은 다음 각 호의 어느 하나에 해당하는 사람 중에서 보호위원회 위원장이 위촉하고, 대통령령으로 정하는 국가기관 소속 공무원은 당연직위원이 된다(제3항).

> 1. 개인정보 보호업무를 관장하는 중앙행정기관의 고위공무원단에 속하는 공무원으로 재직하였던 사람 또는 이에 상당하는 공공부문 및 관련 단체의 직에 재직하고 있거나 재직하였던 사람으로서 개인정보 보호업무의 경험이 있는 사람
> 2. 대학이나 공인된 연구기관에서 부교수 이상 또는 이에 상당하는 직에 재직하고 있거나 재직하였던 사람
> 3. 판사·검사 또는 변호사로 재직하고 있거나 재직하였던 사람
> 4. 개인정보 보호와 관련된 시민사회단체 또는 소비자단체로부터 추천을 받은 사람
> 5. 개인정보처리자로 구성된 사업자단체의 임원으로 재직하고 있거나 재직하였던 사람

③ <u>위원장은 위원 중에서 공무원이 아닌 사람으로 보호위원회 위원장이 위촉한다</u>(제4항).
④ <u>위원장과 위촉위원의 임기는 2년으로 하되, 1차에 한하여 연임할 수 있다</u>(제5항).
⑤ <u>분쟁조정위원회는 재적위원 과반수의 출석으로 개의하며 출석위원 과반수의 찬성으로 의결한다</u>(제7항).
⑥ 보호위원회는 <u>분쟁조정 접수, 사실 확인 등 분쟁조정에 필요한 사무를 처리할 수 있다</u>(제8항).
⑦ 분쟁조정위원회의 당연직위원은 보호위원회의 고위공무원단에 속하는 일반직공무원으로서 개인정보 보호에 관한 업무를 담당하는 사람 중 보호위원회 위원장이 지명하는 사람으로 한다(시행령 제48조의14).

(3) 분쟁조정위원회의 운영

① 분쟁조정위원회 위원장은 분쟁조정위원회의 회의를 소집하며, 그 의장이 된다(시행령 제51조 제1항).
② 분쟁조정위원회 위원장이 분쟁조정위원회의 회의를 소집하려면 회의 날짜·시간·장소 및 안건을 정하여 회의 <u>개최 7일 전까지 각 위원에게 알려야</u> 한다. 다만, 긴급한 사정이 있는 경우에는 그러하지 아니하다(제2항).
③ <u>분쟁조정위원회 및 조정부의 회의는 공개하지 아니한다.</u> 다만, 필요하다고 인정되는 경우에는 분쟁조정위원회의 의결로 당사자 또는 이해관계인에게 방청을 하게 할 수 있다(제3항).

(4) 조정부의 설치 및 운영

① 분쟁조정위원회는 분쟁조정 업무를 효율적으로 수행하기 위하여 필요하면 대통령령으로 정하는 바에 따라 <u>조정사건의 분야별로 5명 이내의 위원으로 구성되는 조정부</u>를 둘 수 있다. 이 경우 조정부가 분쟁조정위원회에서 위임받아 의결한 사항은 분쟁조정위원회에서 의결한 것으로 본다(법 제40조 제6항).
② 법 조정부는 분쟁조정위원회 위원장이 지명하는 5명 이내의 위원으로 구성하되, 그 중 1명은 변호사 자격이 있는 위원으로 한다(시행령 제49조 제1항).
③ 분쟁조정위원회 위원장은 조정부의 회의를 소집한다(제2항).
④ 분쟁조정위원회의 위원장은 조정부의 회의를 소집하려면 회의 날짜·시간·장소 및 안건을 정하여 회의 개최 7일 전까지 조정부의 각 위원에게 알려야 한다. 다만, 긴급한 사정이 있는 경우에는 그러하지 아니하다(제3항).

⑤ 조정부의 장은 조정부 위원 중에서 호선(互選)한다(제4항).
⑥ 조정부는 재적위원 과반수의 출석으로 개의하며 출석위원 과반수의 찬성으로 의결한다(제7항).

(5) 분쟁조정 전문위원회

① 분쟁조정위원회는 개인정보에 관한 분쟁의 조정과 관련된 사항의 전문적인 검토를 위하여 분쟁조정위원회에 분야별 전문위원회를 둘 수 있다(시행령 제49조의2 제1항).
② 분쟁조정전문위원회는 위원장 1명을 포함한 10명 이내의 위원으로 구성한다(제2항).
③ 분쟁조정전문위원회 위원은 다음 각 호의 사람 중에서 분쟁조정위원회 위원장이 임명하거나 위촉하고, 분쟁조정전문위원회 위원장은 분쟁조정전문위원회 위원 중에서 분쟁조정위원회 위원장이 지명한다(제3항).

> 1. 분쟁조정위원회 위원
> 2. 개인정보 보호 관련 업무를 담당하는 중앙행정기관의 관계 공무원
> 3. 대학에서 개인정보 보호 분야의 조교수 이상으로 재직하고 있거나 재직하였던 사람
> 4. 공인된 연구기관에서 개인정보 보호 관련 분야의 5년 이상 연구경력이 있는 사람
> 5. 변호사 자격을 취득한 후 개인정보 보호 관련 분야에 1년 이상 경력이 있는 사람
> 6. 그 밖에 개인정보 보호 및 분쟁의 조정과 관련하여 전문지식과 경험이 풍부한 사람

④ 제1항부터 제3항까지에서 규정한 사항 외에 분쟁조정전문위원회의 구성 및 운영 등에 필요한 사항은 분쟁조정위원회의 의결을 거쳐 분쟁조정위원회 위원장이 정한다(제4항).

2. 위원의 신분보장

> **설명형 예제**
>
> 甲은 자신이 가입한 인터넷 쇼핑몰 운영업체가 본인의 동의 없이 개인정보를 제3자에게 제공하였다고 주장하며, 개인정보 보호위원회에 분쟁조정을 신청하였다. 이 사건은 개인정보 분쟁조정위원회에 회부되어 심의절차에 들어갔다. 그런데 甲은 해당 사건을 담당하게 된 한 위원이 과거 해당 쇼핑몰 업체의 고문변호사로 활동한 이력이 있다는 사실을 알게 되었고, 공정한 심의가 어렵다고 판단하여 이 위원에 대한 기피신청을 하였다. 위원장은 위 기피신청에 대해 분쟁조정위원회 전체 의결을 거치지 않고 바로 판단하여 해당 위원을 배제하기로 결정하였다. 분쟁조정위원회 위원에 대한 제척, 기피, 회피 제도에 대해 각각 설명하고, 위 사례에서 기피신청의 절차적 정당성 여부를 검토하시오.

(1) 분쟁조정의 독립성 보장

위원은 자격정지 이상의 형을 선고받거나 심신상의 장애로 직무를 수행할 수 없는 경우를 제외하고는 그의 의사에 반하여 면직되거나 해촉되지 아니한다(법 제41조).

(2) 분쟁조정의 공정성 보장

① 분쟁조정위원회의 위원은 다음 각 호의 어느 하나에 해당하는 경우에는 제43조 제1항에 따라 분쟁조정위원회에 신청된 분쟁조정사건(이하 이 조에서 "사건")의 심의·의결에서 제척된다(법 제42조 제1항).

1. 위원 또는 그 배우자나 배우자였던 자가 그 사건의 당사자가 되거나 그 사건에 관하여 공동의 권리자 또는 의무자의 관계에 있는 경우
2. 위원이 그 사건의 당사자와 친족이거나 친족이었던 경우
3. 위원이 그 사건에 관하여 증언, 감정, 법률자문을 한 경우
4. 위원이 그 사건에 관하여 당사자의 대리인으로서 관여하거나 관여하였던 경우

② 당사자는 위원에게 공정한 심의·의결을 기대하기 어려운 사정이 있으면 위원장에게 기피신청을 할 수 있다. 이 경우 위원장은 기피신청에 대하여 분쟁조정위원회의 의결을 거치지 아니하고 결정한다(제2항).
③ 위원이 제1항 또는 제2항의 사유에 해당하는 경우에는 스스로 그 사건의 심의·의결에서 회피할 수 있다(제3항).

3. 분쟁조정의 절차

설명형 예제
「개인정보 보호법」상 개인정보와 관련한 분쟁조정 절차를 설명하시오.

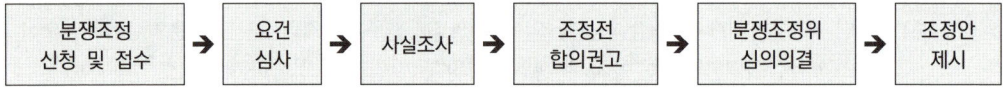

(1) 의의

민사소송은 시간·비용 부담이 크고 위험성이 있는 반면, 개인정보 침해는 다수의 작은 피해가 빠르게 확산될 수 있어 신속하고 접근 가능한 중재·조정 제도가 필요했다. 사실조사, 합의 권고, 조정안 제시 등 일관적 절차를 갖춘 분쟁조정제도는 이를 해소하는 제도적 대안이 된다.

(2) 분쟁조정의 신청 등

① 개인정보와 관련한 분쟁의 조정을 원하는 자는 분쟁조정위원회에 분쟁조정을 신청할 수 있다(법 제43조 제1항).
② 분쟁조정위원회는 당사자 일방으로부터 분쟁조정 신청을 받았을 때에는 그 신청내용을 상대방에게 알려야 한다(제2항).
③ 개인정보처리자가 제2항에 따른 분쟁조정의 통지를 받은 경우에는 특별한 사유가 없으면 분쟁조정에 응하여야 한다(제3항).

(3) 처리기간

① 분쟁조정위원회는 분쟁조정 신청을 받은 날부터 60일 이내에 이를 심사하여 조정안을 작성하여야 한다. 다만, 부득이한 사정이 있는 경우에는 분쟁조정위원회의 의결로 처리기간을 연장할 수 있다(법 제44조 제1항).
② 분쟁조정위원회는 처리기간을 연장한 경우에는 기간연장의 사유와 그 밖의 기간연장에 관한 사항을 신청인에게 알려야 한다(제2항).

(4) 자료의 요청 및 사실조사 등

① 분쟁조정위원회는 분쟁조정 신청을 받았을 때에는 해당 분쟁의 조정을 위하여 필요한 자료를 분쟁당사자에게 요청할 수 있다. 이 경우 분쟁당사자는 정당한 사유가 없으면 요청에 따라야 한다(법 제45조 제1항).

② 분쟁조정위원회는 분쟁의 조정을 위하여 사실 확인이 필요한 경우에는 분쟁조정위원회의 위원 또는 대통령령으로 정하는 사무기구의 소속 공무원으로 하여금 사건과 관련된 장소에 출입하여 관련 자료를 조사하거나 열람하게 할 수 있다. 이 경우 분쟁당사자는 해당 조사·열람을 거부할 정당한 사유가 있을 때에는 그 사유를 소명하고 조사·열람에 따르지 아니할 수 있다(제2항).

※ 분쟁조정위원회는 조사·열람을 하려는 경우에는 그 7일 전까지 조사·열람 대상자에게 다음 각 호의 사항을 문서로 알려야 한다. 다만, 조사·열람 목적을 침해할 우려가 있는 경우에는 미리 알리지 않을 수 있다(시행령 제51조의3 제2항).

> 1. 조사·열람의 목적
> 2. 조사·열람의 기간과 장소
> 3. 조사·열람을 하는 사람의 직위와 성명
> 4. 조사·열람의 범위와 내용
> 5. 정당한 사유가 있는 경우 조사·열람을 거부할 수 있다는 사실
> 6. 정당한 사유 없이 조사·열람을 거부·방해 또는 기피할 경우 불이익의 내용
> 7. 그 밖에 분쟁조정을 위한 조사·열람에 필요한 사항

※ 분쟁조정위원회는 조사·열람을 할 때에는 분쟁당사자 또는 분쟁당사자가 지명하는 자가 입회하거나 의견을 진술하도록 요청할 수 있다(제3항).

③ 제2항에 따른 조사·열람을 하는 위원 또는 공무원은 그 권한을 표시하는 증표를 지니고 이를 관계인에게 내보여야 한다(법 제45조 제3항).

④ 분쟁조정위원회는 분쟁의 조정을 위하여 필요하다고 인정하면 관계 기관 등에 자료 또는 의견의 제출 등 필요한 협조를 요청할 수 있다(제4항).

⑤ 분쟁조정위원회는 필요하다고 인정하면 분쟁당사자나 참고인을 위원회에 출석하도록 하여 그 의견을 들을 수 있다(제5항). 이 경우 회의 일시 및 장소를 정하여 회의 개최 15일 전까지 분쟁당사자 또는 참고인에게 출석을 통지해야 한다(시행령 제51조의3 제4항).

(5) 진술의 원용 제한

조정절차에서의 의견과 진술은 소송(해당 조정에 대한 준재심은 제외)에서 원용(援用)하지 못한다(법 제45조의2).

(6) 조정 전 합의 권고

분쟁조정위원회는 분쟁조정 신청을 받았을 때에는 당사자에게 그 내용을 제시하고 조정 전 합의를 권고할 수 있다(법 제46조).

(7) 분쟁의 조정

① 분쟁조정위원회는 다음 각 호의 어느 하나의 사항을 포함하여 <u>조정안을 작성할 수 있다</u>(법 제47조 제1항).

> 1. 조사 대상 침해행위의 중지
> 2. 원상회복, 손해배상, 그 밖에 필요한 구제조치
> 3. 같거나 비슷한 침해의 재발을 방지하기 위하여 필요한 조치

② 분쟁조정위원회는 <u>조정안을 작성하면 지체 없이 각 당사자에게 제시하여야 한다</u>(제2항). 이때 분쟁조정위원회는 조정안을 제시받은 날부터 15일 이내에 수락 여부를 알리지 않으면 조정을 수락한 것으로 본다는 사실을 알려야 한다(시행령 제51조의4 제1항).

③ 조정안을 제시받은 당사자가 제시받은 날부터 15일 이내에 수락 여부를 알리지 아니하면 <u>조정을 수락한 것으로 본다</u>(법 제47조 제3항).

④ 조정안을 제시받은 당사자는 <u>조정안을 거부하려는 경우에는</u> 조정안을 제시받은 날부터 15일 이내에 인편, 등기우편 또는 전자우편의 방법으로 그 의사를 분쟁조정위원회에 알려야 한다(시행령 제51조의4 제2항).

⑤ <u>당사자가 조정내용을 수락한 경우</u>(법 제47조 제3항에 따라 수락한 것으로 보는 경우를 포함) 분쟁조정위원회는 조정서를 작성하고, 분쟁조정위원회의 위원장과 각 당사자가 기명날인 또는 서명을 한 후 조정서 정본을 지체 없이 각 당사자 또는 그 대리인에게 송달하여야 한다. 다만, 수락한 것으로 보는 경우에는 각 당사자의 기명날인 및 서명을 생략할 수 있다(법 제47조 제4항).

⑥ 조정의 내용은 <u>재판상 화해와 동일한 효력을 갖는다</u>(제5항).

(8) 조정의 거부 및 중지

① 분쟁조정위원회는 분쟁의 성질상 <u>분쟁조정위원회에서 조정하는 것이 적합하지 아니하다고 인정하거나 부정한 목적으로 조정이 신청되었다고 인정하는 경우에는 그 조정을 거부할 수 있다.</u> 이 경우 조정거부의 사유 등을 신청인에게 알려야 한다(법 제48조 제1항).

② 분쟁조정위원회는 <u>신청된 조정사건에 대한 처리절차를 진행하던 중에 한 쪽 당사자가 소를 제기하면 그 조정의 처리를 중지</u>하고 이를 당사자에게 알려야 한다(제2항).

4. 집단분쟁조정 * 2024 행정사 기출

> **설명형 예제**
>
> 「개인정보보호법」상 '집단분쟁조정'의 실시요건과 이에 대한 분쟁조정 위원회의 처리절차에 관하여 설명하시오.
> * 2024 행정사

(1) 의의

대규모 개인정보 유출 사건( 카드사 정보 누출, 플랫폼 해킹)이 반복되자, 수천~수만 건의 개별 분쟁을 일일이 조정하거나 소송하는 방식의 비효율성 및 형평성 문제가 드러났다. 특히 개인정보 유출사고와 오·남용사고는 대부분 집단성을 띠고 있고, 유출되거나 오·남용된 개인정보의 항목이나 피해의 유형도 같거나 비슷하다. 따라서 집단적 분쟁사건에 대해서는 하나의 분쟁조정절차에서 일괄적으로

해결하는 것이 편리하다. 이 제도의 도입은 국민의 권익 보호를 실질화하고 분쟁처리 실효성을 높이려는 것을 목적으로 한다.

개인정보 보호법은 앞에서 본 일반 분쟁조정절차에 더하여 집단분쟁조정에 대해 다음과 같이 특례조항들을 두고 있다.

(2) 집단분쟁조정의 의뢰 및 신청

국가 및 지방자치단체, 개인정보 보호단체 및 기관, 정보주체, 개인정보처리자는 정보주체의 피해 또는 권리침해가 다수의 정보주체에게 같거나 비슷한 유형으로 발생하는 경우로서 대통령령으로 정하는 사건에 대하여는 분쟁조정위원회에 일괄적인 분쟁조정(이하 "집단분쟁조정")을 의뢰 또는 신청할 수 있다(법 제49조 제1항).

※ "대통령령으로 정하는 사건" : 다음 각 호의 요건을 모두 갖춘 사건(시행령 제52조)

1. 피해 또는 권리침해를 입은 정보주체의 수가 다음 각 목의 정보주체를 제외하고 50명 이상일 것
   가. 개인정보처리자와 분쟁해결이나 피해보상에 관한 합의가 이루어진 정보주체
   나. 같은 사안으로 다른 법령에 따라 설치된 분쟁조정기구에서 분쟁조정 절차가 진행 중인 정보주체
   다. 해당 개인정보 침해로 인한 피해에 대하여 법원에 소(訴)를 제기한 정보주체
2. 사건의 중요한 쟁점이 사실상 또는 법률상 공통될 것

(3) 집단분쟁조정절차의 개시 및 공고

① 집단분쟁조정을 의뢰받거나 신청받은 분쟁조정위원회는 그 의결로써 집단분쟁조정의 절차를 개시할 수 있다. 이 경우 분쟁조정위원회는 대통령령으로 정하는 기간(* 14일 이상의 기간) 동안 그 절차의 개시를 공고하여야 한다(법 제49조 제2항).
② 집단분쟁조정 절차의 개시 공고는 분쟁조정위원회의 인터넷 홈페이지 또는 「신문 등의 진흥에 관한 법률」에 따라 전국을 보급지역으로 하는 일반일간신문에 게재하는 방법으로 한다(시행령 제53조 제2항).
③ 분쟁조정위원회는 집단분쟁조정의 당사자가 아닌 정보주체 또는 개인정보처리자로부터 그 분쟁조정의 당사자에 추가로 포함될 수 있도록 하는 신청을 받을 수 있다(법 제49조 제3항).
   ※ 집단분쟁조정의 당사자가 아닌 정보주체 또는 개인정보처리자가 추가로 집단분쟁조정의 당사자로 참가하려면 법 제49조 제2항 후단의 공고기간에 문서로 참가 신청을 하여야 한다(시행령 제54조 제1항). 그리고 분쟁조정위원회는 집단분쟁조정 당사자 참가 신청을 받으면 제1항의 신청기간이 끝난 후 10일 이내에 참가 인정 여부를 문서로 알려야 한다(제2항).
④ 분쟁조정위원회는 그 의결로써 집단분쟁조정의 당사자 중에서 공동의 이익을 대표하기에 가장 적합한 1인 또는 수인을 대표당사자로 선임할 수 있다(제4항).

(4) 당사자 이외의 자에 대한 보상

분쟁조정위원회는 개인정보처리자가 분쟁조정위원회의 집단분쟁조정의 내용을 수락한 경우에는 집단분쟁조정의 당사자가 아닌 자로서 피해를 입은 정보주체에 대한 보상계획서를 작성하여 분쟁조정위원회에 제출하도록 권고할 수 있다(법 제49조 제5항).

(5) 집단분쟁조정절차의 제외

분쟁조정위원회는 집단분쟁조정의 당사자인 다수의 정보주체 중 <u>일부의 정보주체가 법원에 소를 제기한 경우</u>에는 그 절차를 중지하지 아니하고, <u>소를 제기한 일부의 정보주체를 그 절차에서 제외한다</u>(법 제49조 제6항).

(6) 집단분쟁조정의 기간

집단분쟁조정의 기간은 <u>절차 개시의 공고가 종료된 날의 다음 날부터 60일 이내로 한다</u>. 다만, 부득이한 사정이 있는 경우에는 분쟁조정위원회의 의결로 처리기간을 연장할 수 있다(법 제49조 제7항).

5. 개선의견의 통보

분쟁조정위원회는 소관 업무 수행과 관련하여 개인정보 보호 및 정보주체의 권리 보호를 위한 개선의견을 보호위원회 및 관계 중앙행정기관의 장에게 통보할 수 있다(법 제50조의2).

☞ 분쟁 사례 분석을 통해 조정 기능을 사후적 구제에서 사전적 예방 체계로 진화시키려는 것이다.

11 개인정보 단체소송

> **설명형 예제**
>
> 소비자단체 A는 다수의 시민들로부터 B쇼핑몰이 이용자들의 구매이력과 위치정보 등 민감한 개인정보를 당사자의 동의 없이 외부 광고 대행사에 제공했다는 제보를 받고, B쇼핑몰을 상대로 분쟁조정을 신청하였다. 그러나 B쇼핑몰은 개인정보 분쟁조정위원회의 집단분쟁조정 절차를 거부하였다. 이에 A단체는 개인정보 보호법에 따른 단체소송을 제기하고자 한다. A단체가 단체소송을 제기할 수 있는 법적 근거는 무엇인지 설명하고, 해당 단체가 갖추어야 할 요건을 구체적으로 설명하시오.

1. 의의

'단체소송'은 <u>일정한 자격을 갖춘 단체로 하여금 전체 피해자들의 이익을 위해 소송을 제기할 수 있는 권한을 부여하는</u> 제도이다. 이는 피해 집단에 속해 있는 개인에게 당사자 적격을 인정하여 그로 하여금 집단구성원 전원을 위하여 소송을 수행할 수 있게 하는 '집단소송'과 구별된다.

개인정보 단체소송은 개개인의 소송만으로는 해결하기 어려운 다수인의 개인정보 침해 구조에 대응하기 위해 마련된 실질적 집단 구제수단으로써 집단분쟁조정의 거부·불수락 시, 요건을 갖춘 단체가 법원에 일괄소송을 제기할 수 있도록 하고 있다.

2. 개인정보 단체소송의 대상 및 청구범위

(1) 개인정보단체소송의 대상

개인정보단체소송의 대상이 되는 개인정보처리자의 행위는 <u>개인정보 처리와 관련한 정보주체의 권리를 침해하는 행위</u>이다.

최소한 소제기 당시 권리침해 행위가 계속되고 있어야 하고 과거의 행위로서 소제기 당시 종료된 권리침해행위는 특별한 사정이 없는 한 단체소송의 대상이 되지 못한다.

(2) 개인정보단체소송의 청구범위

개인정보 단체소송은 권리침해 행위의 금지·중지(예 개인정보의 목적 외 이용 및 제공, 개인정보 열람 요구에 대한 금지)를 구하는 소송이다(법 제51조 본문).

※ 개인정보 유출 등 피해로 인한 손해배상청구소송이나 권리침해 이전으로의 원상회복을 구하는 취지의 소송은 단체소송을 통해서 제기할 수 없다.

3. 개인정보 단체소송의 원고적격

다음 각 호의 어느 하나에 해당하는 단체는 개인정보처리자가 집단분쟁조정을 거부하거나 집단분쟁조정의 결과를 수락하지 아니한 경우에는 법원에 권리침해 행위의 금지·중지를 구하는 소송을 제기할 수 있다(법 제51조).

> 1. 「소비자기본법」 제29조에 따라 공정거래위원회에 등록한 소비자단체로서 다음 각 목의 요건을 모두 갖춘 단체
>   가. 정관에 따라 상시적으로 정보주체의 권익증진을 주된 목적으로 하는 단체일 것
>   나. 단체의 정회원수가 1천명 이상일 것
>   다. 「소비자기본법」 제29조에 따른 등록 후 3년이 경과하였을 것
> 2. 「비영리민간단체 지원법」 제2조에 따른 비영리민간단체로서 다음 각 목의 요건을 모두 갖춘 단체
>   가. 법률상 또는 사실상 동일한 침해를 입은 100명 이상의 정보주체로부터 단체소송의 제기를 요청받을 것
>   나. 정관에 개인정보 보호를 단체의 목적으로 명시한 후 최근 3년 이상 이를 위한 활동실적이 있을 것
>   다. 단체의 상시 구성원수가 5천명 이상일 것
>   라. 중앙행정기관에 등록되어 있을 것

4. 개인정보 단체소송의 전속관할

단체소송의 소는 피고의 주된 사무소 또는 영업소가 있는 곳, 주된 사무소나 영업소가 없는 경우에는 주된 업무담당자의 주소가 있는 곳의 지방법원 본원 합의부의 관할에 전속한다(법 제52조 제1항). 제1항을 외국사업자에 적용하는 경우 대한민국에 있는 이들의 주된 사무소·영업소 또는 업무담당자의 주소에 따라 정한다(제2항).

5. 소송대리인의 선임

단체소송의 원고는 변호사를 소송대리인으로 선임하여야 한다(법 제53조).
※ 집단분쟁조정의 경우에는 청구인 중에서 대표당사자를 선임하도록 한 것(제49조 제4항)과 비교된다.

6. 소송허가신청 및 허가요건 등

(1) 소송허가신청

① 단체소송을 제기하는 단체는 소장과 함께 다음 각 호의 사항을 기재한 소송허가신청서를 법원에 제출하여야 한다(법 제54조 제1항).

> 1. 원고 및 그 소송대리인
> 2. 피고
> 3. 정보주체의 침해된 권리의 내용

② 소송허가신청서에는 다음 각 호의 자료를 첨부하여야 한다(제2항).

> 1. 소제기단체가 제51조 각 호의 어느 하나에 해당하는 요건을 갖추고 있음을 소명하는 자료
> 2. 개인정보처리자가 조정을 거부하였거나 조정결과를 수락하지 아니하였음을 증명하는 서류

(2) 소송허가요건 등

① 법원은 다음 각 호의 요건을 모두 갖춘 경우에 한하여 결정으로 단체소송을 허가한다(법 제55조 제1항).

> 1. 개인정보처리자가 분쟁조정위원회의 조정을 거부하거나 조정결과를 수락하지 아니하였을 것
> 2. 제54조에 따른 소송허가신청서의 기재사항에 흠결이 없을 것

② 단체소송을 허가하거나 불허가하는 결정에 대하여는 즉시항고할 수 있다(제2항).

7. 확정판결의 효력

원고의 청구를 기각하는 판결이 확정된 경우 이와 동일한 사안에 관하여는 제51조에 따른 다른 단체는 단체소송을 제기할 수 없다. 다만, 다음 각 호의 어느 하나에 해당하는 경우에는 그러하지 아니하다(법 제56조).

> 1. 판결이 확정된 후 그 사안과 관련하여 국가·지방자치단체 또는 국가·지방자치단체가 설립한 기관에 의하여 새로운 증거가 나타난 경우
> 2. 기각판결이 원고의 고의로 인한 것임이 밝혀진 경우

※ 청구기각 판결이 있어도 개별 정보주체들은 개인정보 단체소송의 결과에 관계 없이 권리침해 행위의 금지·중지를 구하는 소송 또는 손해배상 청구를 구하는 소송을 제기할 수 있다.

8. 「민사소송법」의 적용 등

단체소송에 관하여 이 법에 특별한 규정이 없는 경우에는 「민사소송법」을 적용한다(법 제57조 제1항). 제55조에 따른 단체소송의 허가결정이 있는 경우에는 「민사집행법」 제4편에 따른 보전처분을 할 수 있다(제2항).

단체소송의 절차에 관하여 필요한 사항은 대법원규칙으로 정한다(제3항). ☞ 「개인정보 단체소송규칙」 (2011.9.28. 제정)

12 보칙

1. 적용의 일부 제외

> **사례형 예제**
>
> A고등학교 동문회장인 甲은 동문들의 개인정보를 정보주체의 동의 없이 수집하였다. 동문회에서 탈퇴하고자 하는 乙이 甲에게 개인정보의 삭제를 요구했으나 甲은 동문회의 경우 개인정보 보호법의 적용대상이 아니라며 거절하였다. 甲의 주장은 타당한가?
>
> **해설 요지**
>
> 동문회는 친목단체로서 정보주체의 동의 없이 회원의 개인정보를 수집·이용하는 것이 가능하다. 그러나 친목단체의 설립 목적 범위 내에서 개인정보를 처리하는 경우에도 개인정보의 최소수집원칙, 개인정보의 기술적·관리적 보호조치, 고유식별정보 및 민감정보의 처리 제한, 수탁자에 대한 관리·감독, 개인정보 유출 통지 및 신고 의무, 개인정보 파기, 정보주체의 권리보호 등의 규정은 모두 그대로 적용된다. 따라서 甲은 정보주체인 乙의 개인정보 삭제요구권 행사에 응하여 필요한 조치를 한 후 그 결과를 알려야 한다.

(1) 의의

특정한 공익 또는 고유 목적이 있는 경우 개인정보 보호법 일부의 적용을 제외함으로써, 개인정보 보호와 공익 기능 사이의 균형을 도모한다. 즉 언론·정당 등의 표현의 자유 및 선거권 보장, 국가안보 관련 정보처리, 공공장소 CCTV 운영 등의 영역에서 발생할 수 있는 '과도한 규제'로부터 일정한 예외를 둠으로써 기본권과의 조화를 꾀하고 데이터 활용이 가능하도록 하려는 것이다.

(2) 제외 영역과 법조항

① 다음의 어느 하나에 해당하는 개인정보에 관하여는 제3장(* 개인정보의 처리)부터 제8장(* 개인정보 단체소송)까지를 적용하지 아니한다(법 제58조 제1항).

  1. 국가안전보장과 관련된 정보 분석을 목적으로 수집 또는 제공 요청되는 개인정보
  2. 언론, 종교단체, 정당이 각각 취재·보도, 선교, 선거 입후보자 추천 등 고유 목적을 달성하기 위하여 수집·이용하는 개인정보

② 공개된 장소에 고정형 영상정보처리기기를 설치·운영하여 처리되는 개인정보에 대해서는 제15조(* 개인정보의 수집·이용), 제22조(* 동의를 받는 방법), 제22조의2(* 아동의 개인정보 보호), 제27조 제1항·제2항(* 영업양도 등에 따른 개인정보의 이전 제한), 제34조(* 개인정보 유출 등의 통지·신고) 및 제37조(* 개인정보의 처리정지 등)를 적용하지 아니한다(제2항).

③ 개인정보처리자가 동창회, 동호회 등 친목 도모를 위한 단체를 운영하기 위하여 개인정보를 처리하는 경우에는 제15조(* 개인정보의 수집·이용), 제30조(* 개인정보 처리방침의 수립 및 공개) 및 제31조(* 개인정보 보호책임자의 지정)를 적용하지 아니한다(제3항).

④ 개인정보처리자는 제1항 각 호에 따라 개인정보를 처리하는 경우에도 그 목적을 위하여 필요한 범위에서 최소한의 기간에 최소한의 개인정보만을 처리하여야 하며, 개인정보의 안전한 관리를 위하여 필요한 기술적·관리적 및 물리적 보호조치, 개인정보의 처리에 관한 고충처리, 그 밖에 개인정보의 적절한 처리를 위하여 필요한 조치를 마련하여야 한다(제4항).

2. 비식별 정보의 적용 제외

이 법은 시간·비용·기술 등을 합리적으로 고려할 때 다른 정보를 사용하여도 더 이상 개인을 알아볼 수 없는 정보에는 적용하지 아니한다(법 제58조의2).

☞ AI·빅데이터 기술 발전으로 익명처리된 정보의 활용이 급증함에 따라, 현실적·기술적 한계에 따른 '비식별 정보'에 대해 개인정보 보호법 적용을 명확히 배제함으로써 데이터 활용의 활성화와 사생활 보호의 조화를 도모한다.

3. 금지행위

> **사례형 예제**
>
> 甲은 2026. 3.경 경찰서에 ○○농업협동조합의 조합장이 농업협동조합법을 위반한 혐의가 있다고 주장하는 내용의 고발장을 제출하면서 甲이 위 조합의 경제상무로 근무할 때 확보하여 보관하고 있던 조합원들의 개인정보가 담긴 자료들을 첨부하여 제출하였다. 甲의 이러한 행위는 개인정보 보호법상 '개인정보처리자의 개인정보 누설 금지의무'를 위반하였는가?
>
> **해설 요지**
>
> 甲이 업무상 알게 된 다른 정보주체의 개인정보를 고발장에 첨부하여 경찰서에 제출한 것은 그 정보주체의 동의도 받지 아니하고 관련 법령에 정한 절차를 거치지 아니한 이상 부당한 목적하에 이루어진 개인정보의 '누설'에 해당하여 위법하다.

개인정보를 처리하거나 처리하였던 자는 다음 각 호의 어느 하나에 해당하는 행위를 하여서는 아니 된다(법 제59조).

> 1. 거짓이나 그 밖의 부정한 수단이나 방법으로 개인정보를 취득하거나 처리에 관한 동의를 받는 행위
> 2. 업무상 알게 된 개인정보를 누설하거나 권한 없이 다른 사람이 이용하도록 제공하는 행위
> 3. 정당한 권한 없이 또는 허용된 권한을 초과하여 다른 사람의 개인정보를 이용, 훼손, 멸실, 변경, 위조 또는 유출하는 행위

4. 비밀유지 등

다음 각 호의 업무에 종사하거나 종사하였던 자는 직무상 알게 된 비밀을 다른 사람에게 누설하거나 직무상 목적 외의 용도로 이용하여서는 아니 된다. 다만, 다른 법률에 특별한 규정이 있는 경우에는 그러하지 아니하다(법 제60조).

> 1. 제7조의8 및 제7조의9에 따른 보호위원회의 업무
> 2. 제28조의3에 따른 전문기관의 지정 업무 및 전문기관의 업무

3. 제32조의2에 따른 개인정보 보호 인증 업무
4. 제33조에 따른 영향평가 업무
5. 제35조의3에 따른 개인정보관리 전문기관의 지정 업무 및 개인정보관리 전문기관의 업무
6. 제40조에 따른 분쟁조정위원회의 분쟁조정 업무

5. 의견제시 및 개선권고

(1) 보호위원회는 개인정보 보호에 영향을 미치는 내용이 포함된 법령이나 조례에 대하여 필요하다고 인정하면 심의·의결을 거쳐 관계 기관에 의견을 제시할 수 있다(법 제61조 제1항).

(2) 보호위원회는 개인정보 보호를 위하여 필요하다고 인정하면 개인정보처리자에게 개인정보 처리 실태의 개선을 권고할 수 있다. 이 경우 권고를 받은 개인정보처리자는 이를 이행하기 위하여 성실하게 노력하여야 하며, 그 조치 결과를 보호위원회에 알려야 한다(제2항).

(3) 관계 중앙행정기관의 장은 개인정보 보호를 위하여 필요하다고 인정하면 소관 법률에 따라 개인정보처리자에게 개인정보 처리 실태의 개선을 권고할 수 있다. 이 경우 권고를 받은 개인정보처리자는 이를 이행하기 위하여 성실하게 노력하여야 하며, 그 조치 결과를 관계 중앙행정기관의 장에게 알려야 한다(제3항).

(4) 중앙행정기관, 지방자치단체, 국회, 법원, 헌법재판소, 중앙선거관리위원회는 그 소속 기관 및 소관 공공기관에 대하여 개인정보 보호에 관한 의견을 제시하거나 지도·점검을 할 수 있다(제4항).

6. 침해 사실의 신고 등

(1) 개인정보처리자가 개인정보를 처리할 때 개인정보에 관한 권리 또는 이익을 침해받은 사람은 보호위원회에 그 침해 사실을 신고할 수 있다(법 제62조 제1항).

(2) 보호위원회는 제1항에 따른 신고의 접수·처리 등에 관한 업무를 효율적으로 수행하기 위하여 대통령령으로 정하는 바에 따라 전문기관을 지정할 수 있다. 이 경우 전문기관은 개인정보침해 신고센터(이하 "신고센터")를 설치·운영하여야 한다(제2항).

(3) 신고센터는 다음 각 호의 업무를 수행한다(제3항).

> 1. 개인정보 처리와 관련한 신고의 접수·상담
> 2. 사실의 조사·확인 및 관계자의 의견 청취
> 3. 제1호 및 제2호에 따른 업무에 딸린 업무

(4) 보호위원회는 제3항 제2호의 사실 조사·확인 등의 업무를 효율적으로 하기 위하여 필요하면 「국가공무원법」 제32조의4에 따라 소속 공무원을 제2항에 따른 전문기관에 파견할 수 있다(제4항).

7. 자료제출 요구 및 검사

(1) 보호위원회는 다음 각 호의 어느 하나에 해당하는 경우에는 개인정보처리자에게 관계 물품·서류 등 자료를 제출하게 할 수 있다(법 제63조 제1항).

> 1. 이 법을 위반하는 사항을 발견하거나 혐의가 있음을 알게 된 경우
> 2. 이 법 위반에 대한 신고를 받거나 민원이 접수된 경우
> 3. 그 밖에 정보주체의 개인정보 보호를 위하여 필요한 경우로서 대통령령으로 정하는 경우
> ※ "대통령령으로 정하는 경우" : 개인정보 유출 등 정보주체의 개인정보에 관한 권리 또는 이익을 침해하는 사건·사고 등이 발생하였거나 발생할 가능성이 상당히 있는 경우

(2) 보호위원회는 개인정보처리자가 제1항에 따른 자료를 제출하지 아니하거나 이 법을 위반한 사실이 있다고 인정되면 소속 공무원으로 하여금 개인정보처리자 및 해당 법 위반사실과 관련한 관계인의 사무소나 사업장에 출입하여 업무 상황, 장부 또는 서류 등을 검사하게 할 수 있다. 이 경우 검사를 하는 공무원은 그 권한을 나타내는 증표를 지니고 이를 관계인에게 내보여야 한다(제2항).

(3) 보호위원회는 이 법 등 개인정보 보호와 관련된 법규의 위반행위로 인하여 중대한 개인정보 침해사고가 발생한 경우 신속하고 효과적인 대응을 위하여 다음 각 호의 어느 하나에 해당하는 관계 기관의 장에게 협조를 요청할 수 있다(제3항).

> 1. 중앙행정기관
> 2. 지방자치단체
> 3. 그 밖에 법령 또는 자치법규에 따라 행정권한을 가지고 있거나 위임 또는 위탁받은 공공기관

(4) 협조를 요청받은 관계 기관의 장은 특별한 사정이 없으면 이에 따라야 한다(제4항).

(5) 자료제출 요구, 검사 절차 및 방법 등에 관하여 필요한 사항은 보호위원회가 정하여 고시할 수 있다(제5항).

(6) 보호위원회는 제출받거나 수집한 서류·자료 등을 이 법에 따른 경우를 제외하고는 제3자에게 제공하거나 일반에 공개해서는 아니 된다(제6항).

(7) 보호위원회는 정보통신망을 통하여 자료의 제출 등을 받은 경우나 수집한 자료 등을 전자화한 경우에는 개인정보·영업비밀 등이 유출되지 아니하도록 제도적·기술적 보완조치를 하여야 한다(제7항).

8. 사전 실태점검

(1) 보호위원회는 제63조 제1항 각 호에 해당하지 아니하는 경우로서 개인정보 침해사고 발생의 위험성이 높고 개인정보 보호의 취약점을 사전에 점검할 필요성이 인정되는 개인정보처리자에 대하여 개인정보 보호실태를 점검할 수 있다(법 제63조의2 제1항).

(2) 보호위원회는 실태점검을 실시하여 이 법을 위반하는 사항을 발견한 경우 해당 개인정보처리자에 대하여 시정방안을 정하여 이에 따를 것을 권고할 수 있다(제2항).

(3) 시정권고를 받은 개인정보처리자는 이를 통보받은 날부터 10일 이내에 해당 권고를 수락하는지 여부에 관하여 보호위원회에 통지하여야 하며, 그 이행 결과를 보호위원회가 고시로 정하는 바에 따라 보호위원회에 알려야 한다(제3항).

(4) 시정권고를 받은 자가 해당 권고를 수락한 때에는 제64조 제1항에 따른 시정조치 명령(중앙행정기관, 지방자치단체, 국회, 법원, 헌법재판소, 중앙선거관리위원회의 경우에는 제64조 제3항에 따른 권고)을

받은 것으로 본다(제4항).

(5) 보호위원회는 시정권고를 받은 자가 해당 권고를 수락하지 아니하거나 이행하지 아니한 경우 제63조 제2항에 따른 검사를 할 수 있다(제5항).

(6) 보호위원회는 관계 중앙행정기관의 장과 합동으로 제1항에 따른 개인정보 보호실태를 점검할 수 있다(제6항).

9. 시정조치 등

(1) 보호위원회는 이 법을 위반한 자(중앙행정기관, 지방자치단체, 국회, 법원, 헌법재판소, 중앙선거관리위원회는 제외)에 대하여 다음 각 호에 해당하는 조치를 명할 수 있다(법 제64조 제1항).

   1. 개인정보 침해행위의 중지
   2. 개인정보 처리의 일시적인 정지
   3. 그 밖에 개인정보의 보호 및 침해 방지를 위하여 필요한 조치

(2) 지방자치단체, 국회, 법원, 헌법재판소, 중앙선거관리위원회는 그 소속 기관 및 소관 공공기관이 이 법을 위반하였을 때에는 제1항 각 호에 해당하는 조치를 명할 수 있다(제2항).

(3) 보호위원회는 중앙행정기관, 지방자치단체, 국회, 법원, 헌법재판소, 중앙선거관리위원회가 이 법을 위반하였을 때에는 해당 기관의 장에게 제1항 각 호에 해당하는 조치를 하도록 권고할 수 있다. 이 경우 권고를 받은 기관은 특별한 사유가 없으면 이를 존중하여야 한다(제3항).

10. 과징금의 부과

> **설명형 예제**
>
> 개인정보처리자의 「개인정보 보호법」 위반행위에 대해 부과되는 과징금의 액수를 정할 때 고려할 사항 및 과징금의 액수가 위반행위의 내용에 비해 과중하여 사회통념상 현저하게 타당성을 잃은 경우 과징금 부과처분이 위법한지 설명하시오.

(1) 보호위원회는 다음 각 호의 어느 하나에 해당하는 경우에는 해당 개인정보처리자에게 전체 매출액의 100분의 3을 초과하지 아니하는 범위에서 과징금을 부과할 수 있다. 다만, 매출액이 없거나 매출액의 산정이 곤란한 경우로서 대통령령으로 정하는 경우에는 20억원을 초과하지 아니하는 범위에서 과징금을 부과할 수 있다(법 제64조의2 제1항).

   1. 제15조 제1항, 제17조 제1항, 제18조 제1항·제2항(제26조 제8항에 따라 준용되는 경우를 포함) 또는 제19조를 위반하여 개인정보를 처리한 경우
   2. 제22조의2 제1항(제26조 제8항에 따라 준용되는 경우를 포함)을 위반하여 법정대리인의 동의를 받지 아니하고 만 14세 미만인 아동의 개인정보를 처리한 경우
   3. 제23조 제1항 제1호(제26조 제8항에 따라 준용되는 경우를 포함)를 위반하여 정보주체의 동의를 받지 아니하고 민감정보를 처리한 경우

4. 제24조 제1항·제24조의2 제1항(제26조 제8항에 따라 준용되는 경우를 포함)을 위반하여 고유식별정보 또는 주민등록번호를 처리한 경우
5. 제26조 제4항에 따른 관리·감독 또는 교육을 소홀히 하여 수탁자가 이 법의 규정을 위반한 경우
6. 제28조의5 제1항(제26조 제8항에 따라 준용되는 경우를 포함)을 위반하여 특정 개인을 알아보기 위한 목적으로 정보를 처리한 경우
7. 제28조의8 제1항(제26조 제8항 및 제28조의11에 따라 준용되는 경우를 포함)을 위반하여 개인정보를 국외로 이전한 경우
8. 제28조의9 제1항(제26조 제8항 및 제28조의11에 따라 준용되는 경우를 포함)을 위반하여 국외 이전 중지 명령을 따르지 아니한 경우
9. 개인정보처리자가 처리하는 개인정보가 분실·도난·유출·위조·변조·훼손된 경우. 다만, 개인정보가 분실·도난·유출·위조·변조·훼손되지 아니하도록 개인정보처리자가 제29조(제26조 제8항에 따라 준용되는 경우를 포함에 따른 안전성 확보에 필요한 조치를 다한 경우에는 그러하지 아니하다.

(2) 보호위원회는 과징금을 부과하려는 경우 전체 매출액에서 위반행위와 관련이 없는 매출액을 제외한 매출액을 기준으로 과징금을 산정한다(제2항).

(3) 보호위원회는 과징금을 부과하려는 경우 개인정보처리자가 정당한 사유 없이 매출액 산정자료의 제출을 거부하거나 거짓의 자료를 제출한 경우에는 해당 개인정보처리자의 전체 매출액을 기준으로 산정하되 해당 개인정보처리자 및 비슷한 규모의 개인정보처리자의 개인정보 보유 규모, 재무제표 등 회계자료, 상품·용역의 가격 등 영업현황 자료에 근거하여 매출액을 추정할 수 있다(제3항).

(4) <u>보호위원회는 과징금을 부과하는 경우에는 위반행위에 상응하는 비례성과 침해 예방에 대한 효과성이 확보될 수 있도록 다음 각 호의 사항을 고려하여야 한다</u>(제4항).

1. 위반행위의 내용 및 정도
2. 위반행위의 기간 및 횟수
3. 위반행위로 인하여 취득한 이익의 규모
4. 암호화 등 안전성 확보 조치 이행 노력
5. 개인정보가 분실·도난·유출·위조·변조·훼손된 경우 위반행위와의 관련성 및 분실·도난·유출·위조·변조·훼손의 규모
6. 위반행위로 인한 피해의 회복 및 피해 확산 방지 조치의 이행 여부
7. 개인정보처리자의 업무 형태 및 규모
8. 개인정보처리자가 처리하는 개인정보의 유형과 정보주체에게 미치는 영향
9. 위반행위로 인한 정보주체의 피해 규모
10. 개인정보 보호 인증, 자율적인 보호 활동 등 개인정보 보호를 위한 노력
11. 보호위원회와의 협조 등 위반행위를 시정하기 위한 조치 여부

(5) <u>보호위원회는 다음 각 호의 어느 하나에 해당하는 사유가 있는 경우에는 과징금을 부과하지 아니할 수 있다</u>(제5항).

1. 지급불능·지급정지 또는 자본잠식 등의 사유로 객관적으로 과징금을 낼 능력이 없다고 인정되는 경우
2. 본인의 행위가 위법하지 아니한 것으로 잘못 인식할 만한 정당한 사유가 있는 경우
3. 위반행위의 내용·정도가 경미하거나 산정된 과징금이 소액인 경우
4. 그 밖에 정보주체에게 피해가 발생하지 아니하였거나 경미한 경우로서 대통령령으로 정하는 사유가 있는 경우

(6) 과징금은 제2항부터 제5항까지를 고려하여 산정하되, 구체적인 산정기준과 산정절차는 대통령령으로 정한다(제6항).

(7) 보호위원회는 과징금을 내야 할 자가 납부기한까지 이를 내지 아니하면 납부기한의 다음 날부터 내지 아니한 과징금의 연 100분의 6에 해당하는 가산금을 징수한다. 이 경우 가산금을 징수하는 기간은 60개월을 초과하지 못한다(제7항).

(8) 보호위원회는 과징금을 내야 할 자가 납부기한까지 내지 아니한 경우에는 기간을 정하여 독촉하고, 독촉으로 지정한 기간 내에 과징금과 제7항에 따른 가산금을 내지 아니하면 국세강제징수의 예에 따라 징수한다(제8항).

(9) 보호위원회는 법원의 판결 등의 사유로 제1항에 따라 부과된 과징금을 환급하는 경우에는 과징금을 낸 날부터 환급하는 날까지의 기간에 대하여 금융회사 등의 예금이자율 등을 고려하여 대통령령으로 정하는 이자율을 적용하여 계산한 환급가산금을 지급하여야 한다(제9항).

(10) 보호위원회는 제9항에도 불구하고 법원의 판결에 따라 과징금 부과처분이 취소되어 그 판결이유에 따라 새로운 과징금을 부과하는 경우에는 당초 납부한 과징금에서 새로 부과하기로 결정한 과징금을 공제한 나머지 금액에 대해서만 환급가산금을 계산하여 지급한다(제10항).

11. 고발 및 징계권고

(1) 보호위원회는 개인정보처리자에게 이 법 등 개인정보 보호와 관련된 법규의 위반에 따른 범죄혐의가 있다고 인정될 만한 상당한 이유가 있을 때에는 관할 수사기관에 그 내용을 고발할 수 있다(법 제65조 제1항).

(2) 보호위원회는 이 법 등 개인정보 보호와 관련된 법규의 위반행위가 있다고 인정될 만한 상당한 이유가 있을 때에는 책임이 있는 자(대표자 및 책임있는 임원을 포함)를 징계할 것을 해당 개인정보처리자에게 권고할 수 있다. 이 경우 권고를 받은 사람은 이를 존중하여야 하며 그 결과를 보호위원회에 통보하여야 한다(제2항).

(3) 관계 중앙행정기관의 장은 소관 법률에 따라 개인정보처리자에 대하여 제1항에 따른 고발을 하거나 소속 기관·단체 등의 장에게 제2항에 따른 징계권고를 할 수 있다. 이 경우 제2항에 따른 권고를 받은 사람은 이를 존중하여야 하며 그 결과를 관계 중앙행정기관의 장에게 통보하여야 한다(제3항).

12. 결과의 공표

(1) 보호위원회는 제61조에 따른 개선권고, 제64조에 따른 시정조치 명령, 제64조의2에 따른 과징금의 부과, 제65조에 따른 고발 또는 징계권고 및 제75조에 따른 과태료 부과의 내용 및 결과에 대하여 공표할 수 있다(법 제66조 제1항).

(2) 보호위원회는 제61조에 따른 개선권고, 제64조에 따른 시정조치 명령, 제64조의2에 따른 과징금의 부과, 제65조에 따른 고발 또는 징계권고 및 제75조에 따른 과태료 부과처분 등을 한 경우에는 처분 등을 받은 자에게 해당 처분 등을 받았다는 사실을 공표할 것을 명할 수 있다(제2항).

13. 연차보고

(1) 보호위원회는 관계 기관 등으로부터 필요한 자료를 제출받아 매년 개인정보 보호시책의 수립 및 시행에 관한 보고서를 작성하여 정기국회 개회 전까지 국회에 제출(정보통신망에 의한 제출을 포함)하여야 한다(법 제67조 제1항).

(2) 제1항에 따른 보고서에는 다음 각 호의 내용이 포함되어야 한다(제2항).

> 1. 정보주체의 권리침해 및 그 구제현황
> 2. 개인정보 처리에 관한 실태조사 및 개인정보 보호수준 평가 등의 결과
> 3. 개인정보 보호시책의 추진현황 및 실적
> 4. 개인정보 관련 해외의 입법 및 정책 동향
> 5. 주민등록번호 처리와 관련된 법률·대통령령·국회규칙·대법원규칙·헌법재판소규칙·중앙선거관리위원회규칙 및 감사원규칙의 제정·개정 현황
> 6. 그 밖에 개인정보 보호시책에 관하여 공개 또는 보고하여야 할 사항

14. 권한의 위임·위탁

(1) 이 법에 따른 보호위원회 또는 관계 중앙행정기관의 장의 권한은 그 일부를 대통령령으로 정하는 바에 따라 특별시장, 광역시장, 도지사, 특별자치도지사 또는 대통령령으로 정하는 전문기관에 위임하거나 위탁할 수 있다(법 제68조 제1항).

(2) 제1항에 따라 보호위원회 또는 관계 중앙행정기관의 장의 권한을 위임 또는 위탁받은 기관은 위임 또는 위탁받은 업무의 처리 결과를 보호위원회 또는 관계 중앙행정기관의 장에게 통보하여야 한다(제2항).

(3) 보호위원회는 제1항에 따른 전문기관에 권한의 일부를 위임하거나 위탁하는 경우 해당 전문기관의 업무 수행을 위하여 필요한 경비를 출연할 수 있다(제3항).

15. 벌칙 적용 시의 공무원 의제

(1) 보호위원회의 위원 중 공무원이 아닌 위원 및 공무원이 아닌 직원은 「형법」이나 그 밖의 법률에 따른 벌칙을 적용할 때에는 공무원으로 본다(법 제69조 제1항).

(2) 보호위원회 또는 관계 중앙행정기관의 장의 권한을 위탁한 업무에 종사하는 관계 기관의 임직원은 「형법」 제129조부터 제132조까지의 규정을 적용할 때에는 공무원으로 본다(제2항).

제3장 질서위반행위규제법

01 개설

1. 의의

「질서위반행위규제법」은 질서위반행위의 성립요건 및 과태료 부과·징수 절차 등에 관한 일반법이다. 과태료는 행정법상의 의무위반에 대한 제재로 '**행정질서벌**'이라 한다.

행정질서벌의 상위 개념으로 행정벌이 있는바, 행절벌은 행정형벌과 행정질서벌로 나뉜다. 행정형벌은 그 행정법규위반이 직접적으로 행정목적과 사회공익을 침해하는 경우에 과해지는 반면, 행정질서벌은 간접적으로 행정상의 질서에 장해를 줄 위험성이 있는 정도의 행위(예 신고·등록서류비치 등 의무를 해태)에 대해 과해진다. 과태료부과처분은 행정청을 피고로 하는 행정소송의 대상이 되는 행정처분이 아니다(대판 2012.10.11. 2011두19369).

과태료는 금전벌이라는 점에서 형법상 형벌인 벌금 및 과료와 같으나, 형식적으로는 형벌이 아니므로 형사법의 적용이 없다는 점에서 구별된다.

행정형벌	① 의의 : 행정법상의 의무위반에 대한 제재로 형법에 정해져 있는 형벌(사형·징역·금고·자격상실·자격정지·벌금·구류·과료·몰수)을 과하는 행정벌 ② 처벌대상 : 행정법상의 의무위반에 의하여 직접 행정목적과 사회공익을 침해하는 행위 ③ 과별절차 : 원칙적으로 형법총칙과 형사소송법이 적용되나, 예외적으로 즉결심판절차 또는 통고처분절차에 의하기도 함
행정질서벌	① 의의 : 행정법상의 의무위반에 대한 제재로 과태료를 과하는 경우의 행정벌. 행정질서벌의 총칙으로 질서위반행위규제법이 있고, 행정질서벌의 구체적인 종류는 개별법률에 규정되어 있음. ② 처벌대상 : 신고·등록서류비치 등의 의무를 태만히 하는 것과 같이, 간접적으로 행정목적의 달성에 장애를 줄 위험성이 있는 정도의 행위 ③ 과별절차 : 질서위반행위규제법에 따라 행정청에 의한 부과절차와 법원의 비송사건절차에 의한 재판으로 구분 ※ 판례는 행정형벌과 행정질서벌의 구별을 입법재량으로 봄

2. 법적 근거

(1) 일반법과 개별법

행정질서벌에 관한 일반법으로 「질서위반행위규제법」이 있으며, 행정질서벌의 구체적인 종류와 내용을 정하는 각칙은 개별 법률이 규정하고 있다. 과태료의 부과·징수, 재판 및 집행 등의 절차에 관한 다른 법률의 규정 중 질서위반행위규제법의 규정에 저촉되는 것은 질서위반행위규제법에 따른다(동법 제5조). 질서위반행위규제법은 특히 종래의 비송사건절차방식과 달리 과태료재판에 당사자의 진술청취(제31조)와 행정청의 출석(제32조) 근거를 두어 대심구조를 강화하였고, 증거조사(제33조)는 민사소송법에 따르도록 하는 등 절차를 대폭 정비하였다.

(2) 조례에 의한 과태료

지방자치단체는 조례로써 조례위반행위에 대하여 1천만원 이하의 과태료를 정할 수 있으며(지방자치법 제27조 제1항), 사기나 그 밖의 부정한 방법으로 사용료·수수료 또는 분담금의 징수를 면한 자에 대하여는 그 징수를 면한 금액의 5배 이내의 과태료를, 공공시설을 부정사용한 자에 대하여는 50만원 이하의 과태료를 부과하는 규정을 조례로 정할 수 있다(동법 제139조 제2항). 이러한 과태료의 부과·징수, 재판 및 집행 등의 절차에 관한 사항도 질서위반행위법이 규율하는 바에 따른다(동법 제139조 제3항). 규칙으로는 행정질서벌을 규정할 수 없다.

> **관련판례**
>
> **과태료처분이나 감차처분 등의 대상인 위반행위의 유추해석 또는 확대해석 금지**
>
> 여객자동차 운수사업법 제85조 제1항에 의하면, 제22조 제1항의 규정에 위반한 자는 1천만 원 이하의 과태료에 처하고, 법 제76조 제1항 제9호의2에 의하면, 여객자동차운송사업자가 제22조 제1항의 규정에 의한 준수사항을 위반하여 과태료처분을 받은 날부터 1년 이내에 3회 이상 위반한 때에는 면허 등을 취소하거나, 6월 이내의 기간을 정하여 사업의 전부 또는 일부의 정지를 명하거나, 감차를 수반하는 사업계획의 변경을 명하는 처분 등을 할 수 있는바, 위 과태료처분이나 감차처분 등은 규정 위반자에 대하여 처벌 또는 제재를 가하는 것이므로 법이 정하고 있는 처분대상인 위반행위를 함부로 유추해석하거나 확대해석하여서는 아니 된다고 할 것이다(대판 2007.3.30. 2004두7665).
>
> **질서벌을 받은 자에 대한 형사처벌이 일사부재리의 원칙에 위반되지 아니함**
>
> 피고인이 행형법에 의한 징벌을 받아 그 집행을 종료하였다고 하더라도 행형법상의 징벌은 수형자의 교도소 내의 준수사항위반에 대하여 과하는 행정상의 질서벌의 일종으로서 형법 법령에 위반한 행위에 대한 형사책임과는 그 목적, 성격을 달리하는 것이므로 징벌을 받은 뒤에 형사처벌을 한다고 하여 일사부재리의 원칙에 반하는 것은 아니다(대판 2000.10.27. 2000도3874).

02 적용원칙 *2021 행정사 기출

1. 목적

이 법은 법률상 의무의 효율적인 이행을 확보하고 국민의 권리와 이익을 보호하기 위하여 질서위반행위의 성립요건과 과태료의 부과·징수 및 재판 등에 관한 사항을 규정하는 것을 목적으로 한다(법 제1조).

이 법은 과태료 부과·징수 관련 절차를 일원화하여 국민의 신뢰 보호 및 예측 가능성을 높이고자 제정되었다(2007.12.21). 따라서 과태료 부과·징수와 관련하여 「질서위반행위규제법」 조항의 해석이 문제되는 경우에는 이 조항을 근거로 개별 조항의 구체적 의미를 밝히게 된다.

2. 용어의 정의

질서위반행위	법률(지방자치단체의 조례를 포함)상의 의무를 위반하여 과태료를 부과하는 행위(다만, 다음의 어느 하나에 해당하는 행위를 제외) 가. 대통령령으로 정하는 사법(私法)상·소송법상 의무를 위반하여 과태료를 부과하는 행위 　　「민법」, 「상법」 등 사인(私人) 간의 법률관계를 규율하는 법 또는 「민사소송법」, 「가사소송법」, 「민사집행법」, 「형사소송법」, 「민사조정법」 등 분쟁 해결에 관한 절차를 규율하는 법률상의 의무를 위반하여 과태료를 부과하는 행위(시행령 제2조 제1항) 나. 대통령령으로 정하는 법률에 따른 징계사유에 해당하여 과태료를 부과하는 행위 　　「공증인법」·「법무사법」·「변리사법」·「변호사법」 등 기관·단체 등이 질서 유지를 목적으로 구성원의 의무 위반에 대하여 제재를 할 수 있도록 규정하는 법률에 따른 징계사유에 해당하여 과태료를 부과하는 행위(시행령 제2조 제2항)
행정청	행정에 관한 의사를 결정하여 표시하는 국가 또는 지방자치단체의 기관, 그 밖의 법령 또는 자치법규에 따라 행정권한을 가지고 있거나 위임 또는 위탁받은 공공단체나 그 기관 또는 사인(私人)
당사자	질서위반행위를 한 자연인 또는 법인(법인이 아닌 사단 또는 재단으로서 대표자 또는 관리인이 있는 것을 포함)

사례형 예제

한국세무사회는 세무사 甲이 회칙을 위반했다는 사유로 세무사법 제17조에 따라 500만 원의 과태료를 부과하고자 한다. 甲에 대한 과태료 부과에 「질서위반행위규제법」상 '사전통지' 규정과 '자진납부 감경' 규정이 적용될 수 있는지 설명하시오.

해설 요지

甲에게 부과된 과태료는 기관·단체가 질서유지를 목적으로 구성원의 의무 위반에 대하여 제재를 할 수 있도록 규정한 세무사법에 따른 징계사유에 해당하여 부과된 것이므로 질서위반행위규제법이 적용되지 않는다. 따라서 사전통지 규정은 적용되지 아니하며, 甲이 자진납부하더라도 질서위반행위규제법에 따라 과태료가 감경되는 것이 아니다.

보충 설명

1. 질서위반행위
   ① '당사자'의 의무위반행위에 대하여 '행정청'이 과태료를 부과하는 행위이다.
   ② 「지방자치법」이 조례 위반에 대하여 과태료 부과가 가능하도록 규정한 점(제34조), 조례 위반행위 역시 「질서위반행위규제법」이 규정하는 질서위반행위에 해당하는 점을 고려하여 조례에 의하여 부과되는 과태료도 이 법의 적용 범위에 포함되었다.

2. 행정청
   ① 국가 또는 지방자치단체의 기관이란 원·부·처·청 등 중앙행정기관과 그에 속한 부속기관·특별지방행정기관 및 합의제 행정기관, 지방자치단체와 그 소속기관 또는 하부행정기관(시·도 교육청 및 하급교육행정기관 포함)을 말한다.

② 당사자의 주소가 질서위반행위 적발 당시와 부과 당시에 상이할 경우는 명문규정이 없으므로 개별법령의 해석에 따른다. 다만, 전속 관할이 아니라면 부과 당시 주소지 관할 행정청이 권한 행사하는 것으로 해석된다.

3. 당사자
① 「질서위반행위규제법」 제정 전에는 비법인 사단은 질서위반행위의 당사자로서 과태료 부과 대상이 될 수 없다는 의견이 지배적이었으나, 책임주의를 고려하여 비법인 사단·재단이 포함됨을 명시하였다.
② 국가나 지방자치단체는 과태료 부과대상이 아니나, 정부 출연 공공기관(연구기관, 법인 포함)이 법인격을 보유하거나 비법인사단·재단에 해당하는 경우에는 과태료를 부과할 수 있다.

3. 법 적용의 시간적 범위

설명형 예제

「질서위반행위규제법」상 질서위반행위의 개념과 시간적, 장소적 적용범위에 관하여 설명하시오.

* 2021 행정사

사례형 예제

甲은 허가 없이 자동차 번호판의 봉인을 떼었다는 이유로 「자동차 관리법」 규정에 따라 과태료 300만원을 부과받았다. 甲은 기한 내에 이의제기를 하지 않아 행정청의 과태료 부과처분이 확정되었으나, 아직 납부하지 않고 있다. 이후 국토교통부는 기술 발달로 번호판 도난 및 위·변조 차량에 대한 실시간 확인이 가능해졌고 번호판 부정 사용에 대한 강력한 처벌로 범죄 활용성이 낮아짐에 따라 자동차 번호판 봉인을 떼는 자에 대한 「자동차 관리법」상 과태료 부과 규정을 폐지하였다. 다만, 부칙은 개정 전에 무단으로 자동차 봉인을 떼는 행위를 하여 과태료 부과가 확정된 자에 대하여는 개정 이후에도 행위 당시의 과태료를 징수한다고 규정하였다. 이 경우 甲에게 과태료를 징수할 수 있는지 설명하시오.

해설 요지

질서위반행위규제법은 질서위반행위 이후 해당 법률이 당사자에게 유리하게 변경된 경우에는 변경된 신법을 적용하되 "특별한 규정"이 있는 경우는 예외로 하고 있다. 개정법 부칙에 적용시점을 별도로 규정한 경우에는 「질서위반행위규제법」 제3조 제3항의 예외적 신법 적용이 아니라 부칙이 우선 적용된다. 甲은 법개정 전에 무단으로 자동차 봉인을 떼는 행위를 하여 과태료 부과가 확정된 자이므로 행정청은 법개정 이후에도 甲에게 행위 당시의 과태료를 징수할 수 있다.

(1) 의의

법 제3조는 과태료 부과에 있어 법 적용의 시간적 범위를 명확히 함으로써, 법적 안정성과 행정의 예측 가능성을 확보하여 국민의 권익을 보호하고 법치주의 원칙을 실현하고자 한다.

(2) 행위시법주의 원칙

질서위반행위의 성립과 과태료 처분은 행위 시의 법률에 따른다(법 제3조 제1항).

(3) 예외적 신법 적용

① 질서위반행위 후 법률이 변경되어 그 행위가 질서위반행위에 해당하지 아니하게 되거나 과태료가 변경되기 전의 법률보다 가볍게 된 때에는 법률에 특별한 규정이 없는 한 변경된 법률을 적용한다(제2항).

※ 질서위반행위의 성립과 처분 여부의 판단은 원칙적으로 행위시법에 따르게 된다. 다만 질서위반행위 이후 해당 법률이 당사자에게 유리하게 변경된 경우에는 변경된 신법을 적용하되 신법이 적용시점을 따로 정한 경우에는 그에 의한다.

② 행정청의 과태료 처분이나 법원의 과태료 재판이 확정된 후 법률이 변경되어 그 행위가 질서위반행위에 해당하지 아니하게 된 때에는 변경된 법률에 특별한 규정이 없는 한 과태료의 징수 또는 집행을 면제한다(제3항).

※ 당사자가 부과된 과태료를 납부하지 아니하는 등 과태료 부과·징수절차가 종료되지 않은 경우에는 제3항에 따라 부과된 과태료에 대한 징수나 집행의 면제가 가능하다.

> **관련판례**
>
> **행위 시의 법률에서는 과태료 부과대상이던 것이 재판 시의 법률에서는 과태료 부과대상이 아닌 것으로 된 경우, 과태료를 부과할 수 있는지 여부(원칙적 소극)**
>
> 질서위반행위규제법은 '질서위반행위의 성립과 과태료 처분은 행위 시의 법률에 따른다'고 하면서도(제3조 제1항), '질서위반행위 후 법률이 변경되어 그 행위가 질서위반행위에 해당하지 아니하게 되거나 과태료가 변경되기 전의 법률보다 가볍게 된 때에는 법률에 특별한 규정이 없는 한 변경된 법률을 적용한다'고 규정하고 있다(제3조 제2항). 따라서 질서위반행위에 대하여 과태료를 부과하는 근거 법령이 개정되어 행위 시의 법률에 의하면 과태료 부과대상이었지만 재판 시의 법률에 의하면 부과대상이 아니게 된 때에는 개정 법률의 부칙 등에서 행위 시의 법률을 적용하도록 명시하는 등 특별한 사정이 없는 한 재판 시의 법률을 적용하여야 하므로 과태료를 부과할 수 없다(대결 2017.4.7. 2016마1626).

4. 법 적용의 장소적 범위

> **설명형 예제**
>
> 대한민국 국민 甲은 해외여행 중 외국의 관광지 시설에 낙서를 하여 질서위반행위를 하였다. 그리고 국적이 외국인인 乙은 인천국제공항으로 향하던 대한민국 국적 항공기 내에서 허가 없이 광고 전단을 배포하여 기내 질서를 문란하게 하였다. 한편 중국인 丙은 대한민국 서울 시내거리에서 무단횡단을 하였다. 「질서위반행위규제법」이 甲, 乙, 丙에게 적용될 수 있는지 설명하시오.

(1) 의의

법 제4조는 과태료 부과의 장소적 적용 범위를 명확히 설정하여 법 적용의 경계 혼란을 제거하고, 과태료 부과 기관과 국민 모두에게 일관된 기준을 제시하고자 한다.

(2) 속지주의

이 법은 대한민국 영역 안에서 질서위반행위를 한 자에게 적용한다(법 제4조 제1항).
※ 대한민국 영토 내에서 발생한 질서위반행위에 대해서는 행위자의 국적을 불문하고 과태료가 부과되어야 함을 의미한다. 따라서 관광객 등 일시적으로 국내에 머무는 외국인인 경우에도 포함된다.

(3) 속인주의

이 법은 대한민국 영역 밖에서 질서위반행위를 한 대한민국의 국민에게 적용한다(제2항).
※ 대한민국 국민이 질서위반행위를 행한 경우에는 행위지가 어디인지를 불문하고 이 법이 적용된다.

(4) 기국주의

이 법은 대한민국 영역 밖에 있는 대한민국의 선박 또는 항공기 안에서 질서위반행위를 한 외국인에게 적용한다(제3항).
※ 속지주의의 확장 규정이다. 우리나라 영토가 아닌 외국을 운항 중인 대한민국 국적의 선박 또는 항공기 내에서 발생한 외국인의 질서위반행위에 대해서도 이 법을 적용한다.

5. 다른 법률과의 관계

과태료의 부과·징수, 재판 및 집행 등의 절차에 관한 다른 법률의 규정 중 이 법의 규정에 저촉되는 것은 이 법으로 정하는 바에 따른다(법 제5조).
※ 이 법 제정 이전에 과태료 부과·징수 등 절차 규정이 개별법에 산재해 있어 당사자의 예측가능성 또는 권익보호에 어려움이 있었음을 고려하여 이 법은 과태료 부과·징수 등 절차를 일원화하였다.

03 질서위반행위의 성립 등

1. 질서위반행위 법정주의

법률에 따르지 아니하고는 어떤 행위도 질서위반행위로 과태료를 부과하지 아니한다(법 제6조).
※ 이 규정이 의미하는 바는 ① 법률에 과태료 부과 대상인 질서위반행위로 규정되지 아니한 행위에 대해서는 어떠한 경우에도 과태료를 부과할 수 없다는 것, ② 과태료 규정을 자의적으로 해석하여 법률이 명시적으로 규정하지 않은 사항에까지 법 규정을 적용하는 유추해석이 금지된다는 것, ③ 모든 과태료는 이 법이 정한 절차에 따라 부과·징수되어야 한다는 것이다.

2. 고의 또는 과실 * 2018 행정사 기출

> **사례형 예제**
>
> 甲은 질서위반행위로 인하여 과태료 부과처분을 받았다. 「질서위반행위규제법」에 따를 때 다음 각각의 경우에 위 과태료 부과처분이 적법한지 설명하시오.
> (1) 甲이 위 위반행위에 대한 고의 또는 과실이 없었고, 설령 고의가 있었다고 하더라도 위 위반행위가 위법한 줄 몰랐던 경우

(2) 甲이 18세이지만 심신장애로 인하여 자신의 행위의 옳고 그름을 판단할 능력이 없었던 경우

* 2018 행정사

> **해설 요지**
>
> (1) ① 위반행위에 대한 고의 또는 과실이 없는 경우, 이러한 행위에 대한 과태료 부과처분은 위법하다. ② 고의가 있었다고 하더라도 위 위반행위가 위법한 줄 몰랐던 경우, 그 오인에 정당한 이유가 없고 단순히 위반행위가 위법한 줄 몰랐던 사실만으로는 부과처분이 위법하다고 할 수 없다.
> (2) ① 만 18세인 점은, 책임연령에 달하고 있으므로 이 점만으로는 과태료 부과가 면제되지 아니한다. ② 행위 당시 이른바 심신상실 상태(특히 사물변별능력 상실)에 있었다는 것으로서 과태료 부과가 면제된다. 결국 과태료 부과처분은 위법하다.

- 고의 또는 과실이 없는 질서위반행위는 과태료를 부과하지 아니한다(법 제7조).
- ※ "고의"란 질서위반행위의 구성요건인 사실의 인식 및 법위반 의사를, "과실"은 일반적으로 요구되는 주의의무를 위반하여 과태료 부과 대상인 질서위반행위가 발생한 경우를 의미한다.
- ※ 이 법 제정 전의 판례는 과태료 부과에는 원칙적으로 고의·과실이 요구되지 않지만, 예외적으로 정당한 사유가 있을 때에는 과태료를 부과할 수 없다는 입장이었으나(대판 2000.5.26. 98두5972), 이 법은 법규위반이라는 객관적 사실 외에 행위자의 고의·과실이라는 주관적(심리적·내심적) 요건의 존재가 필요함을 명확히 하였다.

> **관련판례**
>
> **과태료 부과대상 질서위반행위를 한 자가 자신의 책임 없는 사유로 위반행위에 이르렀다고 주장하는 경우, 법원이 취하여야 할 조치**
>
> 질서위반행위규제법은 과태료의 부과대상인 질서위반행위에 대하여도 책임주의 원칙을 채택하여 제7조에서 "고의 또는 과실이 없는 질서위반행위는 과태료를 부과하지 아니한다."고 규정하고 있으므로, 질서위반행위를 한 자가 자신의 책임 없는 사유로 위반행위에 이르렀다고 주장하는 경우 법원으로서는 그 내용을 살펴 행위자에게 고의나 과실이 있는지를 따져보아야 한다(대판 2001.7.14. 2011마364).

3. 위법성의 착오 * 2018 행정사 기출

자신의 행위가 위법하지 아니한 것으로 오인하고 행한 질서위반행위는 그 오인에 정당한 이유가 있는 때에 한하여 과태료를 부과하지 아니한다(법 제8조).

- ※ 일반적으로 질서위반행위가 되는 경우이지만 자기의 특수한 경우에는 법령에 의하여 허용된 행위로서 질서위반행위가 되지 않는다고 잘못 인식하고, 그와 같이 잘못 인식함에 정당한 이유가 있는 경우에는 과태료를 부과하지 않는다는 의미이다.
- ※ 판례는 단순히 법률의 존재를 몰랐거나(대판 1991.11.26. 91누5341), 납세의무자가 세무공무원의 잘못된 설명을 믿고 그 신고납부의무를 이행하지 아니하였다 하더라도 그것이 관계 법령에 어긋나는 것임이 명백한 때(대판 1997.8.22. 96누15404)에는 정당한 이유가 없는 것으로 판단한 반면, 행정청의 질의회신 등 공적인 견해표명에 의해 의무가 없다고 믿었거나(대판 1995.11.14. 95누10181) 오랜 관행에 따른 경우(대판 1980.3.25. 79누165)에는 정당한 이유가 있다고 보았다.

> **관련판례**
>
> **법률의 착오에 있어서 정당한 이유가 있는지 여부의 판단 방법**
> 정당한 이유가 있는지 여부는 행위자에게 자기 행위의 위법의 가능성에 대해 심사숙고하거나 조회할 수 있는 계기가 있어 자신의 지적능력을 다하여 이를 회피하기 위한 진지한 노력을 다하였더라면 스스로의 행위에 대하여 위법성을 인식할 수 있는 가능성이 있었음에도 이를 다하지 못한 결과 자기 행위의 위법성을 인식하지 못한 것인지 여부에 따라 판단하여야 할 것이고, 이러한 위법성의 인식에 필요한 노력의 정도는 구체적인 행위정황과 행위자 개인의 인식능력 그리고 행위자가 속한 사회집단에 따라 달리 평가되어야 한다(대판 2006.3.24. 2005도3717).

4. 책임조각사유 * 2018 행정사 기출

(1) 의의

법 제9조(책임연령) 및 제10조(심신장애)는 형법상의 책임능력 규정과 발맞춰 과태료를 책임 있는 자에게만 부과함으로써 제재의 정당성을 확보하려는 데에 의의가 있다. 이를 통해 사회적 약자인 아동 또는 정신적 판단능력이 부족한 자에게 과도한 금전적 부담을 지우지 않으면서 합리적·예측 가능한 범위 안에서 제재를 가하도록 하는 형평성과 책임성의 조화를 꾀하였다.

(2) 책임연령

14세가 되지 아니한 자의 질서위반행위는 과태료를 부과하지 아니한다. 다만, 다른 법률에 특별한 규정이 있는 경우에는 그러하지 아니하다(법 제9조).

※ 14세 미만자는 신체적·정신적으로 성숙하지 못하였으므로 불법에 대한 책임능력이 없다는 전제하 과태료를 부과하지 않도록 하였다. 다만, 14세 미만자에게도 과태료를 부과할 현실적 필요성이 있는 경우에 대비하여 단서에 다른 법률에 특별한 규정이 있는 경우에는 과태료를 부과할 수 있도록 하였다.

(3) 심신장애(심신상실 및 심신미약)

① 심신(心神)장애로 인하여 행위의 옳고 그름을 판단할 능력이 없거나 그 판단에 따른 행위를 할 능력이 없는 자의 질서위반행위는 과태료를 부과하지 아니한다(법 제10조 제1항).
② 심신장애로 인하여 제1항에 따른 능력이 미약한 자의 질서위반행위는 과태료를 감경한다(제2항).
   ※ 행위의 옳고 그름을 판단할 능력은 불법 인식 능력인 '사물변별능력'으로, 그 판단에 따른 행위를 할 능력은 불법을 인식하고 이에 따라 행동하는 '의사결정능력'으로 불린다.
   ※ 이 항은 오로지 자연인에게만 적용되어야 한다. 따라서 질서위반행위의 당사자가 법인인 경우 적용이 배제되며, 법인의 대표자가 심신상실 또는 심신미약 상태에 있더라도 마찬가지이다.
③ 스스로 심신장애 상태를 일으켜 질서위반행위를 한 자에 대하여는 제1항 및 제2항을 적용하지 아니한다(제3항).
   ※ 예컨대, 술을 과하게 마시는 등 스스로 심신장애 상태를 야기한 상태에서 질서위반행위를 범한 경우에는 책임능력이 있는 자와 마찬가지로 보아 과태료를 부과한다.

5. 법인의 처리 등

> **사례형 예제**
>
> 법인의 대표자가 법인에게 부과된 법률상의 의무를 위반한 경우 과태료를 법인과 대표자 가운데 누구에게 부과하는지, 그리고 법인에게 부과된 과태료가 체납된 경우 법인 대표자의 채권을 압류할 수 있는지 설명하시오.
>
> **해설 요지**
>
> 법률에서 법 위반행위를 한 법인에게 과태료를 부과하도록 규정하고 있다면, 과태료는 법 위반행위자인 법인에게 부과되는 것이고 그 법인의 대표자에게 부과되는 것은 아니다. 그리고 해당 법률에 의해 법 위반행위를 한 법인에게 과태료가 부과된 것이라면 그 과태료를 법인이 체납하였다고 하여 이를 근거로 회사의 재산이 아닌 법인 대표자 개인 재산에 체납처분을 할 수도 없다.

(1) 의의

실제 위반행위를 한 행위자 개인이 아니라 그가 속한 법인격 주체(예 법인, 개인 고용주)에게 책임을 부과하는 구조이다. 이는 대표자·대리인 등 내부 행위자가 승인 없이 위반행위를 하거나(위반자 특정이 어려워도) 그 조직은 반드시 책임을 지므로 조직 내 통제절차 강화를 촉진하고, 조직의 과태료 납부 능력과 집행 가능성 측면에서 용이한 점을 고려한 것이다.

(2) 법인 또는 개인에 대한 부과 원칙

<u>법인의 대표자, 법인 또는 개인의 대리인·사용인 및 그 밖의 종업원이 업무에 관하여 법인 또는 그 개인에게 부과된 법률상의 의무를 위반한 때에는 법인 또는 그 개인에게 과태료를 부과한다</u>(법 제11조 제1항).

※ 이 규정은 양벌규정이 아님에 유의한다. 양벌규성에는 자연인과 법인을 동시에 처벌한다는 뜻으로 "행위자를 벌하는 외에" 그 법인 또는 개인에게도 형벌을 과한다는 문구가 추가되나, 이 규정은 오로지 법인만을 대상으로 한다. 이는 법인에게 의무가 부여된 경우에는 실제 행위자에게도 법률 준수의 의무가 있음이 명문으로 규정되지 않은 이상 행위자를 처벌하지 않겠다는 취지이다. 다만, 명문으로 법인과 종업원 모두를 처벌하도록 규정한 경우에는 양벌규정이 우선한다.

(3) 도로교통법 제160조 제3항에의 비적용

제7조부터 제10조까지의 규정(* 고의 또는 과실, 위법성의 착오, 책임연령, 심신장애)은 「도로교통법」 제56조 제1항에 따른 고용주등을 같은 법 제160조 제3항에 따라 과태료를 부과하는 경우에는 적용하지 아니한다(제2항).

※ 도로교통법 제160조 제3항은 위반사실이 사진, 비디오테이프나 그 밖의 영상기록매체에 의하여 입증되나 위반행위를 한 운전자를 확인할 수 없을 때 운전자의 고용주등에게 20만원 이하의 과태료를 부과한다. 이 경우 고용주등은 고의·과실, 위법성의 착오, 책임능력, 심신장애 등의 요건에 부합하지 않더라도 위반행위의 발생만으로 과태료를 부과 받게 된다.

6. 다수인의 질서위반행위 가담

> **설명형 예제**
>
> 하나의 질서위반행위를 원인으로 자동차의 공동소유자에게 과태료가 부과되었고, 그중 한 사람만이 과태료 감경 또는 감면 사유가 있는 경우 다른 공동소유자에게도 과태료 감경 또는 감면 사유를 적용할 수 있는지 설명하시오.

(1) 의의

법 제12조는 '위반행위에 실질적으로 기여한 모든 자에게 동시 책임을 부여하지만, 신분에 따른 특혜는 실제 해당 신분자에게만 적용한다.'는 책임체계의 명확화와 집행의 실효성 확보라는 두 축 위에 마련된 규정이다. 이를 통해 다수인 참여형 질서위반행위(예 무단집회, 다단계 영업, 차량사고 등 공범이 다수 발생하는 사례)에 대한 통제력 강화를 꾀하는 동시에, 책임의 과도한 분산이나 부당한 책임감면을 방지하여 행정질서의 유지에 기여한다.

(2) 책임의 공동 귀속 원칙

<u>2인 이상이 질서위반행위에 가담한 때에는 각자가 질서위반행위를 한 것으로 본다</u>(법 제12조 제1항). 이로써 특정인만 책임을 지는 '대표자 책임' 또는 '소극적 행위자 책임 회피'를 방지한다. 이는 현실적으로 여러 명이 연루된 위반행위에 대해 집행 누수 없이 책임을 부과하고자 한 것이다.

※ 형법은 범죄에 다수인이 가담한 경우 가담형태에 따라 공동정범(제30조), 교사범(제31조) 또는 방조범(제32조)으로 구분하나, 질서위반행위규제법은 단일정범 개념을 도입하여 질서위반행위에 가담한 자 모두를 정범으로 본다. 따라서 동일한 질서위반행위에 가담한 자가 여러 명이고 각자 가담의 정도가 다르더라도 그 경중을 가리지 아니하고 과태료는 동일하게 부과된다.

(3) 비신분자의 참여에 따른 책임 확대

<u>신분에 의하여 성립하는 질서위반행위에 신분이 없는 자가 가담한 때에는 신분이 없는 자에 대하여도 질서위반행위가 성립한다</u>(제2항).

운전자·사업주 등 신분 중심으로 과태료 책임을 규정한 경우에도, 비신분자가 개입하면 그에게도 동일한 과태료 책임이 발생한다. 예컨대 차량이용자가 아닌 동승자가 개입한 경우에도 과태료를 부과한다. 이는 위반행위의 '실질적 원인자'에게도 책임을 부여한다는 의미를 담고 있다.

※ 신분이란 남녀의 성별, 내외국인의 구별, 친족관계, 공무원의 자격 등 인적관계인 특수한 지위 또는 상태를 말한다.

(4) 신분에 따른 책임 감면·가중의 적용 제한

<u>신분에 의하여 과태료를 감경 또는 가중하거나 과태료를 부과하지 아니하는 때에는 그 신분의 효과는 신분이 없는 자에게는 미치지 아니한다</u>(제3항).

신분에 따라 감경·가중·면제 규정이 적용되는 경우, 그 신분이 없는 참여자에게는 해당 효과를 적용하지 않는다. 비신분자가 신분자와 함께했더라도 감면 혜택을 누릴 수 없도록 제한한 형평성 확보 방안이다.

7. 수개의 질서위반행위의 처리

> **설명형 예제**
>
> 운전자인 甲은 어느 도로에서 이중 주차를 하여 도로교통법상 주정차 금지구역 위반에 해당하였고, 동시에 주차 위치가 소방시설 주변이어서 소방기본법상 소방시설 주변 주차금지 규정 위반에도 해당되었다. 관할 행정청은 甲의 행위가 하나의 행위로서 두 개의 질서위반행위에 해당한다며 각 법령에서 정한 과태료 중 더 높은 액수의 과태료만 부과하였다. 이러한 과태료 부과 방식은 적법한지 설명하시오.

(1) 의의

질서위반행위규제법은 단일행위를 중복 제재하는 과중한 책임 부과를 막고, 별개의 행위에 대해서는 형평성 있게 과태료를 부과하도록 함으로써 행정청의 권한 행사에 투명성·예측성·적정성을 도모하고 있다. 법 제13조는 형법상 상상적 경합 방식과 실체적 경합 방식을 행정법적 맥락에서 합리화한 모델이라고 할 수 있다.

(2) 단일행위가 둘 이상 위반에 해당하는 경우

하나의 행위가 2 이상의 질서위반행위에 해당하는 경우에는 각 질서위반행위에 대하여 정한 과태료 중 가장 중한 과태료를 부과한다(법 제13조 제1항).

※ 하나의 행위만이 존재함에도 불구하고 위반한 법조항마다 행위가 존재한다는 태도는 일반상식에 반할 뿐만 아니라 벌금형보다 가혹한 경우가 발생할 가능성이 있다. 이를 고려하여 이 법은 1개의 행위가 수개의 질서위반행위에 해당할 경우에는 형법 제40조의 상상적 경합범과 마찬가지로 가장 높은 과태료 금액을 적용하도록 하였다.

※ 예 제한속도가 100km/h인 고속도로에서, 승용차가 수원 부근을 지나면서 버스전용차로를 이용하여 시속 140km/h로 주행하였다. 만약 고속도로에서의 제한속도 위반에 대한 과태료가 7만 원이고, 버스전용차로 위반에 대한 과태료가 9만 원이라면 운전자에게는 '가장 중한 과태료'인 9만 원을 부과한다.

(3) 별개의 복수 위반행위가 경합하는 경우

제1항의 경우를 제외하고 2 이상의 질서위반행위가 경합하는 경우에는 각 질서위반행위에 대하여 정한 과태료를 각각 부과한다. 다만, 다른 법령(지방자치단체의 조례를 포함)에 특별한 규정이 있는 경우에는 그 법령으로 정하는 바에 따른다(제2항).

※ 형법은 수개의 행위가 경합하는 경우 처벌례를 세 가지로 나누어 가장 중한 형에 처하거나(흡수주의), 2분의 1을 가중하거나(가중주의), 각 죄에 정한 형을 병과한다(병과주의). 그러나 이를 과태료 부과에 적용함은 현실적으로 매우 복잡하므로 각 위반행위별로 과태료를 부과하도록 하였다.

※ 예 강아지를 데리고 외출을 한 일련의 과정에서 ① 강아지 목줄을 착용하지 않은 채 산책한 행위, ② 산책 중 배설물을 수거하지 않은 행위가 발생한 경우 2건의 행위 모두에 대한 과태료를 중복적으로 부과한다.

8. 과태료의 산정

행정청 및 법원은 과태료를 정함에 있어서 다음 각 호의 사항을 고려하여야 한다(법 제14조).

> 1. 질서위반행위의 동기·목적·방법·결과
> 2. 질서위반행위 이후의 당사자의 태도와 정황
> 3. 질서위반행위자의 연령·재산상태·환경
> 4. 그 밖에 과태료의 산정에 필요하다고 인정되는 사유

※ 형법 제53조가 범죄의 정상에 참작할 만한 사유가 있는 경우에는 형을 가중하거나 감경할 수 있도록 한 것과 유사하게, 질서위반행위의 동기, 결과 등 기타 사유를 종합적으로 고려하여 구체적인 사정이 반영되어 행정제재의 형평성을 높이고 책임주의 원칙을 실현하고자 한 취지이다.

9. 과태료의 시효

> **사례형 예제**
>
> 甲은 2021년 5월, 자신이 소유한 건물 일부를 무단으로 증축하여 건축법을 위반했다. 그러나 관할 행정청은 해당 위반 사실을 2024년 7월에야 인지했고, 그해 11월에 甲에게 과태료 부과 사전통지를 하였다. 이후 행정청은 절차를 거쳐 2025. 6. 5. 과태료 300만 원을 부과하는 처분을 하였다. 그러나 甲은 과태료를 납부하지 않았고, 행정청은 2029. 5. 15. 甲에게 체납 과태료를 징수하겠다는 통지를 하였다. 2029. 5. 15. 행정청의 징수 시도는 유효한가?
>
> **해설 요지**
>
> 소멸시효의 기산점인 '행정청의 과태료 부과처분이 확정된 때'란 과태료 부과에 대하여 이의제기를 하지 않아 60일(법 제20조 제1항)이 경과한 날이므로, 소멸시효의 기산점은 2025. 8. 5.경이다. 소멸시효는 2025. 8. 5.경으로부터 5년이 경과한 2030. 8. 5.경에 완성된다. 소멸시효기간 이내인 2029. 5. 15. 행정청이 甲에 대한 과태료의 징수를 시도하는 것은 유효하다.

(1) 의의

법 제15조는 과태료 부과처분이나 재판이 확정된 후 5년 동안 징수하지 않으면 징수권이 소멸되도록 함으로써 그 법적 허용 기간을 명확히 하고 있다. 이를 통하여 당사자는 '확정일 + 5년' 이내에는 징수가 가능한 시한 내에 있음을 인식할 수 있고, 과태료 집행의 주체에게도 장기지체를 용인하지 않는 경각심을 부여한다는 기능이 있다.

(2) 과태료 징수권의 소멸시효 기간

과태료는 행정청의 과태료 부과처분이나 법원의 과태료 재판이 확정된 후 5년간 징수하지 아니하거나 집행하지 아니하면 시효로 인하여 소멸한다(법 제15조 제1항).

※ 국가재정법 제96조에서 금전채권에 관한 소멸시효 기간을 5년으로 한 것과 동일하다.

(3) 소멸시효의 중단·정지 등

소멸시효의 중단·정지 등에 관하여는 「국세기본법」 제28조(* 소멸시효의 중단과 정지)를 준용한다(제2항).

※ 국세기본법 제28조에 따르면 국세 소멸시효는 납부고지, 독촉, 교부청구, 압류로 인하여 '중단'되며, ① 분납기간, ② 납부고지의 유예, 지정납부기한·독촉장에서 정하는 기한의 연장, 징수 유예기간, ③ 압류·매각의 유예기간, ④ 연부연납(年賦延納)기간에는 진행되지 아니한다.

※ 〈납부고지〉는 과태료 부과고지서에 의한 납부고지를 말하며, 〈독촉〉은 상당한 이행 기간을 정하여 과태료 납부의무의 이행을 최고하고 그 의무가 이행되지 않을 경우에는 압류 등 체납처분을 할 수 있음을 고지하는 것을 뜻한다. 〈교부청구〉는 체납자의 재산에 대하여 이미 다른 행정청의 공매절차 또는 그 외의 강제환가절차가 개시되어 있는 경우에 그 집행기관에 대하여 환가대금에서 체납액의 배당을 구하는 행위를 의미한다. 〈압류〉는 과태료 징수권을 보유한 행정청이 체납과태료의 징수 실현을 위하여 체납자에게 귀속되는 특정 재산의 처분을 금지함으로써 강제집행의 목적물을 확보하는 절차를 말한다.

04 행정청의 과태료 부과 및 징수 *2016 행정사 기출

1. 사전통지 및 의견 제출 등

> **설명형 예제**
>
> 「질서위반행위규제법」상 행정청의 과태료 부과·징수 및 불복절차에 관하여 설명하시오.   *2016 행정사

> **설명형 예제**
>
> A시장은 甲이 A시장으로부터 A시 소재이 임야 17,355㎡ 중 40/100 지분에 관하여 주거용으로 토지거래허가를 받았음에도 불구하고 이용하지 않고 방치한 이유로 100만 원의 과태료를 부과하는 결정을 하였다. A시장이 과태료를 부과할 때 밟아야 할 절차를 설명하시오. (과태료를 정함에 있어서 고려사항을 포함할 것)

(1) 의의

2007년 법제정 당시 과태료 부과절차에 당사자의 방어권이 없음이 지적되어, 이른바 '법 없는 권리 침해' 상태를 바로잡기 위해 사전통지와 의견 제출 절차가 도입되었다.

법 제16조는 과태료 부과 과정을 공정한 행정절차로 전환하기 위한 핵심 조문으로서 ① 사전통지·의견 제출 절차, ② 당사자의 방어 기회 보장, ③ 제출된 의견에 대한 재량적 조정 가능성을 제도화함으로써 행정의 투명성·예측가능성 및 국민 권익보호를 실질적으로 강화한 절차적 장치이다.

(2) 사전통지

① 행정청이 질서위반행위에 대하여 과태료를 부과하고자 하는 때에는 미리 당사자(제11조 제2항에 따른 고용주등을 포함)에게 대통령령으로 정하는 사항을 통지하고, 10일 이상의 기간을 정하여 의견을 제출할 기회를 주어야 한다. 이 경우 지정된 기일까지 의견 제출이 없는 경우에는 의견이 없는 것으로 본다(법 제16조 제1항).

② 행정청이 과태료 부과에 관하여 미리 통지하는 경우에는 다음 각 호의 사항을 모두 적은 서면(당사자가 동의하는 경우에는 전자문서를 포함한다)으로 하여야 한다(시행령 제3조 제1항).

> 1. 당사자의 성명(법인인 경우에는 명칭과 대표자의 성명)과 주소
> 2. 과태료 부과의 원인이 되는 사실, 과태료 금액 및 적용 법령
> 3. 과태료를 부과하는 행정청의 명칭과 주소
> 4. 당사자가 의견을 제출할 수 있다는 사실과 그 제출기한
> 5. 법 제18조에 따라 자진 납부하는 경우 과태료를 감경받을 수 있다는 사실(감경액이 결정된 경우에는 그 금액을 포함)
> 5의2. 법 제18조 제1항에 따라 감경된 과태료를 납부한 경우에는 같은 조 제2항에 따라 과태료 부과 및 징수절차가 종료되어 법 제16조에 따른 의견 제출 및 법 제20조에 따른 이의제기를 할 수 없다는 사실
> 6. 제2조의2(註 : 사회적 약자에 대한 감경)에 따라 과태료를 감경받을 수 있다는 사실(감경액이 결정된 경우에는 그 금액을 포함)
> 7. 그 밖에 과태료 부과에 관하여 필요한 사항

※ 질서위반행위가 발생한 후 과태료 사전통지 발송시기와 기한은 별도로 규정되어 있지 않다.
※ 제16조에 따른 사전통지와 제17조에 따른 과태료 부과는 「질서위반행위규제법」 상 구별되는 절차로서 각각 의견제출과 이의제기라는 별개의 권익 보호 절차를 수반하므로, 이들을 임의로 통합하여 고지해서는 안 된다.

(3) 의견 제출

당사자는 의견 제출 기한 이내에 대통령령으로 정하는 방법에 따라 행정청에 의견을 진술하거나 필요한 자료를 제출할 수 있다(법 제16조 제2항).

※ "대통령령으로 정하는 방법"
당사자는 의견제출 기한 이내에 서면(전자문서를 포함)으로 의견을 제출하거나 말로 의견을 진술할 수 있고, 그 주장을 증명하기 위하여 증거자료 등을 제출할 수 있다(시행령 제3조 제2항). 행정청은 당사자가 말로 의견을 진술한 경우에는 진술자와 그 의견의 요지를 기록해 두어야 한다(제3항).

※ 「질서위반행위규제법」 상 사전통지 및 의견제출 절차는 행정절차법상 의견제출 절차를 구체화한 것으로서, 과태료 부과를 위한 행정청의 사전통지 시 당사자의 의견제출 절차를 규정한 「질서위반행위규제법」 제16조는 일반적인 의견제출 절차에 관한 행정절차법 제21조 및 제27조의 특별 규정이다.

(4) 제출 의견의 반영

행정청은 당사자가 제출한 의견에 상당한 이유가 있는 경우에는 과태료를 부과하지 아니하거나 통지한 내용을 변경할 수 있다(제3항).

※ "상당한 이유"에 대한 판단은 원칙적으로 과태료를 부과하는 행정청이 과태료의 근거가 되는 해당 개별 법률의 규정내용 및 구체적인 사실관계 등을 종합적으로 고려하여 합리적으로 판단·결정해야 할 사항이다.

2. 과태료의 부과

(1) 의의

과거 과태료 부과 과정에서 당사자의 의견을 충분히 반영하지 않거나 부과 사유를 명확히 고지하지 않아 행정의 자의성이 문제였던 점을 개선하여, 과태료를 부과할 때 반드시 의견 제출 절차를 거친 후 서면으로 부과해야 하며, 그 서면에는 위반행위의 내용·과태료 금액·적용법령·이의제기 방법 등을 명시하도록 하고 있다. 이는 행정절차의 적법성과 당사자의 권리 보호를 강화하여 과태료 부과의 정당성을 높이는 데 기여한다.

(2) 의견 제출 절차를 마친 후 과태료 부과

행정청은 의견 제출 절차를 마친 후에 서면(당사자가 동의하는 경우에는 전자문서를 포함)으로 과태료를 부과하여야 한다(법 제17조 제1항).

※ '의견 제출 절차를 마친 후'란, "① 당사자가 의견 제출을 하지 않은 채 제16조에 따른 의견 제출 기간이 종료한 경우, ② 당사자가 제16조에 따른 의견 제출을 하여 그 반영절차가 종료한 경우"를 말한다.

(3) 과태료 부과고지서의 기재사항

행정청이 과태료를 부과하는 경우에는 다음 각 호의 사항을 모두 적은 서면(당사자가 동의하는 경우에는 전자문서를 포함)으로 하여야 한다(시행령 제4조).

1. 당사자의 성명(법인인 경우에는 명칭과 대표자의 성명)과 주소
2. 과태료 부과의 원인이 되는 사실, 과태료 금액 및 적용법령
3. 과태료를 부과하는 행정청의 명칭과 주소
4. 과태료 납부 기한, 납부 방법 및 수납 기관
5. 과태료를 내지 않으면 다음 각 목의 불이익이 부과될 수 있다는 사실과 그 요건
   가. 법 제24조에 따른 가산금 부과
   나. 법 제52조에 따른 관허사업 제한
   다. 법 제53조제1항에 따른 신용정보 제공
   라. 법 제54조에 따른 감치(監置)
   마. 법 제55조에 따른 자동차 등록번호판의 영치
6. 법 제20조에 따른 이의제기 기간과 방법
7. 그 밖에 과태료 부과에 관하여 필요한 사항

(4) 과태료의 납부기한

납부기한을 언제로 할지에 대하여는 이 법이 특별히 규정한 바가 없으므로, 각 과태료의 특성에 맞게 행정청이 자율적으로 납부기한을 정할 수 있으되, 개별법률에서 과태료 납부기한을 규정하고 있으면 그에 따른다.

(5) 과태료 부과고지서의 송달

과태료 부과고지의 송달에 관하여 「질서위반행위규제법」은 별도의 규정을 두고 있지 아니하므로, 이에 대하여는 「행정절차법」 제14조 및 제15조의 규정이 적용된다.

(6) 과태료의 납부

과태료 부과고지서에 기재된 금액, 납부기한, 납부방법 및 수납기관 등에 따라 과태료를 납부하면 과태료 부과 등의 절차는 종료하게 된다.

※ 당사자가 의견제출을 하고 행정청의 심의가 끝나기 전에 자진납부한 경우에도 과태료 부과·징수절차는 종료한다. 심의 결과 과태료 감경사유가 발견된 경우 행정청이 감경 금액을 반환하는 것이 금지되지 않는다.

(7) 과태료 부과의 취소

과태료 부과를 한 후 그 부과에 중요한 하자가 있는 것이 인정되는 경우 행정청은 이를 직권취소할 수 있다.

※ 행정청이 과태료 부과에 하자가 있다고 판단하여 직권취소를 하였으나, 이후에 그 과태료 부과에 하자가 없었다는 사실이 밝혀진 경우 직권취소를 다시 취소하여 과태료 부과행위를 소생시킬 수 있는지 문제된다. 판례는 조세부과 사건에서 "원 행정행위와 동일내용의 행정행위를 다시 행할 수밖에 없다."고 하여 부정적으로 보는 입장이다(대판 1979.5.8. 77누61).

3. 신용카드 등에 의한 과태료의 납부

(1) 의의

자금능력이 부족한 서민들로 하여금 신용카드의 할부서비스를 이용하게 하거나 신용카드 대금납부일까지 과태료의 납부기한을 사실상 유예할 수 있도록 하기 위해 신용카드 등에 의하여 과태료를 납부할 수 있도록 하였다(2017.6.3).

당사자는 과태료, 제24조에 따른 가산금, 중가산금 및 체납처분비를 대통령령으로 정하는 과태료 납부대행기관을 통하여 신용카드, 직불카드 등(이하 "신용카드등")으로 낼 수 있다(법 제17조의2 제1항). 제1항에 따라 신용카드등으로 내는 경우에는 과태료 납부대행기관의 승인일을 납부일로 본다(제2항).

(2) 납부 대행기관

법 제17조의2 제1항에서 "대통령령으로 정하는 과태료 납부대행기관"이란 정보통신망을 이용하여 신용카드등에 의한 결제를 수행하는 기관으로서 다음 각 호의 어느 하나에 해당하는 기관을 말한다(시행령 제4조의2 제1항).

> 1. 「민법」 제32조에 따라 금융위원회의 허가를 받아 설립된 금융결제원
> 2. 시설, 업무수행능력, 자본금 규모 등을 고려하여 행정청이 과태료 납부대행기관으로 지정한 기관

(3) 납부대행 수수료 부담

납부대행기관은 해당 과태료(법 제24조에 따른 가산금, 중가산금 및 체납처분비를 포함) 금액의 1천분의 15를 초과하지 아니하는 범위에서 행정청이 승인한 납부대행 수수료를 받을 수 있다. 이 경우 행정청은 납부대행기관의 운영경비 등을 종합적으로 고려하여 납부대행 수수료를 승인하여야 한다(시행령 제4조의2 제2항).

※ 신용카드 등에 의한 납부를 하는 경우 일정한 신용카드 등 납부대행 수수료가 발생하게 되는데

이를 과태료를 납부하는 자가 부담하는 것이다.

4. 사회적 약자에 대한 과태료 감경

> **설명형 예제**
> 「질서위반행위규제법」상 행정청이 부과하는 과태료의 감경 제도에 관하여 설명하시오.

> **사례형 예제**
> 「주민등록법 시행규칙」상 사회적 약자 감경은 4분의 3까지 가능한 것으로 규정되어 있다. 「주민등록법」을 위반하여 과태료 부과하는 상황에서 사회적 약자임을 이유로 과태료를 감경하는 경우, 사회적 약자에 대하여 「질서위반행위규제법 시행령」에서 정하는 감경 비율을 초과하여 감경할 수 있는지 설명하시오.

> **해설 요지**
> 질서위반행위규제법령상 사회적 약자 감경규정은 당사자에게 유리한 감경 규정이므로, 타법령이 질서위반행위규제법령에서 정한 감경의 범위를 초과하여 과태료의 감경을 허용하더라도 질서위반행위규제법령에 저촉되는 것으로 해석하는 것은 타당하지 않다. 행정청은 4분의 3까지 감경할 수 있다.

(1) 의의

법 제14조 제3호에 따르면 연령, 재산상태, 환경을 고려하여 과태료를 산정해야 한다. 그러나 개별법상 과태료 부과기준은 그것들과 무관하게 동일한 금액의 과태료를 부과하도록 정해두고 있는 경우가 많아 과태료 납부자의 구체적인 사정이 반영되지 못한다는 문제점이 있으므로, 시행령 제2조의2는 사회적 약자에 대한 과태료 감경제도를 두고 있다.

(2) 사회적 약자에 대한 과태료 감경의 요건

① 「질서위반행위규제법 시행령」 제2조의2 제1항 각호의 어느 하나에 해당할 것
당사자가 <u>다음 각 호의 어느 하나에 해당하는 경우에는 과태료를 감경할 수 있다.</u>

1. 「국민기초생활 보장법」 제2조에 따른 수급자
2. 「한부모가족 지원법」 제5조 및 제5조의2 제2항·제3항에 따른 보호대상자
3. 「장애인복지법」 제2조에 따른 장애인 중 장애의 정도가 심한 장애인
4. 「국가유공자 등 예우 및 지원에 관한 법률」 제6조의4에 따른 1급부터 3급까지의 상이등급 판정을 받은 사람
5. 미성년자

② 당사자가 과태료를 체납하고 있지 않을 것
사회적 약자에 대한 감경을 하려면 <u>당사자가 과태료를 체납하고 있지 않아야 한다</u>(시행령 제2조의2 제1항 단서). 즉, 근거 법률, 소관 행정청, 질서위반행위의 유사성 여부 등을 떠나 한 건의 과태료 체납건이라도 있는 자에 대하여는 사회적 약자 감경을 할 수 없다. 다만, 사전통지에 따른 의견제출 기한 내에 체납 과태료를 납부한 경우는 감경할 수 있다.

(3) 감경률

해당 과태료 금액의 100분의 50의 범위에서 과태료를 감경할 수 있다(시행령 제2조의2 제1항).

(4) 개별 법령상 감경과의 중복적용 불가

법령상 감경할 사유가 여러 개 있는 경우라도 제1항에 따라 감경을 하는 경우에는 법 제18조에 따른 감경(* 자진납부자 감경)을 제외하고는 거듭 감경할 수 없다(제2항).

5. 자진납부자에 대한 과태료 감경

> **설명형 예제**
> 甲은「국가유공자 등 예우 및 지원에 관한 법률」에 따른 1급의 상이등급자이다. 관할 행정청이 어린이보호구역에서 주정차위반을 한 甲에게 과태료를 부과한 경우, 甲이 과태료를 감경받을 수 있는 제도 세 가지를 설명하시오.

(1) 의의

과태료의 정식 부과 이전에 과태료를 자진하여 납부하고자 하는 자에 대하여 인센티브를 제공함으로써 신속납부를 유도하고 체납을 사전에 방지하는 한편, 질서위반행위 사실을 인정하여 과태료 부과 등의 기타 행정절차 생략에 기여한 당사자에게 혜택을 주려는 취지이다.

행정청은 당사자가 제16조에 따른 의견 제출 기한 이내에 과태료를 자진하여 납부하고자 하는 경우에는 대통령령으로 정하는 바에 따라 과태료를 감경할 수 있다(법 제18조 제1항).

당사자가 제1항에 따라 감경된 과태료를 납부한 경우에는 해당 질서위반행위에 대한 과태료 부과 및 징수절차는 종료한다(제2항).

※ 의견 제출 기간 내에 의견 제출을 했으나 그 의견의 상당한 이유가 인정되지 않는 경우에도 의견 제출 기한 이내라면 감경된 금액으로 과태료를 자진납부 할 수 있다.

(2) 감경률

자진납부하는 경우 감경할 수 있는 금액은 부과될 과태료의 100분의 20의 범위 이내로 한다(시행령 제5조).

(3) 자진납부 감경과 사회적 약자 감경의 관계

자진납부 감경과 사회적 약자 감경은 중복 적용이 가능하다. 따라서 당사자가 시행령 제2조의2 제2항의 '사회적 약자감경사유'에 해당하면서 동시에 과태료를 의견 제출 기한 내에 자진납부 하는 경우 거듭 과태료 감경을 할 수 있다.

(4) 자진납부 감경과 법 제16조 제3항과의 관계

자진납부 감경은 '자진납부'라는 사유에 기한 것이고, 제16조 제3항에 따른 과태료 부과액 감경은 당사자가 제출한 의견에 상당한 이유가 있음에 기한 것이므로, 각각의 사유는 별개이다. 따라서 법 제16조 제3항에 따른 과태료 부과액 감경과 자진납부 감경을 중복적용 할 수 있다.

(5) 자진납부 감경과 개별 법령상 감경의 관계

행정청이 개별 법령상에서 정한 과태료 감경사유의 존부를 확인하여 개별 법령상 감경사유가 존재하는 경우 감경된 금액을 사전통지하고, 이에 대하여 당사자가 의견제출 기간 내에 자진납부하고자 하는 경우 자진납부 감경도 중복 적용될 수 있다.

※ 사회적 약자 감경 + 개별 법령상 감경 + 자진납부 감경 : 사회적 약자 감경과 개별법상 감경 중 감경 폭이 큰 하나만 선택하고 자진납부 감경이 가능

6. 과태료 부과의 제척기간

> **사례형 예제**
>
> 행정청 A가 甲에 대하여 과태료 부과 사전통지를 위하여 한 공시송달 중 과태료 제척기간이 도과하였다. 사실관계는 다음과 같다. 과태료 부과의 제척기간을 설명하고, 이 경우 과태료 부과가 가능한지 검토하시오.
>
> [사실관계]
> - 2021. 4. 28. 甲이 부동산 거래가격 거짓 신고
> - 2026. 1. 23. 제3자의 신고로 위법사실 확인
> - 2026. 4. 25. A가 과태료 사전통지 공시송달 공고
> - 2026. 4. 30. 과태료 제척기간 도과
>
> **해설 요지**
>
> 과태료부과의 제척기간이 도과하였는지 여부는 사전통지 및 의견제출 절차를 마친 후 부과한 정식의 과태료 처분이 언제 있었는지를 기준으로 판단하여야 한다. 사례의 경우 공시송달에 따른 과태료 사전통지의 효력이 발생하기 전에 과태료 제척기간(5년)이 도과하였다. 따라서 해당 질서위반행위에 대해서는 행정청이 더 이상 과태료를 부과할 수 없다.

(1) 의의

행정청의 과태료 부과권한이 장기간 행사되지 않고 있음에도 부과권한을 소멸시키지 않는 것은 당사자의 법적 안정성을 해할 우려가 있으므로, 과태료 부과권한에 대한 제척기간 규정을 두고 있다.

<u>행정청은 질서위반행위가 종료된 날(다수인이 질서위반행위에 가담한 경우에는 최종행위가 종료된 날을 말한다)부터 5년이 경과한 경우에는 해당 질서위반행위에 대하여 과태료를 부과할 수 없다</u>(법 제19조 제1항).

(2) 제척기간의 기산점

과태료 부과의 제척기간의 기산점은 "<u>질서위반행위가 종료된 날</u>"이다. 여기서 "종료된 날"이라 함은 질서위반행위가 완성된 날로서 위법상태가 확정되어 과태료 부과가 가능한 때를 의미한다.

※ 예컨대, 「소방시설공사업법 시행규칙」 제6조에 따르면 소방시설업자는 사유 발생일로부터 30일 이내에 등록사항의 변경신고를 할 의무가 있으므로, 당사자가 30일 이내에 신고하지 아니한 경우에는 31일째 되는 날부터 과태료 부과가 가능하고 그로부터 5년의 제척기간이 적용된다.

(3) 제척기간의 종기

제척기간은 소멸시효와 달리 정지, 중단되지 아니하므로 질서위반행위시로부터 기산하여 5년 후가 제척기간의 종기이다.

제척기간이 도과한 경우에는 사후적 사정변경이 있더라도 과태료 부과가 절대적으로 불가능하다 (예 과태료 부과를 위한 공시송달 중 과태료 제척기간이 도과한 경우에 과태료 부과는 불가능).

이때 과태료 부과의 시점은 사전통지 및 의견제출 행위의 기산점이 아니라 해당 사전절차를 마친 후 행정청에 의한 정식의 과태료 처분이 언제 있었는지를 기준으로 판단한다.

(4) 법원 결정 이후 예외적 처분

제1항에도 불구하고 행정청은 제36조(* 과태료 재판) 또는 제44조(* 약식 재판)에 따른 법원의 결정이 있는 경우에는 그 결정이 확정된 날부터 1년이 경과하기 전까지는 과태료를 정정부과 하는 등 해당 결정에 따라 필요한 처분을 할 수 있다(법 제19조 제2항).

7. 과태료 부과에 대한 이의제기 및 법원에의 통보

> **설명형 예제**
>
> 「질서위반행위규제법」상 의견제출과 이의제기의 차이점을 비교 설명하시오.

> **설명형 예제**
>
> 甲은 행정관청으로부터 "귀하께서는 「공인중개사법」 제18조의2(중개대상물의 표시·광고) 제2항을 위반하여 같은 법 제51조 규정에 의거 붙임과 같이 과태료 부과 처분을 실시할 예정이다"라는 통보를 받았다. 과태료 부과처분이 부당하다고 생각한 甲이 행정청을 상대로 불복할 수 있는 방법을 의견제출과 이의제기 중심으로 설명하시오.

(1) 이의제기

① 의의

행정청의 과태료 부과에 불복하는 당사자는 제17조 제1항에 따른 과태료 부과 통지를 받은 날부터 60일 이내에 해당 행정청에 서면으로 이의제기를 할 수 있다(법 제20조 제1항).

법 제20조는 제16조의 사전절차(의견제출)와는 별도로 행정청의 과태료부과처분에 대한 사후적 불복절차를 규정하고 있다. 제16조의 의견제출과 제20조의 이의제기는 서로 독립된 별개의 절차이므로, 행정청으로서는 당사자가 사전통지에 대한 의견제출을 한 것을 이의제기로 간주하여, 이의제기 절차를 생략하고 곧바로 법원에 통보할 수는 없다.

② 이의제기의 요건

과태료 부과에 대하여 적법하게 이의제기를 하려면 ㉠ 행정청의 과태료 부과처분에 대한 것일 것, ㉡ 과태료를 부과받은 당사자가 제기할 것, ㉢ 과태료 부과통지를 받은 날부터 60일 내에 이의제기를 할 것, ㉣ 해당 행정청에 서면으로 이의제기 할 것을 요한다.

※ 위 요건을 갖추지 못하여 부적법한 이의제기가 있은 경우 행정청이 이를 반려(각하)할 수 있는지 여부에 대해 명문 규정이 없어 문제인데, 이의제기가 부적법한 경우에도 이를 법 제21조 제1항

에 따라 관할 법원에 통보해야 하고(통보 제외사유에 비해당), 행정청의 이의제기사실 통보를 받은 법원이 이의제기 각하결정을 함이 타당하다.

③ 이의제기의 효과
이의제기가 있는 경우에는 <u>행정청의 과태료 부과처분은 그 효력을 상실한다</u>(법 제20조 제2항). 이는 그렇지 않으면 과태료 부과처분이 유효하게 남아 있어 당사자에게 가산금 등의 불이익이 발생할 수 있으므로, 당사자가 이의를 제기한 경우 과태료 부과처분의 효력이 상실되도록 한 것이다.
※ 이의제기를 하면, ㉠ 행정청이 당해 과태료 부과와 관련하여 압류처분을 한 경우 압류를 해제해야 하며, ㉡ 과태료 재판 도중 같은 위반행위가 적발되었다고 하여도 "과태료 부과처분을 한 날"로 보아 과태료 부과의 가중사유로 삼을 수 없는 효과가 있다.

④ 이의제기의 철회
당사자는 행정청으로부터 제21조 제3항(* 행정청이 관할 법원에 통보를 하거나 통보하지 아니하는 경우)에 따른 통지를 받기 전까지는 행정청에 대하여 서면으로 이의제기를 철회할 수 있다(법 제20조 제3항).

(2) 당사자의 이의제기에 대한 행정청의 조치
① 법원에의 통보
이의제기를 받은 <u>행정청은 이의제기를 받은 날부터 14일 이내에 이에 대한 의견 및 증빙서류를 첨부하여 관할 법원에 통보하여야 한다</u>(법 제21조 제1항 본문).
※ 행정청은 사실상 또는 법률상 같은 원인으로 말미암아 다수인에게 과태료를 부과할 필요가 있는 경우에는 다수인 가운데 1인에 대한 관할권이 있는 법원에 이의제기 사실을 통보할 수 있다(제2항).

② 법원에 통보하지 않아도 되는 경우
<u>다음의 어느 하나에 해당하는 경우에는 법원에 이의제기사실 등을 통보할 필요가 없다</u>(제1항 단서). 과태료 사건의 신속·경제적인 처리를 위함이다.

1. 당사자가 이의제기를 철회한 경우
2. 당사자의 이의제기에 이유가 있어 과태료를 부과할 필요가 없는 것으로 인정되는 경우

※ 만일, 행정청이 이의제기를 검토한 결과 스스로 법령 적용을 잘못하여 과태료 액수가 과다한 것을 발견하고 이를 인정하였다면, 결국 과태료 액수에 문제가 있을 뿐 '과태료를 부과할 필요가 없는 것으로 인정되는 경우'는 아니므로 법원에 이의제기 사실 등을 통보하여야 한다.

③ 당사자 통지
행정청이 제1항 및 제2항에 따라 관할 법원에 통보를 하거나 통보하지 아니하는 경우에는 그 사실을 <u>즉시 당사자에게 통지하여야 한다</u>(제3항).

8. 질서위반행위의 조사 및 조사방해에 대한 과태료

> **사례형 예제**
>
> 「질서위반행위규제법」 제57조 제1항에 따르면 질서위반행위의 조사를 위해 당사자의 사무소 또는 영업소에 출입하여 장부 등을 검사하는 것을 거부·방해·기피한 자에 대하여는 500만원 이하의 과태료를 부과한다. 「도로법」상 질서위반행위자에 대하여 과태료 부과를 위해 필요한 개인정보제공을 구두상 요청하였으나 이를 거절한 경우 위의 과태료를 부과할 수 있는가?
>
> **해설 요지**
>
> 질서위반행위규제법 제6조에 의하면 법률에 따르지 아니하고는 어떤 행위도 질서위반행위로 과태료를 부과하지 아니하는바, 과태료와 같은 침익적 행정처분의 근거 규정에 대하여는 법문에 따라 엄격한 해석이 필요하다. 따라서 행정청 소속 직원이 당사자의 사무소나 영업소에 출입·검사하는 과정이 아니라 단순히 구두상의 요구를 거절한 경우라면 질서위반행위규제법 제57조 제1항의 과태료를 부과할 수 없다.

(1) 의의

질서위반행위규제법은 과태료 부과·징수 절차의 통일성과 실효성을 확보하기 위해 제정된 일반법으로, 과거 개별법마다 제각각이었던 과태료 조사절차를 표준화하려는 목적에서 법 제22조(질서위반행위의 조사)를 규정하고 있다. 이 조항은 행정의 신속하고 객관적인 사실확인이라는 효율성 측면, 그리고 당사자에 대한 절차적 보장이라는 권리보호 측면을 조화시키는 것을 목표로 한다.

(2) 행정조사권한의 부여

이 법은 행정청에 대하여 당사자 또는 참고인의 출석요구 및 진술의 청취, 당사자에 대한 보고 명령 또는 자료제출의 명령(제22조 제1항), 당사자의 사무소 또는 영업소의 장부·서류 또는 물건 검사권(제22조 제2항)을 규정하고 있다.

(3) 행정조사기본법과의 관계

질서위반행위규제법 제22조 규정은 행정조사의 권한을 부여하는 근거규정이면서 행정조사기본법에 대한 특별규정에 해당하고, 질서위반행위규제법에 규정되지 않은 그 밖의 사항에 관해서는 「행정조사기본법」이 당연히 적용된다.

(4) 질서위반행위 조사의 방법

① 조치사항

행정청은 질서위반행위가 발생하였다는 합리적 의심이 있어 그에 대한 조사가 필요하다고 인정할 때에는 대통령령으로 정하는 바에 따라 다음 각 호의 조치를 할 수 있다(법 제22조 제1항).

> 1. 당사자 또는 참고인의 출석 요구 및 진술의 청취
> 2. 당사자에 대한 보고 명령 또는 자료 제출의 명령

행정청은 법 제22조 제1항 각 호의 조치를 하려면 당사자 또는 참고인에게 다음 각 호의 내용을 모두 적은 서면으로 알려야 한다(시행령 제6조 제1항).

> 1. 당사자 또는 참고인의 인적사항
> 2. 과태료 부과의 원인이 되는 사실(보고 또는 자료제출 명령의 경우 그 대상이 되는 내용을 포함)
> 3. 출석, 보고 또는 자료제출 날짜 및 장소

행정청은 제1항에도 불구하고 신속한 조사를 위하여 필요하면 전화, 팩스, 그 밖의 적절한 방법으로 법 제22조 제1항 각 호의 조치를 할 수 있다(시행령 제6조 제2항).

② 검사

행정청은 질서위반행위가 발생하였다는 합리적 의심이 있어 그에 대한 조사가 필요하다고 인정할 때에는 그 소속 직원으로 하여금 당사자의 사무소 또는 영업소에 출입하여 장부·서류 또는 그 밖의 물건을 검사하게 할 수 있다(법 제22조 제2항).

제2항에 따른 검사를 하고자 하는 행정청 소속 직원은 당사자에게 검사 개시 7일 전까지 검사 대상 및 검사 이유, 그 밖에 대통령령으로 정하는 사항을 통지하여야 한다. 다만, 긴급을 요하거나 사전통지의 경우 증거인멸 등으로 검사목적을 달성할 수 없다고 인정되는 때에는 그러하지 아니하다(제3항).

※ "대통령령으로 정하는 사항"(시행령 제6조 제3항)

> 1. 당사자의 성명(법인인 경우에는 명칭과 대표자의 성명)과 주소
> 2. 검사 기간 및 장소
> 3. 검사 대상 및 이유
> 4. 그 밖에 검사에 관하여 필요한 사항

제2항에 따라 검사를 하는 직원은 그 권한을 표시하는 증표를 지니고 이를 관계인에게 내보여야 한다(법 제22조 제4항).

(5) 질서위반행위 조사의 한계

행정청의 조치·검사는 ① 질서위반행위가 발생하였다는 합리적 의심이 있어 그에 대한 조사가 필요하다고 인정할 때(법 제22조 제2항), ② 그 목적달성에 필요한 최소한의 범위로 제한된다(제5항).

(6) 조사 방해에 대한 과태료

법 제22조 제2항(* 사무소 또는 영업소에 출입하여 장부·서류 또는 그 밖의 물건을 검사)에 따른 검사를 거부·방해 또는 기피한 자에 대하여는 500만원 이하의 과태료를 부과한다(법 제57조 제1항).

※ 행정청 소속 직원이 당사자의 사무소나 영업소에 출입·검사하는 과정이 아니라 단순히 구두상의 요구를 거절한 경우는 이에 해당하지 아니한다.

※ 과태료 부과 담당 공무원에 대하여 폭행 또는 협박을 한 경우 형법상 공무집행방해죄(제136조)로 처벌될 수도 있다.

9. 자료제공의 요청

> **사례형 예제**
>
> ○○경찰서는 폐기물 투기자의 위반행위에 관한 정보를 갖고 있다. 이 경우 폐기물관리법 위반자에 대한 지도·단속 등 행정조치를 위하여, 행정청이 ○○경찰서장을 상대로 질서위반행위규제법에 따라 위반자의 주민등록번호 등 개인정보의 제공을 요청할 수 있는가?
>
> **해설 요지**
>
> ○○경찰서는 「정부조직법」 및 「국가경찰과 자치경찰의 조직 및 운영에 관한 법률」에 따른 행정기관에 해당한다. 따라서 행정청은 ○○경찰서장을 상대로 질서위반행위규제법에 따라 위반자의 주민등록번호 등 개인정보의 제공을 요청할 수 있다.

(1) 의의

과거 과태료 부과는 개별법에 따라 행정청이 자체적으로 자료를 수집하는 방식이었으나, 관련 기관 간 자료공유 장치가 미비하여 증명자료가 불충분함으로써 행정권한의 실효성 약화가 문제되었다. 이에 따라 법 제23조는 "행정청은 과태료의 부과·징수를 위하여 필요한 때에는 관계 행정기관, 지방자치단체, 그 밖에 대통령령으로 정하는 공공기관(이하 "공공기관등")의 장에게 그 필요성을 소명하여 자료 또는 정보의 제공을 요청할 수 있으며, 그 요청을 받은 공공기관등의 장은 특별한 사정이 없는 한 이에 응하여야 한다."고 규정함으로써, 통일적인 정보접근 권한의 법적 근거를 두고 행정 권한의 실효적 집행을 가능하도록 하였다.

(2) 대상 기관이 공공기관등에 해당할 것

행정청이 법 제23조에 따른 자료제공의 요청을 하기 위해서는 대상기관이 "관계 행정기관, 지방자치단체 또는 「공공기관의 운영에 관한 법률」 제4조에 따라 공공기관으로 지정된 기관"에 해당할 것이 요구된다(법 제23조, 시행령 제7조).

※ 행정청이 과태료 부과를 위한 증거 수집 목적으로 공공기관이 아닌 사설기관(상가건물, 아파트 등)에 CCTV 화면 등 자료·정보의 제출을 요구할 수는 없다.

(3) 요청에 대한 거부사유 : 특별한 사정

자료제공 요청을 거부할 수 있는 '특별한 사정'에는 정보제공을 원칙적으로 금지하고, 예외적으로 제공할 수 있는 사유를 법률에 명시하고 있는 경우가 해당된다.

10. 가산금 징수 및 체납처분 등

> **사례형 예제**
>
> 「질서위반행위규제법」에 따를 때, 체납된 과태료 금액이 100만 원인 경우 가산금 및 중가산금(최대)은 얼마인가?

> **해설 요지**
>
> 체납된 과태료 금액이 100만 원인 경우 가산금은 100분의 3에 상당하는 3만 원이고, 중가산금은 1천분의 12인 1만 2천 원이다. 따라서 행정청은 체납된 과태료 금액 100만 원 외에, 3만 원의 가산금과, 납부기한이 경과한 날부터 매 1개월이 경과할 때마다 1만 2천 원의 중가산금을 추가적으로 징수하게 된다. 다만 1만 2천 원의 중가산금은 60개월까지만(최대 72만 원) 징수할 수 있다.

(1) 가산금 징수

① 의의

가산금이란 행정법상 금전납부의무를 진 자가 의무불이행을 하지 않을 경우에 그 의무불이행에 대한 제재로서 가해지는 금전적 부담으로서, 납부기한까지 이행되지 않는 경우 그 미납분에 대한 지연이자의 성질을 가진다(대판 2006.3.9. 2004다31074).

과태료 체납자에 대한 가산금 제도는 납부자와 체납자와의 형평성을 확보하고 과태료의 징수율을 제고하려는 취지이다.

② 가산금, 중가산금의 범위

행정청은 당사자가 납부기한까지 과태료를 납부하지 아니한 때에는 납부기한을 경과한 날부터 체납된 과태료에 대하여 100분의 3에 상당하는 가산금을 징수한다(법 제24조 제1항).

그리고 체납된 과태료를 납부하지 아니한 때에는 납부기한이 경과한 날부터 매 1개월이 경과할 때마다 체납된 과태료의 1천분의 12에 상당하는 가산금(이하 "중가산금")을 제1항에 따른 가산금에 가산하여 징수한다. 이 경우 중가산금을 가산하여 징수하는 기간은 60개월을 초과하지 못한다(제2항).

※ **예** 체납된 과태료 금액이 10만원인 경우 가산금은 3천원(=10만원×3%)이고, 중가산금은 1천200원(=10만원×1.2%)이다. 중가산금은 60개월까지 부과할 수 있으므로 최대 7만2천원이다.

③ 가산금 및 중가산금에 대한 고지 및 인식 불요

행정청은 과태료가 체납된 경우 적어도 1회 이상 가산금이 추가된 독촉장을 발송하여야 하는 것이지만, 중가산금이 발생하는 매월마다 고지서를 발부하여야 하는 것은 아니다.

그리고 질서위반행위규제법은 가산금 및 중가산금 부과에 대한 감경이나 면제 규정이 없으므로, 과태료 부과고지에 대한 현실적 인식이 없다는 등의 주장을 하더라도 과태료 부과고지가 적법하게 이루어진 이상 가산금 및 중가산금을 감면받을 수 없다.

④ 과태료 처분의 시효소멸과 가산금·중가산금의 효력

과태료는 부과처분이나 과태료 재판 확정 후 5년간 징수·집행하지 아니하면 시효로 소멸하고(제15조), 가산금·중가산금을 포함한 체납 과태료 전액을 징수할 수 없다.

⑤ 법원의 재판으로 과태료가 확정되는 경우 가산금

과태료 결정문 상으로 납부기한이 정해져 있지 않으므로 재판확정 후 별도로 검사(또는 검사의

과태료 재판 집행의 위탁을 받은 행정청)는 납부기한을 정하여 고지하고, 그 납부기한이 경과한 경우 가산금 등을 징수한다.

(2) 체납처분

체납처분이란 국민이 국가 또는 지방자치단체에 대하여 부담하고 있는 공법상의 금전급부의무를 이행하지 아니하는 경우에 행정청이 강제적으로 의무가 이행된 것과 같은 상태를 실현하는 처분으로서 행정상 강제집행의 일종이다.

행정청은 당사자가 제20조 제1항에 따른 기한 이내에 이의를 제기하지 아니하고 제1항에 따른 가산금을 납부하지 아니한 때에는 국세 또는 지방세 체납처분의 예에 따라 징수한다(법 제24조 제3항).

11. 사망 또는 법인 합병시 과태료 납부의무의 승계

(1) 의의

과태료는 질서위반행위에 대한 일신전속적 제재(행정질서벌)에 해당하여 특별한 사정이 없는 한 타인에게 승계되지 아니한다고 볼 여지가 있다.

그러나 질서위반행위규제법은 제24조의2 및 제42조를 신설하여(2011.7.6) 당사자인 자연인의 사망 또는 법인의 합병시에 과태료 납부의무가 승계되도록 근거를 명확히 하였다.

(2) 과태료 납부의무의 승계

① 과태료는 당사자가 과태료 부과처분에 대하여 이의를 제기하지 아니한 채 제20조 제1항에 따른 기한(* 60일 이내의 이의제기)이 종료한 후 사망한 경우에는 그 상속재산에 대하여 집행할 수 있다(법 제24조의2 제1항).
② 법인에 대한 과태료는 법인이 과태료 부과처분에 대하여 이의를 제기하지 아니한 채 제20조 제1항에 따른 기한이 종료한 후 합병에 의하여 소멸한 경우에는 합병 후 존속한 법인 또는 합병에 의하여 설립된 법인에 대하여 집행할 수 있다(제2항).

(3) 제24조의2 규정의 적용범위

제24조의2는 이미 부과된 과태료의 승계에 관한 규정으로서, 아직 과태료가 부과되기 전이라면 과태료는 질서위반행위에 대한 '일신전속적' 제재라는 점에서 특별한 사정이 없는 한 타인에게 승계되지 아니한다.

12. 과태료의 징수유예 등

> **설명형 예제**
>
> 「질서위반행위규제법」상 과태료의 징수유예(분할납부, 납부기일의 연기)를 하기 위해서는 어떠한 요건·절차가 필요한지 설명하시오.

(1) 의의

과태료 납부의무자가 경제적·사회적 사정으로 인해 일시적으로 납부가 곤란한 경우, 분할납부나 납부기일 연기 등의 징수유예를 허용함으로써 국민의 생존권 보호와 행정의 실효성을 조화시키고 있다.

행정청은 당사자가 다음 각 호의 어느 하나에 해당하여 과태료(체납된 과태료와 가산금, 중가산금 및 체납처분비를 포함)를 납부하기가 곤란하다고 인정되면 1년의 범위에서 대통령령으로 정하는 바에 따라 과태료의 분할납부나 납부기일의 연기(이하 "징수유예등")를 결정할 수 있다(법 제24조의3 제1항).

1. 「국민기초생활 보장법」에 따른 수급권자
2. 「국민기초생활 보장법」에 따른 차상위계층 중 다음 각 목의 대상자
   가. 「의료급여법」에 따른 수급권자
   나. 「한부모가족지원법」에 따른 지원대상자
   다. 자활사업 참여자
3. 「장애인복지법」 제2조 제2항에 따른 장애인
4. 본인 외에는 가족을 부양할 사람이 없는 사람
5. 불의의 재난으로 피해를 당한 사람
6. 납부의무자 또는 그 동거 가족이 질병이나 중상해로 1개월 이상의 장기 치료를 받아야 하는 경우
7. 「채무자 회생 및 파산에 관한 법률」에 따른 개인회생절차개시결정자
8. 「고용보험법」에 따른 실업급여수급자
9. 그 밖에 제1호부터 제8호까지에 준하는 것으로서 대통령령으로 정하는 다음의 부득이한 사유가 있는 경우
   - 도난 등으로 재산에 현저한 손실을 입은 경우
   - 사업이 중대한 위기에 처한 경우
   - 과태료를 일시에 내면 생계유지가 곤란하거나 자금사정에 현저한 어려움이 예상되는 경우

※ 법은 징수유예등의 결정을 할 수 있는 과태료 금액에 대하여는 규정하고 있지 않다.

(2) 당사자의 징수유예 신청 및 처리기간
  ① 징수유예등을 받으려는 당사자는 대통령령으로 정하는 바에 따라 이를 행정청에 신청할 수 있다(법 제24조의3 제2항).
    ※ 징수유예등을 신청하거나 시행령 제7조의2 제1항 단서에 따라 기간의 연장을 받으려는 당사자는 별지 제1호 서식의 분할납부·납부기일의 연기·징수유예등 기간연장 신청서(전자문서를 포함)에 그 사유를 증명하는 서류를 첨부하여 행정청에 신청하여야 한다(시행령 제7조의3 제1항).
  ② 징수유예등 또는 징수유예등 기간 연장의 신청을 받은 행정청은 특별한 사정이 없는 한 그 신청을 받은 날부터 20일 이내에 결정하여 당사자에게 통지하여야 한다(시행령 제7조의3 제2항).

(3) 행정청의 담보제공명령
  행정청은 징수유예등을 하는 경우 그 유예하는 금액에 상당하는 담보의 제공이나 제공된 담보의 변경을 요구할 수 있고, 그 밖에 담보보전에 필요한 명령을 할 수 있다(법 제24조의3 제3항).

(4) 징수유예등의 기간 및 내용
  ① 행정청은 과태료의 징수유예등을 결정하는 경우 그 기간을 그 징수유예등을 결정한 날의 다음 날부터 9개월 이내로 하여야 한다. 다만, 그 기간이 만료될 때까지 법 제24조의3 제1항에 따른 징수유예등의 사유가 해소되지 아니하는 경우에는 1회에 한정하여 3개월의 범위에서 그 기간을 연장할 수 있다(시행령 제7조의2 제1항).

② 행정청은 징수유예등을 결정하는 경우 징수유예등의 사유를 고려하여 납부기한의 연기, 분할납부의 횟수 및 금액을 정한다(제3항).

③ 행정청은 징수유예등의 기간 중에는 그 유예한 과태료 징수금에 대하여 가산금, 중가산금의 징수 또는 체납처분(교부청구는 제외한다)을 할 수 없다(법 제24조의3 제4항).

(5) 징수유예등의 효력 발생시기

<u>징수유예등의 결정의 효력은 다음 각 호의 구분에 따른 날에 발생한다(시행령 제7조의3 제4항).</u>

> 1. 당사자의 신청에 의하여 결정하는 경우 : 신청일
> 2. 직권으로 결정하는 경우 : 징수유예등 결정통지서의 발급일

※ 제1호는 '신청일'에 소급하여 징수유예등의 효력이 발생하도록 하였다. 이는 당사자가 징수유예등을 신청한 날로부터 가산금 내지 중가산금이 징수되지 않도록 하려는 것이다.

(6) 직권에 의한 징수유예

행정청은 징수유예등의 사유가 있을 때에는 <u>직권으로 징수유예등을 결정할 수 있다</u>(시행령 제7조의3 제3항).

(7) 징수유예등의 취소

① 행정청은 <u>다음 각 호의 어느 하나에 해당하는 경우 그 징수유예등을 취소하고, 유예된 과태료 징수금을 한꺼번에 징수할 수 있다.</u> 이 경우 그 사실을 당사자에게 통지하여야 한다(법 제24조의3 제5항).

> 1. 과태료 징수금을 지정된 기한까지 납부하지 아니하였을 때
> 2. 담보의 제공이나 변경, 그 밖에 담보보전에 필요한 행정청의 명령에 따르지 아니하였을 때
> 3. 재산상황이나 그 밖의 사정의 변화로 유예할 필요가 없다고 인정될 때
> 4. 제1호부터 제3호까지에 준하는 대통령령으로 정하는 사유에 해당되어 유예한 기한까지 과태료 징수금의 전액을 징수할 수 없다고 인정될 때
> ※ "대통령령으로 정하는 사유"(시행령 제7조의4 제1항)
>> 1. 국세, 지방세, 과태료, 그 밖의 공과금에 대하여 체납처분을 받은 경우
>> 2. 강제집행을 받은 경우
>> 3. 경매가 시작된 경우
>> 4. 법인이 해산한 경우
>> 5. 「어음법」 및 「수표법」에 따른 어음교환소에서 거래정지처분을 받은 경우
>> 6. 과태료 징수금을 포탈하려는 행위가 있다고 인정될 경우

② 징수유예등 취소의 통지는 별지 제2호 서식의 분할납부·납부기일의 연기 취소 통지서(당사자가 동의하는 경우에는 전자문서를 포함)로 한다(시행령 제7조의4 제2항).

③ 행정청은 징수유예등을 취소한 경우에는 그 과태료 징수금에 대하여 다시 징수유예등을 할 수 없다. 다만 법 제24조의3 제5항 제3호(*재산상황이나 그 밖의 사정의 변화로 유예할 필요가 없다고 인정될 때)의 사유로 징수유예등을 취소한 경우는 그러하지 아니하다(제3항).

13. 결손처분

> **설명형 예제**
>
> 甲은 불법 주정차로 인해 과태료 부과통지를 받았지만 경제적 어려움으로 장기간 납부하지 않았다. 관할 행정청은 이후 관련 법령에 따라 甲에 대한 과태료를 결손처분하였다. 그런데 2년 후 甲의 예금계좌 및 부동산 소유 사실이 새롭게 확인되었다. 이 사례에서 ① 행정청이 과태료에 대하여 결손처분을 할 수 있었던 법적 근거, ② 결손처분 이후 체납자의 재산이 새롭게 발견되었을 경우 행정청이 취할 수 있는 조치를 설명하시오.

(1) 의의

과태료의 소멸시효가 완성되었거나, 체납자의 행방이 불명확하거나 재산이 없어 징수가 불가능하다고 인정되는 경우에 행정청이 결손처분을 할 수 있도록 하고 있다. 이를 통해 행정청은 실질적으로 징수가 불가능한 과태료에 대한 징수 절차를 종료하고, 행정 자원을 보다 효율적으로 활용할 수 있게 된다. 또한 결손처분 후에 체납자의 재산이 발견되는 경우에는 즉시 결손처분을 취소하고 체납처분을 하도록 함으로써 과태료 징수의 실효성을 유지하고 있다.

(2) 결손처분의 사유 등

① <u>행정청은 당사자에게 다음 각 호의 어느 하나에 해당하는 사유가 있을 경우에는 결손처분을 할 수 있다</u>(법 제24조의4 제1항).

  1. 제15조 제1항에 따라 과태료의 소멸시효가 완성된 경우
  2. 체납자의 행방이 분명하지 아니하거나 재산이 없는 등 징수할 수 없다고 인정되는 경우로서 대통령령으로 정하는 다음의 경우
     - 체납자가 행방불명되어 「민법」 제27조에 따른 실종선고를 받아 징수할 수 없다고 인정되는 경우
     - 체납자가 「채무자 회생 및 파산에 관한 법률」에 따른 파산선고를 받는 등 재산이 없어 징수할 수 없다고 인정되는 경우

② 행정청은 결손처분을 하려는 경우에는 체납자와 관계가 있다고 인정되는 행정기관에 체납자에 대한 실종선고 사실 또는 재산의 유무를 확인(「전자정부법」 제36조 제1항에 따른 행정정보의 공동이용을 통해 조회하여 확인하는 것을 포함)해야 한다(시행령 제7조의5 제2항).

(3) 결손처분의 취소

① 행정청은 제1항 제2호에 따라 <u>결손처분을 한 후 압류할 수 있는 다른 재산을 발견하였을 때에는 지체 없이 그 처분을 취소하고 체납처분을 하여야 한다</u>(법 제24조의4 제2항).
② 행정청은 결손처분을 취소했을 때에는 지체 없이 체납자에게 그 취소사실을 통지해야 한다(시행령 제7조의5 제2항).

05 질서위반행위의 재판 및 집행

1. 의의

> **설명형 예제**
> 甲은 조례를 위반하여 과태료 부과 대상이 되었다. 이에 관할 행정청은 「질서위반행위규제법」에 따라 절차를 진행하였고, 그 결과 甲은 과태료 부과처분을 받았다. 이후 甲은 이에 불복하여 대응하였다. 「질서위반행위규제법」상 이후에 진행될 과태료 재판의 ① 심리절차, ② 결정절차, ③ 불복절차를 설명하시오.

질서위반행위규제법은 행정청이 과태료를 부과하고(제17조), 이에 대하여 당사자의 이의제기가 있는 경우 행정청은 그 사실을 관할 법원에 통보하여야 하며(제20조, 제21조), 통보를 받은 관할 법원이 과태료 재판을 하도록 규정하고 있다(제25조 내지 제50조).

일반적인 행정처분에 대한 불복은 행정소송법상의 행정법원에서 '항고소송'의 절차에 따라 이루어지지만, 「질서위반행위규제법」이 적용되는 질서위반행위는 아래에서 살펴보는 바와 같이 별도의 과태료 재판절차로 진행된다.

2. 과태료 사건의 관할

> **설명형 예제**
> 「질서위반행위규제법」상 과태료 재판의 관할에 관하여 설명하시오.

(1) 관할 법원

① 과태료 사건은 다른 법령에 특별한 규정이 있는 경우를 제외하고는 <u>당사자의 주소지의 지방법원 또는 그 지원의 관할</u>로 한다(법 제25조).
② 「비송사건절차법」제2조부터 제4조까지의 관할에 관한 규정은 이 법에 따른 과태료 재판에 준용한다(법 제28조).

> **비송사건절차법 제2조(관할법원)** ① 법원의 토지 관할이 주소에 의하여 정하여질 경우 대한민국에 주소가 없을 때 또는 대한민국 내의 주소를 알지 못할 때에는 거소지(居所地)의 지방법원이 사건을 관할한다.
> ② 거소가 없을 때 또는 거소를 알지 못할 때에는 마지막 주소지의 지방법원이 사건을 관할한다.
> ③ 마지막 주소가 없을 때 또는 그 주소를 알지 못할 때에는 재산이 있는 곳 또는 대법원이 있는 곳을 관할하는 지방법원이 사건을 관할한다.
>
> **제3조(우선관할 및 이송)** 관할법원이 여러 개인 경우에는 최초로 사건을 신청받은 법원이 그 사건을 관할한다. 이 경우 해당 법원은 신청에 의하여 또는 직권으로 적당하다고 인정하는 다른 관할법원에 그 사건을 이송할 수 있다.
>
> **제4조(관할법원의 지정)** ① 관할법원의 지정은 여러 개의 법원의 토지 관할에 관하여 의문이 있을 때에 한다.

② 관할법원의 지정은 관계 법원에 공통되는 바로 위 상급법원이 신청에 의하여 결정(決定)함으로써 한다. 이 결정에 대하여는 불복신청을 할 수 없다.

※ 그 밖에도 질서위반행위규제법은 비송사건절차법 제10조(기일, 기간, 소명 방법에 관한 「민사소송법」의 준용), 제24조(비용의 부담), 제25조(비용에 관한 재판), 제26조(관계인에 대한 비용 부담 명령)를 준용한다(법 제28조).

> **관련판례**
>
> **과태료 부과처분은 행정소송의 대상이 되는 행정처분인지 여부(소극)**
> 이 사건 심판청구의 당해 사건인 과태료 부과처분의 당부는 질서위반행위규제법에 정해진 절차에 따라 해당 행정청에 대한 이의제기를 거쳐 과태료 재판절차에서 판단되어야 하므로, 이 사건 과태료 부과처분은 행정소송의 대상이 되는 행정처분이라고 할 수 없어 당해 사건이 부적법하여 각하를 면할 수 없으므로, 이 사건 심판청구는 재판의 전제성 요건을 흠결하여 부적법하다(헌재 2012.11.29. 2011헌바251).

(2) 관할의 표준이 되는 시기

법원의 관할은 행정청이 이의제기 사실을 법원에 통보한 때를 표준으로 정한다(법 제26조).
※ 후에 법원의 과태료 결정 당시의 주소지가 관할구역 외로 변경되었다고 하더라도 재판에 의한 결정을 하는데 장애가 되지 않도록 관할의 표준이 되는 시기를 위와 같이 정한 것이다.

(3) 관할위반에 따른 이송

① 법원은 과태료 사건의 전부 또는 일부에 대하여 관할권이 없다고 인정하는 경우에는 결정으로 이를 관할 법원으로 이송한다(법 제27조 제1항).
② 당사자 또는 검사는 이송결정에 대하여 즉시항고를 할 수 있다(제2항).

3. 법원직원의 제척 등

법원직원의 제척·기피 및 회피에 관한 「민사소송법」의 규정은 과태료 재판에 준용한다(법 제29조).

> 민사소송법 제50조(법원사무관등에 대한 제척·기피·회피) ① 법원사무관등에 대하여는 이 절(* 제41조 내지 제49조)의 규정을 준용한다.
> ② 제1항의 법원사무관등에 대한 제척 또는 기피의 재판은 그가 속한 법원이 결정으로 하여야 한다.
>
> 제41조(제척의 이유) 법관은 다음 각호 가운데 어느 하나에 해당하면 직무집행에서 제척(除斥)된다.
> 1. 법관 또는 그 배우자나 배우자이었던 사람이 사건의 당사자가 되거나, 사건의 당사자와 공동권리자·공동의무자 또는 상환의무자의 관계에 있는 때
> 2. 법관이 당사자와 친족의 관계에 있거나 그러한 관계에 있었을 때
> 3. 법관이 사건에 관하여 증언이나 감정(鑑定)을 하였을 때
> 4. 법관이 사건당사자의 대리인이었거나 대리인이 된 때
> 5. 법관이 불복사건의 이전심급의 재판에 관여하였을 때. 다만, 다른 법원의 촉탁에 따라 그 직무를 수행한 경우에는 그러하지 아니하다.

제42조(제척의 재판) 법원은 제척의 이유가 있는 때에는 직권으로 또는 당사자의 신청에 따라 제척의 재판을 한다.

제43조(당사자의 기피권) ① 당사자는 법관에게 공정한 재판을 기대하기 어려운 사정이 있는 때에는 기피신청을 할 수 있다.
② 당사자가 법관을 기피할 이유가 있다는 것을 알면서도 본안에 관하여 변론하거나 변론준비기일에서 진술을 한 경우에는 기피신청을 하지 못한다.

제44조(제척과 기피신청의 방식) ① 합의부의 법관에 대한 제척 또는 기피는 그 합의부에, 수명법관(受命法官)·수탁판사(受託判事) 또는 단독판사에 대한 제척 또는 기피는 그 법관에게 이유를 밝혀 신청하여야 한다.
② 제척 또는 기피하는 이유와 소명방법은 신청한 날부터 3일 이내에 서면으로 제출하여야 한다.

제45조(제척 또는 기피신청의 각하 등) ① 제척 또는 기피신청이 제44조의 규정에 어긋나거나 소송의 지연을 목적으로 하는 것이 분명한 경우에는 신청을 받은 법원 또는 법관은 결정으로 이를 각하(却下)한다.
② 제척 또는 기피를 당한 법관은 제1항의 경우를 제외하고는 바로 제척 또는 기피신청에 대한 의견서를 제출하여야 한다.

제46조(제척 또는 기피신청에 대한 재판) ① 제척 또는 기피신청에 대한 재판은 그 신청을 받은 법관의 소속 법원 합의부에서 결정으로 하여야 한다.
② 제척 또는 기피신청을 받은 법관은 제1항의 재판에 관여하지 못한다. 다만, 의견을 진술할 수 있다.
③ 제척 또는 기피신청을 받은 법관의 소속 법원이 합의부를 구성하지 못하는 경우에는 바로 위의 상급 법원이 결정하여야 한다.

제47조(불복신청) ① 제척 또는 기피신청에 정당한 이유가 있다는 결정에 대하여는 불복할 수 없다.
② 제45조 제1항의 각하결정(却下決定) 또는 제척이나 기피신청이 이유 없다는 결정에 대하여는 즉시항고를 할 수 있다.
③ 제45조 제1항의 각하결정에 대한 즉시항고는 집행정지의 효력을 가지지 아니한다.

제48조(소송절차의 정지) 법원은 제척 또는 기피신청이 있는 경우에는 그 재판이 확정될 때까지 소송절차를 정지하여야 한다. 다만, 제척 또는 기피신청이 각하된 경우 또는 종국판결(終局判決)을 선고하거나 긴급을 요하는 행위를 하는 경우에는 그러하지 아니하다.

제49조(법관의 회피) 법관은 제41조 또는 제43조의 사유가 있는 경우에는 감독권이 있는 법원의 허가를 받아 회피(回避)할 수 있다.

4. 행정청 통보사실의 통지

법원은 제21조 제1항 및 제2항에 따른 행정청의 통보(* 이의제기에 관한 통보)가 있는 경우 이를 즉시 검사에게 통지하여야 한다(법 제30조).

행정청의 과태료 부과에 대하여 당사자가 이의를 제기하는 경우에는 행정청은 이의 제기를 받은 날부터 14일 이내에 이를 관할 법원에 통보하여야 하는데(제21조), 제30조는 법원이 행정청으로부터 위 통보를 받은 경우에는 즉시 검사에게 통지하도록 규정하였다. 이는 법원에 통보된 사건을 검사가 파악할 수 있도록 하기 위한 규정이다.

5. 법원의 심문 등

(1) 필요적 심문

법원은 심문기일을 열어 당사자의 진술을 들어야 한다(법 제31조 제1항).

과태료 사건의 정식재판에 대하여 법원이 과태료의 결정을 하기 전에 당사자의 진술을 '들어야 한다'고 하여 필요적 심문을 규정하고 있다. 다만, 제44조에 따라 약식재판을 하는 경우 심문없이 과태료 재판을 할 수 있다.

※ 심문(審問) : 당사자와 이해관계인, 그 밖의 참고인에게 서면 또는 말로 진술하거나 증거자료를 제출할 기회를 주는 절차

(2) 검사의 의견 제출

법원은 검사의 의견을 구하여야 하고, 검사는 심문에 참여하여 의견을 진술하거나 서면으로 의견을 제출하여야 한다(제2항).

(3) 심문기일 통지

법원은 당사자 및 검사에게 심문기일을 통지하여야 한다(제3항).

※ 기일의 지정과 소환에 관하여는 제28조가 비송사건절차법 제10조의 규정을 준용하고, 비송사건절차법 제10조는 민사소송법의 규정을 준용하므로 기일의 지정, 소환, 개시에 관한 민사소송법의 규정은 과태료사건의 기일에도 적용된다.

6. 행정청에 대한 출석요구

법원은 행정청의 참여가 필요하다고 인정하는 때에는 행정청으로 하여금 심문기일에 출석하여 의견을 진술하게 할 수 있다(법 제32조 제1항).

행정청은 법원의 허가를 받아 소속 공무원으로 하여금 심문기일에 출석하여 의견을 진술하게 할 수 있다(제2항).

※ 과태료 재판은 행정청이 부과한 과태료처분에 대하여 당사자가 다투는 성격을 가지므로 그 재판절차에 행정청이 참여할 필요성이 인정된다. 따라서 행정청이 비록 당사자나 검사는 아니지만 필요한 경우에 심문에 참여할 수 있도록 규정하였다.

7. 사실탐지와 증거조사

(1) 사실인정의 방법

① 법원은 직권으로 사실의 탐지와 필요하다고 인정하는 증거의 조사를 하여야 한다(법 제33조 제1항). 즉, 사실인정의 방법으로 ㉠ 직권에 의한 사실의 탐지(예 개인·단체·행정기관 등에 대한 서면 혹은 전화조회, 출석한 당사자나 관계자 등에 대한 심문, 관계서류의 조사)와 ㉡ 증거조사가 있다.
② 제1항의 증거조사에 관하여는 「민사소송법」에 따른다(제2항).

(2) 사실탐지·소환 및 증거조사의 촉탁

① 사실탐지·소환 및 고지에 관한 행위는 촉탁할 수 있다(법 제34조).

② 증거조사는 질서위반행위규제법 제33조 제2항 및 「민사소송법」 제297조에 따라 다른 지방법원 판사에게 촉탁할 수 있다.

8. 조서의 작성

법원사무관등은 증인 또는 감정인의 심문에 관하여는 조서를 작성하고, 그 밖의 심문에 관하여는 필요하다고 인정하는 경우에 한하여 조서를 작성한다(법 제35조).
※ 과태료 재판의 간이성을 고려하여, '증인 또는 감정인의 신문'에 관하여만 필요적으로 조서를 작성하되, 그 밖의 심문에 대하여는 필요하다고 인정하는 경우에 한하여 조서를 작성하도록 하였다.

9. 과태료 재판의 결정과 고지

(1) 재판의 방식

① 과태료 재판은 이유를 붙인 결정으로써 한다(법 제36조 제1항).
 ※ 과태료 재판의 주문 형식 : 처벌 결정, 불처벌 결정, 이의제기 각하 결정
 ※ 이유기재는 그 결정에 대하여 항고여부를 판단할 수 있도록, 처벌결정을 하는 경우에는 이유에 위반사실·증거·법령의 적용을 기재하고, 불처벌 결정을 하는 경우에는 위반사실이 인정되지 않는 사유 등 불처벌의 근거를 알 수 있도록 명확히 기재한다.
② 결정서의 원본에는 판사가 서명날인하여야 한다. 다만, 제20조 제1항에 따른 이의제기서 또는 조서에 재판에 관한 사항을 기재하고 판사가 이에 서명날인함으로써 원본에 갈음할 수 있다(제2항). 이 경우 서명날인은 기명날인으로 갈음할 수 있다(제4항).
③ 결정서의 정본과 등본에는 법원사무관등이 기명날인하고, 정본에는 법원인을 찍어야 한다(제3항).

(2) 재판의 고지

① 결정은 당사자와 검사에게 고지함으로써 효력이 생긴다(법 제37조 제1항). ☞ 도달주의의 원칙
② 결정의 고지는 법원이 적당하다고 인정하는 방법으로 한다. 다만, 공시송달을 하는 경우에는 「민사소송법」에 따라야 한다(제2항).
③ 법원사무관등은 고지의 방법·장소와 연월일을 결정서의 원본에 부기하고 이에 날인하여야 한다(제3항).

10. 과태료 재판에 대한 항고 등

(1) 개요

당사자와 검사는 과태료 재판에 대하여 즉시항고를 할 수 있다. 이 경우 항고는 집행정지의 효력이 있다(법 제38조 제1항).

검사는 필요한 경우에는 제1항에 따른 즉시항고 여부에 대한 행정청의 의견을 청취할 수 있다(제2항).

「민사소송법」의 항고에 관한 규정은 특별한 규정이 있는 경우를 제외하고는 이 법에 따른 항고에 준용한다(법 제40조).

(2) 즉시항고
① 즉시항고권자
당사자와 검사는 과태료 재판에 대하여 즉시항고를 할 수 있다.
그러나 행정청은 즉시 항고권자가 될 수 없다. 다만, 제38조 제2항에 따라 행정청이 불복여부에 관하여 관여할 수 있는 가능성은 있다.
② 즉시항고 기간
제40조에 따라 준용되는 「민사소송법」 제449조 제1항에 따라 즉시항고는 신속한 해결의 필요상 재판의 고지가 있는 날부터 1주일 이내에 하여야 한다.
③ 즉시항고의 효력
과태료 재판에 대하여 당사자 또는 검사의 즉시항고가 있는 경우에는 집행정지의 효력이 있다. 따라서 과태료 재판에 대하여 즉시항고가 제기되면 항고법원의 재판이 확정될 때까지 원재판에 기한 집행을 할 수 없다.
④ 항고법원의 재판
항고법원의 과태료 재판도 결정으로써 하고, 이유를 적어야 한다.

(3) 재항고
항고법원의 결정에 대하여 재판에 영향을 미친 헌법·법률·명령 또는 규칙의 위반이 있음을 이유로 하는 때에 한하여 재항고를 할 수 있다(법 제40조, 민사소송법 제442조).

(4) 재심
과태료 재판에 대하여도 민사소송법에 따른 재심이 허용되는지 문제될 수 있는바, 민사소송법 제461조가 즉시항고로 불복할 수 있는 결정이 확정된 경우에 대하여 '준재심'을 인정하고 있고, 「질서위반행위규제법」은 「민사소송법」상 항고에 관한 규정을 준용하고 있으므로, 재심 역시 인정된다는 견해가 있다.

11. 재판비용

과태료 재판절차의 비용은 과태료에 처하는 선고가 있는 경우에는 그 선고를 받은 자의 부담으로 하고, 그 외의 경우에는 국고의 부담으로 한다(법 제41조 제1항).

항고법원이 당사자의 신청을 인정하는 과태료 재판을 한 때에는 항고절차의 비용과 전심에서 당사자의 부담이 된 비용은 국고의 부담으로 한다(제2항).

12. 과태료 재판의 집행

> **설명형 예제**
>
> 「질서위반행위규제법」상 과태료 재판의 집행에 관하여 설명하시오. 아울러 검사가 과태료 재판의 집행을 위탁하는 경우 집행을 위탁받은 행정청은 다시 별도의 사전통지 절차를 거쳐야 하는지 설명하시오.

(1) 집행권원

과태료 재판은 검사의 명령으로써 집행한다. 이 경우 그 명령은 집행력 있는 집행권원과 동일한 효력이 있다(법 제42조 제1항).

(2) 과태료 집행절차의 유형

과태료 재판의 집행절차는 「민사집행법」에 따르거나 국세 또는 지방세 체납처분의 예에 따른다. 다만, 「민사집행법」에 따를 경우에는 집행을 하기 전에 과태료 재판의 송달은 하지 아니한다(법 제42조 제2항).
※ 집행을 담당하는 검사는 구체적인 사안에 따라 집행의 신속성, 효율성을 고려하여 「민사집행법」에 의할 것인지, 아니면 국세 또는 지방세 체납처분의 예에 의할 것인지를 선택할 수 있다.

(3) 제24조(가산금 징수 및 체납처분 등) 준용

체납된 과태료에 대하여 100분의 3에 상당하는 가산금을 징수하고, 체납된 과태료를 납부하지 아니한 때에는 매 1개월이 경과할 때마다 체납된 과태료의 1천분의 12에 상당하는 중가산금을 징수하며, 가산금을 납부하지 아니한 때에는 국세 또는 지방세 체납처분의 예에 따라 징수한다.

(4) 제24조의2(상속재산 등에 대한 집행) 준용

과태료 재판이 확정된 후에 당사자가 사망하거나 또는 법인이 합병에 의하여 소멸한 경우, 당사자의 상속재산 또는 합병 후 존속한 법인 또는 합병에 의하여 설립된 법인에 대하여 집행할 수 있다.

(5) 과태료 재판의 집행결과 통보 의무

검사는 과태료 재판을 집행한 경우 그 결과를 해당 행정청에 통보하여야 한다(법 제42조 제4항).
※ 과태료 부과처분을 한 행정청이 검사에 의한 과태료 집행 여부를 알 수 있도록 하여, 과태료 부과·징수업무의 효율성을 제고하려는 것이다.

(6) 과태료 재판 집행의 위탁

① 검사는 과태료를 최초 부과한 행정청에 대하여 과태료 재판의 집행을 위탁할 수 있고, 위탁을 받은 행정청은 국세 또는 지방세 체납처분의 예에 따라 집행한다(법 제43조 제1항).
② 지방자치단체의 장이 집행을 위탁받은 경우에는 그 집행한 금원(金員)은 당해 지방자치단체의 수입으로 한다(제2항).
  ※ 과태료 집행의 신속·효율성을 위한 규정으로서, 과태료 재판의 '집행'만을 행정청에 위탁하는 것이다. 이미 과태료 재판을 통해 과태료가 확정되었으므로 집행을 위탁받은 행정청은 다시 과태료 처분의 절차(사전통지, 과태료부과)를 거칠 필요가 없다.

(7) 과태료 수입의 귀속

검사가 과태료 재판을 집행한 경우 그 금원은 국고로 귀속된다. 다만, 제43조 제2항에 따라, 검사의 집행위탁에 의하여 지방자치단체장이 과태료 재판을 집행한 경우 그 금원은 당해 지방자치단체의 수입으로 귀속된다.

13. 약식재판과 이의절차 * 2024 행정사 기출

> **설명형 예제**
> 「질서위반행위규제법」상 약식재판에 대한 이의신청이 제기된 경우 법원의 처리절차를 설명하고, '이의신청 취하'와 '이의신청 각하'를 비교하여 공통점과 차이점을 설명하시오. * 2024 행정사

(1) 약식재판의 의의

약식재판은 법원이 심문 없이 상정된 자료와 행정청의 의견만으로 과태료 재판을 결정하는 축소된 재판 방식이다. 통상적으로 필요로 하는 심문기일을 생략함으로써 법원의 부담을 줄이고, 재판을 받는 자와 행정청에게도 시간·비용의 절감을 도모하고자 하는 제도이다.

법원은 상당하다고 인정하는 때에는 제31조 제1항에 따른 심문 없이 과태료 재판을 할 수 있다(법 제44조 제1항).

※ "상당하다고 인정하는 때"라 함은 위반사실이 객관적으로 명백하여 당사자에게 반증의 여지가 없는 때나 정당한 사유의 부존재가 강하게 추정되는 경우 등이다.

(2) 약식재판에 대한 이의절차

① 개요

당사자와 검사는 약식재판의 고지를 받은 날부터 7일 이내에 이의신청을 할 수 있다(법 제45조 제1항). 제1항의 기간은 불변기간으로 한다(제3항).

당사자와 검사가 책임질 수 없는 사유로 제1항의 기간을 지킬 수 없었던 경우에는 그 사유가 없어진 날부터 14일 이내에 이의신청을 할 수 있다. 다만, 그 사유가 없어질 당시 외국에 있던 당사자에 대하여는 그 기간을 30일로 한다(제4항).

검사는 필요한 경우에는 제1항에 따른 이의신청 여부에 대하여 행정청의 의견을 청취할 수 있다(제2항).

법원이 이의신청이 적법하다고 인정하면, 약식재판은 그 효력을 잃고, 정식재판절차로 이행하게 된다(제50조 제1항). 이 경우 법원은 심문기일을 정하여 당사자와 검사의 진술을 듣고 다시 재판하여야 한다(제2항).

② 이의신청 방식

이의신청은 대통령령으로 정하는 이의신청서를 약식재판을 한 법원에 제출함으로써 한다(법 제46조 제1항).

※ 행정청의 과태료 부과처분에 대하여 '서면'으로 이의제기를 하는 것(제20조 제1항)과의 균형을 고려한 것이다.

③ 이의신청이 있는 경우 법원의 처리

법원은 이의신청이 있은 때에는 이의신청의 상대방에게 이의신청서 부본을 송달하여야 한다(법 제46조 제2항).

(3) 이의신청 취하

① 이의신청을 한 당사자 또는 검사는 정식재판 절차에 따른 결정을 고지받기 전까지 이의신청을 취하할 수 있다(법 제47조 제1항).
② 이의신청의 취하는 이의신청취하서를 약식재판을 한 법원에 제출함으로써 한다. 다만, 심문기일에는 말로 할 수 있다(제2항).
③ 법원은 제46조 제2항에 따라 이의신청서 부본을 송달한 뒤에 이의신청의 취하가 있은 때에는 그 상대방에게 이의신청취하서 부본을 송달하여야 한다(제3항).

(4) 이의신청 각하

① 법원은 이의신청이 법령상 방식에 어긋나거나 이의신청권이 소멸된 뒤의 것임이 명백한 경우에는 결정으로 이를 각하하여야 한다. 다만, 그 흠을 보정할 수 있는 경우에는 그러하지 아니하다(법 제48조 제1항).
  ※ 이의신청에 '보정할 수 있는 흠'이 있는 경우에는, 법원은 보정명령을 하고 이의신청인이 그 보정명령에 응하지 아니한 경우에 결정으로 이를 각하할 수 있다.
② 제1항의 결정에 대하여는 즉시항고를 할 수 있다(제2항).

(5) 약식재판의 확정

약식재판은 다음 각 호의 어느 하나에 해당하는 때에 확정된다(법 제49조).

> 1. 제45조에 따른 기간(* 약식재판의 고지를 받은 날부터 7일) 이내에 이의신청이 없는 때
> 2. 이의신청에 대한 각하결정이 확정된 때
> 3. 당사자 또는 검사가 이의신청을 취하한 때

관련판례

법원이 과태료 재판을 하면서 과태료 액수를 50% 감액한 것은 현저한 재량권의 남용이 아님
법원이 비송사건절차법에 따라 과태료 재판을 함에 있어서는 관계 법령에서 규정하는 과태료 상한의 범위 내에서 그 동기, 위반의 정도, 결과 등 여러 인자를 고려하여 재량으로 그 액수를 정할 수 있고, 원심이 정한 과태료 액수가 법령이 정한 범위 내에서 이루어진 이상 그것이 현저히 부당하여 재량권 남용에 해당되지 않는 한 그 액수가 많다고 다투는 것은 적법한 재항고이유가 될 수 없다(대판 2008.1.11. 2007마810).

과태료재판의 심판 범위
과태료재판의 경우, 법원으로서는 기록상 현출되어 있는 사항에 관하여 직권으로 증거조사를 하고 이를 기초로 하여 판단할 수 있는 것이나, 그 경우 행정청의 과태료부과처분사유와 기본적 사실관계에서 동일성이 인정되는 한도 내에서만 과태료를 부과할 수 있다(대결 2012.10.19. 2012마1163).

06 보칙

1. 자료제출 요구

법무부장관은 과태료 징수 관련 통계 작성 등 이 법의 운용과 관련하여 필요한 경우에는 중앙행정기관의 장이나 그 밖의 관계 기관의 장에게 과태료 징수 현황 등에 관한 자료의 제출을 요구할 수 있다(법 제51조).

※ 법무부가 과태료 부과·징수실태에 관한 자료를 수집하고 분석하여 질서위반행위규제법의 실효성 확보방안을 강구할 수 있도록 하기 위한 규정이다.

2. 관허사업의 제한 * 2020, 2023 행정사 기출

설명형 예제

「질서위반행위규제법」상 과태료 체납자에 대한 제재로서 관허사업의 제한과 고액·상습 체납자에 대한 제재를 설명하시오.   * 2020 행정사

사례형 예제

甲은 허가를 요하는 사업의 주무관청인 A행정청으로부터 허가를 받아 사업을 경영하고 있다. 그러던 중 甲은 법률상의 의무위반을 이유로 B행정청으로부터 과태료를 부과받았으나 이를 체납하고 있다. 이 경우 행정청이 질서위반행위규제법령에 따라 과태료 체납자에 대한 제재로서 위 허가를 취소할 수 있는 요건과, 그 요건이 충족되었다면 B행정청이 취할 수 있는 조치에 관하여 설명하시오.   * 2023 행정사

해설 요지

허가를 취소하기 위해서는 ① 당사자가 허가등을 요하는 사업을 경영하는 자일 것, ② '해당 사업과 관련'하여 과태료를 체납할 것, ③ 일정한 체납횟수, 금액, 기간의 요건을 충족할 것, ④ 천재지변이나 그 밖의 재난 등 대통령령으로 정하는 특별한 사유가 없을 것을 요한다. B행정청은 甲이 질서위반행위규제법의 요건에 해당하는 자임을 들어 A행정청에게 甲의 사업허가 취소를 요구할 수 있다. A행정청은 정당한 사유가 없는 한 이에 응하여야 한다.

(1) 의의

관허사업의 제한은 인·허가 등을 받은 자가 그 사업을 수행하는 과정에서 행정법상의 의무를 위반한 경우에 이미 발급한 인·허가를 철회 내지 정지하는 것을 말한다.

질서위반행위규제법 제52조는, 행정청은 허가·인가·면허·등록 및 갱신(이하 "허가등")을 요하는 사업을 경영하는 자로서 일정한 사유에 해당하는 체납자에 대하여 사업의 정지 또는 허가등의 취소를 할 수 있도록 하고 있다.

관허사업의 제한은 당사자의 기본권을 침해하는 작용이므로 법률의 근거를 요하며, 부당결부금지의 원칙이나 비례의 원칙과 같은 공법상 일반원칙에 부합해야 한다.

관허사업의 제한은 사전(事前)적으로는 과태료의 체납을 방지하고, 사후(事後)적으로는 과태료 체납자

에게 과태료의 납부를 간접적으로 강제하는 행정상 의무이행확보수단으로서 기능한다.

(2) 관허사업제한의 요건

① **당사자가 허가인가면허등록 및 갱신을 요하는 사업을 경영하는 자일 것**

예컨대, 개인택시운송사업을 하려는 자는 「여객자동차운수사업법」에 따라서 국토교통부장관의 면허를 받아야 하므로, 개인택시운송사업과 관련된 질서위반행위로 과태료를 부과 받고 질서위반행위규제법 제52조의 요건이 갖추어지면, 행정청은 관허사업의 제한을 할 수 있다.

※ "신고" 사업에 대하여 관허사업의 제한이 가능한지 문제된다. 관허사업제한의 내용은 허가등을 요하는 사업에 있어서 그 '사업의 정지 또는 허가등의 취소'이고 이미 신고의 수리가 완결되어 사업이 개시된 이후에는 다시금 수리의 거부가 문제될 수는 없으므로 "신고" 사업에 대하여는 제52조에 따른 관허사업의 제한을 할 수 없다.

② **'해당 사업과 관련'하여 과태료를 체납할 것**

행정청은 '과태료 체납과 직접 관련이 있는 사업'에 한하여 관허사업의 제한을 할 수 있을 뿐 과태료 체납과 관련 없는 관허사업의 제한은 인정하고 있지 않다.

※ '모든 과태료'를 이유로 관허사업을 제한하는 것은 행정법상 부당결부금지 원칙에 반할 우려가 있고, 국민의 생업활동을 제약할 가능성이 크다는 점을 고려한 것이다.

※ **예** 전기공사업법에 따라 전기공사업 등록을 한 전기공사업체가 자동차검사지연 과태료나 주정차위반 과태료 등을 체납하는 경우는 이에 해당하지 않는다.

③ **체납횟수, 금액, 기간의 제한**

<u>해당 사업과 관련된 질서위반행위로 부과받은 과태료를 3회 이상 체납하고 있고, 체납발생일부터 각 1년이 경과하였으며, 체납금액의 합계가 500만원 이상인 체납자 중 대통령령으로 정하는 횟수(* 3회)와 금액(* 500만원) 이상을 체납한 자이어야 한다.</u>

※ 과태료 체납 횟수는 과태료 부과고지서 1통을 1회로 보아 계산한다(시행령 제11조 제2항). 예컨대, 1개의 과태료를 부과받은 뒤 과태료를 납부하지 않아 해당 과태료의 독촉고지서를 수회 받은 경우, 그 체납횟수는 1회이다.

※ 각 과태료의 체납기간이 모두 1년이 경과할 것이 요구된다. 즉 3개의 과태료가 문제되는 경우 그 체납기간이 모두 체납발생일부터 1년이 경과해야 한다.

※ "과태료 체납금액의 합산"과 "체납횟수"의 경우 당사자의 사업과 관련한 질서위반행위로 인해 과태료가 부과되는 이상, 그 과태료 부과주체인 기관이 같을 것이 법령상 요구되고 있지는 않다.

④ **천재지변이나 그 밖의 재난 등 대통령령으로 정하는 특별한 사유가 없을 것**

"대통령령으로 정하는 특별한 사유"란 다음 각 호의 어느 하나에 해당하는 경우를 말한다(시행령 제11조 제3항).

> 1. 체납자가 천재지변, 전쟁, 화재, 그 밖의 중대한 재해로 인하여 과태료를 내기 곤란한 경우
> 2. 체납자 또는 그 동거가족의 중한 질병으로 인하여 과태료를 내기 곤란한 경우
> 3. 체납자가 그 생계를 유지하기 어려울 정도의 경제적 손실로 과태료를 내기 곤란한 경우
> 4. 제1호부터 제3호까지의 규정에 준하는 사유가 있거나 그 밖에 과태료 체납에 당사자에게 책임을 묻기 어려운 사정이 인정되는 경우

(3) 관허사업제한의 절차
　① 행정청이 관허사업의 주무관청인 경우
　　행정청은 관허사업 제한의 요건을 충족한 과태료 체납자에 대하여 <u>허가등을 요하는 사업의 정지 또는 허가 등의 취소</u>를 할 수 있다(법 제52조 제1항).
　② 관허사업의 주무관청이 별도로 있는 경우
　　허가등을 요하는 사업의 주무관청이 따로 있는 경우에는 행정청은 당해 주무관청에 대하여 사업의 정지 또는 허가등의 취소를 요구할 수 있다(법 제52조 제2항).
　　※ 허가등의 사무를 위임·위탁받아 처리하게 된 공사 또는 공단 등도 여기에서의 '주무관청'의 범위에 속한다.
　　이 경우 관허사업의 제한을 요구할 때에는 다음 각 호의 사항을 적은 문서(전자문서를 포함)로 하여야 한다(시행령 제11조 제4항).

　　　1. 체납자의 주소 또는 거소와 성명
　　　2. 체납자의 사업 장소와 사업 종류
　　　3. 관허사업을 제한하려는 이유
　　　4. 그 밖에 관허사업 제한에 관하여 필요한 사항

　　<u>사업의 정지 또는 허가등의 취소 요구가 있는 때에는 당해 주무관청은 정당한 사유가 없는 한 이에 응하여야 하며</u>(법 제52조 제4항), 요구를 받은 주무관청은 그 조치 결과를 지체 없이 해당 행정청에 알려야 한다(시행령 제11조 제5항).
　③ 관허사업제한 이후 과태료를 모두 징수한 경우
　　행정청은 사업의 정지 또는 허가등을 취소하거나 주무관청에 대하여 그 요구를 한 후 당해 과태료를 징수한 때에는 <u>지체 없이 사업의 정지 또는 허가등의 취소나 그 요구를 철회하여야 한다</u>(법 제52조 제3항).

3. 신용정보의 제공 등

(1) 의의

「신용정보의 이용 및 보호에 관한 법률」 제23조는 신용정보집중기관이 국가·지방자치단체 또는 공공단체의 장에게 신용정보주체의 신용도·신용거래능력 등의 판단에 필요한 신용정보의 제공을 요청하면 그 요청을 받은 공공기관의 장은 해당 신용정보집중기관에 정보를 제공할 수 있다고 규정하고 있다. 과태료 체납 관련정보도 여기에서의 신용정보에 해당한다.

신용정보제공제도는 과태료 신규체납의 발생을 억제하고 체납자의 자진납부를 유도하는 간접강제 수단으로 기능할 수 있다.

다만, 신용정보제공이 과잉제재가 되지 않도록 그 대상을 엄격히 할 필요가 있다.

(2) 신용정보제공의 대상

<u>행정청은 과태료 징수 또는 공익목적을 위하여 필요한 경우</u> 「국세징수법」 제110조를 준용하여 「신용정보의 이용 및 보호에 관한 법률」 제25조 제2항 제1호에 따른 <u>종합신용정보집중기관의 요청에 따라 체납 또는 결손처분자료를 제공할 수 있다</u>(법 제53조 제1항 전단).

국세징수법 제110조(체납자료의 제공) ① 관할 세무서장(지방국세청장을 포함)은 국세징수 또는 공익 목적을 위하여 필요한 경우로서 「신용정보의 이용 및 보호에 관한 법률」 제2조 제6호에 따른 신용정보집중기관, 그 밖에 대통령령으로 정하는 자가 다음 각 호의 어느 하나에 해당하는 체납자의 인적사항 및 체납액에 관한 자료(이하 "체납자료")를 요구한 경우 이를 제공할 수 있다. 다만, 체납된 국세와 관련하여 심판청구등이 계속 중이거나 그 밖에 대통령령으로 정하는 경우에는 체납자료를 제공할 수 없다.
1. 체납 발생일부터 1년이 지나고 체납액이 대통령령으로 정하는 금액(* 500만원) 이상인 자
2. 1년에 3회 이상 체납하고 체납액이 대통령령으로 정하는 금액(* 500만원) 이상인 자
② 제1항에 따른 체납자료의 제공 절차 등에 관하여 필요한 사항은 대통령령으로 정한다.
③ 제1항에 따라 체납자료를 제공받은 자는 이를 누설하거나 업무 목적 외의 목적으로 이용할 수 없다.

※ 신용정보집중기관 : 신용정보를 집중하여 관리·활용하는 자로서 금융위원회로부터 허가받은 자
※ 「국세징수법」 제110조를 준용할 때 "체납자"는 "체납자 또는 결손처분자"로, "체납자료"는 "체납 또는 결손처분 자료"로 본다(법 제53조 제1항 후단).

(3) 신용정보제공의 절차

① 행정청은 당사자에게 과태료를 납부하지 아니할 경우에는 체납 또는 결손처분자료를 신용정보집중기관에게 제공할 수 있음을 미리 알려야 한다(법 제53조 제2항).

② 행정청은 제1항에 따라 체납 또는 결손처분자료를 제공한 경우에는 대통령령으로 정하는 바(* 30일 이내에 별지 제5호 서식의 신용정보 제공사실 통보서)에 따라 해당 체납자에게 그 제공사실을 통보하여야 한다(제3항).

4. 고액상습체납자에 대한 감치(監置)제도 * 2020 행정사 기출

사례형 예제

만일 甲이 과태료를 3회 체납하고 체납금액의 합계가 2천만 원이라면 「질서위반행위규제법」상 과태료 체납자에 대한 제재로서 감치의 대상이 되는지 검토하시오.

해설 요지

甲은 과태료를 3회 체납하고 체납금액의 합계가 2천만 원이므로 '과태료를 3회 이상 체납하고 있고, 체납금액의 합계가 1천만 원 이상인 체납자'라는 요건은 충족한다. 따라서 甲이 추가적으로 ① 체납발생일부터 각 1년이 경과하였고, ② 과태료 납부능력이 있음에도 불구하고 정당한 사유 없이 체납한 경우일 것이라는 요건을 갖추는 경우라면 감치의 대상이 된다.

(1) 의의

감치제도는 과태료 납부능력이 있음에도 고의적으로 과태료를 체납하는 고액·상습 체납자를 법원의 재판을 통해 과태료 납부시까지 일정기간 구금함으로써 과태료 납부를 간접강제하는 제도이다. 종래 과태료를 납부하지 않더라도 별다른 제재수단이 없어 그 징수율이 극히 부진한 문제점이 있어, 고의적으로 과태료를 체납하는 고액·상습 체납자에 대한 과태료의 실효성 확보수단으로서 감치제도를 도입하였다.

(2) 감치의 요건
    ① 체납횟수, 금액, 기간의 제한
    과태료를 3회 이상 체납하고 있고, 체납발생일부터 각 1년이 경과하였으며, 체납금액의 합계가 1천만원 이상인 체납자 중 대통령령으로 정하는 횟수(* 3회)와 금액(* 1천만원) 이상을 체납한 경우이다(법 제54조 제1항 제1호).
    ※ 과태료 체납 횟수는 과태료 부과고지서 1통을 1회로 보아 계산한다(시행령 제13조 제2항, 제11조 제1항).
    ※ "과태료 체납금액의 합산"과 "체납횟수"의 경우 그 과태료 부과주체인 기관이 같을 것이 법령상 요구되고 있지는 않다.
    ② 과태료 납부능력이 있음에도 불구하고 정당한 사유 없이 체납한 경우일 것
    감치제도는 고액·상습 체납자를 심리적으로 압박하여 과태료 납부를 이행시키기 위한 간접강제수단이기 때문에 심리적 압박을 주어도 과태료를 납부할 경제적 능력이 없는 체납자는 감치의 대상에서 제외하고 있다.
    ※ 과태료 납부 당사자가 '법인'인 경우에 제54조 제1항은 그 대표자를 감치의 대상으로 하고 있는바, 이 경우에도 납부능력의 판단기준은 대표자가 아니라 법 위반행위를 한 '법인'을 기준으로 판단해야 한다.

(3) 감치의 절차
    ① 행정청의 감치 신청
    행정청은 과태료 체납자가 감치의 사유에 모두 해당하는 경우에는 관할 지방검찰청 또는 지청의 검사에게 체납자의 감치를 신청할 수 있다(법 제54조 제2항).
    이후 검사가 법원에 청구함으로써 감치재판을 하게 된다.
    ※ 「헌법」 제12조가 인신구속은 검사의 신청에 의하도록 규정하고 있는 취지를 고려하여, 준사법기관인 검사의 심사를 거치도록 하였다.
    ② 감치재판의 관할 법원
    감치청구 사건은 청구 당시 체납자(법인인 경우에는 대표자를 말함)의 주소지를 관할하는 지방법원 또는 그 지원의 전속관할로 한다(과태료 체납자에 대한 감치의 재판에 관한 규칙 제2조).
    ③ 행정청에 의한 별도의 예고절차 불요
    감치재판의 청구, 재판절차 및 집행 등에 관하여는 대법원규칙인 「과태료 체납자에 대한 감치의 재판에 관한 규칙」에 따라 법원 및 검사 등 사법기관에 의하여 감치가 이루어지므로 행정청이 감치와 관련한 별도의 예고·통보 등을 당사자에게 할 필요는 없다.
    ④ 즉시항고
    감치에 처하는 결정에 대하여는 즉시항고를 할 수 있다(법 제54조 제3항).

(4) 감치의 효과
    ① 감치기간은 30일의 범위 이내에서 정해진다(법 제54조 제1항).
    ② 감치에 처하여진 과태료 체납자는 동일한 체납사실로 인하여 재차 감치되지 아니한다(제4항).

③ 감치는 과태료 납부의무를 이행시키기 위한 수단이기 때문에 체납자가 감치되어도 <u>과태료 납부의무는 소멸하지 않는다.</u>

(5) 그 밖의 필요 사항

감치에 처하는 재판 절차 및 그 집행, 그 밖에 필요한 사항은 대법원규칙(註 : 과태료 체납자에 대한 감치의 재판에 관한 규칙)으로 정한다(법 제54조 제5항).

5. 자동차 등록번호판의 영치

> **사례형 예제**
>
> 「질서위반행위규제법」상 자동차를 2대 이상 소유한 자가 자동차 관련 과태료를 체납한 경우 위반차량이 아닌 동인 소유의 다른 차량 번호판도 영치할 수 있는지 검토하시오.
>
> **해설 요지**
>
> '자동차 관련 과태료와 관계된 자동차일 것'을 요건으로 한다. 따라서 만약 당사자가 2대 이상의 자동차를 소유하고 있는 경우라 하더라도 자동차 관련 과태료와 관계된 자동차에 대해서만 자동차 등록번호판을 영치할 수 있다.

(1) 의의

「자동차손해배상 보장법」, 「도로교통법」, 「자동차관리법」 등에 의한 자동차 관련 과태료는 그 납부를 강제할 수 있는 법적 수단이 부족하여 체납율이 높은 실정이었다. 이에 따라 자동차 관련 과태료의 납부를 간접적으로 강제하고, 과태료 체납 자동차의 운행을 제한하여 국민의 안전을 도모하는 한편, 자동차 관련 과태료 징수율을 제고하기 위한 목적에서 도입한 제도이다.

(2) 자동차 등록번호판의 영치 요건

① 「자동차관리법」 제2조 제1호의 자동차의 운행관리 등에 관한 질서위반행위 중 대통령령으로 정하는 자동차 관련 과태료일 것(법 제55조 제1항)

"대통령령으로 정하는 질서위반행위로 부과받은 과태료"란 다음 각 호의 어느 하나에 해당하는 과태료를 말한다(시행령 제14조 제1항).

> 1. 「자동차손해배상 보장법」 제48조 제3항 제1호에 따른 과태료
>   ※ 의무보험에 가입하지 아니한 자
> 2. 「도로교통법」 제160조 제2항 제1호부터 제5호까지 및 같은 조 제3항에 따른 과태료
>   ※ **예** 물이 고인 곳을 운행할 때에는 고인 물을 튀게 하여 다른 사람에게 피해를 준 자, 앞면 창유리와 운전석 좌우 옆면 창유리의 가시광선의 투과율이 대통령령으로 정하는 기준보다 낮은 자, 동승자에게 좌석안전띠를 매도록 하지 아니한 운전자, 동승자에게 인명보호 장구를 착용하도록 하지 아니한 운전자, 어린이통학버스 안에 신고증명서를 갖추어 두지 아니한 어린이통학버스의 운영자

3. 「자동차관리법」 제84조 제3항 제1호부터 제3호까지, 제5호, 같은 조 제4항 제1호·제2호·제3호, 제5호부터 제7호까지, 제10호·제12호·제13호·제13호의2·제15호의2·제18호·제18호의2·제18호의3·제19호 및 같은 조 제5항 제2호·제2호의2·제5호·제6호·제6호의2의 규정에 따른 과태료

  ※ **예** 자동차등록번호판을 부착 또는 봉인하지 아니한 자동차를 운행한 자, 등록번호판을 가리거나 알아보기 곤란하게 하거나 그러한 자동차를 운행한 자, 차대번호와 원동기형식의 표기를 하지 아니한 자, 신규등록 신청을 하지 아니한 자, 자동차등록번호판의 부착 또는 봉인을 하지 아니한 자

② 당사자가 자동차 관련 과태료를 체납발생일부터 60일을 넘어 체납하였을 것(시행령 제14조 제2항 제1호) 만일 여러 개의 자동차 관련 과태료 체납건이 문제되는 경우 각 과태료가 모두 체납발생일부터 60일을 넘어 체납될 것이 요구된다.

③ 체납된 자동차 관련 과태료(제24조에 따른 가산금 및 중가산금을 포함)의 합계액이 30만원 이상일 것 (시행령 제14조 제2항 제2호)
이때 하나의 질서위반행위에 따른 자동차 관련 과태료가 30만원 이상인 경우는 물론 수개의 질서위반행위에 따른 수개의 자동차 관련 과태료를 전부 합산하여 그 합계액이 30만원 이상이 되는 경우도 포함한다.

  ※ 체납액의 합계를 30만원 이상으로 정한 것은, 주요 자동차 관련 과태료의 최근 체납현황통계를 분석한 자료를 분석한 결과 체납액이 30만원 미만일 경우 자동차 번호판 영치가 남발될 우려가 있음을 고려한 것이다.

④ 자동차 관련 과태료와 관계된 자동차가 과태료를 체납한 당사자 소유일 것(시행령 제14조 제2항 제3호) "자동차 관련 과태료와 관계된 자동차"일 것을 요건으로 하므로, 체납자 소유의 자동차 전체가 아니라 체납자 소유이면서 해당 질서위반행위와 관계된 자동차로 한정하여 자동차 등록번호판 영치 여부를 판단하여야 한다.

(3) 자동차 등록번호판 영치 절차

① 사전통지
행정청은 자동차 등록번호판을 영치할 때에는 미리 당사자에게 10일 이내에 자동차 관련 과태료를 납부하지 아니하면 즉시 등록번호판을 영치할 것이라는 뜻을 통지하여야 한다(시행령 제14조 제3항). 이때 통지는 다음 각 호의 사항을 모두 적은 서면(당사자가 동의하는 경우에는 전자문서를 포함)으로 하여야 한다(제4항).

  1. 당사자의 성명(법인인 경우에는 그 명칭과 대표자의 성명), 주소 및 연락처
  2. 과태료 부과의 원인이 된 사실, 체납된 과태료 금액 및 적용 법령
  3. 과태료 체납자 소유 자동차의 등록번호 및 종류

② 영치증 교부
행정청은 자동차 등록번호판을 영치하였을 때에는 당사자에게 다음 각 호의 사항을 모두 적은 영치증을 교부하여야 한다. 다만, 당사자가 영치증을 수령할 수 없거나 거부하는 경우에는 그러하지 아니하다(시행령 제14조 제5항).

> 1. 자동차 소유자의 성명·주소 및 연락처
> 2. 자동차의 등록번호 및 종류
> 3. 영치일시
> 4. 과태료 납부증명서와 영치증을 제출하면 영치를 해제한다는 사실

③ 주무관청에 대한 통지

자동차 등록업무를 담당하는 주무관청이 아닌 행정청이 등록번호판을 영치한 경우에는 지체 없이 주무관청에 등록번호판을 영치한 사실을 통지하여야 한다(법 제55조 제2항).

이 경우 주무관청에 통지할 때에는 제4항 각 호(* 위 사전통지 사항)의 사항을 모두 적은 서면(전자문서를 포함)으로 하여야 한다(시행령 제14조 제6항).

(4) 체납된 자동차 관련 과태료 납부 시 조치

① 자동차 관련 과태료를 납부하지 아니한 자가 체납된 자동차 관련 과태료를 납부한 경우 행정청은 영치한 자동차 등록번호판을 즉시 내주어야 한다(법 제55조 제3항).

   ※ 번호판 반환에 대한 구체적인 절차나 그 상대방에 대한 내용은 규정하고 있지 않은데, 행정청은 특별한 사정이 없는 한 영치가 해제된 번호판을 체납자 뿐만 아니라 그 자동차를 점유할 정당한 권리가 있는 자에게도 반환할 수 있을 것으로 해석된다.

② 행정청이 등록번호판을 내줄 때에는 영치 원인이 된 자동차 관련 과태료(법 제24조에 따른 가산금 및 중가산금을 포함)의 납부증명서를 제출받아 그 납부 여부를 확인하여야 한다. 다만, 「전자정부법」 제36조 제1항에 따른 행정정보 공동이용을 통하여 납부사실을 확인할 수 있는 경우에는 그러하지 아니하다(시행령 제14조 제7항).

③ 자동차 등록업무를 담당하는 주무관청이 아닌 행정청이 법 제55조 제3항에 따라 자동차 등록번호판을 내주고 영치를 해제하였을 때에는 지체 없이 주무관청에 그 사실을 통지하여야 한다(제8항).

(5) 자동차 등록번호판의 영치 일시 해제

① 의의

과태료를 체납하여 자동차 등록번호판이 영치되면 그 자동차를 생업의 수단으로 사용하는 당사자의 경우 당장 생계가 곤란해지는 상황에 빠지는 문제가 있으므로 도입하였다(2017.6.3).

행정청은 자동차의 등록번호판이 영치된 당사자가 해당 자동차를 직접적인 생계유지 목적으로 사용하고 있어 자동차 등록번호판을 영치할 경우 생계유지가 곤란하다고 인정되는 경우 자동차 등록번호판을 내주고 영치를 일시 해제할 수 있다. 다만, 그 밖의 다른 과태료를 체납하고 있는 당사자에 대하여는 그러하지 아니하다(법 제55조 제4항).

② 일시 해제 절차

㉠ 영치 일시 해제의 신청

자동차 등록번호판 영치의 일시 해제를 신청하거나 자동차 등록번호판 영치의 일시 해제 기간을 연장받으려는 당사자는 별지 제6호 서식의 자동차 등록번호판 영치의 일시 해제·자동차 등록번호판 영치의 일시 해제 기간연장 신청서(전자문서를 포함)에 다음 각 호의 서류를 첨부하여 행정청에 제출하여야 한다(시행령 제14조의2 제2항).

1. 자동차 등록번호판 영치증 사본
2. 자동차를 직접적인 생계유지 목적으로 사용하는 사실을 증명하는 자료
3. 자동차 등록번호판의 영치로 생계유지가 곤란한 사정을 증명하는 자료

ⓒ 당사자에 대한 통지

자동차 등록번호판 영치의 일시해제 또는 자동차 등록번호판 영치의 일시 해제 기간연장의 신청을 받은 행정청은 특별한 사정이 없는 한 그 신청을 받은 날부터 20일 이내에 결정하여 당사자에게 통지하여야 한다(제3항).

ⓒ 분할납부 조건을 붙일 수 있음

행정청은 자동차 등록번호판 영치의 일시 해제를 결정하는 경우 필요한 때에는 체납된 자동차 관련 과태료를 분할납부할 것을 조건으로 붙일 수 있다. 이 경우 분할납부의 기간은 자동차 등록번호판 영치의 일시해제 기간으로 하고, 분할납부의 횟수 및 금액은 당사자의 자동차 사용 목적과 생계유지의 관련성 등을 고려하여 행정청이 정한다(제4항).

③ 일시 해제의 효과

행정청은 자동차 등록번호판 영치를 일시 해제할 경우 그 <u>기간을 9개월 이내</u>로 하여야 한다. 다만, 그 기간이 만료될 때까지 일시 해제의 사유가 해소되지 아니하는 경우에는 1회에 한정하여 3개월의 범위에서 그 기간을 연장할 수 있다(시행령 제14조의2 제1항).

④ 일시 해제의 취소

행정청은 다음 각 호의 어느 하나에 해당하는 경우에는 자동차 등록번호판 영치의 일시 해제를 취소하고, 자동차 등록번호판을 다시 영치할 수 있다(시행령 제14조의2 제5항).

1. 당사자가 다른 과태료를 체납하고 있는 경우
2. 강제집행, 경매의 개시, 파산선고, 국세·지방세 또는 그 밖의 공과금에 대한 체납처분 등 당사자로부터 체납 과태료를 징수할 수 없다고 인정되는 경우
3. 당사자가 제4항에 따른 분할납부 조건을 이행하지 아니한 경우
4. 그 밖에 당사자에게 체납 과태료의 납부를 기대하기 어려운 사정이 발생한 경우

⑤ 주무관청에 대한 통지

자동차 등록업무를 담당하는 주무관청이 아닌 행정청이 자동차 등록번호판의 영치를 일시 해제하거나 제5항에 따라 등록번호판을 다시 영치하는 경우에는 지체없이 주무관청에 그 사실을 통지하여야 한다(시행령 제14조의2 제6항).

6. 자동차 소유권이전등록 시 자동차 관련 과태료 납부의무

(1) 의의

종래 과태료 체납으로 인하여 자동차에 대한 압류가 된 경우에도 자동차의 소유권 이전등록이 가능하였다. 이에 자동차 관련 과태료 징수율을 높이고 자동차 관련 과태료에 대한 국민의 준법의식을 제고하고자 하는 목적으로 자동차 소유권이전등록시 자동차 관련 과태료 납부증명서의 제출을 의무화하였다(2011.7.6).

(2) 자동차 관련 과태료 납부증명서의 제출

자동차 관련 과태료와 관계된 자동차가 그 자동차 관련 과태료의 체납으로 인하여 압류등록된 경우 그 자동차에 대하여 소유권 이전등록을 하려는 자는 압류등록의 원인이 된 자동차 관련 과태료(제24조에 따른 가산금 및 중가산금을 포함)를 납부한 증명서를 제출하여야 한다. 다만, 「전자정부법」 제36조 제1항에 따른 행정정보의 공동이용을 통하여 납부사실을 확인할 수 있는 경우에는 그러하지 아니하다(법 제56조).

※ 여기서 "자동차 관련 과태료"는 법 제55조 제1항 및 시행령 제14조 제1항에서 규정하는 과태료와 동일하며, 법 제24조에 따른 가산금 및 중가산금을 포함한 것을 의미한다.

7. 고유식별정보의 처리

행정청 또는 검사는 법 및 이 영에 따른 과태료의 부과·징수 및 재판 등에 관한 사무를 수행하기 위하여 불가피한 경우 「개인정보 보호법 시행령」 제19조에 따른 주민등록번호, 여권번호, 운전면허의 면허번호 또는 외국인등록번호가 포함된 자료를 처리할 수 있다(시행령 제15조).

☞ 과태료의 행정·사법 절차에서 신원확인 및 체납자 관리 등을 위해 고유식별정보를 법률에 따라 제한적으로 처리할 수 있게 하여, 개인정보 보호와 행정 효율성을 동시에 확보하고자 함이다.

제4장 행정조사기본법

01 개설

1. 의의

행정조사란 행정기관이 사인으로부터 행정상 필요한 자료나 정보를 수집하기 위하여 행하는 일체의 행정작용을 말한다.

2007.5.17. 행정조사에 관한 원칙·방법 및 절차 등에 관한 기본적인 사항을 정한 「행정조사기본법」을 제정한 이유는, 종래 행정기관이 실시하여 온 행정조사는 조사요건이 포괄적으로 되어 있고, 절차규정이 미흡하며, 조사활동에 대한 통제장치가 제대로 마련되어 있지 아니하여 조사의 투명성과 예측가능성이 낮아 조사대상이 되는 기업 등에게 적지 아니한 부담을 주어 왔다는 지적이 있었기 때문이다.

행정기관의 행정결정을 적정하게 내리기 위해 행정조사는 필요하나, 행정조사로 국민의 권익이 침해될 수 있으므로, 행정조사에 대한 법적 통제를 강화하고 행정조사로 인하여 침해된 국민의 권익을 구제하기 위한 실효성 있는 제도를 마련하는 것이 중요한 과제라 할 수 있다.

2. 행정조사의 종류

성질별	강제조사	상대방이 행정기관의 명령이나 지시에 따르지 않는 경우에 벌칙의 적용을 받게 되는 조사(예 음주측정, 세무조사, 식품위생검사)
	임의조사	상대방의 임의적인 협력에 의해 행하거나 행정청 단독으로 행하는 조사(예 여론조사, 통계조사)
대상별	대인적 조사	조사대상이 사람인 경우(예 불심검문, 질문, 신체수색)
	대물적 조사	조사대상이 물건인 경우(예 장부나 물건의 검사·수거, 시설검사)
	대가택조사	주거나 창고 및 영업소에 대한 출입·검사
목적별	개별조사	법률이 정하는 개별적·구체적 목적을 위한 자료의 수집활동(예 식품위생법상의 영업실태파악 조사, 공익사업법상 물건조서를 작성하기 위한 토지출입 조사)
	일반조사	정책입안의 자료를 수집하기 위한 조사(예 통계법에 의한 통계조사)

3. 행정조사의 특성

(1) 준비보조수단

행정조사는 개인의 실체적 권리관계에 변동을 가져오는 것이 아니라 향후 행정작용의 실효성확보를 위한 준비적·보조적 수단으로서의 의미를 갖는다.

(2) 사실행위, 법적행위

행정조사 그 자체는 법적 효과를 가져오지 아니하므로 사실행위에 해당한다. 그러나 불심검문과 같이 경우에 따라서는 상대방에게 수인의무를 발생시키기도 한다. 또한 각종 명령과 같이 행정행위의 형식을 취하기도 하므로 행정조사에는 사실행위 외에 법적행위라는 측면을 포함한다.

※ 사실행위 형식의 예 : 질문, 출입검사, 실시조사, 진찰, 검진, 앙케이트 조사
   행정행위 형식의 예 : 보고서요구명령, 장부서류제출명령, 출석명령

(3) 권력성, 비권력성

권력적 조사만을 행정조사로 정의하는 견해도 있으나, 비권력적인 행정조사도 개인의 프라이버시의 보호, 기업의 영업의 자유의 보호 등 문제를 야기하므로 양자를 모두 행정조사에 포함시켜 고찰하는 것이 타당하다.

4. 행정조사의 법적 근거 * 2025 행정사 기출

행정기관은 법령등에서 행정조사를 규정하고 있는 경우에 한하여 행정조사를 실시할 수 있다. 다만, 조사대상자의 자발적인 협조를 얻어 실시하는 행정조사의 경우에는 그러하지 아니하다(행정조사기본법 제5조).

※ 개별법으로 소득세법(제170조), 국세징수법(제27조), 소방기본법(제29조 이하), 경찰관직무집행법(제3조 제1항), 식품위생법(제17조), 약사법(제69조), 근로기준법(제102조) 등이 있다.

강제조사는 비록 행정목적수행을 위해 필요하더라도 개인에게 수인의무를 부과하는 침해적 작용이기 때문에 법적 근거가 필요하다. 그러나 상대방의 협력을 요하는 임의조사는 법률의 수권 없이도 할 수 있다. 대부분의 행정행위를 하기 위하여 선행되는 행정조사에 강제적 요소가 없는 한, 당해 행정행위의 수권법률에는 임의조사의 권한이 내포되어 있다고 봄이 타당하다. 다만 임의조사도 조직법적 권한의 범위 안에서 행하여져야 한다.

한편, 조사대상자 없이 정보를 수집하는 행정조사는 원칙상 법률의 근거를 요하지 않는다. 다만, 이 경우에도 조사의 대상이 개인정보 등이어서 조사 자체로서 국민의 권리를 침해하는 경우에는 개인의 동의에 의하지 않는 한 법적 근거가 있어야 한다.

> **관련판례**
>
> **개별 법령 등에서 행정조사를 규정하고 있는 경우, 행정기관이 '조사대상자의 자발적인 협조를 얻어 실시하는 행정조사'를 실시할 수 있는지 여부(적극)**
>
> 행정조사기본법 제5조에 의하면 행정기관은 법령 등에서 행정조사를 규정하고 있는 경우에 한하여 행정조사를 실시할 수 있으나(본문), 한편 '조사대상자의 자발적인 협조를 얻어 실시하는 행정조사'의 경우에는 그러한 제한이 없이 실시가 허용된다(단서). 행정조사기본법 제5조는 행정기관이 정책을 결정하거나 직무를 수행하는 데에 필요한 정보나 자료를 수집하기 위하여 행정조사를 실시할 수 있는 근거에 관하여 정한 것으로서, 이러한 규정의 취지와 아울러 문언에 비추어 보면, 단서에서 정한 '조사대상자의 자발적인 협조를 얻어 실시하는 행정조사'는 개별 법령 등에서 행정조사를 규정하고 있는 경우에도 실시할 수 있다(대판 2016.10.27. 2016두41811).

5. 행정절차법의 적용 여부

행정절차법에 행정조사에 관한 규정이 없으므로 행정조사에 행정절차법이 적용되지 않은 것이 원칙이다. 다만, 행정조사가 행정행위의 형식을 취하거나 사실행위인 행정조사가 행정절차법 제2조 제2호의 '처분'에 해당하는 경우에는 처분절차에 관한 규정이 적용된다.

행정조사기본법은 ① 조사의 사전통지, ② 조사의 연기신청, ③ 제3자에 대한 보충조사, ④ 의견제출, ⑤ 조사원 교체신청, ⑥ 조사권 행사의 제한, ⑦ 조사결과의 통지 등 행정조사의 절차적 사항을 다수 규정하고 있다.

02 적용원칙

1. 목적

이 법은 행정조사에 관한 기본원칙·행정조사의 방법 및 절차 등에 관한 공통적인 사항을 규정함으로써 행정의 공정성·투명성 및 효율성을 높이고, 국민의 권익을 보호함을 목적으로 한다(법 제1조).

2. 용어의 정의

이 법에서 사용하는 용어의 정의는 다음과 같다(법 제2조).

행정조사	행정기관이 정책을 결정하거나 직무를 수행하는 데 필요한 정보나 자료를 수집하기 위하여 현장조사·문서열람·시료채취 등을 하거나 조사대상자에게 보고요구·자료제출요구 및 출석·진술요구를 행하는 활동
행정기관	법령 및 조례·규칙(이하 "법령등")에 따라 행정권한이 있는 기관과 그 권한을 위임 또는 위탁받은 법인·단체 또는 그 기관이나 개인
조사원	행정조사업무를 수행하는 행정기관의 공무원·직원 또는 개인
조사대상자	행정조사의 대상이 되는 법인·단체 또는 그 기관이나 개인

3. 적용범위

(1) 원칙

행정조사에 관하여 다른 법률에 특별한 규정이 있는 경우를 제외하고는 이 법으로 정하는 바에 따른다(법 제3조 제1항).

(2) 적용배제

① 다음 각 호의 어느 하나에 해당하는 사항에 대하여는 이 법을 적용하지 아니한다(제2항).

1. 행정조사를 한다는 사실이나 조사내용이 공개될 경우 국가의 존립을 위태롭게 하거나 국가의 중대한 이익을 현저히 해칠 우려가 있는 국가안전보장·통일 및 외교에 관한 사항
2. 국방 및 안전에 관한 사항 중 다음 각 목의 어느 하나에 해당하는 사항
   가. 군사시설·군사기밀보호 또는 방위사업에 관한 사항
   나. 「병역법」·「예비군법」·「민방위기본법」·「비상대비에 관한 법률」·「재난관리자원의 관리 등에

관한 법률」에 따른 징집·소집·동원 및 훈련에 관한 사항
3. 「공공기관의 정보공개에 관한 법률」 제4조 제3항의 정보에 관한 사항
4. 「근로기준법」 제101조에 따른 근로감독관의 직무에 관한 사항
5. 조세·형사·행형 및 보안처분에 관한 사항
6. 금융감독기관의 감독·검사·조사 및 감리에 관한 사항
7. 「독점규제 및 공정거래에 관한 법률」, 「표시·광고의 공정화에 관한 법률」, 「하도급거래 공정화에 관한 법률」, 「가맹사업거래의 공정화에 관한 법률」, 「방문판매 등에 관한 법률」, 「전자상거래 등에서의 소비자보호에 관한 법률」, 「약관의 규제에 관한 법률」 및 「할부거래에 관한 법률」에 따른 공정거래위원회의 법률위반행위 조사에 관한 사항

☞ 국가안전보장, 국방, 외교, 조세, 형사 등 국가의 중대한 이익이나 특수성이 요구되는 분야에 대해서는 행정조사기본법의 적용을 제외함으로써 해당 분야의 독자성을 반영하고 있다.

② 제2항에도 불구하고 제4조(행정조사의 기본원칙), 제5조(행정조사의 근거) 및 제28조(정보통신수단을 통한 행정조사)는 제2항 각 호의 사항에 대하여 적용한다(제3항).

☞ 적용배제 분야라도 행정조사의 기본원칙 등이 적용됨을 명시하여, 행정조사의 공정성과 투명성을 확보하고자 한다.

4. 행정조사의 기본원칙 * 2013, 2019 행정사 기출

> **설명형 예제**
> 「행정조사기본법」상 행정조사의 기본원칙에 관하여 설명하시오. * 2013, 2019 행정사

(1) 의의

종래 공공기관이 규제하는 영역이 확대됨에 따라 각종 행정기관이 기업 등을 대상으로 다양한 행정조사를 실시하고 있으나, 행정조사에 대한 기본원칙이 없어 행정편의에 따라 행정조사가 이루어지는 경향이 있었다.

이에 따라 행정기관이 행정조사를 함에 있어서 준수하여야 할 기본적인 사항을 규정함으로써 행정편의에 따른 행정조사를 예방하고, 행정조사의 대상이 되는 기업 등의 부담을 경감하려는 취지이다.

(2) 기본원칙의 내용

① 조사범위의 최소화
행정조사는 조사목적을 달성하는데 필요한 최소한의 범위 안에서 실시하여야 하며, 다른 목적 등을 위하여 조사권을 남용하여서는 아니 된다(법 제4조 제1항).

② 조사목적에 적합한 조사대상자 선정
행정기관은 조사목적에 적합하도록 조사대상자를 선정하여 행정조사를 실시하여야 한다(제2항).

③ 중복조사의 제한
행정기관은 유사하거나 동일한 사안에 대하여는 공동조사 등을 실시함으로써 행정조사가 중복되지 아니하도록 하여야 한다(제3항).

④ 예방위주의 행정조사

행정조사는 법령등의 위반에 대한 처벌보다는 법령등을 준수하도록 유도하는 데 중점을 두어야 한다(제4항).

⑤ 비밀누설 금지

다른 법률에 따르지 아니하고는 행정조사의 대상자 또는 행정조사의 내용을 공표하거나 직무상 알게 된 비밀을 누설하여서는 아니 된다(제5항).

⑥ 조사결과에 대한 이용제한

행정기관은 행정조사를 통하여 알게 된 정보를 다른 법률에 따라 내부에서 이용하거나 다른 기관에 제공하는 경우를 제외하고는 원래의 조사목적 이외의 용도로 이용하거나 타인에게 제공하여서는 아니 된다(제6항).

※ 위와 같이 이 법에 명시된 기본원칙뿐 아니라, 모든 행정조사는 기본권보장, 평등원칙, 보충성의 원리 등 행정법의 일반원칙의 범위 내에서만 가능하다. 가령, 행정조사의 실시에 있어서 합리적인 사유 없이 피조사자를 차별하는 것은 평등의 원칙에 반한다.

> **관련판례**
>
> **국가기관이 일반 국민의 알 권리와는 무관하게 평소의 동향을 감시할 목적으로 개인의 정보를 비밀리에 수집한 경우는 불법행위**
>
> 구 국군보안사령부가 군과 관련된 첩보 수집, 특정한 군사법원 관할 범죄의 수사 등 법령에 규정된 직무범위를 벗어나 민간인들을 대상으로 평소의 동향을 감시·파악할 목적으로 지속적으로 개인의 집회·결사에 관한 활동이나 사생활에 관한 정보를 미행, 망원 활용, 탐문채집 등의 방법으로 비밀리에 수집·관리한 경우, 이는 헌법에 의하여 보장된 기본권을 침해한 것으로서 불법행위를 구성한다. 공적 인물에 대하여는 사생활의 비밀과 자유가 일정한 범위 내에서 제한되어 그 사생활의 공개가 면책되는 경우도 있을 수 있으나, 이는 공적 인물은 통상인에 비하여 일반 국민의 알 권리의 대상이 되고 그 공개가 공공의 이익이 된다는 데 근거한 것이므로, 일반 국민의 알 권리와는 무관하게 국가기관이 평소의 동향을 감시할 목적으로 개인의 정보를 비밀리에 수집한 경우에는 그 대상자가 공적 인물이라는 이유만으로 면책될 수 없다(대판 1998.7.24. 96다42789).

03 조사계획의 수립 및 조사대상의 선정

1. 연도별 행정조사운영계획

> **설명형 예제**
>
> 「행정조사기본법」상 행정기관의 장이 수립해야 하는 연도별 행정조사운영계획에 관하여 설명하시오.

(1) 의의

행정기관이 매년 연도별 행정조사운영계획을 수립하고 이를 국무조정실장에게 제출하도록 규정함으로써, 중앙정부 차원에서 행정조사의 조정 및 통제 기능을 수행할 수 있도록 하고 있다. 이때 조사계획에

공동조사 실시계획과 중복조사 방지계획을 포함하도록 함으로써 유사한 목적의 조사가 여러 기관에 의해 중복되어 이루어지는 것을 방지하고, 조사의 효율성을 높일 수 있다.

(2) 연도별 행정조사운영계획의 수립 및 제출

① <u>행정기관의 장은 매년 12월말까지 다음 연도의 행정조사운영계획을 수립하여 국무조정실장에게 제출하여야 한다.</u> 다만, 행정조사운영계획을 제출해야 하는 행정기관의 구체적인 범위는 대통령령으로 정한다(법 제6조 제1항).

※ "행정조사운영계획을 제출하여야 하는 행정기관"(시행령 제2조 제1항)

> 1. 중앙행정기관(대통령 소속 기관 및 국무총리 소속 기관을 포함) 및 그 소속 기관
> 2. 법 제14조 제1항 제2호(* 서로 다른 행정기관이 대통령령으로 정하는 분야에 대하여 동일한 조사대상자에게 행정조사를 실시하는 경우)에 따라 공동조사를 하는 행정기관

② <u>행정기관의 장이 행정조사운영계획을 수립하는 때에는 제4조에 따른 행정조사의 기본원칙에 따라야 한다</u>(제2항).

(3) 연도별 행정조사운영계획의 내용

행정조사운영계획에는 <u>조사의 종류·조사방법·공동조사 실시계획·중복조사 방지계획, 그 밖에 대통령령으로 정하는 사항</u>이 포함되어야 한다(법 제6조 제3항).

※ "그 밖에 대통령령이 정하는 사항"(시행령 제2조 제2항)

> 1. 조사의 근거
> 2. 조사의 목적
> 3. 조사대상자의 범위
> 4. 조사의 기간 및 시기

(4) 보완 요청

<u>국무조정실장</u>은 행정기관의 장이 제출한 행정조사운영계획을 검토한 후 그에 대한 보완을 요청할 수 있다. 이 경우 행정기관의 장은 특별한 사정이 없는 한 이에 응하여야 한다(법 제6조 제4항).

2. 조사의 주기 * 2022 행정사 기출

> **설명형 예제**
>
> 「행정조사기본법」에서는 정기조사와 수시조사를 규정하고 있다. 수시조사를 실시할 수 있는 경우를 설명하고, 정기조사 또는 수시조사를 실시한 행정기관의 장은 동일한 사안에 대하여 동일한 조사대상자를 조사하여서는 안된다는 원칙과 그 예외에 관하여 설명하시오.   * 2022 행정사

(1) 의의

행정조사는 정기적으로 실시함을 원칙으로 하되, 일정한 예외 사유에 해당하는 경우 수시조사를 허용함으로써 행정조사의 예측 가능성과 필요성 간의 균형을 도모하고 있다. 이는 행정기관의 조사권 남용을 방지하고 국민의 권익을 보호하기 위한 절차적 통제장치로서 기능한다.

(2) 정기조사 원칙

행정조사는 법령등 또는 행정조사운영계획으로 정하는 바에 따라 정기적으로 실시함을 원칙으로 한다(법 제7조 본문).

(3) 예외적 수시조사

다음 각 호 중 어느 하나에 해당하는 경우에는 수시조사를 할 수 있다(법 제7조 단서).

1. 법률에서 수시조사를 규정하고 있는 경우(예 농어업경영체 육성 및 지원에 관한 법률 제20조의2, 시행규칙 제12조 제1항)
2. 법령등의 위반에 대하여 혐의가 있는 경우
3. 다른 행정기관으로부터 법령등의 위반에 관한 혐의를 통보 또는 이첩받은 경우
4. 법령등의 위반에 대한 신고를 받거나 민원이 접수된 경우
5. 그 밖에 행정조사의 필요성이 인정되는 사항으로서 대통령령으로 정하는 경우
   ※ "대통령령이 정하는 경우": 행정기관이 조사대상자의 법령위반행위의 예방 또는 확인을 위하여 긴급하게 실시하는 것으로서 일정한 주기 또는 시기를 정하여 정기적으로 실시하여서는 그 목적을 달성하기 어려운 경우

3. 조사대상의 선정

> **사례형 예제**
>
> 세종시에서 건축사 사무소를 운영하는 甲은 국토교통부로부터 '정기 행정조사 대상'으로 선정되었다는 통보를 받았다. 甲은 관련 법규를 준수해 왔고 최근 민원이나 처분 이력도 없었기에 선정 이유를 납득하지 못했다. 이에 甲은 조사대상 선정기준 열람을 신청했지만, 담당자는 "무작위 선정이며 구체 방식은 공개할 수 없다. 공개하면 공무수행에 차질을 줄 수 있다."고만 답했다. 이 경우 행정조사기본법에 따라 국토교통부의 조사대상 선정 방식과 기준 열람거부의 적법성 여부를 논하시오.
>
> **해설 요지**
> 1. 국토교통부는 행정조사의 목적·법령준수 실적·자율적 준수 노력·규모와 업종을 충분히 고려하지 않았으며, '명백하고 객관적인 기준'도 제시하지 않은 채 甲을 조사대상으로 선정하였다. 이는 행정조사기본법상 요건을 충족하지 못하여 위법하다.
> 2. 국토교통부는 열람 거부 사유를 추상적으로 "공무수행 차질"이라고만 밝히고 있어 열람 거부 결정을 할 수 있는 구체적 사유 해당 여부가 불분명하다. 따라서 부당한 열람 거부에 해당한다.

(1) 의의

법 제8조는 행정조사의 계획성과 합리성을 제도적으로 구성하여 불필요한 권한행사를 제한하고 공평한 조사환경을 조성하는 데 핵심 역할을 담당한다.

이는 행정조사 기본원칙(법 제4조)에서 '조사 목적에 적합하도록 대상자 선정'을 명문화한 것과 궤를 같이하며, 행정행위의 예측 가능성과 정당성 확보를 도모한다. 또한 중복조사의 제한(법 제15조)과도 연동하여 불필요한 반복 조사를 방지하게 된다.

(2) 선정의 기준

행정기관의 장은 <u>행정조사의 목적, 법령준수의 실적, 자율적인 준수를 위한 노력, 규모와 업종 등을 고려하여 명백하고 객관적인 기준에 따라 행정조사의 대상을 선정하여야 한다</u>(법 제8조 제1항).

(3) 선정기준 열람신청

① <u>조사대상자는 조사대상 선정기준에 대한 열람을 행정기관의 장에게 신청할 수 있다</u>(법 제8조 제2항).
② 조사대상자는 조사대상 선정기준에 대한 열람신청을 할 경우에는 별지 제1호 서식의 조사대상 선정기준 열람신청서를 관계 행정기관의 장에게 제출하여야 한다(시행령 제4조 제1항).

(4) 행정기관장의 조치

① 접수증 교부

행정기관의 장은 조사대상 선정기준 열람신청서를 접수한 때에는 별지 제2호서식의 열람신청서 처리대장에 그 신청 내용을 기록하고, 신청인에게 접수증을 내주어야 한다. 다만, 우편·팩스 또는 정보통신망으로 조사대상 선정기준의 열람신청을 접수한 경우에는 접수증을 내주지 아니할 수 있다(시행령 제4조 제2항).

② 열람 결정
  ㉠ <u>행정기관의 장이 열람신청을 받은 때에는 원칙적으로 열람할 수 있도록 하여야 한다</u>(법 제8조 제3항).
  ㉡ 행정기관의 장은 조사대상 선정기준을 열람하게 하는 때에는 다음 각 호의 구분에 따른 신분증명서 등으로 신청인 본인 또는 그 정당한 대리인임을 확인하여야 한다(시행령 제5조 제2항).

> 1. 신청인 본인에게 열람하도록 하는 때에는 신청인의 주민등록증(모바일 주민등록증 포함) 그 밖에 그 신원을 확인할 수 있는 신분증명서(신청인이 법인 또는 단체인 경우에는 사업자등록증 그 밖에 법인 또는 단체임을 확인할 수 있는 증명서)
> 2. 신청인의 법정대리인에게 열람하도록 하는 때에는 법정대리인임을 증명할 수 있는 서류와 대리인의 주민등록증(모바일 주민등록증 포함) 그 밖에 그 신원을 확인할 수 있는 신분증명서
> 3. 신청인의 임의대리인에게 열람하도록 하는 때에는 신청인의 위임장과 수임인(受任人)의 주민등록증(모바일 주민등록증 포함) 그 밖에 그 신원을 확인할 수 있는 신분증명서. 이 경우 위임장은 별지 제4호서식에 따른다.

  ※ 행정기관의 장은 정보통신망을 통하여 조사대상 선정기준을 열람하게 하는 때에는 제2항의 규정에 불구하고 「전자서명법」 제2조 제2호에 따른 전자서명이나 「행정업무의 운영 및 혁신에 관한 규정」 제3조 제8호에 따른 행정전자서명 등을 통하여 그 신원을 확인할 수 있다(시행령 제5조 제3항).

③ 열람 거부 결정
  ㉠ 행정기관의 장은 다음 각 호의 어느 하나에 해당하는 경우에는 열람을 거부할 수 있다(법 제8조 제3항).

> 1. <u>행정기관이 당해 행정조사업무를 수행할 수 없을 정도로 조사활동에 지장을 초래하는 경우</u>
> 2. <u>내부고발자 등 제3자에 대한 보호가 필요한 경우</u>

ⓒ 행정기관의 장은 신청인의 조사대상 선정기준 열람을 거부하는 경우에는 별지 제3호 서식의 열람거부결정서에 그 이유를 적어 신청인에게 통지하여야 한다(시행령 제4조 제3항).

※ [거부 사례] 이 사건 정보는 현지확인심사를 실시하기 전 대상 요양기관에 대해 부당청구의 유형이 있는지 여부 등을 살펴 현지확인심사 대상기관으로 결정하는 과정에서의 피청구인 내부의 구체적인 분석자료에 해당하는데, 위 자료에는 현지심사대상 선정에 관한 의뢰처, 선정분석 검토내용, 세부의뢰사유 등 현지심사대상 선정에 관한 검토 내용이 기재되므로 위 자료가 공개될 경우에는 현지확인심사 대상 선정의 적정성 여부 등에 대한 시시비비에 휘말리게 될 우려가 크고, 노인요양기관의 급여비용청구가 급여기준에 따라 적절히 이루어졌는지 여부를 수시로 확인해야 할 필요가 있는 상황에서 조사공무원들이 분쟁을 회피하기 위해 대상선정이나 현지심사 업무에 소극적으로 임하게 될 우려도 있으며, 현지확인심사 선정대상 사유가 구체적으로 공개됨에 따라 요양기관으로 하여금 향후 조사대상에서 회피할 수 있도록 하는 학습효과를 가져오는 등 피청구인의 장기요양기관에 대한 공정한 조사업무 수행에 객관적으로 현저한 지장을 초래할 우려가 상당하다(국민권익위원회 2013-17146, 2014.1.21).

04 조사방법 *2020 행정사 기출

설명형 예제

「행정조사기본법」상 행정조사 방법에 관하여 설명하시오. *2020 행정사

1. 출석·진술 요구

(1) 의의

행정기관은 조사의 실질 절차를 사용자에게 정확히 알리고, 필요 최소한의 출석일정을 정하며, 1회 출석만으로 조사를 마칠 수 있도록 하고 있다. 이는 조사의 예측 가능성, 절차적 공정성, 피조사자 권리보장을 동시에 확보하려는 것이다.

(2) 출석요구서 발송

행정기관의 장이 조사대상자의 출석·진술을 요구하는 때에는 다음 각 호의 사항이 기재된 출석요구서를 발송하여야 한다(법 제9조 제1항).

1. 일시와 장소
2. 출석요구의 취지
3. 출석하여 진술하여야 하는 내용
4. 제출자료
5. 출석거부에 대한 제재(근거 법령 및 조항 포함)
6. 그 밖에 당해 행정조사와 관련하여 필요한 사항

※ 행정기관의 장은 출석요구서 등을 발송한 때에는 별지 제9호 서식에 따라 발송확인대장을 작성하여야 한다(시행령 제6조 제5항).

(3) 출석일시 변경 신청

① 조사대상자는 지정된 출석일시에 출석하는 경우 업무 또는 생활에 지장이 있는 때에는 행정기관의 장에게 출석일시를 변경하여 줄 것을 신청할 수 있으며, 변경신청을 받은 행정기관의 장은 행정조사의 목적을 달성할 수 있는 범위 안에서 출석일시를 변경할 수 있다(법 제9조 제2항).
② 조사대상자가 행정기관의 장에게 출석일시를 변경하여 줄 것을 신청하는 때에는 별지 제6호 서식의 출석일시변경신청서를 제출하여야 한다(시행령 제6조 제2항).
③ 행정기관의 장은 출석일시 변경신청을 받은 경우에는 변경신청을 받은 그 날부터 7일 이내에 변경 여부를 결정하여 결정내용을 별지 제7호 서식의 출석일시 변경신청 결과 통지서에 따라 조사대상자에게 통지하여야 한다(제3항).

(4) 1회 출석에 의한 조사 종결

출석한 조사대상자가 출석요구서에 기재된 내용을 이행하지 아니하여 행정조사의 목적을 달성할 수 없는 경우를 제외하고는 조사원은 조사대상자의 1회 출석으로 당해 조사를 종결하여야 한다(법 제9조 제3항).

2. 보고요구와 자료제출의 요구

> **설명형 예제**
>
> A시장은 A시 관내 의료기관들을 대상으로 의료폐기물의 처리실태에 대한 행정조사를 실시하였다. 그 과정에서 B병원이 폐기물처리업체와의 계약서 사본 및 관련 회계자료를 보관하고 있다는 사실을 확인하였다. 이에 따라 A시장은 B병원에 자료제출요구서를 발송하였는데, 이 요구서에는 제출 요청 사유와 제출서류의 반환 여부 등에 관한 기재가 누락되어 있었다. 이에 대해 B병원은 "요구서에 법에서 정한 사항이 제대로 포함되어 있지 않으므로 자료를 제출할 수 없다."며 제출을 거부하였다. A시장의 자료제출요구서가 법적 요건을 충족했는지 설명하시오.

(1) 의의

종래 행정기관이 예고 없이 발하는 보고요구나 자료제출요구로 인해 기업이나 일반 국민이 과도한 부담에 시달리는 경향이 있었다.

행정조사기본법은 행정기관이 정보수집 권한을 행사할 때 일정한 서면 통지를 요구함으로써 행정권의 임의성과 불확실성 제거할 수 있다. 그리고 조사대상자는 통지된 항목에 따라 법률 자문, 준비자료 확보 등이 가능하므로, 예고 없이 반복적으로 강제되는 과도한 조사로부터 보호될 수 있다.

(2) 보고요구서 발송

행정기관의 장은 조사대상자에게 조사사항에 대하여 보고를 요구하는 때에는 다음 각 호의 사항이 포함된 보고요구서를 발송하여야 한다(법 제10조 제1항).

> 1. 일시와 장소
> 2. 조사의 목적과 범위

3. 보고하여야 하는 내용
  4. 보고거부에 대한 제재(근거법령 및 조항 포함)
  5. 그 밖에 당해 행정조사와 관련하여 필요한 사항

(3) 자료제출요구서 발송

행정기관의 장은 조사대상자에게 장부·서류나 그 밖의 자료를 제출하도록 요구하는 때에는 다음 각 호의 사항이 기재된 자료제출요구서를 발송하여야 한다(제2항).

  1. 제출기간
  2. 제출요청사유
  3. 제출서류
  4. 제출서류의 반환 여부
  5. 제출거부에 대한 제재(근거 법령 및 조항 포함)
  6. 그 밖에 당해 행정조사와 관련하여 필요한 사항

3. 현장조사 * 2018 행정사 기출

> **설명형 예제**
> 행정기관의 장 A는 조사원 B로 하여금 행정법규 위반이 의심되는 甲의 사업장에 출입하여 현장조사를 실시하게 하고자 한다. 행정조사기본법상 현장조사의 절차 및 제한에 관하여 설명하시오. * 2018 행정사

(1) 의의

법 제11조는 행정기관이 가택, 사무실, 사업장 등에 출입하여 현장조사를 실시할 때 사전통지서 발송, 조사시간 제한, 신원증명 제시 등 절차적 안전장치를 명시하여, 행정조사 권한의 실효성을 확보하면서 조사대상자의 기본권을 보호하고, 조사 과정의 공정성·투명성·예측가능성을 높이고자 한다.

(2) 현장출입조사서 등 발송

조사원이 가택·사무실 또는 사업장 등에 출입하여 현장조사를 실시하는 경우에는 행정기관의 장은 다음 각 호의 사항이 기재된 현장출입조사서 또는 법령등에서 현장조사시 제시하도록 규정하고 있는 문서를 조사대상자에게 발송하여야 한다(법 제11조 제1항).

  1. 조사목적
  2. 조사기간과 장소
  3. 조사원의 성명과 직위
  4. 조사범위와 내용
  5. 제출자료
  6. 조사거부에 대한 제재(근거 법령 및 조항 포함)
  7. 그 밖에 당해 행정조사와 관련하여 필요한 사항

(3) 시간적 한계

현장조사는 해가 뜨기 전이나 해가 진 뒤에는 할 수 없다. 다만, 다음 각 호의 어느 하나에 해당하는 경우에는 그러하지 아니하다(제2항).

> 1. 조사대상자(대리인 및 관리책임이 있는 자를 포함)가 동의한 경우
> 2. 사무실 또는 사업장 등의 업무시간에 행정조사를 실시하는 경우
> 3. 해가 뜬 후부터 해가 지기 전까지 행정조사를 실시하는 경우에는 조사목적의 달성이 불가능하거나 증거인멸로 인하여 조사대상자의 법령등의 위반 여부를 확인할 수 없는 경우

(4) 권한 증표의 제시

현장조사를 하는 조사원은 그 권한을 나타내는 증표를 지니고 이를 조사대상자에게 내보여야 한다(제3항).

4. 시료채취

> **설명형 예제**
>
> A행정청은 농산물의 안전성을 확보하기 위한 행정조사로서 시료채취에 의한 농약 잔류성 검사를 정기적으로 시행하고 있다. 이러한 유형의 행정조사로 인해 조사대상자에게 입힌 손실을 보상하는 「행정조사기본법」상 절차를 설명하시오.

(1) 의의

법 제12조는 행정조사 수행 시 '시료채취'라는 물리적 수단이 국민의 재산권 및 정상적 경제활동을 과도하게 침해하지 않도록 최소한도로 제한하고, 실제 침해가 발생한 경우의 손실보상 요구권을 규정하고 있다.

(2) 조사의 범위(비례원칙)

조사원이 조사목적의 달성을 위하여 시료채취를 하는 경우에는 그 시료의 소유자 및 관리자의 정상적인 경제활동을 방해하지 아니하는 범위 안에서 최소한도로 하여야 한다(법 제12조 제1항).

(3) 손실보상

① 보상원칙

행정기관의 장은 시료채취로 조사대상자에게 손실을 입힌 때에는 대통령령으로 정하는 절차와 방법에 따라 그 손실을 보상하여야 한다(법 제12조 제2항).

행정기관의 장은 시료채취로 발생한 손실을 시료채취 당시의 시장가격으로 보상하여야 하며, 시료를 채취할 때에 조사대상자에게 손실보상 청구에 관한 정보를 알려 주어야 한다(시행령 제7조 제1항).

② 손실보상의 청구

손실보상을 받으려는 조사대상자는 손실의 원인이 된 시료채취가 있었던 날부터 90일 이내에 다음 각 호의 서류를 첨부하여 별지 제10호 서식의 손실보상청구서를 관계 행정기관의 장에게 제출하여야 한다(시행령 제7조 제2항).

1. 손실액과 그 명세 및 산출방법
2. 손실에 관한 증명서류

③ 손실보상금액을 결정·통지

행정기관의 장은 <u>손실보상청구서를 받은 날부터 60일 이내</u>에 청구인에게 손실보상금액을 결정하여 그 결정내용을 별지 제11호 서식의 손실보상 결정 통지서에 따라 청구인에게 통지하여야 한다. 다만, 그 기간 내에 손실보상금액을 결정·통지할 수 없는 부득이한 사유가 있는 때에는 그 사유를 통지하고 30일의 범위에서 그 기간을 연장할 수 있다(제3항).

④ 이의신청

청구인은 손실보상금액에 대하여 이의가 있는 경우에는 <u>손실보상금액에 대한 통지를 받은 날부터 30일 이내</u>에 행정기관의 장에게 이의신청을 할 수 있다(제4항).

행정기관의 장은 이의신청을 받으면 그 날부터 30일 이내에 손실보상금액의 증감 여부를 결정하고 지체 없이 그 결과를 이의신청을 한 청구인에게 통지하여야 한다. 다만, 부득이한 사유가 있는 경우에는 그 사유를 통지하고 30일의 범위에서 그 기간을 연장할 수 있다(제5항).

5. 자료등의 영치

> **설명형 예제**
>
> A시장은 전염병 관리지침을 위반했다고 의심이 되는 B교회에 공무원, 역학조사관 등 조사관을 투입해 행정조사를 실시하면서 컴퓨터 노트북 49건, 교적부, 재정회계장부 등 총 41종 180건을 영치하였다. 「행정조사기본법」상 이러한 영치를 위해 준수해야 할 절차를 설명하시오.

(1) 의의

영치권을 강제조사 수단으로 사용하는 과정에서 조사대상자의 권익이 실질적으로 침해되지 않도록, 절차적·대체적 장치(입회, 사진·사본, 조서, 반환 의무 등)를 통해 '조사의 효율성'과 '기본권 보호' 사이의 균형을 확보하고 있다.

(2) 대리인의 입회

조사원이 <u>현장조사 중에 자료·서류·물건 등(이하 "자료등")을 영치하는 때에는 조사대상자 또는 그 대리인을 입회시켜야 한다</u>(법 제13조 제1항).

(3) 사진촬영 등에 의한 영치 방법

조사원이 <u>자료등을 영치하는 경우에 조사대상자의 생활이나 영업이 사실상 불가능하게 될 우려가 있는 때에는 조사원은 자료등을 사진으로 촬영하거나 사본을 작성하는 등의 방법으로 영치에 갈음할 수 있다.</u> 다만, 증거인멸의 우려가 있는 자료등을 영치하는 경우에는 그러하지 아니하다(제2항).

(4) 영치조서 교부

조사원이 <u>영치를 완료한 때에는 영치조서 2부를 작성하여 입회인과 함께 서명날인하고 그중 1부를 입회인에게 교부하여야 한다</u>(제3항).

※ 영치조서 기재 내용 : 영치일자, 영치장소, 소유자, 영치목적, 영치물건(품명·수량), 근거법령, 영치물 반환시기 등

(5) 자료등 반환

행정기관의 장은 영치한 자료등이 다음 각 호의 어느 하나에 해당하는 경우에는 이를 <u>즉시 반환</u>하여야 한다(제4항).

> 1. 영치한 자료등을 검토한 결과 당해 행정조사와 관련이 없다고 인정되는 경우
> 2. 당해 행정조사의 목적의 달성 등으로 자료등에 대한 영치의 필요성이 없게 된 경우

6. 공동조사의 실시 및 중복조사의 제한 * 2018, 2022 행정사 기출

사례형 예제

B시에서 △△병원을 개설하여 운영해오고 있는 甲에 대하여 민원이 제기되자 국민건강보험공단은 2026. 5. 14.부터 5. 21.까지 현장조사를 하였다. 이 과정에서 동일한 민원을 이유로 건강보험심사평가원이 2026. 5. 17.부터 5. 23.를 기간으로 하는 현장조사를 실시하려고 하자 甲은 사실상 동일한 행정조사라며 이를 막았다. 한편 두 기관의 조사는 조사관들이 병실에 들어가 환자들의 이름을 확인하는 방식이었다. 이에 따라 보건복지부장관은 2026. 6. 20. 甲에 대하여 '甲이 현장조사를 거부·방해 또는 기피하였다.'는 이유로 국민건강보험법에 따라 △△병원의 요양기관으로서의 업무를 3개월 동안 정지하는 처분을 하였다. 위 두 기관의 행정조사는 중복조사로서 위법한가? 그리고 업무정지처분은 위법한가?

해설 요지

국민건강보험공단과 건강보험심사평가원의 조사기간은 중복된다. 그리고 두 조사는 동일한 내용의 민원에서 비롯된 것이고, 구체적인 실시태양도 같아서 사실상 동일한 행정조사이다. 따라서 이 사건 현장조사는 위법한 중복조사이고, 이에 근거한 업무정지처분 역시 위법하다.

(1) 의의

종래 여러 기관의 행정조사가 중첩되는 분야의 경우에도 각 기관별로 별도의 행정조사가 이루어짐에 따라 중복조사로 인한 조사대상자의 부담이 가중되어 왔다.

하나의 행정기관에서 유사한 업무분야에 대하여 동일한 조사대상자에게 각각 행정조사를 하는 경우와 서로 다른 행정기관이 동일한 조사대상자에게 각각 행정조사를 하는 경우로서 대통령령이 정하는 분야에 대하여는 공동조사를 실시하도록 하고, 위법행위가 의심되는 새로운 증거를 확보하는 경우를 제외하고는 동일한 사안으로 동일한 대상자에게 중복조사를 할 수 없도록 하였다.

공동조사를 활성화하고 중복조사를 규제함으로써 조사대상이 되는 기업 등의 부담이 경감될 것을 목적으로 하고 있다.

(2) 공동조사의 실시

① 공동조사의 사유

<u>행정기관의 장은 다음 각 호의 어느 하나에 해당하는 행정조사를 하는 경우에는 공동조사를 하여야 한다</u>(법 제14조 제1항).

1. 당해 행정기관 내의 2 이상의 부서가 동일하거나 유사한 업무분야에 대하여 동일한 조사대상자에게 행정조사를 실시하는 경우
2. 서로 다른 행정기관이 대통령령으로 정하는 분야에 대하여 동일한 조사대상자에게 행정조사를 실시하는 경우

※ "대통령령이 정하는 분야"(시행령 제9조 제1항)

> 1. 건설사업장의 관리에 관한 분야로서 「건설기술 진흥법」 제54조 제1항 및 「산업안전보건법」 제43조 제1항에 따라 실시하는 행정조사
> 2. 유해·위험물질의 관리에 관한 분야로서 「화학물질관리법」 제49조 제1항 제2호, 제4호 및 제7호, 「위험물안전관리법」 제22조 제1항에 따라 실시하는 행정조사
> 3. 식품안전에 관한 분야로서 「식품위생법」 제17조, 「축산물 위생관리법」 제19조, 「농수산물 품질관리법」 제58조, 제60조부터 제62조까지, 제76조 및 제102조에 따라 실시하는 행정조사
> 4. 그 밖에 국무조정실장과 관계 행정기관 장 또는 관계 행정기관의 장간에 협의하여 공동조사를 실시하기로 한 분야

② 공동조사 실시의 신청

제1항 각 호에 따른 사항에 대하여 행정조사의 사전통지를 받은 조사대상자는 관계 행정기관의 장에게 공동조사를 실시하여 줄 것을 신청할 수 있다. 이 경우 조사대상자는 신청인의 성명·조사일시·신청이유 등이 기재된 공동조사신청서를 관계 행정기관의 장에게 제출하여야 한다(법 제14조 제2항). 공동조사를 요청받은 행정기관의 장은 이에 응하여야 한다(제3항).

③ 공동조사 실시의 요청

국무조정실장은 행정기관의 장이 제6조에 따라 제출한 행정조사운영계획의 내용을 검토한 후 관계 부처의 장에게 공동조사의 실시를 요청할 수 있다(법 제14조 제4항).

④ 조사방법 등 협의

행정기관의 장은 공동조사를 실시하는 경우 조사대상자, 조사원의 구성 및 조사방법 등에 관하여 관련 행정기관의 장과 협의할 수 있다(시행령 제9조 제3항).

⑤ 주무 행정기관 등에 의한 공동조사

둘 이상의 행정기관 또는 부서의 장이 동시에 조사하는 것이 곤란하거나 비효율적인 경우에는 관련 행정기관 또는 부서의 장간에 서로 협의하여 조사를 주관할 행정기관 또는 부서를 지정하고, 지정된 행정기관 또는 부서의 장이 조사하는 방법으로 공동조사를 실시할 수 있다. 이 경우 조사를 주관한 행정기관 또는 부서의 장은 조사 결과를 관련 행정기관 또는 부서의 장에게 통보하여야 한다(시행령 제9조 제4항).

(3) 중복조사의 제한

① 행정기관의 재조사 금지 원칙과 예외

정기조사 또는 수시조사를 실시한 행정기관의 장은 동일한 사안에 대하여 동일한 조사대상자를 재조사 하여서는 아니 된다. 다만, 당해 행정기관이 이미 조사를 받은 조사대상자에 대하여 위법행위가 의심되는 새로운 증거를 확보한 경우에는 그러하지 아니하다(법 제15조 제1항).

② 행정기관 간의 중복조사 제한

행정조사를 실시할 <u>행정기관의 장</u>은 행정조사를 실시하기 전에 다른 행정기관에서 동일한 조사대상자에게 동일하거나 유사한 사안에 대하여 행정조사를 실시하였는지 여부를 확인할 수 있다(제2항). 행정조사를 실시할 행정기관의 장이 제2항에 따른 사실을 확인하기 위하여 행정조사의 결과에 대한 자료를 요청하는 경우 요청받은 행정기관의 장은 특별한 사유가 없는 한 관련 자료를 제공하여야 한다(제3항).

※ 국민건강보험공단이 A병원에 대한 현지확인(2017.3.28. ~ 3.30)을 실시하고, 건강보험심사평가원이 동일 병원에 대하여 정밀조사(2017.9.1. ~ 2018.4.30)를 한 후, 건강보험심사평가원 직원들이 보건복지부장관의 명에 따라 현지조사(2018.1.23. ~ 2018.1.26)를 한 사안에서, 그 <u>근거규정, 주체, 조사의 방법, 강제성의 정도, 조사에 응하지 않았을 때의 제재 여부 등이 달라 동일한 행정조사로 보기 어렵다</u>고 한 사례(서울행정법원 2021.5.13. 2019구합65962)

05 조사실시

1. 개별조사계획의 수립

> **설명형 예제**
> A구청장은 관내 요양병원들의 진료실적과 환자관리 현황을 점검하기 위해 실태조사를 실시하고자 한다. 개별조사계획서에는 어떠한 사항들이 포함되어야 하는가?

(1) 의의

행정기관이 개별조사를 시작하기 전에 개별조사계획을 반드시 수립하도록 의무화함으로써 불합리하거나 임의적인 행정조사를 방지하고, 법정요건을 준수하며, 공정성과 예측 가능성을 확보하고자 한다.

(2) 수립 시기

<u>행정조사를 실시하고자 하는 행정기관의 장</u>은 제17조에 따른 <u>사전통지를 하기 전</u>에 개별조사계획을 수립하여야 한다. 다만, 행정조사의 시급성으로 행정조사계획을 수립할 수 없는 경우에는 행정조사에 대한 결과보고서로 개별조사계획을 갈음할 수 있다(법 제16조 제1항).

(3) 개별조사계획의 내용

개별조사계획에는 <u>조사의 목적·종류·대상·방법 및 기간, 그 밖에 대통령령으로 정하는 사항</u>이 포함되어야 한다(제2항).

※ "대통령령으로 정하는 사항"(시행령 제10조)

> 1. 조사의 근거
> 2. 조사원의 구성
> 3. 조사대상자의 선정기준
> 4. 조사거부 시 제재(制裁)의 내용 및 근거

2. 조사의 사전통지 * 2015 행정사 기출

> **사례형 예제**
>
> A구 소방서장은 관내 특정소방대상물에 대한 특별조사 결과 甲 소유의 건물(이하 "이 사건 건물"이라 한다)이 무단 용도변경된 사실을 확인하고, 2026. 4. 25. A구청장에게 이를 통보하였다. A구 소속 공무원 乙은 전화로 甲에게 이 사건 건물에 대한 현장조사가 필요하다는 사실을 알리고 현장조사 일시를 약속한 다음, 2026. 5. 14. 오후 甲이 참석한 가운데 이 사건 건물에 대한 현장조사를 실시하였다. 한편, 용도변경에 관한 사항을 규율하는 건축법 제27조는 현장조사에 관한 규정을 두고 있다. 위 현장조사는 「행정조사기본법」상 적법하게 실시한 것인지 검토하시오.
>
> **해설 요지**
>
> 공무원 乙이 전화로 甲에게 이 사건 건물에 대한 현장조사가 필요하다는 사실을 알리고 현장조사 일시를 약속한 다음 甲이 참석한 가운데 현장조사를 하였다. 이는 행정조사기본법 제5조 단서에 따라 '조사대상자의 자발적인 협조를 얻어 실시'하는 행정조사의 경우에 해당한다. 따라서 사전통지를 하지 않아도 되는 예외적인 경우에 해당하여 적법한 행정조사라고 할 수 있다.

(1) 의의

행정기관이 행정조사를 하는 경우 조사의 사유·대상·내용 등을 사전에 통지하지 아니하면 자의적인 행정조사가 이루어 질 수 있고, 조사대상자도 행정조사의 내용을 예측하기 곤란한 문제가 있다.

행정조사의 대상자에게 조사내용 등을 미리 통지하게 함으로써 행정조사의 투명성과 예측가능성을 높이고, 조사대상자의 협력을 유도할 수 있어 행정조사의 효율성을 높이려는 취지이다.

(2) 통지의 방식

① 서면통지 원칙

<u>행정조사를 실시하고자 하는 행정기관의 장은 제9조에 따른 출석요구서, 제10조에 따른 보고요구서·자료제출요구서 및 제11조에 따른 현장출입조사서(이하 "출석요구서등")를 조사개시 7일 전까지 조사대상자에게 서면으로 통지하여야 한다</u>(법 제17조 제1항 본문).

② 예외

다음 각 호의 어느 하나에 해당하는 경우에는 행정조사의 개시와 동시에 출석요구서등을 조사대상자에게 제시하거나 행정조사의 목적 등을 조사대상자에게 <u>구두로 통지</u>할 수 있다(제1항 단서).

> 1. 행정조사를 실시하기 전에 관련 사항을 미리 통지하는 때에는 증거인멸 등으로 행정조사의 목적을 달성할 수 없다고 판단되는 경우
> 2. 「통계법」 제3조 제2호에 따른 지정통계(* 통계법 제17조에 따라 통계청장이 지정·고시하는 통계)의 작성을 위하여 조사하는 경우
> 3. 제5조 단서에 따라 조사대상자의 자발적인 협조를 얻어 실시하는 행정조사의 경우

(3) 출석요구서등의 비밀 유지

행정기관의 장이 출석요구서등을 조사대상자에게 발송하는 경우 <u>출석요구서등의 내용이 외부에 공개되지 아니하도록 필요한 조치를 하여야 한다</u>(제2항).

(4) 사전통지에 대한 의견제출

① 취지
행정조사의 대상자가 행정조사의 과정에서 자신의 권익을 보호할 수 있는 제도적인 장치를 마련할 필요가 있다. 그 일환으로 행정조사에 대한 의견제출의 기회를 부여함으로써 행정조사의 효율성과 신뢰성을 높이려는 것이다.

② 의견제출과 반영
조사대상자는 사전통지의 내용에 대하여 행정기관의 장에게 의견을 제출할 수 있다(법 제21조 제1항). 행정기관의 장은 조사대상자가 제출한 의견이 상당한 이유가 있다고 인정하는 경우에는 이를 행정조사에 반영하여야 한다(제2항).

3. 조사의 연기신청 *2015 행정사 기출

> **설명형 예제**
>
> 「행정조사기본법」상 행정조사의 사전통지와 연기신청에 관하여 설명하시오.   *2015 행정사

> **사례형 예제**
>
> 甲은 A시에서 개인 행정사 사무실을 운영하는 행정사이다. 丙은 甲의 행정사 사무실에서 사무장으로 근무하다가 2026년 3월경 사무장직을 그만두면서 사무실의 사건 약정서 복사본과 사건 접수부를 가지고 나와 이를 근거로 관할 행정청 乙에게 甲의 행정사법 위반사실을 제보하였다. 이에 따라 乙은 2026년 6월 甲에 대하여 행정조사를 하기로 결정하고, 甲에게 조사를 시작하기 7일 전에 현장출입조사서를 통지하였다. 그런데 통지를 받은 甲은 장기출장으로 인하여 행정조사를 받기 어렵다는 이유로 乙에게 조사를 연기해 줄 것을 신청하였으나 乙은 이에 대하여 연기 여부의 결정사항을 통지하지 않은 채 행정조사를 실시하였다. 이 경우 이 행정조사에 근거하여 甲에게 내려진 1개월의 업무정지명령은 위법한가?

> **해설 요지**
>
> 조사대상자 개인이 장기 출장으로 인하여 조사가 곤란하다고 판단되는 경우는 조사의 연기신청 사유에 해당한다. 그런데 행정조사의 사전통지를 받은 甲이 장기출장으로 인하여 행정조사를 받기 어렵다는 이유로 조사의 연기를 신청하였으나 乙은 이에 대하여 연기 여부의 결정사항을 통지하지 않은 채 행정조사를 실시했으므로 행정조사 절차에 위법한 하자가 있다. 이렇게 하자 있는 행정조사에 근거하여 이루어진 업무정지명령 역시 위법하다.

(1) 의의
법 제18조는 조사를 받을 수 없는 불가피한 사유가 있는 경우 대상자가 조사연기를 요청할 수 있도록 하고 7일 이내에 행정기관이 연기 여부를 결정해 통지하도록 절차를 규정함으로써, 조사 효율성과 대상자의 권익 보호 간의 법적·절차적 균형을 도모하고 있다.

(2) 연기신청 사유
출석요구서등을 통지받은 자가 천재지변이나 그 밖에 대통령령으로 정하는 사유로 인하여 행정조사를 받을 수 없는 때에는 당해 행정조사를 연기하여 줄 것을 행정기관의 장에게 요청할 수 있다(법 제18조 제1항).

※ "대통령령으로 정하는 사유"(시행령 제11조 제1항)

1. 화재나 그 밖의 재해로 인하여 사업장의 운영이 불가능한 경우
2. 법 제10조 제2항에 따라 자료제출요구를 받은 경우와 법 제11조 제1항에 따른 현장조사의 경우 장부 및 관련 서류가 권한이 있는 기관에 의하여 압수 또는 영치(領置)된 경우
3. 조사대상자가 개인인 경우 그 개인이 질병이나 장기 출장 등으로 인하여 조사가 곤란하다고 판단되는 경우

(3) 연기요청

연기요청을 하고자 하는 자는 연기하고자 하는 기간과 사유가 포함된 연기신청서를 행정기관의 장에게 제출하여야 한다(법 제18조 제2항).

(4) 연기 여부 결정 및 통지

행정기관의 장은 행정조사의 연기요청을 받은 때에는 연기요청을 받은 날부터 7일 이내에 조사의 연기 여부를 결정하여 조사대상자에게 통지하여야 한다(법 제18조 제3항).

4. 제3자에 대한 보충조사

(1) 의의

행정조사의 목적 달성을 위한 핵심자료를 제3자가 보유하고 있거나, 대상자 조사만으로는 사실 여부 등 입증에 과도한 비용이 소요될 때 제3자 조사를 통해 조사의 범위와 정확성을 확보해야 할 경우가 있다. 그러나 제3자를 조사대상에 포함하면 사생활·영업 비밀에 대한 위험이 커질 수 있어 엄격한 법적 절차로써 통제할 필요가 있다.

(2) 보충조사 사유

행정기관의 장은 조사대상자에 대한 조사만으로는 당해 행정조사의 목적을 달성할 수 없거나 조사대상이 되는 행위에 대한 사실 여부 등을 입증하는 데 과도한 비용 등이 소요되는 경우로서 다음 각 호의 어느 하나에 해당하는 경우에는 제3자에 대하여 보충조사를 할 수 있다(법 제19조 제1항).

1. 다른 법률에서 제3자에 대한 조사를 허용하고 있는 경우
2. 제3자의 동의가 있는 경우

(3) 제3자 통지

행정기관의 장은 제3자에 대한 보충조사를 실시하는 경우에는 조사개시 7일 전까지 보충조사의 일시·장소 및 보충조사의 취지 등을 제3자에게 서면으로 통지하여야 한다(제2항).

(4) 조사대상자 통지

① 행정기관의 장은 제3자에 대한 보충조사를 하기 전에 그 사실을 원래의 조사대상자에게 통지하여야 한다. 다만, 제3자에 대한 보충조사를 사전에 통지하여서는 조사목적을 달성할 수 없거나 조사목적의 달성이 현저히 곤란한 경우에는 제3자에 대한 조사결과를 확정하기 전에 그 사실을 통지하여야 한다(제3항).

② 원래의 조사대상자는 제3항에 따른 통지에 대하여 의견을 제출할 수 있다(제4항).

5. 자발적인 협조에 따라 실시하는 행정조사

(1) 의의

행정조사기본법은 '법령등에 따른 강제조사'와 구분하여 조사대상자의 자발적 협조에 기초하는 이른바 '협의조사(cooperative investigation)'를 제도적으로 명확히 규율하여, 행정조사의 실효성과 대상자의 자율성·권익 보호 간의 균형을 추구하고 있다.

(2) 행정조사의 거부

① 행정기관의 장이 제5조 단서에 따라 조사대상자의 자발적인 협조를 얻어 행정조사를 실시하고자 하는 경우 조사대상자는 문서·전화·구두 등의 방법으로 당해 행정조사를 거부할 수 있다(법 제20조 제1항).
② 제1항에 따른 행정조사에 대하여 조사대상자가 조사에 응할 것인지에 대한 응답을 하지 아니하는 경우에는 법령등에 특별한 규정이 없는 한 그 조사를 거부한 것으로 본다(제2항).

(3) 조사거부자 자료의 이용

행정기관의 장은 제1항 및 제2항에 따른 조사거부자의 인적 사항 등에 관한 기초자료는 특정 개인을 식별할 수 없는 형태로 통계를 작성하는 경우에 한하여 이를 이용할 수 있다(제3항).

6. 조사원 교체신청

(1) 의의

조사대상자가 조사원의 편향된 태도나 이해관계 등으로 인해 공정한 조사를 기대하기 어려운 경우 교체를 신청함으로써 자신의 권익을 보호할 수 있는 수단을 제공한다. 다만, 행정기관은 교체신청의 타당성을 심사하고 부당한 신청에 대해서는 기각할 수 있도록 함으로써 제도의 남용을 방지하고 조사 지연을 예방한다.

(2) 교체신청

① 조사대상자는 조사원에게 공정한 행정조사를 기대하기 어려운 사정이 있다고 판단되는 경우에는 행정기관의 장에게 당해 조사원의 교체를 신청할 수 있다(법 제22조 제1항).
② 교체신청은 그 이유를 명시한 서면으로 행정기관의 장에게 하여야 한다(제2항).

(3) 행정기관장의 심사 및 조치

① 교체신청을 받은 행정기관의 장은 즉시 이를 심사하여야 한다(제3항).
② 행정기관의 장은 교체신청이 타당하다고 인정되는 경우에는 다른 조사원으로 하여금 행정조사를 하게 하여야 한다(제4항).
③ 행정기관의 장은 교체신청이 조사를 지연할 목적으로 한 것이거나 그 밖에 교체신청에 타당한 이유가 없다고 인정되는 때에는 그 신청을 기각하고 그 취지를 신청인에게 통지하여야 한다(제5항).

7. 조사권 행사의 제한

(1) 추가조사 실시 여부

조사원은 제9조부터 제11조까지에 따라 사전에 발송된 사항에 한하여 조사대상자를 조사하되, 사전통지한 사항과 관련된 추가적인 행정조사가 필요할 경우에는 조사대상자에게 추가조사의 필요성과 조사내용 등에 관한 사항을 서면이나 구두로 통보한 후 추가조사를 실시할 수 있다(법 제23조 제1항).

☞ 조사범위를 '사전통지한 것'으로 제한하고, 필요한 경우에는 그 범위 외에서도 "일정한 통지를 거친 이후에만" 조사를 허용함으로써, 행정조사의 예측가능성·공정성·투명성 및 권리보호를 도모한다.

(2) 전문가의 입회 및 의견진술

조사대상자는 법률·회계 등에 대하여 전문지식이 있는 관계 전문가로 하여금 행정조사를 받는 과정에 입회하게 하거나 의견을 진술하게 할 수 있다(제2항).

☞ 조사대상자의 '전문가 조력권'(전문가 입회 및 의견진술권)을 법적으로 보장하는 장치로서, 조사과정에서의 정보 비대칭성과 제도적 불균형을 시정하기 위한 제도이다. 이 권리를 통해 조사대상자는 자신의 법률·회계상 입장이나 사실관계를 전문적으로 해명하거나 바로잡을 수 있는 기회를 확보할 수 있으며, 이는 행정조사의 객관성과 투명성을 제고하고 절차적 정의를 구현하는 수단이 된다. 나아가 조사기관 측에서도 보다 책임있는 조사 수행을 유도함으로써 권위적 조사관행을 제도적으로 통제하고, 국민 권익 보호라는 법률 취지를 실현한다.

(3) 조사과정의 녹음 및 녹화

① 조사대상자와 조사원은 조사과정을 방해하지 아니하는 범위 안에서 행정조사의 과정을 녹음하거나 녹화할 수 있다. 이 경우 녹음·녹화의 범위 등은 상호 협의하여 정하여야 한다(제3항).
② 조사대상자와 조사원이 제3항에 따라 녹음이나 녹화를 하는 경우에는 사전에 이를 당해 행정기관의 장에게 동시하여야 한다(제4항).

☞ 행정조사 과정이 '투명하고 검증 가능한' 절차로 진행되도록 함으로써 조사기관과 대상자 모두에게 책임 있는 조사를 가능케 하고자 함이다. 이는 행정조사 절차에서 발생할 수 있는 일방적 주장이나 절차상 오류를 후일에 바로잡을 수 있는 수단이 되기도 한다.
법제처는 조사대상자가 조사과정을 방해하지 아니하는 범위 안에서 행정조사의 과정을 녹음하려는 경우 조사원은 녹음 행위 자체를 전면적으로 거부할 수 없다고 해석하였다(법제처 유권해석 21-0202, 20210624).

8. 조사결과의 통지

행정기관의 장은 법령등에 특별한 규정이 있는 경우를 제외하고는 행정조사의 결과를 확정한 날부터 7일 이내에 그 결과를 조사대상자에게 통지하여야 한다(법 제24조).

☞ 과거에는 조사결과를 대상자에게 알리지 않은 채 묵시적으로 처리함에 따라 대상자는 결과 확인과 대응을 위한 준비가 어려웠으며 제도 신뢰성도 훼손되었다. 이에 대한 개선으로 '7일 이내 통지'로써 행정의 투명성과 예측가능성을 확보하고자 하였다.

06 자율관리체제의 구축 등 *2024 행정사 기출

설명형 예제
「행정조사기본법」상 자율관리체제의 구축신고에 관하여 설명하시오. *2024 행정사

1. 의의

정보기술(Information Technology)의 발달로 민간과 정부간의 정보유통이 가속화되고, 기업 등에 대한 감시체계가 고도화되어 규제의 준수에 대한 기업의 의식이 높아지고 있으나, 행정기관 주도로 이루어지고 있는 행정조사의 관행은 조사대상자가 스스로 행정조사에 관한 사항 등을 신고할 수 있는 환경의 조성을 저해할 수 있는 문제점이 있다.

조사대상자가 조사내용을 스스로 신고하도록 하고, 신고한 조사내용에 대하여는 행정조사에 갈음할 수 있도록 하는 자율신고제도 등을 도입하고, 성실한 자율신고자에게는 행정조사를 감면해 주는 등 동기를 부여할 수 있도록 하였다.

이는 정보화 등 시대적 환경변화에 맞추어 행정조사 운영체계를 개편함으로써 국민이 참여하는 행정을 구현하고, 조사대상자의 자율성을 신장하며, 행정조사 대상자의 부담이 경감되는 효과가 있다.

2. 자율신고제도

행정기관의 장은 법령등에서 규정하고 있는 조사사항을 조사대상자로 하여금 스스로 신고하도록 하는 제도를 운영할 수 있다(법 제25조 제1항).

행정기관의 장은 조사대상자가 제1항에 따라 신고한 내용이 거짓의 신고라고 인정할 만한 근거가 있거나 신고내용을 신뢰할 수 없는 경우를 제외하고는 그 신고내용을 행정조사에 갈음할 수 있다(제2항).

3. 자율관리체제의 구축

(1) 자율관리체제 기준 고시

행정기관의 장은 조사대상자가 자율적으로 행정조사사항을 신고·관리하고, 스스로 법령준수사항을 통제하도록 하는 체제(이하 "자율관리체제")의 기준을 마련하여 고시할 수 있다(법 제26조 제1항).

(2) 자율관리체제 신고

① 다음 각 호의 어느 하나에 해당하는 자는 제1항에 따른 기준에 따라 자율관리체제를 구축하여 행정기관의 장에게 신고할 수 있다(법 제26조 제2항).

> 1. 조사대상자
> 2. 조사대상자가 법령등에 따라 설립하거나 자율적으로 설립한 단체 또는 협회

② 조사대상자가 자율관리체제를 마련하고 이를 행정기관의 장에게 신고할 때에는 다음 각 호의 서류를 첨부하여 별지 제19호 서식의 자율관리체제구축 신고서를 제출하여야 한다(시행령 제13조 제1항).

1. 자율관리체제의 <u>구축현황</u>
2. 자율관리체제의 <u>운영계획서</u>
3. 신고인이 <u>법인인 경우에는 주무관청의 인·허가를 받은 사실을 증명하는 서류</u>

③ 행정기관의 장은 제1항에 따른 <u>신고서가 미비한 경우 보완하는 데에 필요한 기간을 정하여 지체 없이 신고인에게 보완할 것을 요구하여야 하며</u>(제2항), 신고인이 그 기간 내에 보완을 하지 아니한 경우에는 그 이유를 구체적으로 밝혀 접수된 신청서를 되돌려 보낼 수 있다(제3항).

(3) 국가와 지방자치단체의 책무

<u>국가와 지방자치단체는 행정사무의 효율적인 집행과 법령등의 준수를 위하여 조사대상자의 자율관리체제 구축을 지원하여야 한다</u>(법 제26조 제3항).

4. 자율관리에 대한 혜택의 부여

행정기관의 장은 자율신고를 하는 자와 자율관리체제를 구축하고 자율관리체제의 기준을 준수한 자에 대하여는 <u>법령등으로 규정한 바에 따라 행정조사의 감면 또는 행정·세제상의 지원을 하는 등 필요한 혜택을 부여할 수 있다</u>(법 제27조).

07 보칙

1. 정보통신수단을 통한 행정조사

행정기관의 장은 인터넷 등 정보통신망을 통하여 조사대상자로 하여금 자료의 제출 등을 하게 할 수 있다(법 제28조 제1항).

행정기관의 장은 정보통신망을 통하여 자료의 제출 등을 받은 경우에는 <u>조사대상자의 신상이나 사업비밀 등이 유출되지 아니하도록 제도적·기술적 보안조치를 강구하여야 한다</u>(제2항).

☞ 디지털 기술의 발전과 비대면 행정수요의 증가(예 코로나19와 같은 감염병 확산 상황)에 대응하여 행정조사의 방식에 유연성을 부여하고, 조사대상자의 시간적·경제적 부담을 경감시키는 데 기여한다.

2. 행정조사의 점검과 평가

(1) 의의

<u>국무조정실장은 행정조사의 효율성·투명성 및 예측가능성을 제고하기 위하여 각급 행정기관의 행정조사 실태, 공동조사 실시현황 및 중복조사 실시 여부 등을 확인·점검하여야 한다</u>(법 제29조 제1항).

☞ 기존의 행정기관별 개별적 실시 방식이 아닌 국가 차원의 통합관리 및 피드백 체계

(2) 확인·점검 대상 행정기관

행정조사의 확인·점검 대상 행정기관은 제2조 제1항 각 호(* 행정조사운영계획을 제출해야 하는 행정기관)의 어느 하나에 해당하는 기관을 말한다(시행령 제14조 제1항).

(3) 확인·점검 및 평가절차

① 국무조정실장은 확인·점검을 위하여 각급 행정기관의 장에게 행정조사의 결과 및 공동조사의 현황 등에 관한 자료의 제출을 요구할 수 있다(법 제29조 제3항).

② 국무조정실장은 확인·점검 대상기관으로 하여금 필요한 자료를 요구하거나 점검수행자로 하여금 대상 행정기관을 방문하여 필요한 자료를 확인·점검하게 할 수 있다(시행령 제14조 제2항).

③ 국무조정실장은 확인·점검 및 평가를 실시하기 전에 확인·점검 실시계획 및 평가방법, 평가기준 등을 마련하여 대상 행정기관의 장에게 통지하여야 한다(제3항).

(4) 결과평가의 보고

국무조정실장은 확인·점검결과를 평가하여 대통령령으로 정하는 절차와 방법에 따라 국무회의와 대통령에게 보고하여야 한다(법 제29조 제2항).

08 행정조사에 대한 권리구제

1. 위법한 행정조사에 대한 구제 * 2019, 2025 행정사 기출

> **사례형 예제**
>
> '○○ 어린이집' 운영자인 甲이 대학원생인 딸 乙을 보육교사로 근무한 것처럼 허위로 보고하여 보조금을 부정하게 교부받았다는 내용의 신고서가 관할 A구청에 접수되었다. 이 신고에 기하여 A구청 소속 공무원 B는 그 권한을 표시하는 증표를 휴대하지 아니하고 해당 어린이집을 불시에 방문하여 운영상황을 검사하면서 乙의 근무 여부를 다른 교육교사들에게 질문하였으나 다른 보육교사들은 근무시간에 乙을 본 적이 거의 없다고 진술하였다. 이후 행정절차법상의 사전통지 및 청문절차를 거쳐 A구청장은 영유아보육법에 근거하여 甲에게 보조금 반환 및 6개월의 어린이집 운영정지를 명하는 처분을 하였다. 甲은 B가 어린이집 방문 조사시 증표를 휴대하여 제시하지 않는 등, 관련법령을 준수하지 않은 위법이 있으므로 이에 토대하여 이루어진 보조금 반환 명령 및 운영정지명령은 위법하다고 주장하고 있다. 甲의 주장의 당부를 논하시오.

> **해설 요지**
>
> 공무원 B의 어린이집 방문조사는 직무수행에 필요한 정보 등을 수집하기 위한 것으로서 행정조사에 해당한다. A구청장이 사전통지를 하지 않고 공무원 B가 불시에 어린이집을 방문하여 조사를 한 점, 그리고 B가 그 권한을 표시하는 증표를 휴대하지 아니하고 조사를 한 것은 절차상 하자가 있는 위법한 조사이다. 적극설과 판례에 따르면, 위법한 조사에 근거한 보조금 반환 명령 및 운영정지명령도 위법하다고 보아야 하므로 甲의 주장은 타당하다.

(1) 위법한 행정조사와 행정행위의 효력

설령 행정조사로써 획득한 정보가 내용상으로는 정확할지라도, 행정조사가 실체법상 또는 절차법상 한계를 넘어 위법한 경우 그 조사로 수집된 정보에 기초하여 내려진 행정결정은 위법한 것이 아닌지 문제된다.

이에 대하여는 ① 행정은 적법하고 정당한 절차를 거쳐야 하므로 그 위법은 원칙적으로 승계된다는 적극설, ② 법령에서 특히 행정조사를 행정행위의 전제조건으로 규정되고 있는 경우를 제외하고는 행정조사와 행정행위는 별개의 것이므로 조사의 위법이 곧 행정행위를 위법하게 할 수 없다는 소극설, ③ 절충설로서 ㉠ 행정조사에 의해 수집된 정보가 행정결정을 위한 정보수집을 위한 것이라면 행정조사의 하자는 절차상의 하자라는 견해, ㉡ 적정절차의 관점에서 행정조사에 중대한 위법사유가 있는 때에는 이를 기초로 한 행정행위도 위법하다는 견해가 있다. 판례는 적극설을 취한다.

> **관련판례**
>
> **위법한 조사에 기초한 과세처분은 위법**
>
> [1] 서울지방국세청장은 1999.11.경 원고의 개인제세 전반에 관하여 특별세무조사를 한다는 명목으로 이미 부가가치세 경정조사가 이루어진 과세기간에 대하여 다시 임대수입의 누락 여부, 매입세액의 부당공제 여부 등에 관하여 조사를 하였고, 피고는 그 세무조사 결과에 따라 부가가치세액을 증액하는 이 사건 재경정처분을 하였다. 이 사건 부가가치세부과처분은 이미 피고가 1998.11. 경에 한 세무조사(부가가치세 경정조사)와 같은 세목 및 같은 과세기간에 대하여 중복하여 실시한 서울지방국세청장의 위법한 중복조사에 기초하여 이루어진 것이므로 위법하다(대판 2006.6.2. 2004두12070).
>
> [2] 과세처분이 법률조항을 위반한 위법한 재조사에 기초하여 이루어졌다면 위법하다고 보아야 한다(대판 2017.12.13. 2015두3805).
>
> [3] 세무조사가 과세자료의 수집 또는 신고내용의 정확성 검증이라는 본연의 목적이 아니라 부정한 목적을 위하여 행하여진 것이라면 이는 세무조사에 중대한 위법사유가 있는 경우에 해당하고 이러한 세무조사에 의하여 수집된 과세자료를 기초로 한 과세처분 역시 위법하다(대판 2016.12.15. 2016두47659).
>
> **운전자 본인의 동의를 받지 아니하고 법원의 영장도 없이 한 혈액 채취 조사 결과를 근거로 한 운전면허 정지·취소 처분이 위법한지 여부**
>
> 음주운전 여부에 관한 조사방법 중 혈액 채취는 상대방의 신체에 대한 직접적인 침해를 수반하는 방법으로서, 이에 관하여 도로교통법은 호흡조사와 달리 운전자에게 조사에 응할 의무를 부과하는 규정을 두지 아니할 뿐만 아니라, 측정에 앞서 운전자의 동의를 받도록 규정하고 있으므로(제44조 제3항), 운전자의 동의 없이 임의로 채혈조사를 하는 것은 허용되지 아니한다.…(중략)…따라서 음주운전 여부에 대한 조사 과정에서 운전자 본인의 동의를 받지 아니하고 또한 법원의 영장도 없이 채혈조사를 한 결과를 근거로 한 운전면허 정지·취소 처분은 도로교통법 제44조 제3항을 위반한 것으로서 특별한 사정이 없는 한 위법한 처분으로 볼 수밖에 없다(대판 2016.12.27. 2014두46850).
>
> **적법절차를 위반하여 수집한 증거는 유죄의 증거로 사용할 수 없음**
>
> 국민신문고 인터넷사이트에 '나이트클럽에서 남성무용수의 음란한 나체쇼가 계속되고 있다'는 민원이 제기되자, 경찰관들이 나이트클럽에 손님으로 가장하여 들어가 무용수의 공연을 촬영한 후 촬영한 영상을 토대로 수사를 진행하여, 나이트클럽의 운영자 피고인 甲, 연예부장 피고인 乙, 종업원이자 무용수 피고인 丙이 공모하여 음란행위 영업을 하였다는 내용의 풍속영업의 규제에 관한

법률 위반으로 기소된 사안에서, 피고인들에게 유죄를 인정한 제1심판결에 사실오인 또는 법리오해의 잘못이 있다고 한 사례(제주지법 2018.5.3. 2017노112). ☞ 위와 같이 촬영한 영상이 수록되어 있는 CD 및 그 영상을 캡처한 현장사진은 모두 헌법과 형사소송법이 정한 적법절차를 위반하여 수집한 증거로서 피고인들과 변호인이 증거 사용에 관하여 동의하였더라도 유죄의 증거로 사용할 수 없다고 함

(2) 행정상 쟁송

장부제출명령, 출두명령 등 행정행위의 형식을 취하는 행정조사나 사실행위로서의 행정조사도 권력적인 경우에는 처분성이 인정된다. 또한 수인하명을 수반하는 행정조사가 비교적 장기간에 걸쳐 계속된 경우에는 행정쟁송에 의하여 그 취소·변경을 구할 실익이 있다. 그러나 조사가 단기간에 끝나는 경우에는 행정쟁송에 의한 권리보호의 필요가 있다고 보기 어렵다.

(3) 행정상 손해배상

위법한 행정조사로 손해를 입은 자는 국가나 지방자치단체에 대하여 국가배상법이 정하는 바에 따라 손해배상을 청구할 수 있다.

2. 적법한 행정조사에 대한 구제

적법한 행정조사로 인하여 특별한 희생을 당한 자는 손실보상을 청구할 수 있다. 예컨대 토지수용을 위한 출입조사에 대한 보상이 이에 해당한다. 다만 보상규정이 없는 경우에 헌법 제23조 제3항을 근거로 손실보상을 청구할 수 있는가의 문제가 있다.

제5장 행정규제기본법

01 개설

세계화와 무한경쟁시대에 국민의 자율과 창의를 저해하고 경제활동을 위축시키는 비효율적인 각종 행정규제를 종합적이고 일관되게 폐지·정비하고 행정규제의 신설을 억제할 필요성이 대두되었다.

이에 따라 행정규제의 원칙을 명문화하고 규제영향분석제도를 도입하는 한편, 규제신설에 대하여 엄격한 사전심사를 하고 기존제도를 전면 재검토하여 정비하도록 하고, 범정부 차원의 일원화된 규제개혁 상설 전담기구를 설치하는 새로운 법적·제도적 틀을 마련함으로써 사회·경제활동의 자유와 경쟁을 촉진하여 국민의 삶의 질을 높이고 국가경쟁력의 지속적인 향상을 도모하기 위해 행정규제기본법이 마련되었다(1997.8.22.).

규제정비의 사례 | 외국인근로자 권역간 사업장 이동 허용

▶ (기존) 외국인근로자(E-9)의 사업장 변경은 최초 고용허가를 받은 사업장이 소재한 권역* 내에서만 가능
  * 수도권, 경남권, 경북·강원권, 전라·제주권, 충청권의 5개 권역
  ⇒ 외국인근로자의 수도권 집중 방지 등을 위해 권역 내에서만 사업장 변경이 허용('23.10~)되었으나, **수도권에서 비수도권으로의 이동도 제한**하게 되어 **지방 소규모 사업장들의 인력난 가중**

▶ (개선) : 외국인근로자의 수도권 → 비수도권, 비수도권 → 비수도권 권역간 이동 허용
  * 권역내 사업장변경 허용 관련 지침 및 시스템 旣개정('25.1)
  ⇒ 비수도권 지역 사업장의 인력난 완화 기대

현장의 목소리

전남에서 작은 가구 공장을 운영하는 A대표는 인력난으로 고민에 빠졌다. 그의 공장뿐만 아니라 비수도권의 많은 중소기업들도 숙련된 외국인근로자를 구하지 못해 생산에 차질을 빚고 있었다.
"지방에서는 일할 사람을 구하기가 정말 어려웠어요."
이번 개선으로 외국인근로자의 타 권역 이동이 완화되면서, 수도권에서 사업장변경을 희망하는 외국인근로자가 A대표의 공장으로 배정받을 수 있게 되었다. 이제 A대표는 주문량 증가에도 공장운영에 걱정이 없다.

* 출처: 국무조정실 보도자료(2025.4.10)

02 적용원칙

1. 목적

이 법은 행정규제에 관한 기본적인 사항을 규정하여 불필요한 행정규제를 폐지하고 비효율적인 행정규제의 신설을 억제함으로써 사회·경제활동의 자율과 창의를 촉진하여 국민의 삶의 질을 높이고 국가경쟁력이 지속적으로 향상되도록 함을 목적으로 한다(법 제1조).

2. 용어의 정의

이 법에서 사용하는 용어의 뜻은 다음과 같다(법 제2조 제1항).

행정규제	국가나 지방자치단체가 특정한 행정 목적을 실현하기 위하여 국민(국내법을 적용받는 외국인을 포함)의 권리를 제한하거나 의무를 부과하는 것으로서 법령등이나 조례·규칙에 규정되는 사항
법령등	법률·대통령령·총리령·부령과 그 위임을 받는 고시(告示) 등 ※ 고시 등 : 훈령·예규·고시 및 공고(시행령 제2조 제2항)
기존규제	이 법 시행 당시 다른 법률에 근거하여 규정된 규제와 이 법 시행 후 이 법에서 정한 절차에 따라 규정된 규제
행정기관	법령등 또는 조례·규칙에 따라 행정 권한을 가지는 기관과 그 권한을 위임받거나 위탁받은 법인·단체 또는 그 기관이나 개인
규제영향분석	규제로 인하여 국민의 일상생활과 사회·경제·행정 등에 미치는 여러 가지 영향을 객관적이고 과학적인 방법을 사용하여 미리 예측·분석함으로써 규제의 타당성을 판단하는 기준을 제시하는 것

3. "행정규제"의 범위

(1) 의의

행정규제(이하 '규제')에 해당하는 행정작용을 4개의 범주로 명확히 열거함으로써 '규제법정주의' 및 '규제개혁 시스템'의 작동을 위한 법적 기준틀을 정하고 있다.

규제가 단순 인허가 외에도 신고, 조사, 보고, 사실행위 등까지 포괄한다는 규정은 '규제는 인허가와 같은 것이다.'라는 인식을 넘어 범위를 넓혀야 함을 법제화한 것이다.

(2) 규제의 구체적 범위

규제의 구체적 범위는 다음 각 호의 어느 하나에 해당하는 사항으로서 법령등 또는 조례·규칙에 규정되는 사항으로 한다(시행령 제2조 제1항).

> 1. 인허가 등 신청 중심의 행정처분
>   허가·인가·특허·면허·승인·지정·인정·시험·검사·검정·확인·증명 등 일정한 요건과 기준을 정하여 놓고 행정기관이 국민으로부터 신청을 받아 처리하는 행정처분 또는 이와 유사한 사항
> 2. 행정의무 이행 확보를 위한 감독처분
>   허가취소·영업정지·등록말소·시정명령·확인·조사·단속 등 행정의무의 이행을 확보하기 위하여 행정기관이 행하는 행정처분 또는 감독에 관한 사항

3. 작위 또는 부작위의무 부과형 규제
고용의무·신고의무·등록의무·보고의무·공급의무·출자금지·명의대여금지 그 밖에 영업 등과 관련하여 일정한 작위의무 또는 부작위의무를 부과하는 사항

4. 기타 국민 권리 제한 또는 의무 부과형 행정행위
그 밖에 국민의 권리를 제한하거나 의무를 부과하는 행정행위(사실행위를 포함)에 관한 사항

4. 행정규제기본법의 적용 범위

(1) 원칙
규제에 관하여 다른 법률에 특별한 규정이 있는 경우를 제외하고는 이 법에서 정하는 바에 따른다(법 제3조 제1항).

(2) 예외
다음 각 호의 어느 하나에 해당하는 사항에 대하여는 이 법을 적용하지 아니한다(제2항).

1. 국회, 법원, 헌법재판소, 선거관리위원회 및 감사원이 하는 사무
2. 형사(刑事), 행형(行刑) 및 보안처분에 관한 사무
2의2. 과징금, 과태료의 부과 및 징수에 관한 사항
3. 「국가정보원법」에 따른 정보·보안 업무에 관한 사항
4. 「병역법」, 「대체역의 편입 및 복무 등에 관한 법률」, 「통합방위법」, 「예비군법」, 「민방위기본법」, 「비상대비에 관한 법률」, 「재난 및 안전관리기본법」 및 「재난관리자원의 관리 등에 관한 법률」에 규정된 징집·소집·동원·훈련에 관한 사항
5. 군사시설, 군사기밀 보호 및 방위사업에 관한 사항
6. 조세(租稅)의 종목·세율·부과 및 징수에 관한 사항

☞ 조세, 군사, 치안, 국가안보 등 국가 중추 기능이 규제심사·등록·영향분석과 같은 절차에 구속되지 않도록 하여 전문성과 긴급성을 확보하기 위한 정책적 배려이다.

(3) 지방자치단체의 책무
지방자치단체는 이 법에서 정하는 취지에 따라 조례·규칙에 규정된 규제의 등록 및 공표(公表), 규제의 신설이나 강화에 대한 심사, 기존규제의 정비, 규제심사기구의 설치 등에 필요한 조치를 하여야 한다(제3항).

☞ 중앙과 지방이 규제제도에 일관되게 참여하게 하여 전체 규제 체계를 견고히 하려는 취지이다.

5. 규제 법정주의 * 2013, 2025 행정사 기출

> **설명형 예제**
>
> 「행정규제기본법」상 규제법정주의 및 규제의 원칙을 설명하고 우선허용·사후규제 원칙에 대하여 설명하시오.
> * 2025 행정사

(1) 의의

규제는 법률에 근거하여야 하며, 그 내용은 알기 쉬운 용어로 구체적이고 명확하게 규정되어야 한다(법 제4조 제1항).

종래 많은 규제가 난해하거나 중복되어 국민의 경제·사회활동을 위축시키는 문제로 지적되었다. 이에 '규제법정주의'의 도입으로 규제 권한을 입법부 중심으로 전환하였다. 모든 규제 권한은 입법과 법률 위임을 통해 이루어져야 하며, 자의적인 행정규제를 최소화하는 것이 목표이다.

(2) 규제의 근거법령

규제는 법률에 직접 규정하되, 규제의 세부적인 내용은 법률 또는 상위법령(上位法令)에서 구체적으로 범위를 정하여 위임한 바에 따라 대통령령·총리령·부령 또는 조례·규칙으로 정할 수 있다. 다만, 법령에서 전문적·기술적 사항이나 경미한 사항으로서 업무의 성질상 위임이 불가피한 사항에 관하여 구체적으로 범위를 정하여 위임한 경우에는 고시 등으로 정할 수 있다(제2항).

> **관련판례**
>
> **법률이 입법사항을 고시 등의 형식으로 위임하는 경우, 위임의 한계**
>
> 재산권 등과 같은 기본권을 제한하는 작용을 하는 법률이 입법위임을 할 때에는 '대통령령', '총리령', '부령' 등 법규명령에 위임함이 바람직하고, 금융감독위원회의 고시와 같은 형식으로 입법위임을 할 때에는 적어도 행정규제기본법 제4조 제2항 단서에서 정한 바와 같이 법령이 전문적·기술적 사항이나 경미한 사항으로서 업무의 성질상 위임이 불가피한 사항에 한정된다 할 것이고, 그러한 사항이라 하더라도 포괄위임금지의 원칙상 법률의 위임은 반드시 구체적·개별적으로 한정된 사항에 대하여 행하여져야 한다(헌재 2004.10.28. 99헌바91).

(3) 권리제한과 의무부과의 법률적 근거

행정기관은 법률에 근거하지 아니한 규제로 국민의 권리를 제한하거나 의무를 부과할 수 없다(제3항).

> **관련판례**
>
> **주민의 권리를 제한하고 주민에게 의무를 부과하는 내용의 조례는 법률의 위임 필요**
>
> 개정조례안 제48조가 건축물에 보일러를 설치·시공하였을 경우에 시공자에게 보일러설치·시공확인서를 건축주와 공사감리자에게 교부할 의무를 부과하는 한편, 건축주에게 건축물의 사용승인을 신청함에 있어서 위와 같이 교부받은 보일러설치·시공확인서를 첨부하도록 하고, 그 서류의 미첨부를 건축물의 사용승인의 거부사유로 정함으로써 결국 보일러를 설치하려는 건축주로 하여금 보일러의 설치·시공확인서를 제출하지 아니하면 건축물의 사용승인을 받을 수 없도록 하는 것을 그 내용으로 하고 있으므로 이는 주민의 권리를 제한하고 주민에게 의무를 부과하는 것이 분명하므로 지방자치법 제15조 단서 및 행정규제법 제4조의 규정에 따라 그에 관한 법률의 위임이 있어야만 적법하다(대판 2004.6.11. 2004추41).

6. 규제의 원칙 * 2022, 2025 행정사 기출

> **설명형 예제**
> 「행정규제기본법」상 규제의 원칙을 설명하고 규제개혁위원회의 심의·조정 사항을 기술하시오.
> * 2022 행정사

(1) 의의

행정규제기본법은 규제가 단순한 권력행사가 아니라, 자유를 최우선으로 보고 최소한으로 구성해야 하는 "국민 중심의 규제"로 설계돼야 한다는 기본 철학을 정하고 있다. 1998년 법제정 시부터 과잉 규제를 철폐하고 규제 품질을 법치주의적으로 정립하겠다는 목표 하에 규정되었다.

(2) 자유와 창의 존중 및 본질적 내용 침해 금지

국가나 지방자치단체는 국민의 자유와 창의를 존중하여야 하며, 규제를 정하는 경우에도 그 본질적 내용을 침해하지 아니하도록 하여야 한다(법 제5조 제1항).

(3) 국민의 생명·인권 등 보호 위한 실효성 있는 규제

국가나 지방자치단체가 규제를 정할 때에는 국민의 생명·인권·보건 및 환경 등의 보호와 식품·의약품의 안전을 위한 실효성이 있는 규제가 되도록 하여야 한다(제2항).

(4) 규제범위의 최소화 및 효과적 방법 설정

규제의 대상과 수단은 규제의 목적 실현에 필요한 최소한의 범위에서 가장 효과적인 방법으로 설정되어야 한다(제3항 전단).

(5) 규제 대상과 수단의 객관성 등 확보

규제의 대상과 수단은 객관성·투명성 및 공정성이 확보되도록 설정되어야 한다(제3항 후단).

7. 우선허용·사후규제 원칙 등 * 2025 행정사 기출

(1) 의의

신기술을 활용한 새로운 서비스 또는 제품이 신속하게 시장에 진출할 수 있도록 하여 산업 경쟁력이 강화될 수 있도록 신기술 서비스·제품 관련 규제를 법령에 규정할 때 우선허용·사후규제 방식을 우선적으로 고려하도록 하였다(2019.4.16).

(2) 규제의 규정 방식

국가나 지방자치단체가 신기술을 활용한 새로운 서비스 또는 제품(이하 "신기술 서비스·제품")과 관련된 규제를 법령등이나 조례·규칙에 규정할 때에는 다음 각 호의 어느 하나의 규정 방식을 우선적으로 고려하여야 한다(법 제5조의2 제1항).

1. 규제로 인하여 제한되는 권리나 부과되는 의무는 한정적으로 열거하고 그 밖의 사항은 원칙적으로 허용하는 규정 방식
   - ☞ **네거티브 리스트** (예) 전자 치료연구범위를 유전질환, 암 등으로 제한했으나, 일정 조건 하에 모든 질환으로 확대)
2. 서비스와 제품의 인정 요건·개념 등을 장래의 신기술 발전에 따른 새로운 서비스와 제품도 포섭될 수 있도록 하는 규정 방식
   - ☞ **포괄적 개념 정의** (예) 선박연료공급업의 개념을 선박급유업(석유)으로 한정했으나, LNG, 전기 등으로 개념을 확대)
3. 서비스와 제품에 관한 분류기준을 장래의 신기술 발전에 따른 서비스와 제품도 포섭될 수 있도록 유연하게 정하는 규정 방식
   - ☞ **유연한 분류 체계** (예) 제한된 차종 분류로 신유형 차량의 출시가 불가능했으나, 초소형 삼륜전기차와 같은 차종을 신설)
4. 그 밖에 신기술 서비스·제품과 관련하여 출시 전에 권리를 제한하거나 의무를 부과하지 아니하고 필요에 따라 출시 후에 권리를 제한하거나 의무를 부과하는 규정 방식
   - ☞ **사후평가·관리** (예) 뮤직비디오에 대해 영상물등급위원회가 사전 등급 분류했으나, 자체 심의후 시장 출시하도록 함)

(3) 국가와 지방자치단체의 개선 의무

국가와 지방자치단체는 신기술 서비스·제품과 관련된 규제를 점검하여 해당 규제를 제1항에 따른 규정 방식으로 개선하는 방안을 강구하여야 한다(제2항).

8. 규제의 등록 및 공표

> **설명형 예제**
>
> 甲주식회사는 신규사업을 시작하기에 앞서 기업이 준수해야 할 행정규제를 한눈에 확인할 수 있는 관련 자료를 조사하고자 한다. 이와 관련하여, 「행정규제기본법」상 중앙행정기관의 규제를 중심으로 규제의 등록과 공표 제도에 관하여 설명하시오.

(1) 의의

과거 미등록·비공개 또는 암묵적 규제로 존재하던 '그림자 규제'를 법제도 아래로 흡수하여, 현실상 행해지지만 존재가 드러나지 않던 규제 사무까지 모두 공적으로 기록·관리하게 하였다.

국민과 기업은 어떤 규제가, 어떤 근거로, 어떤 기관에서 언제 처리되는지 규제정보포털 등을 통해 쉽게 확인할 수 있게 되었고, 정부는 규제의 실질적 범위와 처리를 스스로 점검·관리할 수 있어 불필요한 규제를 줄이고 사전예측 가능성을 강화하게 되었다.

등록된 규제 목록은 규제영향분석, 정비선별, 사후평가 등 제도의 작동 근거가 되며, 규제개혁위원회가 등록되지 않은 규제의 등록 또는 폐지 계획을 요구할 수 있는 권한 근거가 된다.

(2) 개요
  ① 중앙행정기관의 장은 소관 규제의 명칭·내용·근거·처리기관 등을 제23조에 따른 규제개혁위원회(이하 "위원회"라 한다)에 등록하여야 한다(법 제6조 제1항).
  ② 위원회는 등록된 규제사무 목록을 작성하여 공표하고, 매년 6월 말일까지 국회에 제출하여야 한다(제2항).
  ③ 위원회는 직권으로 조사하여 등록되지 아니한 규제가 있는 경우에는 관계 중앙행정기관의 장에게 지체 없이 위원회에 등록하게 하거나 그 규제를 폐지하는 법령등의 정비계획을 제출하도록 요구하여야 하며, 관계 중앙행정기관의 장은 특별한 사유가 없으면 그 요구에 따라야 한다(제3항).

(3) 규제의 등록방법 및 절차
  ① 중앙행정기관의 장은 규제를 신설하거나 등록된 규제를 변경 또는 폐지한 경우에는 해당 규제에 관한 법령등이 공포 또는 발령된 날부터 30일 이내에 위원회에 등록하여야 한다(시행령 제4조 제1항).
  ② 중앙행정기관의 장은 위원회에 규제를 등록하는 경우에는 다음 각 호의 사항을 명시하여야 한다(제2항).

    1. 규제의 명칭
    2. 규제의 법적근거 및 내용
    3. 규제의 처리기관
    4. 규제의 시행과 관련된 하위법령 등의 내용
    5. 규제를 규정한 법령등의 공포일 또는 발령일과 규제의 시행일
    6. 규제의 존속기한
    7. 그 밖에 위원회가 규제등록에 필요하다고 정하는 사항

  ③ 위원회는 규제등록에 필요한 등록단위 및 등록서식 등에 관한 구체적인 사항을 정하여 중앙행정기관의 장에게 통보하여야 한다. 이를 변경한 경우에도 또한 같다(제3항).
  ④ 중앙행정기관의 장은 위원회가 등록되지 아니한 규제를 위원회에 등록하게 하거나 법령등의 정비계획을 제출하도록 요구한 경우에는 그 요구를 받은 날부터 30일 이내에 이에 필요한 조치를 하여야 한다(제4항).

(4) 규제사무목록의 공표
  위원회는 중앙행정기관별 규제사무목록 또는 그 변경된 내용을 관보에 게재하거나 인터넷 홈페이지 등을 이용하여 국민에게 알려야 한다(시행령 제5조).
  ※ 이에 따라 규제개혁위원회는 규제정보포털(www.better.go.kr)을 통해 기관별 규제사무목록을 공개하고 있다.

03 규제의 신설·강화에 대한 원칙과 심사

1. 규제영향분석 및 자체심사 *2017 행정사 기출

> **설명형 예제**
> 행정규제기본법령상 규제영향분석 및 자체심사에 관하여 설명하시오. *2017 행정사

규제영향분석 → 부처 자체심사 → 규제개혁위원회 심사

(1) 의의

법 제7조는 중앙행정기관이 규제를 신설·강화하기 전에 '합리성·효과성·투명성에 기반한 사전검증' 절차를 규정하고, 입법예고 및 자체심사를 통한 국민참여와 책임성을 보장함으로써 '보다 좋은 규제(Better Regulation)' 원리를 행정입법 체계에 구현하고자 함이다.

(2) 규제영향분석과 규제영향분석서 작성

① 중앙행정기관의 장은 규제를 신설하거나 강화(규제의 존속기한 연장을 포함)하려면 다음 각 호의 사항을 종합적으로 고려하여 규제영향분석을 하고 규제영향분석서를 작성하여야 한다(법 제7조 제1항).

   1. 규제의 신설 또는 강화의 필요성
   2. 규제 목적의 실현 가능성
   3. 규제 외의 대체 수단 존재 여부 및 기존규제와의 중복 여부
   4. 규제의 시행에 따라 규제를 받는 집단과 국민이 부담하여야 할 비용과 편익의 비교 분석
   5. 규제의 시행이 「중소기업기본법」 제2조에 따른 중소기업에 미치는 영향
   6. 「국가표준기본법」 제3조 제8호 및 제19호에 따른 기술규정 및 적합성평가의 시행이 기업에 미치는 영향
   7. 경쟁 제한적 요소의 포함 여부
   8. 규제 내용의 객관성과 명료성
   9. 규제의 존속기한·재검토기한(일정기간마다 그 규제의 시행상황에 관한 점검결과에 따라 폐지 또는 완화 등의 조치를 할 필요성이 인정되는 규제에 한정하여 적용되는 기한)의 설정 근거 또는 미설정 사유
   10. 규제의 신설 또는 강화에 따른 행정기구·인력 및 예산의 소요
   11. 규제의 신설 또는 강화에 따른 부담을 경감하기 위하여 폐지·완화가 필요한 기존규제 대상
   12. 관련 민원사무의 구비서류 및 처리절차 등의 적정 여부

② <u>위원회는 규제영향분석서의 작성지침을 수립하여 중앙행정기관의 장에게 통보하여야 한다.</u> 이를 변경한 경우에도 또한 같다(시행령 제6조 제4항).

③ 중앙행정기관의 장은 규제영향분석서의 작성지침에 따라 규제영향분석서를 작성하여야 한다. 이 경우 규제영향분석서에는 그 작성에 관여한 <u>국장·과장 또는 이에 상당하는 공무원의 인적사항을 명시하여야 한다</u>(시행령 제6조 제5항).

④ 중앙행정기관의 장은 규제영향분석을 하는 경우에는 가능한 한 계량화된 자료를 사용하여야 한다. 다만, 자료의 계량화가 불가능한 경우에는 서술적인 방법을 사용할 수 있다(시행령 제6조 제1항).
⑤ 중앙행정기관의 장은 규제영향분석서를 입법예고 기간 동안 인터넷 홈페이지에 게재하는 등의 방법으로 국민에게 공표하여야 하고, 제출된 의견을 검토하여 규제영향분석서를 보완하며, 의견을 제출한 자에게 제출된 의견의 처리 결과를 알려야 한다(법 제7조 제2항, 시행령 제6조 제3항).
※ 규제를 신설하거나 강화하는 경우 사전에 규제의 타당성을 검토하고 이해관계자 등 국민의 의견을 수렴할 수 있도록 하기 위하여 규제영향분석서를 입법예고기간 동안 공표하도록 하였다.

(3) 자체심사

① 중앙행정기관의 장은 규제영향분석의 결과를 기초로 규제의 대상·범위·방법 등을 정하고 자체규제심사위원회의 심의를 거쳐 그 타당성에 대하여 자체심사를 하여야 한다. 이 경우 관계 전문가 등의 의견을 충분히 수렴하여 심사에 반영하여야 한다(법 제7조 제3항).
② 중앙행정기관의 장은 자체심사를 한 경우에는 자체심사의견서를 작성하여야 한다(시행령 제7조 제1항).
③ 위원회는 자체심사의 기준 및 절차에 관한 세부지침을 작성하여 중앙행정기관의 장에게 통보하여야 한다. 이를 변경한 경우에도 또한 같다(제3항).

시행령 제6조의2(자체규제심사위원회의 구성·운영 등) ① 법 제7조 제3항에 따른 자체규제심사위원회(이하 "심사위원회"라 한다)는 다음 각 호의 사항을 심의한다.
1. 법 제7조 제3항에 따른 규제의 대상·범위·방법 등의 타당성에 관한 사항
2. 법 제8조의2에 따른 규제의 재검토에 관한 사항
3. 기존 규제의 자체정비, 규제정비 계획의 수립·시행에 관한 사항
4. 그 밖에 심사위원회의 위원장이 필요하다고 인정하는 사항
② 심사위원회는 위원장을 포함한 10명 이상의 위원으로 구성한다.
③ 심사위원회의 위원장은 공무원이 아닌 위원(이하 "민간위원"이라 한다) 중에서 그 중앙행정기관의 장이 지명한다. 다만, 중앙행정기관의 장은 필요한 경우 공무원인 위원을 공동 위원장으로 지명할 수 있다.
④ 심사위원회의 위원은 규제 관련 분야에 학식과 경험이 풍부한 사람 또는 규제 대상 업무와 관련된 소속 공무원 중에서 중앙행정기관의 장이 위촉 또는 지명한다. 이 경우 민간위원이 전체 위원의 과반수가 되어야 한다.
⑤ 민간위원의 임기는 2년으로 하되, 한 차례만 연임할 수 있다.
⑥ 중앙행정기관의 장은 민간위원이 다음 각 호의 어느 하나에 해당하는 경우에는 해당 위원을 해촉(解囑)할 수 있다.
1. 심신쇠약으로 인하여 직무를 수행할 수 없게 된 경우
2. 직무와 관련된 비위사실이 있는 경우
3. 직무태만, 품위손상이나 그 밖의 사유로 인하여 위원으로 적합하지 않다고 인정되는 경우
4. 위원 스스로 직무를 수행하는 것이 곤란하다고 의사를 밝히는 경우
⑦ 제1항부터 제6항까지에서 규정한 사항 외에 심사위원회의 구성·운영 등에 필요한 사항은 해당 중앙행정기관의 장이 정한다.

제7조(자체심사의 기준 및 절차) ① 중앙행정기관의 장은 법 제7조 제3항에 따라 자체심사를 하는 경우에는 다음 각 호의 기준을 고려해야 한다.
1. 법 제4조에 따른 <u>규제 법정주의 준수 여부</u>
2. 법 제5조에 따른 <u>규제의 원칙 준수 여부</u>
② 중앙행정기관의 장은 법 제7조 제3항에 따라 심사위원회의 심의를 거치려는 경우 같은 조 제1항에 따른 규제영향분석서(같은 조 제2항에 따라 보완된 경우에는 보완된 규제영향분석서를 말한다)를 첨부해야 한다.
③ 중앙행정기관의 장은 법 제7조 제3항에 따라 자체심사를 한 경우에는 주요 심사의견과 심사결과를 포함한 자체심사의견서를 작성해야 한다.
④ 위원회는 필요한 경우 자체심사 기준 및 절차에 관한 세부지침을 작성하여 중앙행정기관의 장에게 통보할 수 있다.

2. 규제의 존속 및 재검토

> **설명형 예제**
> 농림축산식품부장관은 손해평가인의 자격요건에 대하여 3년마다 그 타당성을 검토하여 개선 등의 조치를 하도록 법령에 규정되어 있다. 이와 관련하여 「행정규제기본법」상 중앙행정기관이 규제를 신설 또는 강화하려는 경우 준수해야 하는 규제의 존속기한 및 재검토기한 제도에 관하여 설명하시오.

> **설명형 예제**
> 「행정규제기본법」상 규제 일몰제(Sunset Law)에 관하여 설명하시오.

(1) 의의

'재검토형 규제 일몰제(sunset with review)'를 법적으로 제도화함으로써, 신설 또는 강화된 규제가 무기한 지속되지 않고 주기적으로 실효성과 필요성을 재검토하도록 한다.

즉 신설 및 강화규제에 대해서 반드시 한시적으로 시행되도록 기한을 설정하며, 정해진 기한 도래시 규제 존속여부를 심사하지 않거나 타당치 않은 규제로 평가되면 자동폐기하는 시스템이다. 이는 경제·사회 환경변화에 따른 규제의 타당성을 제고하고 국민과 기업의 규제 부담을 완화하기 위한 것이다.

(2) 규제의 존속기한 및 재검토기한 명시

① 의의
중앙행정기관의 장은 규제를 신설하거나 강화하려는 경우에 존속시켜야 할 명백한 사유가 없는 <u>규제는 존속기한 또는 재검토기한(일정기간마다 그 규제의 시행상황에 관한 점검결과에 따라 폐지 또는 완화 등의 조치를 할 필요성이 인정되는 규제에 한정하여 적용되는 기한 ☞ "재검토형 규제일몰제")을 설정하여 그 법령등에 규정하여야 한다</u>(법 제8조 제1항).

② 기한의 설정
규제의 존속기한 또는 재검토기한은 <u>규제의 목적을 달성하기 위하여 필요한 최소한의 기간 내에서</u> 설정되어야 하며, 그 기간은 <u>원칙적으로 5년을 초과할 수 없다</u>(제2항).

③ 기한의 연장
　　㉠ 중앙행정기관의 장은 규제의 존속기한 또는 재검토기한을 연장할 필요가 있을 때에는 그 규제의 존속기한 또는 재검토기한의 6개월 전까지 위원회에 심사를 요청하여야 한다(제3항).
　　㉡ 중앙행정기관의 장은 법률에 규정된 규제의 존속기한 또는 재검토기한을 연장할 필요가 있을 때에는 그 규제의 존속기한 또는 재검토기한의 3개월 전까지 규제의 존속기한 또는 재검토기한 연장을 내용으로 하는 개정안을 국회에 제출하여야 한다(제5항).

④ 기한 설정 권고
　　위원회는 제12조(* 규제의 신설·강화 심사)와 제13조(* 긴급한 규제의 신설·강화 심사)에 따른 심사 시 필요하다고 인정하면 관계 중앙행정기관의 장에게 그 규제의 존속기한 또는 재검토기한을 설정할 것을 권고할 수 있다(제4항).

(3) 규제의 재검토
① 의의
중앙행정기관의 장은 규제의 재검토기한이 도래하는 경우 자체규제심사위원회의 심의를 거쳐 해당 규제의 시행상황을 점검하는 방법 등으로 규제의 재검토를 실시하고 그 결과에 따라 규제의 폐지 또는 완화 등 필요한 조치를 하여야 한다(법 제8조의2 제1항).

② 재검토의 결과보고서
　　㉠ 중앙행정기관의 장은 재검토의 결과보고서를 작성·보존 및 공개하고, 다음 재검토를 실시할 때 그 내용을 반영하여야 한다(법 제8조의2 제2항).
　　㉡ 중앙행정기관의 장은 규제의 재검토를 실시하는 경우에는 관계 전문가 등의 의견을 수렴하여 다음 각 호의 사항이 포함된 결과보고서를 작성해야 한다(시행령 제7조의2 제1항).

　　　1. 규제의 폐지 또는 완화 여부
　　　2. 재검토기한 연장, 변경 또는 해제 여부
　　　3. 해당 규제의 정비계획(규제를 폐지하거나 완화하는 경우로 한정한다)

　　㉢ 중앙행정기관의 장은 결과보고서를 다음 각 호의 구분에 따른 날까지 보존해야 한다. 이 경우 법 제12조에 따른 위원회의 심사를 거친 경우에는 그 결과를 결과보고서에 반영해야 한다(제2항).

　　　1. 재검토기한을 연장 또는 변경한 경우 : 다음 재검토기한이 되는 날
　　　2. 재검토기한을 해제한 경우 : 해제 후 5년이 되는 날

　　㉣ 중앙행정기관의 장은 결과보고서를 해당 중앙행정기관의 인터넷 홈페이지 등을 이용하여 공개해야 한다(제3항).

■ 참고 : 규제비용관리제(Cost-In, Cost-Out)

1. 개념
중앙행정기관의 장이 규제를 신설 또는 강화하는 경우 해당 규제로 인해 국민이 부담해야 하는 사업활동 비용(Cost-In)을 산정하고, 그에 상응하는 비용(Cost-Out)을 기존규제 정비를 통해 감축함으로써 규제비용 부담 증가를 억제하는 제도이다.

2. 연혁 및 현황
정부는 2014년 '새로운 규제를 시행하려면 그에 상응하는 기존 규제를 폐지'해야 하는 "규제비용총량제"를 담은 행정규제기본법

개정안을 국회에 제출했으며 논란 끝에 법 개정이 무산되었다. 하지만 현재 유사한 내용이 총리훈령에 따라 "규제비용관리제"라는 이름으로 시행 중이다.

3. 쟁점
① '규제받는 자가 부담하는 비용만'을 산정할 뿐 '규제로 인한 국민의 이익'을 반영하지 않아 기업에만 일방적으로 유리하다는 비판 있음
② 현재의 규제총량이 최고치라고 간주하고 새로운 규제를 만들려면 같은 비용의 기존 규제를 없애야 한다고 전제하나, 현재의 규제가 최고치인지에 대한 합리적 근거가 있는지 의문이라는 비판 있음

3. 소상공인 등에 대한 규제 완화

> **설명형 예제**
> 「행정규제기본법」상 소기업과 소상공인의 규제부담을 경감하기 위해 마련된 내용을 서술하시오.

(1) 의의
규제가 소상공인·소기업에 과도한 부담을 주지 않도록 신설 또는 강화 시에 적절한 예외·유예조치를 검토할 의무를 법정화한 것으로, 규제 형평성과 실질적 부담 경감을 목표로 한 '차등적 규제' 원칙을 제도화라 할 수 있다.

(2) 규제의 면제 또는 유예 검토
중앙행정기관의 장은 규제를 신설하거나 강화하려는 경우 「소상공인기본법」 제2조에 따른 소상공인 및 「중소기업기본법」 제2조 제2항에 따른 소기업에 대하여 해당 규제를 적용하는 것이 적절하지 아니하거나 과도한 부담을 줄 우려가 있다고 판단되면 규제의 전부 또는 일부의 적용을 면제하거나 일정기간 유예하는 등의 방안을 검토하여야 한다(법 제8조의3 제1항).

(3) 면제 또는 유예 제외의 근거 제시
중앙행정기관의 장은 제1항을 적용하는 것이 적절하지 아니하다고 판단될 경우에는 제10조 제1항에 따라 위원회에 심사를 요청할 때에 그 판단의 근거를 제시하여야 한다(제2항).

4. 의견 수렴

(1) 의의
단순히 법령의 예고에 그치지 않고, 공청회와 같은 공개적인 참여 기회를 보장함으로써 규제 도입 과정부터 영향 받는 사회 구성원의 의견을 광범위하게 수렴한다. 이는 정책의 수용성과 사회적 합의 기반을 강화하는 민주주의적 절차적 정당성을 확보하기 위함이다.

(2) 의견 수렴의 방법
중앙행정기관의 장은 규제를 신설하거나 강화하려면 공청회, 행정상 입법예고 등의 방법으로 행정기관·민간단체·이해관계인·연구기관·전문가 등의 의견을 충분히 수렴하여야 한다(법 제9조).

(3) 행정절차법 적용

중앙행정기관의 장이 법 제9조의 규정에 의하여 공청회를 개최하거나 행정상 입법예고를 하는 경우에는 행정절차법이 정하는 절차에 따라야 한다(시행령 제8조).

5. 규제의 신설·강화에 대한 심사 및 조치

> **설명형 예제**
>
> 「행정규제기본법」상 규제를 신설 또는 강화하기 위한 절차를 설명하시오.

예비심사	→	중요 규제	위원회 상정 심의·의결	→	결과 부처 통보 법령 제·개정 절차
		비중요 규제	결과 부처 통보 법령 제·개정 절차 진행		

(1) 의의

행정규제기본법은 중앙행정기관이 규제를 신설·강화할 때 자체검토·영향분석·의견수렴을 바탕으로 규제개혁위원회의 사전심사를 거쳐야 하며, 개선·철회 권고 및 재심사 절차를 통해 실질적 규제 효과와 책임성을 확보하는 규제심사·조치 시스템을 마련하고 있다.

국가 경영의 자율성과 창의를 제고하기 위해 1998년 법제정과 동시에 도입된 규제심사 제도는 급증하는 규제로 인한 국민부담과 경제위축을 조기에 통제하고 사전검증하는 규제합리화의 기반 제도이다.

(2) 심사 요청

① 중앙행정기관의 장은 규제를 신설하거나 강화하려면 위원회에 심사를 요청하여야 한다. 이 경우 법령안(法令案)에 대하여는 법제처장에게 법령안 심사를 요청하기 전에 하여야 한다(법 제10조 제1항).

② 중앙행정기관의 장은 심사를 요청할 때에는 규제안에 다음 각 호의 사항을 첨부하여 위원회에 제출하여야 한다(제2항).

> 1. 제7조 제1항에 따른 규제영향분석서
> 2. 제7조 제3항에 따른 자체심사 의견
> 3. 제9조에 따른 행정기관·이해관계인 등의 제출의견 요지

③ 위원회는 규제심사를 요청받은 경우에는 그 법령에 대한 규제정비 계획을 제출하게 할 수 있다(제3항).

(3) 예비심사

① 위원회는 심사를 요청받은 날부터 10일 이내에 그 규제가 국민의 일상생활과 사회·경제활동에 미치는 파급 효과를 고려하여 제12조에 따른 심사를 받아야 할 규제(이하 "중요규제")인지를 결정하여야 한다(법 제11조 제1항).

※ "중요규제"는 다음 각 호의 어느 하나에 해당하는 규제로 한다(시행령 제8조의2 제1항).

> 1. 규제의 시행에 따라 규제를 받는 집단과 국민이 부담하여야 할 비용이 연간 100억원 이상인 규제
> 2. 규제를 받는 사람의 수가 연간 100만명 이상인 규제
> 3. 명백하게 진입이나 경쟁이 제한적인 성격의 규제
> 4. 국제기준에 비추어 규제 정도가 과도하거나 불합리한 규제
> 5. 다른 행정기관에 의하여 시행되고 있거나 시행 예정인 규제와 심각한 불일치 또는 간섭을 발생시키는 규제
> 6. 이해관계인 간 이견이 첨예하게 대립하거나 사회·경제적으로 상당한 부작용이 우려되는 규제
> 7. 중소기업영향평가·경쟁영향평가·기술영향평가의 결과 개선이 필요한 규제
> 8. 규제 수준 및 정도가 현저히 부당하여 위원회의 심도 있는 논의가 필요한 규제

- ※ 위원회는 심사를 요청받은 규제가 중요규제 판단기준의 어느 하나에 해당하더라도 이해관계인 간의 이견이 없으면서 다른 규제대안이 없는 경우 등 불가피성이 인정되는 경우에는 중요규제로 보지 아니할 수 있다(시행령 제8조의2 제2항).
- ② 위원회가 <u>중요규제가 아니라고 결정한 규제는 위원회의 심사를 받은 것으로 본다</u>(제2항).
- ③ 위원회는 중요규제인지 결정을 하였을 때에는 지체 없이 그 결과를 관계 중앙행정기관의 장에게 <u>통보하여야 한다</u>(제3항).

(4) 심사(중요규제)

- ① <u>위원회는 중요규제라고 결정한 규제에 대하여는 심사 요청을 받은 날부터 45일 이내에 심사를 끝내야 한다.</u> 다만, 심사기간의 연장이 불가피한 경우에는 위원회의 결정으로 15일을 넘지 아니하는 범위에서 한 차례만 연장할 수 있다(법 제12조 제1항).
- ② 위원회는 관계 중앙행정기관의 자체심사가 신뢰할 수 있는 자료와 근거에 의하여 적절한 절차에 따라 적정하게 이루어졌는지 심사하여야 한다(제2항).
- ③ 위원회는 제10조 제2항 각 호의 첨부서류 중 보완이 필요한 사항에 대하여는 관계 중앙행정기관의 장에게 보완할 것을 요구할 수 있다. 이 경우 보완하는 데에 걸린 기간은 제1항에 따른 심사기간에 포함하지 아니한다(제3항).
  - ※ 관계 중앙행정기관의 장은 위원회가 첨부서류의 보완을 요구하는 경우에는 보완하여야 할 사항과 기한을 명시하여야 하며(시행령 제9조 제1항), 그 기한내에 보완자료를 제출하여야 한다(제2항).
- ④ 위원회는 <u>심사를 마쳤을 때에는 지체 없이 그 결과를 관계 중앙행정기관의 장에게 통보하여야 한다</u>(제4항).

(5) 긴급한 규제의 신설·강화 심사

- ① <u>중앙행정기관의 장은 긴급하게 규제를 신설하거나 강화하여야 할 특별한 사유가 있는 경우에는 제7조(* 규제영향분석 및 자체심사), 제8조 제3항(* 규제의 존속기한 또는 재검토기한 연장 필요에 대한 위원회 심사 요청), 제9조(* 의견수렴) 및 제10조(* 심사요청 절차)의 절차를 거치지 아니하고 위원회에 심사를 요청할 수 있다.</u> 이 경우 그 사유를 제시하여야 한다(법 제13조 제1항).
- ② 위원회는 심사 요청된 규제의 긴급성이 인정된다고 결정하면 심사를 요청받은 날부터 20일 이내에 규제의 신설 또는 강화의 타당성을 심사하고 그 결과를 관계 중앙행정기관의 장에게 통보하여야

한다. 이 경우 관계 중앙행정기관의 장은 위원회의 심사 결과를 통보받은 날부터 60일 이내에 위원회에 규제영향분석서를 제출하여야 한다(제2항).
③ 위원회는 심사 요청된 규제의 긴급성이 인정되지 아니한다고 결정하면 심사를 요청받은 날부터 10일 이내에 관계 중앙행정기관의 장에게 제7조부터 제10조까지의 규정에 따른 절차를 거치도록 요구할 수 있다(제3항).

(6) 개선 권고
① 위원회는 제12조와 제13조에 따른 심사 결과 필요하다고 인정하면 관계 중앙행정기관의 장에게 그 규제의 신설 또는 강화를 철회하거나 개선하도록 권고할 수 있다(법 제14조 제1항).
※ 이 경우 다음 각호의 사항을 포함하여 관계 중앙행정기관의 장에게 통지하여야 한다(시행령 제10조 제1항).

  1. 규제의 내용
  2. 위원회의 심사의견
  3. 철회 또는 개선권고사항
  4. 철회 또는 개선권고사항에 대한 처리기한

② 권고를 받은 관계 중앙행정기관의 장은 특별한 사유가 없으면 이에 따라야 하며, 그 처리 결과를 대통령령으로 정하는 바에 따라 위원회에 제출하여야 한다(법 제14조 제2항).
※ 중앙행정기관의 장은 제1항 제4호의 규정에 의한 처리기한내에 위원회의 철회 또는 개선권고사항에 대한 조치를 하고, 그 처리결과를 지체없이 위원회에 제출하여야 한다(시행령 제10조 제2항).

(7) 재심사
① 중앙행정기관의 장은 위원회의 심사 결과에 이의가 있거나 위원회의 권고대로 조치하기가 곤란하다고 판단되는 특별한 사정이 있는 경우에는 대통령령으로 정하는 바에 따라 위원회에 재심사(再審査)를 요청할 수 있다(법 제15조 제1항).
※ 중앙행정기관의 장은 위원회에 재심사를 요청하는 경우에는 제10조 제1항 제4호의 규정에 의한 처리기한내에 재심사의 대상이 된 규제의 내용과 재심사요청의 사유를 명시하여야 한다(시행령 제11조).
② 위원회는 재심사 요청을 받으면 그 요청받은 날부터 15일 이내에 재심사를 끝내고 그 결과를 관계 중앙행정기관의 장에게 통보하여야 한다(제2항).
③ 재심사는 제14조(* 개선 권고)를 준용한다(제3항).

(8) 심사절차의 준수
① 중앙행정기관의 장은 위원회의 심사를 받지 아니하고 규제를 신설하거나 강화하여서는 아니 된다(법 제16조 제1항).
② 중앙행정기관의 장은 법제처장에게 신설되거나 강화되는 규제를 포함하는 법령안의 심사를 요청할 때에는 그 규제에 대한 위원회의 심사의견을 첨부하여야 한다. 법령안을 국무회의에 상정(上程)하는 경우에도 또한 같다(제2항).

04 기존규제의 정비

> **설명형 예제**
> 「행정규제기본법」상 기존규제의 정비 절차에 관하여 설명하시오.

1. 규제 정비의 요청

(1) 개요

규제의 소관 행정기관이 국민의 의견을 적극적으로 수렴·반영할 수 있도록 규제 정비 요청에 대한 소관 행정기관의 장의 답변, 규제개혁위원회의 소명 요청 등의 절차적 근거를 마련하였다(2018. 10. 18.).

<u>누구든지 위원회에 고시(告示) 등 기존규제의 폐지 또는 개선(이하 "정비")을 요청할 수 있으며</u>(법 제17조 제1항), <u>위원회는 정비 요청을 받으면 해당 규제의 소관 행정기관의 장에게 지체 없이 통보하여야 하고, 통보를 받은 행정기관의 장은 책임자 실명으로 성실히 답변하여야 한다</u>(제2항).

<u>위원회는 제2항의 답변과 관련하여 필요한 경우 해당 행정기관의 장에게 규제 존치의 필요성 등에 대하여 소명할 것을 요청할 수 있으며</u>(제3항), <u>소명을 요청받은 행정기관의 장은 특별한 사유가 없으면 이에 따라야 한다</u>(제4항).

☞ 누구나 규제개혁위원회에 기존규제의 폐지 또는 개선을 '요청'할 수 있도록 함으로써 시민·기업이 개선의 주체가 될 수 있는 직접 참여의 창구를 마련했다. 기존의 관성 규제를 사회적 민원에서 공식 절차로 승격시킨 제도라고 할 수 있다.

(2) 기존규제 정비의 요청 방법

① 정비의 요청은 다음 각 호의 사항을 명시하여 서면·팩스·구술·전화·전자우편 또는 인터넷 홈페이지 입력 등의 방법으로 할 수 있다(시행령 제12조 제1항).

> 1. 기존규제의 정비를 요청한 자의 성명(법인인 경우 법인의 명칭)·주소·전화번호
> 2. 규제의 내용·문제점 및 정비방안
> 3. 그 밖의 참고사항

② 위원회는 기존규제 정비요청의 원활한 접수를 위하여 필요한 경우에는 각급 행정기관·공공단체·민간단체 등을 활용할 수 있다(제2항).

(3) 기존규제 정비요청의 처리 절차

① 위원회로부터 기존규제 정비요청을 통보받은 <u>규제의 소관 행정기관의 장은 기존규제 정비요청이 접수된 날(이하 "접수일")부터 14일 이내에 기존규제 정비요청의 수용 여부에 대한 답변을 위원회에 제출하여야 한다</u>. 이 경우 규제의 소관 행정기관의 장이 부득이한 사유로 14일 이내에 답변을 제출하기 어려운 때에는 그 기간을 14일의 범위에서 한 차례 연장할 수 있다(시행령 제12조의2 제1항).

② <u>위원회는 규제의 소관 행정기관의 장이 기존규제 정비요청에 대하여 기존규제를 존치하여야 한다고 답변한 경우 해당 행정기관의 장에게 접수일부터 3개월 내에 기존규제의 존치 필요성에 대하여

소명할 것을 요청할 수 있다(제2항).
③ 위원회는 규제의 소관 행정기관의 장이 기존규제 정비요청에 대하여 중장기적인 정책 검토가 필요하다고 답변한 경우 해당 행정기관의 장에게 접수일부터 6개월 이내에 재답변을 제출하도록 요청할 수 있다. 이 경우 규제의 소관 행정기관의 장이 기존규제를 존치하여야 한다고 재답변한 때에는 위원회는 해당 행정기관의 장에게 별도로 정하는 기한까지 기존규제의 존치 필요성에 대하여 소명할 것을 요청할 수 있다(제3항).
④ 위원회는 규제의 소관 행정기관의 장이 제1항에 따라 제출한 답변 또는 제3항 전단에 따라 제출한 재답변을 정보통신망 또는 우편 등을 이용하여 기존규제 정비요청을 한 자에게 통지하여야 한다(제4항).
⑤ 위원회는 규제의 소관 행정기관의 장의 소명에도 불구하고 기존규제의 정비가 필요하다고 인정하는 경우에는 기존규제를 정비하도록 권고할 수 있다(제5항).

2. 다른 행정기관 소관의 규제에 관한 의견 제출(연관규제)

중앙행정기관의 장은 규제 개선 또는 소관 정책의 목적을 효과적으로 달성하기 위하여 다른 중앙행정기관의 소관 규제를 개선할 필요가 있다고 판단하는 경우에는 그에 관한 의견을 위원회에 제출할 수 있다(법 제17조의2).

3. 기존규제의 심사

① 위원회는 다음 각 호의 어느 하나에 해당하는 경우 기존규제의 정비에 관하여 심사할 수 있다(법 제18조 제1항).

> 1. 제17조에 따른 정비 요청 및 제17조의2에 따라 제출된 의견을 위원회에서 심사할 필요가 있다고 인정한 경우
> 2. 그 밖에 위원회가 이해관계인·전문가 등의 의견을 수렴한 결과 특정한 기존규제에 대한 심사가 필요하다고 인정한 경우

② 제1항의 심사는 제14조(* 개선 권고)와 제15조(* 재심사)를 준용한다(제2항).

4. 기존규제의 자체정비

(1) 중앙행정기관장의 자체정비

중앙행정기관의 장은 매년 소관 기존규제에 대하여 이해관계인·전문가 등의 의견을 수렴하여 정비가 필요한 규제를 선정하여 정비하여야 한다(법 제19조 제1항).

(2) 자체정비결과 제출

중앙행정기관의 장은 제1항에 따른 정비 결과를 대통령령으로 정하는 바에 따라 위원회에 제출하여야 한다(제2항).

※ 중앙행정기관의 장은 매년 1월 31일까지 기존규제에 대한 전년도의 자체정비결과를 위원회에 제출하여야 한다(시행령 제13조).

5. 기존규제의 존속기한 및 재검토기한 명시

중앙행정기관의 장은 기존규제에 대한 점검결과 존속시켜야 할 명백한 사유가 없는 규제는 존속기한 또는 재검토기한을 설정하여 그 법령등에 규정하여야 한다(법 제19조의2 제1항).

기존규제의 존속기한 또는 재검토기한 설정에 관하여는 제8조 제2항부터 제5항까지를 준용한다(제2항).

> **제8조(규제의 존속기한 및 재검토기한 명시)** ② 규제의 존속기한 또는 재검토기한은 규제의 목적을 달성하기 위하여 필요한 최소한의 기간 내에서 설정되어야 하며, 그 기간은 원칙적으로 5년을 초과할 수 없다.
> ③ 중앙행정기관의 장은 규제의 존속기한 또는 재검토기한을 연장할 필요가 있을 때에는 그 규제의 존속기한 또는 재검토기한의 6개월 전까지 제10조에 따라 위원회에 심사를 요청하여야 한다.
> ④ 위원회는 제12조와 제13조에 따른 심사 시 필요하다고 인정하면 관계 중앙행정기관의 장에게 그 규제의 존속기한 또는 재검토기한을 설정할 것을 권고할 수 있다.
> ⑤ 중앙행정기관의 장은 법률에 규정된 규제의 존속기한 또는 재검토기한을 연장할 필요가 있을 때에는 그 규제의 존속기한 또는 재검토기한의 3개월 전까지 규제의 존속기한 또는 재검토기한 연장을 내용으로 하는 개정안을 국회에 제출하여야 한다.

6. 신기술 서비스·제품 관련 규제의 정비 및 특례

> **사례형 예제**
>
> 甲은 인공지능 기반 의료상담 플랫폼을 개발하려 했으나, 관련 규제가 불명확해 서비스 출시 여부가 불투명했다. 이에 보건복지부장관에게 규제 존재 여부 확인을 요청했지만, 3개월간 회신이 없었고, 장관은 나중에 "사회적 검증이 부족해 규제 완화는 어렵다."고만 답했다.
> (1) 甲의 규제 확인 요청에 대한 보건복지부 장관의 대응은 행정규제기본법에 비추어 적법한가?
> (2) 기존 의료규제를 신기술에 그대로 적용하기 어려운 경우, 행정기관은 어떤 조치를 취해야 하는가?
>
> **해설 요지**
> 1. 보건복지부장관이 甲의 요청에 대하여 3개월간 회신을 하지 않은 것은 '지체 없이' 통보해야 한다는 법의 취지에 반하며, 위법 또는 부당한 소극적 행정에 해당한다.
> 2. 甲의 인공지능 의료상담 플랫폼이 기존 의료법상의 진단행위 규제와 명백히 부합하지 않거나 현실적으로 적용이 곤란하다면, 보건복지부장관은 단순한 해석에 그치지 않고 적극적으로 관련 규제를 신속히 정비하여야 할 의무를 진다.

(1) 의의

중앙행정기관의 장은 신기술 서비스·제품 관련 규제의 적용 또는 존재 여부에 대한 국민의 확인 요청이 있는 경우 지체 없이 확인하여 통보하고, 신기술 서비스·제품의 육성을 저해하는 규제를 신속히 정비하도록 하며, 필요 시 규제가 정비되기 전이라도 국민의 안전·생명, 혁신성과 편익, 사후 책임 확보 방안 등을 종합적으로 고려하여 관계 법률로 정하는 바에 따라 해당 규제의 적용을 면제하거나 완화할 수 있도록 하였다(2019.4.16.).

이는 다음과 같은 면에서 중요한 의미가 있다.

첫째, 혁신기술이 법망에 묶이지 않도록 국민의 질문권, 행정의 확인의무, 규제의 유연성을 직능화함으로써 규제의 자의성과 불확실성을 근본적으로 해소할 수 있다.

둘째, 개별 법률(예 산업융합법, 정보통신융합법, 지역특구법)로 도입된 임시허가, 실증특례제도를 행정규제기본법에 연결함으로써, 통일된 틀 속에서의 신속확인-시험-정비의 흐름을 갖출 수 있다.

셋째, 과거의 포지티브 규제 중심의 입법 체계에서 벗어나 '원칙으로서의 신기술 허용' 체계로 전환하며, 입법 후 검토가 아닌 도입 시부터의 유연성 설계를 가능하게 했다.

규제 샌드박스(Regulatory Sandbox)

'규제 샌드박스란 어린이 모래 놀이터처럼 제한된 환경에서 규제를 풀어(탄력적용) 신사업을 테스트(시범사업)하도록 하는 것을 말한다. 즉, 새로운 제품이나 서비스가 출시될 때 일정 기간 동안 기존 규제를 면제, 유예시켜주는 제도를 말한다. 신기술 서비스·제품이 국민의 생명과 안전에 저해되지 않을 경우 기존 규제에도 불구하고 실증특례 사업 또는 임시허가(시장 출시)를 허용한다(예 「산업융합 촉진법」). 대상 기업으로 선정되면 일정 기간 동안 관련 규제를 적용받지 않고 자유롭게 사업할 수 있다.

■ 사례

개인정보 보호법에 따르면 정보주체의 동의 없이 개인정보를 과학적 연구에 활용하기 위해선 개인을 특정할 수 없도록 '가명처리'를 거쳐야 한다. 이 때문에 자율주행기술을 연구하는 산업계·학계에선 자율주행 차량·로봇으로 수집한 영상에 사람이 등장할 경우 얼굴에 모자이크·흐림 처리를 적용해야 해서, '시선의 방향은 자율주행 차량·로봇의 입장에서 보행자의 경로를 예측하는 중요한 정보인데도 활용이 원천 차단된다'는 불만이 잇따랐다. 개인정보위는 이 같은 주장을 수용, 차량·로봇으로 수집한 동영상에 제3자 제공을 막거나 유출방지를 위한 안전조치를 시행하는 등의 조건을 전제로 원본영상 사용을 허가하는 실증특례를 4개 기업에 부여하니(개인정보보호위원회, 2024.7.23.).

■ 구성요소

1. 실증특례

    신기술을 활용한 사업을 하기 위한 허가 등의 근거 법령에 기준·요건 등이 없거나, 그대로 적용하는 것이 맞지 않거나 또는 다른 법령에 의해 허가 등의 신청이 불가능한 경우, 일정 조건 하에서 시장에서 실증 테스트를 허용한다. 이후 실증 결과에 따라 규제 개선의 필요성이 인정될 경우 정부는 관련 법령을 정비한다.

2. 임시허가

    신기술로 인한 안전성에 문제가 없는 경우로서 허가 등의 근거가 되는 법령에 기준·요건 등이 없거나 그대로 적용하는 것이 맞지 않을 때 우선 시장 출시가 가능하도록 임시로 허가하고 관계 당국은 관련 규제를 개선한다.

3. 신속확인

    신기술을 활용한 사업을 하려는 기업 등이 규제 유무가 불분명하다고 판단할 경우 신속확인을 신청하면 규제부처가 30일 이내에 규제의 유무를 확인하도록 하여 시장의 불확실성을 최소화한다. 특히, 규제부처가 회신하지 않을 경우에는 규제가 없는 것으로 간주한다.

> ■ 안전장치
> 1. 국민의 생명·안전 등에 우려가 큰 경우 특례를 제한할 수 있다.
> 2. 특례 적용 중 문제가 발생하거나 예상될 경우 특례를 취소할 수 있다.
> 3. 배상책임 강화를 위해 사전 책임보험 가입을 의무화하고, 고의·과실 입증책임을 피해자에서 사업자로 전환하였다.

(2) 규제의 적용 또는 존재 여부에 대한 확인

중앙행정기관의 장은 신기술 서비스·제품과 관련된 규제와 관련하여 규제의 적용 또는 존재 여부에 대하여 국민이 확인을 요청하는 경우 신기술 서비스·제품에 대한 규제 특례를 부여하는 관계 법률로 정하는 바에 따라 이를 지체 없이 확인하여 통보하여야 한다(법 제19조의3 제1항).

(3) 규제의 정비

중앙행정기관의 장은 신기술 서비스·제품과 관련된 규제와 관련하여 다음 각 호의 어느 하나에 해당하여 신기술 서비스·제품의 육성을 저해하는 경우에는 해당 규제를 신속하게 정비하여야 한다(제2항).

> 1. 기존 규제를 해당 신기술 서비스·제품에 적용하는 것이 곤란하거나 맞지 아니한 경우
> 2. 해당 신기술 서비스·제품에 대하여 명확히 규정되어 있지 아니한 경우

(4) 특례 (규제 적용의 면제 또는 완화)

① 의의

중앙행정기관의 장은 법 제19조의3 제2항에 따라 규제를 정비하여야 하는 경우로서 필요한 경우에는 해당 규제가 정비되기 전이라도 신기술 서비스·제품과 관련된 규제 특례를 부여하는 관계 법률로서 대통령령으로 정하는 법률(이하 "규제 특례 관계법률")로 정하는 바에 따라 해당 규제의 적용을 면제하거나 완화할 수 있다(법 제19조의3 제3항).

② 규제 특례 관계법률

위에서 "대통령령으로 정하는 법률"이란 다음 각 호의 법률을 말한다(시행령 제13조의2).

> 1. 「규제자유특구 및 지역특화발전특구에 관한 규제특례법」
> 2. 「금융혁신지원 특별법」
> 3. 「모빌리티 혁신 및 활성화 지원에 관한 법률」
> 4. 「산업융합 촉진법」
> 5. 「순환경제사회 전환 촉진법」
> 6. 「스마트도시 조성 및 산업진흥 등에 관한 법률」
> 7. 「연구개발특구의 육성에 관한 특별법」
> 8. 「정보통신 진흥 및 융합 활성화 등에 관한 특별법」

③ 고려사항

중앙행정기관의 장은 규제 특례 관계법률에 규제의 적용을 면제하거나 완화하는 규정을 두는 경우에는 다음 각 호의 사항을 종합적으로 고려하여야 한다(법 제19조의3 제4항).

1. 국민의 안전·생명·건강에 위해가 되거나 환경 및 지역균형발전을 저해하는지 여부와 개인정보의 안전한 보호 및 처리 여부
2. 해당 신기술 서비스·제품의 혁신성 및 안전성과 그에 따른 이용자의 편익
3. 규제의 적용 면제 또는 완화로 인하여 발생할 수 있는 부작용에 대한 사후 책임 확보 방안

④ 규제특례위원회 상정

신기술 서비스·제품과 관련된 규제 특례를 부여받고자 하는 자의 신청을 받은 중앙행정기관의 장(이하 "규제 특례 주관기관")은 신기술 서비스·제품 관련 규제 특례에 관한 사항을 심의·의결하기 위하여 규제 특례 관계법률에 따라 설치된 위원회(이하 "규제특례위원회")의 심의·의결을 거쳐 제3항에 따른 규제 특례를 부여하려는 경우에는 대통령령으로 정하는 기간 이내에 규제특례위원회에 신청된 사항을 상정하여야 한다(제5항).

※ "대통령령으로 정하는 기간"이란 90일을 말한다. 다만, 신기술 서비스·제품과 관련된 규제 특례의 부여 신청을 받은 중앙행정기관(이하 "규제 특례 주관기관")의 장은 부득이한 사유로 그 기간 내에 상정할 수 없는 때에는 1회에 한정하여 30일을 넘지 않는 범위에서 그 기간을 연장할 수 있다(시행령 제13조의3 제1항). 제1항에도 불구하고 규제 특례 주관기관의 장이 위원회에 의견 제출 또는 권고를 요청한 날부터 위원회가 의견 제출 또는 권고를 한 날까지의 기간은 제1항에 따른 규제특례위원회 상정기간에서 제외한다(제2항).

⑤ 규제특례위원회의 재심의
  ㉠ 규제 특례의 부여를 신청한 자는 '규제특례위원회에서 부결된 이후 새로운 증거나 사정변경 등이 있는 경우'에 규제 특례 주관기관의 장에게 재심의를 신청할 수 있다(법 제19조의3 제6항, 시행령 제13조의4 제1항).
  ㉡ 재심의 신청은 1회에 한정하여 부결 통지를 받은 날부터 60일 이내에 신청할 수 있다(시행령 제13조의4 제2항).
  ㉢ 규제 특례 주관기관의 장은 재심의 신청을 받은 날부터 90일 이내에 규제특례위원회에 신청된 사항을 상정해야 한다. 다만, 부득이한 사유로 그 기간 내에 상정할 수 없는 때에는 1회에 한정하여 30일을 넘지 않는 범위에서 그 기간을 연장할 수 있다(제3항).
  ㉣ 규제특례위원회의 위원장은 규제 특례의 부여를 신청한 자의 진술 요청이 있는 경우에는 재심의 회의에 참석시켜 의견을 진술하게 해야 한다(제4항).

⑥ 규제 특례 변경 신청 등
  ㉠ 신기술 서비스·제품과 관련된 규제 특례를 부여받은 자는 사정의 변경 등 정당한 사유가 있는 경우 규제 특례 주관기관의 장에게 규제 특례의 내용·조건 등의 변경을 신청할 수 있다(법 제19조의3 제7항).
  ㉡ 규제 특례 주관기관의 장은 규제 특례의 내용·조건 등의 변경 신청이 있는 경우 그 신청내용을 규제 특례와 관련된 규제법령을 소관하는 중앙행정기관(이하 "규제 특례 관련기관")의 장에게 통보해야 한다(시행령 제13조의5 제1항).

ⓒ 신청내용을 통보받은 규제 특례 관련기관의 장은 해당 신청내용을 검토하여 그 결과를 30일 이내에 규제 특례 주관기관의 장에게 문서로 회신해야 한다. 다만, 규제 특례 관련기관의 장은 부득이한 사유로 그 기간 내에 통보할 수 없는 때에는 1회에 한정하여 30일을 넘지 않는 범위에서 그 기간을 연장할 수 있다(제2항).
ⓔ 규제 특례의 내용·조건 등의 변경 신청을 받은 규제 특례 주관기관의 장은 규제 특례의 내용·조건 등을 변경하는 경우에는 그 사실을 소관 규제특례위원회에 보고해야 한다(제3항).

⑦ 규제법령정비계획의 통보
　ⓐ 규제 특례 관련기관의 장은 대통령령으로 정하는 바에 따라 규제 특례와 관련된 법령의 정비 여부 및 사유, 정비 계획 등에 대해 규제 특례를 부여받은 자 및 규제 특례 주관기관의 장에게 통보하여야 한다(법 제19조의3 제8항).
　ⓑ 규제 특례 관련기관의 장은 규제 특례를 부여받은 자가 규제 특례 관계법률로 정하는 바에 따라 규제 특례와 관련된 법령의 정비를 요청한 경우에는 규제 특례 주관기관의 장과 협의하여 다음 각 호의 사항이 포함된 규제법령정비계획을 수립해야 한다(시행령 제13조의6 제1항).

> 1. 규제 특례와 관련된 법령의 내용
> 2. 법령정비 대상 법령, 정비 내용 및 정비 일정
> 3. 법령정비가 곤란하거나 즉시 법령정비에 착수하기 어려운 경우 그 사유
> 4. 향후 정비 계획
> 5. 그 밖에 법령정비와 관련하여 고지할 사항

　ⓒ 규제 특례 관련기관의 장은 제1항에 따라 수립된 규제법령정비계획을 법령정비 요청을 받은 날부터 60일 이내에 규제 특례를 부여받은 자 및 규제 특례 주관기관의 장에게 통보해야 한다(제2항).
　ⓓ 규제 특례 관련기관의 장은 제1항에 따른 법령정비 요청이 없더라도 규제 특례 관계법률에서 정하는 바에 따라 규제의 적용을 면제하거나 완화한 경우에는 규제법령정비계획을 수립하여 해당 규제의 면제일 또는 완화일부터 30일 이내에 규제 특례를 부여받은 자 및 규제 특례 주관기관의 장에게 통보해야 한다(제3항).
　ⓔ 규제 특례 관련기관의 장은 안전성 검증 등을 이유로 제2항 및 제3항에 따른 기간 내에 규제법령정비계획의 통보가 곤란한 경우에는 2회에 한정하여 각각 30일을 넘지 않는 범위에서 그 기간을 연장할 수 있다(제4항).

⑧ 규제 정비 및 규제 특례의 업무처리기준 및 절차 권고
위원회는 규제 특례 제도의 효율적인 운영을 위하여 필요한 경우에는 다음 각 호의 사항에 대하여 표준이 되는 업무처리기준 및 절차를 정하여 규제 특례 주관기관의 장 및 규제 특례 관련기관의 장에게 권고할 수 있다(시행령 제13조의7).

> 1. 법 제19조의3 제3항에 따른 규제 특례 부여에 관한 사항
> 2. 법 제19조의3 제7항에 따른 규제 특례의 내용·조건 등의 변경에 관한 사항
> 3. 법 제19조의3 제8항에 따른 규제 특례와 관련된 법령의 정비에 관한 사항
> 4. 제1호부터 제3호까지의 사항 외에 위원회가 규제 특례 제도의 효율적인 운영에 필요하다고 인정하는 사항

⑨ 규제 특례 관련 이견 조정에 관한 의견 제출 또는 권고

규제 특례 주관기관의 장은 규제 특례의 부여, 규제 특례의 내용·조건 등의 변경 또는 규제 특례와 관련된 법령의 정비 등에 대하여 규제 특례 관련기관의 장과 의견이 달라 법 제19조의3 제5항에 따라 규제특례위원회에 해당 규제 특례에 관한 사항을 상정하기 어렵다고 판단하는 경우에는 법 제24조 제2항에 따라 위원회가 규제 특례 관련기관의 장과의 이견 조정에 관하여 규제특례위원회에 의견을 제출하거나 권고해 줄 것을 위원회에 요청할 수 있다(시행령 제13조의8).

7. 신산업 규제정비 기본계획 및 시행계획

(1) 의의

전통적으로 '포지티브 규제' 체계가 기술의 빠른 진화와 신산업 출현에 기민하게 대응하지 못하고 산업 진입을 가로막는 규제 낙후성을 초래하였다. 이에 따라 신기술 서비스·제품에 대한 특례제도(법 제19조의3)와 우선허용·사후규제 원칙(제5조의2)을 도입했으나, 실제 신산업의 범위를 넘나드는 총괄적 청사진이 필요해 제도보완 목적에서 "3년 단위 신산업 규제정비 기본계획" 제도가 마련되었다(2019년).

(2) 기본계획 수립·시행

① 위원회는 신산업을 육성하고 촉진하기 위하여 신산업 분야의 규제정비에 관한 기본계획을 3년마다 수립·시행하여야 한다(법 제19조의4 제1항).
② 기본계획에는 다음 각 호의 사항이 포함되어야 한다(제2항).

> 1. 신산업 분야의 규제정비의 목표와 기본방향
> 2. 신산업 분야 육성을 위한 규제정비에 관한 사항
> 3. 신산업 분야 규제의 우선허용·사후규제 방식으로의 전환에 관한 사항
> 4. 신산업 분야의 규제정비와 관련하여 관계 중앙행정기관 간 정책 및 업무 협력에 관한 사항
> 5. 그 밖에 신산업 분야의 규제정비에 필요한 사항

③ 위원회는 기본계획이 수립된 때에는 지체 없이 이를 관계 중앙행정기관의 장에게 통보하여야 한다(제3항).

(3) 연도별 시행계획

관계 중앙행정기관의 장은 기본계획에 따라 연도별 시행계획을 제20조에 따른 규제정비 계획에 반영하여야 한다(제4항).

신산업·신기술 규제의 선제적 정비

신산업의 융복합적 성장 및 생태계 변화에 선제적으로 대응하기 어려웠던 기존의 방식을 보완하기 위해 향후 예상되는 신산업·신기술 규제 이슈를 미리 발굴하여, 문제가 불거지기 전에 선제적으로 정비할 필요가 있다.

■ 사례
1. 로봇 산업
로봇 기술 및 비즈니스 모델의 상용화 시기를 예측하고 이에 필요한 시기별 제도개선 계획을 담은 선제적 규제혁신 로드맵을 마련하여 운영한다.

2. 가상·증강현실(VR·AR) 분야
   코로나19로 인해 비대면 사회가 가속화되는 상황에서 가상·증강현실(VR·AR) 기술 규제를 개선하여 기술혁신과 새로운 비즈니스의 출현을 촉진할 수 있도록 한다.
3. 인공지능 법·제도·규제 정비
   인공지능 활용·확산을 통한 혜택·효과를 극대화하면서 데이터·알고리즘의 불공정 등 역기능은 최소화할 수 있도록 인공지능 기술 수준, 국내외 법제 정비 동향 등을 분석하여 종합적·선제적인 법·제도·규제 정비 로드맵을 마련하여 운영한다.

* 출처 : 규제정보포털(www.better.go.kr)

8. 규제정비 종합계획

> **설명형 예제**
>
> 「행정규제기본법」상 기존규제에 대한 '규제정비 종합계획'의 수립과 시행 절차를 설명하시오.

(1) 의의

정부차원의 '규제정비 종합계획'을 매년 수립해 국무회의 심의, 공표, 부처별 이행으로까지 연결함으로써 기존규제 정비를 '시스템화된 정책'으로 구조화하고, 규제개혁의 책임성과 실행력을 법제도적으로 확보하려는 절차이다.

(2) 규제정비 종합계획의 수립 절차

① 기존규제의 정비지침 통보
<u>위원회는 매년 중점적으로 추진할 규제분야나 특정한 기존규제를 선정하여 기존규제의 정비지침을 작성하고 위원회의 의결을 거쳐 중앙행정기관의 장에게 통보하여야 한다. 이 경우 위원회는 필요하다고 인정하면 정비지침에 특정한 기존규제에 대한 정비의 기한을 정할 수 있다</u>(법 제20조 제1항).
 ※ 위원회는 매년 12월 31일까지 다음 연도의 기존규제의 정비지침을 중앙행정기관의 장에게 통보하여야 한다(시행령 제14조 제1항).
 ※ 정비지침에는 다음 각호의 사항이 포함되어야 한다(제2항).

> 1. 규제정비의 기본방향
> 2. 기존규제의 정비기준
> 3. 중점적으로 추진할 규제분야 또는 특정한 기존규제
> 4. 기타 위원회가 기존규제의 효율적인 정비를 위하여 필요하다고 정하는 사항

② 중앙행정기관의 규제정비 계획 제출
<u>중앙행정기관의 장은 정비지침에 따라 그 기관의 규제정비 계획을 수립하여 위원회에 제출하여야 한다</u>(법 제20조 제2항).
 ※ 중앙행정기관의 장은 매년 1월 31일까지 그 연도의 규제정비계획을 수립하여 위원회에 제출하여야 한다(시행령 제14조 제3항).
 ※ 규제정비계획에는 다음 각호의 사항이 포함되어야 한다(제4항).

        1. 당해 기관의 규제정비 기본방향
        2. 위원회가 선정한 중점적으로 추진할 규제분야에 대한 조치계획
        3. 위원회가 선정한 특정한 기존규제에 대한 조치계획
        4. 기타 위원회가 정하는 사항

   ③ 규제정비 종합계획 수립 및 공표
      <u>위원회는 중앙행정기관별 규제정비 계획을 종합하여 정부의 규제정비 종합계획을 수립하고, 국무회의의 심의를 거쳐 대통령에게 보고한 후 그 내용을 공표하여야 한다</u>(법 제20조 제3항).
      ※ 위원회는 정부의 규제정비종합계획을 2월말까지 관보에 게재하거나 인터넷 홈페이지 등을 이용하여 국민에게 알려야 한다(시행령 제15조).

 (3) 규제정비 종합계획의 시행
   ① <u>중앙행정기관의 장은 수립·공표된 정부의 규제정비 종합계획에 따라 소관 기존규제를 정비하고 그 결과를 대통령령으로 정하는 바에 따라 위원회에 제출하여야 한다</u>(법 제21조 제1항).
      ※ 중앙행정기관의 장은 매년 1월 31일까지 전년도 규제정비종합계획의 추진실적을 위원회에 제출하여야 한다(시행령 제16조).
   ② 중앙행정기관의 장은 제20조 제1항 후단에 따라 <u>위원회가 정비의 기한을 정하여 통보한 특정한 기존규제에 대하여는 그 기한까지 정비를 끝내고 그 결과를 위원회에 통보하여야 한다</u>. 다만, 위원회가 정한 기한까지 정비를 끝내지 못한 경우에는 지체 없이 그 사유를 구체적으로 밝혀 위원회에 그 기존규제의 정비 계획을 제출하고, 정비를 끝낸 후 그 결과를 통보하여야 한다(법 제21조 제2항).

9. 조직 정비 등

<u>위원회는 기존규제가 정비된 경우 정부의 조직과 예산을 관장하는 관계 중앙행정기관의 장에게 이를 통보하여야 한다</u>(법 제22조 제1항).

통보를 받은 관계 중앙행정기관의 장은 기존규제의 정비에 따른 정부의 조직 또는 예산의 합리화 방안을 마련하여야 한다(제2항).

   ☞ 기존규제의 정비를 통한 규제완화만을 목표로 삼은 것이 아니라, 관련된 정부조직과 예산도 함께 조정함으로써 구조적·기능적 일체화를 이루고자 한 입법목적을 반영한 규정이다. 즉 규제정비는 단순히 '규제 삭제'가 아니라, 행정혁신과 정책기능 재설계를 병행하는 중층적 개혁이라는 기본 인식에 기반한다.

05 규제개혁위원회 * 2019, 2022 행정사 기출

> **설명형 예제**
> 「행정규제기본법」상 규제개혁위원회의 설치, 기능 및 조사·의견청취 등에 관하여 설명하시오.
> * 2019 행정사

1. 의의

정부의 규제정책을 심의·조정하고 규제의 심사·정비 등에 관한 사항을 종합적으로 추진하기 위하여 대통령 소속으로 규제개혁위원회를 둔다(법 제23조).

위원회는 규제정책의 기본방향을 심의하고, 기존규제에 대한 심사와 신설·강화규제에 대한 사전심사 기능을 통해 국민생활의 편의 증진, 기업환경 개선, 한국경제의 경쟁력 강화에 기여함을 목표로 한다. 특히 위원의 과반을 민간위원으로 위촉하여, 민간의 눈높이에서 규제를 심사하도록 하고 있다. 규제개혁은 일과성 개혁이 아니라 지속적으로 추진되어야 하는 개혁과제라고 할 수 있으므로, 위원회는 규제개혁 정책이 일시적 권력에 휘둘리지 않고 범정부적 일관성을 유지하는 역할을 한다.

2. 규제개혁위원회의 기능

규제개혁위원회는 다음 각 호의 사항을 심의·조정한다(제24조 제1항).

1. 규제정책의 기본방향과 규제제도의 연구·발전에 관한 사항
2. 규제의 신설·강화 등에 대한 심사에 관한 사항
3. 기존규제의 심사, 신산업 규제정비 기본계획 및 규제정비 종합계획의 수립·시행에 관한 사항
4. 규제의 등록·공표에 관한 사항
5. 규제 개선에 관한 의견 수렴 및 처리에 관한 사항
6. 각급 행정기관의 규제 개선 실태에 대한 점검·평가에 관한 사항
7. 그 밖에 위원장이 위원회의 심의·조정이 필요하다고 인정하는 사항

규제개혁위원회는 규제특례위원회에 의견을 제출하거나, 필요한 경우 권고할 수 있다. 이 경우 권고를 받은 규제특례위원회는 권고사항에 대한 처리결과를 위원회에 제출하여야 한다(제2항).

3. 규제개혁위원회의 구성

(1) 위원과 위원장 및 간사

① 위원회는 위원장 2명을 포함한 20명 이상 25명 이하의 위원으로 구성한다(법 제25조 제1항).
  ※ 위원장은 각자 위원회를 대표하며, 위원회의 업무를 총괄한다(시행령 제17조).
② 위원장은 국무총리와 학식과 경험이 풍부한 사람 중에서 대통령이 위촉하는 사람이 된다(법 제25조 제2항).
③ 위원은 학식과 경험이 풍부한 사람 중에서 대통령이 위촉하는 사람과 대통령령으로 정하는 공무원이 된다. 이 경우 공무원이 아닌 위원이 전체위원의 과반수가 되어야 한다(제3항).

※ 대통령은 다음 각 호의 사람 중에서 위원을 위촉한다(시행령 제18조 제1항).

1. 대학이나 공인된 연구기관에서 부교수 이상 또는 이에 상당하는 직에 있거나 있었던 사람
2. 변호사·공인회계사 등의 자격을 가지고 있는 사람
3. 사회·경제관련 단체의 임원 또는 이에 상당하는 직에 있거나 있었던 사람
4. 1급 이상 또는 이에 상당하는 공무원(고위공무원단에 속하는 공무원을 포함)의 직에 있었던 사람
5. 그 밖에 규제에 관한 학식과 경험이 풍부한 사람

※ "대통령령으로 정하는 공무원" : 기획재정부장관·행정안전부장관·산업통상자원부장관·중소벤처기업부장관·국무조정실장·공정거래위원회위원장 및 법제처장(제2항)

④ 위원 중 공무원이 아닌 위원의 임기는 2년으로 하되, 한 차례만 연임할 수 있다(법 제25조 제5항).
⑤ 위원장 모두가 부득이한 사유로 직무를 수행할 수 없을 때에는 국무총리가 지명한 위원이 그 직무를 대행한다(제6항).
⑥ 위원회에 간사 1명을 두되, 공무원이 아닌 위원 중에서 국무총리가 아닌 위원장이 지명하는 사람이 된다(제4항).

※ 간사로 지명된 위원은 위원장의 직무를 보좌하며, 다음 각 호의 업무를 수행한다(시행령 제18조 제3항).

1. 위원회에 상정되는 안건에 대한 사전검토의 총괄
2. 둘 이상의 분과위원회에 관련된 사항의 소관조정
3. 그 밖에 위원회의 운영에 관하여 위원장이 지시한 사항

(2) 분과위원회

① 위원회의 업무를 효율적으로 수행하기 위하여 위원회에 분야별로 5개 이내의 분과위원회를 둘 수 있다(법 제28조 제1항, 시행령 제21조 제1항).
② 분과위원회는 다음 각호의 기능을 수행한다(시행령 제21조 제2항).

1. 위원회에 상정할 안건의 사전 검토·조정
2. 위원회에 상정할 안건의 전문적인 조사·연구
3. 기타 위원회가 위임한 사항

③ 분과위원회가 위원회로부터 위임받은 사항에 관하여 심의·의결한 것은 위원회가 심의·의결한 것으로 본다(법 제28조 제2항).

(3) 전문위원 및 조사요원

① 위원회에는 업무에 관한 전문적인 조사·연구 업무를 담당할 전문위원과 조사요원을 둘 수 있다(법 제29조).
② 전문위원 및 조사요원은 관계 공무원 또는 규제에 관한 학식과 경험이 풍부한 사람 중에서 국무총리인 위원장이 다른 위원장과 협의하여 임명 또는 위촉한다(시행령 제22조 제1항).
③ 전문위원 및 조사요원은 필요한 경우 위원회 또는 분과위원회의 회의에 출석하여 발언할 수 있다(제2항).

(4) 자문기구

위원회는 신산업 등 고도의 전문성을 필요로 하는 분야에 대한 안건의 사전 검토·조정 및 전문적인 조사·연구 등을 지원하기 위하여 법 제29조에 따른 전문위원 또는 민간전문가 등으로 구성되는 자문기구를 둘 수 있다(시행령 제21조 제3항).

4. 규제개혁위원회의 운영

(1) 회의 소집
① 위원장은 위원회의 회의를 소집하고 그 의장이 된다(시행령 제19조 제1항).
② 위원장이 회의를 소집하고자 할 때에는 회의의 일시·장소 및 부의사항을 정하여 회의개최일 7일전까지 각 위원에게 서면으로 통지하여야 한다. 다만, 긴급한 경우에는 그러하지 아니하다(제2항).

(2) 회의 진행
① 위원회의 회의는 이를 공개한다. 다만, 위원장이 공익보호 기타 사유로 필요하다고 인정하는 때에는 위원회의 의결로써 공개하지 아니할 수 있다(시행령 제19조 제3항).
② 위원회의 심의안건과 관련이 있는 중앙행정기관의 장은 위원회에 출석하여 발언할 수 있다(제4항).
③ 위원회의 회의는 재적위원 과반수의 출석으로 개의하고, 재적위원 과반수의 찬성으로 의결한다(법 제26조).

(3) 회의록
① 위원회는 회의 일시, 장소, 참석자, 안건, 토의 내용 및 의결 사항 등을 기록한 회의록을 작성·보존하여야 한다(법 제26조의2 제1항).
② 회의록은 공개한다. 다만, 위원장이 공익보호나 그 밖의 사유로 필요하다고 인정하는 때에는 위원회의 의결로 공개하지 아니할 수 있다(제2항).
 ※ 규제개혁위원회 의사결정의 책임성을 제고하고, 의사결정과정의 투명성을 높일 수 있도록 규제개혁위원회의 회의록을 작성·공개하도록 하였다(2018.10.18).

(4) 수당 등
① 공무원이 아닌 위원장 및 위원과 전문위원·조사요원·이해관계인·참고인 및 관계공무원 등에 대하여는 예산의 범위안에서 수당·여비 기타 필요한 경비를 지급할 수 있다. 다만, 공무원이 그 소관업무와 직접 관련되어 위원회에 출석하는 경우에는 그러하지 아니하다(시행령 제28조 제1항).
② 간사인 위원에 대하여는 수당·여비 기타 경비외에 그 직무를 수행하는데 소요되는 경비를 지급할 수 있다(제2항).

5. 위원의 신분보장

(1) 면직·해촉 금지 원칙
위원은 다음 각 호의 어느 하나에 해당하는 경우를 제외하고는 본인의 의사와 관계없이 면직되거나 해촉(解囑)되지 아니한다(법 제27조).

> 1. 금고 이상의 형을 선고받은 경우
> 2. 장기간의 심신쇠약으로 직무를 수행할 수 없게 된 경우

(2) 제척 사유

위원이 다음 각 호의 어느 하나에 해당하는 경우에는 그 안건의 심의·의결에서 제척(除斥)된다(시행령 제20조 제1항).

> 1. 해당 안건이 위원 본인이나 친족과 직접적인 이해관계가 있는 경우
> 2. 위원이 해당 안건과 관련하여 증언 또는 감정을 하거나 자문·용역 등을 한 경우
> 3. 해당 안건 당사자의 대리인이거나 대리인이었던 경우

위원은 제척사유 또는 이에 준하는 사유가 있거나 그 밖에 심의의 공정성을 확보하기 어렵다고 판단하는 경우에는 스스로 해당 안건의 심의·의결에서 회피(回避)하여야 한다(제2항).

6. 조사 및 의견청취 등

위원회는 그 기능을 수행할 때 필요하다고 인정하면 다음 각 호의 조치를 할 수 있다(법 제30조 제1항).

> 1. 관계 행정기관에 대한 설명 또는 자료·서류 등의 제출 요구
> 2. 이해관계인·참고인 또는 관계 공무원의 출석 및 의견진술 요구
>
> > **시행령 제24조(이해관계인 등의 출석요구 등)** ① 위원회는 법 제30조 제1항 제2호의 규정에 의하여 이해관계인·참고인 또는 관계 공무원의 출석 또는 의견진술을 요구하는 경우에는 회의개최일 7일전까지 서면으로 통지하여야 한다.
> > ② 제1항의 규정에 의하여 통지를 받은 이해관계인·참고인 또는 관계 공무원은 회의에 출석하여 의견을 진술하거나 회의개최일 전일까지 서면으로 의견을 제출할 수 있다.
> > ③ 제1항의 규정에 의하여 통지를 받은 이해관계인·참고인 또는 관계 공무원이 정당한 사유없이 회의에 출석하지 아니하거나 회의개최일 전일까지 서면으로 의견을 제출하지 아니한 경우에는 의견이 없는 것으로 본다.
>
> 3. 관계 행정기관 등에 대한 현지조사
>
> > **시행령 제25조(현지조사)** ① 위원회는 법 제30조 제1항 제3호에 따라 관계 행정기관 등에 대한 현지조사를 하는 경우에는 관계 행정기관 등에 대하여 조사목적, 조사일시, 조사장소 및 조사자의 인적사항 등을 미리 통지하여야 한다. 다만, 긴급을 요하거나 조사목적을 해칠 우려가 있는 경우에는 그러하지 아니하다.
> > ② 제1항에 따라 관계 행정기관 등에 대한 현지조사를 하는 직원은 그 권한을 표시하는 증표를 관계인에게 내보여야 한다.

관계 행정기관의 장은 규제의 심사 등과 관련하여 소속 공무원이나 관계 전문가를 위원회에 출석시켜 의견을 진술하게 하거나 필요한 자료를 제출할 수 있다(제2항).

7. 사무기구 및 전문 연구기관

위원회의 사무처리를 위하여 전문성을 갖춘 사무기구를 두며(법 제31조 제1항), 위원회의 전문적인 심사사항을 지원하기 위하여 전문 연구기관을 지정할 수 있다(제2항).

8. 벌칙 적용 시의 공무원 의제

위원회의 위원 중 공무원이 아닌 위원·전문위원 및 조사요원은 「형법」이나 그 밖의 법률에 따른 벌칙을 적용할 때에는 공무원으로 본다(법 제32조).

06 보칙

1. 규제 개선 점검·평가

(1) 의의

법 제34조는 규제개혁의 '사후 단계'를 제도화하였다. 규제개혁위원회는 각 행정기관의 규제 운용 실태를 정례적으로 점검·평가하고, 그 결과를 최고 국정결정기구인 국무회의·대통령에게 보고토록 하여 규제가 제대로 개선·이행되도록 책임체계를 강화하고 있다.

(2) 확인·점검

<u>위원회는 효과적인 규제 개선을 위하여 각급 행정기관의 규제제도의 운영 실태와 개선사항을 확인·점검하여야 한다</u>(법 제34조 제1항).

※ 위원회는 각급 행정기관의 규제운영실태와 개선사항을 확인·점검하고자 하는 경우에는 특별한 사정이 없는 한 미리 다음 각호의 사항을 명시한 서면으로 관계 행정기관에 통지하여야 한다(시행령 제30조 제1항).

> 1. 확인·점검사항
> 2. 확인·점검일정
> 3. 확인·점검자 인적사항

※ 위원회는 규제운영실태와 개선사항을 확인·점검하기 위하여 필요한 경우 위원회소속 직원과 관계 행정기관소속 공무원으로 합동점검반을 편성·운영할 수 있다(시행령 제30조 제2항).

(3) 평가 및 조치

① <u>위원회는 확인·점검 결과를 평가하여 국무회의와 대통령에게 보고하여야 한다</u>(법 제34조 제2항).
② 위원회는 확인·점검 및 평가를 객관적으로 하기 위하여 관련 전문기관 등에 제도·기반연구 또는 여론조사를 의뢰할 수 있다(제3항).
③ 위원회는 확인·점검 및 평가 결과 규제 개선에 소극적이거나 이행 상태가 불량하다고 판단되는 경우 대통령에게 그 시정에 필요한 조치를 건의할 수 있다(제4항).

2. 규제개혁 백서

<u>위원회는 매년 정부의 주요 규제개혁 추진상황에 관한 백서(白書)를 발간하여 국민에게 공표하여야 한다</u>(법 제35조).

※ 위원회는 매년 3월 31일까지 다음 각호의 사항이 포함된 규제개혁백서를 발간하여 공표하여야 한다(시행령 제31조).

1. 전년도말 현재 정부의 규제현황
2. 전년도 정부의 규제개혁 추진실적 및 그 평가
3. 기타 규제개혁에 관한 사항

☞ 매년 '규제개혁백서'를 발간하여 국민에게 공개하도록 의무화함으로써 정부의 규제정책에 대한 투명성, 책임성, 사회적 신뢰를 확보하려는 장치이다.

3. 행정지원 등

국무조정실장은 규제 관련 제도를 연구하고 위원회의 운영에 필요한 지원을 하여야 한다(법 제36조).

☞ 위원회가 단순 심의 기능을 넘어 연구·정책분석·자료조사 등 규제품질 향상 기능을 수행하려면 조직적 지원이 필수적이므로, 법률은 이러한 지원 업무를 국무조정실장이 담당하도록 규정한 것이다.

4. 규제정보시스템의 구축·운영

위원회는 규제의 효율적인 관리 및 심사를 위하여 정보시스템(이하 "규제정보시스템"이라 한다)을 구축·운영할 수 있다(시행령 제32조 제1항).

국무조정실장은 규제정보시스템의 구축·운영에 필요한 사항을 지원해야 한다(제2항).

☞ 과거 규제 등록·심사·정비는 각 부처별로 개별 처리되어 중복·미등록·비공개 사안이 발생했고 업무 효율성과 통계 분석이 어려웠다. 이러한 단점을 극복하기 위해 위원회 차원의 규제정보 통합 플랫폼을 구축함으로써 규제 정보의 투명성·일관성·효율성을 강화하려는 것이다.

5. 공무원의 책임 등

<u>공무원이 규제 개선 업무를 능동적으로 추진함에 따라 발생한 결과에 대하여 그 공무원의 행위에 고의나 중대한 과실이 없는 경우에는 불리한 처분이나 부당한 대우를 받지 아니한다</u>(법 제37조 제1항).

<u>중앙행정기관의 장은 규제 개선 업무 추진에 뚜렷한 공로가 있는 공무원을 포상하고, 인사상 우대조치 등을 하여야 한다</u>(제2항).

※ 이에 따라 시행령 제33조는 중앙행정기관의 장이 국무총리표창 이상의 포상을 받은 공무원에게 각종 인사상 우대조치를 하는 등의 상세한 규정을 두고 있다.

☞ 규제 개선업무에 앞장서는 공무원을 고의·중과실 없는 한 법적·인사적으로 면책하고 보상함으로써, 혁신적인 규제개혁이 일선 행정조직에서 시도될 수 있는 환경과 동기부여 시스템을 제도화한 조항이다.

제6장 주민등록법

01 개설

1. 의의

「주민등록법」은 지방자치단체의 주민을 등록하게 함으로써 주민의 거주관계 등 인구의 동태(動態)를 항상 명확하게 파악하여 주민생활의 편익을 증진시키고 행정사무를 적정하게 처리하도록 하는 것을 목적으로 한다(법 제1조).

- 주민의 거주이동 실태파악 → 행정의 능률적 처리
- 주민 인적사항의 통합관리 → 인적자원의 효율적인 관리
- 범법자 등의 색출 → 사회안정과 질서유지

■ 가족관계등록과의 비교

가족관계등록	국민의 혈연적 신분관계를 등록기준지에서 기록하는 제도
주민등록	주민의 거주이동 실태를 거주지에서 기록·관리하는 제도

2. 주요 연혁 (* 총 37회 개정)

- 주민등록법 제정 : 1962.5.10.
- 주민 개개인에 주민등록번호 부여(12자리) : 1968.5.29.
- 주민등록증 발급 의무화 : 1970.1.1.
- 주민등록번호 일제경신(현행 13자리) : 1975.7.25
- 주민등록증 소지의무 신설 및 증 분실 시 7일 이내에 분실신고 : 1980.12.31.
- 거주지이동 시 전출신고를 폐지하고, 전입신고만 하도록 함 : 1993.12.7.
- 주민등록 전산화 및 온라인 발급개시 : 1994. 7.(개인별주민등록표 기준)
- 영문 주민등록표 등·초본 : 1997.7.
- 주민등록 등·초본 한자표기 제공 : 1998.7.
- 인터넷(정부24) 주민등록 등·초본 : 2004.3.
- 도로명주소 반영 : 2011.10.31.
- 주민등록번호 변경제도 도입 : 2016.5.29.
- 해외체류자의 주소관리 방법 규정 : 2016.12.2.
- 거주불명자 관리방안 마련 : 2019.12.3.
- 신규 전입사실 통보제도 도입 : 2020.6.9.
- 가정폭력피해자측의 주민등록표 열람 등 제한 신청자 확대 : 2021.7.20

- 정보통신기기에 의한 주민등록사항 확인 서비스 제공 : 2022.1.11.
- 모바일 주민등록증 발급 근거 마련 : 2023.12.26.

3. 용어의 정의

세대	주거 및 생계를 같이 하는 집단 ※ 일정한 가족을 중심으로 구성되며 가족이 아닌 자(동거인 등)가 들어가는 경우가 있음
세대주	세대를 대표하는 자 ※ 주민의 신고에 의하여 선정이 가능 ※ 주민등록신고의무자를 세대주라 하고 있으며 법률상 다른 의미를 가지고 있는 것은 아님
세대원	세대주와 동일한 세대에 속하는 자 ※ 세대원이라 하여 실체적인 법률효과가 발생하는 것은 아님
세대를 관리하는 자	동일 세대원으로서 사실상 세대주 역할 또는 세대주 부재 시에 세대주 역할을 하는 자 (예 동일 세대의 세대주의 배우자 또는 세대원)
동거인	민법상 가족의 범위에 속하지 아니하는 사람으로 세대별 주민등록표의 동거인란에 기재된 자 ※ 재혼가정의 자는 세대주(재혼한 부 또는 모)와 친자관계가 아닌 경우에도 세대주의 배우자의 직계비속으로 민법상 가족이므로, 세대별 주민등록표의 가족란에 기재함(단, 세대주와의 관계는 배우자의 자녀로 표시)

02 주민등록 일반사항

1. 사무의 관장

설명형 예제

주민등록 사무를 관장하는 자는 누구이며, 그 권한을 위임할 수 있는 범위와 대상은 무엇인지 설명하시오.

(1) 원칙

주민등록에 관한 사무는 특별자치시장·특별자치도지사·시장·군수 또는 자치구의 구청장(이하 "시장·군수 또는 구청장")이 관장(管掌)한다(법 제2조 제1항).

☞ 주민등록사무의 최종적인 책임기관은 지방자치단체장임을 명확히 하고 있다.

(2) 권한의 위임

시장·군수 또는 구청장은 해당 권한의 일부를 그 지방자치단체의 조례로 정하는 바에 따라 「제주특별자치도 설치 및 국제자유도시 조성을 위한 특별법」 제11조에 따른 행정시장이나 그 관할구역 내의 자치구가 아닌 구의 구청장·읍·면·동장 또는 출장소장에게 위임할 수 있다(제2항).

☞ 실무상 대부분의 주민등록업무는 읍·면·동 주민센터에서 처리된다. 따라서 법은 지방자치단체 조례에 따라 권한을 하위 행정기관(읍·면·동장 등)에게 위임할 수 있도록 하여 행정행위의 적법성을 보장한다.

2. 사무의 감독

> **설명형 예제**
> 주민등록 사무의 지도·감독 권한자는 누구이며, 그 권한의 위임 가능 대상과 법적 근거를 설명하시오.

(1) 원칙
주민등록에 관한 사무의 지도·감독은 <u>행정안전부장관</u>이 한다(법 제3조 제1항).

(2) 권한의 위임
행정안전부장관은 대통령령으로 정하는 바에 따라 그 <u>권한의 일부를 특별시장·광역시장·특별자치시장·도지사 또는 특별자치도지사에게 위임</u>할 수 있다(제2항).

☞ 지역의 특수성과 행정 효율성을 고려하여 지방자치단체가 주민등록 사무를 효과적으로 수행할 수 있도록 한다.

※ 행정안전부장관은 특별시장·광역시장 또는 도지사에게 시장·군수 또는 구청장(자치구의 구청장)에 대한 지도·감독권을 위임하고, 특별시장·광역시장·특별자치시장·도지사 또는 특별자치도지사에게 법 제30조 제1항 본문에 따른 주민등록전산정보자료(이하 "전산자료")의 이용 또는 활용에 관한 승인권을 위임한다. 다만, 다음 각 호의 사항은 제외한다(시행령 제2조 제1항).

> 1. 법 제7조 제1항에 따른 전자정보시스템(이하 "주민등록정보시스템")의 관리·운영 등에 관한 사항
> 2. 법 제24조에 따른 주민등록증의 발급 등에 관한 사항
> 3. 둘 이상의 특별시·광역시·특별자치시·도 및 특별자치도 단위의 출력자료에 관한 승인권

※ 특별시장·광역시장 또는 도지사는 제1항에 따라 위임받은 출력자료에 관한 승인권 중 시·군·자치구 단위 이하의 출력자료에 관한 승인권을 해당 지방자치단체의 규칙으로 정하는 바에 따라 시장·군수 또는 구청장에게 재위임할 수 있다(시행령 제2조 제2항).

3. 수수료 등의 귀속 및 경비 부담

> **설명형 예제**
> A군에서는 주민등록증 재발급 민원이 대량으로 발생하였다. 이는 주민등록증 자체의 결함 때문에 자연적으로 훼손된 경우였고, 이에 따른 경비는 상당히 컸다. A군의 회계담당자는 이 비용 전액을 군 예산으로 지출하려고 하였으나, 일부 직원은 "이 경우 국가도 경비를 부담해야 한다."고 주장하였다. 주민등록 사무 경비의 부담 원칙을 설명하고, A군의 주민등록증 재발급 경비 부담 주체를 법령에 따라 판단하시오.

(1) 수수료와 과태료 등의 귀속
이 법의 규정에 따라 수납하는 수수료·사용료 및 과태료는 <u>특별시·광역시·특별자치시·도·특별자치도 또는 시·군·자치구의 수입</u>으로 한다(법 제4조).

☞ 주민등록증 재발급, 등·초본 교부 등을 요청하는 개인이 직접 비용 일부를 부담한다. 여기에 대해 서비스를 제공한 지자체가 경제적 실익을 얻도록 하였다.

(2) 경비의 부담

① 주민등록에 관한 사무에 필요한 경비는 해당 특별자치시·특별자치도·시·군·자치구의 부담으로 한다(법 제5조 제1항).
② 주민등록증의 발급에 드는 경비는 해당 특별자치시·특별자치도·시·군·자치구와 국가가 대통령령으로 정하는 기준에 따라 분담한다(제2항).
 ※ 행정안전부장관은 다음 각 호의 어느 하나에 해당하는 경우에는 주민등록증의 발급에 드는 경비의 일부를 부담하여야 한다(시행령 제3조 제1항).
  1. 법 제24조 제6항에 따라 주민등록증을 일제 갱신 발급하는 경우
  2. 법 제27조 제3항 단서에 따라 주민등록증을 재발급하는 경우(예 주민등록증 발급상의 잘못으로 인하여 재발급하는 경우, 주민등록증 자체의 결함 때문에 자연적으로 훼손된 경우)

☞ 주민등록은 주민의 거주지와 관련된 행정사무로, 이를 해당 지방자치단체가 수행하고 그 경비를 부담함으로써 지방자치의 원칙을 실현한다. 한편 주민등록증 발급에 드는 경비를 국가와 지방자치단체가 분담하도록 하여, 주민등록 제도의 통일성과 효율성을 유지한다.

03 주민등록사항

1. 대상자

> **설명형 예제**
>
> 甲은 외국에서 20년간 거주하다 귀국한 재외국민으로, 과거 주민등록이 말소된 상태였다. 귀국 후 甲은 고향인 A시에 거주지를 마련하고 재등록 신고를 하였다. 한편 乙은 주소지가 불명확하여 거주불명자로 등록된 상태였으나, 최근 B군에 6개월 이상 거주할 목적으로 거소를 정하고 신고하였다. 또한 丙은 현역 군인으로 부대 내(영내)에 거주하고 있으며, 부모님과 함께 살고 있는 세대가 아닌 독신 생활자이다. 丙은 주민등록이 되어 있지 않아 등록 관할이 문제 되었다.
> (1) 주민등록법상 등록 대상자의 범위를 설명하고, 甲과 乙이 등록 대상에 해당하는지 판단하시오.
> (2) 영내에 거주하는 군인의 주민등록 절차를 설명하고, 세대에 속하지 않는 丙의 등록관할을 법령에 따라 판단하시오.

(1) 의의

법 제6조는 주민등록 대상의 범위를 명시한 '주민등록행정의 출발 조항'으로, ① 시장·군수·구청장의 등록 의무를 규정하고, ② '30일 이상 실거주 요건'으로 인구 변동을 정확히 파악하며, ③ 외국인은 제외하고 재외국민만을 별도 규정하여 국가와 지방자치단체의 실효 있는 등록체계를 구축한 조항이다.

(2) 원칙

시장·군수 또는 구청장은 30일 이상 거주할 목적으로 그 관할 구역에 주소나 거소(이하 "거주지")를 가진 다음 각 호의 사람(이하 "주민")을 이 법의 규정에 따라 등록하여야 한다. 다만, 외국인은 예외로

한다(법 제6조 제1항).

> 1. 거주자 : 거주지가 분명한 사람(제3호의 재외국민은 제외)
> 2. 거주불명자 : 제20조 제6항에 따라 거주불명으로 등록된 사람
> 3. 재외국민 : 「재외동포의 출입국과 법적 지위에 관한 법률」 제2조 제1호에 따른 국민으로서 「해외이주법」 제12조에 따른 영주귀국의 신고를 하지 아니한 사람 중 다음 각 목의 어느 하나의 경우
>   가. 주민등록이 말소되었던 사람이 귀국 후 재등록 신고를 하는 경우
>   나. 주민등록이 없었던 사람이 귀국 후 최초로 주민등록 신고를 하는 경우
> ※ 「재외동포의 출입국과 법적 지위에 관한 법률」 제2조 제1호에 따른 국민 : 대한민국의 국민으로서 외국의 영주권(永住權)을 취득한 자 또는 영주할 목적으로 외국에 거주하고 있는 자
> ※ 「해외이주법」 제12조 : 해외에 이주하여 영주권 또는 이에 준하는 장기체류 자격을 취득한 사람이 국내에서 생업에 종사할 목적 등으로 영주귀국(永住歸國)

(3) 영내군인의 경우

① 세대의 거주지 등록

영내(營內)에 기거하는 군인은 그가 속한 세대의 거주지에서 본인이나 세대주의 신고에 따라 등록하여야 한다(법 제6조 제2항).

※ "영내군인"의 개념

> - 국내에 주둔하는 현역군인으로서 법령에 의하여 부대 내에서 장기 기거하는 단기 복무하사·병 및 후보생
> - 해군 등 함정에 근무하는 현역군인으로서 육지에 상륙할 경우 영외거주가 허락되지 않고 부대 내에서 기거하는 자
> - 국외에 파병되었던 현역군인이 귀국 후에 부대내에서 기거하여야 하는 자 등

② 세대에 속하지 않는 군인의 등록

영내군인으로서 어느 세대에도 속하지 않는 군인에 대해서는 그 군인의 「가족관계의 등록 등에 관한 법률」 제10조 제1항에 따른 등록기준지의 시장(특별시장·광역시장은 제외하고, 특별자치시장·특별자치도지사는 포함)·군수 또는 구청장이 등록해야 한다(시행령 제4조).

2. 주민등록표 등

> **설명형 예제**
>
> A시는 최근 전산 점검 과정에서 일부 세대별 주민등록표의 등재 순서와 색인부 관리가 법령과 다르게 운영되고 있는 사실을 발견하였다. 구체적으로, B세대의 세대별 주민등록표에는 세대주보다 배우자가 먼저 등재되어 있었고, 세대주의 배우자의 형제자매가 '동거인'란에 기록되어 있었다. 또한 전출자의 정보가 세대별 주민등록표 색인부가 아닌 별도의 내부 엑셀 파일에만 기록되어 있었다.
>
> 세대별 주민등록표의 등재 순서 및 동거인 기재 기준을 법령에 따라 설명하고, B세대의 등재 방식이 적법한지 판단하시오.

(1) 개요
- ① 시장·군수 또는 구청장은 주민등록사항을 기록하기 위하여 주민등록정보시스템으로 개인별 및 세대별 주민등록표(이하 "주민등록표")와 세대별 주민등록표 색인부를 작성하고 기록·관리·보존하여야 한다(법 제7조 제1항).
- ② 개인별 주민등록표는 개인에 관한 기록을 종합적으로 기록·관리하며 세대별 주민등록표는 그 세대에 관한 기록을 통합하여 기록·관리한다(제2항).
- ③ 주민등록표와 세대별 주민등록표 색인부의 서식 및 기록·관리·보존방법 등에 필요한 사항은 대통령령으로 정한다(제4항).
- ☞ 법 제7조는 시장·군수 또는 구청장이 주민등록사항을 '전자정보시스템'으로 전산 작성·기록·관리·보존하도록 규정한 조문으로, 종이 정보관리 방식에서 전자적·시스템 중심으로 전환한 법률상 근거 조항이다.

(2) 주민등록표 등의 작성
- ① 개인별 주민등록표는 별지 제1호 서식에 따라 작성하고, 세대별 주민등록표는 별지 제2호 서식에 따라 작성한다(시행령 제6조 제1항).
- ② 세대별 주민등록표의 등재순위는 세대주, 배우자, 세대주의 직계존비속의 순위로 하고, 그 외에는 세대주의 신고에 따른다. 다만, 「민법」 제779조에 따른 가족의 범위에 속하지 아니하는 사람은 동거인란에 기록한다(제2항).
  ※ "「민법」 제779조에 따른 가족의 범위"
  > 1. 배우자, 직계혈족 및 형제자매
  > 2. 직계혈족의 배우자, 배우자의 직계혈족 및 배우자의 형제자매 ☞ 제2호의 경우에는 생계를 같이 하는 경우에 한함
- ③ 세대별 주민등록표 색인부는 별지 제3호 서식의 세대명부와 별지 제4호 서식의 주민등록 전출자 명부 및 별지 제5호 서식의 주민등록 전입자 명부에 따른다(제3항).

(3) 정리
개인별 주민등록표는 주민등록번호순으로, 세대별 주민등록표는 세대주의 주민등록번호순으로 각각 정리하며, 이에 관한 구체적인 사항은 행정안전부장관이 정한다(법 제9조).
- ☞ 주민등록표를 주민등록번호순으로 정리함으로써 행정기관은 필요한 정보를 신속하게 검색하고 처리할 수 있다. 이는 민원 처리 속도를 높이고 행정 업무의 효율성을 향상시키는 데 기여한다.

(4) 외국인 배우자 등에 대한 세대별 주민등록표의 기록 등

▶ 설명형 예제

외국인 甲은 국내에 체류하며 A시에 주소를 둔 세대주의 배우자로서 세대별 주민등록표에 기록되기를 희망하였다. 이에 甲은 시장에게 세대별 주민등록표 기록 신청을 하였다. 시장은 甲의 거주사실, 가족관계기록사항, 외국인등록자료 등을 검토한 후 기록 절차를 진행하였다. 그런데 甲이 체류지를 이전하면서 새로운 체류지를

관할하는 시장에게 별도의 기록 신청을 하지 않았는데도, 새로운 관할 시장은 甲을 세대별 주민등록표에 기록하였다. 한편 甲은 최근 가족관계 변동으로 세대주의 배우자 신분에서 분리되어 기록사항의 변경을 요청하였다.
(1) 외국인이 세대별 주민등록표에 기록될 수 있는 요건 및 시장·군수·구청장이 확인해야 하는 사항을 설명하시오.
(2) 체류지 이전 시 외국인의 세대별 주민등록표 기록 변경절차와 관련하여 시장·군수·구청장의 권한을 설명하시오.
(3) 세대별 주민등록표에 기록된 외국인의 기록 변경사유와 절차를 설명하시오.

① 주민등록표 기록대상 외국인등

「출입국관리법」 제31조에 따라 등록한 외국인 또는 「재외동포의 출입국과 법적 지위에 관한 법률」 제6조에 따라 국내거소신고를 한 외국국적동포(이하 "외국인등")의 체류지를 관할하는 시장·군수 또는 구청장은 다음 각 호의 요건을 모두 갖춘 외국인등을 별지 제2호 서식의 세대별 주민등록표에 기록하여 관리할 수 있다. 이 경우 외국인등을 세대별 주민등록표에 기록하는 순서는 제6조 제2항에 따른다(시행령 제6조의2 제1항).

> 1. 외국인등의 체류지[외국인의 경우에는 「출입국관리법」 제31조에 따라 등록한 체류지, 외국국적동포의 경우에는 「재외동포의 출입국과 법적 지위에 관한 법률」 제6조에 따라 국내거소신고를 한 거소(居所)를 말함]가 외국인등이 속할 세대의 세대주의 주민등록이 되어 있는 거주지(이하 "주민등록지")와 일치할 것
> 2. 외국인등이 다음 각 목의 어느 하나에 해당할 것
>   가. 세대주의 배우자
>   나. 세대주의 직계혈족
>   다. 세대원(세대주의 「민법」 제779조에 따른 가족의 범위로 한정)의 배우자
>   라. 세대원의 직계혈족

② 주민등록표 기록의 신청

시장·군수 또는 구청장은 외국인등을 세대별 주민등록표에 기록하려면 다음 각 호의 어느 하나에 해당하는 사람의 신청이 있어야 한다(제2항).

> 1. 외국인등 본인
> 2. 외국인등이 속할 세대의 세대주
> 3. 외국인등이 속할 세대의 세대원

③ 주민등록표 기록

시장·군수 또는 구청장은 제2항에 따른 신청을 받으면 다음 각 호의 사항을 확인한 후 해당 외국인등을 세대별 주민등록표에 기록하여야 한다(제3항).

> 1. 외국인등의 외국인등록자료(국내거소신고자료를 포함)
> 2. 체류지에서의 거주사실
> 3. 가족관계기록사항
> 4. 그 밖에 행정안전부령으로 정하는 사항

④ 확인자료 제공 요청

시장·군수 또는 구청장은 제3항에 따른 사항을 확인하기 위하여 필요한 경우에는 외국인등의 동의를 받아 관계기관의 장에게 외국인등록자료, 가족관계기록사항에 관한 자료의 제공을 요청할 수 있다. 다만, 외국인등이 동의하지 아니하는 경우에는 해당 외국인등에게 해당 자료를 제출하게 하여야 한다(제4항).

⑤ 체류지 이전 시 재신청

세대별 주민등록표에 기록된 외국인등이 체류지를 이전하면 새로운 체류지를 관할하는 시장·군수 또는 구청장에게 제2항에 따른 신청을 다시 하여야 한다. 다만, 다음 각 호의 요건을 모두 갖춘 경우에는 새로운 체류지를 관할하는 시장·군수 또는 구청장은 제2항에 따른 신청이 없어도 그 외국인등을 세대별 주민등록표에 기록할 수 있다(제5항).

1. 세대별 주민등록표에 기록된 외국인등이 새로운 체류지를 관할하는 시장·군수 또는 구청장(자치구가 아닌 구의 구청장을 포함) 또는 읍·면·동의 장에게 「출입국관리법」 제36조 제1항에 따른 전입신고나 「재외동포의 출입국과 법적 지위에 관한 법률」 제6조 제2항에 따른 국내거소 이전신고를 하였을 것
2. 제1호에 따른 전입신고 또는 국내거소 이전신고와 함께 세대별 주민등록표에 기록된 외국인등이 속하였던 세대에 속하는 사람 전원이 제1호에 따른 전입신고지 또는 국내거소 이전신고지와 동일한 주소지로 법 제16조 제1항에 따른 전입신고를 하였을 것

⑥ 기록사항 정정 등

시장·군수 또는 구청장은 세대별 주민등록표에 기록된 외국인등에 대한 기록사항에 오류가 있거나 다음 각 호의 어느 하나에 해당하여 그 기록사항을 변경할 필요가 있는 경우에는 외국인등 본인의 신청 또는 직권으로 해당 기록사항을 정정하거나 변경할 수 있다(제6항).

1. 외국인등의 성명, 외국인등록번호 또는 국내거소신고번호가 변경되었음을 확인한 경우
2. 이혼 또는 그 밖의 사유로 인하여 세대주 또는 세대원과 외국인등 사이의 가족관계가 변경되었음을 확인한 경우(제7항에 해당하여 삭제하여야 하는 경우는 제외)
3. 그 밖에 세대별 주민등록표에 기록된 외국인등의 기록사항을 변경하여야 하는 경우로서 행정안전부령으로 정하는 경우

⑦ 기록 삭제

시장·군수 또는 구청장은 세대별 주민등록표에 기록된 외국인등이 다음 각 호의 어느 하나에 해당하는 경우에는 세대별 주민등록표의 해당 외국인등에 관한 기록을 삭제하여야 한다(제7항).

1. 본인이 삭제 신청을 한 경우
2. 제9항에 따른 통보(* 국내에 체류할 수 없게 된 경우)를 받은 경우
3. 사실조사 등을 통하여 제1항의 요건을 갖추지 못하게 되었음을 확인한 경우
4. 그 밖에 해당 외국인등을 세대별 주민등록표에서 삭제하여야 하는 경우로서 행정안전부령으로 정하는 경우(* 세대별 주민등록표에 기록된 외국인등이 체류지를 이전하여 「출입국관리법」에 따른 전입신고나 「재외동포의 출입국과 법적 지위에 관한 법률」에 따른 국내거소 이전신고를 한 경우)

⑧ 지방출입국·외국인관서의 장에게 통보
  ㉠ 시장·군수 또는 구청장은 외국인등을 세대별 주민등록표에 기록하거나 그 기록사항을 정정·변경·삭제한 경우에는 해당 외국인등의 체류지를 관할하는 지방출입국·외국인관서의 장에게 통보하여야 한다(제8항).
  ㉡ 통보를 받은 지방출입국·외국인관서의 장은 세대별 주민등록표에 기록된 외국인등이「출입국관리법」,「재외동포의 출입국과 법적 지위에 관한 법률」, 그 밖의 다른 법률에 따라 외국인등록사항이 말소되거나 국내거소신고 원부가 정리된 경우 또는 체류허가의 취소·변경 등에 따라 국내에 체류할 수 없게 된 경우에는 즉시 그 사실을 제8항에 따라 통보한 시장·군수 또는 구청장에게 통보하여야 한다(제9항).

(5) 주민등록표 등의 기록

> **설명형 예제**
> 외국인 배우자 甲은 세대별 주민등록표에 본인의 영문 성명과 외국인등록번호가 제대로 기재되지 않은 것을 발견하고 관할 구청장에게 정정을 신청하였다. 외국인의 주민등록표 기록 시 성명과 주민등록번호 기재 기준을 설명하고, 甲의 정정신청 시 처리절차를 설명하시오.

① 사용하는 문자와 숫자
  주민등록표 등 주민등록 관계 서류는 한글과 아라비아 숫자로 기록한다. 다만, 필요한 경우에는 가족관계등록부에 기록된 문자와 외국문자로 기록할 수 있으며, 외국인등을 세대별 주민등록표에 기록하는 경우에는 성명란에 해당 외국인등의 외국인등록표 또는 국내거소신고표의 영문 성명을 기록하고, 주민등록번호란에 해당 외국인등의 외국인등록번호 또는 국내거소신고번호를 기록한다(시행령 제9조 제1항).

② 이전 기록의 유지
  주민등록표 등 주민등록 관계 서류의 기록을 정정·삭제·삽입 또는 변경한 경우에는 그 이전의 기록은 남겨 두어야 하며, 정정·삭제·삽입 또는 변경의 사유와 연월일 및 관계 공무원의 성명을 기록하여야 한다(제2항).

③ 주소의 기록 형식
  ㉠ 주민등록표 등 주민등록 관계 서류의 주소는「도로명주소법 시행령」제6조에 따른 도로명주소의 표기방법으로 기록한다(제3항).
  ㉡ 「도로명주소법」에 따른 도로명주소를 사용할 수 없는 경우에는 특별시·광역시·특별자치시·도·특별자치도, 시·군·자치구, 구(자치구가 아닌 구), 읍·면·동(법정동 이름), 리(법정리 이름), 지번(地番)의 순으로 기록할 수 있다. 이 경우「주택법」에 따른 공동주택은 지번 다음에 건축물대장 등에 따른 공동주택의 이름과 동(棟)번호와 호(號)수를 기록한다(제4항).
  ㉢ 「건축법 시행령」별표 1 제1호 다목에 따른 다가구주택 및「주택법 시행령」제4조에 따른 준주택의 경우 본인의 신청이 있으면 제3항 및 제4항에 따른 주소의 끝 부분에 괄호를 하고 그 괄호 안에 해당 건축물의 이름, 동 번호와 호수를 기록할 수 있다(제5항).
  ㉣ 제5항에 따라 기록한 사항은 다음 각 호의 어느 하나에 해당하는 경우에 전산자료로만 제공할 수 있다(제6항).

1. 국가 또는 지방자치단체가 공문서 등의 송달을 위하여 필요한 경우
2. 「국민건강보험법」에 따른 국민건강보험공단이 같은 법 제96조 제1항 각 호의 업무 수행을 위하여 요청한 경우
3. 「국민건강보험법」에 따른 국민건강보험공단이 「노인장기요양보험법」 제64조에 따라 준용되는 「국민건강보험법」 제96조 제1항 제1호에 따른 가입자 및 피부양자의 자격 관리, 장기요양보험료의 부과·징수, 장기요양급여의 관리 등 장기요양사업의 수행을 위하여 요청한 경우

ⓗ 제5항에 따라 기록한 사항은 공법관계에서의 주소의 구성요소로 보지 아니하며, 주민등록표의 등본 또는 초본에 기재하지 아니한다(제7항).

(6) 주민등록표 등의 관리·보존

주민등록표와 세대별 주민등록표 색인부는 자기테이프, 자기디스크, 그 밖에 이와 유사한 방법으로 파일로 기록하여 관리·보존하며 관리·보존방법은 다음 각 호와 같다(시행령 제10조 제1항).

1. 주민등록표와 세대별 주민등록표 색인부는 멸실 또는 손상에 대비하여 그 입력된 자료와 프로그램을 다른 기억매체에 따로 입력시켜 격리된 장소에 안전하게 보관하여야 한다.
2. 주민등록표와 세대별 주민등록표 색인부를 관리하는 기관의 장은 주민등록정보시스템의 이상이 발견되면 즉시 주민등록표와 세대별 주민등록표 색인부의 관리상태를 점검하고 손상된 주민등록표와 세대별 주민등록표 색인부는 손상 전의 상태로 복구해야 한다.
3. 주민등록표와 세대별 주민등록표 색인부를 작성·변경·폐기할 때에는 이를 파일목록에 따로 기록하여야 하며, 그 보관방법·폐기 등에 관하여는 「공공기록물 관리에 관한 법률」과 같은 법 시행령에 따른다.
4. 주민등록표와 세대별 주민등록표 색인부의 입력·출력·편집·검색이나 그 밖에 주민등록업무처리와 운영에 필요한 사항은 행정안전부장관이 정한다.

(7) 수작업에 따른 주민등록표의 이미지 전산화 및 보관·관리

① 수작업에 따른 주민등록표는 그 기재사항을 변경하지 아니하고 현상을 이미지화하는 방법으로 전산화하며, 이에 필요한 사항은 행정안전부장관이 정한다(시행령 제11조 제1항).
② 이미지 전산화된 주민등록표(이하 "이미지주민등록표")는 행정안전부장관의 승인이 있는 때부터 수작업에 따른 주민등록표로 본다(제12조 제1항).
③ 시장·군수 또는 구청장은 이미지주민등록표와 관련된 주민등록사무를 주민등록전산정보센터를 이용하여 처리할 수 있으며, 그에 관한 구체적인 사항은 행정안전부장관이 정한다(제2항).

3. 주민등록번호의 부여

> **설명형 예제**
>
> 신생아 A가 2026년 1월 1일에 B군에서 출생하여 출생신고가 되었다. A에 대한 주민등록번호 부여 주체와 부여 절차에 대해 설명하시오.

(1) 의의

주민 개개인의 고유번호(중복·변경 불가)를 통해 주민 식별을 단순화하고, 행정기관 간 신뢰 기반의

정보 연계가 가능하게 한다. 그리고 주민번호 부여 주체 및 방법을 법률로 엄격히 규정함으로써 부정사용을 방지하고자 함이다.

(2) 부여권자

시장·군수 또는 구청장은 주민에게 개인별로 고유한 등록번호(이하 "주민등록번호")를 부여하여야 한다(법 제7조의2 제1항).

(3) 부여 방법

① 시장·군수 또는 구청장은 주민등록번호를 부여하려면 반드시 등록기준지를 확인하여야 한다(시행령 제7조 제1항).
② 시장·군수 또는 구청장이 주민등록번호를 부여할 때에는 별지 제6호 서식에 따른 주민등록번호 부여대장에 이를 기록하여야 한다(제2항).
③ 주민등록번호의 부여는 주민등록정보시스템을 이용해 처리할 수 있다(제3항).
④ 주민등록번호의 부여에 필요한 사항은 행정안전부장관이 정한다(제4항).

4. 주민등록번호의 정정 * 2023 행정사 기출

> **설명형 예제**
>
> 「주민등록법」상 주민등록번호의 '정정사유'와 '변경사유'에 관하여 설명하시오.   * 2023 행정사

> **설명형 예제**
>
> 주민등록지의 시장·군수 또는 구청장이 주민등록번호에 오류가 있음을 발견한 경우 취해야 할 조치와 그 절차를 설명하시오.

(1) 의의

주민등록번호에 오류가 발생하는 경우, 당사자 또는 주민등록지 관청이 오류 수정을 법률에 기반하여 요청할 수 있도록 하였으며, 번호를 최초로 부여한 지자체가 즉시 정정·통보하도록 법으로 규정함으로써 관리 책임을 명확히 하고 있다.

(2) 정정 요구

주민등록이 되어 있는 거주지의 시장·군수 또는 구청장은 다음 각 호의 어느 하나에 해당하는 사유가 발생하면 주민등록번호를 부여한 시장·군수 또는 구청장(이하 "번호부여지의 시장·군수 또는 구청장")에게 주민등록번호의 정정을 요구하여야 한다. 다만, 주민등록지의 시장·군수 또는 구청장이 번호부여지의 시장·군수 또는 구청장인 경우에는 직접 주민등록번호를 정정하여야 한다(법 제7조의3 제1항).

1. 제14조 제2항 및 제3항에 따른 등록 사항의 정정(* 가족관계등록신고 등에 따른 주민등록의 정리)으로 인하여 주민등록번호를 정정하여야 하는 경우
2. 주민으로부터 주민등록번호의 오류를 이유로 정정신청을 받은 경우
3. 주민등록번호에 오류가 있음을 발견한 경우

(3) 정정사항의 통지

① 번호부여지의 시장·군수 또는 구청장은 제1항에 따른 주민등록번호 정정의 요구를 받으면 지체 없이 이를 정정하고, 그 정정사항을 주민등록지의 시장·군수 또는 구청장에게 알려야 한다. 다만, 주민등록번호에 오류가 있음을 발견하지 못하였거나 주민등록번호 부여사실을 확인하지 못하면 그 사유를 적어 주민등록지의 시장·군수 또는 구청장에게 알려야 한다(법 제7조의3 제2항).

② 주민등록지의 시장·군수 또는 구청장은 번호부여지의 시장·군수 또는 구청장으로부터 법 제7조의3 제2항 본문에 따른 통보를 받은 경우에는 정정통보서에 따라 개인별 및 세대별 주민등록표를 정정하여야 하며, 같은 항 단서에 따라 주민등록번호의 부여사실을 확인하지 못하였다는 통보를 받은 경우에는 주민등록번호를 직접 새로 부여하여 주민등록표를 정정할 수 있다(시행령 제8조 제3항).

③ 주민등록지의 시장·군수 또는 구청장은 제3항에 따라 주민등록번호가 정정되거나 법 제7조의4 제3항에 따라 주민등록번호의 변경 결정을 통지받은 사람이 주민등록증을 이미 발급받은 사람이면 종전의 주민등록증을 회수한 후 주민등록증을 재발급하여야 한다(제4항).

5. 주민등록번호의 변경 * 2023 행정사 기출

> **설명형 예제**
>
> 甲은 자신의 주민등록번호가 유출되어 신체적 위해가 우려된다는 이유로 주민등록번호 변경을 신청하려 한다.
> (1) 주민등록번호 변경 신청절차와 관할기관에 대해 설명하시오.
> (2) 변경 신청이 거부될 경우 신청인이 취할 수 있는 조치와 그 절차를 설명하시오.

(1) 의의

주민등록번호 변경제도란 주민등록번호 유출로 인하여 생명, 신체, 재산 등에 피해를 입거나 입을 우려가 있다고 인정되는 경우 주민등록번호를 변경해주는 제도를 말한다. 주민등록번호 유출로 인한 국민들의 불안감을 해소하고 2차 피해를 예방하며, 궁극적으로는 번호 변경을 통해 국민의 개인정보보호를 강화하기 위한 제도이다.

(2) 변경 신청

다음 각 호의 어느 하나에 해당하는 사람은 대통령령으로 정하는 바에 따라 이를 입증할 수 있는 자료(* 변경신청인의 주민등록번호가 유출되었음을 확인할 수 있는 자료 + 유출된 주민등록번호로 인하여 생명·신체에 위해 또는 재산에 피해를 입거나 입을 우려가 있음을 입증하는 자료)를 갖추어 주민등록지 또는 거주지의 시장·군수 또는 구청장에게 주민등록번호의 변경을 신청할 수 있다. 다만, 신청인의 주민등록지가 아닌 거주지의 시장·군수 또는 구청장이 주민등록번호의 변경 신청을 받은 경우 이를 지체 없이 주민등록지의 시장·군수 또는 구청장에게 이송하고 그 사실을 신청인에게 통지하여야 한다(법 제7조의4 제1항).

* 앞 6자리 변경은 생년월일을 변경하는 것으로 가정법원에 가족관계등록정정허가(연령정정허가)신청을 요함

■ 주민등록번호 변경 절차

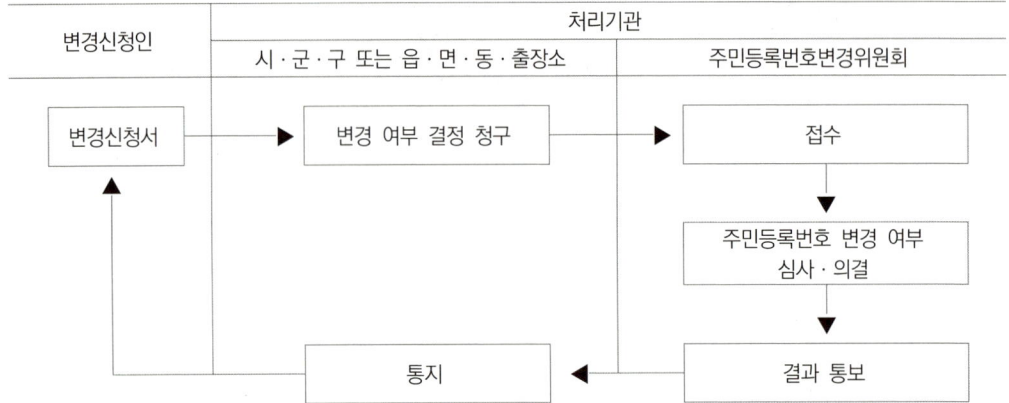

1. 유출된 주민등록번호로 인하여 생명·신체에 위해(危害)를 입거나 입을 우려가 있다고 인정되는 사람
2. 유출된 주민등록번호로 인하여 재산에 피해를 입거나 입을 우려가 있다고 인정되는 사람
3. 다음 각 목의 어느 하나에 해당하는 사람으로서 유출된 주민등록번호로 인하여 피해를 입거나 입을 우려가 있다고 인정되는 사람
   가. 「아동·청소년의 성보호에 관한 법률」 제2조 제6호에 따른 피해아동·청소년
   나. 「성폭력방지 및 피해자보호 등에 관한 법률」 제2조 제3호에 따른 성폭력피해자
   다. 「성매매알선 등 행위의 처벌에 관한 법률」 제2조 제1항 제4호에 따른 성매매피해자
   라. 「가정폭력범죄의 처벌 등에 관한 특례법」 제2조 제5호에 따른 피해자
4. 그 밖에 제1호부터 제3호까지의 규정에 준하는 사람으로서 대통령령으로 정하는 사람
   ※ "대통령령으로 정하는 사람" : 다음 각 호의 어느 하나에 해당하는 사람으로서 유출된 주민등록번호로 인하여 생명·신체에 위해(危害)를 입거나 입을 우려 또는 재산에 피해를 입거나 입을 우려가 있는 사람(시행령 제12조의2)

   1. 「공익신고자 보호법」 제2조 제5호에 따른 공익신고자등
   2. 「아동학대범죄의 처벌 등에 관한 특례법」 제2조 제6호에 따른 피해아동(같은 법 제2조 제4호 바목에 따른 범죄로 인한 피해아동은 제외)
   3. 「정보통신망 이용촉진 및 정보보호 등에 관한 법률」 제70조1항 및 제2항에 해당하는 범죄행위로 명예를 훼손당한 사람
   4. 「특정범죄신고자 등 보호법」 제2조 제3호에 따른 범죄신고자등
   5. 「특정강력범죄의 처벌에 관한 특례법」 제2조 제1항 제1호, 제2호, 제5호 또는 제6호에 따른 범죄행위의 피해자
   6. 「학교폭력예방 및 대책에 관한 법률」 제2조 제4호에 따른 피해학생
   7. 「형법」 제164조 제2항, 제307조, 제309조 또는 제311조에 따른 범죄행위의 피해자

- **입증자료 (시행령 제12조의3 제2항, 제3항)**

  1. 주민등록번호가 유출되었음을 확인할 수 있는 자료
     - 「개인정보 보호법」 제34조 제1항 및 같은 법 시행령 제39조에 따라 개인정보처리자가 정보주체에게 주민등록번호가 유출되었음을 알린 경우 그 통지서(전자우편 또는 휴대전화 문자메시지로 통지된 경우를 포함한다. 이하 이 항에서 같다)
     - 「신용정보의 이용 및 보호에 관한 법률」 제39조의4 제1항 및 같은 법 시행령 제34조의4에 따라 신용정보회사등이 개인인 신용정보주체에게 주민등록번호가 누설되었음을 통지한 경우 그 통지서
     - 변경신청인이 인터넷, 신문·방송, 게시판, 그 밖의 매체를 통하여 변경신청인의 주민등록번호가 유출된 사실을 알게 된 경우 해당 인터넷 등에 게재·게시되어 있는 자료
     - 그 밖에 변경신청인의 주민등록번호가 유출된 사실을 입증할 수 있는 자료
  2. 유출된 주민등록번호로 인하여 생명·신체에 위해 또는 재산에 피해를 입거나 입을 우려가 있음을 입증하는 자료
     - 유출된 주민등록번호로 인하여 생명·신체에 위해를 입거나 입을 우려가 있는 경우
       - 「의료법」 제17조에 따른 진단서, 증명서 또는 처방전
       - 「의료법」 제22조에 따른 진료기록부, 조산기록부, 간호기록부 또는 그 밖의 진료에 관한 기록
       - 그 밖에 유출된 주민등록번호로 인하여 변경신청인이 생명·신체에 위해를 입었거나 입을 우려가 있음을 입증할 수 있는 자료
     - 유출된 주민등록번호로 인하여 재산에 피해를 입거나 입을 우려가 있는 경우: 금융거래의 내역에 관한 자료 등 그 사실을 입증하는 자료

  > **관련판례**
  >
  > **주민등록번호 변경에 관한 규정을 두고 있지 않은 주민등록법은 개인정보자기결정권을 침해함**
  > 주민등록번호는 표준식별번호로 기능함으로써 개인정보를 통합하는 연결자로 사용되고 있어, 불법 유출 또는 오·남용될 경우 개인의 사생활뿐만 아니라 생명·신체·재산까지 침해될 소지가 크므로 이를 관리하는 국가는 이러한 사례가 발생하지 않도록 철저히 관리하여야 하고, 이러한 문제가 발생한 경우 그로 인한 피해가 최소화되도록 제도를 정비하고 보완하여야 할 의무가 있다. 그럼에도 불구하고 주민등록번호 유출 또는 오·남용으로 인하여 발생할 수 있는 피해 등에 대한 아무런 고려 없이 주민등록번호 변경을 일체 허용하지 않는 것은 그 자체로 개인정보자기결정권에 대한 과도한 침해가 될 수 있다(헌재 2015.12.23. 2013헌바68등). ☞ 이 결정 이후 주민등록번호 변경제도가 도입됨

(3) 변경 결정 청구

법 제7조의4 제1항 및 제4항에 따른 신청 또는 이의신청을 받은 주민등록지의 시장·군수 또는 구청장은 주민등록번호변경위원회에 주민등록번호 변경 여부에 관한 결정을 청구하여야 한다(법 제7조의4 제2항).

※ 주민등록지의 시장·군수 또는 구청장은 주민등록번호 변경신청서를 접수하거나 제4항에 따라 이송받은 경우에는 접수 또는 이송받은 날부터 10일 이내에 주민등록번호변경위원회에 변경신청인의 주민등록번호 변경 여부에 관한 결정을 청구하고, 변경청구한 사실을 변경신청인에게 지체 없이

통지하여야 한다(시행령 제12조의3 제5항).
※ 변경위원회는 주민등록번호 변경신청서에 흠이 있거나 입증자료가 주민등록번호의 유출 또는 위해·피해사실 등을 입증하기에 불충분하다고 인정하는 때에는 상당한 기간을 정하여 변경신청인에게 보정을 요구할 수 있다(시행령 제12조의5).

(4) 주민등록번호 변경에 따른 시장·군수 또는 구청장의 조치

① 주민등록지의 시장·군수 또는 구청장은 주민등록번호변경위원회로부터 주민등록번호의 변경 결정을 통보받은 경우에는 신청인의 주민등록번호를 지체 없이 변경하고 이를 신청인에게 통지하여야 한다(법 제7조의4 제3항).
② 주민등록지의 시장·군수 또는 구청장은 주민등록번호의 변경 결정을 통보받아 이를 변경신청인에게 통지한 때에는 다음 각 호에 따른 조치를 하여야 한다(시행령 제12조의6).

> 1. 변경신청인의 주민등록지와 등록기준지(등록기준지가 「가족관계의 등록 등에 관한 법률」 제4조에 따른 신고지와 다른 경우에는 신고지를 말함)가 다른 경우에는 등록기준지의 시장·구청장 또는 읍·면장에게, 주민등록지와 번호부여지가 다른 경우에는 번호부여지의 시장·군수 또는 구청장에게 변경된 주민등록번호를 통보할 것
> 2. 변경신청인의 주민등록표를 변경할 것

(5) 이의신청

① 주민등록지의 시장·군수 또는 구청장은 주민등록번호변경위원회로부터 주민등록번호의 변경 결정 이외의 결정을 통보받은 경우에는 그 사실과 사유를 그 신청인에게 통지하여야 하며, 이의가 있는 신청인은 그 통지를 받은 날부터 30일 이내에 그 주민등록지의 시장·군수 또는 구청장에게 이의신청을 할 수 있다(법 제7조의4 제4항).
② 주민등록지의 시장·군수 또는 구청장은 이의신청서를 받은 날부터 10일 이내에 변경위원회에 이의신청서를 보내고 그 사실을 변경신청인에게 지체 없이 통지하여야 한다(시행령 제12조의7 제2항).

(6) 신청, 통지 및 이의신청의 방법

주민등록번호의 변경 신청, 통지 및 이의신청은 서면 또는 행정안전부장관이 정하는 정보시스템을 이용하여 할 수 있다(법 제7조의4 제5항).

6. 주민등록번호변경위원회

> **설명형 예제**
> 주민등록번호변경위원회가 변경 결정 청구를 받아들이지 아니하는 결정을 할 수 있는 사유를 제시하시오.

(1) 의의

주민등록번호 변경을 위한 독립적인 심의기구인 '주민등록번호변경위원회'를 행정안전부 산하에 설치하고, 위원회의 구성·운영·결정의 절차를 명확히 규정하여 개인정보 유출에 따른 피해 예방과 행정공정성 확보를 도모하고 있다.

(2) 설치 및 구성
① 주민등록번호의 변경에 관한 사항을 심사·의결하기 위하여 행정안전부에 주민등록번호변경위원회(이하 "변경위원회"라 한다)를 둔다(법 제7조의5 제1항).
② 변경위원회는 위원장 1명을 포함하여 11명 이내의 위원으로 구성하며, 그 중 1명은 상임위원으로 한다(제6항).
③ 위원은 다음 각 호의 어느 하나에 해당하는 사람 중에서 행정안전부장관이 임명하거나 위촉한다. 이 경우 공무원이 아닌 위원의 수는 위원장과 상임위원을 포함한 위원 수의 2분의 1 이상이어야 한다(제7항).

> 1. 행정안전부 및 관계 행정기관 소속 공무원
>   ※ 행정안전부의 고위공무원단에 속하는 공무원 또는 이에 상당하는 공무원, 「개인정보 보호법」에 따른 개인정보 보호위원회의 고위공무원단에 속하는 공무원으로서 개인정보 보호위원회의 위원장이 지명하는 사람
> 2. 판사, 검사, 변호사 또는 의사의 직에 5년 이상 재직한 사람
> 3. 금융 관련 업무에 5년 이상 종사한 사람
> 4. 개인정보 보호 업무 또는 주민등록 업무에 관하여 전문적 학식과 경험이 풍부한 사람

④ 위원장은 위원 중에서 공무원이 아닌 사람으로 행정안전부장관이 위촉한다(제8항).
⑤ 위원장과 위원의 임기는 2년으로 하되, 한 차례만 연임할 수 있다. 다만, 제7항 제1호에 따라 임명된 공무원인 위원은 그 직에 재직하는 동안 재임한다(제9항).
⑥ 변경위원회의 사무를 지원하기 위하여 변경위원회에 사무국을 둔다(제12항).

(3) 독립적 업무 수행
변경위원회는 그 권한에 속하는 업무를 독립하여 수행한다(법 제7조의5 제2항).

(4) 회의
① 변경위원회의 회의는 재적위원 과반수의 출석으로 개의(開議)하고, 출석위원 과반수의 찬성으로 의결한다(법 제7조의5 제11항).
② 변경위원회의 심사·의결의 공정성을 보장하고 변경신청인을 보호하기 위하여 다음 각 호의 사항은 공개하지 아니한다(시행령 제12조의14).

> 1. 변경위원회의 회의에서 위원이 발언한 내용이 적힌 문서(전자적으로 기록된 문서를 포함)
> 2. 변경위원회의 회의에 출석한 위원의 명단
> 3. 그 밖에 공개할 경우 변경위원회의 심사·의결의 공정성을 해치거나 변경신청인의 보호에 문제가 발생할 우려가 있다고 인정되는 사항으로서 변경위원회가 의결한 사항

(5) 의결
① 변경위원회는 변경 결정 청구를 받은 날부터 90일 이내에 심사·의결을 완료하고 그 결과(변경 결정 외의 결정을 한 경우에는 그 사유를 포함)를 해당 주민등록지의 시장·군수 또는 구청장에게 통보하여야 한다. 다만, 이 기간 안에 심사·의결을 완료하기 어려운 경우에 변경위원회는 그 의결로 30일의 범위에서 그 기간을 연장할 수 있다(법 제7조의5 제3항).

② 변경위원회는 제3항에도 불구하고 제7조의4 제1항 각 호의 어느 하나에 해당하는 사람이 <u>유출된 주민등록번호로 인하여 생명·신체에 위해를 입거나 위해의 발생이 긴박하여 변경 청구의 중대성·시급성이 인정되는 경우</u>에는 대통령령으로 정하는 바에 따라 제7조의4 제2항에 따른 청구를 받은 날부터 <u>45일 이내에 심사·의결을 완료</u>하고 그 결과(변경 결정 외의 결정을 한 경우에는 그 사유를 포함)를 해당 주민등록지의 시장·군수 또는 구청장에게 통보하여야 한다. 다만, 이 기간 안에 심사·의결을 완료하기 어려운 경우 변경위원회는 그 의결로 30일의 범위에서 그 기간을 연장할 수 있다(제4항).

③ 변경위원회는 변경 결정 청구를 심사한 결과 다음 각 호의 어느 하나에 해당하는 사유가 있는 경우에는 <u>청구를 받아들이지 아니하는 결정 등을 할 수 있다</u>(제5항).

> 1. 범죄경력을 은폐하거나 법령상의 의무를 회피할 목적이 있는 경우
> 2. 수사나 재판을 방해할 목적이 있는 경우
> 3. 선량한 풍속 기타 사회질서에 위반되는 경우
> 4. 그 밖에 대통령령으로 정하는 경우
> ※ "그 밖에 대통령령으로 정하는 경우"(시행령 제12조의9)
>> 1. 변경신청인(대리인을 포함)이 다음 각 목의 어느 하나에 해당하는 행위를 한 경우
>>   가. 정당한 사유 없이 동일한 사유로 반복하여 주민등록번호의 변경신청을 한 경우
>>   나. 허위임이 명백한 자료를 제출한 경우
>>   다. 정당한 사유 없이 제12조의5에 따른 기간 이내에 변경위원회의 보정요구에 따르지 아니하는 경우
>> 2. 변경신청인이 변경위원회의 결정 전에 사망한 경우
>> 3. 그 밖에 변경신청인의 주민등록번호의 변경신청이 적법하지 아니한 것으로 인정되는 경우

④ 변경위원회는 심사를 위하여 필요하다고 인정하면 다음 각 호의 행위를 의결할 수 있다(제10항).

> 1. 전과조회, 신용정보조회 등 대통령령으로 정하는 방법으로 행하는 사실조사
> 2. 신청인 또는 관계 공무원 등의 출석 요구
> 3. 신청인 또는 관계 기관 등에 대한 자료의 제출 요구

(6) 벌칙 적용에서 공무원 의제

변경위원회의 위원 중 공무원이 아닌 위원은 「형법」이나 그 밖의 법률에 따른 벌칙을 적용할 때에는 공무원으로 본다(법 제36조의4).

04 주민등록신고

1. 개요

설명형 예제

甲이 결혼 후 그의 처 乙과 함께 丙이 세대주로 있는 주소지로 이사하였다. 주민등록법 제10조에 따라 甲이 신고해야 하는 사항을 모두 쓰시오.

(1) 등록의 신고주의 원칙

주민의 등록 또는 그 등록사항의 정정 또는 말소는 주민의 신고에 따라 한다. 다만, 이 법에 특별한 규정이 있으면 예외로 한다(법 제8조).

☞ 주민의 신고를 법적 효력 발생 요건으로 함으로써 행정청의 과도한 개입을 방지하면서 주민 중심의 권리행사를 보장하려는 구조이다. 다만 "법률에 특별한 규정이 있으면 예외"라는 문구를 두고 있어 직권말소·직권정정·거주불명 등록 등 행정청 개입 사례를 법률로 허용하고 있다.

(2) 신고사항

주민(재외국민은 제외)은 다음 각 호의 사항을 해당 거주지를 관할하는 시장·군수 또는 구청장에게 신고하여야 한다(법 제10조 제1항).

1. 성명
2. 성별
3. 생년월일
4. 세대주와의 관계
5. 합숙하는 곳은 관리책임자
6. 「가족관계의 등록 등에 관한 법률」 제10조 제1항에 따른 등록기준지
7. 주소
8. 가족관계등록이 되어 있지 아니한 자 또는 가족관계등록의 여부가 분명하지 아니한 자는 그 사유
9. 대한민국의 국적을 가지지 아니한 자는 그 국적명이나 국적의 유무
10. 거주지를 이동하는 경우에는 전입 전의 주소 또는 전입지와 해당 연월일

☞ '주민등록 신고의 최소·핵심 항목'을 법률로 명시함으로써 주민등록의 정확성·관리 효율성·법적 안정성을 확보한다는 점에서 매우 중요한 의미가 있다.

(3) 이중신고 금지

누구든지 신고를 이중으로 할 수 없다(법 제10조 제2항).

☞ 복수 주소 등록을 통한 각종 혜택 이중 수혜, 투표권 중복 행사, 혜택 남용 등을 예방하고, 사회보장·과세·복지 행정의 신뢰성을 확보한다. 또한 신고한 주소지와 실제 거주사실이 일치하도록 하여 사회보장·병역·건강보험 등 공법적 연계 제도 운용의 기초를 다진다.

(4) 신고의무자

> **설명형 예제**
>
> 주민등록의 신고의무자는 누구이며, 신고의무자가 신고하지 못하는 경우 누가 대신 신고할 수 있는지 설명하시오

① 세대주 신고 원칙

제10조에 따른 신고는 세대주가 신고사유가 발생한 날부터 14일 이내에 하여야 한다. 다만, 세대주가 신고할 수 없으면 그를 대신하여 다음 각 호의 어느 하나에 해당하는 자가 할 수 있다(법 제11조 제1항).

1. 세대를 관리하는 자
2. 본인
3. 세대주의 위임을 받은 자로서 다음 각 목의 어느 하나에 해당하는 자
   가. 세대주의 배우자
   나. 세대주의 직계혈족
   다. 세대주의 배우자의 직계혈족
   라. 세대주의 직계혈족의 배우자

☞ 세대주 신고 원칙은 세대 단위로 주민등록을 유지·관리해온 행정체계의 기반이며, 단일한 책임체계 아래 데이터 갱신을 효율적으로 유지하기 위함이다. 그리고 신고사유 발생일로부터 14일 이내 신고하도록 함으로써, 전산시스템과 민원서비스를 위한 최신 정보 확보가 가능해지고, 누락된 신고로 발생할 수 있는 행정 불편을 줄일 수 있다.

② 재외국민 신고의 경우

제10조의2에 따른 신고는 <u>재외국민 본인</u>이 하여야 한다. 다만, <u>재외국민 본인이 신고할 수 없으면 그를 대신하여 다음 각 호의 어느 하나에 해당하는 사람</u>이 할 수 있다(제2항).

1. 재외국민이 거주하는 세대의 세대주
2. 재외국민 본인의 <u>위임을 받은 사람</u>으로서 다음 각 목의 어느 하나에 해당하는 사람
   가. 재외국민 본인의 배우자
   나. 재외국민 본인의 직계혈족
   다. 재외국민 본인의 배우자의 직계혈족
   라. 재외국민 본인의 직계혈족의 배우자

※ 법 제11조 제2항 본문 및 같은 항 제2호에 따라 본인 또는 본인의 위임을 받은 사람이 신고를 할 때에는 세대주의 확인을 받아야 한다. 다만, 세대주의 확인을 받을 수 없으면 읍·면·동장 또는 출장소장의 사실조사로써 갈음한다(시행령 제18조 제2항).

※ 법 제11조 제2항 본문에 따라 재외국민 본인이 신고를 할 때에는 재외국민 본인의 입국 여부를 확인할 수 있는 자료를 함께 제출해야 한다. 다만, 재외국민 본인이 「전자정부법」 제36조 제1항에 따른 행정정보의 공동이용을 통한 출입국에 관한 사실증명 자료의 확인에 동의하는 경우에는 그 확인으로 해당 자료의 제출을 갈음할 수 있다(제3항).

(5) 신고의 방법

이 법에 따른 신고는 <u>구술이나 서면</u>으로 한다(법 제18조 제1항).

(6) 신고서류의 보존기간 (법 제18조 제2항, 시행령 제60조)

1. <u>세대별·개인별 주민등록표 : 영구</u>
2. <u>말소된 세대별·개인별 주민등록표 : 영구</u>
3. <u>주민등록번호 부여대장 및 주민등록번호 조립부 : 영구</u>
4. <u>주민등록증 발급대장 : 영구</u>
4의2. <u>주민등록증 발급신청서 : 영구</u>(전산자료로 따로 보존하는 경우에는 5년)

4의3. 주민등록증 발급신청서 집계표 : 5년(전산자료로 따로 보존하는 경우에는 1년)
5. 국외이주신고서 및 해외체류신고서 접수대장 : 10년
6. 주민등록증의 습득·회수·파기대장 : 5년
7. 주민등록지 통보 관계 서류 : 5년
8. 주민등록사항 신고 관계 서류 : 5년(다만, 전입신고서는 10년으로 한다)
9. 사실조사 및 직권조치 관계 서류 : 5년
10. 과태료 부과·징수 관계 서류 : 5년
11. 주민등록번호 정정 관계 서류 : 5년
11의2. 주민등록번호 변경 관계 서류 : 30년
12. 세대명부, 주민등록 전출자 명부 및 주민등록 전입자 명부 : 5년
13. 제4호 외의 주민등록증 발급 관계 서류 : 5년
14. 주민등록 및 주민등록증 발급상황 보고 서류 : 5년
15. 직권정리 및 일일처리 결산 관계 서류 : 5년
16. 주민등록표 이송 관계서류 : 5년
17. 이의신청 관계 서류 : 5년
18. 주민등록표 열람 및 등·초본 교부대장 : 5년
19. 전산자료 이용·승인대장 : 5년
20. 제8호 외의 통지서 및 공고 관계 서류 : 5년
21. 국외이주(현지이주) 통보 관계 서류 : 5년
22. 다른 읍·면·동 거주자 주민등록증 주소변경대장 : 3년
23. 주민등록사항의 진위확인 신청 관계 서류 : 5년
24. 주민등록표의 열람 및 등·초본 교부신청 관계 서류 : 5년

(7) 주민등록자의 지위 등

① 다른 법률에 특별한 규정이 없으면 이 법에 따른 주민등록지를 공법(公法) 관계에서의 주소로 한다 (법 제23조 제1항).

② 주민등록지를 공법 관계에서의 주소로 하는 경우에 신고의무자가 신거주지에 전입신고를 하면 신거주지에서의 주민등록이 전입신고일에 된 것으로 본다(제2항).

☞ 주민등록지를 "공법상 관계에서의 주소"로 명시함으로써, 기존 민법 제18조의 사적 주소 규정을 넘어 행정·선거·세무·송달·재판관할 등 공적 관계에서의 '주소' 기준을 일원화한 핵심 조항이다.

2. 재외국민의 신고

(1) 의의

과거에는 외국으로 이주한 재외국민은 국내의 주민등록을 말소하도록 하여, 재외국민이 국내에 재입국하는 경우 유효한 주민등록번호가 없어 부동산 매매·금융 거래 등 국내 자산관리와 행정기관 관련 업무처리에 불편이 많았다. 재외국민의 주민등록 말소제도를 폐지하고 재외국민용 주민등록증 발급제도를 도입하여, 재외국민이 국내에서 생활하는 데에 불편하지 않도록 할 목적으로 2015년에 신설되었다.

(2) 신고의 방법

재외국민이 국내에 30일 이상 거주할 목적으로 입국하는 때에는 다음 각 호의 사항을 해당 거주지를 관할하는 시장·군수 또는 구청장에게 신고하여야 한다(법 제10조의2 제1항).

> 1. 제10조 제1항 각 호의 사항
> 2. 영주 또는 거주하는 국가나 지역의 명칭과 체류자격의 종류

누구든지 제1항의 신고를 이중으로 할 수 없다(제2항).

3. 해외체류에 관한 신고

> **설명형 예제**
>
> 주민등록법은 90일 이상 해외 체류할 목적으로 출국하려는 거주자 및 거주불명자가 해야 하는 해외체류 신고에 대해 규정하고 있다.
> (1) 해외체류신고 시 신고인이 제출해야 하는 서류 및 절차에 대해 구체적으로 설명하시오.
> (2) 해외체류신고가 주민등록표에 미치는 영향과 신고 이후의 행정절차에 대해 설명하시오.
> (3) 행정기관 간 해외체류 신고자 명단의 공유 절차와 그 목적을 설명하시오.

(1) 의의

90일 이상 해외 체류할 목적 있는 등록 거주자 또는 거주불명자도 출국 전에 세대의 실제 거주지 또는 읍면동 소재지를 "행정관리주소"로 미리 신고해 둘 수 있도록 하여, 귀국할 때까지 국내 주소를 계속 유지할 수 있게 한 제도이다(2026년 신설).

과거에는 해외에 나가야 할 경우 국내 주소가 사라져 금융, 부동산 거래 및 서민경제활동이 제한되었으나, 신고한 관리주소로 국내 의료·보험·신분증 발급 등 기본 권리가 유지될 수 있게 하여 해외체류자의 신분 안정과 편익 보호를 확보했다.

(2) 신고의 방법

① 이 법에 따라 주민등록을 한 거주자 또는 제20조 제6항에 따라 거주불명으로 등록된 사람(이하 "거주불명자")이 90일 이상 해외에 체류할 목적으로 출국하려는 경우(제19조 제1항에 따라 국외이주신고를 하여야 하는 사람은 제외)에는 출국 후에 그가 속할 세대의 거주지를 제10조 제1항 제7호에 따른 주소로 미리 신고할 수 있다. 다만, 출국 후 어느 세대에도 속하지 아니하게 되는 사람은 신고 당시 거주지를 관할하는 읍·면사무소 또는 동 주민센터의 주소를 행정상 관리주소로 신고할 수 있다(법 제10조의3 제1항).

② 제1항 본문에 따른 신고는 신고할 주소지를 관할하는 시장·군수 또는 구청장에게 하고, 제1항 단서에 따른 신고는 신고 당시 거주지를 관할하는 시장·군수 또는 구청장에게 한다(제2항).

③ 해외체류신고를 하려는 사람은 별지 제10호의3 서식의 해외체류신고서에 해외체류 사실을 확인할 수 있는 다음 각 호의 어느 하나에 해당하는 서류를 첨부하여 법 제10조의3 제2항에 따른 해당 시장·군수 또는 구청장에게 제출하여야 한다. 이 경우 법 제10조의3 제1항 본문에 따른 해외체류신고를 하려는 사람은 해외체류신고서에 출국 후에 속할 세대의 세대주의 서명이나 날인을 받아야

한다(시행령 제17조 제1항).

> 1. 해외체류 예정 국가에서 발행한 비자 사본
> 2. 외국 교육기관의 입학허가서 또는 재학증명서
> 3. 소속기관 출장명령서 또는 훈련 주관기관의 훈련계획서
> 4. 국제항공권 또는 국제여객선 등의 구매내역
> 5. 그 밖에 해외체류 사실을 확인할 수 있는 자료

④ 출국하려는 사람 본인이 직접 해외체류신고를 할 수 없으면 다음 각 호의 어느 하나에 해당하는 사람이 할 수 있다(시행령 제17조 제2항).

> 1. 출국하려는 사람이 현재 속한 세대의 세대주
> 2. 출국하려는 사람 본인의 위임을 받은 사람으로서 다음 각 목의 어느 하나에 해당하는 사람
>   가. 출국하려는 사람 본인의 배우자
>   나. 출국하려는 사람 본인의 직계혈족
>   다. 출국하려는 사람 본인의 배우자의 직계혈족
>   라. 출국하려는 사람 본인의 직계혈족의 배우자
>   마. 출국하려는 사람이 출국 후에 속할 세대의 세대주

⑤ 출국하려는 사람 본인의 위임을 받아 신고하려는 사람은 해외체류신고서에 출국하려는 사람 본인의 서명이나 날인을 받아야 하고, 출국하려는 사람 본인의 주민등록증·여권·운전면허증이나 그 밖에 행정안전부장관이 정하는 신분증명서(이하 "신분증명서")를 함께 제시하여야 한다. 이 경우 해외체류신고를 받은 공무원은 신고하려는 사람의 제적등본이나 가족관계기록사항에 관한 증명서 등을 통하여 신고하려는 사람이 제2항 각 호의 어느 하나에 해당하는 사람임을 확인하여야 한다(시행령 제17조 제3항).

(3) 해외체류자의 구분 등록·관리

① 제2항의 시장·군수 또는 구청장은 신고를 하고 출국한 사람(이하 "해외체류자")의 주민등록을 구분하여 등록·관리할 수 있다(법 제10조의3 제3항).

② 법 제10조의3 제1항 본문에 따른 해외체류신고를 받은 시장·군수 또는 구청장은 지체 없이 출국하려는 사람의 신고 당시 거주지를 관할하는 시장·군수 또는 구청장에게 신고사항을 알려야 하고, 이를 통보받은 시장·군수 또는 구청장은 출국하려는 사람의 주민등록표에 "해외체류신고"라고 기록한 후 신고일자와 관계 공무원의 성명을 기록하여야 한다(시행령 제17조 제4항).

③ 법 제10조의3 제1항 단서에 따른 해외체류신고를 받은 시장·군수 또는 구청장은 출국하려는 사람의 주민등록표에 "해외체류신고"라고 기록한 후 신고일자와 관계 공무원의 성명을 기록하여야 한다(제5항).

④ 시장·군수 또는 구청장은 주민등록표에 "해외체류신고"로 기록된 사람(이하 "해외체류신고자")의 명단을 매일 행정안전부장관에게 알려야 하고, 행정안전부장관은 이를 매일 법무부장관에게 알려야 한다(제6항).

⑤ 법무부장관은 해외체류신고자가 출국한 경우에는 출국한 사람(이하 "해외체류자")의 명단을 매일 행정안전부장관에게 알려야 하고, 행정안전부장관은 이를 매일 해당 시장·군수 또는 구청장에게 알려야 한다(제7항).

☞ 이러한 행정기관 간 명단 공유는 해외체류자의 출입국 현황 파악 및 거주 상태 관리, 행정상 필요 조치를 위해 이루어진다.

4. 합숙하는 곳에서의 신고

> **설명형 예제**
> 여러 사람이 동거하는 숙소에 거주하는 주민이 주민등록 신고의무를 이행할 때 신고의무자는 누구이며, 신고의무자가 신고를 하지 못하는 경우에는 어떻게 신고해야 하는지 설명하시오.

(1) 의의

기숙사, 요양시설, 쉼터, 아동시설 등에서 개개인의 전입 신고 누락 사례가 존재함에 따라, 합숙시설 거주자의 신고책임을 '관리자'에게 부여함으로써 한 장소에 다수 거주하는 경우 주민 각자가 개별 신고해야 할 혼란과 누락을 방지한다.

(2) 신고의무자

<u>기숙사</u>, 「노인복지법」 제34조 제1항 제1호에 따른 <u>노인요양시설</u>, 「노숙인 등의 복지 및 자립지원에 관한 법률」 제16조 제1항 제4호에 따른 <u>노숙인요양시설</u>, 「아동복지법」 제52조 제1항 제1호에 따른 <u>아동양육시설</u> 등 여러 사람이 동거하는 숙소에 거주하는 주민은 신고사유가 발생한 날부터 14일 이내에 그 숙소의 관리자가 신고하여야 한다. 다만, 관리자가 신고할 수 없으면 본인이 하여야 한다(법 제12조 제1항).

(3) 본인의 신고 방법

본인이 신고를 할 때에는 합숙사를 관리하는 사람의 확인을 받아야 한다. 다만, 합숙사를 관리하는 사람의 확인을 받을 수 없으면 읍·면·동장 또는 출장소장의 사실조사로써 갈음한다(시행령 제18조 제1항).

5. 정정신고

> **설명형 예제**
> 국내인 甲은 본인의 생년월일이 주민등록표에 잘못 기재되어 있는 것을 발견하였다. 이와 같은 경우 「주민등록법」상 등록사항의 정정신고를 할 의무자 및 신고에 따른 정정절차를 설명하시오.

(1) 의의

신고된 주민등록사항에 변동(예 주소·성명·등록기준지 변경)이 발생한 경우 세대주 등 신고의무자는 14일 이내에 정정신고를 해야 한다. 이는 '신고 후 지속관리'를 법제화함으로써 주민등록부의 최신 상태 유지하고자 함이다.

(2) 정정신고 의무

법 제11조와 제12조에 따른 <u>신고의무자는 그 신고사항에 변동이 있으면 변동이 있는 날부터 14일</u>

이내에 그 정정신고(訂正申告)를 하여야 한다(법 제13조 제1항).

(3) 정정신고에 따른 정정 방법

① 시장·군수 또는 구청장은 정정신고를 받으면 지체 없이 전 거주지의 시장·군수·구청장 또는 등록기준지의 시장(구가 설치되지 아니한 시의 시장)·구청장(자치구가 아닌 구의 구청장을 포함) 또는 읍·면장(이하 "등록기준지의 시장·구청장 또는 읍·면장") 등 신고사항을 확인할 수 있는 기관에 이를 조회하고 그 결과에 따라 정정하여야 한다. 다만, 정정사항을 확인할 수 있는 기관에서 발급한 증서를 제출하면 해당 기관에 조회하지 아니하고 그 증서에 따라 정정할 수 있다(시행령 제20조 제2항).

② 시장·군수 또는 구청장은 정정의 내용이 세대주의 변경인 경우로서 해당 사실이 있는 경우 통보해 줄 것을 변경 전 세대주가 미리 신청한 경우에는 변경 사실을 휴대전화에 의한 문자전송의 방법으로 변경 전 세대주에게 통보할 수 있다(제3항).

6. 주민등록신고와 가족관계등록신고의 관계

> **사례형 예제**
>
> A는 최근 출생한 자녀의 출생사실을 가족관계등록법과 주민등록법에 따라 신고해야 한다. 그런데 A는 가족관계등록법상의 출생신고만 하였다. 이 경우 법률상 어떤 문제가 발생할 수 있는가?
>
> **해설 요지**
>
> A가 출생신고만 하고 주민등록신고를 하지 않아도 주민등록법 제14조에 따라 그 신고는 주민등록법상 신고로 간주되어 주민등록은 자동 정리된다. 다만 등록기준지와 주민등록지가 다르면 정보가 관할 행정청 간에 전달·처리되어야 한다.

(1) 가족관계등록신고 등에 따른 주민등록의 정리

① 이 법에 따른 신고사항과 「가족관계의 등록 등에 관한 법률」에 따른 신고사항이 같으면 「가족관계의 등록 등에 관한 법률」에 따른 신고로써 이 법에 따른 신고를 갈음한다(법 제14조 제1항). 이는 주민등록과 가족관계등록 사이에 공통된 개인 정보에 대해 별도 신고 없이 한 번의 신고로 처리될 수 있게 하는 통합 제도로서, 중복·누락·불일치를 방지하고 행정의 신뢰성과 사용자 편의성을 동시에 확보려는 것이다.

※ 「가족관계의 등록 등에 관한 법률」에 따른 신고로써 갈음되는 주민등록신고사항(시행령 제21조 제2항).

    1. 출생
    2. 사망 또는 실종
    3. 등록기준지의 변경
    4. 성명·생년월일 또는 성별의 변경

※ 시장·군수 또는 구청장은 이 법에 따른 신고를 갈음하는 「가족관계의 등록 등에 관한 법률」에 따른 신고사항의 변경 여부 등을 확인하기 위하여 필요한 경우에는 법원행정처장에게 같은 법 제11조에 따른 등록전산정보자료의 제공을 요청할 수 있다. 이 경우 법원행정처장은 특별한

사유가 없으면 이에 따라야 한다(법 제15조의2).
② 주민등록지의 시장·군수 또는 구청장은 이 법에 따른 신고에 갈음되는 「가족관계의 등록 등에 관한 법률」에 따른 신고를 받으면 그에 따라 주민등록을 하거나 등록사항을 정정 또는 말소하여야 한다(법 제14조 제2항).
③ 신고대상자의 「가족관계의 등록 등에 관한 법률」 제4조 및 제4조의2에 따른 신고지(이하 "가족관계등록 신고지")와 주민등록지가 다를 경우에 가족관계등록 신고지의 시장·구청장 또는 읍·면장(같은 법 제4조의2 제1항에 따른 가족관계등록관을 포함)이 같은 법에 따른 신고를 받아 가족관계등록부의 기록사항을 변경하면 지체 없이 그 신고사항을 주민등록지의 시장·군수 또는 구청장에게 통보하여야 하며, 그 통보를 받은 주민등록지의 시장·군수 또는 구청장은 이에 따라 주민등록을 하거나 등록사항을 정정 또는 말소하여야 한다(법 제14조 제3항).

☞ 가족관계등록지에서 출생·사망 등 공통 사항이 신고되면, 주민등록지 행정기관에 자동 통보해야 하며, 이는 주민등록 자동정정의 법적 근거가 된다.

(2) 주민등록지 ↔ 등록기준지 양방향 통보 의무
① 등록기준지와 주민등록지가 다른 경우에 주민등록지의 시장·군수 또는 구청장이 「가족관계의 등록 등에 관한 법률」 제9조 제2항에 따른 가족관계등록부의 기록사항과 같은 내용의 주민등록을 하였거나 등록사항을 정정 또는 말소하면 그 내용을 대통령령으로 정하는 바에 따라 등록기준지(제14조 제3항에 따른 경우에는 가족관계등록 신고지를 말함)의 시장·구청장 또는 읍·면장에게 알려야 한다(법 제15조 제1항).
② 제1항에 따른 통보를 받은 시장·구청장 또는 읍·면장은 통보받은 사항 중 가족관계등록부의 기록사항과 다른 사항에 대하여는 지체 없이 그 내용을 주민등록지의 시장·군수 또는 구청장에게 알려야 한다(제2항).

☞ 등록기준지와 주민등록지가 다를 경우, 주민등록지 관할기관은 변경사항을 등록기준지에 통보해야 하며, 등록기준지 측에서 불일치할 경우 주민등록지에 다시 통보해야 한다.

조문	통보 방향	적용 상황	법적 기능
제14조 제3항	가족관계 신고지 → 주민등록지 단방향	가족관계 신고사항이 주민등록과 같은 경우	신고의 대체 및 주민등록 자동 정정 (정보 일치) 역할
제15조	상호 통보 (주민등록지 ↔ 등록기준지)	등록기준지와 주민등록지가 다른 경우에만 적용	서로 정보 확인 및 정정 통보 통해 전국적 정합성 확보

7. 전입신고

> **설명형 예제**
>
> 「주민등록법」상 전입신고 절차와 관련하여 ① 신고의무자와 신고기한, 신고 대상 기관, ② 전입신고를 받은 신거주지의 시장·군수 또는 구청장이 해야 할 의무, ③ 전출지 시장·군수 또는 구청장이 해야 할 업무에 대하여 설명하시오.

(1) 의의

전입신고는 거주지 이동 사실을 신속히 관련 관공서 및 정보시스템에 반영함으로써 행정의 실효성과 주민의 권리를 동시에 확보하는 핵심 절차이다. 전입신고로서 거주지 이동 실태의 즉각 반영으로 인해 주민등록표와 행정 공공정보가 현실을 정확하게 반영하게 된다. 이를 바탕으로 선거, 조세, 복지, 주민 서비스 제공 등의 행정처리가 효율적으로 이루어지게 한다.

그리고 전입신고가 있으면 다른 법령상의 신고로 간주됨으로써 불필요한 이중신고를 방지하고 행정의 간소화에 기여한다.

(2) 신고의무자의 신고

하나의 세대에 속하는 자의 전원 또는 그 일부가 거주지를 이동하면 제11조나 제12조에 따른 신고의무자가 신거주지에 전입한 날부터 14일 이내에 신거주지의 시장·군수 또는 구청장에게 전입신고(轉入申告)를 하여야 한다(법 제16조 제1항).

(3) 전입자의 확인

전입신고를 하는 경우 전입지의 세대주 또는 세대를 관리하는 사람과 전(前) 거주지의 세대주 또는 세대를 관리하는 사람이 다른 경우에는 다음 각 호의 방법에 따라 신고해야 한다(시행령 제23조 제2항).

1. 전입자[전입자가 미성년자인 경우에는 법정대리인(친권자 또는 후견인)을 말한다]의 확인을 받을 것. 다만, 그 확인을 받기 어려운 경우에는 읍·면·동장 또는 출장소장의 사실 조사로 갈음할 수 있다.
2. 전입자[전입자가 미성년자인 경우에는 법정대리인(친권자 또는 후견인)을 말한다]의 신분증명서를 제시할 것. 다만, 전입자가 신고인 본인의 배우자 또는 직계혈족이면 신분증명서 제시를 생략할 수 있다.

(4) 주민등록표외 관련 공부의 이송 요청

신거주지의 시장·군수 또는 구청장은 전입신고를 받으면 지체 없이 전 거주지의 시장·군수 또는 구청장에게 전입신고 사항을 알리고 주민등록정보시스템을 이용하여 주민등록표와 관련 공부(公簿)의 이송(移送)을 요청하여야 한다(법 제16조 제2항).

(5) 이송

이송요청을 받은 전 거주지의 시장·군수 또는 구청장은 전출대상자(轉出對象者)가 세대원 전원이거나 세대주를 포함한 세대의 일부 전출인 경우에는 주민등록표와 관련 공부를, 세대주를 제외한 세대의 일부의 전출인 경우에는 전출자의 개인별 주민등록표와 관련 공부를 지체 없이 정리하여 신거주지의 시장·군수 또는 구청장에게 주민등록정보시스템을 이용하여 이송하여야 한다(법 제16조 제3항).

(6) 주민등록표와 관련 공부 정리·작성

신거주지의 시장·군수 또는 구청장은 제3항에 따라 주민등록표와 관련 공부가 이송되어 오면 전입신고서와 대조·확인한 후 지체 없이 주민등록표와 관련 공부를 정리 또는 작성하여야 한다(법 제16조 제4항).

※ 시장·군수 또는 구청장은 전입신고를 받은 경우 신고자에 대한 본인확인을 하고 신거주지에 주민

등록되어 있는 전입세대의 수를 확인한 후 전입자의 주민등록표와 세대별 주민등록표 색인부에 전입신고일자, 전입사유와 관계 공무원의 성명을 기록하여야 한다(시행령 제23조 제3항).

(7) 전입신고 사실의 통보

시장·군수 또는 구청장은 관할 구역에 거주지를 가진 세대주나 거주지에 있는 건물 또는 시설의 소유자 또는 임대인의 신청이 있는 경우에는 그 거주지를 신거주지로 하는 전입신고를 받을 때마다 전입신고가 있었다는 사실을 그 세대주, 소유자 또는 임대인에게 통보할 수 있다(법 제16조의2 제1항).

> **관련판례**
>
> **무허가 건축물을 실제 생활의 근거지로 삼아 10년 이상 거주해 온 사람의 경우, 투기나 이주대책 요구 등을 방지할 목적으로 주민등록전입신고를 거부하는 것은 불허**
>
> 전입신고를 받은 시장·군수 또는 구청장의 심사 대상은 전입신고자가 30일 이상 생활의 근거로 거주할 목적으로 거주지를 옮기는지 여부만으로 제한된다고 보아야 한다. 따라서 전입신고자가 거주의 목적 이외에 다른 이해관계에 관한 의도를 가지고 있는지 여부, 무허가 건축물의 관리, 전입신고를 수리함으로써 당해 지방자치단체에 미치는 영향 등과 같은 사유는 주민등록법이 아닌 다른 법률에 의하여 규율되어야 하고, 주민등록전입신고의 수리 여부를 심사하는 단계에서는 고려 대상이 될 수 없다. 무허가 건축물을 실제 생활의 근거지로 삼아 10년 이상 거주해 온 사람의 주민등록 전입신고를 거부한 사안에서, 부동산투기나 이주대책 요구 등을 방지할 목적으로 주민등록전입신고를 거부하는 것은 주민등록법의 입법 목적과 취지 등에 비추어 허용될 수 없다(대판 2009.6.18. 2008두10997).

(8) 다른 법령에 따른 신고와의 관계

주민의 거주지 이동에 따른 주민등록의 전입신고가 있으면 「병역법」, 「민방위기본법」, 「인감증명법」, 「국민기초생활 보장법」, 「국민건강보험법」 및 「장애인복지법」에 따른 거주지 이동의 전출신고와 전입신고를 한 것으로 본다(법 제17조).

8. 국외이주신고 등

> **설명형 예제**
>
> 시장·군수 또는 구청장이 국외이주신고를 받은 경우 주민등록표에 해야 할 기록사항과 행정상 관리주소 지정의 의미를 설명하시오.

(1) 의의

과거에는 해외로 이주하거나 장기 체류하는 국민에 대한 주소 관리 체계가 미비하여, 이들이 거주불명자로 처리되는 등 행정상 혼란이 있었다. 이에 따라 2014년 개정을 통해 국외이주 및 재외국민의 출국에 대한 신고 의무를 명확히 하고, 행정상 관리주소 지정 및 재외국민으로의 구분 등록 절차를 도입하였다. 이러한 조치는 국외 거주 국민에 대한 정확한 정보 관리를 가능하게 하여, 행정 효율성을 높이고 국민의 권익을 보호하는 데 기여하고 있다.

(2) 신고의무자의 신고

① 주민등록을 한 거주자 또는 거주불명자가 대한민국 외에 거주지를 정하려는 때에는 그의 현 거주지를 관할하는 시장·군수 또는 구청장에게 미리 신고하여야 한다. 이 경우 「해외이주법」 제6조에 따른 해외이주신고로 전단의 신고를 갈음할 수 있다(법 제19조 제1항).

② 제10조의2 제1항에 따라 신고(* 국내에 30일 이상 거주할 목적으로 입국하는 때의 신고)한 재외국민이 국외에 30일 이상 거주할 목적으로 출국하려는 때에는 그의 현 거주지를 관할하는 시장·군수 또는 구청장에게 미리 신고하여야 한다. 이 경우 「재외국민등록법」 제2조에 따른 등록으로 전단의 신고를 갈음할 수 있다(제2항).

(3) 행정상 관리주소 지정

시장·군수 또는 구청장은 제1항 및 제2항에 따라 신고한 사람의 거주지를 관할하는 읍·면사무소 또는 동 주민센터의 주소를 행정상 관리주소로 지정하여야 한다(제3항).

☞ 행정상 관리주소란 해외에 거주하는 사람에 대해 행정 목적상 관리하기 위해 설정한 국내주소를 말한다.

(4) 재외국민 구분 등록

시장·군수 또는 구청장은 주민등록된 거주자 또는 거주불명자가 「해외이주법」 제6조에 따라 해외이주신고를 하고 출국하거나, 같은 법 제4조 제3호의 현지이주를 한 경우에는 이 법 제6조 제1항 제3호의 재외국민으로 구분하여 등록·관리하여야 한다(제4항).

☞ 재외국민으로의 구분 등록을 통해 국외 체류 중인 국민의 권리와 의무를 명확히 하고, 필요한 지원을 제공할 수 있도록 한다. 또한 「해외이주법」 및 「재외국민등록법」과의 연계를 통해 국외이주 및 재외국민 관리에 대한 통합적이고 일관된 법적 체계를 구축한다.

시행령 제26조(국외이주신고 등) ① 법 제19조 제1항에 따른 국외이주신고는 별지 제15호의4 서식에 따른다. 이 경우 시장·군수 또는 구청장은 신고자의 주민등록표에 "국외이주신고"라고 기록한 후 신고일자 및 관계 공무원의 성명을 기록하여야 한다.
② 재외동포청장은 「해외이주법」 제6조에 따른 해외이주신고를 받으면 매일 신고자의 명단을 별지 제16호 서식에 따라 행정안전부장관에게 알려야 하고, 행정안전부장관은 매일 이를 해당 시장·군수 또는 구청장에게 알려야 한다.
③ 시장·군수 또는 구청장은 제2항에 따라 해외이주신고자 명단을 통보받으면 해당자의 주민등록표에 "국외이주신고"라고 기록한 후 신고일자 및 관계 공무원의 성명을 기록하여야 한다.
④ 시장·군수 또는 구청장은 제1항 또는 제3항에 따라 "국외이주신고"로 기록된 사람(이하 "국외이주신고자")의 명단을 행정안전부장관에게 알려야 하고, 행정안전부장관은 해당 명단을 별지 제16호의2 서식에 따라 법무부장관에게 알려야 한다.
⑤ 법무부장관은 제4항에 따른 국외이주신고자가 출국한 경우에는 출국자 명단을 매일 별지 제16호의3 서식에 따라 행정안전부장관에게 알려야 하고, 행정안전부장관은 매일 이를 해당 시장·군수 또는 구청장에게 알려야 한다.
⑥ 시장·군수 또는 구청장은 제5항에 따라 출국자 명단을 통보받으면 그 주민을 "재외국민"으로 구분 등록하고 그 주민의 거주지를 법 제19조 제3항에 따른 행정상관리주소로 변경한 후 영주 또는 거주하는

국가나 지역, 출국일자, 출국자명단 통보서 접수일자 및 관계 공무원의 성명을 기록하여야 한다.
⑦ 시장·군수 또는 구청장은 제4항에 따른 국외이주신고자가 5년이 지난 후에도 재외국민으로 구분 등록되지 아니한 경우에는 법 제20조 제1항에 따른 사실조사를 통하여 주민등록표를 정리하여야 한다.
⑧ 제6항에 따라 재외국민으로 등록되는 일자는 출국일 다음날로 한다.

9. 출입국자료 등 자료의 제공 요청

(1) 의의

글로벌화로 인해 해외에 거주하는 국민과 이주자의 수가 증가함에 따라, 이들의 거주사실을 정확히 파악할 필요성이 대두되었다. 2014년 관련 행정기관 간에 출입국자료, 국내거소신고자료, 해외이주신고자료, 재외국민등록자료 등을 상호 요청하고 제공할 수 있도록 규정하였다. 이를 통해 행정기관은 주민등록 정보를 보다 정확하게 관리할 수 있게 되었다.

(2) 출입국자료, 국내거소신고자료, 해외이주신고자료, 재외국민등록자료 제공 요청

시장·군수 또는 구청장 및 행정안전부장관은 재외국민 및 제10조의3 제1항(* 해외체류에 대한 신고)에 따른 신고자의 거주사실 등을 명확하게 파악하기 위하여 필요한 경우에는 법무부장관에게 출입국자료 및 국내거소신고자료 제공을 요청할 수 있으며, 재외동포청장에게 해외이주신고자료 및 재외국민등록자료 제공을 요청할 수 있다. 이 경우 법무부장관 및 재외동포청장은 특별한 사유가 없으면 이에 따라야 한다(법 제19조의2 제1항).

(3) 재외국민의 주민등록자료 제공 요청

법무부장관 및 재외동포청장은 국내거소신고자 관리 또는 재외국민등록 등을 위하여 필요한 경우에는 시장·군수 또는 구청장 및 행정안전부장관에게 재외국민의 주민등록자료 제공을 요청할 수 있다. 이 경우 시장·군수 또는 구청장 및 행정안전부장관은 특별한 사유가 없으면 이에 따라야 한다(제2항).

10. 사실조사와 직권조치 및 불복절차

> **설명형 예제**
>
> A시는 2026. 3. 15.까지 전 시민을 대상으로 주민등록 사실조사를 실시한다고 발표하였다. 조사 결과 신고의무자의 주민등록 사항이 일치하지 않는 경우 A시장이 취할 수 있는 행정절차를 설명하시오.

(1) 의의

주민등록법 제20조, 제20조의2, 제20조의3은 주민등록제도의 핵심 집행장치로서, 다음의 세 기능을 통합하여 주민의 거주사실을 정확히 파악하고 등록정보의 오류를 시정하며, 국가 행정의 신뢰성과 효율성을 보장하는 데 목적이 있다.

첫째, 제20조는 신고의무자가 신고기한 위반, 부실 신고, 허위 기재 의심 등이 있는 경우 사실조사 → 최고·공고 → 조정 기간 경과 시 등록·정정·말소 또는 거주불명 등록까지 이어지는 절차를 규정하여, 신고 중심의 등록제도를 실거주 중심으로 보완한다. 특히 거주불명 등록은 마지막 신고지를 행정관리주소로 설정하는 후속조치로, 실제 거주 여부를 확인할 수 없는 자를 제도권 밖으로 그대로 방치하지

않도록 설계된 조치이다.

둘째, 제20조의2는 거주불명자로 등록된 자의 거주상태를 정기적으로 조사하도록 신설된 조문으로, 조사 결과에 따라 거주자 또는 재외국민으로 등록하거나 등록사항을 말소할 수 있도록 한다. 이를 통해 과거에는 재등록을 이끌어내지 못했던 사람에 대해 사후관리를 강화하고, 사회복귀가 불분명하거나 사망이 추정되는 경우 적극적으로 처리할 수 있도록 하였다.

셋째, 제20조의3는 지방자치단체장 및 행정안전부장관이 사실조사 및 직권조치에 필요한 자료를 국가기관 및 공공기관으로부터 제공받을 수 있도록 허용하며, 특별한 사유가 없는 한 협조 의무를 부여함으로써 조사의 실효성과 정확성을 강화했다. 이를 통해 법무부, 국세·건강보험공단·공공기관들의 데이터가 실거주 여부의 확인과 등록정보의 정정에 활용된다.

(2) 사실조사

① 사실조사 사유

시장·군수 또는 구청장은 신고의무자가 다음 각 호의 어느 하나에 해당하면 그 사실을 조사할 수 있다(법 제20조 제1항).

> 1. 제10조 및 제10조의2에 규정된 사항을 이 법에 규정된 기간 내에 신고하지 아니한 때
> 2. 제10조 및 제10조의2에 규정된 사항을 부실하게 신고한 때
> 3. 제10조 및 제10조의2에 규정된 사항의 신고된 내용이 사실과 다르다고 인정할 만한 상당한 이유가 있는 때

※ 관계 공무원은 제1항에 따른 조사를 할 때에, 그 권한을 나타내는 증표를 지니고 이를 관계인에게 내보여야 한다(제8항).

② 최고 또는 공고

㉠ 시장·군수 또는 구청장은 사실조사 등을 통하여 신고의무자가 신고할 사항을 신고하지 아니하였거나 신고된 내용이 사실과 다른 것을 확인하면 일정한 기간을 정하여 신고의무자에게 사실대로 신고할 것을 최고(催告)하여야 한다. 제15조 제2항에 따라 통보(* 가족관계등록부의 기록사항과 다른 사항)를 받은 때에도 또한 같다(제2항).

㉡ 시장·군수 또는 구청장은 신고의무자에게 최고할 수 없으면 대통령령으로 정하는 바에 따라 일정한 기간을 정하여 신고할 것을 공고하여야 한다(제3항).

㉢ 최고 또는 공고를 할 때에는 정하여진 기간에 신고하지 아니하면 시장·군수 또는 구청장이 주민등록을 하거나 등록사항을 정정 또는 말소할 수 있다는 내용을 포함하여야 한다(제4항).

(3) 직권조치

① 주민등록 또는 등록사항 정정·말소

시장·군수 또는 구청장은 신고의무자가 제2항 또는 제3항에 따라 정하여진 기간에 신고하지 아니하면 사실조사, 공부상의 근거 또는 통장·이장의 확인에 따라 주민등록을 하거나 등록사항을 정정 또는 말소하여야 한다(법 제20조 제5항).

② 거주불명 등록

시장·군수 또는 구청장은 신고의무자가 확인 결과, 거주사실이 불분명하다고 인정되는 경우에는 그 신고의무자가 마지막으로 신고한 주소를 행정상 관리주소로 하여 거주불명 등록을 하여야 한다. 다만, 시장·군수 또는 구청장은 거주불명 등록 후 1년이 지나고 제3항에 따른 공고를 2회 이상 하여도 거주불명자가 정당한 거주지에 등록하지 아니한 경우에는 읍·면사무소 또는 동 주민센터의 주소를 행정상 관리주소로 할 수 있다(제6항).

③ 직권조치 사실 통지

시장·군수 또는 구청장은 공부상의 근거 또는 통장·이장의 확인을 받는 방법으로 직권조치를 한 경우에는 14일 이내에 그 사실을 신고의무자에게 알려야 하고, 알릴 수 없으면 대통령령으로 정하는 바에 따라 공고하여야 한다(제7항).

> **관련판례**
>
> **30일 이상 생활의 근거로서 거주할 목적으로 거주지를 실질적으로 옮기지 아니하였음에도 거주지를 이동하였다는 이유로 전입신고를 한 경우, 그 등록사항을 직권으로 말소할 수 있음**
>
> 전입신고의 요건인 '거주지를 이동한 때'라 함은 30일 이상 생활의 근거로서 거주할 목적으로 거주지를 실질적으로 옮기는 것을 의미하므로, 30일 이상 생활의 근거로서 거주할 목적으로 거주지를 실질적으로 옮기지 아니하였음에도 거주지를 이동하였다는 이유로 전입신고를 하였다면 이는 주민등록법 제17조의2 제2항 소정의 '신고의무자가 신고한 내용이 사실과 다른 때'에 해당한다 할 것이어서 이러한 경우 시장 등은 주민등록법 제17조의2 각 항에서 규정한 절차에 따라 그 등록사항을 직권으로 말소할 수 있다(대판 2005.3.25. 2004두11329).

(4) 거주불명자에 대한 사실조사와 직권조치

① 시장·군수 또는 구청장은 거주불명자 관리를 위하여 대통령령으로 정하는 바(* 매년 1회 이상 주민의 거주사실과 주민등록표를 대조·확인)에 따라 거주불명자의 거주사실 등에 대한 사실조사를 실시하여야 한다. 이 경우 거주불명자에 대한 최고 및 공고에 관하여는 제20조 제2항 및 제3항을 준용한다(법 제20조의2 제1항).

② 시장·군수 또는 구청장은 사실조사, 공부상의 근거 또는 통장·이장의 확인에 따라 다음 각 호의 어느 하나에 해당하는 조치를 하여야 한다(제2항).

  1. 거주자 또는 재외국민으로의 등록
  2. 등록사항의 말소(사망 사실을 확인한 경우 또는 그 밖에 거주불명자의 주민등록을 유지할 필요가 없다고 인정되는 경우로서 대통령령으로 정하는 경우로 한정)
     ※ "대통령령으로 정하는 경우"; 거주불명자가 거주불명으로 등록된 기간이 연속하여 5년 이상 이고, 같은 조 제1항에 따른 사실조사 결과 해당 기간 동안 각종 급여의 수급 사실 등이 없는 경우(시행령 제30조의2)
  3. 거주불명 등록의 유지

③ 시장·군수 또는 구청장은 제2항 제1호 및 제2호에 따라 직권조치를 한 경우에는 14일 이내에 그 사실을 신고의무자에게 알려야 하고, 알릴 수 없으면 대통령령으로 정하는 바(* 읍·면 사무소 또는 동 주민센터의 게시판과 인터넷 홈페이지에 게시하는 방법)에 따라 공고하여야 한다(제3항).

(5) 사실조사와 직권조치 관련 자료의 제공

① 시장·군수 또는 구청장 및 행정안전부장관은 관계 국가기관, 지방자치단체 및 공공기관의 장에게 사실조사와 직권조치를 위하여 필요한 자료 제공을 요청할 수 있다. 이 경우 자료 제공을 요청받은 국가기관, 지방자치단체 및 공공기관의 장은 특별한 사유가 없으면 이에 따라야 한다(법 제20조의3 제1항).
② 시장·군수 또는 구청장 및 행정안전부장관이 자료 제공을 요청할 수 있는 국가기관, 지방자치단체 및 공공기관과 요청 자료의 구체적인 범위는 대통령령으로 정한다(제2항). ☞ 시행령 [별표3]

(6) 이의신청 등

① 시장·군수 또는 구청장으로부터 주민등록 또는 등록사항의 정정이나 말소 또는 거주불명 등록의 처분을 받은 자가 그 처분에 대하여 이의가 있으면 그 처분일이나 제20조 제7항 또는 제20조의2 제3항에 따른 통지를 받거나 공고된 날부터 30일 이내에 서면으로 해당 시장·군수 또는 구청장에게 이의를 신청할 수 있다(법 제21조 제1항).
② 시장·군수 또는 구청장이 이의신청을 받으면 그 신청을 받은 날부터 10일 이내에 심사·결정하여 그 결과를 지체 없이 신청인에게 알려야 하며, 그 요구가 정당하다고 결정되면 그에 따라 주민등록을 하거나 등록사항을 정정 또는 말소하여야 한다(제2항).
③ 시장·군수 또는 구청장이 이의신청을 각하 또는 기각하는 결정을 하면 제2항에 따른 결과통지서에 행정심판이나 행정소송을 제기할 수 있다는 취지를 함께 적어 신청인에게 알려야 한다(제3항).

11. 주민등록표의 재작성

> **설명형 예제**
>
> 주민등록표를 다시 작성해야 하는 주요 사유 두 가지, 그리고 주민등록표 재작성 시 변경 이전의 주민등록표는 어떻게 처리되는지 설명하시오.

(1) 의의

자연·사회적 해악(재해·재난) 또는 제도적 변화(세대주 변경)로 인해 주민등록표가 멸실·손상되거나 실질적 효력이 상실된 경우, 관할 행정기관은 신고자 또는 세대주의 확인을 거쳐 주민등록표를 다시 작성하도록 함으로써 인구·주소정보의 정확성·연속성을 확보하고, 행정자료의 신뢰성과 개인 권리보장을 유지하게 한다.

(2) 재작성 사유

시장·군수 또는 구청장은 다음 각 호의 어느 하나에 해당하면 종전 주민등록에 관한 여러 신청서 등에 따라 주민등록표를 다시 작성하고 신고의무자의 확인을 받아야 한다. 다만, 주민등록에 관한 여러 신청서 등에 따라 다시 작성할 수 없으면 주민등록표를 다시 작성한다는 뜻을 신고의무자에게 알리거나 공고하고 그 신고의무자의 신고에 따라 이를 작성하여야 하며, 제2호의 경우에는 세대별 주민등록표에 한정하여 작성한다(법 제22조 제1항).

1. 재해·재난 등으로 주민등록표가 멸실되거나 손상되어 복구가 불가능한 때
2. 세대주가 변경된 때

(3) 재작성 이후의 관리 등

제1항 제1호의 경우에는 다시 작성한 주민등록표에 그 사유를 기록하여야 하고, 같은 항 제2호에 따라 변경되기 이전의 주민등록표는 보존·관리하여야 하며, 그 보존·관리에 필요한 사항은 대통령령으로 정한다(제2항).

※ 주민등록표를 재작성하였을 때에는 재작성된 주민등록표에 재작성사유, 재작성일자 및 관계 공무원의 성명을 기록하고 변경되기 전의 주민등록표는 주민등록정보시스템으로 목록을 작성하여 따로 보존·관리해야 한다(시행령 제34조 제2항).

05 주민등록증 발급 및 관리

1. 주민등록증의 발급

> **설명형 예제**
> 주민등록증 발급과 관련하여 ① 시장·군수 또는 구청장이 사전에 발급대상자에게 하는 조치, ② 주민등록증 발급 신청자가 제출해야 하는 서류 및 본인 확인 방법에 대하여 설명하시오.

(1) 의의

법 제24조는 공적 신분증의 발급권한과 기준을 명확히 설정함으로써, ① '17세 이상(재외국민·해외체류자 중 장기입국자 포함)'에 대한 무료 주민등록증 발급을 법적 의무로 규정하고, ② 성명·사진·주민등록번호·주소·지문·발행일·주민등록기관 등 핵심정보를 수록하고, 장애인용 점자증명서 및 재외국민 식별 표시 설치 등 특별사정에 대한 적절한 배려를 두며, ③ 발급신청·최고·일제갱신 권한을 지방자치단체장에게 위임함으로써 주민식별·거주통제·행정통합의 기반 수단을 제도화한 규정이다.

따라서 제24조는 단순한 절차 규정에 그치지 않고, 신분확인·주소관리·지문식별·전자정부 연계 등을 아우르는 국가의 기본행정 체계의 핵심으로서, 국가의 통치능력과 국민의 권리·행정편의 보장의 균형적 실현을 목표로 하는 중요 규정이다.

(2) 주민등록증 발급 대상자

시장·군수 또는 구청장은 관할 구역에 주민등록이 된 자 중 17세 이상인 자에 대하여 주민등록증을 발급한다. 다만, 「장애인복지법」 제2조 제2항에 따른 장애인 중 시각장애인이 신청하는 경우 시각장애인용 점자 주민등록증을 발급할 수 있다(법 제24조 제1항).

(3) 주민등록증의 형식

① 기재사항
  ㉠ 주민등록증에는 성명, 사진, 주민등록번호, 주소, 지문(指紋), 발행일, 주민등록기관을 수록한다(법 제24조 제2항).
  ㉡ 시장·군수 또는 구청장은 재외국민에게 발급하는 주민등록증에는 재외국민임을 추가로 표시하여야 한(제3항).

② 주민등록증의 서식 등
  ㉠ 주민등록증의 규격 및 수록사항의 표기는 다음 각 호에 따르며, 주민등록증의 재질과 그 밖의 사항은 행정안전부장관이 정한다(시행령 제37조 제1항).

  > 1. 주민등록증의 규격 : 가로 8.6센티미터, 세로 5.4센티미터로 한다.
  > 2. 주민등록증의 앞면에 표기할 사항 : 성명·사진·주민등록번호·주소·발행일·주민등록기관과 재외국민 여부(재외국민에게 발급하는 주민등록증에 한정)
  > 3. 주민등록증의 뒷면에 표기할 사항: 지문 및 주소변동사항
  > 4. 사진: 주민등록증의 앞면 우측 상단에 수록하되, 반명함판 크기의 규격으로 한다.

  ㉡ 주민등록증 발급에서 직인의 날인은 그 직인의 인영(印影: 도장을 찍은 모양)을 인쇄하는 것으로 갈음할 수 있다. 이 경우 그 직인의 인영 규격은 「행정업무의 운영 및 혁신에 관한 규정」 제35조에도 불구하고 행정안전부장관이 따로 정할 수 있다(제2항).

(4) 주민등록증 발급 절차
  ① 발급 신청 통지
    ㉠ 시장·군수 또는 구청장은 주민등록증을 발급하려면 그 발급대상자에게 12개월 이상의 신청기간을 정하여 별지 제29호 서식에 따라 통지하되, 그 발급대상자의 무단전출 등으로 인하여 통지서를 내줄 수 없으면 이를 읍·면사무소 또는 동 주민센터의 게시판과 인터넷 홈페이지에 공고하여야 하며, 통지하거나 공고한 사실을 개인별 주민등록표에 기록하여야 한다(시행령 제36조 제1항).
    ㉡ 시장·군수 또는 구청장은 17세 이상인 재외국민 또는 해외체류자가 주민등록신고, 귀국신고 또는 전입신고를 하면 신고자에게 12개월 이상의 신청기간을 정하여 통지하여야 한다(제2항).
  ② 발급 신청
    ㉠ 주민등록증을 발급받을 나이가 된 사람(재외국민 및 해외체류자는 제외)은 대통령령으로 정하는 바에 따라 시장·군수 또는 구청장에게 주민등록증의 발급을 신청하여야 한다. 이 경우 시장·군수 또는 구청장은 대통령령으로 정하는 기간(* 통지서 또는 공고문에 적힌 발급신청기간) 내에 발급신청을 하지 아니한 사람(재외국민 및 해외체류자는 제외)에게 발급신청을 할 것을 최고할 수 있다(법 제24조 제4항).
    ㉡ 주민등록증을 발급받지 아니한 17세 이상의 재외국민 또는 해외체류자가 국내에 30일 이상 거주할 목적으로 입국하는 때에는 대통령령으로 정하는 바에 따라 시장·군수 또는 구청장에게 주민등록증의 발급을 신청하여야 한다(제5항).
    ㉢ 주민등록증 발급통지를 받은 사람 또는 공고된 사람은 그 통지서 또는 공고문에 적힌 발급신청기간 내에 시·군·자치구의 관계 공무원에게 사진(6개월 이내에 촬영한 가로 3.5센티미터, 세로 4.5센티미터의 모자 등을 쓰지 않은 상반신 사진을 말하며, 전자민원창구를 이용하여 제출하는 전자적 파일형태의 사진을 포함) 1장을 제출하고 본인임을 밝힌 후, 그 공무원 앞에서 별지 제30호 서식에 따른 주민등록증 발급신청서에 지문을 찍거나 주민등록정보시스템을 이용해 지문을 찍어 신청해야 한다. 이 경우 관계 공무원은 제출한 사진으로 본인임을 확인하기 곤란한 경우에는 보완을 요구할 수 있으며, 이에 대한 구체적인 사항은 행정안전부령으로 정한다(시행령 제36조 제3항).

※ 제3항 후단에 따른 소명은 국가·지방자치단체 또는 공공기관에서 발급한 증명서(사진이 부착된 것이어야 함)를 제시하거나 주민등록지의 이장이 확인을 하거나 17세 이상의 동일 세대원, 배우자 또는 직계혈족이 동행하여 확인하는 방법으로 한다. 이 경우 관계 공무원은 본인 여부가 상당히 의심스러우면 그 확인에 필요한 사항에만 한정하여 물어볼 수 있다(시행령 제36조 제4항).

③ 발급 요청
시장·군수 또는 구청장은 주민등록증을 발급하려면 행정안전부장관에게 해당자의 주민등록증 발급을 요청하고, 발급된 주민등록증을 받으면 별지 제31호 서식에 따른 주민등록증 발급대장을 작성하여 보관하여야 한다(시행령 제36조 제5항).

④ 발급 및 교부
㉠ 주민등록증의 발급은 17세가 되는 달의 다음 달 1일부터 한다. 다만, 법 제24조 제5항에 따른 재외국민 또는 해외체류자의 주민등록증의 발급은 다음 각 호에 따른 날부터 한다(시행령 제35조 제1항).

1. 재외국민 : 주민등록신고 또는 전입신고를 하는 날
2. 해외체류자 : 귀국신고 또는 전입신고를 하는 날

㉡ 시장·군수 또는 구청장은 주민등록증을 발급하려면 등록기준지의 시장·구청장 또는 읍·면장의 확인을 거친 후에 발급하여야 한다(제2항).
㉢ 시장·군수 또는 구청장은 재외국민 또는 해외체류자 중 17세가 되어 주민등록증을 발급받을 나이가 된 사람의 해외체류 사실을 확인하기 위하여 법무부장관에게 출입국자료를 요청할 수 있다. 이 경우 법무부장관은 특별한 사유가 없는 한 그 자료를 제공하여야 한다(제3항).
㉣ 시장·군수 또는 구청장은 발급된 주민등록증을 본인 외에 17세 이상의 동일 세대원, 배우자 또는 직계혈족에게 교부할 수 있다(제6항).

⑤ 그 밖의 사항
㉠ 주민등록증의 발급에 필요한 사진과 지문은 주민등록정보시스템으로 관리할 수 있다(시행령 제36조 제8항).
㉡ 행정안전부장관은 필요하다고 인정되면 시장·군수 또는 구청장에게 주민등록증을 일제히 갱신하거나 검인(檢印)하게 할 수 있다(법 제24조 제6항).
㉢ 주민등록증을 발급할 때에는 제27조(* 주민등록증 재발급)에 따른 경우 외에는 수수료를 징수하지 못하며, 주민등록증의 발급을 이유로 조세나 그 밖의 어떠한 명목의 공과금(公課金)도 징수하여서는 아니 된다(제8항).

2. 모바일 주민등록증

(1) 의의

정보통신기술의 급격한 발전에 따른 정보화 시대의 도래에 따라 이동통신단말장치에 암호화된 형태로 설치되는 모바일 주민등록증 제도를 도입함으로써, 이를 통하여 개인의 신원이나 거주 관계 등의 확인이 가능하도록 하였다(2024.12.27. 시행).

1968년 최초 도입된 실물 주민등록증을 스마트폰 기반 디지털 신분증으로 보완하려는 것으로, 전자민원, 금융거래, 편의시설 이용 등 다양한 공적·민간 분야에서 실물 없이도 신분 확인이 가능하도록 하였다.

(2) 발급

시장·군수 또는 구청장은 제24조 제1항에 따라 주민등록증을 발급받은 사람이 주민등록증과 효력이 동일한 모바일 주민등록증(「전기통신사업법」 제2조 제20호에 따른 이동통신단말장치에 암호화된 형태로 설치된 주민등록증을 말한다)의 발급을 신청하는 경우에는 대통령령으로 정하는 바에 따라 이를 발급할 수 있다. 이 경우 모바일 주민등록증의 기재사항 및 표시방법에 관하여는 제24조 제2항(* 기재사항) 및 제3항(* 재외국민 표시)을 준용한다(법 제24조의2 제1항).

※ [발급 유형]
1. 시장·군수 또는 구청장에게 모바일 주민등록증 발급 또는 재발급 신청서를 제출하고 주민등록증을 제시해야 한다. 다만, 제2항에 따른 집적회로(IC, Integrated Circuit) 칩이 내장된 주민등록증을 발급 또는 재발급받은 사람은 모바일 주민등록증을 발급 또는 재발급받으려는 이동통신단말장치를 통해 모바일 주민등록증의 발급 또는 재발급을 신청할 수 있다(시행령 제38조 제1항).
2. 시장·군수 또는 구청장은 모바일 주민등록증의 발급 또는 재발급에 필요한 보안사항을 전자적 방식으로 저장한 집적회로 칩이 내장된 주민등록증을 발급 또는 재발급할 수 있다(제2항).

(3) 보안대책

① 전자적 정보의 유효기간
모바일 주민등록증의 발급 또는 재발급에 필요한 정보를 암호화하기 위해 이동통신단말장치에 설치·사용하는 전자적 정보의 유효기간은 3년으로 한다(시행령 제38조 제3항).

② 발급기기의 제한
모바일 주민등록증은 본인이 사용하고 있는 이동통신단말장치 중 1대에만 발급 또는 재발급받을 수 있다(제4항).

③ 기타
개인정보 유출, 부정사용 등에 대비하여 모바일 주민등록증에 블록체인, 암호화 등 다양한 보안기술을 적용한다. 그리고 휴대전화를 분실한 경우 모바일 주민등록증의 효력을 정지하여 도용 및 개인정보 유출을 방지한다.

(4) 재발급 신청

모바일 주민등록증을 발급받은 사람이 다음 각 호의 어느 하나에 해당하는 경우에는 대통령령으로 정하는 바에 따라 시장·군수 또는 구청장에게 모바일 주민등록증의 재발급을 신청할 수 있다. 다만, 제1호부터 제3호까지의 어느 하나에 해당하는 경우에는 재발급을 신청하여야 한다(법 제24조의2 제2항).

1. 제7조의3에 따라 주민등록번호가 정정되어 주민등록증을 재발급받은 경우
2. 제24조 제2항에 따른 주민등록증의 기재사항 중 주소 외의 사항이 변경되어 주민등록증을 재발급받은 경우
3. 제27조 제1항 제2호(* 성명, 생년월일 또는 성별의 변경)에 따라 주민등록증을 재발급받은 경우

4. 모바일 주민등록증이 설치된 이동통신단말장치의 분실이나 훼손으로 모바일 주민등록증의 사용이 불가능한 경우
5. 그 밖에 모바일 주민등록증의 재발급이 필요하다고 인정되는 경우로서 대통령령으로 정하는 다음의 경우
   - 법 제7조의4 제3항에 따라 주민등록번호의 변경 결정을 통지받은 사람이 주민등록증을 재발급받은 경우
   - 법 제27조 제1항 제1호(* 주민등록증의 분실이나 훼손)에 따라 주민등록증을 재발급받은 경우
   - 법 제27조 제2항 제1호(* 주민등록증이 훼손되거나 그 밖의 사유로 그 내용을 알아보기 어려운 경우)에 따라 주민등록증을 재발급받은 경우
   - 시행령 제40조 제3항 제2호부터 제7호까지(* 주민등록증의 변경내용란이 부족한 경우, 용모가 변하여 본인 확인이 어려운 경우 등)의 사유로 주민등록증을 재발급받은 경우
   - 모바일 주민등록증이 설치된 이동통신단말장치의 교체 또는 제3항에 따른 유효기간의 경과 등으로 모바일 주민등록증의 사용이 불가능한 경우

(5) 수수료, 조세, 공과금의 징수 금지

시장·군수 또는 구청장은 모바일 주민등록증을 발급하거나 재발급하는 경우 수수료를 징수하지 못하며, 모바일 주민등록증의 발급을 이유로 조세나 그 밖의 어떠한 명목의 공과금도 징수하여서는 아니 된다(법 제24조의2 제3항).

3. 주민등록증등의 확인

> **설명형 예제**
>
> 甲은 지방자치단체 민원실에 주민등록증을 가지고 직접 방문하여 주택임대차계약 관련 서류를 제출하려고 한다. 민원실 담당자는 甲의 신분확인이 필요하다며 주민등록증 또는 모바일 주민등록증으로 신분을 확인하였고 별도의 증빙서류 제출은 요구하지 않았다. 반면, 甲의 동료 乙은 동일한 서류를 우편으로 제출했는데, 민원실에서는 주민등록증 사본과 별도의 신분증명서를 함께 제출하라고 요구했다. 甲과 乙에 대한 민원실의 신분확인 방법은 적법한가?

(1) 의의

17세 이상 거주자에 대해 민원서류 접수, 자격증 발급, 신분확인 등 공·사 업무 수행 시 증빙서류 없이 주민등록증 또는 모바일 주민등록증으로만 확인하도록 법정의무화하고 있다. 한편 행정안전부장관이 정보통신기기에 기반한 "주민등록확인서비스"를 운영하도록 한다.

법 제25조는 ① 신분확인 절차의 간소화 및 행정 낭비 방지, ② 서류 위·변조 등의 불법행위를 억제하여 공신력 확보, ③ 전자정부 발전 및 디지털 신분제도 도입에 대한 법적 정합성 확보, ④ 공공·민간 분야에서 실물 없이도 신원 인증을 가능하도록 한다는 점에서 의미가 있다.

(2) 원칙

국가기관, 지방자치단체, 공공단체, 사회단체, 기업체 등에서 해당 업무를 수행할 때에 다음 각 호의 어느 하나에 해당하는 경우로서 17세 이상의 자에 대하여 성명·사진·주민등록번호 또는 주소를 확인할 필요가 있으면 증빙서류를 붙이지 아니하고 주민등록증 또는 모바일 주민등록증(이하 "주민등록증 등")으로 확인하여야 한다(법 제25조 제1항 본문).

1. 민원서류나 그 밖의 서류를 접수할 때
2. 특정인에게 자격을 인정하는 증서를 발급할 때
3. 그 밖에 신분을 확인하기 위하여 필요할 때

※ 국가기관 또는 지방자치단체가 주민등록증등에 의한 확인을 할 때에는 접수된 민원서류나 그 밖의 서류에 별표 1의2의 주민등록증등 확인 고무인을 찍은 후 주민등록증등에 따라 인적사항을 확인·기재하고, 관계 공무원이 서명·날인해야 한다. 다만, 신청인을 대리하여 다른 사람이 민원서류 등을 제출할 때에는 대리인의 주민등록번호와 성명을 적고 관계 공무원이 서명·날인해야 한다(시행령 제39조 제3항).

※ 행정안전부장관 및 관계 부처의 장은 각급 기관 및 단체 등에서 법 제25조 제1항을 위반하여 증명서류의 첨부를 요구하는지를 확인하고, 이를 이행하지 않는 기관·단체 등에 대해서는 그 시정을 요구할 수 있다(시행령 제39조 제4항).

(3) 주민등록증등이 아닌 증명서류에 의하여 확인해야 하는 경우

1. 민원서류 및 그 밖의 서류를 우편으로 부치는 방법으로 제출한 경우
2. 주민등록증등의 발급 또는 재발급을 받지 못하여 주민등록증등을 갖고 있지 아니한 경우
3. 법령에 따라 증명서류를 제출하도록 되어 있는 경우. 이 경우 증명서류를 제출하게 하는 법령을 제정하려면 주무부장관은 행정안전부장관과 협의하여야 한다.
4. 그 밖에 주민등록증등으로 확인할 수 없는 경우(법 제25조 제1항 단서, 시행령 제39조 제1항)

(4) 주민등록확인서비스 제공

① 행정안전부장관은 주민등록정보시스템을 이용하여 주민등록확인서비스(휴대전화 등 정보통신기기로 성명·사진·주민등록번호 또는 주소를 확인할 수 있는 서비스)를 제공할 수 있다(법 제25조 제2항).
② 주민등록확인서비스를 이용하여 성명·사진·주민등록번호 또는 주소를 확인한 경우 주민등록증등으로 성명·사진·주민등록번호 또는 주소를 확인한 것으로 본다(제3항).

☞ 예컨대, 민원기관에서 방문객의 주민등록증을 직접 보지 않고도 모바일 기기를 통해 신분을 확인할 수 있다. 이 서비스는 주민등록증 등 직접 제시가 어려운 상황에서도 신분 확인을 할 수 있도록 한다.

4. 주민등록증등의 제시요구

사법경찰관리(司法警察官吏)가 범인을 체포하는 등 그 직무를 수행할 때에 17세 이상인 주민의 신원이나 거주 관계를 확인할 필요가 있으면 주민등록증등의 제시를 요구할 수 있다. 이 경우 사법경찰관리는 주민등록증등을 제시하지 아니하는 자로서 신원을 증명하는 증표나 그 밖의 방법에 따라 신원이나 거주 관계가 확인되지 아니하는 자에게는 범죄의 혐의가 있다고 인정되는 상당한 이유가 있을 때에

한정하여 인근 관계 관서에서 신원이나 거주 관계를 밝힐 것을 요구할 수 있다(법 제26조 제1항).

사법경찰관리는 제1항에 따라 신원 등을 확인할 때 친절과 예의를 지켜야 하며, 정복근무 중인 경우 외에는 미리 신원을 표시하는 증표를 지니고 이를 관계인에게 내보여야 한다(제2항).

5. 주민등록증의 재발급 * 2015 행정사 기출

> **설명형 예제**
>
> 「주민등록법」상 주민등록증의 재발급에 관하여 설명하시오. * 2015 행정사

(1) 의의

주민등록증의 분실·훼손 또는 성명·생년월일·성별 등 주요 인적사항 변경 시, 해당 주민은 관할 행정기관장에게 재발급을 신고·신청해야 함을 법적으로 명확히 규정함으로써, 신분증의 정확성과 유효성 있는 공적 신분확인 체계를 확보하려는 것이다.

또한 허가된 사유로 재발급 받은 경우 또는 행정기관의 잘못에 따른 재발급에 대해서는 수수료를 면제함으로써 국민의 경제적 부담을 줄이고, 신분증 유지 관리에 대한 지방자치단체의 책임성을 강조한다. 특히 전국 어느 읍·면·동에서도 재발급 신청 및 수령이 가능하게 한 것은, 지역을 초월한 민원 접근성과 행정 편의성 강화라는 시대적 요청을 반영하고 있다.

(2) 재발급 신청 사유

주민등록증을 발급받은 후 다음 각 호의 어느 하나에 해당하는 사유로 재발급을 받으려는 자는 대통령령으로 정하는 바에 따라 시장·군수 또는 구청장에게 그 사실을 신고하고 재발급을 신청하여야 한다(법 제27조 제1항).

> 1. 주민등록증의 분실이나 훼손
> 2. 성명, 생년월일 또는 성별의 변경
> 3. 그 밖에 대통령령으로 정하는 다음의 사유
>   - 주민등록증의 기재사항 중 주소 외의 사항이 변경된 경우. 다만, 법령에 따라 영내 또는 함정에 기거하는 현역군인(이하 "영내군인")의 주민등록증에 대하여는 예외로 한다.
>   - 주민등록증의 변경내용란이 부족한 경우
>   - 국외로 이주한 사람이 영주하기 위하여 귀국한 경우
>   - 외과적 시술 등으로 용모가 변하여 본인 확인이 어려운 경우
>   - 시행령 제44조 제1항 제4호(* 습득주민등록증의 수령안내 통지일부터 1년이 지나도 찾아가지 아니하는 경우) 및 제5호(* 발급한 주민등록증을 발급일부터 3년이 지나도 찾아가지 아니하는 경우)에 따라 주민등록증을 회수한 경우
>   - 주민등록이 말소되었던 재외국민이 법 제10조의2 제1항에 따른 신고(* 30일 이상 거주할 목적으로 입국)를 한 경우
>   - 법 제19조 제4항에 따라 재외국민으로 등록되는 경우

(3) 신분확인 등

① 주민등록증을 재발급받으려는 사람은 시장·군수 또는 구청장에게 사진 1장을 제출하고 본인임을 밝혀야 한다(시행령 제40조 제4항).
② 시장·군수 또는 구청장은 제4항에 규정된 방법으로 신분확인이 곤란한 경우에는 신청인의 동의를 받아 지문을 주민등록전산자료와 전자적 방법으로 대조하여 확인할 수 있다(제5항).
③ 시장·군수 또는 구청장은 주민등록증을 재발급하려면 전에 발급받은 사실이 있는지, 본인이 맞는지 확인한 후 재발급하여야 하며, 개인별 주민등록표의 주민등록증 발급란에 재발급일자를 기록하고, 제출받은 사진을 주민등록정보시스템으로 보관한 다음 본인에게 돌려줘야 한다(제6항).

(4) 재발급 신청의 철회

주민등록증의 재발급을 신청한 사람은 신청한 날의 근무시간 내에만 이를 철회할 수 있다. 다만, 근무시간이 종료된 후에 전자민원창구를 이용하여 주민등록증의 재발급을 신청한 경우에는 그 다음 정상근무일의 근무 종료시각까지 이를 철회할 수 있다(시행령 제40조 제2항).

(5) 재발급 신청 요구

주민등록 업무를 수행하는 공무원은 다음 각 호의 어느 하나에 해당하는 사유로 업무수행이 어려우면 대통령령으로 정하는 바에 따라 그 주민등록증을 회수하고, 본인이 시장·군수 또는 구청장에게 재발급 신청을 하도록 하여야 한다(법 제27조 제2항).

1. 주민등록증이 훼손되거나 그 밖의 사유로 그 내용을 알아보기 어려운 경우
2. 주민등록증의 주요 기재내용이 변경된 경우

(6) 재발급 요청

시장·군수 또는 구청장은 주민등록증을 재발급하려면 행정안전부장관에게 해당자의 주민등록증 재발급을 요청하고, 재발급된 주민등록증을 받으면 별지 제31호서식에 따른 주민등록증 발급대장을 작성·보관하여야 한다(시행령 제40조 제7항).

(7) 거주지 외에서 신청한 경우

거주지가 아닌 시·군·자치구에서 주민등록증의 재발급을 신청한 사람이 재발급된 주민등록증을 6개월간 찾아가지 아니하는 경우, 그 재발급된 주민등록증을 보관하고 있는 시장·군수 또는 구청장은 신청인의 주민등록지 시장·군수 또는 구청장에게 주민등록증을 보내 관리하게 하여야 한다(시행령 제40조 제8항).

(8) 교부

시장·군수 또는 구청장은 재발급된 주민등록증을 본인 외에 17세 이상의 동일 세대원, 배우자 또는 직계혈족에게 교부할 수 있다. 다만, 전자민원창구를 이용하여 주민등록증의 재발급을 신청한 경우에는 본인에게 교부해야 한다(시행령 제36조 제6항, 제40조 제9항).

(9) 재발급 수수료 징수

시장·군수 또는 구청장은 주민등록증을 재발급 신청하는 자에게 행정안전부령으로 정하는 수수료를 징수할 수 있다. 다만, 다음 각 호의 어느 하나에 해당하면 그러하지 아니하다(법 제27조 제3항).

> 1. 주민등록증 발급상의 잘못으로 인하여 재발급하는 경우
> 2. 그 밖에 행정안전부령으로 정하는 다음의 경우
>   - 법 제27조 제1항 제1호의 사유에 해당하는 경우로서 주민등록증 자체의 결함 때문에 자연적으로 훼손된 경우
>   - 법 제27조 제1항 제2호(* 성명, 생년월일 또는 성별의 변경) 및 시행령 제40조 제3항 제1호(* 주소 외의 사항이 변경된 경우)의 사유에 해당하는 경우
>   - 시행령 제40조 제3항 제2호(* 주민등록증의 변경내용란이 부족한 경우) 및 제3호(* 국외로 이주한 사람이 영주하기 위하여 귀국한 경우)의 사유에 해당하는 경우
>   - 시행령 제40조 제3항 제4호(* 외과적 시술 등으로 용모가 변하여 본인 확인이 어려운 경우)의 사유에 해당하는 경우로서 자연적 재해·재난으로 인한 경우
>   - 시행령 제40조 제3항 제6호(* 주민등록이 말소되었던 재외국민이 거주할 목적으로 입국) 및 제7호(* 재외국민으로 등록)에 따라 최초로 재발급하는 경우

6. 중증장애인에 대한 주민등록증의 발급 및 재발급

> **설명형 예제**
>
> 甲은 중증장애인으로 본인이 직접 주민등록증 발급을 신청하기 어려운 상황이다. 그의 배우자 乙은 구청에 甲의 주민등록증 발급을 대신 신청하고, 관계 공무원이 직접 甲의 자택을 방문하여 주민등록증을 발급해주기를 요청하였다.
> (1) 중증장애인 주민등록증 발급을 신청할 수 있는 보호자의 범위를 설명하시오.
> (2) 방문발급 신청을 위해 보호자가 구청에 제출해야 할 서류는 무엇인가?

(1) 의의

주민등록법이 기본적으로 '본인 신고 원칙'을 따르지만, 이 원칙이 중증장애인의 경우 오히려 행정서비스 접근권을 침해할 수 있다는 문제점이 있었다. 이에 따라 신청의 주체 제한을 완화하고, 법정대리인·보호자·이장이 대신 신청할 수 있게 함으로써 장애인의 접근성이 보장된 신분확인 체계를 마련하였다.

(2) 개요

시장·군수 또는 구청장은 신체적·정신적 장애정도가 심하여 자립하기가 매우 곤란한 장애인(이하 "중증장애인")으로서 본인이 직접 주민등록증의 발급·재발급을 신청하기가 어렵다고 판단하는 경우에는 해당 중증장애인, 그 법정대리인 또는 대통령령으로 정하는 보호자의 신청에 따라 관계 공무원으로 하여금 해당 중증장애인을 직접 방문하게 하여 주민등록증을 발급·재발급(발급의 경우는 관할구역에 주민등록이 된 중증장애인에 한정)할 수 있다(법 제27조의2 제1항).

※ "대통령령으로 정하는 보호자"(시행령 제40조의2 제1항)

> 1. 중증장애인이 속한 세대의 세대주
> 2. 중증장애인의 배우자 및 직계혈족
> 3. 이장(중증장애인이 혼자 거주하거나 배우자 또는 직계혈족이 없는 경우 등 발급·재발급 신청을 대신할 사람이 없는 경우로 한정)

(3) 방법 및 절차

① 관계 공무원에게 중증장애인을 방문하여 주민등록증을 발급·재발급해 줄 것을 신청하는 사람은 신청서에 다음 각 호의 서류를 첨부하여 제출하여야 한다(시행령 제40조의2 제2항).

> 1. 중증장애인임을 증명할 수 있는 자료
> 2. 신청자격을 증명하는 자료(중증장애인 외의 자가 신청하는 경우만 해당)

② 시장·군수 또는 구청장은 중증장애인 외의 사람이 신청을 한 경우에는 전화 등 적절한 방법으로 그 중증장애인의 신청의사를 확인하여야 한다(제3항).

③ 시장·군수 또는 구청장은 신청을 받은 경우에는 방문 발급·재발급 대상에 해당하는지를 결정하여 신청을 받은 날부터 3일 이내에 신청인에게 통보하여야 한다. 이 경우 방문 발급·재발급 대상인 중증장애인에 대해서는 방문일자 및 방문자 등의 사항을 함께 통보하되, 방문일자는 통보일부터 7일 이내의 범위에서 정하여야 한다(제4항).

7. 주민등록증 분실신고 등

주민등록증등을 분실하거나 분실한 주민등록증등을 되찾은 경우에는 본인이나 17세 이상의 동일 세대원, 배우자 또는 직계혈족이 시장·군수 또는 구청장에게 별지 제34호 서식의 주민등록증 또는 모바일 주민등록증 분실신고(철회)서에 따라 주민등록증등의 분실신고를 하거나 분실신고를 철회할 수 있다(시행령 제42조 제1항).

주민등록증 또는 모바일 주민등록증 분실신고(철회)서를 받은 시장·군수 또는 구청장은 지체 없이 거주지의 시장·군수 또는 구청장에게 별지 제35호 서식에 따라 알려야 한다. 이 경우 그 통보는 전산매체를 통하여 할 수 있다(제2항).

☞ 주민등록증 및 모바일 주민등록증의 분실과 회수에 대한 절차적 근거를 마련함으로써, 신분증의 무단 사용 위험을 최소화하고, 발급자의 권익 회복을 보장하는 것을 목적으로 한다.

8. 습득주민등록증의 처리

주민등록지의 시장·군수 또는 구청장은 우체국 등으로부터 습득한 주민등록증(이하 "습득주민등록증")을 송부받거나 인계받으면 재발급 여부를 확인하고 해당자가 다음 각 호의 어느 하나에 해당하는 경우에는 제44조 제2항에 따라 이를 파기하여야 한다(시행령 제43조 제1항).

> 1. 주민등록증을 이미 재발급 받은 경우
> 2. 무단전출, 직권말소 또는 거주불명 등록 등으로 거주지를 알 수 없는 경우
> 3. 수령안내 통지를 한 날부터 1년이 지날 때까지 습득주민등록증을 찾아가지 않는 경우

시장·군수 또는 구청장은 습득주민등록증의 해당자가 주민등록증을 재발급받기 전으로서 제44조 제2항에 따라 파기되지 아니한 경우에는 해당자에게 이를 즉시 보내야 한다(제2항).

☞ 주민등록증 분실자에게는 1년의 찾아갈 기회 제공을 통해 회복권을 보장한다. 반면 이미 재발급된 경우 또는 거주지를 알 수 없는 경우에는 곧바로 파기 연계 책임을 지켜, 정체불명의 인물이 습득물을 악용할 가능성 최소화한다.

9. 주민등록증의 회수·파기 등

(1) 의의

본인의 사망, 재발급, 무단전출, 장기 미수령 등의 사유 발생 시 기존 주민등록증을 즉시 회수하고 사용불능 처리를 의무화함으로써 신분 도용, 위조, 범죄 이용 위험을 구조적으로 차단한다. 이는 공적 신분증 시스템의 신뢰를 유지하는 절차이다.

(2) 회수

<u>시장·군수 또는 구청장은 다음 각 호의 어느 하나에 해당하는 사유가 발생하면 종전의 주민등록증을 회수하여야 한다</u>(시행령 제44조 제1항).

1. 주민등록증을 발급받은 사람이 사망한 경우
2. 법 제27조 제1항 각 호의 사유로 주민등록증을 재발급한 경우. 다만, 법 제27조 제1항 제1호(* 주민등록증의 분실이나 훼손) 또는 시행령 제40조 제3항 제7호(* 재외국민으로 등록되는 경우)의 사유로 재발급한 경우는 제외한다.
3. 이미 재발급받은 사람의 주민등록증을 습득하였거나 주민등록이 말소되거나 거주불명으로 등록되어 습득주민등록증을 교부할 수 없는 경우
3의2. 제2호 단서에도 불구하고 주민등록증을 분실하여 재발급받은 사람의 종전 주민등록증임을 관계 공무원이 확인한 경우
4. 습득주민등록증의 수령안내 통지일부터 1년이 지나도 찾아가지 아니하는 경우
5. 법 제24조 및 법 제27조에 따라 발급한 주민등록증을 발급일부터 3년이 지나도 찾아가지 아니하는 경우

(3) 파기

회수된 주민등록증은 주민등록증 회수대장에 기록하고 매분기 1회 이상 이를 파기하여야 한다(제2항).

(4) 사용불능 처리

시장·군수 또는 구청장은 시행령 제26조 제5항에 따라 국외이주신고자의 출국을 통보받은 경우 또는 제26조의3 제1항에 따라 현지이주자의 명단을 통보받은 경우에는 국외이주자 또는 현지이주자에게 발급된 거주자용 주민등록증을 주민등록정보시스템을 통해 사용불능 처리해야 한다(제3항).

10. 주민등록전산정보센터의 설치 등

행정안전부장관은 주민등록전산정보의 관리 및 주민등록증의 발급 등을 위하여 주민등록전산정보센터를 설치하고, 주민등록전산정보센터에서 시장·군수 또는 구청장의 요청에 따라 주민등록증을 대행하

여 발급하게 할 수 있다(법 제28조 제1항).

행정안전부장관은 재해나 재난 등에 대비하기 위하여 주민등록전산정보 백업시스템을 구축한다(제2항).

☞ 주민등록정보의 보안성, 복원력, 발급 접근성을 법적으로 보장한다. 이는 행정의 디지털 전환을 지원하며, 전산 기반으로 신분 정보를 안정적으로 제공하는 국가 행정 시스템의 기반이 된다.

06 주민등록표 열람 및 등·초본 교부

1. 열람 또는 등·초본의 교부

> **설명형 예제**
>
> 「주민등록법」상 주민등록표 열람 및 등·초본 교부의 일반적 절차를 설명하시오.

> **설명형 예제**
>
> 「주민등록법」상 주민등록표의 열람 또는 등·초본의 교부가 제한되는 경우에 관하여 설명하시오.

> **설명형 예제**
>
> 甲은 남편 乙로부터 지속적으로 가정폭력을 당하여 현재 별거 중이다. 그런데 乙이 甲의 가족관계나 주소지를 알아내기 위해 甲과 가족의 주민등록표를 열람하거나 교부받을 우려가 있다. 이에 甲은 乙이 본인과 가족의 주민등록표를 열람하거나 교부받지 못하도록 하고자 한다. 이 경우 「주민등록법」상 甲이 취할 수 있는 절차에 대해 설명하시오.

(1) 의의

법 제29조는 주민등록표 열람, 등본·초본 발급에 관한 법적 절차와 요건을 명확히 한 핵심 규정으로, ① 본인과 세대원을 중심으로 주민등록정보를 민원창구 및 시스템을 통해 열람하거나 발급받을 수 있도록 하고, ② 국가·지자체의 공무상 필요, 법령상 소송·경매, 채권·채무관계 등 정당한 이해관계 등의 경우에는 제3자도 열람 신청할 수 있도록 예외 규정을 두어 개인정보 보호와 공적 활용 사이의 균형을 추구하며, ③ 무인민원발급기·전자문서를 통한 교부로 전산 시스템 중심의 디지털 행정 구현 기반을 제공하고, ④ 가정폭력 피해자의 개인정보 보호를 위해 특정인에 대한 등·초본 열람 제한 제도를 신설해 사생활 침해를 방지하는 등의 내용으로 구성되어 있다.

(2) 신청권자 및 신청기관

주민등록표를 열람하거나 그 등본 또는 초본의 교부를 받으려는 자는 행정안전부령으로 정하는 수수료를 내고 시장·군수 또는 구청장(자치구가 아닌 구의 구청장을 포함)이나 읍·면·동장 또는 출장소장(이하 "열람 또는 등·초본교부기관의 장")에게 신청할 수 있다(법 제29조 제1항).

주민등록표의 열람이나 등·초본의 교부신청은 본인이나 세대원이 할 수 있다. 다만, 본인이나 세대원의 위임이 있거나 다음 각 호의 어느 하나에 해당하면 그러하지 아니하다(제2항).

1. 국가나 지방자치단체가 공무상 필요로 하는 경우
2. 관계 법령에 따른 소송·비송사건·경매목적 수행상 필요한 경우
3. 다른 법령에 주민등록자료를 요청할 수 있는 근거가 있는 경우
4. 다른 법령에서 본인이나 세대원이 아닌 자에게 등·초본의 제출을 의무화하고 있는 경우
5. 다음 각 목의 어느 하나에 해당하는 자가 신청하는 경우
    가. 세대주의 배우자
    나. 세대주의 직계혈족
    다. 세대주의 배우자의 직계혈족
    라. 세대주의 직계혈족의 배우자
    마. 세대원의 배우자(주민등록표 초본에 한정)
    바. 세대원의 직계혈족(주민등록표 초본에 한정)
6. 채권·채무관계 등 대통령령으로 정하는 정당한 이해관계가 있는 사람이 신청하는 경우(주민등록표 초본에 한정) ☞ 시행령 [별표2]
7. 그 밖에 공익상 필요하여 대통령령으로 정하는 다음의 경우
    가. 시장·군수 또는 구청장이 본인 또는 세대원에게 영향을 미치는 공공목적의 사업수행을 위하여 특히 필요하다고 인정하는 경우
    나. 의료·연구 또는 통계 목적의 달성을 위하여 필요한 경우로서 행정안전부장관이 인정하는 경우
    다. 본인 및 세대원 외의 자에게 제공하는 것이 명백히 본인 또는 세대원에게 이익이 되는 경우로서 행정안전부장관이 인정하는 경우

■ 채권·채무관계 등 정당한 이해관계가 있는 자의 범위 (시행령 [별표2])

1. 「민법」 제22조에 따른 부재자의 재산관리인 또는 이해관계인
2. 부동산 또는 이에 준하는 것에 관한 권리의 설정·변경·소멸에 관계되는 자
3. 연체대출금 회수와 보증채무의 구상권 행사 등 연체채권의 회수를 위하여 채무자 및 그 보증인에 대한 주민등록표 초본의 열람 또는 교부신청이 필요한 다음의 금융회사 등. 다만, 채권·채무관계에서 채무금액이 50만원(통신요금 관련 채무금액은 3만원) 이하인 경우는 제외한다.
    가. 「건설산업기본법」에 따른 공제조합
    나. 「한국자산관리공사 설립 등에 관한 법률」에 따른 한국자산관리공사
    다. 「기술보증기금법」에 따른 기술보증기금
    라. 「농림수산업자 신용보증법」에 따른 농림수산업자 신용보증기금
    마. 「농업협동조합법」에 따른 조합과 농업협동조합중앙회
    바. 「무역보험법」에 따른 한국무역보험공사
    사. 「보험업법」에 따른 보험회사
    아. 「산림조합법」에 따른 산림조합과 산림조합중앙회
    자. 「상호저축은행법」에 따른 상호저축은행
    차. 「새마을금고법」에 따른 새마을금고와 새마을금고중앙회
    카. 「수산업협동조합법」에 따른 조합과 수산업협동조합중앙회
    타. 「신용보증기금법」에 따른 신용보증기금
    파. 「신용정보의 이용 및 보호에 관한 법률」 제2조 제10호의2에 따른 채권추심회사

하. 「신용협동조합법」에 따른 신용협동조합과 신용협동조합중앙회
거. 「여신전문금융업법」에 따른 여신전문금융회사와 겸영여신업자
너. 「예금자보호법」에 따른 예금보험공사와 정리금융기관
더. 「은행법」 제8조 제1항에 따라 인가받은 은행
러. 「은행법」 제58조 제1항에 따라 인가를 받은 외국은행의 지점과 대리점
머. 「자산유동화에 관한 법률」에 따른 유동화전문회사
버. 「주택도시기금법」에 따른 주택도시보증공사
서. 삭제 〈2023.5.16.〉 * 주택저당채권유동화회사
어. 「중소기업은행법」에 따라 설립된 중소기업은행
저. 「중소기업진흥에 관한 법률」에 따른 중소벤처기업진흥공단
처. 「중소기업협동조합법」에 따른 중소기업협동조합
커. 「지역신용보증재단법」에 따른 지역신용보증재단과 신용보증재단중앙회
터. 「한국산업은행법」에 따라 설립된 한국산업은행
퍼. 「한국수출입은행법」에 따라 설립된 한국수출입은행
허. 「한국정책금융공사법」에 따른 한국정책금융공사
고. 「한국주택금융공사법」에 따른 한국주택금융공사
노. 「서민의 금융생활 지원에 관한 법률」 제3조에 따른 서민금융진흥원과 같은 법 제2조 제6호에 따른 사업수행기관

4. 개인 및 법인 등의 채권·채무와 관계되는 자(제3호에 따른 금융회사 등은 제외). 다만, 기한의 이익이 상실되었거나 변제기가 도래한 경우로 한정하며, 개인의 채권·채무관계에서 채무금액 50만원 이하인 경우는 제외한다.

> **관련판례**
>
> **위법한 주민등록표 교부 신청 사례**
> 신용정보회사 직원인 피고인이 甲에 대한 채권추심업무를 담당하면서 甲을 대위하여 甲의 부(父)인 망 乙 소유의 부동산에 대하여 상속에 의한 소유권이전등기신청을 하는 과정에서 망 을의 주민등록 초본 제출이 필요하자, 마치 丙 은행이 망 乙에 대하여 채권을 가지고 있는 것처럼 허위로 기재한 '주민등록표 초본의 열람 또는 교부 신청서'를 주민센터에 제출하여 망 乙의 주민등록표 초본 1통을 교부받은 것은 주민등록법법 제29조 제2항 내지 제4항의 규정을 위반하여 거짓이나 그 밖의 부정한 방법으로 주민등록표 초본을 교부받은 경우로서 같은 법 제37조 제5호의 처벌대상에 해당한다(대판 2013.2.14. 2012도316).

(3) 교부 대상자

시장·군수 또는 구청장(자치구가 아닌 구의 구청장을 포함)이나 읍·면·동장 또는 출장소장(이하 "열람 또는 등·초본 교부기관의 장"이라 한다)은 법 제15조 및 시행령 제22조에 따라 등록기준지의 시장·구청장 또는 읍·면장이 확인한 주민등록자에게만 주민등록표 등·초본을 교부한다. 다만, 세대별 주민등록표에 기록된 외국인등에게는 본인이 속한 세대의 주민등록표 등본을 교부할 수 있고, 외국인 배우자에게는 그 배우자가 속한 세대의 세대주 및 세대원의 주민등록표 등·초본을 교부할 수 있다(시행령 제47조 제1항).

(4) 신청절차

① 주민등록표의 열람 또는 등·초본의 교부신청은 <u>구술·서면(전자문서를 포함한다) 또는 무인민원발급기</u>로 할 수 있다. 이 경우 대상자의 성명 및 주소 또는 성명 및 주민등록번호를 정확하게 표시하여야 한다(시행령 제47조 제2항).

② 구술신청을 받은 관계 공무원은 정하여진 신청서에 그 말한 사항을 적어 이를 신청인에게 읽어 들려주고, 신청인으로 하여금 서명 또는 날인하거나 손도장을 찍도록 해야 한다(제3항).

③ 주민등록표의 열람 또는 등·초본의 교부를 신청하려면 <u>신분증명서를 제시하고(기관 명의로 신청하는 경우에는 그 기관 소속의 사원임을 증명할 수 있는 사원증 또는 재직증명서 등을 함께 제시하여야 함)</u> 그 사유를 적은 신청서 및 이를 증명할 수 있는 자료를 제출하여야 하며, 이에 관하여 필요한 사항은 행정안전부령으로 정한다. 다만, 「전자정부법」 제36조 제1항에 따른 행정정보의 공동이용을 통하여 첨부서류 등을 확인할 수 있는 경우에는 그 확인으로 첨부서류 등의 제출을 갈음할 수 있으나, 신청인이 확인에 동의하지 아니하는 경우에는 첨부서류 등을 첨부하도록 하여야 한다(제5항).

④ 신청인이 원하는 경우에는 신청인의 지문을 전산자료와 전자적 방법으로 대조하는 방법으로 제5항 본문에 따른 신분증명서의 제시를 대신할 수 있다(제6항).

⑤ 신청인이 등·초본을 교부받으려는 대상자의 주민등록표상의 성명 및 주소를 수신처로 하거나, 공무상 필요에 따라 국가 또는 지방자치단체를 수신처로 하여 우편으로 부쳐줄 것을 요청하는 경우 열람 또는 등·초본 교부기관의 장은 그 신청인의 신원 확인과 증명자료 제출을 생략할 수 있다(제7항).

(5) 열람 또는 등·초본의 교부 사실의 본인 통보

<u>열람 또는 등·초본 교부기관의 장은 본인의 신청이 있는 경우에는 주민등록표의 열람 및 등·초본의 교부 사실을 우편이나 휴대전화에 의한 문자전송 등의 방법으로 본인에게 통보할 수 있다.</u> 다만, 법 제29조 제2항 제1호(* 국가나 지방자치단체가 공무상 필요로 하는 경우) 및 제7호(* 공익상 필요하여 대통령령으로 정하는 경우)에 따라 주민등록표를 열람하게 하거나 등·초본을 교부한 경우에는 그러하지 아니하다(시행령 제47조 제8항).

(6) 등본과 초본의 작성 방식

<u>주민등록표의 등본은 세대별 주민등록표에 따라, 초본은 개인별 주민등록표에 따라 작성한다</u>(시행령 제47조 제10항).

(7) 열람 또는 등·초본 교부 방법

① 주민등록표의 열람이나 등·초본의 교부는 <u>주민등록정보시스템을 이용하여 열람하게 하거나 교부</u>한다. 다만, 전자문서나 무인민원발급기(無人民願發給機)를 이용하는 경우에는 신청자 본인이나 세대원의 주민등록표 등·초본의 교부에 한정한다(법 제29조 제3항).

② 주민등록표의 열람은 전자문서를 이용하거나 주민등록지의 시·군·구(자치구가 아닌 구를 포함)나 읍·면사무소, 동 주민센터 또는 출장소의 사무소 안에서 관계 공무원이 참여한 가운데 하여야 한다(시행령 제47조 제9항).

(8) 열람 또는 등·초본 발급의 제한
　① 개인의 사생활 침해 우려 또는 공익에 반하는 경우
　　열람 또는 등·초본교부기관의 장은 본인이나 세대원이 아닌 자로부터 주민등록표의 열람 또는 등·초본의 교부신청을 받으면 그 열람 또는 등·초본의 교부가 개인의 사생활을 침해할 우려가 있거나 공익에 반한다고 판단되면 그 열람을 하지 못하게 하거나 등·초본을 발급하지 아니할 수 있다. 이 경우 그 사유를 신청인에게 서면으로 알려야 한다(법 제29조 제5항).
　② 가정폭력피해자등의 주민등록표 열람 또는 등·초본 발급 제한 신청
　　㉠ 「가정폭력범죄의 처벌 등에 관한 특례법」 제2조 제5호에 따른 피해자는 같은 법 제2조 제4호에 따른 가정폭력행위자가 본인과 주민등록지를 달리하는 경우 제2항 제5호에 해당하는 사람 중에서 대상자를 지정하여 대통령령으로 정하는 바에 따라 시장·군수 또는 구청장에게 본인과 세대원 및 직계존비속(이하 "가정폭력피해자등")의 주민등록표의 열람 또는 등·초본의 교부를 제한하도록 신청할 수 있다(법 제29조 제6항).
　　㉡ 열람 또는 등·초본교부기관의 장은 제6항의 제한신청이 있는 경우 그 제한대상자에게 가정폭력피해자등의 주민등록표 열람을 하지 못하게 하거나 등·초본을 교부하지 아니하는 제한조치를 할 수 있다. 이 경우 그 사유를 제한대상자에게 서면으로 알려야 한다(제7항).
　　㉢ 열람 또는 등·초본교부기관의 장은 제2항 제6호(* 채권·채무관계 등 대통령령으로 정하는 정당한 이해관계가 있는 사람의 신청)에도 불구하고 제한대상자가 가정폭력피해자등의 주민등록표 초본의 열람을 하지 못하게 하거나 교부하지 아니하는 제한조치를 할 수 있다. 이 경우 그 사유를 제한대상자에게 서면으로 알려야 한다(제8항).
　　㉣ 열람 또는 등·초본교부기관의 장은 다음 각 호의 어느 하나에 해당하는 사유가 있는 경우에는 행정안전부령으로 정하는 바에 따라 제한대상자에 대하여 주민등록표를 열람하게 하거나 등·초본을 교부할 수 있다(제9항).

　　　1. 제6항에 따라 주민등록표의 열람 또는 등·초본의 교부 제한을 신청한 사람이 제한대상자에 대하여 제7항 및 제8항에 따른 제한조치를 하지 말 것을 시장·군수 또는 구청장에게 신청하는 경우
　　　2. 대통령령으로 정하는 불가피한 사유가 있는 경우 : 가정폭력피해자로서 제한신청을 한 사람이 사망한 경우로서 다음의 어느 하나에 해당하는 경우
　　　　• 법 제29조 제6항에 따른 세대원 또는 직계비속[세대원 또는 직계비속이 미성년자인 경우에는 제한대상자가 아닌 법정대리인(친권자 또는 후견인)을 말한다]이 자신에 관한 제한조치를 하지 말 것을 시장·군수 또는 구청장에게 신청하는 경우. 이 경우 신청인은 행정안전부령으로 정하는 바에 따라 법 제29조 제6항에 따른 세대원 및 직계비속 중 그 주민등록지가 신청인의 주민등록지와 동일한 사람 전원의 동의를 받아야 한다.
　　　　• 관계 법령에 따라 제한대상자가 제한신청자의 등·초본을 제출해야 하는 경우로서 제한대상자가 이를 소명하는 자료를 첨부하여 제한신청자에 관한 제한조치를 하지 말 것을 시장·군수 또는 구청장에게 신청하는 경우. 이 경우 신청을 받은 시장·군수 또는 구청장은 행정안전부령으로 정하는 바에 따라 법 제29조 제6항에 따른 세대원 및 직계비속 중 그 주민등록지가 제한신청자의 사망 당시 주민등록지와 동일한 사람 전원의 동의를 받아야 한다.

③ 이혼한 자의 직계비속에 대한 열람 또는 교부 방식
이혼한 자와 같은 세대를 구성하지 아니한 그 직계비속이 이혼한 자의 주민등록표의 열람 또는 등·초본의 교부를 신청한 경우에는 열람 또는 등·초본교부기관의 장은 주민등록표 초본만을 열람하게 하거나 교부할 수 있다(법 제29조 제10항).

(9) 다른 지역에 주민등록이 되어 있는 사람에 대한 주민등록표의 열람 또는 등·초본의 교부

열람 또는 등·초본 교부기관의 장은 다른 지역에 주민등록이 되어 있는 사람에게도 주민등록정보시스템에 따라 해당자의 주민등록표를 열람하게 하거나 등·초본을 교부할 수 있다. 이 경우 주민등록표의 열람은 시·군·구(자치구가 아닌 구를 포함)나 읍·면사무소, 동 주민센터 또는 출장소의 사무소 안에서 관계 공무원이 참여한 가운데 해야 한다(시행령 제48조).

(10) 무인민원발급기에 따른 주민등록표 등·초본의 교부

① 시장·군수 또는 구청장은 무인민원발급기를 이용하여 주민등록표 등·초본을 교부할 때에는 신청인의 지문과 주민등록증에 수록된 지문 또는 신청인의 지문과 주민등록증에 수록된 내용을 주민등록정보시스템에 따라 대조·확인할 수 있도록 해야 한다(시행령 제49조 제1항).
② 시장·군수 또는 구청장은 무인민원발급기를 이용하여 주민등록표 등·초본을 교부할 때에는 개인정보보호 및 주민등록전산시스템의 보호 등에 관한 안전관리대책을 마련하여야 한다(제2항).
③ 시장·군수 또는 구청장은 무인민원발급기를 이용하여 주민등록표 등·초본을 교부하는 때에는 무인민원발급기의 운영 및 보안실태를 월 1회 이상 점검하고 필요한 조치를 취하여야 하며, 주민등록전산시스템의 운전장애 및 자료유출의 가능성이 있다고 판단되면 즉시 무인민원발급기를 이용한 주민등록표 등·초본의 교부를 중단하여야 한다(제3항).

2. 전입세대확인서의 열람 또는 교부

> **설명형 예제**
>
> A건물에 대한 경매절차에 참가하려는 甲은 A건물의 전입세대를 확인하고 싶다. 이와 같이 「주민등록법」상 전입세대확인서의 열람 또는 교부를 신청할 수 있는 사람을 설명하시오.

(1) 의의

주민등록표 중 해당 건물 또는 시설의 소재지에 주민등록이 되어 있는 세대주와 주민등록표 상의 동거인(말소 또는 거주불명 등록된 사람을 포함)의 성명과 전입일자를 확인할 수 있는 서류(이하 "전입세대확인서")를 열람하거나 교부받으려는 자는 행정안전부령으로 정하는 수수료를 내고 열람 또는 등·초본 교부기관의 장에게 신청할 수 있다(법 제29조의2 제1항).

주민등록표상의 거주자 정보를 법적인 이해관계가 있는 특정 주체에게 제한적으로 공개하기 위한 제도이다(2022년 신설). 세대주 및 동거인의 성명과 전입일자만 확인할 수 있는바, 이는 법 제29조의 일반열람으로 과도한 개인정보 유출 가능성이 있는 것과 구별된다.

(2) 신청권자

전입세대확인서의 열람 또는 교부 신청을 할 수 있는 자는 다음 각 호와 같다(제2항).

> 1. 해당 건물 또는 시설의 <u>소유자 본인이나 그 세대원, 임차인 본인이나 그 세대원, 매매계약자 또는 임대차계약자 본인</u>
> 2. 해당 건물 또는 시설의 <u>소유자, 임차인, 매매계약자 또는 임대차계약자 본인의 위임을 받은 자</u>
> 3. 다음 각 목의 어느 하나에 해당하는 경우로서 열람 또는 교부 신청을 하려는 자
>   가. 제29조 제2항 제2호에 따라 <u>경매참가자가 경매에 참가</u>하려는 경우
>   나. 「신용정보의 이용 및 보호에 관한 법률」 제2조 제5호 라목에 따른 <u>신용조사회사</u> 또는 「감정평가 및 감정평가사에 관한 법률」 제2조 제4호에 따른 <u>감정평가법인등이 임차인의 실태 등을 확인</u>하려는 경우
>   다. 대통령령으로 정하는 <u>금융회사</u>(* 시행령 [별표2] 제3호 각 목의 금융회사) 등이 담보주택의 근저당을 설정하려는 경우
>   라. 법원의 현황조사명령서에 따라 <u>집행관이 현황조사</u>를 하려는 경우
>   마. 제29조 제2항 제1호에 따라 <u>국가 또는 지방자치단체가 공무상 필요</u>로 하는 경우

(3) 신청절차

① 전입세대확인서의 열람 또는 교부를 신청하려는 자는 행정안전부령으로 정하는 신청서에 다음 각 호의 서류를 첨부하여 열람 또는 등·초본교부기관의 장에게 신청해야 한다. 이 경우 신청인은 주민등록표 상의 말소 또는 거주불명 등록된 사람의 성명과 전입일자의 표시를 생략해 줄 것을 요청할 수 있다(시행령 제49조의2 제1항).

> 1. 신청인의 신분증명서(「출입국관리법」 제33조 제1항에 따른 외국인등록증 및 「재외동포의 출입국과 법적 지위에 관한 법률」 제7조 제1항에 따른 국내거소신고증을 포함)
> 2. 신청인이 법 제29조의2 제2항 각 호의 어느 하나에 해당함을 입증하는 서류

② 열람 또는 등·초본교부기관의 장은 전입세대확인서의 효율적인 열람·교부를 위해 필요하다고 인정하는 경우에는 구술로 전입세대확인서의 열람 또는 교부를 신청하게 할 수 있다. 이 경우 열람 또는 등·초본교부기관의 장은 신청인으로 하여금 제1항 각 호의 서류를 제출하도록 해야 한다(제2항).

(4) 열람 및 교부 방식

전입세대확인서의 열람 및 교부는 주민등록정보시스템을 통하여 한다(법 제29조의2 제3항).

07 그 밖의 사항

1. 주민등록전산정보자료의 이용 등

(1) 의의

하루 수백만 건 이상 처리되는 법적 민원·금융·공공서비스에 주민등록자료가 활용되며 개인정보 유출 및 오·남용 우려가 높아지면서, 정보 최소 제공 원칙의 준수와 엄격한 절차적 통제가 필요하다. 이에

따라 법 제30조는 주민등록전산정보자료(전산자료)의 이용 또는 활용에 관한 법적 근거와 제한조건을 명시함으로써 신청자 요건, 목적의 정당성, 제공범위의 최소화, 승인·심사 절차 및 사후관리 체계를 엄격히 규율하고 있다.

(2) 이용자의 범위 및 승인절차

주민등록표에 기록된 주민등록 사항에 관한 주민등록전산정보자료(이하 "전산자료")를 이용 또는 활용하려는 자는 관계 중앙행정기관의 장의 심사를 거쳐 행정안전부장관의 승인을 받아야 한다. 다만, 대통령령으로 정하는 경우에는 관계 중앙행정기관의 장의 심사를 필요로 하지 아니한다(법 제30조 제1항).

전산자료를 이용·활용하려는 자의 범위는 제29조 제2항에 따라 <u>주민등록표의 열람 또는 등·초본의 교부를 신청할 수 있는 자</u>로 하되, 전산자료의 형태로 제공하는 것이 적합한 경우에 한정한다(제2항).

(3) 제공범위 및 이용제한

전산자료의 제공범위는 주민등록표의 자료로 하되, 제29조 제2항 제2호부터 제7호까지의 경우(* 국가나 지방자치단체가 공무상 필요로 하는 경우 이외의 사유)에는 주민등록표 등·초본의 자료에 한정한다(제3항).

행정안전부장관은 전산자료를 제공하는 경우 자료의 이용·활용 목적을 고려하여 필요 최소한의 자료를 제공하여야 한다(제4항).

전산자료를 이용·활용하는 자는 본래의 목적 외의 용도로 이용·활용하여서는 아니 된다(제5항).

2. 주민등록표 보유기관 등의 의무

<u>주민등록표 보유기관의 장은 주민등록표를 관리할 때에 주민등록표가 멸실, 도난, 유출 또는 손상되지 아니하도록 필요한 안전조치를 하여야 한다(법 제31조 제1항).</u>

<u>주민등록표의 관리자는 이 법의 규정에 따른 보유 또는 이용목적 외의 목적을 위하여 주민등록표를 이용한 전산처리를 하여서는 아니 된다(제2항).</u>

주민등록업무에 종사하거나 종사하였던 자 또는 그 밖의 자로서 직무상 주민등록사항을 알게 된 자는 다른 사람에게 이를 누설하여서는 아니 된다(제3항).

☞ 주민등록 전산화 시대에 공공 정보의 보안성·신뢰성 확보, 사생활 침해 방지, 정보 오·남용 통제를 동시에 구현하고자 함이다.

3. 전산자료를 이용·활용하는 자에 대한 지도·감독

행정안전부장관은 필요하다고 인정하면 전산자료를 이용·활용하는 자에 대하여 그 보유 또는 관리 등에 관한 사항을 지도·감독할 수 있다(법 제32조).

☞ 주민등록자료의 오·남용을 방지하고 개인정보보호의 사후적 안전망을 구축하는 역할을 한다. 예컨대, 사용기관이 승인된 목적 외로 데이터를 유출하거나 가명처리 없이 재가공하는 사례를 사전에 차단할 수 있도록 한다.

4. 주민등록 관련 민원신청 등의 전자문서 처리

주민등록표의 열람 또는 등·초본의 교부신청과 교부, 제21조 제1항에 따른 이의신청이나 그 밖에 주민등록과 관련된 제반 신고·신청 등은 전자문서로 할 수 있다(법 제34조 제1항).

전자문서를 이용할 경우 인증 방법(서명자의 실지명의를 확인할 수 있는 것) 등에 관하여는 「전자서명법」의 규정을 준용한다(제2항).

☞ '종이 없는 민원' 시스템의 법적 근거를 마련했다는 점에서, 디지털 전환 시대의 "신뢰 기반 행정체계"로서의 주민등록제도를 의미한다.

5. 주민등록사항의 진위확인

행정안전부장관은 다음 각 호의 어느 하나에 해당하면 주민등록사항의 진위를 확인하여 줄 수 있다(법 제35조).

1. 「공직선거법」에 따라 인터넷 언론사·정당 또는 후보자가 해당 인터넷 사이트의 게시판·대화방 등에 선거에 관한 의견게시를 하려는 자의 성명 및 주민등록번호의 진위 확인을 위하여 필요한 경우
2. 주민등록정보시스템에 따라 주민등록증등의 진위 확인이 필요한 경우
3. 제25조 제2항에 따른 주민등록확인서비스를 통하여 제공된 주민등록사항의 진위 확인이 필요한 경우

☞ 궁극적으로 국민의 신분·사생활 보호, 행정 서비스의 효율성 확보, 온라인 사회에서 실명과 공적 책임의 균형 유지라는 세 가지 목표를 동시에 충족시키고자 함이다.

행정안전부장관은 주민등록증등의 진위 확인이 필요하다고 인정되면 전화자동응답시스템, 전자민원창구, 주민등록증 진위확인시스템 등의 주민등록정보시스템 또는 「전자정부법 시행령」 제12조 제4항에 따른 신원확인에 공통적으로 적용되는 운영기반을 통해 그 진위를 확인해 줄 수 있다(시행령 제58조 제1항).

6. 보험·공제 등에의 가입

시장·군수 또는 구청장은 그 지방자치단체의 조례로 정하는 바에 따라 소속 직원의 주민등록사고로 인한 피해 발생에 대비하기 위하여 보험(신원보증보험을 포함)이나 공제 등에 가입할 수 있다(법 제36조).

☞ 공무원의 법적·재정적 위험을 관리하고, 지자체 차원의 재정 부담을 완화하며, 행정 실수에 따른 공공신뢰 확보 및 책임행정 실현을 법적으로 뒷받침한다.

7. 비밀유지 등

주민등록번호변경위원회의 업무에 종사하거나 종사하였던 사람은 직무상 알게 된 비밀을 다른 사람에게 누설하거나 직무상 목적 외에 이용하여서는 아니 된다. 다만, 다른 법률에 특별한 규정이 있는 경우에는 그러하지 아니하다(법 제36조의3).

이를 위반한 경우 3년 이하의 징역 또는 3천만원 이하의 벌금에 처한다(제37조 제1항).

☞ 주민등록번호변경제도의 핵심 판단기관인 변경위원회의 업무 수행 과정에서 관계자의 비밀유지

및 목적 외 이용을 금지함으로써 ① 개인정보 보호법상의 원칙과 연계된 고유식별정보 처리 안전성 확보, ② 위원회 구성원 전체에 대한 공정·독립성 확보, ③ 신청자의 프라이버시 보호와 제도의 신뢰 유지를 목적으로 한다.

제7장 가족관계의 등록 등에 관한 법률

01 개설

이 법은 국민의 출생·혼인·사망 등 가족관계의 발생 및 변동사항에 관한 등록과 그 증명에 관한 사항을 규정함을 목적으로 한다(법 제1조).

종래 호주(戶主)를 기준으로 하는 가(家) 단위의 가족관계 편제제도인 호적제도는 개인의 존엄과 양성평등의 헌법이념에 어긋난다는 비판이 거세었다. 2005년 헌법재판소의 호주제 헌법불합치 결정을 계기로 2005.3.31. 민법이 개정되어 호주에 관한 규정과 호주제도를 전제로 한 입적·복적·일가창립·분가 등에 관한 규정을 삭제하는 한편, 호주와 가(家)의 구성원과의 관계로 정의되어 있던 가족에 관한 규정을 새롭게 정하였다.

이에 따라 호적제도를 대체할 새로운 가족관계 등록제도를 도입하여 국민 개개인별로 출생·혼인·사망 등의 신분 변동사항을 전산정보처리조직에 따라 기록·관리하도록 하는 「가족관계의 등록 등에 관한 법률」이 마련되었다(2008.1.1. 시행).

이 법의 주요 내용은 ① 개인별 가족관계등록부 편제와 전산정보처리조직에 의한 관리(법 제9조·제10조 및 제11조), ② 가족관계 등록사무의 국가사무화(법 제2조·제3조 및 제7조), ③ 목적별 다양한 증명서 발급 및 발급신청기준 명확화(법 제14조 및 제15조), ④ 「민법」 개정(예 친양자제도, 자의 성과 본 변경)에 따른 구체적 절차 마련(법 제67조 내지 제71조 및 제100조), ⑤ 국적변동사항의 통보(법 제98조), ⑥ 가족관계 등록정보의 남용자 등에 대한 처벌 강화(법 제117조 내지 제119조) 등으로 요약된다.

02 적용원칙

1. 용어 정의 (가족관계의 등록 등에 관한 규칙 제2조)

"가족관계등록부에 기록"	시(특별시 및 광역시와 구를 둔 시에 있어서 이 규칙 중 시, 시장 또는 시의 사무소란 각각 구, 구청장 또는 구의 사무소를 말한다. 다만, 도농복합형태의 시에 있어서 읍·면지역에 대하여는 읍·면, 읍·면의 장 또는 읍·면의 사무소를 말한다)·읍·면의 장 또는 법 제4조의2 제1항의 가족관계등록관이 법과 이 규칙이 정하는 사항을 전산정보처리조직에 의하여 등록부에 기록하는 것
"등록부 부본자료"	등록부 또는 폐쇄등록부(이하 "등록부등")에 기록된 등록사항에 관한 전산정보자료가 사고 등으로 인하여 훼손된 경우(이하 "손상")에 이를 복구하기 위하여 법 제11조와 제12조에 따라 보관·관리하는 장소 이외의 곳에 별도의 보조기억장치(자기디스크·자기테이프 그 밖의 전자적 정보저장매체를 포함)를 이용하여 전산정보처리조직에 기록된 등록전산정보자료를 실시간, 주, 월단위로 복제한 것으로 등록부에 기록된 사항과 동일한 전산자료
"가족관계등록부 사항"	등록기준지의 지정 또는 변경, 정정에 관한 사항, 가족관계등록부작성 또는 폐쇄에 관한 기록사항

"특정등록사항"	본인·부모(양부모 포함)·배우자·자녀(양자 포함)란에 기록되는 성명, 출생연월일, 주민등록번호, 성별, 본에 관한 기록사항을 말한다. 다만, 가족으로 기록할 자가 외국인인 경우에는 성명, 출생연월일, 국적, 외국인등록번호(외국인등록을 하지 아니한 외국국적동포의 경우에는 국내거소신고번호), 성별에 관한 기록사항
"일반등록사항"	사망에 이르기까지 법과 이 규칙에 따라 본인의 등록부에 기록하는 가족관계등록부사항·특정등록사항 이외의 모든 신분변동에 관한 기록사항

2. 관장

가족관계의 발생 및 변동사항에 관한 등록과 그 증명에 관한 사무(이하 "등록사무")는 대법원이 관장한다(법 제2조).

☞ 대법원이 등록사무를 관장함으로써 전국적으로 통일된 기준과 절차에 따라 가족관계등록이 이루어져 행정의 일관성이 유지된다.

3. 권한의 위임

> **설명형 예제**
> A광역시 B군 지역에서 가족관계등록법에 따른 등록사무의 처리권한을 위임받아 담당하는 자는 누구인가?

대법원장은 등록사무의 처리에 관한 권한을 시·읍·면의 장(도농복합형태의 시에 있어서 동지역에 대하여는 시장, 읍·면지역에 대하여는 읍·면장으로 함)에게 위임한다(법 제3조 제1항).

특별시 및 광역시와 구를 둔 시에 있어서는 이 법 중 시, 시장 또는 시의 사무소라 함은 각각 구, 구청장 또는 구의 사무소를 말한다. 다만, 광역시에 있어서 군지역에 대하여는 읍·면, 읍·면의 장 또는 읍·면의 사무소를 말한다(제2항).

대법원장은 등록사무의 감독에 관한 권한을 시·읍·면의 사무소 소재지를 관할하는 가정법원장에게 위임한다. 다만, 가정법원지원장은 가정법원장의 명을 받아 그 관할 구역 내의 등록사무를 감독한다(제3항).

☞ 대법원이 관장하는 가족관계등록사무의 처리 및 감독 권한을 지방자치단체의 장과 가정법원장에게 위임함으로써, 등록사무의 효율적이고 일관된 수행을 도모한다. 이를 통해 중앙과 지방 간의 협력 체계를 구축하고, 국민의 신분관계 등록에 대한 접근성을 향상시킨다.

4. 등록사무처리

제3조에 따른 등록사무는 가족관계의 발생 및 변동사항의 등록(이하 "등록")에 관한 신고 등을 접수하거나 수리한 신고지의 시·읍·면의 장이 처리한다(법 제4조).

☞ 기존의 호적법 체계에서 본적지 중심의 등록사무 처리 방식을 신고지 중심으로 전환함으로써 행정절차를 간소화하고, 신속한 처리가 가능하게 되었다.

5. 재외국민 등록사무처리에 관한 특례

제3조 및 제4조에도 불구하고, 대법원장은 외국에 거주하거나 체류하는 대한민국 국민(이하 "재외국

민")에 관한 등록사무를 법원서기관, 법원사무관, 법원주사 또는 법원주사보(이하 "가족관계등록관")로 하여금 처리하게 할 수 있다(법 제4조의2 제1항).

재외국민에 관한 등록사무의 처리 및 지원을 위하여 법원행정처에 재외국민 가족관계등록사무소를 두고, 그 구성, 운영 등 필요한 사항은 대법원규칙으로 정한다(제2항).

> 규칙 제88조(재외국민 가족관계등록사무소의 구성 및 운영) ① 법 제4조의2에 따른 재외국민에 관한 등록사무는 재외국민 가족관계등록사무소에서 근무하거나, 법원공무원규칙 제49조에 따라 재외공관에 파견된 법원서기관, 법원사무관, 법원주사 또는 법원주사보 중에서 법원행정처장이 지정하는 가족관계등록관이 처리한다.
> ② 재외국민 가족관계등록사무소에는 가족관계등록관인 소장을 둔다.
> ③ 소장은 재외국민에 관한 등록사무를 총괄하고, 재외국민 가족관계등록사무소의 소속 직원을 지휘·감독한다.
> ④ 법원공무원규칙 제49조에 따라 재외공관에 파견된 법원공무원 중 가족관계등록관으로 지정된 자는 재외국민 가족관계등록사무소 소속으로 하고, 그 등록사무처리의 범위에 관해서는 대법원예규로 정한다.

※ 법원행정처에 법원공무원으로 구성된 재외국민 가족관계등록사무소를 설치하여 재외공관을 통한 재외국민 신고사건을 통합 처리하게 하고, 직접 방문, 우편 등을 통한 재외국민 신고사건도 처리할 수 있게 하며, 재외공관에서 수리한 신고서류를 전산정보처리조직을 이용하여 재외국민 가족관계등록사무소로 송부할 수 있도록 함으로써 재외국민 신고사건 처리의 신속성, 효율성, 정확성을 제고하였다(2015.2.3).

6. 직무의 제한

시·읍·면의 장은 등록에 관한 증명서 발급사무를 제외하고 자기 또는 자기와 4촌 이내의 친족에 관한 등록사건에 관하여는 그 직무를 행할 수 없다(법 제5조 제1항).

등록사건 처리에 관하여 시·읍·면의 장을 대리하는 사람도 제1항과 같다(제2항).

☞ 공무원이 자신의 가족이나 가까운 친족의 등록사건을 처리할 경우 발생할 수 있는 이해충돌을 방지하고, 행정의 객관성과 신뢰성을 확보하기 위함이다.

7. 비용의 부담

제3조에 따라 시·읍·면의 장에게 위임한 등록사무에 드는 비용은 국가가 부담한다(법 제7조).

8. 대법원규칙

이 법 시행에 관하여 필요한 사항은 대법원규칙으로 정한다(법 제8조).

※ 이에 따라 대법원규칙 「가족관계의 등록 등에 관한 규칙」(이하 "규칙"이라 함)이 마련되어 있다.

03 가족관계등록부의 작성과 등록사무의 처리

1. 가족관계등록부의 작성 및 기록사항

> **설명형 예제**
> 가족관계등록부에 기록되어야 하는 주요 사항에는 무엇이 있는지, 특히 외국인이 가족으로 포함될 경우에는 어떤 추가 기록사항이 있는지 설명하시오.

(1) 작성기준

가족관계등록부(이하 "등록부")는 전산정보처리조직에 의하여 입력·처리된 가족관계 등록사항(이하 "등록사항")에 관한 전산정보자료를 제10조의 등록기준지에 따라 개인별로 구분하여 작성한다(법 제9조 제1항).

☞ 호주제 폐지 이후 개인별 등록체계로의 전환을 명확히 하고, 전산화를 통해 행정의 효율성을 높이며, 개인정보 보호와 국제적 다양성을 반영한 가족관계등록제도의 근간을 마련한 조항이다. 이는 현대 사회의 변화에 부응하는 신분등록제도의 발전을 의미한다.

'등록기준지'란 가족관계등록부를 작성하고 관리하는 관할 행정기관의 업무 범위를 정하는 기준 지역이다. 즉 개인의 가족관계 등록사항이 기록되고 보관되는 장소를 의미하며, 시·읍·면 사무소 등 가족관계 등록 업무를 담당하는 기관이 정해지는 기준점이다.

(2) 등록부 기재사항

등록부에는 다음 사항을 기록하여야 한다(제2항).

> 1. 등록기준지
> 2. 성명·본·성별·출생연월일 및 주민등록번호
> 3. 출생·혼인·사망 등 가족관계의 발생 및 변동에 관한 사항
> 4. 가족으로 기록할 자가 대한민국 국민이 아닌 사람(이하 "외국인")인 경우에는 성명·성별·출생연월일·국적 및 외국인등록번호(외국인등록을 하지 아니한 외국인의 경우에는 대법원규칙으로 정하는 바에 따른 국내거소신고번호 등)
> 5. 그 밖에 가족관계에 관한 사항으로서 대법원규칙으로 정하는 사항

※ "대법원규칙으로 정하는 사항"

> **규칙 제52조(군사분계선 이북지역 재적자의 가족관계등록창설)** ① 군사분계선 이북지역에 호적을 가졌던 사람이 가족관계등록창설하는 경우에는 등록부에 원적지를 기록하여야 한다.
> ② 군사분계선 이북지역에 호적을 가졌던 사람이 가족관계등록창설하는 경우, 군사분계선 이북지역에 거주하는 호주나 가족에 대한 가족관계등록창설허가도 신청할 수 있으며 그 등록부에는 원적지 및 군사분계선 이북지역에 거주한다는 취지를 기록한다.
> ③ 제1항과 제2항의 경우에 군사분계선 이북지역이 북위 38도선 이북인 경우에는 1945년 8월 15일을, 북위 38도선 이남인 경우에는 1950년 6월 25일을 기준으로 한다.

제53조(친권 등에 관한 사항의 기록) 친권·관리권 또는 미성년후견에 관한 사항은 미성년자의 등록부의 일반등록사항란에 각 기록한다.

제54조(배우자의 가족관계등록사항 등의 변동사유) 한쪽 배우자에 대하여 다음의 신고가 있는 때에는 다른 배우자의 등록부에도 그 취지를 기록하여야 한다.
1. 사망, 실종선고·부재선고 및 그 취소
2. 국적취득과 그 상실
3. 성명의 정정 또는 개명

제55조(자녀의 등록사항 등) ① 혼인 중의 출생자에 대한 출생신고 또는 인지의 효력이 있는 출생신고가 있는 때에는 법 제44조 제2항의 신고서 기재내용에 따라 출생자에 대한 등록부를 작성하되, 특정등록사항란에 그 부모 또는 인지한 부의 성명을 기록하고 그 부모 또는 인지한 부의 등록부에는 특정등록사항란에 그 출생자의 성명 등을 기록하여야 한다.
② 혼인외의 출생자가 혼인중의 출생자로 된 때 또는 부모의 혼인이 무효로 된 때에는 자녀의 등록부 일반등록사항란에 그 사유를 기록하여야 한다.
③ 시·읍·면의 장은 부 또는 모의 성과 본이 정정되거나 변경된 경우 그 부 또는 모의 성을 따르는 자녀의 성과 본을 직권으로 정정 또는 변경기록하고 그 사유를 등록부에 기록하여야 한다.

제56조(인지되지 않은 자녀의 등록부) 부가 인지하지 아니한 혼인외의 출생자라도 부의 성과 본을 알 수 있는 경우에는 부의 성과 본을 따를 수 있다. 다만, 부의 성명을 그 자녀의 일반등록사항란 및 특정등록사항란의 부란에 기록하여서는 아니된다.

2. 등록기준지의 결정

출생 또는 그 밖의 사유로 처음으로 등록을 하는 경우에는 등록기준지를 정하여 신고하여야 한다(법 제10조 제1항).

등록기준지는 대법원규칙으로 정하는 절차에 따라 변경할 수 있다(제2항).

※ "대법원규칙으로 정하는 절차"

규칙 제4조(등록기준지의 결정) ① 법 시행과 동시에 최초로 등록부를 작성하는 경우, 종전 호적이 존재하는 사람은 종전 호적의 본적을 등록기준지로 한다.
② 제1항에 해당되지 않는 사람에 대해서 법 제10조 제1항에 따라 처음 정하는 등록기준지는 다음 각 호에 따른다.
1. 당사자가 자유롭게 정하는 등록기준지
2. 출생의 경우에 부 또는 모의 특별한 의사표시가 없는 때에는, 자녀가 따르는 성과 본을 가진 부 또는 모의 등록기준지
3. 외국인이 국적취득 또는 귀화한 경우에 그 사람이 정한 등록기준지
4. 국적을 회복한 경우에 국적회복자가 정한 등록기준지
5. 가족관계등록창설의 경우에 제1호의 의사표시가 없는 때에는 가족관계등록창설하고자 하는 사람이 신고한 주민등록지
6. 부 또는 모가 외국인인 경우에 제1호의 의사표시가 없는 때에는 대한민국 국민인 부 또는 모의 등록기준지

③ 당사자는 등록기준지를 자유롭게 변경할 수 있다. 이 경우, 새롭게 변경하고자 하는 등록기준지 시·읍·면의 장에게 변경신고를 하여야 한다.

☞ 등록기준지를 개인별로 설정함으로써, 가족 구성원 각자가 독립적인 신분등록부를 가지게 되어 개인의 독립성과 자율성이 강화된다. 그리고 등록기준지는 신고인이 자유롭게 선택할 수 있으며, 변경도 가능하여 개인의 거주지 선택의 자유를 보장한다.

3. 전산정보처리조직에 의한 등록사무의 처리 등

> **설명형 예제**
>
> 甲은 사망하여 가족관계등록부가 폐쇄된 상태이다. 그런데 최근 이 폐쇄된 등록부의 일부 기록이 손상되어 복구가 필요하다는 보고가 법원행정처에 접수되었다. 이와 관련하여 등록부의 폐쇄 절차와 법원행정처가 할 수 있는 등록부등의 복구 조치에 대해 설명하시오.

(1) 전산정보처리조직에 의한 처리 원칙

시·읍·면의 장은 등록사무를 전산정보처리조직에 의하여 처리하여야 한다(법 제11조 제1항).

☞ 전산정보처리조직을 활용하여 가족관계등록사무를 처리함으로써, 업무의 신속성과 정확성을 높이고 행정 효율성을 향상시키고자 함이다.

(2) 등록부 폐쇄

① 본인이 사망하거나 실종선고·부재선고를 받은 때, 국적을 이탈하거나 상실한 때 또는 그 밖에 대법원규칙으로 정한 사유가 발생한 때에는 등록부를 폐쇄한다(제2항).

※ "대법원규칙으로 정한 사유"(규칙 제17조 제2항).

> 1. 이중으로 작성된 경우
> 2. 착오 또는 부적법하게 작성된 경우
> 3. 정정된 등록부가 이해관계인에게 현저히 부당하다고 인정되어 재작성하는 경우

② 등록부와 제2항에 따라 폐쇄한 등록부(이하 "폐쇄등록부")는 법원행정처장이 보관·관리한다(법 제11조 제3항).
③ 법원행정처장은 등록부 또는 폐쇄등록부(이하 "등록부등")에 기록되어 있는 등록사항과 동일한 전산정보자료를 따로 작성하여 관리하여야 한다(제4항).

☞ 등록부 및 폐쇄등록부를 법원행정처장이 보관·관리하도록 하여, 등록정보의 보존과 관리의 일원화를 도모하고자 함이다.

(3) 등록부등의 복구 등

등록부등의 전부 또는 일부가 손상되거나 손상될 염려가 있는 때에는 법원행정처장은 대법원규칙으로 정하는 바에 따라 등록부등의 복구 등 필요한 처분을 명할 수 있다(법 제11조 제5항).

※ "대법원규칙으로 정하는 바"

> 규칙 제6조(전산운영책임관의 업무) ① 중앙관리소의 전산운영책임관은 법 제11조에 따라 등록부등 및 그 부본자료를 작성·보관·관리하고 전산정보처리조직에 기록되어 있는 사항을 실시간, 주, 월단위로 보존하여야 한다.
> ② 전산운영책임관은 등록전산정보자료의 일부 또는 전부가 손상되었을 때에는 즉시 법원행정처장에게 보고하고 제1항의 부본자료에 의하여 복구하여야 한다. 이 경우 정상적인 전산정보처리조직의 운영이 불가능할 때에는 전산정보처리조직이 복구될 때까지 부본자료에 의하여 운영할 수 있다.
> ③ 등록전산정보자료와 부본자료의 각 일부 또는 전부가 동시에 손상된 경우에는 가족관계정보자료가 손상된 사람 또는 그 이해관계인에게 제20조의 멸실고시 등의 방법으로 등록 일제신고기간을 정하여 신고하도록 하고, 신고한 자료와 대법원의 등록정보자료, 시·읍·면의 제적 등을 기초로 전산정보처리조직을 복구하여야 한다. 그 밖의 복구절차에 필요한 사항은 대법원예규로 정한다.
> ④ 중앙관리소 소속 공무원이 법 제12조 제2항에 따라 등록사항별 증명서를 발급하는 경우에는 전산운영책임관 명의로 한다.
> ⑤ 법 제12조 제2항에 따른 증명서의 발급절차, 그 밖의 필요한 사항은 대법원예규로 정한다.
> ⑥ 전산운영책임관은 매년 1월 10일까지 등록전산정보자료의 보존방법과 부본자료의 보관·관리, 복구절차, 중앙관리소 소속직원의 업무배분, 그 밖의 전산정보처리조직의 안정적인 관리와 운영을위한 지침을 마련하여 이를 비치하여야 한다.

☞ 데이터의 안정성과 신뢰성을 확보하려는 것이다.

(4) 법정사유 외 사용 및 제3자 제공 금지

등록부등을 관리하는 사람 또는 등록사무를 처리하는 사람은 이 법이나 그 밖의 법에서 규정하는 사유가 아닌 다른 사유로 등록부등에 기록된 등록사항에 관한 전산정보자료(이하 "등록전산정보자료")를 이용하거나 다른 사람(법인을 포함)에게 자료를 제공하여서는 아니 된다(제6항).

☞ 등록전산정보자료의 이용 및 제공을 법률에서 정한 사유로 제한하여, 개인의 신분정보가 무분별하게 노출되는 것을 방지하고자 함이다.

(5) 전산정보중앙관리소의 설치 등

① 등록부등의 보관과 관리, 전산정보처리조직에 의한 등록사무처리의 지원 및 등록전산정보자료의 효율적인 활용을 위하여 법원행정처에 전산정보중앙관리소(이하 "중앙관리소")를 둔다. 이 경우 국적 관련 통보에 따른 등록사무처리에 관하여는 대법원규칙으로 정하는 바에 따라 법무부와 전산정보처리조직을 연계하여 운영한다(법 제12조 제1항).

※ "대법원규칙으로 정하는 바"

> 규칙 제80조의4(국적관련 통보에 관한 업무) ① 법무부장관의 국적관련 통보는 법 제12조 제1항에 따라 전산정보처리조직에 의하여 처리한다.
> ② 등록기준지의 시·읍·면의 장은 법무부장관의 국적관련 통보로 가족관계등록부를 작성할 수 없는 경우 법무부장관에게 재통보를 요청하고, 국적관련 통보 대상자의 추후보완신고를 받아 가족관계등록부를 작성할 수 있다.

③ 등록기준지의 시·읍·면의 장은 제2항의 절차를 통해 가족관계등록부를 작성할 수 없는 경우 접수를 거부하고 국적관련 통보를 반송한다.
④ 법무부장관의 통보서는 보존과 관련하여 신고서류로 본다.

② 법원행정처장은 필요한 경우 중앙관리소 소속 공무원으로 하여금 제15조에 규정된 증명서의 발급 사무를 하게 할 수 있다(제2항).

(6) 등록전산정보자료의 이용 등

① 등록전산정보자료를 이용 또는 활용하고자 하는 사람은 관계 중앙행정기관의 장의 심사를 거쳐 법원행정처장의 승인을 받아야 한다. 다만, 중앙행정기관의 장이 등록전산정보자료를 이용하거나 활용하고자 하는 경우에는 법원행정처장과 협의하여야 한다(법 제13조 제1항).
② 등록전산정보자료를 이용 또는 활용하고자 하는 사람은 본래의 목적 외의 용도로 이용하거나 활용하여서는 아니 된다(제2항).
③ 등록전산정보자료의 이용 또는 활용과 그 사용료 등에 관하여 필요한 사항은 대법원규칙으로 정한다(제3항).

※ "대법원규칙으로 정하는 필요한 사항"

> 규칙 제26조(등록전산정보자료의 이용 등) ① 법 제13조에 따라 등록전산정보자료를 이용 또는 활용하려는 사람은 다음 각 호의 사항을 기재하고 관계중앙행정기관의 장의 심사결과를 첨부해 법원행정처장에게 등록전산정보자료의 제공을 승인하여 줄 것을 신청하여야 한다.
> 1. 자료의 이용 또는 활용의 목적과 근거
> 2. 자료의 범위
> 3. 자료의 제공방식·보관기관 및 안전관리대책
> ② 중앙행정기관의 장이 등록전산정보자료를 이용 또는 활용하려는 경우에는 법원행정처장에게 제1항 각 호의 사항을 기재한 서면을 제출하고 협의를 요청하여야 한다.
> ③ 법원행정처장이 제1항, 제2항에 따른 승인신청 또는 협의요청을 받은 때에는 다음 각 호의 사항을 심사하여 등록전산정보자료의 제공 여부를 결정하여야 한다.
> 1. 신청내용의 타당성·적합성·공익성
> 2. 개인의 사생활 침해의 가능성 및 위험성 여부
> 3. 자료의 목적외 사용방지 및 안전관리대책 확보 여부
> 4. 신청한 사항의 처리가 전산정보처리조직에 의하여 가능한지 여부
> 5. 신청한 사항의 처리가 등록사무처리에 지장이 없는지 여부
> ④ 제3항에 따라 심사한 결과 신청을 승인하거나 협의가 이루어진 때에는 법원행정처장은 전산정보자료제공대장에 그 내용을 기록·관리하여야 한다.

4. 증명서의 교부 등

> **설명형 예제**
>
> 丙은 乙의 친부(親父)이고, 甲은 乙의 처(妻)이다. 甲이 丙의 가족관계증명서를 교부 청구할 수 있는지 검토하시오.

> **설명형 예제**
>
> 「가족관계의 등록 등에 관한 법률」상 증명서 교부 과정에서 가정폭력피해자를 보호하는 방법으로서 '교부 제한'과 '공시 제한' 제도를 설명하시오.

(1) 의의

가족관계등록법 제14조는 증명서의 교부 요건, 절차 및 제한에 관한 사항을 규정하여, 개인의 가족관계 정보에 대한 접근과 보호의 균형을 도모하고 있다.

본인 및 그 가족(배우자·직계혈족)이 자신의 가족관계등록사항에 대한 증명서 교부를 청구할 수 있도록 하면서도, 무분별한 정보 노출을 방지하기 위해 교부 범위·대상·절차에 명확한 제한과 예외를 규정하고 있다. 또한, 공적 절차에서의 필요성, 법령에 따른 제출의무, 정당한 이해관계 등 특정한 사유가 있는 경우에는 제3자에게도 교부를 허용함으로써, 공공의 필요를 충족하도록 하고 있다.

특히 친양자입양관계증명서의 경우 사생활 보호의 필요성이 크기 때문에 성년이 된 친양자 등 특정한 경우에 한해 교부를 허용하고 있다. 그리고 제5항은 등록사항의 최소화 원칙과 목적 외 사용 금지를 명문화함으로써 정보주체의 개인정보 자기결정권을 보장하려는 것이다.

2021년 개정으로 신설된 제8항 이하 규정은 가정폭력피해자의 안전과 인권 보호를 위한 장치로서, 피해자가 특정인을 교부 제한 대상자로 지정할 수 있도록 하여 가해자의 증명서 접근을 원천 차단하는 절차를 마련하였다.

(2) 증명서 교부청구

본인 또는 배우자, 직계혈족(이하 "본인등")은 등록부등의 기록사항에 관하여 발급할 수 있는 증명서(이하 "등록사항별 증명서")의 교부를 청구할 수 있고, 본인등의 대리인이 청구하는 경우에는 본인등의 위임을 받아야 한다. 다만, 다음 각 호의 어느 하나에 해당하는 경우에는 본인등이 아닌 경우에도 교부를 신청할 수 있다(법 제14조 제1항).

---

1. 국가 또는 지방자치단체가 직무상 필요에 따라 문서로 신청하는 경우
2. 소송·비송·민사집행의 각 절차에서 필요한 경우
3. 다른 법령에서 본인등에 관한 증명서를 제출하도록 요구하는 경우
4. 그 밖에 대법원규칙으로 정하는 정당한 이해관계가 있는 다음의 사람이 신청하는 경우

   - 민법상의 법정대리인
   - 채권·채무의 상속과 관련하여 상속인의 범위를 확인하기 위해서 등록사항별 증명서의 교부가 필요한 사람
   - 그 밖에 공익목적상 합리적 이유가 있는 경우로서 대법원예규가 정하는 사람

※ 교부 신청 방법

규칙 제19조(증명서 교부청구 등) ① 법 제15조의 등록사항별 증명서에 대한 교부신청은 등록부 등의 기록사항 등에 관한 증명신청서(이하 "신청서")에 그 사유를 기재하여 제출하여야 한다. 다만, 본인이 청구하는 경우에는 신청서를 작성하지 않을 수 있고, 대리인이 법 제14조 제1항의 본인 또는 배우자, 직계혈족(이하 이 조에서는 "본인등")의 위임을 받아 청구하는 때에는 본인등의 위임장과 주민등록증·운전면허증·여권 등의 신분증명서 사본을 제출하여야 한다.
③ 제1항의 신청서에는 대법원예규가 특별히 규정하고 있는 경우를 제외하고는 대상자의 성명과 등록기준지를 정확하게 반드시 기재하여야 하고 다음 각 호에 해당하는 서류를 제출하여야 한다.
1. 법 제14조 제1항 제1호의 경우에는 그 근거법령과 사유를 기재한 신청기관의 공문 및 관계공무원의 신분증명서
2. 법 제14조 제1항 제2호의 경우에는 법원의 보정명령서, 재판서, 촉탁서 등 이를 소명하는 자료
3. 법 제14조 제1항 제3호의 경우에는 이를 소명하는 자료 및 관계법령에 의한 정당한 권한이 있는 사람임을 확인할 수 있는 자료
4. 법 제14조 제1항 제4호의 경우에는 그 근거와 사유를 기재한 신청서 및 정당한 이해관계를 소명하는 자료와 신청인의 신분증명서

규칙 제22조(증명서의 교부청구의 필요이유 제시) ① 법 제14조 제1항 제1호와 제3호에 따라 등록사항별 증명서의 교부를 청구하는 경우, 각 대상자 마다 등록사항별 증명서가 필요한 이유를 구체적으로 밝혀야 하며, 한번에 30통 이상을 청구할 때에는 교부청구 기관 또는 단체의 소재지를 관할하는 시·읍·면에 하여야 한다.
② 법 제14조 제1항 제4호에 해당하는 경우에는 제19조 제3항 제4호의 요건을 갖추는 것 이외에 각각의 등록사항별 증명서가 필요한 이유를 별도로 밝혀야 한다.
③ 본인·배우자·직계혈족 이외의 사람이 등록사항별 증명서 중 가족관계증명서를 교부받고자 하는 경우에는 가족관계증명서가 필요한 이유를 별도로 밝혀야 한다.

> **관련판례**
>
> 형제자매에게 가족관계등록부 등의 기록사항에 관한 증명서 교부청구권을 부여하는 '가족관계의 등록 등에 관한 법률'(2007.5.17. 법률 제8435호로 제정된 것) 제14조 제1항 본문 중 '형제자매' 부분은 위헌
>
> 가족관계등록법상 각종 증명서에 기재된 개인정보가 유출되거나 오남용될 경우 정보의 주체에게 가해지는 타격은 크므로 증명서 교부청구권자의 범위는 가능한 한 축소하여야 하는데, 형제자매는 언제나 이해관계를 같이 하는 것은 아니므로 형제자매가 본인에 대한 개인정보를 오남용 또는 유출할 가능성은 얼마든지 있다.…본인은 인터넷을 이용하거나 위임을 통해 각종 증명서를 발급받을 수 있으며, 가족관계등록법 제14조 제1항 단서 각 호에서 일정한 경우에는 제3자도 각종 증명서의 교부를 청구할 수 있으므로 형제자매는 이를 통해 각종 증명서를 발급받을 수 있다. 따라서 이 사건 법률조항은 침해의 최소성에 위배된다. 또한, 이 사건 법률조항을 통해 달성하려는 공익에 비해 초래되는 기본권 제한의 정도가 중대하므로 법익의 균형성도 인정하기 어려워, 이 사건 법률조항은 청구인의 개인정보자기결정권을 침해한다(헌재 2016.6.30. 2015헌마924).

(3) 친양자입양관계증명서의 교부청구 사유

친양자입양관계증명서는 <u>다음 각 호의 어느 하나에 해당하는 경우에 한하여</u> 교부를 청구할 수 있다(법 제14조 제2항).

> 1. 친양자가 성년이 되어 신청하는 경우
> 2. 혼인당사자가 「민법」 제809조(* 근친혼 등의 금지)의 친족관계를 파악하고자 하는 경우
> 3. 법원의 사실조회촉탁이 있거나 수사기관이 수사상 필요에 따라 문서로 신청하는 경우
> 4. 그 밖에 대법원규칙으로 정하는 경우
>
> ※ 법 제14조 제2항 제4호에 따라 증명서를 청구할 수 있는 경우는 다음 각 호의 어느 하나에 해당하는 경우로 한정한다. 다만, 다음 각호의 구체적인 소명자료는 대법원예규로 정한다(규칙 제23조 제3항).
>> 1. 「민법」 제908조의4에 따라 친양자 입양의 취소를 하거나 「민법」 제908조의5에 따라 친양자의 파양을 할 경우
>> 1의2. 「국내입양에 관한 특별법」 제28조 제1항 또는 「국제입양에 관한 법률」 제25조 제1항 본문에 따라 입양의 취소를 할 경우
>> 2. 친양자의 복리를 위하여 필요함을 구체적으로 소명하여 신청하는 경우
>> 3. 그 밖의 대법원예규가 정하는 정당한 이유가 있는 경우

※ 법 제14조 제2항에 따른 친양자입양관계증명서의 교부제한은 교부청구 대상 본인의 친양자입양 여부와 관계없이 적용된다(규칙 제23조 제2항).

※ 법 제14조 제2항 제3호에 따라 수사기관이 증명서를 교부청구하는 경우, 각 대상자마다 증명서가 필요한 사유를 구체적으로 기재하되, 관련사건명과 사건접수연월일을 밝혀 청구하여야 한다(규칙 제23조 제5항).

(4) 수수료·우송료 납부

증명서의 교부를 청구하는 사람은 수수료를 납부하여야 하며, 증명서의 송부를 신청하는 경우에는 우송료를 따로 납부하여야 한다(법 제14조 제3항).

(5) 증명서 교부의 제한

① 시·읍·면의 장은 증명서 교부 청구가 등록부에 기록된 사람에 대한 사생활의 비밀을 침해하는 등 부당한 목적에 의한 것이 분명하다고 인정되는 때에는 증명서의 교부를 거부할 수 있다(제4항).

② <u>등록사항별 증명서를 제출할 것을 요구하는 자는 사용목적에 필요한 최소한의 등록사항이 기록된 일반증명서 또는 특정증명서를 요구하여야 하며, 상세증명서를 요구하는 경우에는 그 이유를 설명하여야 한다. 제출받은 증명서를 사용목적 외의 용도로 사용하여서는 아니 된다</u>(제5항).

③ 「가정폭력범죄의 처벌 등에 관한 특례법」 제2조 제5호에 따른 피해자(이하 "가정폭력피해자") 또는 그 대리인은 <u>가정폭력피해자의 배우자 또는 직계혈족을 지정</u>(이하 "교부제한대상자")하여 시·읍·면의 장에게 가정폭력피해자 본인의 등록사항별 증명서의 교부를 제한하거나 그 제한을 해지하도록 신청할 수 있다(제8항). 이 경우 시·읍·면의 장은 교부제한대상자 또는 그 대리인에게 가정폭력피해자 본인의 등록사항별 증명서를 교부하지 아니할 수 있으며(제9항), 교부제한대상자에게는 가정폭력피해자 본인의 등록부등의 기록사항을 열람하게 하지 아니한다(제10항).

※ 가정폭력행위자가 직계혈족이기만 하면 별도의 제한 없이 가정폭력피해자의 정보가 포함된 가족관계증명서 등의 교부를 청구할 수 있도록 하는 규정에 대하여 헌법재판소가 헌법불합치결정(2020.8.28. 2018헌마927)을 함에 따라, 가정폭력행위자 등 가정폭력피해자가 지정한 사람에 대하여는 가정폭력피해자에 관한 등록사항별 증명서의 교부·발급 등에 일정한 제한을 설정하여 가정폭력피해자의 개인정보자기결정권을 보호하고 추가적인 가정폭력범죄가 발생하는 것을 방지하고자 제14조 제8항 내지 제11항, 그리고 제15조의2가 신설되었다(2021.12.28.).

> 규칙 제25조의3(가정폭력피해자의 교부·공시제한 신청·해지절차 및 범위) ① 법 제14조 제8항의 가정폭력피해자가 법 제14조 제8항 또는 법 제15조의2 제1항에 따라 교부제한 또는 공시제한을 신청하거나 그 해지를 신청할 때 제출하여야 할 신청서의 서식, 첨부서류, 그 밖의 신청절차 등에 관한 사항은 대법원예규로 정한다.
> ② 교부제한대상자에 대하여 교부, 열람 등이 제한되는 범위는 다음 각 호와 같다.
> 1. 가정폭력피해자를 본인으로 하는 법 제15조의 등록사항별 증명서 전부
> 2. 가정폭력피해자를 본인으로 하는 등록부등의 기록사항 전부
> ③ 공시제한대상자 본인등에 대하여 공시가 제한되는 범위는 다음 각 호와 같다.
> 1. 특정등록사항·일반등록사항 중 가정폭력피해자의 성명, 출생연월일, 주민등록번호, 성별, 본에 관한 사항 등 가정폭력피해자에 대한 기록사항 전부
> 2. 제적부의 기록사항 중 가정폭력피해자에 관한 기록사항 전부
> 3. 그 밖에 위 각 호에 준하는 가정폭력피해자의 개인정보
> ④ 교부제한대상자 또는 공시제한대상자 본인등에게는 영문증명서 및 제적부의 기록사항에 관하여 제25조의 무인증명서발급기 및 제25조의2의 인터넷에 의한 발급사무를 제공하지 아니한다.

관련판례

'직계혈족이 가족관계증명서 및 기본증명서의 교부를 청구'하는 부분이 불완전·불충분하게 규정되어 있어 가정폭력 피해자의 개인정보자기결정권을 침해함

이 사건 법률조항은 가정폭력 가해자에 대한 별도의 제한 없이 직계혈족이기만 하면 사실상 자유롭게 그 자녀의 가족관계증명서와 기본증명서의 교부를 청구하여 발급받을 수 있도록 함으로써, 그로 인하여 가정폭력 피해자인 청구인의 개인정보가 가정폭력 가해자인 전 배우자에게 무단으로 유출될 수 있는 가능성을 열어놓고 있다. 따라서 과잉금지원칙에 위배되어 청구인의 개인정보자기결정권을 침해한다. 이 사건 법률조항에 대하여 단순위헌결정을 하여 즉시 효력을 상실시킨다면 법적 공백상태가 발생할 우려가 있으므로, 헌법불합치결정을 선고하고, 2021. 12. 31.을 시한으로 입법자의 개선입법이 있을 때까지 잠정적용을 명하기로 한다(헌재 2020.8.28. 2018헌마927).

(6) 열람

① 본인 또는 배우자, 부모, 자녀는 대법원규칙으로 정하는 바에 따라 등록부등의 기록사항의 전부 또는 일부에 대하여 전자적 방법에 의한 열람을 청구할 수 있다. 다만, 친양자입양관계증명서의 기록사항에 대하여는 친양자가 성년이 된 이후에만 청구할 수 있다(법 제14조 제7항).

② 제9항에 따른 교부제한대상자에게는 가정폭력피해자 본인의 등록부등의 기록사항을 열람하게 하지 아니한다(제10항).

(7) 인터넷에 의한 증명서 발급

① 등록사항별 증명서의 발급사무는 인터넷을 이용하여 처리할 수 있다(법 제14조의2 제1항).
② 제1항에 따른 발급은 본인 또는 배우자, 부모, 자녀가 신청할 수 있다(제2항).
③ 제14조 제9항에 따른 교부제한대상자에게는 가정폭력피해자 본인의 등록사항별 증명서를 발급하지 아니한다(제3항).
④ 발급의 범위, 절차 및 방법 등 필요한 사항은 대법원규칙으로 정한다(제4항).
   ※ "대법원규칙으로 정하는 필요한 사항"

> 규칙 제25조의2(인터넷에 의한 등록부등의 기록사항 열람 및 증명서 발급) ① 등록부등의 기록사항 열람 및 등록사항별 증명서의 발급사무는 인터넷을 이용하여 처리할 수 있다.
> ② 제1항에 따른 사무는 중앙관리소에서 처리하고, 전산운영책임관이 이를 담당한다.
> ③ 제1항에 따른 열람 및 발급은 본인 또는 배우자, 부모, 자녀가 신청할 수 있다. 이 경우 「전자서명법」 제2조 제2호에 따른 전자서명(서명자의 실지명의를 확인할 수 있는 것으로서 법원행정처장이 지정하여 전자가족관계등록시스템에 공고한 인증서를 이용한 것을 말한다) 정보도 함께 송신하여야 한다. 다만, 교부제한대상자 또는 공시제한대상자 본인등의 경우에는 제25조의3에 따라 열람 등의 범위가 제한된다.
> ④ 제1항에 따른 열람 및 발급의 범위, 절차 및 방법 등 필요한 사항은 대법원예규로 정한다.

☞ 인터넷을 통해 손쉽게 발급받을 수 있도록 하여 행정 효율성과 민원인의 편의를 증진시키고자 함이다. 또한 개인정보 보호의 필요성에 따라 발급 대상자를 본인, 배우자, 부모, 자녀로 제한하고, 가정폭력 가해자의 교부를 제한한다.

(8) 무인증명서발급기에 의한 증명서 발급

① 시·읍·면의 장은 신청인 스스로 입력하여 등록사항별 증명서를 발급받을 수 있는 장치를 이용하여 증명서의 발급사무를 처리할 수 있다(법 제14조의3 제1항).
② 제1항에 따른 발급은 본인에게만 할 수 있다(제2항).
③ 발급의 범위, 절차 및 방법 등 필요한 사항은 대법원규칙으로 정한다(제3항).
   ※ "대법원규칙으로 정하는 필요한 사항"

> 규칙 제25조(무인증명서발급기에 의한 증명서 발급) ① 시·읍·면의 장은 신청인 스스로 입력하여 등록사항별 증명서를 발급받을 수 있는 장치를 이용하여 증명서의 발급사무를 처리할 수 있다.
> ② 제1항에 따른 등록사항별 증명서 발급은 본인에게만 할 수 있으며, 이 경우 그 본인임을 확인하는 절차를 거쳐야 한다. 다만, 교부제한대상자 또는 공시제한대상자 본인등의 경우에는 제25조의3에 따라 발급의 범위가 제한된다.
> ③ 제1항의 경우 그 발급기관, 발급절차, 그 밖의 필요한 사항은 대법원예규로 정한다.

☞ 온라인에 익숙치 않은 고령자·장애인 등도 행정관서까지 가기 쉽지 않은 경우에 무인발급기를 이용해 증명서를 빠르게 확보할 수 있다. 증명서에는 주민등록번호·가족관계 등 민감정보가 포함되어 있으므로 지문인식 등 생체정보로 정확히 본인을 확인하도록 제한한다.

5. 증명서의 종류 및 기록사항

> **설명형 예제**
>
> 甲은 본인 및 가족에 관한 가족관계증명서를 발급받으려 한다. 甲의 가족 중에는 한국 국적자와 외국 국적자가 혼재되어 있다.
> (1) 甲이 발급받을 수 있는 가족관계증명서의 유형을 소개하고, 각 증명서에 기재되는 내용 중 주요 차이점을 설명하시오.
> (2) 만약 甲이 혼인관계증명서와 기본증명서를 각각 일반증명서와 상세증명서로 발급받으려 할 경우, 각 증명서의 기재사항 차이 및 활용 목적을 비교 설명하시오.
> (3) 甲이 상세증명서 대신 특정증명서를 선택하여 발급받으려 한다면, 특정증명서란 무엇이며, 어떤 경우에 발급되는지, 그리고 그 기재사항은 어떻게 다른지 설명하시오.

(1) 의의

가족관계등록부의 기록사항을 목적별로 총 5종류의 증명서로 구분하고, 각 증명서별로 "일반증명서·상세증명서·특정증명서"라는 정보공개 수준을 정하고 있다. 그리고 상세공개 여부를 신청인이 선택할 수 있도록 함으로써 개인별 정보 최소공개 원칙을 실현하고자 한다.

(2) 증명서의 종류

등록부등의 기록사항은 <u>다음 각 호의 증명서별로 일반증명서와 상세증명서로 발급한다. 다만, 외국인의 기록사항에 관하여는 성명·성별·출생연월일·국적 및 외국인등록번호를 기재하여 증명서를 발급하여야 한다</u>(법 제15조 제1항).

> 1. 가족관계증명서
> 2. 기본증명서
> 3. 혼인관계증명서
> 4. 입양관계증명서
> 5. 친양자입양관계증명서

(3) 일반증명서의 기재사항

일반증명서란 가족관계등록부에 기록된 본인 및 직계가족의 주요 가족관계 사항을 간략하게 증명하는 서류로서, 가족관계의 기본적인 현황을 확인하기 위한 목적에 사용된다. 일반증명서에는 현재에 관한 사항이 공시되고, 이혼, 파양 등 과거에 관한 사항은 공시되지 아니한다.

제1항 각 호의 증명서에 대한 일반증명서의 기재사항은 다음 각 호와 같다(제2항).

> 1. 가족관계증명서
>   가. 본인의 등록기준지·성명·성별·본·출생연월일 및 주민등록번호
>   나. 부모의 성명·성별·본·출생연월일 및 주민등록번호(입양의 경우 양부모를 부모로 기록한다. 다만, 단독입양한 양부가 친생모와 혼인관계에 있는 때에는 양부와 친생모를, 단독입양한 양모가 친생부와 혼인관계에 있는 때에는 양모와 친생부를 각각 부모로 기록한다)

다. 배우자, 생존한 현재의 혼인 중의 자녀의 성명·성별·본·출생연월일 및 주민등록번호
2. 기본증명서
 가. 본인의 등록기준지·성명·성별·본·출생연월일 및 주민등록번호
 나. 본인의 출생, 사망, 국적상실에 관한 사항
3. 혼인관계증명서
 가. 본인의 등록기준지·성명·성별·본·출생연월일 및 주민등록번호
 나. 배우자의 성명·성별·본·출생연월일 및 주민등록번호
 다. 현재의 혼인에 관한 사항
4. 입양관계증명서
 가. 본인의 등록기준지·성명·성별·본·출생연월일 및 주민등록번호
 나. 친생부모·양부모 또는 양자의 성명·성별·본·출생연월일 및 주민등록번호
 다. 현재의 입양에 관한 사항
5. 친양자입양관계증명서
 가. 본인의 등록기준지·성명·성별·본·출생연월일 및 주민등록번호
 나. 친생부모·양부모 또는 친양자의 성명·성별·본·출생연월일 및 주민등록번호
 다. 현재의 친양자 입양에 관한 사항

(4) 상세증명서의 기재사항

상세증명서는 가족관계의 발생과 변동 사항을 모두 포함하여, 해당 가족관계의 변천과 경위를 자세히 파악할 수 있게 해준다. 예컨대 상속권, 혼인무효소송, 입양절차 등 가족관계가 쟁점이 되는 상황에서 정확하고 포괄적인 사실 확인을 위해 상세한 가족관계증명이 필요하다. 또한 다문화가족, 재혼가족 등 가족관계가 복잡한 경우 상세증명서를 통해 모든 관련 가족구성원의 신상 및 관계 변동 사항을 한눈에 확인할 수 있다.

제1항 각 호의 증명서에 대한 상세증명서의 기재사항은 일반증명서의 기재사항에 다음 각 호의 사항을 추가한 것으로 한다(제3항).

1. 가족관계증명서 : 모든 자녀의 성명·성별·본·출생연월일 및 주민등록번호
2. 기본증명서 : 국적취득 및 회복 등에 관한 사항
3. 혼인관계증명서 : 혼인 및 이혼에 관한 사항
4. 입양관계증명서 : 입양 및 파양에 관한 사항
5. 친양자입양관계증명서 : 친양자 입양 및 파양에 관한 사항

(5) 특정증명서의 기재사항

특정증명서는 상세증명서에서 제공하는 방대한 가족관계 정보 중에서 필요한 부분만 선택적으로 제공하는 맞춤형 증명서로, 개인정보 최소노출과 민원편의를 위해 활용된다.

제1항 각 호의 증명서 중 대법원규칙으로 정하는 증명서에 대해서는 해당 증명서의 상세증명서 기재사항 중 신청인이 대법원규칙으로 정하는 바에 따라 선택한 사항을 기재한 특정증명서를 발급한다(제4항).

※ "대법원규칙으로 정하는 증명서" : 가족관계증명서, 기본증명서, 혼인관계증명서

※ "대법원규칙으로 정하는 바"(규칙 제21조의2)

1. 가족관계증명서에 대한 특정증명서의 기재사항(다만, 제3호, 제4호는 신청인이 기재사항으로 선택한 경우에 한함)

   1. 본인의 성명·성별·출생연월일 및 주민등록번호
   2. 부모, 배우자 및 자녀 중 신청인이 선택한 사람의 성명·성별·출생연월일 및 주민등록번호(사람을 복수로 선택할 수 있음)
   3. 본인의 등록기준지
   4. 본인 및 제2호에 따라 신청인이 선택한 사람 전부의 본

2. 기본증명서에 대한 특정증명서의 기재사항(다만, 제3호, 제4호는 신청인이 기재사항으로 선택한 경우에 한함)

   1. 본인의 성명·성별·출생연월일 및 주민등록번호
   2. 다음 각 목 중 신청인이 선택한 어느 하나에 관한 사항
      가. 출생, 사망과 실종
      나. 인지와 친생자관계 정정
      다. 친권과 미성년후견(다만, 현재의 사항만을 선택할 수도 있음)
      라. 개명과 성·본 변경
      마. 국적의 취득과 상실
      바. 성별 등의 정정
   3. 본인의 등록기준지
   4. 본인의 본

3. 혼인관계증명서에 대한 특정증명서의 기재사항(다만, 제3호, 제4호는 신청인이 기재사항으로 선택한 경우에 한함)

   1. 본인의 성명·성별·출생연월일 및 주민등록번호
   2. 신청인이 선택한 과거의 혼인에 관한 사항
   3. 본인의 등록기준지
   4. 본인의 본

4. 교부제한대상자 또는 공시제한대상자 본인등의 경우에는 교부 등의 범위가 제한될 수 있다.

6. 가정폭력피해자에 관한 기록사항의 공시 제한

(1) 의의

가정폭력 피해자 또는 그 대리인이 가해자였던 배우자나 직계혈족을 '공시제한대상자'로 지정하여, 해당 인물이 피해자의 가족관계등록부를 열람하거나 증명서를 발급받을 때 피해자에 관한 정보를 가리도록 신청할 수 있는 권한을 부여한다. 이는 피해자가 자신의 개인정보에 대한 통제권을 행사할 수 있도록 하여, 2차 피해를 방지하고자 하는 취지이다.

(2) 공시 제한 신청

가정폭력피해자 또는 그 대리인은 가정폭력피해자의 배우자 또는 직계혈족(배우자 또는 직계혈족이었던 사람을 포함)을 지정(이하 "공시제한대상자")하여 시·읍·면의 장에게 등록부등 중 가정폭력피해자에 관한 기록사항을 가리도록 제한하거나 그 제한을 해지하도록 신청할 수 있다(법 제15조의2 제1항).

(3) 공시 제한

① 시·읍·면의 장은 공시 제한 신청을 받은 때에는 다음 각 호의 구분에 따른 사람에게 등록사항별 증명서를 교부하거나 등록사항별 증명서를 발급할 때 가정폭력피해자에 관한 기록사항을 가리고 교부하거나 발급할 수 있다. 다만, 제14조 제1항 각 호(* 국가 또는 지방자치단체가 직무상 필요에 따라 문서로 신청하는 경우 등)에 해당하여 등록사항별 증명서를 교부할 때에는 해당 사항을 가리지 아니하고 교부할 수 있다(제2항).

> 1. 공시제한대상자의 등록사항별 증명서 : 공시제한대상자 본인등 또는 그 대리인
> 2. 공시제한대상자의 배우자 또는 직계혈족으로서 가정폭력피해자가 아닌 사람의 등록사항별 증명서 : 공시제한대상자 또는 그 대리인

② 제2항 각 호의 구분에 따른 사람에게 등록부등의 기록사항을 열람하게 하거나 등록사항별 증명서를 발급하는 경우에는 가정폭력피해자에 관한 기록사항을 가리고 열람하게 하거나 해당 사항을 가리고 발급한다(제3항).

7. 그 밖의 사항

(1) 증명서 작성방법의 일반사항

> 규칙 제21조(증명서 작성방법의 일반사항) ① 등록사항별 증명서에는 시·읍·면의 장의 직명(직무대리자의 경우에는 대리자격도 표시하여야 함)과 성명을 기록한 후 그 직인을 찍어야 한다.
> ② 증명서에 공란이나 여백이 있는 때에는 그 뜻을 표시하여야 한다.
> ③ 증명서가 여러 장으로 이루어지는 때에는 각 장에 장수, 발행번호를 기록하고 각 장에 걸쳐 직인으로 간인하여야 한다.
> ④ 제1항 또는 제3항의 경우에는 인증기에 직인을 부착하여 인증할 수 있고, 자동천공방식으로 간인할 수 있다.
> ⑤ 본인, 부모(양부모 포함), 배우자, 자녀(양자 포함)의 가족관계등록부에 사망(실종선고·부재선고·국적상실 포함)사실이 기록된 경우에는 등록사항별 증명서의 사망한 사람의 성명란에 "사망(실종선고·부재선고·국적상실은 각 실종선고, 부재선고, 국적상실)"이 표시되어야 한다.
> ⑥ 가족관계증명서는 제5항의 경우를 제외하고는 증명서 교부 당시의 유효한 사항만을 모아서 발급한다. 다만, 법 제15조 제2항 제1호의 가족관계증명서는 성명란에 사망(실종선고·부재선고 포함)이 표시되어 있는 자녀(양자 포함)의 특정등록사항을 제외하고 발급한다.
> ⑦ 시·읍·면의 장은 청구인이 등록사항별 증명서 중 두 가지 이상을 동시에 청구하는 경우에 제1항부터 제6항까지에 따라 개별증명서로 발급하여야 한다.
> ⑧ 법원행정처장이 등록사항별 증명서의 기재례를 정한 때에는 그에 따라 증명서를 발급하여야 한다.
> ⑨ 제1항부터 제8항까지에도 불구하고 교부제한대상자 또는 공시제한대상자 본인등의 경우에는 제25

조의3에 따라 교부 등의 범위가 제한될 수 있다.
⑩ 등록사항별 증명서의 서식 및 그 밖에 필요한 사항은 대법원예규로 정한다.

(2) 영문증명서의 발급

> 규칙 제21조의3(영문증명서의 발급) ① 법 제15조 제5항에 따라 필요한 경우에는 영문으로 작성된 등록사항별 증명서(이하 "영문증명서")를 발급할 수 있다. 다만, 교부제한대상자 또는 공시제한대상자 본인등의 경우에는 제25조의3에 따라 교부 등의 범위가 제한될 수 있다.
> ② 영문증명서의 기록사항은 다음 각 호와 같다.
> 1. 본인, 부모 및 배우자의 성명·성별·출생연월일 및 주민등록번호
> 2. 본인의 출생과 현재의 혼인에 관한 사항
> ③ 영문증명서는 로마자와 아라비아 숫자로 작성한다. 이 경우 제63조는 적용하지 아니한다.
> ④ 법원행정처장은 영문증명서의 작성에 필요한 경우 외교부장관에게 전산정보처리조직의 연계나 그 밖에 필요한 협조를 요청할 수 있다.
> ⑤ 영문증명서의 작성과 발급, 그 밖에 필요한 사항은 대법원예규로 정한다.

04 신고

1. 통칙

> **설명형 예제**
> 「가족관계의 등록 등에 관한 법률」상 국내에서 하는 신고의 장소 및 일반적 신고방법에 관하여 설명하시오.

(1) 신고의 장소

① 이 법에 따른 신고는 신고사건 본인의 등록기준지 또는 신고인의 주소지나 현재지에서 할 수 있다. 다만, 재외국민에 관한 신고는 재외국민 가족관계등록사무소에서도 할 수 있다(법 제20조 제1항).
② 외국인에 관한 신고는 그 거주지 또는 신고인의 주소지나 현재지에서 할 수 있다(제2항).
☞ 가족관계등록 신고의 장소를 유연하게 규정함으로써, 국민의 편의를 증진하고 행정 절차의 효율성을 높이기 위함이다. 특히 재외국민과 외국인에 대한 별도의 규정을 두어, 다양한 상황에 처한 국민과 외국인의 가족관계등록 신고가 원활하게 이루어질 수 있도록 하였다.

(2) 출생·사망의 동 경유 신고 등

① 시에 있어서 출생·사망의 신고는 그 신고의 장소가 신고사건 본인의 주민등록지 또는 주민등록을 할 지역과 같은 경우에는 신고사건 본인의 주민등록지 또는 주민등록을 할 지역을 관할하는 동을 거쳐 할 수 있다(법 제21조 제1항).
② 제1항의 경우 동장은 소속 시장을 대행하여 신고서를 수리하고, 동이 속하는 시의 장에게 신고서를 송부하며, 그 밖에 대법원규칙으로 정하는 등록사무를 처리한다(제2항).

☞ 시민이 시청이나 구청 등 중심 행정기관을 직접 방문하지 않고도 가까운 동 주민센터를 통해 출생이나 사망 신고를 할 수 있도록 함으로써 신고 절차의 접근성을 높인다.

(3) 신고 후 등록되어 있음이 판명된 때 등

등록되어 있는지가 분명하지 아니한 사람 또는 등록되어 있지 아니하거나 등록할 수 없는 사람에 관한 신고가 수리된 후 그 사람에 관하여 등록되어 있음이 판명된 때 또는 등록할 수 있게 된 때에는 신고인 또는 신고사건의 본인은 그 사실을 안 날부터 1개월 이내에 수리된 신고사건을 표시하여 처음 그 신고를 수리한 시·읍·면의 장에게 그 사실을 신고하여야 한다(법 제22조).

☞ 2008년 호적법을 대체한 가족관계등록법이 시행되었지만 과도기적으로 등록이 불분명한 국민들(예 해외 미신고 출생자, 자료 전산 이관 오류)이 존재한다. 이런 현실에서 일단 신고는 수리하되, 실제 등록 존재 여부가 불분명한 인물에 대한 체계적 관리를 위하여 '나중에 등록 여부가 드러났을 경우'에도 행정에 재신고할 의무를 부여한다.

(4) 신고방법

① 의의

제23조는 가족관계등록 신고의 방법과 절차를 명확히 하여 등록의 정확성과 당사자의 의사 확인을 보장하고, 허위 신고를 방지하여 가족관계등록부의 신뢰성을 유지하려는 목적을 가지고 있다.

② 원칙

신고는 서면이나 말로 할 수 있다(법 제23조 제1항).
신고로 인하여 효력이 발생하는 등록사건에 관하여 신고사건 본인이 시·읍·면에 출석하지 아니하는 경우에는 신고사건 본인의 주민등록증(모바일 주민등록증을 포함한다)·운전면허증·여권, 그 밖에 대법원규칙으로 정하는 신분증명서(* 국제운전면허증, 외국국가기관 명의의 신분증 그 밖에 대법원예규가 정하는 신분증명서)를 제시하거나 신고서에 신고사건 본인의 인감증명서를 첨부하여야 한다. 이 경우 본인의 신분증명서를 제시하지 아니하거나 본인의 인감증명서를 첨부하지 아니한 때에는 신고서를 수리하여서는 아니 된다(제2항).

> 규칙 제32조(신고인 등의 확인) ① 시·읍·면·동의 장 또는 재외공관의 장은 신고서류를 접수하는 경우에 출석한 신고인 또는 제출인의 신분증명서에 의하여 반드시 그 신분을 확인하여야 하고, 신고인 또는 제출인이 법 제23조 제2항에 따라 불출석 신고사건 본인의 신분증명서를 제시한 때에는 그 신분을 확인한 후 신고서류의 뒤에 그 사본을 첨부하여야 한다.
> ③ 법 제23조 제2항에도 불구하고, 법 제62조 제1항의 법정대리인의 출석 또는 신분증명서의 제시가 있거나 인감증명서의 첨부가 있으면 신고사건본인의 신분증명서의 제시 또는 인감증명서의 첨부가 있는 것으로 본다.

관련판례

입양신고 시 신고사건 본인이 시·읍·면에 출석하지 아니하는 경우에는 신고사건 본인의 신분증명서를 제시하도록 한 것이 입양당사자의 가족생활의 자유를 침해하지 아니함

이 사건 법률조항은 입양의 당사자가 출석하지 않아도 입양신고를 하여 가족관계를 형성할 수 있는 자유를 보장하면서도, 출석하지 아니한 당사자의 신분증명서를 제시하도록 하여 입양당사자의 신고의사의 진실성을 담보하기 위한 조항이다.…(중략)…신분증명서를 부정사용하여 입양신고가 이루어질 경우 형법에 따라 형사처벌되고, 그렇게 이루어진 허위입양은 언제든지 입양무효확인의 소를 통하여 구제받을 수 있다. 비록 출석하지 아니한 당사자의 신분증명서를 요구하는 것이 허위의 입양을 방지하기 위한 완벽한 조치는 아니라고 하더라도 이 사건 법률조항이 원하지 않는 가족관계의 형성을 방지하기에 전적으로 부적합하거나 매우 부족한 수단이라고 볼 수는 없다. 따라서 이 사건 법률조항이 입양당사자의 가족생활의 자유를 침해한다고 보기 어렵다(헌재 2022.11. 24. 2019헌바108).

③ 전자문서를 이용한 신고
대법원규칙으로 정하는 등록에 관한 신고는 전산정보처리조직을 이용하여 전자문서로 할 수 있다(법 제23조의2 제1항).
※ "대법원규칙으로 정하는 등록에 관한 신고"(규칙 제36조의2 제1항)

> 1. 법 제10조 제2항에 따른 등록기준지 변경신고
> 2. 법 제44조 제4항 본문 및 제46조 제1항, 제2항에 따른 부 또는 모의 출생신고
> 3. 법 제96조에 따른 국적취득자의 성과 본의 창설 신고
> 4. 법 제99조에 따른 개명 신고
> 5. 법 제101조에 따른 가족관계등록 창설 신고
> 6. 법 제104조 및 제105조에 따른 등록부정정 신청

☞ 기존의 서면 중심의 신고 방식에서 벗어나 디지털 방식의 신고를 허용함으로써 국민은 시간과 장소에 구애받지 않고 신고할 수 있으며, 행정기관은 업무처리의 효율성을 높일 수 있다.

제1항에 따른 신고는 신고사건 본인의 등록기준지 시·읍·면의 장이 처리한다. 다만, 신고사건 본인의 등록기준지가 없는 경우에는 신고인의 주소지 시·읍·면의 장이 처리하고, 재외국민에 관한 신고인 경우에는 재외국민 가족관계등록사무소의 가족관계등록관이 처리하며, 외국인에 관한 신고인 경우에는 그 거주지 시·읍·면의 장이 처리한다(법 제23조의2 제2항).
제2항에도 불구하고 제1항에 따른 신고는 신고 처리의 편의를 위하여 대법원규칙으로 정하는 바에 따라 다른 시·읍·면의 장이 처리할 수 있다(제3항).
시에 있어서 제2항 및 제3항에 따른 신고 처리는 대법원규칙으로 정하는 바에 따라 동장이 소속 시장을 대행하여 할 수 있다(제4항).

※ 온라인 출생신고 시 직접 방문하여 신고하는 경우보다 출생아의 주민등록번호 생성이 지연됨에 따라 양육수당 등 출산 관련 지원서비스 신청이 늦어지는 문제가 있는바, 이러한 불편을 해소하기 위하여 등록기준지 외의 다른 시·읍·면에서 온라인 출생신고를 처리할 수 있도록 하고, 동장이 소속 시장을 대행하여 온라인 출생신고 등을 수리·송부할 수 있는 근거를 마련하였다(2020. 2.4).

④ 첨부서류의 전자적 확인
시·읍·면의 장이 등록사무를 처리하는 전산정보처리조직을 통하여 첨부서류에 대한 정보를 확인할 수 있는 경우에는 그 확인으로 해당 서류의 첨부를 갈음한다(법 제23조의3 제1항).

제1항에 따라 확인이 가능한 첨부서류의 종류는 대법원규칙으로 정한다(제2항)
※ "대법원규칙으로 정하는 첨부서류의 종류"(규칙 제36조의2 제3항)

> 1. 제87조 제6항에 따른 가정법원의 재판서등본
> 2. 전산정보처리조직에서 확인할 수 있는 등록사항별 증명서
> 3. 그 밖에 대법원예규로 정한 서면

☞ 필요한 첨부서류를 전산정보처리조직을 통해 확인할 수 있는 경우 해당 서류의 제출을 생략할 수 있도록 규정하여 행정절차의 간소화와 민원인의 편의 증진을 도모한다.

⑤ 신고서 양식

신고서 양식은 대법원예규로 정한다. 이 경우 가족관계에 관한 등록신고가 다른 법령으로 규정한 신고를 갈음하는 경우에 당해 신고서 양식을 정함에 있어서는 미리 관계부처의 장과 협의하여야 한다(법 제24조).

> **규칙 제30조(신고서의 문자)** ① 신고서는 한글과 아라비아숫자로 기재하여야 한다. 다만, 사건본인의 성명은 한자로 표기할 수 없는 경우를 제외하고는 한자를 병기하여야 하고, 사건본인의 본은 한자로 표기할 수 없는 경우를 제외하고는 한자로 기재하여야 한다.
> ② 신고서의 첨부서류가 외국어로 작성된 것인 때에는 번역문을 첨부하여야 한다.
>
> **규칙 제31조(신고서의 기재방법)** ① 신고서의 글자는 명확하게 기재하여야 한다.
> ② 신고서의 기재를 정정한 경우에는 여백에 정정한 글자의 수를 기재하고 신고인이 날인하여야 한다.

⑥ 신고서 기재사항

㉠ 신고서에는 다음 사항을 기재하고 신고인이 서명하거나 기명날인하여야 한다(법 제25조 제1항).

> 1. <u>신고사건</u>
> 2. <u>신고연월일</u>
> 3. <u>신고인의 출생연월일·주민등록번호·등록기준지 및 주소</u>
> 4. 신고인과 신고사건의 본인이 다른 때에는 <u>신고사건의 본인의 등록기준지·주소·성명·출생연월일 및 주민등록번호와 신고인의 자격</u>

> **규칙 제33조(서명 또는 기명날인을 갈음하는 방법)** 신고인, 증인, 동의자 등은 신고서에 서명하거나 기명날인할 수 있고, 서명 또는 기명날인을 할 수 없을 때에는 무인할 수 있다. 이 경우 담당공무원은 본인의 무인임을 증명한다는 문구를 기재하고 기명날인하여야 한다.

㉡ 신고서류를 작성한 경우 그 신고서류에 주민등록번호를 기재한 때에는 출생연월일의 기재를 생략할 수 있다(제2항).

⑦ 증인을 필요로 하는 신고

증인을 필요로 하는 사건의 신고에 있어서는 <u>증인은 신고서에 주민등록번호 및 주소를 기재하고 서명하거나 기명날인</u>하여야 한다(법 제28조).

☞ 개인의 신분에 대한 법률효과가 창설되는 중대한 절차는 당사자의 의사가 신뢰할 만하게 표명되었는지를 확인하기 위함이다.

⑧ 부존재 또는 부지의 사항
   신고서에 기재하여야 할 사항으로서 존재하지 아니하거나 알지 못하는 것이 있을 때에는 그 취지를 기재하여야 한다. 다만, 시·읍·면의 장은 법률상 기재하여야 할 사항으로서 특히 중요하다고 인정되는 사항을 기재하지 아니한 신고서는 수리하여서는 아니 된다(법 제29조).
   ☞ 예컨대, 출생신고 시 부모의 인적사항을 알 수 없는 경우 해당 사항이 부존재하거나 부지임을 명시적으로 기재하고, 혼인신고에서 배우자의 등록기준지를 모를 경우 이를 '부지'로 기재하여 신고의 효력을 유지한다. 한편, 법적으로 필수적인 사항이 누락된 신고서는 시·읍·면의 장이 수리할 수 없으므로 신고인은 필요한 정보를 보완하여 재신고해야 한다.

⑨ 법령 규정사항 이외의 기재사항
   신고서에는 이 법 또는 다른 법령으로 정하는 사항 외에 등록부에 기록하여야 할 사항을 더욱 분명하게 하기 위하여 필요한 사항이 있으면 이러한 사항도 기재하여야 한다(법 제30조).
   ☞ 예컨대, 출생자의 국적 불명, 개명 이력, 외국인등록번호 없는 재외국적동포 등 법률 규정만으로는 설명이 부족한 사실에 대해 기재하여 기록의 신뢰성을 높인다.

⑩ 말로 하는 신고 등
   ㉠ 의의
      개인의 글쓰기·활동능력이 제한될 때도 가족관계등록의 '신고권'을 실질적으로 보장하고, 신고내용의 신뢰성·정확성을 공무원이 확인하게 함으로써 허위신고 방지와 법적 안정성을 확보하고자 한다.
   ㉡ 말로 신고하려 할 때에는 신고인은 시·읍·면의 사무소에 출석하여 신고서에 기재하여야 할 사항을 진술하여야 한다(법 제31조 제1항).
   ㉢ 시·읍·면의 장은 신고인의 진술 및 신고연월일을 기록하여 신고인에게 읽어 들려주고 신고인으로 하여금 그 서면에 서명하거나 기명날인하게 하여야 한다(제2항). 이 경우 시·읍·면의 장은 신고서 여백에 그 취지를 기재하고 직명과 성명을 기재한 후 직인을 찍어야 한다(규칙 제35조).
   ㉣ 신고인이 질병 또는 그 밖의 사고로 출석할 수 없는 때에는 대리인으로 하여금 신고하게 할 수 있다. 다만, 제55조(* 인지신고), 제56조(* 태아의 인지), 제61조(* 입양신고), 제63조(* 파양신고), 제71조(* 혼인신고) 및 제74조(* 이혼신고)의 신고는 그러하지 아니하다(제3항).

⑪ 동의, 승낙 또는 허가를 요하는 사건의 신고
   ㉠ 신고사건에서 부모 또는 다른 사람의 동의나 승낙이 필요한 경우에는 신고서에 그 동의나 승낙을 증명하는 서면을 첨부하여야 한다. 이 경우 동의나 승낙을 한 사람으로 하여금 신고서에 그 사유를 적고 서명 또는 기명날인하게 함으로써 그 서면의 첨부를 갈음할 수 있다(법 제32조 제1항).
   ㉡ 신고사건, 신고인 또는 신고사항 등에 있어서 재판 또는 관공서의 허가를 요하는 사항이 있는 경우에는 신고서에 그 재판서 또는 허가서의 등본을 첨부하여야 한다(제2항).
      ☞ 가족 기본권의 핵심 사안에 대해 타인의 동의나 법원 결정이 요구되는 경우, 이를 행정신고와 별개로 서면으로 명확히 확인하도록 함이다.

(5) 제한능력자의 신고

> **사례형 예제**
> 甲(45세)는 질병으로 인해 사무처리능력이 지속적으로 결여된 상태로 가정법원으로부터 성년후견개시 심판을 받고 피성년후견인의 상태에 있다. 이후 甲은 자신이 이미 결혼했음에도 가족관계등록부에 혼인 사실이 반영되지 않았음을 알게 되었다. 甲은 혼인신고를 직접 할 수 있는가?

> **해설 요지**
> 甲이 피성년후견인이므로 그의 성년후견인이 신고의무자임이 원칙이나, 본인이 직접 신고를 하여도 된다. 다만 피성년후견인의 혼인은 부모나 성년후견인의 동의를 받아 혼인할 수 있으므로(민법 제808조 제2항) 그러한 동의가 있음을 요건으로 피성년후견인이 직접 신고할 수 있다.

① 신고하여야 할 사람이 미성년자 또는 피성년후견인인 경우

신고하여야 할 사람이 미성년자 또는 피성년후견인인 경우에는 친권자, 미성년후견인 또는 성년후견인을 신고의무자로 한다. 다만, 미성년자 또는 피성년후견인 본인이 신고를 하여도 된다(법 제26조 제1항).

친권자, 미성년후견인 또는 성년후견인이 신고하는 경우에는 신고서에 다음 각 호의 사항을 적어야 한다(제2항).

☞ 법정대리인의 신고를 통해 미성년자나 피성년후견인의 법적 권리와 지위를 보호하고, 이들의 가족관계가 정확히 등록되도록 한다. 다만, 미성년자나 피성년후견인이 스스로 신고할 수 있는 경우에는 이를 허용하여 개인의 자기결정권을 존중한다.

1. 신고하여야 할 미성년자 또는 피성년후견인의 성명·출생연월일·주민등록번호 및 등록기준지
2. 신고하여야 할 사람이 미성년자 또는 피성년후견인이라는 사실
3. 신고인이 친권자, 미성년후견인 또는 성년후견인이라는 사실

② 동의가 불필요한 미성년자 또는 피성년후견인의 신고

미성년자 또는 피성년후견인이 그 법정대리인의 동의 없이 할 수 있는 행위에 관하여는 미성년자 또는 피성년후견인이 신고하여야 한다(법 제27조 제1항).

피성년후견인이 신고하는 경우에는 신고서에 신고사건의 성질 및 효과를 이해할 능력이 있음을 증명할 수 있는 진단서를 첨부하여야 한다(제2항).

☞ 미성년자나 피성년후견인이 일정한 법률행위에 있어 제한적이나마 독립적인 법적 주체로서의 지위를 인정받는다는 점에서 중요한 의미를 갖는다.

(6) 외국에서 하는 신고 등

> **설명형 예제**
> 「가족관계의 등록 등에 관한 법률」상 외국에서 하는 신고의 절차에 관하여 설명하시오.

① 의의

외국에 체류하는 대한민국 국민도 관할 재외공관에서 가족관계등록 신고·신청을 할 수 있도록 하

여, 신분등록권의 장소적 격차를 해소하고 재외국민의 권리를 실질적으로 보장한 제도장치라는 점에서 중요하다. 2015년 개정으로 도입된 이 규정은 신분관계의 해외 발생과 증가하는 재외국민 수요에 대응하기 위한 행정서비스 접근성을 강화한 결과이다. 이를 통해 국내 등록기준지에 따른 가족관계등록의 실효성과 공시성을 확보하고, 신고절차의 누락을 방지하며 법적 안정성을 도모하는 목적을 갖는다.

② 외국에서 하는 신고
재외국민은 이 법에서 정하는 바에 따라 그 지역을 관할하는 대한민국재외공관(이하 "재외공관"이라 한다)의 장에게 신고하거나 신청을 할 수 있다(법 제34조).

③ 외국의 방식에 따른 증서의 등본 제출
재외국민이 그 나라의 방식에 따라 신고사건에 관한 증서를 작성한 경우에는 3개월 이내에 그 지역을 관할하는 재외공관의 장에게 그 증서의 등본을 제출하여야 한다(법 제35조 제1항).
대한민국의 국민이 있는 지역이 재외공관의 관할에 속하지 아니하는 경우에는 3개월 이내에 등록기준지의 시·읍·면의 장 또는 재외국민 가족관계등록사무소의 가족관계등록관에게 증서의 등본을 발송하여야 한다(제2항).

④ 외국에서 수리한 서류의 송부
재외공관의 장은 제34조 및 제35조에 따라 서류를 수리한 때에는 1개월 이내에 외교부장관을 경유하여 재외국민 가족관계등록사무소의 가족관계등록관에게 송부하여야 한다(법 제36조 제1항).
이 경우 서류의 송부는 대법원규칙으로 정하는 바(* 외교부와 전산정보처리조직을 연계하여 운영)에 따라 전산정보처리조직을 이용하여 할 수 있다. 이 경우 해당 서류 원본의 보존, 그 밖에 필요한 사항은 대법원규칙으로 정한다(제2항).

(7) 신고기간의 기산점

> **설명형 예제**
>
> 「가족관계의 등록 등에 관한 법률」상 ① 신고기간의 기산점, ② 기간 내에 신고를 하지 아니한 때에 행정기관이 조치할 사항, ③ 신고인의 사망 후 도달한 신고의 수리에 대하여 설명하시오.

- ① 신고기간은 신고사건 발생일부터 기산한다(법 제37조 제1항).
- ② 재판의 확정일부터 기간을 기산하여야 할 경우에 재판이 송달 또는 교부 전에 확정된 때에는 그 송달 또는 교부된 날부터 기산한다(제2항).
- ☞ 신고의 기산점을 명확히 하여 신고의무자가 언제부터 신고를 해야 하는지를 분명히 한다. 이는 신고 지연으로 인한 과태료 부과 등 법적 책임의 기준을 명확히 하여 법적 안정성을 확보하고자 함이다.

(8) 신고의 최고

- ① 시·읍·면의 장은 신고를 게을리 한 사람을 안 때에는 상당한 기간을 정하여 신고의무자에 대하여 그 기간 내에 신고할 것을 최고(催告)하여야 한다(법 제38조 제1항).
- ② 신고의무자가 제1항의 기간 내에 신고를 하지 아니한 때에는 시·읍·면의 장은 다시 상당한 기간을 정하여 최고할 수 있다(제2항).

③ 제18조 제2항(* 직권 정정)은 제2항의 최고를 할 수 없는 때 및 최고를 하여도 신고를 하지 아니한 때에, 같은 조 제3항(* 본인의 등록기준지의 시·읍·면의 장에게 통지)은 국가 또는 지방자치단체의 공무원이 신고를 게을리 한 사람이 있음을 안 때에 준용한다(제3항).

☞ '강제 신고'가 아닌 '촉구'(최고)라는 점에서 신고권과 제도적 유인을 중시한다. 첫 최고만으론 부족할 경우 실무자가 추가 최고 가능하도록 하였다.

(9) 신고의 수리

① 신고의 추후 보완

시·읍·면의 장은 신고를 수리한 경우에 흠이 있어 등록부에 기록을 할 수 없을 때에는 신고인 또는 신고의무자로 하여금 보완하게 하여야 한다. 이 경우 제38조(* 신고의 최고)를 준용한다(법 제39조).

② 기간경과 후 신고의 수리

시·읍·면의 장은 신고기간이 경과한 후의 신고라도 수리하여야 한다(법 제40조).

☞ 지연된 신고도 수리하여, 가족관계의 사실관계가 공적 장부에서 누락되지 않도록 하고, 행정적 제재는 과태료 수준으로 제한하되 사실관계는 반드시 등록하도록 하는 제도적 안전장치이다.

③ 사망 후에 도달한 신고의 수리

신고인의 생존 중에 우송한 신고서는 그 사망 후라도 시·읍·면의 장은 수리하여야 한다(법 제41조 제1항).

제1항에 따라 신고서가 수리된 때에는 신고인의 사망시에 신고한 것으로 본다(제2항).

☞ 우편배송 지연이나 연휴·재난 상황으로 인한 우송 사고 발생을 감안한 규정이다.

④ 수리, 불수리증명서와 서류의 열람

신고인은 신고의 수리 또는 불수리의 증명서를 청구할 수 있다(법 제42조 제1항).

이해관계인은 시·읍·면의 장에게 신고서나 그 밖에 수리한 서류의 열람 또는 그 서류에 기재한 사항에 관하여 증명서를 청구할 수 있다(제2항).

증명서를 청구할 때에는 수수료를 납부하여야 한다(제3항).

이해관계인은 법원에 보관되어 있는 신고서류에 대한 열람을 청구할 수 있다(제4항).

☞ 신고의 수리·불수리 여부가 명확해져, 이후 보완하거나 시정신청할 수 있다. 또한 이해관계인이 증명서로 확보할 수 있다(예 상속·입양·학적 등 법률관계에 필요한 자료로 활용).

⑤ 신고불수리의 통지

시·읍·면의 장이 신고를 수리하지 아니한 때에는 그 사유를 지체 없이 신고인에게 서면으로 통지하여야 한다(법 제43조).

2. 출생신고

> **설명형 예제**
>
> 이수진은 2026. 4. 8. 제주도에서 딸 이지은을 출산하였다. 그러나 출산 당시 의사나 조산사의 도움 없이 자택에서 출산하였고, 출생증명서도 발급받지 못하였다. 이수진은 2026. 5. 3. 가정법원의 출생확인서를 첨부하

여 출생신고를 하였으며, 신고서에는 다음과 같은 사항이 기재되어 있다. 이수진의 출생신고는 법적 요건을 충족하였는가?

- 자녀의 성명 : 김지은(본-金海)
- 자녀의 성별 : 여자
- 자녀의 등록기준지 : 제주특별자치도
- 자녀의 혼인 중 또는 혼인 외의 출생자 구별 : 혼인 외 출생자
- 출생의 연월일시 및 장소 : 2026. 4. 8. 제주특별자치도(자택-주소기재)
- 모의 성명 : 김수진(본-金海)
- 모의 주민등록번호 : 기재됨
- 모의 등록기준지 : 제주특별자치도

(1) 의의

출생신고는 출생이라는 이미 발생한 사실을 가족관계등록부에 공식으로 알리고 기재함으로써, 개인의 권리능력 발생시점, 친생관계의 법적 확정, 국적의 공시 및 대한민국 국민으로서의 법적 지위 확보를 실현하는 보고적 신고 절차이다. 즉 출생은 사람이 권리의 주체가 될 수 있는 시기이고 모든 신분관계 발생의 기초이며, 출생신고를 통해 친자관계를 등록·공증하게 된다.

(2) 출생신고 기간

출생의 신고는 <u>출생 후 1개월 이내</u>에 하여야 한다(법 제44조 제1항).

(3) 출생신고서 기재

① 기재사항(제2항)

> 1. 자녀의 성명·본·성별 및 등록기준지
> 2. 자녀의 혼인 중 또는 혼인 외의 출생자의 구별
> 3. 출생의 연월일시 및 장소
> 4. 부모의 성명·본·등록기준지 및 주민등록번호(부 또는 모가 외국인인 때에는 그 성명·출생연월일·국적 및 외국인등록번호)
> 5. 「민법」 제781조 제1항 단서에 따른 협의(* 부모가 혼인신고시 모의 성과 본을 따르기로 협의)가 있는 경우 그 사실
> 6. 자녀가 복수국적자(複數國籍者)인 경우 그 사실 및 취득한 외국 국적

② 이름에 사용하는 문자

자녀의 이름에는 <u>한글 또는 통상 사용되는 한자</u>를 사용하여야 한다. 통상 사용되는 한자의 범위는 <u>대법원규칙으로 정한다</u>(제3항).

> 규칙 제37조(인명용 한자의 범위) ① 법 제44조 제3항에 따른 한자의 범위는 다음과 같이 한다.
> 1. 교육부가 정한 한문교육용 기초한자
> 2. 별표 1에 기재된 한자. 다만, 제1호의 기초한자가 변경된 경우에, 그 기초한자에서 제외된 한

자는 별표 1에 추가된 것으로 보고, 그 기초한자에 새로 편입된 한자 중 별표 1의 한자와 중복되는 한자는 별표 1에서 삭제된 것으로 본다.
② 제1항의 한자에 대한 동자(同字)·속자(俗字)·약자(略字)는 별표 2에 기재된 것만 사용할 수 있다.
③ 출생자의 이름에 사용된 한자 중 제1항과 제2항의 범위에 속하지 않는 한자가 포함된 경우에는 등록부에 출생자의 이름을 한글로 기록한다.

> **관련판례**
>
> **출생신고시 자녀의 이름에 사용할 수 있는 한자의 범위를 '통상 사용되는 한자'로 제한하는 것이 '부모가 자녀의 이름을 지을 자유'를 침해하지 아니함**
>
> 한자는 그 숫자가 방대하고 범위가 불분명한데다가, 우리나라는 한글 전용 정책을 주축으로 하여 한자에 익숙하지 못한 사람이 증가하고 있는바, 이름에 통상 사용되지 아니하는 한자를 사용하는 경우에는 그와 사회적·법률적 관계를 맺는 사람들이 그 이름을 인식하고 사용하는 데 상당한 불편을 겪게 될 뿐만 아니라, 그 범위조차 불분명한 한자를 가족관계등록 전산시스템에 모두 구현하는 것도 현실적으로 어려우므로, 자녀의 이름에 사용할 수 있는 한자의 범위를 제한하는 것은 불가피한 측면이 있다. … (중략) … 또한 '인명용 한자'가 아닌 한자를 사용하였다고 하더라도, 출생신고나 출생자 이름 자체가 불수리되는 것은 아니고, 가족관계등록부에 해당 이름이 한글로만 기재되어 종국적으로 해당 한자가 함께 기재되지 않는 제한을 받을 뿐이며, 가족관계등록부나 그와 연계된 공적 장부 이외에 사적 생활의 영역에서 해당 한자 이름을 사용하는 것을 금지하는 것도 아니다. 따라서 심판대상조항은 자녀의 이름을 지을 자유를 침해하지 않는다(헌재 2016.7.28. 2015헌마964).

(4) 출생증명서 첨부

① 원칙

출생신고서에는 의사나 조산사가 작성한 출생증명서를 첨부하여야 한다. 다만, 다음 각 호의 어느 하나에 해당하는 서면을 첨부하는 경우에는 그러하지 아니하다(제4항).

1. 분만에 직접 관여한 자가 모의 출산사실을 증명할 수 있는 자료 등을 첨부하여 작성한 출생사실을 증명하는 서면
2. 국내 또는 외국의 권한 있는 기관에서 발행한 출생사실을 증명하는 서면
   - 통일부장관이 발행한 북한이탈주민 신원 사실관계 확인서
   - 외국 관공서 등에서 발행한 출생신고사실을 증명하는 서면
3. 모의 출산사실을 증명할 수 있는 「119구조·구급에 관한 법률」 제22조에 따른 구조·구급활동상황일지

※ 출생증명서에 기재할 사항(규칙 제38조)

1. 자녀의 성명 및 성별. 다만, 작명되지 아니한 때에는 그 취지
2. 출생의 연월일 및 장소
3. 자녀가 다태아(多胎兒)인 경우에는 그 취지, 출생의 순위 및 출생시각
4. 모의 성명 및 출생연월일
5. 작성연월일

6. 작성자의 성명, 직업 및 주소

② 출생증명서가 없는 경우의 출생신고

출생증명서 또는 서면을 첨부할 수 없는 경우에는 가정법원의 출생확인을 받고 그 확인서를 받은 날부터 1개월 이내에 출생의 신고를 하여야 한다(법 제44조의2 제1항).

가정법원은 출생확인을 위하여 필요한 경우에는 직권으로 사실을 조사할 수 있으며, 지방자치단체의 장, 국가경찰관서의 장 등 행정기관이나 그 밖에 상당하다고 인정되는 단체 또는 개인에게 필요한 사항을 보고하게 하거나 자료의 제출을 요청할 수 있다(제2항).

(5) 출생장소별 출생신고

> **설명형 예제**
>
> 2026. 3. 10. 인천항을 출발한 여객선 '해양호'가 일본 하카타항으로 향하던 중, 선상에서 김철수가 태어났다. 김철수의 부모는 선장에게 출생 사실을 통보하였고, '해양호'는 다음 날 하카타항에 도착하였다. 김철수의 출생신고를 위해 선장이 해야 할 조치는 무엇인가?

① 원칙

출생의 신고는 출생지에서 할 수 있다(법 제45조 제1항).

② 기차나 그 밖의 교통기관 안

기차나 그 밖의 교통기관 안에서 출생한 때에는 모가 교통기관에서 내린 곳, 항해일지가 비치되지 아니한 선박 안에서 출생한 때에는 그 선박이 최초로 입항한 곳에서 신고할 수 있다(제2항).

③ 항해 중

항해 중에 출생이 있는 때에는 선장은 24시간 이내에 제44조 제2항에서 정한 사항을 항해일지에 기재하고 서명 또는 기명날인하여야 한다(법 제49조 제1항).

제1항의 절차를 밟은 후 선박이 대한민국의 항구에 도착하였을 때에는 선장은 지체 없이 출생에 관한 항해일지의 등본을 그 곳의 시·읍·면의 장 또는 재외국민 가족관계등록사무소의 가족관계등록관에게 발송하여야 한다(제2항).

선박이 외국의 항구에 도착하였을 때에는 선장은 지체 없이 제2항의 등본을 그 지역을 관할하는 재외공관의 장에게 발송하고 재외공관의 장은 지체 없이 외교부장관을 경유하여 재외국민 가족관계등록사무소의 가족관계등록관에게 발송하여야 한다(제3항).

제3항에 따른 서류의 송부는 대법원규칙으로 정하는 바에 따라 전산정보처리조직을 이용하여 할 수 있다. 이 경우 해당 서류 원본의 보존, 그 밖에 필요한 사항은 대법원규칙으로 정한다(제4항).

④ 공공시설

병원, 교도소, 그 밖의 시설에서 출생이 있었을 경우에 부모가 신고할 수 없는 때에는 당해 시설의 장 또는 관리인이 신고를 하여야 한다(법 제50조).

(6) 신고의무자

① 혼인 중 출생자의 출생의 신고는 부 또는 모가 하여야 한다(법 제46조 제1항).
② 혼인 외 출생자의 신고는 모가 하여야 한다(제2항).
  ※ [헌법불합치, 2021헌마975, 2023.3.23, 가족관계의 등록 등에 관한 법률 제46조 제2항은 헌법

에 합치되지 아니한다. 위 법률조항은 2025.5.31.을 시한으로 입법자가 개정할 때까지 계속 적용된다.]

③ 제1항 및 제2항에 따라 신고를 하여야 할 사람이 신고를 할 수 없는 경우에는 다음 각 호의 어느 하나에 해당하는 사람이 각 호의 순위에 따라 신고를 하여야 한다(제3항).

1. 동거하는 친족
2. 분만에 관여한 의사·조산사 또는 그 밖의 사람

④ 신고의무자가 출생 후 1개월 이내에 신고를 하지 아니하여 자녀의 복리가 위태롭게 될 우려가 있는 경우에는 검사 또는 지방자치단체의 장이 출생의 신고를 할 수 있다(제4항).

(7) 출생통보제

> **설명형 예제**
> 「가족관계의 등록 등에 관한 법률」상 출생사실이 의료기관으로부터 제출되어 시·읍·면의 장이 직권으로 출생 기록을 할 수 있는 경우를 설명하시오.

① 의의

2023년 수원 영아 사망사건을 계기로, 부모의 출생신고 누락으로 인해 출생사실조차 공적체계에 기록되지 않은 아동이 사회적으로 방치되는 현실이 드러남에 따라, 의료기관에서 출생한 아동이 가족과 사회의 보호를 받고 건강하게 성장할 수 있는 최소한의 보호장치를 마련하고 모든 아동의 출생등록될 권리를 보장할 필요에서 도입되었다.

신고의무자가 출생신고를 하지 않더라도 국가가 출생사실을 확인·추적하여 등록시스템으로 연계할 수 있도록 함으로써 신고 누락으로부터 아동의 권리를 보호하고, 등록정보의 완결성 및 법적 안정성을 확보하려는 것이다.

② 출생사실의 통보

「의료법」 제3조에 따른 의료기관에 종사하는 의료인은 해당 의료기관에서 출생이 있는 경우 출생사실을 확인하기 위하여 다음 각 호의 사항(이하 "출생정보")을 해당 의료기관에서 관리하는 출생자 모의 진료기록부 또는 조산기록부(전자적 형태로 바꾼 문서를 포함)에 기재하여야 한다(법 제44조의3 제1항).

1. 출생자의 모에 관한 다음 각 목의 사항
   가. 성명
   나. 주민등록번호 또는 외국인등록번호(모가 외국인인 경우로 한정한다). 다만, 주민등록번호 또는 외국인등록번호를 확인할 수 없는 경우에는 「사회보장기본법」 제37조 제2항에 따른 사회보장정보시스템에서의 의료급여 자격관리를 위한 번호를 기재하여야 한다.
2. 출생자의 성별, 수(數) 및 출생 연월일시
3. 그 밖에 의료기관의 주소 등 출생사실을 확인하기 위하여 대법원규칙으로 정하는 사항(* 출생자의 출생 순서, 출생자가 실제 출생한 의료기관의 명칭)

의료기관의 장은 출생일부터 14일 이내에 출생정보를 「국민건강보험법」 제62조에 따른 건강보험심사평가원(이하 "심사평가원")에 제출하여야 한다. 이 경우 보건복지부장관이 출생사실의 통보 및 관리를 목적으로 구축하여 심사평가원에 위탁 운영하는 전산정보시스템을 이용하여 제출하여야 한다(제2항). 의료기관의 장은 출생정보를 건강보험심사평가원에 제출하기 전에 출생자가 사망한 경우에도 해당 출생자에 대한 출생정보를 제출하여야 한다(규칙 제38조의3 제2항).

심사평가원은 출생정보를 제출받은 경우 출생자 모의 주소지를 관할하는 시·읍·면의 장(모의 주소지를 확인할 수 없는 경우에는 출생지를 관할하는 시·읍·면의 장을 말한다)에게 해당 출생정보를 포함한 출생사실을 지체 없이 통보하여야 한다. 이 경우 심사평가원은 「전자정부법」 제37조에 따른 행정정보 공동이용센터를 통하여 전자적인 방법으로 출생사실을 통보할 수 있다(법 제44조의3 제3항). 심사평가원은 출생자의 모가 외국인인 경우에는 출생지를 관할하는 시·읍·면의 장에게 해당 출생정보를 포함한 출생사실을 통보하여야 한다(규칙 제38조의3 제4항).

③ 출생신고의 확인·최고

법 제44조의3 제3항에 따른 통보를 받은 시·읍·면의 장은 제44조 제1항에 따른 신고기간 내에 출생자에 대한 출생신고가 되었는지를 확인하여야 한다(법 제44조의4 제1항).

시·읍·면의 장은 신고기간이 지나도록 출생자에 대한 출생신고가 되지 아니한 경우에는 즉시 제46조 제1항 및 제2항에 따른 신고의무자에게 7일 이내에 출생신고를 할 것을 최고하여야 한다(제2항). 이때 부모 모두에게 최고하여야 한다(규칙 제38조의4 제1항).

④ 직권 출생 기록

시·읍·면의 장은 다음 각 호의 어느 하나에 해당하는 경우 제44조의3 제3항에 따라 통보받은 자료를 첨부하여 감독법원의 허가를 받아 해당 출생자에 대하여 직권으로 등록부에 출생을 기록하여야 한다(법 제44조의4 제3항).

1. 제46조 제1항 및 제2항에 따른 신고의무자가 제2항의 최고기간 내에 출생신고를 하지 아니한 경우
2. 제46조 제1항 및 제2항에 따른 신고의무자를 특정할 수 없는 등의 이유로 제2항에 따라 신고의무자에게 최고할 수 없는 경우

시·읍·면의 장은 직권기록 허가신청을 위하여 출생자의 성·본 및 등록기준지를 다음 각 호에 따라 정하고, 출생자의 이름은 대법원예규에 따라 정한다(규칙 제38조의4 제3항).

1. 출생자의 성과 본 : 「민법」 제781조 제1항부터 제3항까지의 규정(* ① 자는 부의 성과 본을 따른다. 다만, 부모가 혼인신고시 모의 성과 본을 따르기로 협의한 경우에는 모의 성과 본을 따른다. ② 부가 외국인인 경우에는 자는 모의 성과 본을 따를 수 있다. ③ 부를 알 수 없는 자는 모의 성과 본을 따른다.)
2. 출생자의 등록기준지 : 규칙 제4조 제2항 제2호(* 부 또는 모의 특별한 의사표시가 없는 때에는, 자녀가 따르는 성과 본을 가진 부 또는 모의 등록기준지) 및 제6호의 규정(*부 또는 모가 외국인인 경우에 대한민국 국민인 부 또는 모의 등록기준지)

⑤ 자료제공의 요청

시·읍·면의 장은 제44조의4에 따른 등록사무처리를 위하여 필요한 경우 대법원규칙으로 정하는 자료(* 주민등록자료, 외국인등록사실증명, 국민건강보험공단이 관리하는 가입자 및 피부양자의 자격 정보)를 관계 기관의 장에게 요청할 수 있고, 해당 기관의 장은 특별한 사유가 없으면 요청에 따라야 한다. 다만, 「전자정부법」 제36조 제1항에 따른 행정정보 공동이용을 통하여 확인할 수 있는

사항은 예외로 한다(법 제44조의5).

> ■ 참고 : 위기임신보호출산제
>
> 1. 개념
>   위기임산부에게 충분한 정보 제공과 상담을 통해 원가정 양육을 우선 지원하며, 불가피한 경우에는 가명으로 진료와 출산을 할 수 있도록 지원하는 제도이다. 법적 근거로 「위기 임신 및 보호출산 지원과 아동 보호에 관한 특별법」이 있다(2024.7.19. 시행).
>
> 2. 주요내용
>   ① 의료기관 선택 및 비식별화된 진료
>   보호출산 신청인은 원하는 의료기관을 선택하고, 해당 기관은 지역상담기관으로부터 받은 비식별화된 정보를 바탕으로 산전 검진 및 출산을 진행한다. 의료기관은 비식별화된 정보로 진료기록부 등을 작성한다.
>   ② 출생정보 제출 및 가족관계등록
>   보호출산으로 출생한 아동의 출생정보는 의료기관, 건강보험심사평가원, 중앙상담지원기관, 지역상담기관, 시·읍·면 순으로 제출 또는 통보된다. 시·읍·면의 장은 아동의 성과 본을 창설하고, 이름과 등록기준지를 정하여 가족관계등록부에 기록한다.
>   ③ 아동 인도 및 친권 정지
>   보호출산 신청인은 출산일부터 7일 이상의 숙려기간 후에 시장·군수·구청장에게 아동을 인도하거나, 지역상담기관의 장에게 인도해줄 것을 요청할 수 있다. 아동이 인도된 때부터 친권의 행사는 정지되며, 아동을 인도받은 시장·군수·구청장이 그 아동의 미성년후견인이 되어 적절한 보호조치를 한다.

(8) 친생부인의 소를 제기한 때

친생부인의 소를 제기한 때에도 출생신고를 하여야 한다(법 제47조).

※ 친생부인(親生否認)의 소 : 혼인 중의 출생자의 추정을 받은 자(子)에 대하여 혼인 중의 출생자인 것을 부인하는 소송을 말한다. 친생 추정을 받는 경우에는 그 자(子)가 부(夫) 또는 처(妻)의 자가 아니라는 증명으로 추정이 깨지지 않으며, 이를 번복하여 부자 관계를 부정하기 위해서는 '친생부인의 소'를 제기해야 한다.

(9) 법원이 부를 정하는 때

① 「민법」 제845조에 따라 법원이 부(父)를 정하여야 할 때에는 출생의 신고는 모가 하여야 한다(법 제48조 제1항).

※ 「민법」 제845조 : 재혼한 여자가 해산한 경우에 제844조(* 남편의 친생자의 추정)의 규정에 의하여 그 자의 부를 정할 수 없는 때에는 법원이 당사자의 청구에 의하여 이를 정한다.

② 제46조 제3항(* 신고를 하여야 할 사람이 신고를 할 수 없는 경우의 신고의무자)은 제1항의 경우에 준용한다(제2항).

(10) 출생신고 전에 사망한 때

출생의 신고 전에 자녀가 사망한 때에는 출생의 신고와 동시에 사망의 신고를 하여야 한다(법 제51조).

(11) 기아(棄兒)

① 기아의 출생 등록

기아(棄兒)를 발견한 사람 또는 기아발견의 통지를 받은 경찰공무원은 24시간 이내에 그 사실을 시·읍·면의 장에게 통보하여야 한다(법 제52조 제1항).

통보를 받은 시·읍·면의 장은 소지품, 발견장소, 발견연월일시, 그 밖의 상황, 성별, 출생의 추정연월일을 조서에 기재하여야 한다. 이 경우 그 조서를 신고서로 본다(제2항).

시·읍·면의 장은 「민법」제781조 제4항(* 부모를 알 수 없는 자는 법원의 허가를 받아 성과 본을 창설)에 따라 기아의 성과 본을 창설한 후 이름과 등록기준지를 정하여 등록부에 기록하여야 한다(제3항).

② 부모가 기아를 찾은 때

부 또는 모가 기아를 찾은 때에는 <u>1개월 이내에 출생의 신고를 하고 등록부의 정정을 신청하여야 한다</u>(법 제53조 제1항).

제1항의 경우에는 시·읍·면의 장이 확인하여야 한다(제2항).

③ 기아가 사망한 때

제52조 제1항 또는 제53조의 절차를 밟기 전에 기아가 사망하였을 때에는 사망의 신고와 동시에 그 절차를 밟아야 한다(법 제54조).

3. 인지신고

> **설명형 예제**
>
> A(한국 국적)는 일본 국적을 가진 B와 혼인하지 않은 상태에서 일본에서 태어나 현재 일본에서 거주하고 있는 자녀 C(일본 국적)를 두고 있다. A는 C를 인지하려고 한다. 이 경우 A가 인지 신고서에 기재하여야 할 사항과 제출해야 할 서류가 무엇인지 설명하시오. 또한, 만약 C가 출생 후 사망한 경우 A는 어떤 추가적인 사항을 신고서에 기재해야 하는지 설명하시오.

(1) 인지(認知)의 의의

인지란 혼인외에 출생한 子와 그 父 또는 母 사이에 법률상의 친자관계를 형성하는 것을 말한다. 인지의 방법으로는 부모의 의사에 의해 이루어지는 임의인지와 법원의 판결을 통해 이루어지는 재판상 인지(강제인지)가 있다. 인지의 효력은 일반적으로 출생시로 소급하며 친자관계의 법적 효력을 부여한다. 인지 제도의 주요 목적은 혼인 외 출생자에게도 법적 친자관계를 인정하여 상속권, 친권 행사, 양육비 부담 등 다양한 법적 효과를 발생시키는 것이다. 이를 통해 아동의 권리를 보호하고 법적 안정성을 확보할 수 있다.

(2) 인지신고서의 기재사항

① 인지의 신고서에는 다음 사항을 기재하여야 한다(법 제55조 제1항).

> 1. 자녀의 성명·성별·출생연월일·주민등록번호 및 등록기준지(자가 외국인인 때에는 그 성명·성별·출생연월일·국적 및 외국인등록번호)
> 2. 사망한 자녀를 인지할 때에는 사망연월일, 그 직계비속의 성명·출생연월일·주민등록번호 및 등록기준지
> 3. 부가 인지할 때에는 모의 성명·등록기준지 및 주민등록번호
> 4. 인지 전의 자녀의 성과 본을 유지할 경우 그 취지와 내용

5. 「민법」 제909조 제4항(* 부모의 협의에 의한 결정) 또는 제5항(* 법원의 직권에 의한 결정)에 따라 친권자가 정하여진 때에는 그 취지와 내용

② 제1항 제4호 및 제5호의 경우에는 신고서에 그 내용을 증명하는 서면을 첨부하여야 한다. 다만, 가정법원의 성·본 계속사용허가심판 또는 친권자를 정하는 재판이 확정된 때에는 제58조를 준용한다(제2항).
☞ 재판의 확정일부터 1개월 이내에 재판서의 등본 및 확정증명서를 첨부하여 그 취지를 신고

(3) 태아의 인지

태내에 있는 자녀를 인지할 때에는 <u>신고서에 그 취지, 모의 성명 및 등록기준지를 기재하여야 한다</u>(법 제56조).

(4) 친생자출생의 신고에 의한 인지

① <u>부가 혼인 외의 자녀에 대하여 친생자출생의 신고를 한 때에는 그 신고는 인지의 효력이 있다.</u> 다만, <u>모가 특정됨에도 불구하고 부가 본문에 따른 신고를 함에 있어 모의 소재불명 또는 모가 정당한 사유 없이 출생신고에 필요한 서류 제출에 협조하지 아니하는 등의 장애가 있는 경우에는 부의 등록기준지 또는 주소지를 관할하는 가정법원의 확인을 받아 신고를 할 수 있다</u>(법 제57조 제1항).

② <u>모의 성명·등록기준지 및 주민등록번호의 전부 또는 일부를 알 수 없어 모를 특정할 수 없는 경우 또는 모가 공적 서류·증명서·장부 등에 의하여 특정될 수 없는 경우에는 부의 등록기준지 또는 주소지를 관할하는 가정법원의 확인을 받아 제1항에 따른 신고를 할 수 있다</u>(제2항).

※ [헌법불합치, 2021헌마975, 2023.3.23, 제57조 제1항, 제2항은 헌법에 합치되지 아니한다. 위 법률조항들은 2025.5.31.을 시한으로 입법자가 개정할 때까지 계속 적용된다.]

③ 가정법원은 제1항 단서 및 제2항에 따른 확인을 위하여 필요한 사항을 직권으로 조사할 수 있고, 지방자치단체, 국가경찰관서 및 행정기관이나 그 밖의 단체 또는 개인에게 필요한 사항을 보고하게 하거나 자료의 제출을 요구할 수 있다(제3항).

④ 다음 각 호의 어느 하나에 해당하는 경우에는 신고의무자가 1개월 이내에 출생의 신고를 하고 등록부의 정정을 신청하여야 한다. 이 경우 시·읍·면의 장이 확인하여야 한다(제4항).

1. 출생자가 제3자로부터 「민법」 제844조의 친생자 추정을 받고 있음이 밝혀진 경우
2. 그 밖에 대법원규칙으로 정하는 사유에 해당하는 경우
※ "대법원규칙으로 정하는 사유" : 출생자가 대한민국 국적이 아니었음이 밝혀진 경우

(5) 재판에 의한 인지

① 인지의 재판이 확정된 경우에 소를 제기한 사람은 <u>재판의 확정일부터 1개월 이내에 재판서의 등본 및 확정증명서를 첨부하여 그 취지를 신고하여야 한다</u>(법 제58조 제1항).

② 신고서에는 재판확정일을 기재하여야 한다(제2항).

③ 제1항의 경우에는 그 소의 상대방도 재판서의 등본 및 확정증명서를 첨부하여 인지의 재판이 확정된 취지를 신고할 수 있다. 이 경우 제2항을 준용한다(제3항).

(6) 유언에 의한 인지

유언에 의한 인지의 경우에는 <u>유언집행자는 그 취임일부터 1개월 이내에 인지에 관한 유언서등본 또는 유언녹음을 기재한 서면을 첨부하여 제55조 또는 제56조에 따라 신고를 하여야 한다</u>(법 제59조).

(7) 인지된 태아의 사산

인지된 태아가 사체로 분만된 경우에 <u>출생의 신고의무자는 그 사실을 안 날부터 1개월 이내에 그 사실을 신고</u>하여야 한다. 다만, 유언집행자가 제59조의 신고를 하였을 경우에는 유언집행자가 그 신고를 하여야 한다(법 제60조).

4. 입양신고

> **설명형 예제**
>
> 甲(50세)은 乙(25세)을 입양하려 한다. 乙은 성년이지만 가정법원에서 피성년후견인으로 선고되었다.
> 甲이 乙을 입양하기 위해 입양신고를 하려 할 때 ① 입양신고서에 기재해야 할 사항과 제출해야 하는 서류,
> ② 피성년후견인인 乙을 입양하기 위해 추가적으로 필요한 요건을 설명하시오.

(1) 입양(入養)의 의의

입양이란 <u>혈연적으로 친자관계가 없는 사람 사이에 법률적으로 친자관계를 맺는 신분행위</u>를 말한다. 입양은 양부모가 되려는 사람과 양자가 될 사람 사이에 합의가 있거나, 가정법원의 허가를 얻은 때에 입양신고를 함으로써 그 효력이 발생한다.

입양신고로 양부모와 양자 사이에는 법적 친자관계가 생기고, 부양이나 상속 등에서 자연혈족의 경우와 동일한 권리가 인정된다.

(2) 입양신고서의 기재사항

입양의 신고서에는 다음 사항을 기재하여야 한다(법 제61조 제1항).

1. 당사자의 성명·본·출생연월일·주민등록번호·등록기준지(당사자가 외국인인 때에는 그 성명·출생연월일·국적 및 외국인등록번호) 및 양자의 성별
2. 양자의 친생부모의 성명·주민등록번호 및 등록기준지

(3) 입양의 신고

① 양자가 13세 미만인 경우에는 「민법」 제869조 제2항에 따라 <u>입양을 승낙한 법정대리인이 신고하여야 한다</u>(법 제62조 제1항).
② 「민법」 제867조에 따라 <u>미성년자를 입양하는 경우</u> 또는 같은 법 제873조에 따라 <u>피성년후견인이 입양을 하거나 양자가 되는 경우</u>에는 <u>가정법원의 허가서를 첨부하여야 한다</u>(제2항).
③ 「민법」 제871조 제2항에 따라 <u>부모의 동의를 갈음하는 심판이 있는 경우에는 가정법원의 심판서를 첨부하여야 한다</u>(제3항).

> **관련판례**
>
> **조부모가 손자녀를 입양할 수 있는지 여부(적극) / 조부모에 의한 미성년 손자녀 입양의 허가 여부를 판단하는 기준 및 이때 법원이 고려하여야 할 요소**
>
> 법원은 조부모가 단순한 양육을 넘어 양친자로서 신분적 생활관계를 형성하려는 실질적인 의사를 가지고 있는지, 입양의 주된 목적이 부모로서 자녀를 안정적·영속적으로 양육·보호하기 위한 것인지, 친생부모의 재혼이나 국적 취득, 그 밖의 다른 혜택 등을 목적으로 한 것은 아닌지를 살펴보아야 한다. 또한 친생부모의 입양동의가 자녀 양육과 입양에 관한 충분한 정보를 제공받은 상태에서 자발적이고 확정적으로 이루어진 것인지를 확인하고 필요한 경우 가사조사, 상담 등을 통해 관련 정보를 제공할 필요가 있다. 그 밖에 조부모가 양육능력이나 양부모로서의 적합성과 같은 일반적인 요건을 갖추는 것 외에도, 자녀와 조부모의 나이, 현재까지의 양육 상황, 입양에 이르게 된 경위, 친생부모의 생존 여부나 교류 관계 등에 비추어 조부모와 자녀 사이에 양친자관계가 자연스럽게 형성될 것을 기대할 수 있는지를 살피고 조부모의 입양이 자녀에게 도움이 되는 사항과 우려되는 사항을 비교·형량하여, <u>개별적·구체적인 사안에서 입양이 자녀의 복리에 적합한지를 판단하여야 한다</u>(대결 2021.12.23. 2018스5 전합).

5. 파양신고

> **설명형 예제**
>
> 甲은 3년 전 입양한 자녀 乙(19세)이 심각한 정서적 문제로 가족과의 관계가 회복 불가능하다고 판단하여, 가정법원의 재판을 거쳐 乙을 파양하기로 결정하였다. 甲이 파양신고서에 기재해야 할 사항과 첨부해야 할 서류를 설명하시오.

(1) 파양(罷養)의 의의

파양이란 입양성립 후에 발생한 원인으로 양부모와 양자의 친자관계를 해소시키는 행위를 말한다. 양부모와 양자의 친자관계는 입양 당사자의 사망만으로 해소되지 않고, 파양에 의해서만 해소된다(「민법」 제776조). 왜냐하면, 입양의 성립으로 양부모와 양자 사이에 양부모와 양자관계 및 그 양부모의 혈족과의 사이에도 혈족관계가 생기기 때문이다. 파양의 종류에는 협의상 파양과 재판상 파양이 있다.

(2) 파양신고서의 기재사항

파양의 신고서에는 다음 사항을 기재하여야 한다(법 제63조).

1. 당사자의 성명·본·출생연월일·주민등록번호 및 등록기준지(당사자가 외국인인 때에는 그 성명·출생연월일·국적 및 외국인등록번호)
2. 양자의 친생부모의 성명·등록기준지 및 주민등록번호

(3) 준용규정

① 제63조(* 파양신고 기재사항)는 입양취소의 신고에 준용한다(법 제65조 제1항).
② 제58조는 입양취소의 재판이 확정된 경우에 준용한다(제2항). ☞ 재판의 확정일부터 1개월 이내에 재판서의 등본 및 확정증명서를 첨부하여 그 취지를 신고

③ 제58조는 파양의 재판이 확정된 경우에 준용한다(법 제66조).

6. 친양자의 입양 및 파양 신고

> **설명형 예제**
>
> 甲과 乙 부부는 친양자 A를 입양하는 재판을 받아 확정되었다. 甲이 친양자 입양신고를 할 때 신고서에 기재해야 할 사항과 제출해야 할 서류를 설명하시오.

(1) 친양자(親養子) 제도의 의의

친양자 제도란 종전의 친생부모와의 관계를 종료시키고, 양부모의 친족관계만을 인정하여 양부모의 성과 본을 따르도록 하는 제도이다. 즉, 입양 아동이 법적으로 뿐만 아니라 실생활에서도 친생자와 같이 가족의 구성원이 될 수 있도록 하는 제도이다.

우리 사회에서 입양을 원하는 부모들이 입양의 사실이 외부로 알려지기를 꺼리면서 입양에 대한 거부감 극복에 한계가 있음을 고려해 2005년 민법 개정으로 친양자제도가 도입되었다. 이 법에 따라 양부모가 친부모 동의를 받아 친아들·딸로 가족관계등록부에 올릴 수 있도록 하였다.

(2) 친양자의 입양신고

① 「민법」 제908조의2에 따라 <u>친양자를 입양하고자 하는 사람은 친양자 입양재판의 확정일부터 1개월 이내에 재판서의 등본 및 확정증명서를 첨부하여 제61조의 신고를 하여야 한다</u>(법 제67조 제1항).
② 신고서에는 재판확정일을 기재하여야 한다(제2항).

(3) 친양자의 파양신고

① 「민법」 제908조의5에 따라 친양자 파양의 재판이 확정된 경우 <u>소를 제기한 사람은 재판의 확정일부터 1개월 이내에 재판서의 등본 및 확정증명서를 첨부하여 제63조의 신고를 하여야 한다</u>(법 제69조 제1항).
② 신고서에는 재판확정일을 기재하여야 한다(제2항).
③ 제1항의 경우에는 그 소의 상대방도 재판서의 등본 및 확정증명서를 첨부하여 친양자 파양의 재판이 확정된 취지를 신고할 수 있다. 이 경우 제2항을 준용한다(제3항).

(4) 친양자의 입양취소

제69조(* 친양자의 파양신고)는 친양자의 입양취소의 재판이 확정된 경우에 준용한다(법 제70조).

7. 혼인신고

> **설명형 예제**
>
> 서로 사랑하는 甲과 乙은 법적으로 부부가 되기 위해 혼인을 하였다. 그러나 결혼생활 중 갈등이 생겨 결국 이혼을 결정하게 되었고 법적으로 혼인 관계를 정리하였다. 이러한 과정에서 필요한 혼인과 이혼의 신고절차를 「가족관계의 등록 등에 관한 법률」에 따라 설명하시오.

(1) 의의

"혼인신고"는 혼인을 하려는 당사자 쌍방이 법률요건을 갖춘 사실을 시·읍·면의 장에게 신고함으로써 그 효과가 발생하는 창설적 신고이다. 즉 혼인의 실질적 요건은 민법에 의해 이미 갖춰졌다 하더라도 신고하지 않으면 혼인의 법률상 효력이 발생하지 않는다. 출생, 사망과 달리 혼인은 이미 계약과 의사합치가 이루어진 시점에서 신고 자체가 효력 발생 조건이므로 신고기간이 법률상 별도로 정해져 있지 않다.

혼인 신고가 수리되면 가족관계등록부에 해당 사실이 기록되고, 이는 제3자에게 '법적 혼인관계 존재'를 공시하는 제도적 기반이 된다. 따라서 혼인신고는 사적 합의의 공시·증명 절차이다.

(2) 혼인신고서의 기재사항 등

혼인의 신고서에는 다음 사항을 기재하여야 한다. 다만, 제3호의 경우에는 혼인당사자의 협의서를 첨부하여야 한다(법 제71조).

> 1. 당사자의 성명·본·출생연월일·주민등록번호 및 등록기준지(당사자가 외국인인 때에는 그 성명·출생연월일·국적 및 외국인등록번호)
> 2. 당사자의 부모와 양부모의 성명·등록기준지 및 주민등록번호
> 3. 「민법」 제781조 제1항 단서(* 子에 대하여 母의 성과 본을 따르기로 협의)에 따른 협의가 있는 경우 그 사실
> 4. 「민법」 제809조 제1항[* 8촌 이내의 혈족(친양자의 입양 전의 혈족을 포함)]에 따른 근친혼에 해당되지 아니한다는 사실

(3) 재판에 의한 혼인

사실상 혼인관계 존재확인의 재판이 확정된 경우에는 소를 제기한 사람은 재판의 확정일부터 1개월 이내에 재판서의 등본 및 확정증명서를 첨부하여 제71조의 신고를 하여야 한다(법 제72조).

(4) 혼인취소

제58조는 혼인취소의 재판이 확정된 경우에 준용한다(법 제73조).
☞ 재판의 확정일부터 1개월 이내에 재판서의 등본 및 확정증명서를 첨부하여 그 취지를 신고

> **관련판례**
>
> **남성으로 동성인 甲과 乙의 혼인신고 사례**
> 혼인제도가 다양하게 변천되어 왔지만 혼인이 기본적으로 남녀의 결합관계라는 본질에는 변화가 없었고, 아직까지는 일반 국민들의 인식도 이와 다르지 않은 점 등의 여러 사정을 종합하면, 헌법, 민법 및 가족관계의 등록 등에 관한 법률에 규정되어 있는 '혼인'은 '남녀의 애정을 바탕으로 일생의 공동생활을 목적으로 하는 도덕적, 풍속적으로 정당시되는 결합'을 가리키는 것으로 해석되고, 이를 넘어 '당사자의 성별을 불문하고 두 사람의 애정을 바탕으로 일생의 공동생활을 목적으로 하는 결합'으로 확장하여 해석할 수 없으므로, 현행법의 통상적인 해석으로는 동성(同性)인 신청인들의 합의를 혼인의 합의라고 할 수 없고 합의에 따른 신고를 적법한 혼인신고라고 할 수 없다(서울서부지법 2016.5.25. 2014호파1842).

8. 이혼신고

(1) 의의

이혼신고는 법률상 유효하게 혼인관계가 해소(해지)된 사실을 공적 장부에 등재함으로써 그 법적 효과가 정립되는 절차이다. 즉 이혼의 실질적 요건이 충족되어도 가정법원의 확인서 등본 또는 판결·조정 등의 확정증명서를 첨부한 신고가 행해져야 공적 효력 및 제3자에 대한 공시 기능이 발생한다.

이혼신고가 수리되면 가족관계등록부에 이혼 사실이 기재되고, 이는 다양한 제도적 권리(예 주민등록 변경, 사회보험 정리, 상속)에 있어 법적 근거 및 공익적 공시 기능을 수행한다.

(2) 이혼신고서의 기재사항

이혼의 신고서에는 다음 사항을 기재하여야 한다(법 제74조).

> 1. 당사자의 성명·본·출생연월일·주민등록번호 및 등록기준지(당사자가 외국인인 때에는 그 성명·국적 및 외국인등록번호)
> 2. 당사자의 부모와 양부모의 성명·등록기준지 및 주민등록번호
> 3. 「민법」 제909조 제4항 또는 제5항에 따라 친권자가 정하여진 때에는 그 내용

(3) 협의상 이혼의 신고절차

① 관할 법원

협의상 이혼을 하고자 하는 사람은 등록기준지 또는 주소지를 관할하는 가정법원의 확인을 받아 신고하여야 한다. 다만, 국내에 거주하지 아니하는 경우에 그 확인은 서울가정법원의 관할로 한다(법 제75조 제1항).

② 신고 기간

협의상 이혼을 하고자 하는 사람이 가정법원으로부터 확인서등본을 교부 또는 송달받은 날부터 3개월 이내에 그 등본을 첨부하여 행하여야 하며(제2항), 이 기간이 경과한 때에는 그 가정법원의 확인은 효력을 상실한다(제3항).

③ 간주규정

협의이혼신고서에 가정법원의 이혼의사확인서 등본을 첨부한 경우에는 「민법」 제836조 제2항에서 정한 증인 2인의 연서가 있는 것으로 본다(법 제76조).

(4) 재판상 이혼의 신고절차

이혼의 재판이 확정된 경우에 소를 제기한 사람은 재판의 확정일부터 1개월 이내에 재판서의 등본 및 확정증명서를 첨부하여 그 취지를 신고하여야 하며, 그 소의 상대방도 재판서의 등본 및 확정증명서를 첨부하여 이혼의 재판이 확정된 취지를 신고할 수 있다(법 제58조, 제78조).

9. 친권 및 미성년후견 신고

> **설명형 예제**
>
> 甲과 乙 부부는 이혼하면서 자녀 A(미성년자)의 친권자를 甲으로 정하는 합의서를 작성하였다. 그러나 1년 후 가정법원은 자의 복리를 위하여 필요하다고 인정하여 친권자를 乙로 변경하였다. 乙은 친권자로 지정된 사실을 1개월 이내에 변경신고하려고 한다. 변경신고의 절차 및 제출서류에 대해 설명하시오.

(1) 의의

친권 및 미성년후견 신고는 미성년자를 보호하기 위한 법정후견제도의 출발점이며, 친권자 지정·변경 또는 미성년후견 개시 상태가 발생한 경우 이를 가족관계등록부에 정식 등록하도록 하는 절차이다. 친권 신고는 부모의 이혼, 인지, 법률행위 제한 판결 또는 가정법원의 지정이 이루어진 경우에 친권자가 변경되었다는 사실을 1개월 내 신고하도록 법에서 규정하고 있으며, 이는 친권자의 신분 및 재산에 대한 법정 대리권을 공적으로 확정하기 위한 수단이다.

미성년후견 신고는 친권자가 사망하거나 상실·정지된 경우, 혹은 친권자가 법률행위 대리권 또는 재산 관리권을 행사할 수 없을 때 후견인이 선임된 사실을 가정법원 판결 또는 유언 등의 바탕으로 후견인이 취임한 날부터 1개월 내에 신고하도록 정해져 있으며, 이 때 후견인은 친권자와 유사한 보호·교육권, 거소지정권, 재산관리권을 행사하게 된다.

(2) 친권자 지정 및 변경 신고 등

① 부모가 「민법」 제909조 제4항(* 혼인외의 자가 인지된 경우와 부모가 이혼하는 경우)에 따라 <u>친권자를 정한 때에는 1개월 이내에 그 사실을 신고하여야 한다.</u> 부모 중 일방이 신고하는 경우에는 그 사실을 증명하는 서면을 첨부하여야 한다(법 제79조 제1항).

② 다음 각 호의 재판이 확정된 경우에는 그 <u>재판을 청구한 사람이나 그 재판으로 친권자 또는 그 임무를 대행할 사람으로 정하여진 사람이 그 내용을 신고하여야 한다.</u> 이 경우 신고기간, 신고서의 첨부서류 등에 관하여는 제58조를 준용한다(제2항). ☞ 재판의 확정일부터 1개월 이내에 재판서의 등본 및 확정증명서를 첨부하여 그 취지를 신고

> 1. 「민법」 제909조 제4항부터 제6항까지의 규정에 따라 친권자를 정하거나 변경하는 재판
> 2. 「민법」 제909조의2(「민법」 제927조의2 제1항에 따라 준용되는 경우를 포함), 제927조의2 제2항 및 제931조 제2항에 따라 친권자 또는 그 임무를 대행할 사람을 지정하거나 선임하는 재판
> 3. 「민법」 제924조, 제924조의2 및 제926조에 따른 친권의 상실, 일시 정지, 일부 제한 및 그 회복에 관한 재판
> 4. 「민법」 제925조, 제926조 및 제927조에 따른 법률행위의 대리권이나 재산관리권의 상실·사퇴 및 그 회복에 관한 재판

(3) 미성년후견 개시신고의 기재사항

① 미성년후견 개시의 신고는 <u>미성년후견인이 그 취임일부터 1개월 이내에 하여야 한다</u>(법 제80조 제1항).

② 신고서에는 다음 각 호의 사항을 적어야 한다(제2항).

> 1. 미성년자와 미성년후견인의 성명·출생연월일·주민등록번호 및 등록기준지(당사자가 외국인인 때에는 그 성명·출생연월일·국적 및 외국인등록번호)
> 2. 미성년후견 개시의 원인 및 연월일
> 3. 미성년후견인이 취임한 연월일

(4) 미성년후견인 경질신고 등
① 미성년후견인이 경질된 경우에는 <u>후임자는 취임일부터 1개월 이내에 그 취지를 신고</u>하여야 한다(법 제81조 제1항).
② 제1항의 신고에는 제80조 제2항(* 미성년후견 개시신고의 기재사항)을 준용한다(제2항).
③ 「민법」 제939조(* 후견인의 사임) 또는 제940조(* 후견인의 변경)에 따라 미성년후견인이 사임하거나 변경된 경우 신고인, 신고기간과 신고서의 첨부서류 등에 관하여는 제79조 제2항(* 친권자 또는 그 임무를 대행할 사람으로 정하여진 사람이 그 내용을 신고)을 준용한다. 이 경우 "친권자 또는 그 임무를 대행할 사람으로 정하여진 사람"은 "선임된 미성년후견인"으로 본다(제3항).

(5) 유언 또는 재판에 따른 미성년후견인의 선정
① 유언에 의하여 미성년후견인을 지정한 경우에는 <u>지정에 관한 유언서 그 등본 또는 유언녹음을 기재한 서면을 신고서에 첨부</u>하여야 한다(법 제82조 제1항).
② 미성년후견인 선임의 재판이 있는 경우에는 <u>재판서의 등본을 신고서에 첨부</u>하여야 한다(제2항).

(6) 미성년후견 종료신고
① 미성년후견 종료의 신고는 <u>미성년후견인이 1개월 이내에</u> 하여야 한다. 다만, <u>미성년자가 성년이 되어 미성년후견이 종료된 경우에는 그러하지 아니하다</u>(법 제83조 제1항).
② 신고서에는 다음 각 호의 사항을 적어야 한다(제2항).

> 1. 미성년자와 미성년후견인의 성명·등록기준지 및 주민등록번호(당사자가 외국인인 때에는 그 성명·국적 및 외국인등록번호)
> 2. 미성년후견 종료의 원인 및 연월일

(7) 미성년후견감독 개시신고
① 미성년후견감독 개시의 신고는 <u>미성년후견감독인이 그 취임일부터 1개월 이내에</u> 하여야 한다(법 제83조의2 제1항).
② 신고서에는 다음 각 호의 사항을 적어야 한다(제2항).

> 1. 미성년후견감독인, 미성년후견인 및 미성년자의 성명·출생연월일·주민등록번호 및 등록기준지(당사자가 외국인인 때에는 그 성명·출생연월일·국적 및 외국인등록번호)
> 2. 미성년후견감독 개시의 원인 및 연월일
> 3. 미성년후견감독인이 취임한 연월일

(8) 미성년후견감독인의 경질신고 등
   ① 미성년후견감독인이 경질된 경우에는 후임자는 취임일부터 1개월 이내에 그 취지를 신고하여야 한다(법 제83조의3 제1항).
   ② 제1항의 신고에 관하여는 제83조의2 제2항(* 미성년후견감독 개시신고서)을 준용한다.
   ③ 「민법」 제940조의7에 따라 준용되는 같은 법 제939조 또는 제940조에 따라 미성년후견감독인이 사임하거나 변경된 경우 신고인, 신고기간과 신고서의 첨부서류 등에 관하여는 제79조 제2항을 준용한다. 이 경우 "친권자 또는 그 임무를 대행할 사람으로 정하여진 사람"은 "선임된 미성년후견감독인"으로 본다(제3항).

(9) 유언 또는 재판에 따른 미성년후견감독인의 선정
   유언으로 미성년후견감독인을 지정한 경우 또는 미성년후견감독인 선임의 재판이 있는 경우에 신고서의 첨부서류에 관하여는 제82조를 준용한다(법 제83조의4).

(10) 미성년후견감독 종료신고
   ① 미성년후견감독 종료의 신고는 미성년후견감독인이 1개월 이내에 하여야 한다. 다만, 미성년자가 성년이 되어 미성년후견감독이 종료된 경우에는 그러하지 아니하다(법 제83조의5 제1항).
   ② 신고서에는 다음 각 호의 사항을 적어야 한다(제2항).
      1. 미성년후견감독인, 미성년후견인 및 미성년자의 성명·출생연월일·주민등록번호 및 등록기준지 (당사자가 외국인인 경우에는 그 성명·출생연월일·국적 및 외국인등록번호)
      2. 미성년후견감독 종료의 원인 및 연월일

10. 사망과 실종 신고

> **설명형 예제**
> 甲은 서울에서 홀로 거주하던 고모가 갑작스럽게 사망했다는 소식을 들었다. 甲은 고모와 함께 살지는 않았지만, 고모의 유일한 조카로서 장례 절차를 진행하였다. 고모의 사망 장소는 서울의 한 병원이며, 경기도의 A화장터에서 화장하였다. 이 경우 甲은 사망신고를 할 수 있는지, 그리고 사망신고를 어디에서 해야 하는지 설명하시오.

> **설명형 예제**
> 「가족관계의 등록 등에 관한 법률」상 무연고 사망자 또는 등록 여부가 불분명한 사망자에 관련된 규정을 설명하시오.

(1) 의의
   사망신고 수리를 통해 가족관계등록부가 폐쇄되며, 사망을 전제로 한 상속, 사회보장, 주민등록 말소 등 후속조치의 법적·행정적 기반이 마련된다. 즉 사망신고는 권리능력의 종료와 재산·의무 정리의 출발점이 된다.

   실종신고는 법원이 실종자의 생사가 5년(또는 위난 후 1년) 이상 불명확하다고 판단하여 실종선고를 한 경우 그 재판결정의 내용을 신고함으로써 사망과 동일한 효력을 발생시키는 절차이다. 가족관계등록부에는 신고에 따라 사망 추정 시점이 법률상 반영되고 등록부가 폐쇄된다.

(2) 사망신고와 그 기재사항

① 사망의 신고는 제85조에 규정한 사람(* 사망신고 의무자)이 사망의 사실을 안 날부터 1개월 이내에 진단서 또는 검안서를 첨부하여 하여야 한다(법 제84조 제1항).
② 신고서에는 다음 사항을 기재하여야 한다(제2항).

> 1. 사망자의 성명, 성별, 등록기준지 및 주민등록번호
> 2. 사망의 연월일시 및 장소

③ 부득이한 사유로 신고서에 진단서나 검안서를 첨부할 수 없는 때에는 사망의 사실을 증명할 만한 서면으로서 대법원규칙으로 정하는 서면을 첨부하여야 한다. 이 경우 신고서에 진단서 또는 검안서를 첨부할 수 없는 사유를 기재하여야 한다(제3항).

※ "사망의 사실을 증명할 만한 서면"(규칙 제38조의6)

> 1. 국내 또는 외국의 권한 있는 기관에서 발행한 사망사실을 증명하는 서면
> 2. 군인이 전투 그 밖의 사변으로 사망한 경우에 부대장 등이 사망 사실을 확인하여 그 명의로 작성한 전사확인서
> 3. 그 밖에 대법원예규로 정하는 사망의 사실을 증명할 만한 서면

관련판례

부대장이 임의로 지정한 날짜에 전사하였다는 취지로 작성한 전사확인서에 의하여 사망신고가 되어 가족관계등록부에 등재된 경우

사망신고는 진단서나 검안서를 첨부하여야 하나, 부득이한 사정으로 이를 얻을 수 없는 때에는 사망 사실을 증명할 만한 서면으로써 이에 갈음할 수 있고, 군인이 전투 기타 사변으로 사망하여 부대장 등 명의로 작성한 전사확인서는 위와 같은 증명 서면에 해당할 수 있다. 그러나 특수임무수행자 보상에 관한 법률에 규정된 특수임무를 수행하던 중 복귀하지 않아 생사가 불명하게 된 경우처럼 전투나 작전 수행 중 행방불명된 군인 등에 대하여, 그 사망한 사실을 구체적으로 확인하거나 사망한 것으로 볼 상당한 객관적 근거도 없이 부대장이 임의로 어느 날짜를 지정하여 그때 전사하였다는 취지로 작성한 전사확인서는 특별한 사정이 없는 한 사망신고의 첨부서면인 증명 서면에 해당한다고 할 수 없다. 따라서 그와 같은 경위로 발급된 전사확인서에 의하여 사망신고가 되어 가족관계등록부에 등재된 경우에는 그 사망일자에 사망하였다는 추정은 유지될 수 없다(대판 2013.7.25. 2011두13309).

(3) 사망신고 의무자

① 사망의 신고는 동거하는 친족이 하여야 한다(법 제85조 제1항).
② 친족·동거자 또는 사망장소를 관리하는 사람, 사망장소의 동장 또는 통·이장도 사망의 신고를 할 수 있다(제2항).

(4) 사망신고의 장소

사망의 신고는 사망지·매장지 또는 화장지에서 할 수 있다. 다만, 사망지가 분명하지 아니한 때에는 사체가 처음 발견된 곳에서, 기차나 그 밖의 교통기관 안에서 사망이 있었을 때에는 그 사체를 교통기관에서 내린 곳에서, 항해일지를 비치하지 아니한 선박 안에서 사망한 때에는 그 선박이 최초로 입항한 곳에서 할 수 있다(법 제86조).

(5) 재난 등으로 인한 사망

수해, 화재나 그 밖의 재난으로 인하여 사망한 사람이 있는 경우에는 이를 조사한 관공서는 지체 없이 사망지의 시·읍·면의 장에게 통보하여야 한다. 다만, 외국에서 사망한 때에는 사망자의 등록기준지의 시·읍·면의 장 또는 재외국민 가족관계등록사무소의 가족관계등록관에게 통보하여야 한다(법 제87조).

(6) 사형, 재소 중 사망

① 사형의 집행이 있는 때에는 교도소장은 지체 없이 교도소 소재지의 시·읍·면의 장에게 사망의 통보를 하여야 한다(법 제88조 제1항).
② 제1항은 재소 중 사망한 사람의 사체를 찾아갈 사람이 없는 경우에 준용한다. 이 경우 통보서에 진단서 또는 검안서를 첨부하여야 한다(제2항).

(7) 무연고자 등의 사망

「장사 등에 관한 법률」 제12조에 따라 시장등이 무연고 사망자 등을 처리한 경우에는 지체 없이 사망지·매장지 또는 화장지의 시·읍·면의 장에게 통보하여야 한다(법 제88조의2).

이 경우 통보서에는 사망자의 성명, 성별, 등록기준지 및 주민등록번호, 사망의 연월일시 및 장소를 기재하여야 한다(법 제89조).

> 장사 등에 관한 법률 제12조(무연고 시신 등의 처리) ① 시장등은 관할 구역 안에 있는 시신으로서 연고자가 없거나 연고자를 알 수 없는 시신에 대해서는 조례로 정하는 바에 따라 장례의식을 행한 후 일정 기간 매장하거나 화장하여 봉안하여야 한다. 다만, 다른 법률에 특별한 규정이 있는 경우에는 그러하지 아니하다.
> ② 제1항에도 불구하고 시장등은 무연고 사망자가 사망하기 전에 장기적·지속적인 친분관계를 맺은 사람 또는 종교활동 및 사회적 연대활동 등을 함께 한 사람, 사망한 사람이 사망하기 전에 본인이 서명한 문서 또는 「민법」의 유언에 관한 규정에 따른 유언의 방식으로 지정한 사람이 희망하는 경우에는 장례의식을 주관하게 할 수 있다.
> ④ 시장등은 제1항에 따라 무연고 시신 등을 처리한 때에는 보건복지부령으로 정하는 바에 따라 지체 없이 공고하여야 하며, 공고한 사항을 보건복지부령으로 정하는 기간 동안 보존하여야 한다.
> ⑥ 제1항에 따라 시장등이 무연고 시신 등을 처리하는 경우 장례의식 등 최소한의 존엄이 보장되도록 국가나 지방자치단체가 장례비용 등을 지원할 수 있다.

※ 종래 재난 사망이나 등록불명자 등의 사망에 대하여 직권 사망처리 근거를 규정하고 있으나, 매년 증가하고 있는 무연고 사망자의 사망처리에 대해서는 별도의 근거를 규정하고 있지 아니하였다. 그로 인해 사망자에 대한 체계적인 행정적 관리가 이루어지지 못하고 사망자의 개인정보 도용, 사회복지비 부당집행 등과 같은 각종 범죄 발생의 우려가 컸으므로, 무연고 사망자에 대한 직권사망

처리 근거 규정을 마련하였다(2014.12.30).

(8) 등록불명자 등의 사망

① 사망자에 대하여 등록이 되어 있는지 여부가 분명하지 아니하거나 사망자를 인식할 수 없는 때에는 경찰공무원은 검시조서를 작성·첨부하여 지체 없이 사망지의 시·읍·면의 장에게 사망의 통보를 하여야 한다(법 제90조 제1항).
② 사망자가 등록이 되어 있음이 판명되었거나 사망자의 신원을 알 수 있게 된 때에는 경찰공무원은 지체 없이 사망지의 시·읍·면의 장에게 그 취지를 통보하여야 한다(제2항).
③ 제1항의 통보가 있은 후에 제85조에서 정한 사람이 사망자의 신원을 안 때에는 그 날부터 10일 이내에 사망의 신고를 하여야 한다(제3항).

(9) 준용규정

제49조(* 항해 중의 출생) 및 제50조(* 공공시설에서의 출생)는 사망의 신고에 준용한다(법 제91조).

(10) 실종선고의 신고

① 실종선고의 신고는 그 선고를 청구한 사람이 재판확정일부터 1개월 이내에 재판서의 등본 및 확정증명서를 첨부하여 하여야 한다(법 제92조 제1항).
② 실종선고의 신고서에는 다음 사항을 기재하여야 한다(제2항).

> 1. 실종자의 성명·성별·등록기준지 및 주민등록번호
> 2. 「민법」 제27조에서 정한 기간의 만료일
> ※ 「민법」 제27조에서 정한 기간 : i) 부재자의 생사가 5년간 분명하지 아니한 때, ii) 전지에 임한 자, 침몰한 선박 중에 있던 자, 추락한 항공기 중에 있던 자 기타 사망의 원인이 될 위난을 당한 자의 생사가 전쟁종지후 또는 선박의 침몰, 항공기의 추락 기타 위난이 종료한 후 1년간 분명하지 아니한 때

③ 제58조는 실종선고취소의 재판이 확정된 경우에 그 재판을 청구한 사람에게 준용한다(제3항). ☞
재판의 확정일부터 1개월 이내에 재판서의 등본 및 확정증명서를 첨부하여 그 취지를 신고

11. 국적의 취득과 상실

설명형 예제

법무부장관으로부터 귀화허가를 받은 외국인 A는 「가족관계의 등록 등에 관한 법률」상 등록기준지를 대구광역시 달서구로 정하였다. 법무부장관은 귀화허가 이후 어떤 법적 의무를 이행해야 하는가?

(1) 인지 등에 따른 국적취득의 통보 등

① 법무부장관은 「국적법」 제3조 제1항(* 인지에 의한 국적 취득) 또는 같은 법 제11조 제1항(* 국적의 재취득)에 따라 대한민국의 국적을 취득한 사람이 있는 경우 지체 없이 국적을 취득한 사람이 정한 등록기준지의 시·읍·면의 장에게 대법원규칙으로 정하는 사항을 통보하여야 한다(법 제93조 제1항).

※ "국적의 재취득": 대한민국 국적을 취득했던 외국인이 대한민국 국적을 상실한 경우 그 후 1년 내에 그 외국 국적을 포기하면 법무부장관에게 신고함으로써 대한민국 국적을 재취득할 수 있는 제도

② 통보를 받은 시·읍·면의 장은 국적을 취득한 사람의 등록부를 작성한다(제2항).

(2) 귀화허가의 통보 등

① 법무부장관은 「국적법」 제4조에 따라 외국인을 대한민국 국민으로 귀화허가한 경우 지체 없이 귀화허가를 받은 사람이 정한 등록기준지의 시·읍·면의 장에게 대법원규칙으로 정하는 사항을 통보하여야 한다(법 제94조 제1항).
② 통보를 받은 시·읍·면의 장은 귀화허가를 받은 사람의 등록부를 작성한다(제2항).

(3) 국적회복허가의 통보 등

① 법무부장관은 「국적법」 제9조에 따라 대한민국의 국적회복을 허가한 경우 지체 없이 국적회복을 한 사람이 정한 등록기준지의 시·읍·면의 장에게 대법원규칙으로 정하는 사항을 통보하여야 한다(법 제95조 제1항).

※ "국적회복": 대한민국의 국민이었던 외국인이 법무부장관의 국적회복허가를 받아 대한민국 국적을 취득할 수 있는 제도

② 통보를 받은 시·읍·면의 장은 국적회복을 한 사람의 등록부를 작성한다. 다만, 국적회복을 한 사람의 등록부등이 있는 경우에는 등록부등에 기재된 등록기준지의 시·읍·면의 장에게 그 사항을 통보하여야 한다(제2항).

(4) 국적취득자의 성과 본의 창설 신고

① 외국의 성을 쓰는 국적취득자가 그 성을 쓰지 아니하고 새로이 성(姓)·본(本)을 정하고자 하는 경우에는 그 등록기준지·주소지 또는 등록기준지로 하고자 하는 곳을 관할하는 가정법원의 허가를 받고 그 등본을 받은 날부터 1개월 이내에 그 성과 본을 신고하여야 한다(법 제96조 제1항).
② 대한민국의 국적을 회복하거나 재취득하는 경우에는 종전에 사용하던 대한민국식 성명으로 국적회복신고 또는 국적재취득신고를 할 수 있다(제2항).
③ 제2항의 경우 신고서에는 종전에 사용하던 대한민국식 성명을 소명하여야 한다(제3항).
④ 신고서에는 다음 사항을 기재하여야 한다(제4항).

1. 종전의 성
2. 창설한 성·본
3. 허가의 연월일

⑤ 제4항의 신고서에는 제1항에 따른 허가의 등본을 첨부하여야 한다(제5항).
⑥ 제1항의 경우에 가정법원은 심리(審理)를 위하여 국가경찰관서의 장에게 성·본 창설허가 신청인의 범죄경력 조회를 요청할 수 있고, 그 요청을 받은 국가경찰관서의 장은 지체 없이 그 결과를 회보하여야 한다(제6항).

(5) 국적상실신고의 기재사항

① 국적상실의 신고는 배우자 또는 4촌 이내의 친족이 그 사실을 안 날부터 1개월 이내에 하여야 한다(법 제97조 제1항).
② 신고서에는 다음 각 호의 사항을 기재하여야 한다(제2항).

> 1. 국적상실자의 성명·주민등록번호 및 등록기준지
> 2. 국적상실의 원인 및 연월일
> 3. 새로 외국국적을 취득한 때에는 그 국적

③ 신고서에는 국적상실을 증명하는 서면을 첨부하여야 한다(제3항).
④ 국적상실자 본인도 국적상실의 신고를 할 수 있다(제4항).

(6) 국적선택 등의 통보

① 법무부장관은 다음 각 호의 어느 하나에 해당하는 사유가 발생한 경우 그 사람의 등록기준지(등록기준지가 없는 경우에는 그 사람이 정한 등록기준지)의 시·읍·면의 장에게 대법원규칙으로 정하는 사항을 통보하여야 한다(제98조 제1항).

> 1. 「국적법」 제13조에 따라 복수국적자로부터 대한민국의 국적을 선택한다는 신고를 수리한 때
> 2. 「국적법」 제14조 제1항에 따라 국적이탈신고를 수리한 때
> 3. 「국적법」 제20조에 따라 대한민국 국민으로 판정한 때(* 법무부장관은 대한민국 국적의 취득이나 보유 여부가 분명하지 아니한 자에 대하여 이를 심사한 후 판정)

② 대한민국 국민으로 판정받은 사람이 등록되어 있지 아니한 때에는 그 통보를 받은 시·읍·면의 장은 등록부를 작성한다(제2항).

12. 개명 및 자녀의 성(姓)·본(本) 변경 신고

> **설명형 예제**
> 甲은 어릴 적부터 이름 때문에 놀림을 받아왔고 사회생활을 하면서도 불편함을 느껴왔다. 결국 甲은 새로운 이름을 법적으로 인정받고자 한다. 이 경우 「가족관계의 등록 등에 관한 법률」상 개명 절차에 대해 설명하시오.

> **설명형 예제**
> A(여)는 B(남)와 결혼하여 C라는 자녀를 두었다. 그러나 A와 B는 이혼하였고, 이후 A는 D(남)과 재혼하였으며, 현재 C를 양육하고 있다. A는 C의 복리를 위하여 D의 성과 본으로 변경하고자 한다. 이 경우 A가 따라야 할 법적 절차를 순서대로 설명하시오.

(1) 개명신고

① 개명하고자 하는 사람은 주소지(재외국민의 경우 등록기준지)를 관할하는 가정법원의 허가를 받고 그 허가서의 등본을 받은 날부터 1개월 이내에 신고를 하여야 한다(법 제99조 제1항).
② 가정법원은 심리를 위하여 국가경찰관서의 장에게 개명 신청인의 범죄경력 조회를 요청할 수 있고, 그 요청을 받은 국가경찰관서의 장은 지체 없이 그 결과를 회보하여야 한다(제4항, 법 제96조 제6항).

③ 신고서에는 다음 사항을 기재하여야 한다(법 제99조 제2항).

> 1. 변경 전의 이름
> 2. 변경한 이름
> 3. 허가연월일

④ 신고서에는 가정법원 허가서의 등본을 첨부하여야 한다(제3항).

☞ 이름은 개인의 정체성과 동일성을 나타내는 대표적 법적 표상이다. 즉 동일인이 복수의 이름을 사용할 경우 신분관리·사회생활상 혼란이 초래될 수 있다. 개명을 무조건 자유롭게 허용하지 않고, 법원의 허가와 공적 신고 절차를 거치게 하여 신분의 추적 가능성과 제도 신뢰성을 확보한다. 변경된 이름이 반드시 관공서 장부에 반영되도록 신고 의무를 부과하였다.

관련판례

개명이 허용되지 않는 경우

개명은 범죄를 기도 또는 은폐하거나 법령에 따른 각종 제한을 회피하거나 부정한 금전적 이익을 얻으려는 의도가 개입되는 등으로 개명신청권의 남용으로 볼 수 있는 경우에는 이를 허용하여서는 안 된다(대결 2009.10.16. 2009스90).

집행유예기간 중에 있는 甲이 개명 신청 이후 범죄행위로 구속되어 있는 사안에서, 甲의 개명 신청을 허가하지 아니한 사례

기록에 의하면 신청인 겸 사건본인은 2017.9.5. 부산지방법원 서부지원에서 상해죄로 징역 6월에 집행유예 2년, 보호관찰 및 사회봉사명령을 받아 현재 집행유예기간 중에 있는 사실을 알 수 있다. 또 신청인은 이 사건 신청 이후 범죄행위로 구속되어 부산구치소에 구금되어 있다 하여 송달장소를 부산구치소로 신고한 사실은 기록상 명백하다. 사정이 이러하다면, 현 단계에서 신청인에게 개명을 허가하는 것은 동일성 인식에 대한 혼란을 초래하여 형사절차의 집행에 막대한 지장을 줄 우려가 있다고 보지 않을 수 없고 그러한 점은 개명을 허가하지 아니할 상당한 이유가 된다(부산가법 2018.3.23. 2017브20048).

(2) 자녀의 성·본 변경신고

① 「민법」제781조 제6항(* 자의 복리를 위하여 자의 성과 본을 변경할 필요가 있을 때)에 따라 자녀의 성(姓)·본(本)을 변경하고자 하는 사람은 재판확정일부터 1개월 이내에 재판서의 등본 및 확정증명서를 첨부하여 신고하여야 한다(법 제100조 제1항).

② 신고서에는 다음 사항을 기재하여야 한다(제2항).

> 1. 변경 전의 성·본
> 2. 변경한 성·본
> 3. 재판확정일

☞ 부모의 이혼·재혼 등 과정에서 발생할 수 있는 자녀의 정체성 혼란 및 정서적 스트레스를 완화하기 위한 법적 수단으로 마련되었다.

13. 가족관계 등록 창설 신고

> **설명형 예제**
> 甲은 1999년에 출생하였으나 출생신고가 되어 있지 않다. 최근 甲은 혼인신고를 하고자 했으나 먼저 가족관계등록부에 본인의 등록이 필요하다는 사실을 알게 되었다. 甲이 가족관계등록 창설을 위해 밟아야 할 절차를 설명하시오.

(1) 의의

가족관계등록 창설은 대한민국 국민으로서 가족관계등록부가 없는 사람을 대상으로 가족관계등록부를 갖게 하는 절차를 말한다. 대한민국 국민임에도 가족관계등록부에 등록되지 않은 사람(예 출생신고 누락자, 해외 출생자, 북한이탈주민)은 가족관계등록부를 창설할 수 있다. 이는 2008년 호주제 폐지와 함께 도입된 개인별 가족관계등록제도의 일환으로 모든 국민의 신분관계를 법적으로 공시하고 보호하기 위한 제도적 장치이다.

(2) 가족관계 등록 창설신고

① 등록이 되어 있지 아니한 사람은 등록을 하려는 곳을 관할하는 가정법원의 허가를 받고 그 등본을 받은 날부터 1개월 이내에 가족관계 등록 창설(이하 "등록창설")의 신고를 하여야 한다(법 제101조 제1항).
② 가정법원은 심리를 위하여 국가경찰관서의 장에게 가족관계 등록 창설허가 신청인의 범죄경력 조회를 요청할 수 있고, 그 요청을 받은 국가경찰관서의 장은 지체 없이 그 결과를 회보하여야 한다(제4항, 법 제96조 제6항).
③ 신고서에는 제9조 제2항(* 가족관계등록부의 기록 사항)에 규정된 사항 외에 등록창설허가의 연월일을 기재하여야 한다(법 제101조 제2항).
④ 신고서에는 등록창설허가의 등본을 첨부하여야 한다(제3항).

(3) 직계혈족에 의한 등록창설신고

등록창설허가의 재판을 얻은 사람이 등록창설의 신고를 하지 아니한 때에는 배우자 또는 직계혈족이 할 수 있다(법 제102조).

☞ 본인의 의사표시가 어려운 상황(예 질병, 실종)에서 가족이 대신하여 법적 신분을 창설할 수 있도록 하였다.

(4) 판결에 의한 등록창설의 신고

① 확정판결에 의하여 등록창설의 신고를 하여야 할 경우에는 판결확정일부터 1개월 이내에 하여야 한다(법 제103조 제1항).
② 신고서에는 제9조 제2항(* 가족관계등록부의 기록 사항)에 규정된 사항 외에 판결확정일을 기재하여야 한다(제2항)..
③ 신고서에는 판결의 등본 및 확정증명서를 첨부하여야 한다(제3항).

☞ 친생자관계부존재확인 판결로 기존 등록이 무효가 된 경우 등에 적용된다.

> **관련판례**
>
> **이미 사망한 자에 대하여 가족관계등록창설이 허용되는지 여부(소극)**
> 가족관계등록창설 허가신청은 가족관계등록이 되어 있지 아니한 사람(이하 '무등록자') 자신이 신청하는 것이고, 무등록자가 이미 사망하였다면 (그 재산상 이해관계인의 신청에 의한) 가족관계등록창설이 허용되지 아니한다(대결 2011.3.28. 2011스25).

05 등록부의 기록 및 정정

1. 등록부의 기록

(1) 등록부의 기록절차

등록부는 신고, 통보, 신청, 증서의 등본, 항해일지의 등본 또는 재판서에 의하여 기록한다(법 제16조).
- ☞ 등록 사항들이 법적으로 인정된 문서나 절차에 의해 기록되도록 하여, 등록의 정당성과 법적 효력을 확보한다.

(2) 등록부가 없는 사람

가족관계등록이 되어 있지 아니한 사람에 대하여 등록사항을 기록하여야 할 때에는 새로 등록부를 작성한다(법 제17조).
- ☞ 가족관계등록이 누락된 사람에 대해 새로운 등록부를 작성함으로써, 모든 국민의 신분관계를 국가가 체계적으로 관리할 수 있도록 한다. 특히 출생신고가 누락된 사람, 북한이탈주민, 해외입양인 등 기존에 등록되지 않은 사람들을 위한 제도적 장치로 기능한다.

2. 등록부의 행정구역, 명칭 등의 변경

행정구역 또는 토지의 명칭이 변경된 때에는 등록부의 기록은 정정된 것으로 본다. 이 경우 시·읍·면의 장은 그 기록사항을 경정하여야 한다(법 제19조 제1항).

시·읍·면의 장은 지번의 변경이 있을 때에는 등록부의 기록을 경정하여야 한다(제2항).
- ※ 행정구역, 토지의 명칭, 지번, 도로명 또는 건물번호가 변경된 때에는 등록기준지란에 기록된 행정구역, 토지의 명칭, 지번, 도로명 또는 건물번호를 경정한다(규칙 제67조 제1항).
- ☞ 행정구역이나 지번 등의 변경이 자동으로 반영되도록 함으로써 국민이 별도의 신고나 신청을 하지 않아도 되며, 이에 따라 행정절차가 간소화되고 국민의 편의가 증진된다.

3. 등록부의 정정 * 2017 행정사 기출

> **설명형 예제**
>
> 자신의 가족관계등록부에 기재된 출생연월일이 잘못되었다고 생각한 甲은 행정사 乙을 방문하였다. 甲의 사정을 들은 乙이 검토해야 할 「가족관계의 등록 등에 관한 법률」상 가족관계등록부의 정정절차에 관하여 설명하시오.
> * 2017 행정사 기출

(1) 의의

가족관계등록부는 개인의 출생, 혼인, 사망 등 신분사항을 공식적으로 기록하는 문서로, 이의 정확성은 개인의 권리와 의무에 직결된다. 제18조는 이러한 기록에 오류가 있을 경우 이를 정정하여 신분관계의 정확성을 확보하고자 한다.

오류나 누락이 발견되었을 때, 시·읍·면의 장이 신고인 또는 본인에게 통지하여 자발적인 정정을 유도하고, 필요한 경우 감독법원의 허가를 받아 직권으로 정정할 수 있도록 함으로써 행정절차를 간소화하고 효율성을 높인다. 그리고 국가 또는 지방자치단체의 공무원이 직무상 오류를 발견한 경우 이를 등록기준지의 시·읍·면의 장에게 통지하도록 함으로써, 공공기관 간의 협력을 통해 신속하고 정확한 정정이 이루어지도록 한다.

(2) 행정기관 등의 의무

① 시·읍·면의 장의 통지의무 및 정정

㉠ 등록부의 기록이 법률상 무효인 것이거나 그 기록에 착오 또는 누락이 있음을 안 때에는 시·읍·면의 장은 지체 없이 신고인 또는 신고사건의 본인에게 그 사실을 통지하여야 한다. 다만, 그 착오 또는 누락이 시·읍·면의 장의 잘못으로 인한 것인 때에는 그러하지 아니하다(법 제18조 제1항).

㉡ 제1항 본문의 통지를 할 수 없을 때 또는 통지를 하였으나 정정신청을 하는 사람이 없는 때 또는 그 기록의 착오 또는 누락이 시·읍·면의 장의 잘못으로 인한 것인 때에는 시·읍·면의 장은 감독법원의 허가를 받아 직권으로 정정할 수 있다. 다만, 대법원규칙으로 정하는 경미한 사항인 경우에는 시·읍·면의 장이 직권으로 정정하고, 감독법원에 보고하여야 한다(제2항).

※ "대법원규칙으로 정하는 경미한 사항"(규칙 제60조 제2항)

> 1. 등록부의 기록이 오기되었거나 누락되었음이 법 시행 전의 호적(제적)이나 그 등본에 의하여 명백한 때
> 2. 제54조(* 배우자의 가족관계등록사항 등의 변동사유) 또는 제55조(* 자녀의 등록사항 등)에 의한 기록이 누락되었음이 신고서류 등에 의하여 명백한 때
> 3. 한쪽 배우자의 등록부에 혼인 또는 이혼의 기록이 있으나 다른 배우자의 등록부에는 혼인 또는 이혼의 기록이 누락된 때
> 4. 부 또는 모의 본이 정정되거나 변경되었음이 등록사항별 증명서에 의하여 명백함에도 그 자녀의 본란이 정정되거나 변경되지 아니한 때
> 5. 신고서류에 의하여 이루어진 등록부의 기록에 오기나 누락된 부분이 있음이 해당 신고서류에 비추어 명백한 때
> 6. 그 밖의 정정 또는 기록할 사유가 있음이 명백하여 대법원예규로 정한 경우

② 국가 또는 지방자치단체의 공무원의 통지의무

㉠ 국가 또는 지방자치단체의 공무원이 그 직무상 등록부의 기록에 착오 또는 누락이 있음을 안 때에는 지체 없이 신고사건의 본인의 등록기준지의 시·읍·면의 장에게 통지하여야 한다. 이 경우 통지를 받은 시·읍·면의 장은 제1항 및 제2항에 따라 처리한다(법 제18조 제3항).

ⓒ 통지를 받은 등록기준지의 시·읍·면의 장은 정정사건을 법 제18조 제1항과 제2항에 따라 처리하되, 그 과정에서 정정대상이 된 원래의 신고사건 신고서류를 조사할 필요가 있는 경우에는 해당 사건을 처리한 시·읍·면의 장에게 재통지하여야 한다. 이 경우 재통지를 받은 시·읍·면의 장은 법 제18조 제1항과 제2항에 따라 정정사건을 처리하여야 한다(규칙 제60조 제1항).

(3) 위법한 가족관계 등록기록의 정정 신청

① 등록부의 기록이 법률상 허가될 수 없는 것 또는 그 기재에 착오나 누락이 있다고 인정한 때에는 이해관계인은 사건 본인의 등록기준지를 관할하는 가정법원의 허가를 받아 등록부의 정정을 신청할 수 있다(법 제104조 제1항).
② 가정법원은 심리를 위하여 국가경찰관서의 장에게 가족관계 등록기록의 정정허가 신청인의 범죄경력 조회를 요청할 수 있고, 그 요청을 받은 국가경찰관서의 장은 지체 없이 그 결과를 회보하여야 한다(제2항, 법 제96조 제6항).
③ 허가의 재판이 있었을 때에는 재판서의 등본을 받은 날부터 1개월 이내에 그 등본을 첨부하여 등록부의 정정을 신청하여야 한다(법 제106조).

> **관련판례**
>
> **가족관계등록부의 성(姓)을 정정하는 것이 타당하다고 한 사례**
> 甲은 현재 가족관계등록부의 성명란에 성이 '김(金)'으로 기재되어 있지만 주민등록표에는 '금(金)'으로 기재되어 있고, 여권과 자동차운전면허증에도 각각 '금'으로 기재되어 있는데, 甲의 어머니가 사망한 후 甲이 상속재산에 대하여 상속등기신청을 하였으나, 관할 등기소에서 신청서와 가족관계증명서상 상속인의 성명이 다르다는 이유로 위 신청을 각하하자 법원에 가족관계등록부상 성(姓)의 정정을 구한 사안에서, 甲이 출생 시 또는 유년시절부터 한자 성 '金'을 한글 성 '금'으로 사용하여 오랜 기간 자신의 공·사적 생활영역을 형성하여 왔고, 가족관계등록부 기재내용의 진실성을 확보하여 진정한 신분관계를 공시하는 가족관계등록제도 본래의 목적과 기능 등을 고려할 때 甲의 가족관계등록부의 성을 '금'으로 정정하는 것이 타당하다고 한 사례(대결 2020.1.9. 2018스40).
>
> **현재 혼인 중에 있지 아니한 성전환자에게 미성년 자녀가 있는 경우, 성별정정을 허가할 수 있는지 여부(적극) 및 그 판단 기준**
> 미성년 자녀를 둔 성전환자의 성별정정을 허가할지 여부를 판단할 때에는 성전환자 본인의 인간으로서의 존엄과 가치, 행복추구권, 평등권 등 헌법상 기본권을 최대한 보장함과 동시에 미성년 자녀가 갖는 보호와 배려를 받을 권리 등 자녀의 복리를 염두에 두어야 한다. 따라서 이때에는 성전환자의 성별정정에 필요한 일반적인 허가 기준을 충족하였는지 외에도 미성년 자녀의 연령 및 신체적·정신적 상태, 부 또는 모의 성별정정에 대한 미성년 자녀의 동의나 이해의 정도, 미성년 자녀에 대한 보호와 양육의 형태 등 성전환자가 부 또는 모로서 역할을 수행하는 모습, 성전환자가 미성년 자녀를 비롯한 다른 가족들과 형성·유지하고 있는 관계 및 유대감, 기타 가정환경 등 제반 사정을 고려하여 성전환자의 성별정정 허가 여부가 미성년 자녀의 복리에 미치는 영향을 살펴 성별정정을 허가할 것인지를 판단하여야 한다. 성전환자에게 미성년 자녀가 있는 경우 성전환자의 가족관계등록부상 성별정정이 허용되지 않는다는 취지의 대법원 2011. 9. 2. 자 2009스117 전원합의체 결정을

비롯하여 그와 같은 취지의 결정들은 이 결정의 견해에 배치되는 범위에서 모두 변경하기로 한다(대결 2022.11.24. 2020스616 전합).

출생신고의무자와 자녀 사이에 친생자관계존재확인의 확정판결이 존재한다는 이유만으로 가족관계등록법 제107조에 따른 등록부 정정의 대상이 되는지 여부(소극)

출생기록이 있는 자녀와 부 또는 모 사이에 친생자관계부존재 확인판결이 확정된 경우 가족관계등록관서는 친생자관계부존재가 확인된 자녀의 가족관계등록부에 친생자관계가 부존재하는 부 또는 모의 특정등록사항을 말소한 후 그 가족관계등록부를 폐쇄한다. 나아가 위와 같이 가족관계등록부가 폐쇄된 자녀에게 진정한 출생신고의무자가 있는 경우 출생신고를 다시 하여 가족관계등록부를 새롭게 작성하여야 하고, 출생신고의무자와 자녀 사이에 친생자관계존재확인의 확정판결이 존재한다고 하여 그것만으로 가족관계의 등록 등에 관한 법률 제107조에 따른 등록부 정정의 대상이 되는 것은 아니다(대결 2018.11.6. 2018스32).

출생연월일·사망일시를 가족관계의 등록 등에 관한 법률 제104조에서 정한 가족관계등록부 정정 대상으로 볼 수 있는지 여부(적극)

가족관계등록부의 기록사항이 신분관계에 중대한 영향을 미치기 때문에 그 기록사항에 관련된 신분관계의 존부에 관하여 직접적인 쟁송방법이 가사소송법 등에 마련되어 있는 경우에는 법 제107조에 따라 그 사건의 확정판결 등에 의해서만 가족관계등록부의 기록사항을 정정할 수 있다. 그러나 이와 달리 가족관계등록부의 기록사항과 관련하여 가사소송법 등에 직접적인 쟁송방법이 없는 경우에는 법 제104조에 따라 정정할 수 있는데, 가사소송법 등이 사람이 태어난 일시 또는 사망한 일시를 확정하는 직접적인 쟁송방법을 별도로 정하고 있지 아니하므로 특별한 사정이 없는 한 가족관계등록부 기록사항 중 출생연월일·사망일시는 법 제104조에 의한 가족관계등록부 정정 대상으로 봄이 타당하다(대결 2012.4.13. 2011스160).

(4) 무효인 행위의 가족관계등록기록의 정정 신청

① 신고로 인하여 효력이 발생하는 행위에 관하여 등록부에 기록하였으나 그 행위가 무효임이 명백한 때에는 신고인 또는 신고사건의 본인은 사건 본인의 등록기준지를 관할하는 가정법원의 허가를 받아 등록부의 정정을 신청할 수 있다(법 제105조 제1항).
② 가정법원은 심리를 위하여 국가경찰관서의 장에게 가족관계 등록기록의 정정허가 신청인의 범죄경력 조회를 요청할 수 있고, 그 요청을 받은 국가경찰관서의 장은 지체 없이 그 결과를 회보하여야 한다(제2항, 법 제96조 제6항).
③ 허가의 재판이 있었을 때에는 재판서의 등본을 받은 날부터 1개월 이내에 그 등본을 첨부하여 등록부의 정정을 신청하여야 한다(법 제106조).

> **관련판례**
>
> **혼인이 혼인의사의 합치가 결여되어 무효임이 명백하므로 가족관계등록부를 정정할 수 있다고 한 사례**
> 중국 국적의 조선족 여성과 혼인한 것으로 신고한 자가, 혼인할 의사가 전혀 없음에도 그 여성을 한국에 입국시킬 목적으로 혼인신고를 하여 공전자기록에 불실의 사실을 기재하게 하였다는 등의 범죄사실로 유죄판결을 받아 확정된 사안에서, 위 혼인은 혼인의사의 합치가 결여되어 무효임이 명백하

므로 혼인무효판결을 받지 않았더라도 가족관계의 등록 등에 관한 법률 제105조에 따라 가정법원의 허가를 받아 가족관계등록부를 정정할 수 있다고 한 사례(대결 2009.10.8. 2009스64).

(5) 판결에 의한 등록부의 정정 신청

확정판결로 인하여 등록부를 정정하여야 할 때에는 소를 제기한 사람은 판결확정일부터 1개월 이내에 판결의 등본 및 그 확정증명서를 첨부하여 등록부의 정정을 신청하여야 한다(법 제107조).

(6) 준용규정

다음의 규정은 등록부의 정정신청에 준용한다(법 제108조).

> 신고의 장소(제20조 제1항), 신고 후 등록되어 있음이 판명된 때(제22조), 신고방법(제23조 제1항), 전자문서를 이용한 신고(제23조의2), 첨부서류의 전자적 확인(제23조의3), 신고서 기재사항(제25조), 신고하여야 할 사람이 미성년자 또는 피성년후견인인 경우(제26조), 동의가 불필요한 미성년자 또는 피성년후견인의 신고(제27조), 부존재 또는 부지의 사항(제29조), 법령 규정사항 이외의 기재사항(제30조), 말로 하는 신고 등(제31조), 동의, 승낙 또는 허가를 요하는 사건의 신고(제32조), 신고서에 관한 준용규정(제33조), 신고기간의 기산점(제37조), 신고의 최고(제38조), 신고의 추후 보완(제39조), 기간경과 후의 신고(제40조), 사망 후에 도달한 신고(제41조), 수리, 불수리증명서와 서류의 열람(제42조)

06 그 밖의 사항

1. 불복절차

> **설명형 예제**
>
> 「가족관계의 등록 등에 관한 법률」상 등록사건에 관하여 이해관계가 있는 사람이 시·읍·면장의 위법 또는 부당한 처분에 대하여 불복할 수 있는 절차를 설명하시오.

(1) 의의

기존의 호적제도 하에서는 행정처분(신고수리 또는 그 거부)에 대해 명시적 구제절차가 부재했으므로, 신법은 등록공무원의 처분에 대한 불복절차를 구체적으로 규정함으로써 가족관계등록에 관한 행정행위에 대한 구제수단으로서의 의미가 크다.

시·읍·면의 장의 위법 또는 부당한 처분에 대해 이해관계인이 관할 가정법원에 불복을 신청할 수 있다. 가족관계등록사무의 특성상 법원 입장에서 신분·가족관계 분야에 이를 전담하도록 한 것이고, 이는 행정심판의 가족법적 대응모델로 기능한다.

(2) 불복의 신청

① 등록사건에 관하여 이해관계인은 시·읍·면의 장의 위법 또는 부당한 처분에 대하여 관할 가정법원에 불복의 신청을 할 수 있다(법 제109조 제1항).
② 신청을 받은 가정법원은 신청에 관한 서류를 시·읍·면의 장에게 송부하며 그 의견을 구할 수 있다(제2항).

(3) 불복신청에 대한 시·읍·면의 조치
① 시·읍·면의 장은 그 신청이 이유 있다고 인정하는 때에는 지체 없이 처분을 변경하고 그 취지를 법원과 신청인에게 통지하여야 한다(법 제110조 제1항).
② 신청이 이유 없다고 인정하는 때에는 의견을 붙여 지체 없이 그 서류를 법원에 반환하여야 한다(제2항).

(4) 불복신청에 대한 법원의 결정
① 가정법원은 신청이 이유 없는 때에는 각하하고 이유 있는 때에는 시·읍·면의 장에게 상당한 처분을 명하여야 한다(법 제111조 제1항).
② 신청의 각하 또는 처분을 명하는 재판은 결정으로써 하고, 시·읍·면의 장 및 신청인에게 송달하여야 한다(제2항).

(5) 항고
가정법원의 결정에 대하여는 법령을 위반한 재판이라는 이유로만 「비송사건절차법」에 따라 항고할 수 있다(법 제112조).

(6) 불복신청의 비용
불복신청의 비용에 관하여는 「비송사건절차법」의 규정을 준용한다(법 제113조).

2. 비송사건 처리절차

(1) 허가사건의 처리절차
① 다음 각 호의 사건의 처리절차에 관하여는 비송사건절차법을 준용한다(규칙 제87조 제1항).

> 1. 법 제96조에 따른 국적취득자의 성과 본의 창설 허가
> 2. 법 제99조에 따른 개명허가
> 3. 법 제101조에 따른 가족관계등록창설허가
> 4. 법 제104조(* 위법한 가족관계 등록기록의 정정) 및 제105조(* 무효인 행위의 가족관계등록기록의 정정)에 따른 등록기록정정허가

② 제1항 제1호부터 제3호까지의 허가신청은 미성년자도 할 수 있다(제2항).
③ 제1항 각 호의 허가신청서에는 사건본인의 성명·출생연월일·등록기준지 및 주소를 기재하여야 한다(제3항).
④ 주소지가 없는 사람은 법 제99조에 따른 개명허가 신청을 등록기준지를 관할하는 가정법원에 할 수 있다(제4항).
⑤ 제1항 각 호의 신청을 허가한 재판이 효력을 발생한 때에는 가정법원의 법원사무관등은 지체 없이 사건본인의 등록기준지의 시·읍·면의 장에게 그 뜻을 통지하여야 한다(제5항).
⑥ 제5항의 통지서에는 다음 각 호의 사항을 기재하여 법원사무관등이 기명날인하고, 그 통지서에 재판서의 등본을 첨부하여야 한다. 다만, 이 통지는 전산정보처리조직을 이용하여 「민사소송 등에서의 전자문서 이용 등에 관한 법률」 제2조 제1호의 전자문서로 할 수 있다(제6항).

1. 신청인 및 사건본인의 성명, 등록기준지, 주소
2. 통지의 원인 및 그 원인일자
3. 통지 연월일
4. 법원사무관등의 관직과 성명 및 소속법원의 표시

(2) 확인사건의 처리절차

① <u>다음 각 호의 사건의 처리절차에 관하여는 비송사건절차법을 준용한다</u>(규칙 제87조의2 제1항).

1. 법 제44조의2 제1항(* 출생증명서가 없는 경우의 출생신고)에 따른 가정법원의 확인
2. 법 제57조 제1항 단서(* 모의 소재불명 또는 모가 정당한 사유 없이 출생신고에 필요한 서류 제출에 협조하지 아니하는 등의 장애가 있는 경우) 및 같은 조 제2항(* 모의 성명·등록기준지 및 주민등록번호의 전부 또는 일부를 알 수 없어 모를 특정할 수 없는 경우 또는 모가 공적 서류·증명서·장부 등에 의하여 특정될 수 없는 경우)에 따른 가정법원의 확인

② 전항의 확인을 받아 출생신고를 할 때에는 가정법원의 확인서등본을 첨부하여야 한다(제2항).
③ 제1항 제1호의 확인이 효력을 발생한 때에는 가정법원의 법원사무관등은 지체 없이 부 또는 모의 등록기준지의 시·읍·면의 장에게 그 뜻을 통지하여야 한다(제4항).

3. 신고서류의 송부와 법원의 감독

(1) 신고서류 등의 송부

<u>시·읍·면의 장은 등록부에 기록할 수 없는 등록사건을 제외하고는 대법원규칙으로 정하는 바에 따라 등록부에 기록을 마친 신고서류 등을 관할 법원에 송부하여야 한다</u>(법 제114조).

☞ 등록사항의 정확성과 적법성을 확보하기 위한 절차로, 법원이 사후적으로 이를 검토할 수 있도록 한다.

(2) 신고서류 등의 조사 및 시정지시

① <u>법원은 시·읍·면의 장으로부터 신고서류 등을 송부받은 때에는 지체 없이 등록부의 기록사항과 대조하고 조사하여야 한다</u>(법 제115조 제1항).
② <u>법원은 조사결과 그 신고서류 등에 위법·부당한 사실이 발견된 경우에는 시·읍·면의 장에 대하여 시정지시 등 필요한 처분을 명할 수 있다</u>(제2항).
③ 신고서류조사 또는 시정지시 및 신고서류 보관절차에 관하여 필요한 사항은 대법원규칙으로 정한다(제3항).

☞ 지방자치단체의 등록사무 처리 과정에서 발생할 수 있는 오류나 위법행위를 시정함으로써 가족관계등록제도의 신뢰성을 높이기 위해 법원이 감독권을 행사할 수 있도록 하였다.

(3) 각종 보고의 명령 등

법원은 시·읍·면의 장에 대하여 등록사무에 관한 각종 보고를 명하는 등 감독상 필요한 조치를 취할 수 있다(법 제116조).

☞ 가족관계등록사무가 국가사무로 전환됨에 따라 법원이 등록사무 전반에 대한 감독권을 갖게 되었다. 이에 따라 법원이 시·읍·면의 장에게 보고를 요구하고, 필요한 조치를 취할 수 있도록 하였다.

memo.

행정사 2차 행정절차론

제3편 행정사「행정절차론」 기출문제

제1장　행정사「행정절차론」 기출문제

제1장 행정사 「행정절차론」 기출문제

2013년 제1회 행정사 제2차 기출문제

01 행정청이 불이익처분을 하면서 공개적으로 당사자, 전문지식과 경험을 가진 사람, 그 밖의 일반인으로부터 의견을 수렴하고자 공청회를 개최하려고 한다. 행정절차법상의 공청회에 관하여 설명하시오. (40점)
☞ p.87

02 행정조사기본법상 행정조사의 기본원칙에 관하여 설명하시오. (20점)
☞ p.336

03 행정절차법상 행정예고의 개념과 대상에 관하여 설명하고, 행정상 입법예고와의 관련성 및 차이점에 관하여 설명하시오. (20점)
☞ p.84

04 행정규제기본법상 행정규제의 개념과 행정규제 법정주의에 관하여 설명하시오. (20점)
☞ p.361

2014년 제2회 행정사 제2차 기출문제

01 甲은 건축법상의 건축허가를 받아 건물을 건축하던 중 건물 옥상의 일부분이 관계법령상의 용적률을 초과하게 되었다. 이에 따라 관할 행정청은 용적률 위반부분에 대하여 건축법에 따라 철거명령을 발하였다. 관할 행정청의 위 철거명령처분이 갖추어야 할 절차적 요건에 대하여 논하시오. (40점)

☞ p.54, 57, 61

02 개인정보보호법상 정보주체의 권리에 대하여 설명하시오. (20점)

☞ p.168, 241

03 현행 공공기관의 정보공개에 관한 법률상 비공개대상정보에 대하여 설명하시오. (20점) ☞ p.133

04 행정절차법상 신고의 절차와 효과에 대하여 설명하시오. (20점)

☞ p.94

2015년 제3회 행정사 제2차 기출문제

01 A시는 시민들의 복리증진을 목적으로 시민공원을 설치하여 24시간 무료개방하고 있다. 그런데 이 공원에서 범죄와 무질서행위가 증가하여 시민들의 민원이 제기되자, A시의 시장 甲은 공원 출입문, 산책로 및 화장실에 영상정보처리기기를 설치·운영하고자 한다. 개인정보 보호법상 甲의 위 영상정보처리기기 설치·운영에 관하여 논하시오. (40점) ☞ p.205

02 행정절차법상 청문주재자에 관하여 설명하시오. (20점) ☞ p.67

03 행정조사기본법상 행정조사의 사전통지와 연기신청에 관하여 설명하시오. (20점) ☞ p.349, 350

04 주민등록법상 주민등록증의 재발급에 관하여 설명하시오. (20점) ☞ p.428

2016년 제4회 행정사 제2차 기출문제

01 관할 행정청인 A시장은 "○○치킨"이라는 상호로 음식점 영업을 하고 있는 甲이 2016. 9. 7. 청소년에게 술을 제공한 사실을 적발하고, 식품위생법령상의 처분기준에 따라 甲에게 2개월 영업정지처분(이하 '이 사건 처분'이라 한다)을 하고자 한다(식품위생법령상 이 경우에 청문이나 공청회를 거치도록 하는 규정은 없다). 다음 물음에 답하시오. (40점)

(1) A시장은 이 사건 처분을 함에 있어서 어떠한 행정절차를 거쳐야 하는지 설명하시오. (20점)
☞ p.54, 57, 61

(2) 만약 A시장이 위 (1)에서 요구되는 행절절차를 거치지 않고 이 사건 처분을 한 경우, 이 사건 처분이 유효한지 검토하시오. (10점)
☞ p.18

(3) 만약 A시장이 위 (1)에서 요구되는 행정절차를 이 사건 처분을 한 뒤에 거친 경우라면, 이 사건 처분이 유효한지 검토하시오. (10점)
☞ p.19

02 공공기관의 정보공개에 관한 법률상 정보공개 청구를 받은 공공기관의 정보공개여부 결정 절차에 관하여 설명하시오. (20점)
☞ p.146

03 인터넷몰 사업자 A는 2만명 이상의 회원정보를 수집하여 회원 정보 파일을 관리하던 중, 그 파일을 해킹당하여 회원정보 일체가 유출되었음을 알게 되었다. 이 때 개인정보 보호법상 A가 취하여야 할 조치를 설명하시오. (20점)
☞ p.239

04 질서위반행위규제법상 행정청의 과태료 부과·징수 및 불복절차에 관하여 설명하시오. (20점)
☞ p.297

2017년 제5회 행정사 제2차 기출문제

01 甲은 이슬람교 선교 활동 등을 위한 단체를 설립하고자 관할 행정청인 A시장에게 관련 법령에 따라 乙재단법인 설립허가 신청을 하였다. 이에 A시장은 乙재단법인이 들어서게 될 주소지의 인근에 위치한 丙이슬람사원(비영리법인)을 고려하여, "해당 지역에 특정종교시설의 밀집으로 인한 주민 불안 및 선교사업으로 인한 지역주민 민원 발생 등 해당 법인설립을 허가할 경우 지역사회 갈등이 야기될 수 있다."는 이유로 甲에게 乙재단법인 설립불허가처분을 하였다. 다음 물음에 답하시오. (40점)

(1) A시장은 위 乙재단법인 설립불허가처분을 하기에 앞서 행정절차법상 사전통지절차를 거쳐야 하는지를 검토하시오. (20점) ☞ p.54

(2) 만약, A시장이 위 처분을 하기에 앞서 행정절차법령상 정보통신망을 이용한 공청회(전자공청회)를 실시하고자 하는 경우, '전자공청회의 의의, 실시요건, 방법 및 절차'에 관하여 설명하시오. (20점) ☞ p.87

02 자신의 가족관계등록부에 기재된 출생연월일이 잘못되었다고 생각한 甲은 행정사 乙을 방문하였다. 甲의 사정을 들은 乙이 검토해야 할 가족관계의 등록 등에 관한 법률상 가족관계등록부의 정정절차에 관하여 설명하시오. (20점) ☞ p.491

03 행정규제기본법령상 규제영향분석 및 자체심사에 관하여 설명하시오. (20점) ☞ p.366

04 공공기관의 정보공개에 관한 법령상 정보공개 청구권자와 공공기관의 범위에 관하여 설명하시오. (20점) ☞ p.130, 134

2018년 제6회 행정사 제2차 기출문제

01 관할 행정청 A는 甲에 대해 부담금 부과처분을 하면서 행정절차법상 요구되는 처분의 근거와 이유를 구체적으로 제시하지 않았다. 甲은 자신에 대한 부담금 부과의 근거와 이유를 정확히 알 수 없었으나 납부기한의 도과로 인한 불이익을 우려하여 일단 부담금을 납부하였고, 이후 자신에 대한 부담금 부과처분은 이유제시의 하자가 있는 위법한 것임을 이유로 부담금 부과처분에 대해 취소소송을 제기하였다. 다음 물음에 답하시오. (40점)

(1) 甲이 납부한 부담금이 내용적으로 정당한 경우에도 법원은 이유제시의 하자가 있음을 이유로 부담금 부과처분을 취소할 수 있는지 설명하시오. (20점)

(2) 취소소송의 계속 중에 A가 甲에게 부담금 부과의 근거와 이유를 구체적으로 제시하였다면, 이유제시의 하자는 치유되는지 설명하시오. (20점)

02 甲은 질서위반행위로 인하여 과태료 부과처분을 받았다. 질서위반행위규제법에 따를 때 다음 각각의 경우에 위 과태료 부과처분이 적법한지 설명하시오. (20점)

(1) 甲이 위 위반행위에 대한 고의 또는 과실이 없었고, 설령 고의가 있었다고 하더라도 위 위반행위가 위법한 줄 몰랐던 경우 (10점)

(2) 甲이 18세이지만 심신장애로 인하여 자신의 행위의 옳고 그름을 판단할 능력이 없었던 경우 (10점)

03 행정기관의 장 A는 조사원 B로 하여금 행정법규 위반이 의심되는 甲의 사업장에 출입하여 현장조사를 실시하게 하고자 한다. 행정조사기본법상 현장조사의 절차 및 제한에 관하여 설명하시오. (20점)

04 공공기관의 정보공개에 관한 법률상 공공기관의 정보 비공개결정에 대한 청구인의 불복 구제 절차에 관하여 설명하시오. (20점)

2019년 제7회 행정사 제2차 기출문제

01 A시의 甲구청장은 음식점을 운영하고 있는 乙이 정당한 사유 없이 6개월 이상 계속 휴업하고 있어 식품위생법 제75조 제3항에 따른 영업허가 취소처분을 하려고 하였다. 이를 위해 청문통지서를 두 차례에 걸쳐 발송하였으나 청문통지서가 주소 불명으로 반송되었다. 이에 甲구청장은 乙이 청문기일에 불출석하였다는 이유로 청문을 생략하고 음식점 영업허가 취소처분을 하였다. 甲구청장의 乙에 대한 영업허가 취소처분의 위법 여부를 설명하시오. (40점)   ☞ p.65

02 행정규제기본법상 규제개혁위원회의 설치, 기능 및 조사·의견청취 등에 관하여 설명하시오. (20점)   ☞ p.384

03 개인정보 보호법상 보호의 대상이 되는 개인정보의 개념 및 개인정보처리자의 손해배상책임에 관하여 설명하시오. (20점)   ☞ p.164, 261

04 행정조사기본법상 행정조사의 기본원칙 및 위법한 행정조사에 기초한 행정행위의 효력에 관하여 설명하시오. (20점)   ☞ p.336, 356

2020년 제8회 행정사 제2차 기출문제

01 어업조합법인 甲은 A시 관할 구역 내 32만㎡에 수산물종합유통센터를 건축하기 위하여 B지방해양항만청장으로부터 항만공사 시행허가 및 항만공사 실시계획을 승인받았다. 그런데 그 후 甲은 A시장으로부터 위 센터 건축을 위한 항만시설 사용허가를 두 차례 받았으나 건축을 하지 못하고 모두 그 사용기간이 만료되었다. 甲은 다시 위 센터를 건축하고자 항만시설 사용허가를 신청하였으나 A시장은 위 센터 예정 부지 주변의 여건 변화, 각종 행사의 증가로 인한 공공시설 부족 심화 등을 이유로 불허가 처분을 내렸다. 그런데 A시장은 불허가 처분을 하기 전에 甲에게 그 처분의 내용 및 법적 근거, 의견제출 절차 등을 통지하지 않았다. 다음 물음에 답하시오. (40점)

(1) 甲은 이미 두 차례나 항만시설 사용허가를 해 주었으면서 이번에는 이를 거부한 것은 신뢰보호 원칙 위반이라고 주장한다. 신뢰보호 원칙의 요건에 비추어 이 주장의 타당성을 검토하시오. (20점)

(2) 甲은 A시장이 항만시설 사용에 대한 불허가 처분을 하면서 사전통지를 하지 않았다는 점을 들어 행정절차법 위반이라고 주장한다. 이 주장의 타당성을 검토하시오. (20점)

02 甲이 공공기관 A에게 공개 청구한 정보가 제3자인 乙과 관련이 있는 경우, 乙의 권리보호에 관하여 설명하시오. (20점)

03 「행정조사기본법」상 행정조사 방법에 관하여 설명하시오. (20점)

04 「질서위반행위규제법」상 과태료 체납자에 대한 제재로서 관허사업의 제한과 고액·상습 체납자에 대한 제재를 설명하시오. (20점)

2021년 제9회 행정사 제2차 기출문제

01 공무원 甲은 코로나19 확산 방지를 위한 집합금지명령 위반 단속업무 등을 담당하던 중, 유흥주점 업자인 乙로부터 위반행위 단속을 피할 수 있도록 단속일시·장소 등을 알려달라는 청탁을 받았다. 甲은 이를 알려준 대가로 자신의 계좌로 30만원을 송금 받은 것을 비롯하여 수회에 걸쳐 190만원의 뇌물을 받은 사실을 이유로 인사 및 징계권자인 A로부터 직위해제처분을 받은 후 징계절차를 거쳐 최종적으로 파면처분을 받았다. 다음 물음에 답하시오. (40점)

(1) 甲은 A가 직위해제처분을 하면서 사전통지나 의견청취절차를 거치지 않았다는 점을 들어 행정절차법 위반이라고 주장한다. 이 주장의 타당성을 검토하시오. (10점)

(2) 甲은 제시된 징계사유(뇌물수수)를 모두 인정하면서도 A가 관련법령의 징계절차상 처분사유설명서를 교부하지 않았음을 들어 자신에 대한 파면처분은 취소되어야 한다고 주장한다. 이 주장의 타당성을 검토하시오. (30점)

02 개인정보자기결정권의 의미와 개인정보 보호법상 개인정보보호원칙에 관하여 설명하시오. (20점)

03 국내에 주소를 두고 거주하는 외국인 甲은 A광역시에 건물을 보유하고 있다. 그러나 이 건물이 공익사업을 이유로 A광역시지방토지수용위원회의 수용재결을 받게 되었고, 이에 대해 이의신청을 하였으나 중앙토지수용위원회에서 기각재결이 이루어졌다. 그러자 甲은 토지수용위원회의 회의록에 기재된 발언내용에 대한 해당 발언자의 인적사항 부분에 관한 정보공개를 청구하였다. 甲이 정보공개청구권의 주체가 될 수 있는지와 청구내용이 정보공개대상이 되는지를 검토하시오. (20점)

04 질서위반행위규제법상 질서위반행위의 개념과 시간적, 장소적 적용범위에 관하여 설명하시오. (20점)

2022년 제10회 행정사 제2차 기출문제

01 甲은 식품접객업을 영위하고 있는 자로 판매하던 식품에 이물질이 혼입되어 있다는 사실이 관할 행정청의 단속과정에서 적발되었다. 그런데 관할 행정청은 甲에게 시정명령서를 송부하지 아니하고, 담당 공무원이 甲의 영업장을 방문하여 구두로 시정명령의 내용을 고지하였다. 그런데 관할 행정청이 정밀 조사한 결과 위 이물질이 사람의 생명을 해칠 수 있는 유독물질임이 밝혀졌다. 이에 관할 행정청은 甲의 영업소에 대한 폐쇄명령을 하고자 청문통지서를 발송하였으나, 청문일 5일 전에 甲에게 도달하였다. 그런데 행정절차법에 따르면 청문일 10일 전까지 통지하여야 하므로 절차상 하자가 있었지만, 甲은 청문일에 출석하여 자신의 의견을 진술하는 등 방어의 기회를 충분히 가졌고, 관할 행정청은 폐쇄명령을 하였다. (40점)

(1) 위 시정명령의 위법 여부를 설명하시오. (20점) ☞ p.60

(2) 위 폐쇄명령의 위법 여부를 설명하시오. (20점) ☞ p.19

02 학교폭력 사건에 연루되어 강제전학조치를 받은 사립중학교에 재학 중인 학생 甲이 강제전학조치에 불복하여 행정심판을 제기하고자, 학교폭력대책위원회의 회의록에 대하여 「공공기관의 정보공개에 관한 법률」(이하 "법"이라 한다)에 근거하여 정보공개를 청구하였다. 사립중학교가 이 법의 적용대상이 되는지를 설명하고, 회의록에 사생활 관련 사항이 포함되어 있다면 어떤 범위로 정보공개를 할 수 있는지를 설명하시오. (20점) ☞ p.133, 135

03 행정조사기본법에서는 정기조사와 수시조사를 규정하고 있다. 수시조사를 실시할 수 있는 경우를 설명하고, 정기조사 또는 수시조사를 실시한 행정기관의 장은 동일한 사안에 대하여 동일한 조사대상자를 조사하여서는 안된다는 원칙과 그 예외에 관하여 설명하시오. (20점) ☞ p.338, 346

04 행정규제기본법상 규제의 원칙을 설명하고 규제개혁위원회의 심의·조정 사항을 기술하시오. (20점) ☞ p.363, 384

2023년 제11회 행정사 제2차 기출문제

01 관할 행정청인 A시장(이하 '행정청'이라 한다)은 甲이 소유한 건물(이하 '이 사건 건물'이라 한다)에 대하여 甲의 사전 동의를 받아 甲이 참석한 가운데 현장조사를 실시하였다. 甲은 위 현장조사 과정에서 이 사건 건물의 무단 용도변경 사실을 인정하고 그 위반경위에 대해 진술하였다. 그런데 행정청은 현장조사 다음날에 원상복구를 명하는 시정명령(이하 '이 사건 처분'이라 한다)을 하였다. 이에 甲은 이 사건 처분이 사전통지 및 의견제출기회 부여 절차를 거치지 않은 위법한 처분임을 이유로 취소소송을 제기하였다. 다음 물음에 답하시오. (40점)

(1) 행정청은 '처분의 사전통지'에 관하여, 현장조사 당시 甲이 법률위반 사실을 인정하였고 그 위반경위를 진술하였으므로 「행정절차법」 제21조 제4항 제3호가 정한 "해당 처분의 성질상 의견청취가 현저히 곤란하거나 명백히 불필요하다고 인정될 만한 상당한 이유가 있는 경우"로서 처분의 사전통지를 하지 아니하여도 되는 경우에 해당한다고 주장한다. 「행정절차법」상 '처분의 사전통지'에 관하여 설명하고, 행정청 주장의 타당성을 검토하시오. (20점) ☞ p.54

(2) 행정청은 '의견제출기회 부여'에 관하여, 현장조사 당시 甲이 법률위반 경위에 대해 진술하였으므로 의견제출기회가 부여되었고, 아니라고 하더라도 위와 마찬가지로 「행정절차법」 제21조 제4항 제3호에 따라 의견제출기회 부여를 하지 아니하여도 되는 경우에 해당한다고 주장한다. 「행정절차법」상 '의견제출'에 관하여 설명하고, 행정청 주장의 타당성을 검토하시오. (20점) ☞ p.57, 76

02 甲은 A시장의 업무추진비가 사적인 용도로 사용되고 있을지도 모른다는 의혹이 생기자 「공공기관의 정보공개에 관한 법률」에 근거하여 A시장에게 'A시장의 업무추진비 집행명세서 사본'(이하 '이 사건 정보'라고 한다)의 공개를 청구하였다. 이 사건 정보의 내용 중에는 A시장의 업무추진비 집행의 상대방이 된 개인의 이름과 주민등록번호도 포함되어 있지만, 이름·주민등록번호가 삭제된 사본을 교부하는 방식에 의한 공개는 가능하다. 그런데 A시장은 "이 사건 정보의 내용 중에는 개인의 이름과 주민등록번호도 포함되어 있어 이를 공개할 경우에는 개인의 사생활의 비밀과 자유를 침해할 우려가 있다"는 이유로 이 사건 정보의 전부에 대해 비공개결정을 하였다. 이 사건 정보 중 이름·주민등록번호를 제외한 나머지 부분은 비공개대상정보가 아니라고 전제할 때, A시장이 위와 같은 이유로 이 사건 정보의 전부에 대해 비공개결정을 한 것이 타당한지를 검토하시오. (20점) ☞ p.152

03 甲은 허가를 요하는 사업의 주무관청인 A행정청으로부터 허가를 받아 사업을 경영하고 있다. 그러던 중 甲은 법률상의 의무위반을 이유로 B행정청으로부터 과태료를 부과받았으나 이를 체납하고 있다. 이 경우 행정청이 질서위반행위규제법령에 따라 과태료 체납자에 대한 제재로서 위 허가를 취소할 수 있는 요건과, 그 요건이 충족되었다면 B행정청이 취할 수 있는 조치에 관하여 설명하시오. (20점)

☞ p.323

04 「주민등록법」상 주민등록번호의 '정정사유'와 '변경사유'에 관하여 설명하시오. (20점)

☞ p.400, 401

2024년 제12회 행정사 제2차 기출문제

01 甲은 그의 소유인 A시 소재 건물(이하 '이 사건 건물'이라 한다.)에서 유흥주점 영업을 해 오던 중, 甲의 지방세 체납으로 이 사건 건물이 압류되었다. 乙은「지방세법」에 따른 압류재산 매각절차에서 이 사건 건물을 낙찰받아 乙 명의로 소유권이전등기를 경료하고, 관할행정청인 A시장에게 위 유흥주점의 영업자 지위승계신고를 하였다.「식품 위생법」에 따르면, 관할행정청은 영업자지위승계신고를 받은 날부터 3일 이내에 신고수리 여부를 신고인에게 통지하여야 하며, 그 기간 내에 신고수리 여부 또는 민원 처리 관련 법령에 따른 처리기간의 연장을 신고인에게 통지하지 아니하면 그 기간이 끝난 날의 다음 날에 신고를 수리한 것으로 본다. 다음 물음에 답하시오. (40점)

(1) 乙의 영업자지위승계신고의 법적 성질을 설명한 후, A시장이 乙의 영업자 지위승계신고를 수리할 경우 그 수리처분에 있어서 甲은「행정절차법」상 '당사자등'이 되는지 검토하시오. (20점)

(2) A시장이 乙의 영업자지위승계신고를 수리하지 않을 경우 그 불수리처분에 앞서 乙에 대하여「행정절차법」제21조(처분의 사전통지) 및 제23조(처분의 이유 제시)의 절차를 거쳐야 하는지 검토하시오. (20점)

02「개인정보보호법」상 '집단분쟁조정'의 실시요건과 이에 대한 분쟁조정 위원회의 처리절차에 관하여 설명하시오. (20점)

03「질서위반행위규제법」상 약식재판에 대한 이의신청이 제기된 경우 법원의 처리절차를 설명하고, '이의신청 취하'와 '이의신청 각하'를 비교하여 공통점과 차이점을 설명하시오. (20점)

04「행정조사기본법」상 자율관리체제의 구축신고에 관하여 설명하시오. (20점)

2025년 제13회 행정사 제2차 기출문제

01 건강보험 지역가입자인 甲은 동성(同姓)인 乙과 동거하던 중 결혼식을 올린 뒤 국민건강보험공단(이하 '공단'이라 한다)에 건강보험 직장가입자인 乙의 사실혼 배우자로 피부양자 자격취득 신고를 하자 공단은 이를 수리하여 피부양자 자격을 취득한 것으로 등록하였다. 이후 甲은 지역가입자 보험료를 납부하지 않고 乙의 피부양자 자격으로 보험급여를 받아왔다. 그런데 이 사실이 언론에 보도되자 공단은 甲을 피부양자로 등록한 것이 착오 처리였다며 甲의 피부양자 자격을 박탈해서 소급하여 상실시키고 지역가입자로 甲의 자격을 변경한 후 그동안의 지역가입자로서의 건강보험료를 납입하라고 고지(이하 '이 사건 납입고지'라 한다)하였다. 이에 甲은 공단을 방문하여 乙의 사실혼 배우자로 피부양자 자격취득 신고를 다시 하였으나, 며칠 후 공단은 그 수리가 불가하다는 내용을 휴대전화 문자메세지로 통지(이하 '이 사건 통지'라 한다)하였다. 한편, 「전자문서 및 전자거래 기본법」의 규정에 따르면 공단이 보낸 위 휴대전화 문자메시지는 전자문서에 해당한다. 다음 물음에 답하시오. (40점)

(1) 공단이 이 사건 납입고지를 할 때 어떤 절차를 밟아야 하는지 검토하시오. (20점)

(2) 이 사건 통지의 방식에 하자가 있는지와 공단이 수리거부처분을 할 때 사전통지를 하여야 하는지 검토하시오. (20점)

02 甲은 음주 상태로 차량 운행 중에 중상을 입는 사고가 발생하여 의식이 없는 상태로 병원 응급센터로 후송되었다. 담당 경찰관은 음주측정기에 의한 호흡 측정을 할 수 없다는 사유로 甲의 혈액을 채취하였는데, 이 채혈과 관련하여 「도로교통법」은 운전자의 동의를 받도록 규정하고 있으나 甲의 동의를 얻지 않았을 뿐 아니라 사후에 법원으로부터 영장을 발부받지도 않았다. 그런데, 채혈된 甲의 혈액을 감정한 결과 혈중알코올농도는 0.125%로 분석되어 관할 경찰청장은 甲에 대해 음주운전을 이유로 자동차운전면허를 취소하는 처분을 하였다. 위 채혈에 근거한 운전면허 취소처분이 적법한지 검토하시오. (20점)

03 「행정규제기본법」상 규제법정주의 및 규제의 원칙을 설명하고 우선허용·사후규제 원칙에 대하여 설명하시오. (20점)

04 「개인정보 보호법」상 개인정보처리자의 개인정보의 목적외 이용·제공 제한에 대하여 설명하시오. (20점)

저자소개

박이준

약력

- 서울대학교 사회학과, 서울대학교 행정대학원 졸업
- 행정고시 합격
- 행정사무관(규제개혁, 對의회, 문화관광, 국무총리실 감사반 등)
- 행정사 자격 보유
- 現) 이패스코리아 행정절차론, 행정법, 행정쟁송법 강사

주요저서

- 행정사 행정절차론(이패스코리아)
- 행정사 행정절차론 사례·약술 연습(이패스코리아)
- 행정사 행정법 기본서(이패스코리아)
- 행정사 행정법 객관식(이패스코리아)
- 공인노무사 행정쟁송법 기본서(이패스코리아)
- 공인노무사 행정쟁송법 사례연습(이패스코리아)
- 공무원 헌법, 행정법, 행정학 기본서 등 시리즈(이패스코리아)
- 소방공무원 소방관계법규 기본서 등 시리즈(소방사관)
- 소방공무원 승진 행정법, 소방공무원법(소방사관)
- 경찰승진 행정법, 행정학 기본서 등 시리즈(경찰공제회)
- 공기업 법학(이패스코리아)
- 경비지도사 법학개론(이패스코리아)
- 법학적성시험 LEET 추리논증(로앤피로스쿨)
- 국가정보원 NIAT(이패스코리아)
- 최강 NCS 직업기초능력(이패스코리아) 등 다수

epass 행정절차론

개정2판 인쇄	2025년 10월 13일
개정2판 발행	2025년 10월 27일

지 은 이 박이준
발 행 인 이재남
발 행 처 (주)이패스코리아
　　　　　[본사] 서울시 영등포구 경인로 775 에이스하이테크시티 2동 1004호
　　　　　[학원] 서울시 종로구 청계천로 35 관정빌딩 6층
전　　화 02-722-1148 팩스 070-8956-1148
홈 페 이 지 www.epass-adm.com
이 메 일 book@epasskorea.com
등 록 번 호 제318-2003-000119호(2003년 10월 15일)

※ 잘못된 책은 교환해 드립니다.
※ 교재 오류 및 수정사항은 홈페이지 고객센터로 접수해주시기 바랍니다.
※ 이 책은 저작권법에 의해 보호를 받는 저작물이므로 무단전재와 복제를 금합니다.
※ 본교재의 저작권은 이패스코리아에 있습니다.